郭東勳의

주역

郭東勳 **주역**

1판 1쇄 인쇄 2012년 11월 11일
1판 1쇄 발행 2012년 11월 25일
1판 2쇄 발행 2020년 1월 25일

지 은 이 청암 곽동훈
편집주간 임석래
편집기획 김범석
디 자 인 김범석

발 행 인 김영길
펴 낸 곳 도서출판 선영사
주   소 서울시 마포구 서교동 485-14 영진상가 지층
Tel 02-338-8231~2   Fax 02-338-8233
E-mail sunyoungsa@hanmail.net

등   록 1983년 6월 29일 (제02-01-51호)

ISBN 978-89-7558-296-7   93150

郭東勳의

주역

도서출판 선영사

머 리 말 ✳

주역은 동양에서 가장 오래된 고전 중의 하나이며, 전적典籍은 역전, 역경, 역대의 역학으로 분류할 수 있다. 역전은 역경에 대한 해석이고 역대의 역학은 주역의 경전에 대한 재해석이다. 이와 같이 끊임없는 재해석을 통하여 주역은 동방문화의 발전에 더없이 큰 영향을 끼치게 되었다. 그리하여 본서는 역대 역학자들의 주역경전에 대한 재해석과 필자의 독창적인 견해를 접목시켜 주역의 기본 내용 및 철학사·사상사·문화사의 관점을 새롭게 재구성함으로써 주역을 탐구하는 강호제현江湖諸賢들로 하여금 역학사의 진면목을 알 수 있는 하나의 길잡이가 될 수 있도록 저술하였다.

인간들은 주역을 대할 때면 인식을 초월하는 신비감을 느끼게 되는데 그 까닭은 주역을 마치 영묘한 힘을 지닌 점서로 이해하고 있기 때문이다. 삼천년전 동방의 사람들 역시 이러한 믿음으로 주역을 창작하여 점서로 받들고 이용하였다. 그들은 예측불능의 상태에 처할 때마다 주역에서 가르침을 구하고 길흉을 미리 알아내어 대처 방안을 강구하였다. 이후 몇천년 동안 수많은 사람들은 주역을 이러한 시각에서 바라보고 해석하게 되었으며, 오늘날까지도 예전과 같이 주역의 신비스러움을 추어내고 드러내면서, 자신도 모르는 사이에 주역의 이론과 인식을 뛰어넘는 상황에 젖어들고 있는데, 이는 짙은 안개속으로 들어가 상하좌우를 구별하지 못하는 것과 같다. 따라서 이러한 신비스러움은 무지와 일맥상통하는 것이므로 먼저 이 신비감을 제거해야 그 본질을 이해할 수 있다. 더불어 주역은 인간이 만들어 낸 것인 만큼 사람이 행하여야 할 바른 도리로서 논할 때 비로소 그 뜻을 깨치어 알 수가 있다.

주역은 대자연과 자아를 일관하는 도를 밝히는 철학서이다. 대자연은 시시각각으로 변화하고 있으며 그 대자연 속에서 생활하는 인간사회도 역시 그러하다. 이것이 바로 역에서 논하고 있는 변화이다. 그러나 이리저리 변하여 달라지는 우주의 움직임에는 변하지 않는 것이 있다. 곧 불변의 법칙이 존재하는 것이다. 태양과 달 그리고 별의 움직임 속에 정연한 궤도와 주기가 있듯이 소우주라 할 수 있는 인간의 운명에도 대우주와 같이 법칙성이 존재하고 있음이 분명하며 그런 이유로 천지의 도는 주역이라는 경전을 통하여 해석되고 인간문명의 발전에 기여하고 있는 것이다. 그러므로 본서에서는 주역을 가려 덮고 있는 미혹의 운무를 걷어내고 신비감을 덜어 없앰으로써 주역이 어떠한 책이고 어떠한 이치가 담겨져 있으며 아울러 어떠한 가치를 지니고 있는지를 헤아려 상세히 논하기로 한다.

청암주역원에서
곽동훈 적음

서 론 ❀

역전은 철학서이다

역전은 역경의 점하는 방법을 해설하면서도 사람이 마땅히 행하여야 할 도리를 밝혀 설명하는 데에 중점을 두고 있다. 이러한 도리 가운데 어느 것은 역경 속에 암암리에 내포되어 있기도 하지만, 그보다는 위인들의 체험과 사상을 본질로하여 주역의 기본 이론과 체계를 닦아 세웠다. 그러므로 역전의 공헌은 주역을 점서에서 철학서로 전환시킨 데에 있다. 역전이 철학서로 변한 것은 한대의 시절부터 역사적 상황의 변화에 따라 위인들은 주역에 대한 서로 다른 인식을 가지게 되었기 때문이다. 그래서 한편에서는 주역을 일종의 학문으로 생각하였지만 다른 한편에서는 하나의 점술로 여긴 것이다. 그리하여 주역은 학學과 술術의 두 분야로 나뉘게 되었다.

역경에 대한 학술의 구분

학學과 술術은 서로 다른 분야이다. 학은 주역 속에 담겨 있는 도리를 조사하고 생각하여 진리를 알아내는 것이고, 술은 주역을 이용하여 인사의 길흉을 예측하는 것이다. 이처럼 판이하게 다른 두 인식은 각각 상호 대립적인 경향을 대변하고 있다. 앞의 것은 인간의 지혜를 널리 일깨워 인간세계에 대한 인식과 사물에 대응하는 능력을 증대시키고자 하는 것이며, 뒤의 것은 주역의 신비감을 강화하여 인간 자신에 대한 믿음을 제거하고 우주삼라만상에 대한 이해의 노력까지 덜어 없앰으로써 사람들을 어리석고 사리에 어두운 혼돈의 세상으로 이끌어가는 것이다. 바로 이러한 까닭으로 역경의 가치는 학에 있지 술에 있는 것이 아니다. 그러므로 주역을 연구하는 과정에서 중요한 것은 학과 술을 구분하여 역경을 점서로 잘못 인식하지 않도록 하는 것이다. 특히 술로 학을 대신하게 해서는 안 된다. 그렇지 않으면 갈피를 잡을 수 없는 불안정한 길로 빠져들어갈 수 있기 때문이다.

역경을 깨치면 점을 하지 않는다

주역이 철학서인 동시에 심오한 원리를 내포하고 있는 원전의 성격을 띤 것은 갑자기 이루어진 것은 아니다. 주역의 이러한 성격은 역경의 괘·효사가 점서와는 무관하게 교훈 또는 격언으로 인용되면서 비롯되었다. 이미 공자기원전 551~479는 주역을 공부하는 목적이 큰 잘못을 범하지 않도록 하는 데에 있지 개인의 길흉화복을 점하는 데에 있는 것이 아니다라고 하면서 주역의 중요한 정도를 깨닫게 되면 점을 할 필요가 없다고 하였다. 또한 순자기원전 313~238는 이러한 학문상의 경향이나 태도를 짧은 말로 요약하여 역경을 깨치면 점을 하지 않는다라고 하였다. 한대의 학자 가의기원전 200~168 역시 당시의 점하는 사람들을 가리켜 자신들의 말재간을 바탕으로 남의 마음에 맞도록 간사하게 아첨하므로써 재물을 빼앗은 자들이라고 평가하면서 그들을 부끄러움을 모르는 비천한 무리라고 비난하였다.

역경은 원래 점사를 위한 책이었지만 뭇사람들은 춘추전국시대부터 철학적인 방향에서 주역을 이해하기 시작하였다. 곧 주역을 점서로 이용하지 않고 천도와 인사의 이치를 괘상과 괘·효사에 바로 연결하여 사물의 정당한 도리를 밝힌 것이다. 역전의 저작자들 역시 이러한 식으로 주역을 이해하여 한 단계 높은 발전을 이루게 되었다. 예를들면 단사전과 상사전에서는 직접적으로 주역을 언급하고 있지는 않지만 괘사와 괘의에 대한 해석을 통하여 미루어볼 때 주역을 점하는 술서로 사용하지 않고 천도를 유추해 인사를 밝히는 책으로 여기고 있음을 알 수가 있다. 이후 계사전과 설괘전에서는 한층 더 발전하여 주역의 본바탕에 깔린 고유의 특성에 대해서까지 논하고 있다.

역경의 사상

역경은 동양의 고대철학을 형성하는 하나의 원천이다. 역경의 복잡다기한 논리 가운데에는 수많은 이성적 사유의 내용과 생활의 지혜 등을 포함하고 있기 때문에 동양철학의 중요한 사상적 원천이 되었다. 춘추시대부터 위인들은 철학적 시각에서 역경을 해석하기 시작했다. 예를들면 양공 구년조에 목강은 역전에서 나오는 원·형·이·정을 원은 체의 으뜸이고, 형은 아름다움의 모음이며, 이는 의와의 화합이고, 정은 일의 줄기라고 해석하였다. 이것은 목강이 철학적인 견지에서 괘·효사를 해석하고 있음을 보여주는 것이다. 또 괘상의 해석으로 본다면 소공 이십구년조에 사묵이 논하기를 우레가 하늘을 타고 있는 것이 대장괘이니 이것이 곧 천도이다 라고 했는데, 이것 역시 철학적인 원리를 설명한 예라 할 수 있다. 이후 역경의 사상은 노자와 공자에게 큰 영향을 주었으며 특히 고대의 중요한 철학서인 역전으로 역경을 해석하는 방법은 역경이 철학의 발생과 발전에 지대한 역할을 하였음을 분명하게 보여주는 것이다.

역경은 최초의 점서로서 원리적으로 체계가 세워져 있는 예측은 아니지만, 그래도 길흉의 설명을 통하여 사람들의 의혹을 어느 정도 해소함으로써 정신적 위안을 주었다. 인간들이 점을 하고 점을 믿는 것은 어떤 일의 성패와 길흉을 알지 못해 마음에 의혹이 있기 때문이다. 그러므로 사람들은 역경으로 점을 하고 그 일의 길흉에 대해 설명을 들음으로써 심리적 안정과 평안함을 얻게 되었고 앞으로 발생할 일에 대해 충분한 대응을 준비할 수 있었다. 또 특별히 언짢은 일을 당했을 때에도 점을 통해 정신적 위안을 얻고 심신을 회복하는가 하면 어떤 이는 자신의 운명에 안주하는 등 정서를 안정시키는데 도움을 받게 되었다. 따라서 역경은 인간의 근심을 없애 주고 안락하게 생활할 수 있도록 도와주는 서적이라고 논하는 사람도 있다.

역경의 영역은 자연계와 인간사회 그리고 개인의 삶까지 포함하고 있어 미치는 범위가 다양하다. 역경이 함유하고 있는 수많은 생활상의 지혜는 사람을 올바르게 지도하는 역할을 한다. 여기에서 주목할 만한 것은 역경 속에 담겨 있는 생활의 지혜에는 각성하여 사물을 깨닫는 일체의 작용의식이 가득 담겨 있다는 것이다. 역경은 어떠한 상황에서도 모든 사람들에게 엄숙하고 경건하며 근신하고 조심하기를 요구한다.

예를들면 건괘 구삼의 효사에서 군자는 종일토록 애써 노력하며 저녁에 이르러도 삼가 조심하니 위태로움이 있어도 허물이 없다 라고 했는데 이것은 위태로운 상황에서도 삼가고 조심하면 그릇된 실수는 없다는 것이다. 또 이괘 구사의 효사에는 호랑이 꼬리를 밟았다 하더라도 정신만 차리면 마침내 길하다고 했는데 이것은 호랑이 꼬리를 밟아도 조심하고 경계하면 좋은 결과를 얻을 수 있다는 것이다. 이와 같이 불리한 상황에서도 각성의식을 가지고 노력하면 실패하거나 목숨을 위태롭게 할 만큼 안전하지 못한 상황도 편안하고 고요한 상황으로 바꿀 수 있다는 것이다.

주역의 여러 학파와 전래

역사상 주역에 대한 전문적 연구는 사회발전과 문화사상의 변천에 따라 한대의 시기, 진당의 시기, 송대의 시기, 청대의 시기와 같이 네 단계로 분류할 수 있으며, 양대유파 곧 상수학파와 의리학파를 형성하였다. 음양기우의 수와 괘 효상 및 팔괘가 상징하는 그 변화의 형상으로 주역의 역경과 역전의 문리를 해설하는 데 중점을 둔 학문을 상수학이라고 하고 이를 궁리했던 학자들에 의해 상수학파가 구성되었다. 반면에 괘명의 구체적인 가치의 내용과 괘의 고유한 특성으로 주역의 역경과 역전의 문리를 설명하며, 괘효상과 괘효사의 바른 도리를 밝혀 드러내는 데에 중점을 둔 학문을 의리학이라 하고 이를 연구했던 사람들에 의해 의리학파가 형성되었다.

상수학은 한대역학의 주류를 이루었고, 위진·수당 시기에는 의리학파가 우위를 점하였다. 송·명시대에는 상수학파와 의리학파가 함께 존재하는 국면을 보였는데 송명시대의 도학과 상호 적응하면서 상수학파는 다시 수학파와 상학파로 나뉘고, 의리학파는 다시 공리학파, 심학파, 이학파, 기학파 등의 여러 유파로 나뉘었다. 그리고 청대에 이르러서는 다시 한대 상수학의 부흥이 이루어졌다. 이처럼 상이한 주역의 여러 유파는 장기간의 발전과정 속에서 서로 공박하기도 하고 논란을 주고 받기도 하면서 주역을 발전시켰다.

한국의 문화와 전통철학에 대한 주역의 영향은 더없이 크다. 한국의 역사에서 퇴계선생과 율곡선생 같은 저명한 학자들은 모두 주역 경전을 깊이 연구하여 인간 사회가 자연 상태에서 벗어나 이상을 실현하려는 활동의 과정 및 주역문화의 발전에 많은 공헌을 하였으며 당대의 새로운 인류문명의 건설에 도움이 되게 하였다.

주역 속에 담긴 사유의 방법

주역의 진리를 탐구하는 연구는 뚜렷한 실체를 찾는 것에서부터 점차 추상적인 개념으로 발전되어 갔다. 그러한 가운데 인류에게 남겨진 역학의 다대한 공헌은 그 속에 담긴 사유의 방법일 것이다. 사유의 방법이란 인간이 세상의 모두 존재와 현상의 총체를 주의깊게 살피고 인식하면서 스스로가 자신의 세계를 개선하도록 지도하는 사유의 방식이다.

인류의 진보적, 사회적인 문명은 물질적 방면에서는 생업의 발전으로 전개되었다. 다시 말하면 생산기능의 다변화, 재부의 축적, 생활 수준의 향상 등으로 나타났으며 그중에서도 생산력의 발전이 가장 뚜렷하게 드러났다. 정신적인 면에서는 문화수준의 향상, 윤리도덕적 관념의 발전, 자연과 사회 그리고 사유의 법칙에 대한 인식의 심화 등으로 전개되었디. 이중에서도 이성적이고 심미안적인 상황으로 진전된 것은 사유방법의 과학화이다. 비록 사유의 방법이 인간들에게 구체적인 지식을 직접 제공하지는 못할지라도 사유의 방법은 인간들에게 지식으로 통하는 것을 제공하여 세상을 살아가는 온갖 지혜를 개발하고 인류를 문명의 길로 나아갈 수 있도록 인도하는 역할을 한다. 따라서 사유의 방법을 연구하고 제시하는 것이 우리가 역학을 공부하는 중요한 목적 가운데 하나인 것이다.

주역을 연구하는 데 있어 다양한 사유의 방법들이 드러나게 되는데 그 중에서 논의할 만한 가치를 지니고 있는 것으로는 다섯가지 정도로 들 수 있다. 그것은 직관적 사유, 형상적 사유, 논리적 사유, 변증법적 사유, 상수적 사유이다. 인간들의 사유 형태는 복잡한 감정적 인식과 이성적 인식이 뒤섞이어 일체를 이루는 하나의 과정이기 때문에 주역의 연구체계 가운데 가장 중요한 일면을 담당하고 있다.

주역의 개념과 판단의 형식은 상象과 사辭이며 주역이 담고 있는 형식적 법칙은 의義와 리理이다. 상은 괘상과 효상으로 나뉘고, 사는 괘명과 괘사와 효사로 나뉜다. 의와 리는 사가 상징하는 여러 종류의 사물 가운데 내재되어 있는 의의 및 도리이고, 리는 상과 사 및 천지만물의 중심을 관통하며 자유롭게 들락거리는 사상이며 주역의 연구에서 드러내 보여야 할 내적 온축

인 것이다. 의리義理의 추구를 종결로 하면서 다섯 종류의 사유 방법이 상호 교차하며 상과 사 및 천지간의 넓은 공간을 자유스럽고 어렵지 않게 왕래하는 것이 역학사유의 기본특징이다.

1) 직관적直觀的 사유思惟

직관적 사유는 판단·추리 등의 사유작용을 벗어나 대상을 직접적으로 포착하여 판정하는 사유의 형태이다. 그것은 직접체험한 사물의 정체를 인식의 대상으로 삼고 감각이나 지각을 통해 얻어지는 내용을 판별의 척도로 삼아 사물 및 그 발전의 추세를 판별하는 것이다.

그러므로 직관적 사유는 사물의 외적인 전체 형상을 매개로 하는 표면적이고 척박하며 단출한 성격을 지니고 있어 사물의 본질을 이해할 수 없고 사물의 발전추세를 파악하기는 더욱 어렵다. 그러나 직관적인 사유가 이와 같은 것일지라도 그것은 인식과정 속에서 피하기도 어렵고 건너뛸 수도 없는 사유방법인 것이다. 왜냐하면 초기 인류의 만상에 대한 인식은 물론 성숙한 인류의 새로운 사물에 대한 인식에 있어서도 제일 먼저 접하는 것은 관계된 사물의 외면적 모습이며, 인간들 사이에서 제일 먼저 받는 첫인상 역시 외면적인 모습이기 때문이다.

이렇듯 어떤 대상에 대하여 마음속에 새겨지는 느낌이야말로 그 사물에 대한 첫번째 인식이며 한단계 더 나아가 사물을 인식할 수 있는 기점이 된다. 다만 이런 종류의 표면적인 인식이 누적되어 어느 정도에 이르게 될 때 사람들은 비로소 사물의 겉면을 벗기고 심층으로 들어가 보다 근본적인 이해를 할 수 있게 된다. 그러므로 사유방식을 이용할 때에는 그 결과를 참된 지식으로 여기지 말고 오직 참된 지식을 얻기 위한 교두보로 삼아야 한다. 그리하여야 진실하고 올바른 지식을 더듬어 깊히 연구할 수 있는 기초를 다질 수 있다.

2) 형상적形相的 사유思惟

형상적 사유는 감각적으로 포착한 사물과 관념 등을 표현 수단에 의해 구상화하는 사유 형식이다. 형상적 사유와 직관적 사유의 공통되는 점은 사물의 형상을 사유과정의 매개로 삼는다는 것이다. 반면에 다른 점은 직관적 사유가 사물의 총체적인 판단으로써 다른 사물을 비교평가하여 전체를 동시에 헤아리는 특징이 있다면, 형상적인 사유는 사물의 총체에 국한하지 않고 사물에 대한 인식의 재현과 분해 그리고 조립을 통하여 사물에 내포된 이치를 깨치어 알고 나아가서는 새로운 의미를 창조한다는 것이다.

주역에서는 특히 형상을 중시하여 형상의 심중 속에 깊고 오묘한 각각의 의미가 농축되어 있다고 하였다. 곧 괘효상이 상징하는 사물의 형상을 이용하여 눈앞에 펼쳐진 사물들의 진위·선악·미추 등을 생각하고 정하는 것이 바로 이러한 사고 경향의 반영인 것이다. 그러나 형상적 사유의 영역 가운데는 언어로 관여하기 어렵고 밖으로 표현하기 난해한 정취의 영역이 있다. 특히 감각적인 예술형태에 있어서는 더욱 그러하다. 그러나 바로 이와같은 영역에서는 형상적 사유를 통해 느끼고 일어나는 심정과 정취를 깨닫기 때문에 이 형상의 사유는 인류에게 반드시 필요한 사유 방법이며 언어를 매개로 하는 이상적 사유 방법으로도 온전히 대체할 수 없는 사유방식인 것이다.

3) 논리적論理的 사유思惟

논리적 사유는 사물 속에 내재되어 있는 이치와 사물들의 법칙적인 연관에 의해 새로운 판단을 도출하는 사유형태이다. 논리적 사유의 방법에는 주로 전개展開, 추론推論, 형식논리形式論理의 세 가지로 분류할 수 있다.

전개란 같은 사물의 속성을 한군데로 집합시키는 것을 말하는데, 이것은 인식의 작용으로 서로 다른 사물 가운데에서 밀접한 관련이 있는 연결체를 찾는 것이다. 전개는 논리적 사유 중에서도 가장 기초적인 형식으로서 인간의 이성적 사유의 발전과정에 있어 지혜를 개발하고 사리에 어두움을 깨우쳐주는 작용을 한다. 인간이 정신적·육체적 자아에 대한 공간적 세계를 분별하는 초기 단계의 두뇌 속은 온통 모호하고 불분명하였을 것이다. 그러나 인류의 지능이 점차 발달하면서 모호하게 생각되었던 세계가 분명해지고 하나의 개체적인 사물로 전환되었으며, 비로소 유관사물에 대해 판단하고 기억·사유에 이르기까지의 광의의 의식작용을 갖게 되었다고 할 수 있다. 따라서 이러한 인식이 생겼을 때에 이성적 사유로 발전할 수 있고 추론할 수도 있는 것이다.

추론이란 같은 종류의 사물들이 공통으로 갖고 있는 근본 명제를 이용하여, 전개의 속성을 매개체로 삼아 아직 알지 못하는 같은 종류의 다른 사물을 미루어 헤아리는 논리적 과정이다. 추론의 사유방법은 전개의 기초 위에 세워진 초보적인 수준에 머문 논리적 사유방식으로 직관적 사유와 형상적 사유보다 진일보한 인식수단이며, 이미 사물이 뚜렷한 실체를 갖추고 있는 실제의 내용과 형체 중에서 공통적인 성질을 추출하고 그 고유한 특성을 통하여 새로운 사물을 인식하는 사유 방법이다.

이러한 추론의 사유방식은 사물의 겉쪽에만 머물러 있는 것이 아니고 구상과 추상의 반복적인 사유를 거치면서 새로운 사물에 대한 인식에 있어 사유방식에 가장 근원적인 직관적 사유와 형상적 사유에 의한 인식보다는 심도있게 진행이 된다.

형식적 논리는 인류가 자신의 사유진행에 대해 자각적으로 궁리하는 기본적 취향이 형식논리의 근본적인 특징이다. 그러므로 형식화의 논리로 문제를 제시하고 해답을 유도해 내려고 할 때 반드시 준수해야 하는 여러 가지 논리적 규칙과 결과적 법칙이 형성되었다. 이러한 규칙과 법칙은 구체적인 사물의 내용으로부터 분리되어 나왔기 때문에 인간의 사고 경향을 규정에 맞게 고정할 뿐 문제삼고 있는 사물이 실제와 계합되는지를 보증하는 작용까지는 담당하지 못한다. 곧 확실한 추리법칙에 의해 추론하기 때문에 잘못된 전제로부터는 잘못된 결과를 추론할 수밖에 없다는 것이다. 그러나 사유의 형식논리라는 것은 단지 사유의 진행과정에서 자연스럽게 나타난 일종의 사유경향이지만 그것은 인류의 사유공적과 재능의 향상을 표현한 것뿐 아니라 인류가 실체적인 형상적 사유로부터 추상적인 이성의 사유로 전력을 다해 나아가는 생동감을 보여주었다.

전개·추론·형식논리는 주역의 사유과정에서 일체의 모습을 보여주고 있으나 정확히 표현하면 논리적 사유의 서로 다른 세 가지의 인식차이다. 이와 같은 사유 방법이나 경향은 동방 고대문화의 발전에 큰 영향을 끼쳤으며, 사람들의 사유능력에 대한 실제적인 활동도 대부분 주역의 논리에 따라 이해되고 진전되었다.

4) 변증법적辨證法的 사유思惟

변증법적인 사유는 사고思考, 정신, 역사 등의 발전을 반대적인 사물과 모순의 투쟁을 종합함으로써 파악하는 사유의 형식이다. 그것은 주역의 사유방식 가운데 가장 두드러지고 역동적인 사유방식으로 운동적, 변화적, 연계적 관점의 사유도 표현되고 있다.

운동적 사유는 사물의 형체가 시간의 경과에 따라서 변화하는 관점으로 모든 사물을 상고하여 살피는 사유방식이다. 주역은 사물의 변화를 고찰하여 창제된 것이므로 그 자체가 변화로 가득하게 차 있어 운동적인 사유의 방법 역시 그 속에 포함되어 있다. 주역에 함유되어 있는 운동적 변화를 표출하는 관념은 세 가지의 차이로 가름한다. 첫째는 괘상 및 효상의 변화이고, 둘째는 괘상과 효상이 상징하는 인간사회 길흉의 변화이며, 셋째는 효사에 의해 표시된 자연현상의 변화이다.

변화적 사유는 상호관계·상호의뢰의 관점에서 대립적인 두 종류의 사물을 두 가지의 측면에서 다루어 처리하는 사유방식으로 객관적 사유나 여러 존재의 전제前提가 된다. 삼라만상의 대립적인 두 가지의 측면, 또는 두 가지의 사물 그 어느 것을 막론하고 모두가 고립적으로 존재하는 것은 없으며 고립적으로 존재할 수도 없다. 설령 다른 하나의 측면이나 사물이 대립한다 할지라도 대립되는 측면이나 사물을 자신의 존재 조건 및 전제로 삼는다. 이처럼 대립적인 양방은 하나의 통일적 사물을 공동으로 구성하고 있다. 역전에서는 이러한 변화적 사유를 외연으로 확대해석하고 이에 이론적 색체를 가미하여 일양일음을 일러 도라고 하였는데 이것은 두 가지의 상반된 것이 서로 번갈아가며 서로 모자람을 채워주는 것이야말로 천지만물이 상호 발전하고 변화하는 기본 법칙이며, 천지만물을 생장 성취할 수 있는 생활의 터전이 되는 것이다.

연계적 사유는 보편적 관계 곧 상호제약의 관점으로 일체의 사물을 다루어 유추하는 사유방법이다. 이러한 사유방법은 전체를 이루고 있는 각 부분이 서로 밀접한 관계를 가지고 있는 하나의 유기적인 총체로 보기 때문에 이 세상을 구성하는 모든 사물은 전체가 상호 연계와 상호 제약적 관계에 있다고 생각한다. 나아가 그 사물의 내부도 여러 가지의 요소 및 독립된 부분들이 보편적으로 상호 연계하는 양상을 띠고 있는 것으로 여겼다. 이러한 연계적 사유는 주역의 연구과정에서 비교적 구체적으로 표현되었다. 변증법적 사유는 사물의 대립과 통일 그리고 발전 변화 및 보편적 연계의 관점으로 세상을 대하는 것이며 또 만상의 실제적 상황을 정확하게 반영한 것으로 이는 인류의 사유가 고도로 발전한 중요한 표지인 것이다.

5) 상수적常數的 사유思惟

상수적 사유는 형식과 수를 연결고리로 삼아 사물의 발전변화를 인식하고 추단·예측하는 사유의 방법이다. 상수적 사유는 형상을 이용하여 사유를 진행할 때에도 반드시 수의 변화에 의해 상수일체의 관념으로 사물변화의 과정 및 작정한 법칙을 고찰한다는 것이다.

상수적 사유는 동방의 위인들이 수를 높여 소중히 했던 심적 현상의 관념과 서로 연관되어 있다. 곧 자연계의 변화는 수의 변화 질서에 따라 진행되며, 수의 변화와 질서는 사물 변화의 추세와 결과를 드러내 보인다고 생각하였다. 그들은 이것을 기수氣數라고 칭했는데, 주역은 그 수의 변화와 질서를 괘효상과 하나로 결합하여 사물의 변화를 궁리하고 추량하였다. 하나의 사유방식으로서의 상수적 사유는 보호체계와 같은 추상적 사유와 취상체계와 같은 구체적 사유가 서로 결합하여 이루어진 결과이다. 이것은 성인이 상을 두루 헤아려 팔괘를 만들어낸 것과 같이 구체적인 것 가운데서 추상적인 것을 이끌어 낸 것이며, 괘상에 의거하여 길흉을 판단하는 것과 같이 다시 추상적인 것 가운데에서 구체적인 것을 분별하고 판단하여 추상적인 것과 구체적인 것을 일체로 합쳐 모은 것이다. 이러한 결실로써 일종의 독특한 사유 방식을 고안해 내어 실용화할 수 있었다.

주역과 여러 문화와의 관계

역경은 본래 점하는 책이었다. 그러나 역경이 행위의 근원이 되는 내적인 욕구를 실행하는 능력은 상象, 수數, 사辭, 의義의 네 가지 영원불변한 관념과 복잡하지 않은 추리의 과정으로, 여기에는 사물의 이치를 논리적으로 생각하고, 판단하는 사유의 내용이 들어 있다. 그러므로 역경의 운용에는 철학적 이론화를 지향하는 과도기적 요소와 철학적 이론으로 체계화하는 기능이 갖추어져 있다. 역경으로부터 전개되는 철학사상 가운데 일정한 원리에 의해 조직된 지식의 통일된 체재는 역전이며, 이것을 일컬어 역학철학이라 부른다.

이후 모든 시대의 사람들은 이 역학 철학의 사상과 속뜻을 깊이 이해하고 체득하여 역학 철학 사상의 근본이 되는 터전을 이룩하였다. 역학의 중심이 되는 요점은 대체로 우주의 진화 사상, 우주의 본체사항, 우주존재의 형태, 천인관계 등의 문제가 핵심이 되고 이것은 우주 만물의 기원과 그 변천사를 지목한다. 그런고로 주역은 우주 전체의 축소판으로서 우주 전체의 묘한 이치를 내포하고 있기 때문에, 자연계와 인간계에 이르는 모든 사물이 발전하게 되는 도리를 망라하고 있어 그 가운데에서 일체 사물의 변화 추세 및 그 결말의 답을 찾을 수 있다는 것이다. 이로써 주역은 인류 지혜의 발달과 인류 문화의 발전에 커다란 공헌을 하게 되었다.

주역과 다른 문화와의 관계를 정립하여 논하면 다음과 같다.

1) 윤리란 사람이 마땅히 행하거나 지켜야 할 도리로서 곧 실제의 도덕규범이 되는 원리이다. 이것은 동방의 위인들이 매우 중하게 여겼던 사항이었다. 왜 그런가 하면 그것은 사회의 구조와 사회의 안정에 바로 연결되는 문제였기 때문이다. 주역은 역전에서부터 윤리문제를 직접적으로 언급하였으며 그로 인해 윤리는 주역의 핵심내용 가운데 하나가 되었다. 주역에서는 윤리의 기원과 윤리의 기본 법칙 그리고 상하존비의 인간관계를 포괄하는 내적인 관계를 논하고 있으며 특히 사람이 우환질고에 처했을 때에는 조건에 알맞게 도덕적 수양을 더욱 강화하고 안심입명해야 함을 역설하고 있다. 또 세상이 화목과 조화를 유지하고 사회의 안정을 지탱하며 홍익사회를 보호하기 위한 기본적인 전제는 인간과 인간 사이의 관계를 잘 처리하여 사람들이 서로 친애하도록 하는 것이라고 논하고 있다.

2) 도교는 고대에 형성되어 오랜 세월에 걸쳐 민중들의 사회생활에 영향력을 행사해온 일종의 종교이다. 따라서 기본원칙과 내용으로 보면 주역과는 다른 갈래이지만 도교가 전하여 널리 퍼지고 발전하는 과정에서 주역의 영향을 많이 받게 되었다. 도교는 우주 진화사상의 관념은 대체로 노자의 사상을 본보기로 하여 발전해 왔다. 그리하여 우주의 처음은 하나로 뭉치어 나누어지지 않은 것으로부터 천지만물이 생겨나고 그 천지만물을 거두어들인다. 또 상象은 천지만물이 왕래부절하는 하나의 큰 도道를 바치어 이바지 하므로 이것을 가리키어 도라 부른다.

도교는 본연의 일체수련의 과정이 천지일월의 원형과 더불어 일치해야 하기 때문에 주역의 사상을 받아들여 본연의 양생을 논하고 있다. 이것은 역을 도가로 끌어들여 도교의 가르침을 설명하는 형태이다. 결국 역을 도교의 영역으로 개입시켜 도가사상의 발전과정에서 도가의 역이 형성되었으며, 도교교의의 발전과정에서는 도교의 역이 형성되었다.

3) 예술이란, 기예와 학술을 매개로 인간이 체득하여 느끼는 일종의 체험

이다. 그것은 정신적·육체적 자아에 대한 객관적 사물이 외부에서 작용을 주어 감각이나 마음에 반응이 일어나게 하기 때문이다. 객관사물이 인간의 감각기관에 어떠한 현상을 일으키면 여러 가지 심리적 반응이 일어난다. 따라서 어떤 자극이 어떤 사람의 기질과 서로 적응하게 될 때 이러한 자극은 그 사람의 심미적 감정을 불러일으킨다.

주역은 전문적으로 심미에 대하여 논술한 저작은 아니다 그러나 그 형식과 내용에서는 심미의 원칙이 포함되어 있으며 감각기관의 반응현상을 불러일으키는 미감적 표현은 역전에서 두드러지게 표현하고 있다. 이것은 사물 자체의 생기발랄함을 드러낸 표증이며, 심미적 원칙이 포함되어 있는 명증이기도 하다.

주역에서는 음유 양강이 조화를 이루어 화합 공존에 의한 화해和諧를 매우 숭상하여 길하고 이로운 것의 상징으로 여겼다. 세상의 일체 만물은 모두 음양 두 방면으로 조성된 것이며, 음양은 상호 대립적이고 서로 다른 성능을 갖추고 있다. 그러나 양자는 변화하고 배합하며 분리될 수 없다. 곧 만물은 모두 음양의 교합으로 생겨난 것이다. 그러므로 동방의 미학은 천변만화하면서 일체를 이루는 음양상교와 군셈과 부드러움이 교차하면서 생생불식하는 강유호보를 미의 기준을 판단하는 원칙으로 삼았다.

4) 동방의 고대의학은 일음일양의 도 및 오행의 상생사상을 운용하여 인간의 생리현상을 논하고 음양실조 및 오행의 상극사상을 운용하여 인간의 병리현상을 논하였다. 본래 우주는 음양오행의 이치에 의해 이루어졌으며 인간 또한 소우주로서 음양오행의 한계를 벗어날 수 없고 인체의 구성도 희한하게 하늘의 모습을 닮아 있다.

사람의 머리가 둥근 것은 하늘의 둥글음을, 사람의 발이 각진 것은 땅의 각짐을 닮아 있다. 하늘에 해와 달이 있듯이 사람에겐 눈과 귀가 있고, 하늘에 낮과 밤이 있듯이 사람에게 깸과 잠듦이 있으며, 하늘에 천둥과 번개가 있듯이 사람에게 고함과 노함이 있고, 하늘에 맑음과 흐림이 있듯이 사람에게 기쁨과 슬픔이 있으며, 하늘에 비와 이슬이 있듯이 사람에게는 눈물과 콧물이 있다.

또한 하늘에 사계절이 있으니 사람에게 사지가 있고, 하늘에 오행이 있으니 사람에게 오장이 있으며, 하늘에 여섯극점이 있으니 사람에게 육부가 있다. 하늘의 팔방에서 부는 바람이 있으니 사람에겐 여덟군데 마디가 있고, 하늘에 아홉별이 있으니 사람에겐 아홉구멍이 있다. 하늘에 십이지가 있으니 사람에겐 십이경맥이 있고, 하늘에 이십사절기가 있으니 사람에겐 이십사개의 혈자리가 있으며, 하늘에 삼백육십오도가 있으니 사람에겐 삼백육십다섯 골절이 있다. 이와같이 우주의 참된 본래의 형체를 대입하여 우주와 인간을 하나의 통일된 정체로 보고, 이 정체를 지배하는 것을 음양의 상반상제와 오행의 상생상극으로 보았다.

일음일양의 음양오행이 잘 어우러져 조화를 이루면 평안하고 신체도 건강하지만 어우러짐을 잃게 되면 서로에게 상해를 주게 되어 장기가 상하게 된다. 더 나아가 상수역학을 생리生理, 병리病理, 의리醫理 연구의 근거로 삼아 역학의 사상적 경향에 근거하여 인체의 밖으로 드러난 기관의 상태를 주의 깊게 살펴봄으로써 인체 내장의 질병을 진단할 수 있다고 주창하였다. 그런고로 의학과 역학 사이의 불가분의 관계는 더욱 확실해졌으며 더욱 체계화 되었다.

5) 역학 그 본래의 바탕은 과학기술분야의 이론체계는 아니지만, 고대의 과학기술 발전에 무던한 영향을 끼쳤다. 그 원인을 요약하여 논하면 첫째는 주역에서 역경을 해석하면서 취상설에 덧붙여 여덟 가지의 자연현상으로 팔괘의 본질을 해석하고 자연현상에 대한 관찰을 중시하며 상수象數로써 그 변화의 규칙을 인식하였고, 둘째는 역전 자체가 부분적으로 상象을 두루 살피어 일상생활에 응용할 수 있는 온갖 그릇붙이 등을 제조했던 내용을 포함하고 있다. 이와같은 원인은 과학기술과 근원적인 연관을 갖는 것으로써 역학을 자연 과학기술의 범위로 끌어들인 것이다.

복희씨가 천하를 다스릴 때 위로는 천문天文을 살피고 아래로는 지리를 관찰하며 가운데로는 조수鳥獸의 문文과 인물의 리理를 취하여 팔괘를 구성함으로써 세상의 신기하고 영묘한 계책을 세웠으며, 이후 신농씨가 그 지위를 이어받아 나무를 깎아 보습을 만들고 나무를 휘어 쟁기를 만들어 백성들에게 땅을 갈아 농사를 짓는 법을 일러주고, 정오에 백성들이 모여 시장을 이루면서 여러 가지 물건을 교류하고 각각의 사람들이 필요한 것을 소통케 한 것은 역경의 익괘益卦와 서합괘噬嗑卦의 깨우침을 받은 것이며, 신농씨 이후 황제 요·순이 왕위에 올라 겉옷을 개량하여 상하의 경계를 구분하고 천하를 크게 다스린 것은 건괘乾卦와 곤괘坤卦의 깨우침을 받은 것이다.

이렇듯 도구를 만들고 문명을 추진해온 일들은 후대의 학자들이 이론체계를 연역하기 위한 해결을 시도하여 여러 가지 해석을 내놓았다. 역전에서 논한 머리를 들어 하늘의 이치를 살피고 몸을 굽혀 땅의 이치를 관찰하는 방법 역시 지질과 지리학에 직접적인 영향을 미쳤으며, 복희씨가 구성한 팔괘의 기본원리를 바탕으로 산술算術의 기본을 알게 되었다. 따라서 자연과학의 발전과 기물의 발명은 주역의 가르침과 연관이 있는 것이며, 주역의 사고방식을 이용하여 고대과학기술분야를 해석함으로써 역사적으로 형성·축적되어 온 과학기술의 전통색채를 발견하고 이를 발전시키는데 커다란 공헌을 하였다.

끝으로 공사다망하신 중에도 본서의 감수에 도움을 주신 역학계의 거목 청호青湖 박준현朴準絃 사형께 감사의 말씀을 드린다.

목차

郭東勳

주역

1 역이란 무엇인가 ✦

우주 생성의 원리

우주에서 삼라만상이 무궁한 변화를 일으키고 있는 것은 음陰과 양陽이라는 이질적인 두 기운이 지닌 역량의 작용으로 인하여 모순과 대립이 나타남으로써 일어나는 현상이다. 이와 같은 변화작용을 하지 않을 수 없는 것은 그와 같이 추진하는 역원力源이 있기 때문이며 바로 이것이 우주생성의 본체인 것이다.

우주는 본래 지정지무至靜至無한 상태에서 생겨났다. 다시 말하면 삼라만상을 장식하는 모든 유형의 물체는 그 시초부터 형태가 있었던 것은 아니다. 최초의 우주는 적막하고 공허한 상태여서 어떠한 물체도 없었다. 다만 연기煙氣 같기도 하면서 무엇이 있는 듯 하기도 하고 없는 듯 하기도 한 진공眞空의 상태였다. 이러한 상태를 무無 또는 무극無極이라 한다.

무극은 천지 창조의 본체인데 이 무극의 본질인 무는 순수한 무가 아니고 상대적인 무로서 상象의 본질인 것이다. 그 상이라는 것은 비청비탁非清非濁의 중심적 존재로서 형체를 이룰 수 있는 소질素質을 만드는 유무有無의 화합체和合體이다. 따라서 무극의 성질을 엄밀히 논하면 형의 분열이 극미세하게 분화되어 조금만 응고해지면 형이 될 수 있는 직전의 상태에 있었던 것이다.

이 무극의 세월이 몇 수억 겁을 거치면서 비로소 일기一氣가 형성되었으며 이 일기의 상태를 유有라고 할 수 있다. 이 유의 상태는 조화력이 있는 무극의 상태에서 더욱 진화하여 음·양의 기를 함께 포함해서 지니고 있었으나 이 유의 상태도 기만 있을 뿐 무나 다름없는 허공의 상태나 다를 바 없었으며, 다시 이 일기의 상태가 한층 더 진화하여 동질적인 분파 작용을 일으키면서 태극으로 변하게 된 것이다. 거기에서 태극은 자기 본체의 본성을 발휘하여 현실계의 모순·대립을 나타나게 되는 것이니, 이 작용을 음양작용陰陽作用이라고 한다.

일기一氣에서 태극으로 진화한 상태는 음과 양의 기가 하나로 뭉쳐 있는 음양 동정의 시대이며, 다시 우주 운동은 무극에서 태극으로 불규칙적인 운율韻律로 팽창과 분열을 반복하면서 태극은 양의兩儀로 화한다. 이 양의의 시대는 음과 양의 기가 뚜렷이 구분되어 생물이 생장할 수 있는 근간을 이루고 인식이 성립되며, 이성을 창조하는 중대한 기반을 다지는 시기이다. 이와 같은 우주 운동이 시간적 발전을 거듭하면서 형상계가 세분화되는데 그 세분화 작용이 극極에 이르는 과정을 황극이라고 한다. 다시 말하면 무극의 시기를 탈피하는 과정의 끝이 바로 황극인 것이다. 그러므로 만물은 태극에서 생화生化를 시작하고 황극에서 생장을 준비하는 것이다.

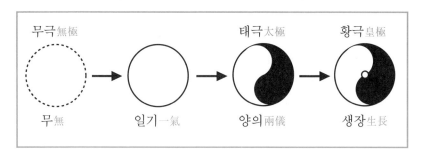

이와같이 음양의 작용은 태극에 이르러서 기의 통일을 완수하고 황극의

길로 접어들게 된다. 즉 무극이 일기로 화하고 일기는 태극으로 분화하였으며 다시 태극은 형形을 분산하여 물질을 생장시키면서 황극으로 향발하는 것이다. 그러나 음양운동의 정점인 황극과 무극의 차이는 실로 순간적인 간발의 차이다.

따라서 우주에 만일 황극이 없었다면 무극을 창조할 수 없고 무극이 없었다면 음양의 세계는 조화와 통일을 이룰 수 없게 된다. 그러므로 우주운동은 무극에서 태극으로 반복하는 일률일여一律一呂의 과정인 것이다. 그렇다면 우주의 본체가 어떠하기에 그와같은 천지재변과 인간만사의 화복이 쉴 새없이 일어나고 모순과 투쟁이 판쳐야만 하는 것인가를 연구하는 것이 우리가 주역을 공부하는 이유이다.

1) 역의 뜻

易역이란 글자는 도마뱀을 형상화한 문자로서 상부의 日자는 머리부분이고 하부의 勿자는 몸통과 다리를 나타내고 있다. 어느 종류의 도마뱀은 하루 열두차례씩 때의 변화에 맞추어 몸의 색깔이 변한다는 데서 역이라는 글자는 변화한다는 의미를 지니게 되었으며, 문자의 뜻도 바뀔 역, 쉬울 이, 간편할 이라고 되어 있다. 그러니까 역이라는 것은 바뀌고 순환하는 원리라는 것이다.

해와 달은 뜨고 지며 지구는 자전하고 공전한다. 봄, 여름, 가을, 겨울이 오고 가면서 순환을 한다. 나무에 싹이 돋고 무성해지는가 하면 가을이면 낙엽이 되었다가 봄이면 다시 싹이 돋아난다. 사람 역시 매한가지다. 태어나서 성장하고 어른이 되어서는 자식을 낳고 늙어서 다시 흙으로 돌아간다. 즉 시간과 공간 속에서 천변만화千變萬化하는 우주와 만물의 변화하는 원리를 탐구하는 것이 바로 역학이다.

2) 역의 기원

역易의 뜻은 바뀌고 순환한다는 의미이다. 즉 시간과 공간 속에서 천변만화하는 우주와 만물이 변화하는 원리를 탐구하는 원천이 바로 역인데, 우리가 흔히 들어서 알고 있는 주역周易의 약칭이기도 하지만 실상은 주역이 있기 전에 역이 있었다. 주역은 역의 원리를 구체화한 것이고 역은 자연의 변화하는 법칙 그 자체인 것이다. 때문에 우주가 창시된 순간부터 역의 법칙이 있었고, 주역은 우리 인류가 이미 글자를 사용하게 된 주周의 문왕文王과 주공周公에 의해 역의 원리를 문자로 나타낸 것이므로 주역이라 명칭한 것뿐이다. 그러므로 주역의 기원은 주나라 때보다 더 위로 거슬러 올라가야 한다.

3) 역과 삼재三才

삼재란 천·지·인天·地·人을 가리킨다. 곧 하늘·땅·인간이 우주를 구성하는 가장 대표적인 요소이므로 삼재라 칭하는 것이다. 따라서 역은 우주만물과 그 변화를 구성하는 천·지·인 삼재의 도에 바탕을 두고 있으며, 하늘, 땅, 인간의 기운이 상호교감작용을 끊임없이 순환하고 되풀이하는 것이 자연의 이치이다. 이러한 순환하는 과정을 64괘라는 부호로써 정리한 것이 주역이므로 이 주역 안에 우주 삼라만상의 변화가 존재하는 것이다.

삼재라는 용어는 공자께서 음효와 양효가 삼중으로 중첩되어 괘상을 이루는 이치를 깨닫고 계사전에서 처음으로 운용하였는데 우주만물을 이루는 음양이론의 가장 근본이 되는 것은 천도天道이고, 다음 음양의 형체를 직접 나타내는 것이 지도地道이며, 천도와 지도 사이에서 생명체온갖 만물로 자리하는 것이 인도人道이다. 즉 하늘이 운행을 하면 이의 순리에 따라 땅이 생장과 수장을 반복하면서 만물을 길러내고 간직하는 이치를 삼재에 비유한 것이다.

4) 역과 사의四義

사의란 변역變易·교역交易·불역不易·간역簡易을 말한다. 인간만사의 길흉화복·생노병사·부귀빈천 등은 그 변화가 무궁하여 잠시도 정지함이 없으므로 역은 변역이고, 우주내의 모든 만물은 서로 소통하는 원리가 있으므로 교역이며, 이와같이 변화하는 자연현상 가운데 구격이 있는 질서와 불변의 법칙이 있으므로 불역이고, 변역·교역·불역하는 이치는 인간의 힘으로 이룬 것이 아닌 당연한 자연의 섭리이므로 간역이라고 한다.

　다시 말하면 인간만사의 천변만화하는 이치는 변역에 담을 수 있고, 만물의 순환하는 이치는 교역으로 접응할 수 있으며, 항구불변한 이치는 불역으로 정리할 수 있고, 단순하게 일을 시작하고 끝낼 수 있으므로 간역으로 대변할 수 있으니 역은 변역·교역·불역·간역의 이치로써 우주의 삼라만상의 변화에 순응할 수 있는 것이다.

우주가 열린 순간부터 역의 법칙은 있었으며, 간괘艮卦로 시작되는 연산역連山易, 곤괘坤卦로 시작되는 귀장역歸藏易, 건괘乾卦로 시작되는 주역 이렇게 3역이 있었는데, 모두 8괘로 64괘를 이루었다고 한다. 그러나 지금은 주역만이 전해지고 있다.

지금으로부터 약 5천년전 중국 고대의 삼황三皇:헌원씨·신농씨·복희씨의 한 사람인 복희씨伏羲氏가 천하를 다스릴 때 하수지금의 황하강 유역에 나타난 용마龍馬:머리가 용이고 몸은 말의 형상을 한 신비스러운 동물의 등에 있는 55개의 점인간의 머리에 있는 가마같이 소용돌이 치는 무늬을 보고 우주 만물의 생성이치를 깨달아 천체天體와 지구地球와 인간人間, 즉 천지인天地人 삼재三才의 도道를 문양으로 형상화하여 복희팔괘를 만들었다.

이것이 바로 복희씨의 선천팔괘先天八卦이며 주역팔괘의 시초이다

하도河圖

복희씨가 세상을 다스릴 때 황하하수黃河河水에 나타난 용마에 그러져 있는 무늬를 보고 천지 창조와 음양 오행간의 무한대로 순환되는 상생相生에 대한 이치에 대하여 까달음을 상징하는 그림이다.

용마의 등에 있는 55개의 점을 보고 뜻을 얻었다 하여 하도, 용마하도龍馬河圖, 또는 선천도先天圖라 한다.

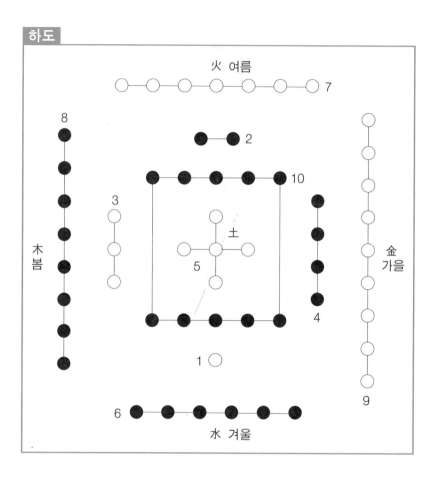

복희선천팔괘伏羲先天八卦

복희씨가 하도를 근거로 하여 팔괘를 그린 것이며 이는 우주 삼라만상의 근원 및 본체를 상징하므로 선천팔괘라고 한다.

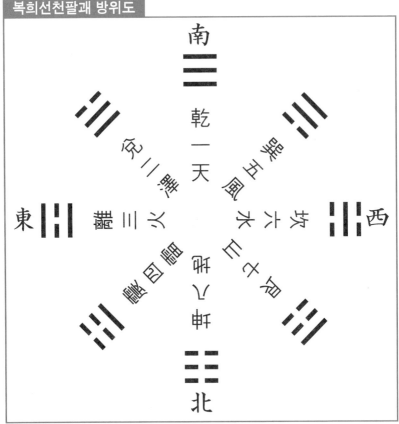

건乾 ☰은 하늘天이고 남南을 뜻하며, 곤坤 ☷은 땅地이며 북北을 뜻한다. 이離 ☲는 해日이고 동東을 뜻하며, 감坎 ☵은 달月이고 서西를 뜻한다. 이와같은 방위를 뜻하는 건·곤·감·리를 사정四正이라 한다.

간艮 ☶은 산山이고 서북西北을 의미하며, 태兌 ☱는 연못澤이고 동남東南을 의미한다. 손巽 ☴은 바람風이고 서남西南을 의미하며, 진震 ☳은 우레雷이고 동북을 의미한다. 이와같은 방위를 의미하는 간·태·손·진을 사유四維라고 한다.

그 후 삼황의 한 사람인 신농씨가 이를 이어받아 농사짓는 법과 백초百草

를 맛보아 의약醫藥을 처음으로 창안하였다. 이때 사용한 역을 역산역連山易이라 칭한다.

신농씨 다음 황제인 헌원씨BC 2600년는 육갑六甲을 창안해 사용하기 시작했으니 이때는 이미 문자가 쓰이고 있었음을 알 수 있다. 그리고 황제皇帝만하더라도 우리에게 생소하지가 않다. 육갑법을 만들었을 뿐만 아니라 그가 썼다는 황제내경皇帝內徑은 의서醫書 및 음양술서陰陽術書로서 지금까지 전해지고 있기 때문이다. 또 황제가 소녀素女와 주고 받았다는 소녀경素女經은 방중술房中術로도 유명하다. 이때 사용한 역을 귀장역歸葬易이라 한다

황제로부터 약 400년 뒤인 BC 2200년경 하夏나라 우禹임금때 신구神龜가 낙수洛水라는 물 속에서 등에다 45개의 점이 그려진 그림을 지고 나왔는데, 이것을 가리켜 신구낙서 혹은 낙서洛書라 한다. 하우씨는 이 낙서의 의義를 터득하여 구성팔문九星八門을 정립해서 그 당시 범람하던 홍수洪水의 피해를 막아내는 등 치적治積이 많았다고 한다. 그리고 기자箕子는 이를 본받아 홍범구주洪範九疇라는 법제를 만들어 임금이 나라를 다스리는 법을 비롯하여 일반 백성들의 흉액을 피하고 복을 불러 들일 수 있는 방법까지 가르쳤다.

낙서洛書

낙서는 하우씨夏禹氏가 홍수를 다스릴 때 낙수洛水:황하의 지류에 출현한 성스러운 거북의 등에 그려진 45개 점의 무늬를 보고 신묘한 이치를 깨달아 치수治水사업에 성공하였다고 한다. 그리고 거북 등의 그림을 낙서 또는 신구낙서神龜洛書라고 하고 후천지도後天之圖라고도 한다.

하도는 오행이 상생하는 이치인데 반해, 낙서는 오행이 상극하는 이치가 나타난다. 또한 낙서의 수리를 후천수라고도 하며 이것을 그림으로 표현하면 다음과 같다.

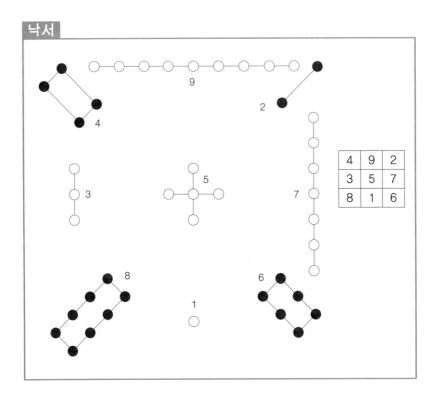

그리고 약 1100년 후 은대殷代말기에 서쪽의 제후로 있던 문왕文王:BC 1100년이 복희의 선천팔괘와 하우씨夏禹氏:하나라의 시조인 우왕 때 출연하였다는 신성스러운 거북의 몸에 타나난 무늬 즉 낙서의 이치를 근본으로 삼아 문왕의 후천팔괘를 만들었고, 주역 64괘의 차례를 새롭게 정하여 괘사를 붙이니 바로 문자화한 역의 시작이며, 문왕의 아들 주공이 문왕의 역을 계승하여 각 괘의 384효마다 설명을 붙이니, 문왕의 괘사와 주공의 효사를 접하여 주역경문周易經文이라 한다.

문왕후천팔괘文王後天八卦
문왕의 후천팔괘는 낙서를 근거로 작성된 것이며, 이를 후천도라고도 한다. 복희 선천팔괘가 자연의 이치에 따라 배열된 것이라면 문왕후천팔괘는 만물이 생성된 후 운행하는 이치를 배열한 것이라 할 수 있다. 즉 선천팔괘가 태극이 삼변하여 음양·사상·팔괘를 이루는 이치로써 배열되어 자연히 생성하는 상태인 반면, 후천팔괘는 음양이 사귀어 화성化成하고 오행이 생·화·극·제하는 작용의 이치라 할 수 있으며, 인사적인 남녀관계의 조화를 이룬다.

　이를테면 후천팔괘를 인사적으로 볼 때 서와 남에 음괘인 손巽 장녀·이離 중녀·곤坤 모·태兌 소녀가 있고, 북과 동에 양괘인 건乾 부·감坎 중남·간艮 소남·진震 장남이 위치하고 있어 음양이 교통하고 남녀가 상합하는 이치가

문왕후천팔괘 방위도

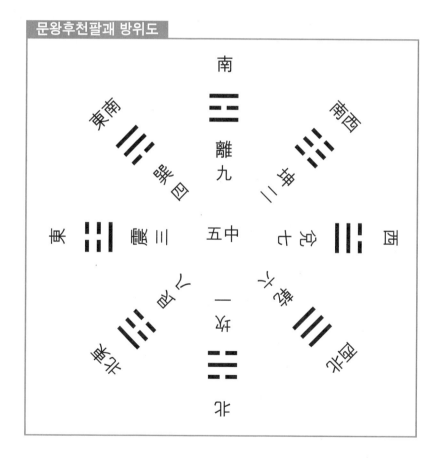

있다. 후천팔괘는 기문둔갑을 포국하고 해석하는 데 근본이 된다.

후천팔괘는 일월이 움직이고 사계절이 교류하는 작용을 나타내려고 한 팔괘의 배열이다. 감坎 月:水이 북에 있고, 이離 日:火가 남에 있으며, 복희선천팔괘에서 남에 있던 건乾은 서북으로 갔고, 북에 있던 곤坤은 남서로 움직였다. 후천팔괘의 차서는 선천팔괘와는 달리 낙서 구궁수에 따라 一감, 二곤, 三진, 四손, 五궁, 六건, 七태, 八간, 九이로 숫자 매김을 한다.

선천팔괘와 후천팔괘를 하도와 낙서를 근본으로 괘위卦位:괘의 방위수와 효획 관계를 비교해 보면 먼저 선천팔괘는 서로 마주하는 효획의 합이 각각 9이다.

예를들면 乾3획과 坤6획의 두 합이 9획, 괘위의 합도 9를 이루는 반면, 1乾과 8坤의 괘위의 합이 9, 후천팔괘는 서로 마주보는 1坎과 9離, 2坤과 8艮, 3震과 7兌, 4巽과 6乾이 각각 10을 이루니, 선천팔괘는 선천하도의 10을 체로 하여 9를 용으로 삼고, 후천팔괘는 후천낙서의 9를 체로하여 10을 용으로 한다. 즉 선천은 10체 9용生하는 가운데 극하는 원리이 근본이요, 후천은 9체 10용극하는 가운데 생하는 원리이 근본이다.

선천의 생성生成함은 오행 상생의 원리요, 후천의 극화剋化함은 오행상극의 작용이다. 그러나 상생에는 상극이 내포되어 있으니 선천에는 만물이 생장하는 가운데 오히려 생존경쟁과 약육강식이 있는 것이고, 상극의 원리에도 그 이면에 상생의 이치가 있으니 바로 만물이 성숙되어 열매를 맺는 데에는 비록 깎여 떨어지는 고통이 있지만, 이로 인해 씨를 뿌리고 결실의 기쁨도 함께 누리는 것이다. 화火가 금金을 극하지만 화火가 생하는 토土가 다시 금金을 생한다. 그래서 상극 속에 상생이 있는 것이다.

그 후 춘추春秋 말엽 BC550년 경에 공자孔子가 선대 성인들의 가르침을 이어받아 자신의 사상과 경륜을 담아 주역을 해명해 보고자 시도한 것을 십익十翼 : 열개의 날개이라고 하며, 주역의 말씀에 숨어 있는 심오한 진리를 터득하여 해석과 해설과 해명을 덧붙임으로써 주역의 대계大系를 이루었다. 당시 공자는 왕화王化로 나라를 다스리는 게 가장 큰 이상이라고 하였으나 결국 뜻을 이루지 못했다. 그러나 공자가 남긴 인仁의 도道는 절대적인 종교적 가치로까지 인정받고 있다.

그리고 주자朱子 : 이름은 희熹, 남송南宋때 인물는 주역의 모두冒頭글에 주석註釋을 달아 우리가 이해하기 쉽도록 함으로써 현재의 주역이 완성을 보게 된 것이다.

3 주역의 완성

일반적으로 주역은 복희씨, 문왕, 주공, 공자에 의해 그 도가 전승되므로써 완성되었다고 본다. 그리고 주역은 고대 중국의 가장 중요한 전적 가운데 하나로, 약 2000년에 달하는 경학經學의 시대동안 여러 경서 가운데 으뜸가는 위치를 차지해 왔으며, 사서오경大學·中庸·論語·孟子·詩經·書經·禮記·春秋·周易 가운데 가장 상위에 놓여 있는 경전으로써 유학의 궁극적인 귀착지가 된다.

1) 주역의 이해

주역은 본래 점하는 책이었다. 그러나 주역은 신의 계시로 이루어진 것이 아니고 인간의 오랜 경험과 심미안적인 시각으로 사물을 관찰하여 만들어진 것이므로 인류의 사상思想이 응집된 것이라 말할 수 있다.

예전의 상고시대에는 문명이 발달하지 못하고 인간의 지적 능력에 한계가 있었으므로 자신의 운명을 올바른 방법으로 제어할 수 없었으며, 사실적인 자연현상에 대해서도 제대로 설명할 방법이 없어 신의 뜻으로 돌리곤 하였다. 또 신이 인간의 모든 것을 이끈다고 믿었기에 오랜 세월동안 신의 뜻과 통하는 길을 모색하게 되었는데, 이것이 바로 점占을 치는 것이었다.

점을 치는 방법은 여러 종류인데 그 중에서 가장 널리 쓰이는 방법이 두

가지가 있었다. 하나는 나무나 풀 등의 도구를 이용하여 수와 부호를 얻어서 이를 근거로 신의 뜻을 판단하였는데, 이를 점占이라 하고, 다른 하나는 거북이의 등 껍질이나 동물의 뼈를 불로 구운 다음 거기에 나타난 무늬의 형상을 보고 신의 뜻을 판단하였는데 이를 복卜이라고 하였다. 이후 수많은 세월이 흘러 누군가 이러한 숫자와 부호, 갈라진 무늬의 형상 및 그것의 실제적 효험을 정리하여 책으로 엮어 점을 칠 때 사용할 수 있도록 했는데 이것이 바로 점서占書이다.

고대의 점치는 책은 여러 가지가 있었는데 어떤 종류의 서적이든 짧은 기간 동안에 곧바로 만들어진 것은 아니었다. 「주역」은 서주西周시대에 형성되었고 시대의 변화로써 사물의 변역을 예측하는 것이어서 후대 사람들이 「주역」이라고 이름을 붙인 것이다.

주역은 폭넓게 전해졌다. 그러나 주역의 원래 형식이 비교적 예스럽고 투박하며 기록된 상황 또한 축약되어 있어 후대사람들이 이를 이해하기가 어려웠다. 그래서 일부 사람들이 주역을 전수하는 과정에서 자신의 설명과 해석을 첨가하였는데, 이들의 주역에 대한 이해가 서로 다르기 때문에 여러 종류의 책으로 만들어지게 되었다. 후대 사람들은 이것들을 명확히 구분하기 위해 각기 이름을 붙였다. 즉 주역의 전수서를 역전易傳이라 하고 원래의 주역을 역경易經이라고 한 것이다. 역전은 전수를 위해 쓴 책이기 때문에 여러 종류가 있고 각각의 설명방법도 다르다. 그러나 원본인 주역은 단지 한 종류로서 여러 종의 전서가 받들고 따르는 항구불변의 근거가 되는 것이기 때문에 이를 「역경」이라고 하는 것이다

한대 이후에는 주역에 대한 연구가 더욱 깊고 광범위하게 진행되었으며 단지 역경 뿐만 아니라 역전에 대해서도 연구했으며 주역의 점치는 방법과 그 속에 담겨진 도리에 대해서도 연구하였다. 또 주역의 문구에 대한 고증과 자구의 해석을 통해 인간사의 변화와 우주와 천지를 설명하였는데 이는 문예

사상에 많은 영향을 끼쳤다. 이렇듯 주역의 역사 발전 과정을 살펴보면 주역은 단지 역경만을 뜻하는 것이 아니고 역경과 역전 그리고 주역에 관련된 방대한 지식체계 모두를 포괄하고 있는 것임을 알 수 있다.

2) 주역의 발전

옛 상고시대에 천하를 다스리던 복희씨가 하수에 나타난 용마의 등에 있는 55개의 점을 보고 우주 만물의 생성 이치를 깨달아 천체와 지구와 인간 즉 천지인 삼재의 도를 문양으로 형상화하여 복희팔괘를 만들어 주역의 효시를 이루었고, 그 후 주문왕에 의해 복희씨의 팔괘 및 하우씨때 출연하였다는 낙서의 이치를 바탕으로 주역 64괘의 차례를 다시 정하고 괘사를 붙이니 문자로 된 역이 이로부터 시작되었으며, 또한 주나라의 문무제도를 완비한 주공이 부친인 문왕의 역을 계승하여 각 괘의 384효에 설명을 붙였으니, 문왕의 괘사와 주공의 효사를 합하여 주역경문이라고 한다.

3) 공자의 십익+翼

주나라가 수도를 동쪽으로 옮긴 춘추春秋 말엽에 공자가 선대 성인들의 가르침을 이어받아 자신의 사상과 경륜을 담아 주역을 해명해 보고자 시도한 것을 십익+翼이라고 하며, 주역의 말씀에 숨어 있는 심오한 진리를 터득하여 해석과 해설과 해명을 덧붙임으로써 현재의 역이 완성되었다. 따라서 역의 본원本源은 복희씨의 시역始易, 문왕·주공의 작역作易, 공자의 찬역贊易이라는 세 단계의 과정에 의해 완결되었으며, 십익이란 10편의 역전을 말하고, 상하上下에 팔방八方을 더한 10방을 의미하니 두루 통한다는 뜻을 내포하고 있다.

4) 십익의 이해

역전은 본래 주역을 주석하거나 그 이치를 설명한 저작물을 말하며, 여러 가지의 역전들이 오랫동안 전해지면서 어떤 역전은 아무런 영향을 주지 못하고 사라지기도 하였다. 한대漢代까지 계속 전해져 온 것으로 주역의 발전에 중요한 영향을 끼친 역전으로는 열 가지가 있다. 이것이 바로 단사상전彖辭上傳, 단사하전彖辭下傳, 상사상전象辭上傳, 상사하전象辭下傳, 문언전文言傳, 계사상전繫辭上傳, 계사하전繫辭下傳, 설괘전設卦傳, 서괘전序卦傳, 잡괘전雜卦傳이다.

고전에서는 이를 십익十翼이라고 전하는데 익翼이란 우익羽翼 즉 새의 날개를 의미하며 역경을 이해하는데 도움을 주는 책이라는 뜻이다.

십익의 형성 연대와 작자에 대해서는 공자가 작자라는 사마천司馬遷:기원전 145년~?의 견해에 의하여 당唐나라 때까지는 이설이 없었으나, 북송北宋의 구양수歐陽脩:1007년~1072년가 계사전 등의 작가에 대해 의문을 제기한 것을 시작으로, 청대 및 근현대의 학자들은 이 문제에 대해 전통적 견해를 부정하고 여러 가지 다양한 주장을 제기하게 되었다. 그러나 이러한 논란에도 불구하고 공자의 사상과 경륜이 주역의 전체계에 영향을 미친 것은 이루 말할 수 없다. 또한 십익을 단전, 상전대상·괘상, 소상·효상, 건문언전, 곤문언전, 계사상전, 계사하전, 설괘전, 서괘상전, 서괘하전, 잡괘전으로 보기도 한다.

5) 십익의 구성

십익 가운데 단사전이 제일 앞에 배열되어 있어 일반적으로 학자들은 단사전이 가장 먼저 형성된 것으로 여긴다. 단사전은 상하편으로 구성되었으며, 주역 64괘의 괘상, 괘명, 괘사를 해석하고 있다. 당唐 이전에는 괘사를 단사象辭라고 불렀고, 단사전은 괘사 즉 단사를 해석한 것이기에 단사전이라는 이름을 얻었다.

상사전 역시 경문에 의해 상하편으로 나뉘며, 64괘의 괘상과 괘사 그리고 효사를 해석하고 있다. 상사전은 대상大象과 소상小象의 두 부분으로 나뉘는데 대상은 괘상과 괘의를 해석하고, 소상은 효상爻象과 효사를 해석한다. 상사전의 명칭은 괘상과 효상을 위주로 괘의를 설명하며, 8괘는 천天, 지地, 풍風, 뇌雷, 수水, 화火, 산山, 택澤이라는 여덟 종류의 자연 현상으로 여기는 취상설取象設에서 연유하였다.

문언전은 건과 곤 양괘兩卦의 괘효사만을 해석하고 있다. 이에 대해 본래 문언전에는 64괘 괘·효사의 모든 해석이 전부 수록되어 있었으나, 대부분 유실되고 현재 남아 있는 것은 건과 곤뿐이라는 견해가 있다. 그러나 이를 증명할 만한 충분한 근거는 없다.

문언전이라 불리게 된 것은 문자로 예전 사람의 언론言論을 기록했기 때문인지도 모른다. 문자를 통해서 보면 문언전은 건과 곤괘를 설명한 경사經師의 기록으로 볼 수 있다.

계사전은 단사전·상사전·문어전이 문구를 좇아서 경문을 해석하는 공통된 특징이 있는데 반해, 괘효사의 의의에 대한 부분적 설명이 들어 있기는 하지만 계사전은 단연 체계적이지 않다. 기본적으로 주역과 서법筮法의 대의를 통론한 것이기 때문에 역대전易大傳이라고도 한다. 또 계사전이라고 부르게 된 것도 주로 괘효사에 따라 주역의 대의를 통론通論했기 때문이며 상하편으로 나뉜다.

설괘전은 주로 8괘의 괘상과 괘의를 해석한 것이다. 8괘의 대표적인 물상에 관한 설괘전의 설명은 춘추전국시대의 서법筮法과 관련이 있다. 설괘전의 앞부분은 8괘의 형성과 성질을 설명하고, 8괘로 여덟 종류의 자연현상을 상징하면서 여덟 개의 방위에 이를 배속시켰다. 그 뒷부분은 괘상과 괘의에 대한 해석이다.

서괘전은 통행본 64괘의 배열 순서를 해석한 것으로서, 서괘전의 괘 해석은 대부분 취의설을 취하고 있으며 대체로 단사전과 상사전의 뜻을 채택하고 있다. 마지막으로 잡괘전은 괘명에 따라 64괘가 32개의 대립면으로 구성되었음을 설명한 것이다. 괘의 순서에 따르지 않고 널리 괘명의 상반된 뜻을 좇아 설명했기 때문에 잡雜이라고 명명한 것이다.

6) 주역의 형성과정

옛사람들은 역경이 오랜 세월의 형성 과정을 거쳐 이루어진 것이라고 여겼다. 첫번째 단계는 복희씨가 8괘의 괘상을 그린 단계로, 이 때는 아직 문자가 없었던 시기이다. 두번째 단계는 주문왕周文王이 8괘를 중첩하여 64괘를 이루고 매 괘효 뒤에 괘효사를 두었던 시기이다. 세번째 단계는 공자가 역전을 지어서 전傳으로 경經을 해석했던 시기이다.

역경은 괘상·괘명·괘사·효사 등의 여러 부분으로 이루어져 있다. 이 부분들이 형성된 선후 과정을 유추해 보면, 먼저 8괘의 괘상이 이루어지고 다시 64괘의 괘상이 이루어진 다음 매괘, 매효 뒤에 괘효사가 만들어졌다. 괘명은 가장 뒤에 이루어진 것으로 주로 괘효사 중에서 추출하였는데 이것은 괘를 지칭하기 편하도록 하기 위해서이다.

그럼 괘사와 효사의 내력을 살펴보면, 역경이 처음 8괘로부터 64괘가 되었을 때는 괘사와 효사가 없었다. 설령 있다 하더라도 고정적인 것이 아니었다. 그런데 점치는 뭇 사람들이 점의 길흉을 용이하게 설명하기 위해 매 괘, 매 효의 뒤에 해설서의 역할을 하는 특정한 문자를 연결시킬 필요가 있었다. 이는 매우 복잡한 작업이었다. 가장 먼저 당면한 문제는 전 64괘로 384효 가운데 어떤 괘와 효가 길하고 흉하며, 또한 어떤 괘와 효가 흉했지만 후에 길하게 될 것인가 하는 문제와 그러한 근거는 어디에 있느냐 하는 것이었다. 이것은 현재까지도 분명하게 알 수 없지만 아마도 오랜 세월에 걸친 점서의 실행과 관련에 있을 것 같다.

7) 주역의 연구

예전의 역경 연구에서는 상호 관련이 있으면서도 상이한 두 가지 연구 방법이 병존해 왔다. 하나는 문자에 대한 훈고訓詁와 고증을 중시하는 방법이고, 다른 하나는 역에 담겨 있는 의리義理를 밝히고 해석하는 것을 중시하는 방법이다. 전자는 주역 경전의 문구와 자의字意를 주해하고 괘상 및 그 논리 구조를 검토 분별하는 것으로 역경의 본래적 의의를 알고자 하는 것이다. 후자는 주역 경전에 담긴 도리를 밝히는 것으로, 때로는 주역 경전을 빌려 자신의 역학관을 피력하거나 자신의 이론 체계를 제시하는 것이다.

오늘날에도 주역을 연구하는 데 이 두 종류의 연구 방법을 참고할 만한 가치가 분명히 있다. 그러나 다음의 두 가지는 주의해야 한다. 첫째는 주역 경전의 훈고와 고증에 대한 연구는 그것이 형성된 역사적 조건을 넘어설 수 없다는 것이고, 둘째는 그 의리를 밝히는데 있어 주역 경전의 문구를 벗어나 임의로 견강부회하며 이를 달리 해석해서는 안 된다는 것이다.

이러한 전통적인 방법 외에 또 다른 학문적 연구 방법이 필요하다. 그것은 주역 계통의 전적典籍을 하나의 역사적 발전 과정으로 보는 것이다. 이 방법으로 주역을 살펴보면 주역은 경經·전傳·학學의 세 부분으로 나누어지는데, 이 세 부분은 각기 다른 시대에 형성된 것으로서 그 시기에 살았던 사람들의 사상적 발전 수준을 반영하게 된다. 그러므로 서로 다른 세 시기의 문헌을 연구할 때에 당연히 그 역사적 배경을 바탕으로 분석 검토해야 한다.

이와같이 주역에 대한 역사적 연구 방법을 운용運用하게 되면 모든 것은 오직 경전만을 좇는다는 사상의 편향성과 고대의 서로 다른 시기의 역경사상을 현대의 사상으로 관찰하려는 잘못을 피할 수 있을 것이다. 그럼으로써 주역의 연구가 신비주의적 분위기로부터 벗어나 건강하게 발전해 가는 길을 선택할 수 있는 것이다.

4 역의 구성 ✳

우주에서 우주의 삼라만상이 무궁한 변화를 일으키고 있는 것은 그와같이 추진하는 역원力源이 있기 때문이니 그것을 가리켜서 변화작용의 본체라고 한다.

주역에서는 이와같은 변화작용을 총칭하여 역易이라 불렀으며, 이를 사용하여 우주의 변화를 표현하였다. 역이 표현하는 우주의 변화는 우주가 창시되기 전 적막무짐寂寞無朕한 상태의 태역이 무無이고, 무에서 음양의 기가 뭉쳐 하나인 태극이 생성되었으며, 태극이 둘인 양의음·양가 되고, 양의가 넷인 사상노음老陰·소양小陽·소음小陰·노양老陽이 되었으며, 사상은 다시 팔괘곤坤·간艮·감坎·손巽·진震·리離·태兌·건乾로 분화되었다.

팔괘는 천지만물의 형상과 형태를 상징하는 근본적이기는 하지만, 우주만물이 변화하고 생성하는 이치는 갖추어지지 않았다. 그래서 8괘의 한 괘한 괘를 둘씩 거듭하여 육십사괘의 주역을 만든 것이다. 이 육십사괘는 삼라만상의 상징이며, 천지만물과 인간이 창조된 원리인 것이다. 본 장에서는역을 구성하고 있는 역원力源들의 생성生成과정을 우주의 공무空無상태인 태역太易부터 차례대로 논하기로 한다.

1) 태극太極

① 태극의 이해

고대 중국의 한 성인이 논하기를 우주의 시초는 무형無形·무기無氣·무질無質·무상無象의 형태로서 적막무짐한 공무의 상태에 있었기 때문에 태역太易이라 하였으며 이후에 하나의 기가 형성되었을 때를 태초太初라 하였고, 이후 기를 형태로서 느낄 수 있었던 때를 태시太始라 하였으며, 이후 기를 재질로서 감지할 수 있었던 때를 태소太素로 하였다.

그러나 기가 생성되고부터 형태와 재질이 이루어지기까지 형질을 갖춘 개체의 물질적 조건은 구비하고 있지만 한계와 구분이 없고, 볼 수도 없으며 들을 수도 없기 때문에 그것을 한덩어리로 태극이라고 부른 것이다. 태극은 원기元氣라고도 불리운다. 우주가 태극에 처해 있을 때에는 비록 음양이 분리되지 않고 아직 천지가 발생하지는 않았지만 이미 기질氣質은 갖추고 있었기에 이후 태극은 음양의 두 기氣로 나뉘고 변화하여 천지가 되었으며 음양 및 천지를 상징하는 건괘와 곤괘가 생겼다.

② 태극의 뜻

태극이란 클·처음 태太, 덩어리·끝 극極이니 공간적으로는 큰 덩어리란 뜻이고, 시간적으로는 처음부터 끝까지라는 뜻이다. 곧 태초太初부터 궁극窮極에 이르는 과정까지의 모든 것을 포함한다는 의미이다.

태극으로 우주 형성의 과정을 논하면 태극은 음양이기가

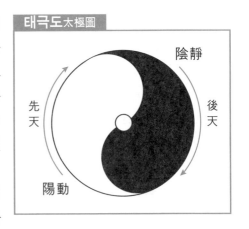

혼돈되어 아직 분화되지 않은 상태를 말한다. 그러나 태극은 운동과 정지

의 본성을 함유하고 있어, 태극이 발동하면 양을 생하고 운동이 극에 이르면 곧바로 정靜해지는데, 정해지면 음을 생하기 시작하고 정이 극이 이르면 발동하기 시작하는 것이다. 양동음정陽動陰靜은 일동일정一動一靜의 운동으로서 상호간에 무한한 협동의 조건으로 일동일정의 순환은 끊임없이 계속되어 음양이 서로 분리될 때 천지가 확립된다고 한다. 또한 음양이 분화하여 상화 배합으로써 목·화·토·금·수의 오행을 생출하게 되고 오행의 기가 이치에 따라 펼쳐지면 1년 사시四時가 이루어진다. 그리하여 음양오행의 정수가 교묘하게 결합하여 만물의 본성을 구성하고, 상호교감으로서 생장함을 이룬다. 여기에서 만물은 생생불식生生不息하여 변화가 무궁하다.

③ 태극도의 원리

태극도를 보면 음양의 위·아래가 서로 그 머리와 꼬리를 둥글게 안고 있어 음양이 상호보충한다는 의미를 가지고 있다. 즉 양의 꼬리부분은 쇠약함을 나타내는데 음의 상체가 이를 보충하고, 음의 꼬리부분은 음의 쇠약함을 나타내는데 양의 상체가 이를 보충한다. 태극도에서 보여 주고 있는 것과 같이 양이 쇠할 때는 음으로 이를 보완하고, 음이 쇠할 때는 양으로 이를 보완하는데 이러한 상호보충을 상반상성相反上成 또는 상호추동推動이라고 말할 수 있으며, 상호추동하는 중에 상호보충하므로써 음양이 공동으로 발전하는 것이 태극의 원리이다.

태극의 음양은 마치 유성이 지구의 대기속에 들어와 빠른 속도로 낙하하는 것과 비슷한 모습으로 동과 서로 양분되는데, 양은 중심으로부터 밖으로 동하고, 음은 반대로 밖으로부터 안으로 정하는 모습으로 그려진다.

이것을 우주생성의 관점에서 보면 맑고 투명한 양은 밖으로 팽창하여 하늘이 되고, 탁하고 흐린 음은 안으로 뭉쳐 땅이 된 것이다. 또 태극의 그림에서 가운데의 원을 황극皇極, 또는 유극有極이라고 하는데, 이는 태극의 구심점에 해당하고, 천체물리학에서 유추하는 블랙홀Black Hole이나 화이트 홀White Hole과도 연관지어 볼 수 있다.

2) 양의兩儀 · 음양陰陽

① 양의음양의 이해

양의兩儀란 두 가지의 생김새·모습·모양을 의미하므로 음과 양 또는 하늘과 땅을 뜻한다. 계사전에서는 역에 태극이 있으니 이것이 양의를 낳고, 양의가 사상四象을 낳고 사상이 8괘를 낳는다고 했는데, 태극은 음양 양획이 서로 섞여 아직 나뉘지 않은 상태를 가리키며, 양위는 음양 2효를 가리키고, 사상은 양의의 위에 각각 일기일우一奇一偶를 더함으로써 이루어진 노양老陽·노음老陰·소양小陽·소음小陰을 가리키며, 8괘는 건·곤·진·손·감·리·간·태를 가리킨다. 우주형상의 과정으로 논하면 태극은 최고 또는 최초의 실체이며 양의는 음양이나 천지가 되고 사상은 춘하추동의 사시가 되며 8괘는 천天·지地·풍風·뢰雷·수水·화火·산山·택澤의 여덟 가지 자연 현상이 되는 것이다.

② 음양陰陽

음양의 학설은 첫째 근취제신近取諸身, 원취제물遠取諸物이라 하였으니, 가까이는 몸에서 관찰하고, 멀리는 주변의 자연과 지리 및 천문학적인 고찰과 자연현상에 대한 관찰을 통하여 기원되었다는 학설이 있고, 둘째 주역에서 기원되었다는 학설이 있으며, 셋째 남녀의 신체적인 특징생식기에서 기원되었다는 학설이 있다. 이 외에도 여러 가지 학설이 있으나 대체로 위의 세 가지가 주종을 이루고 있다. 음양에 대한 이해는 모든 역학 관련 분야의 기초가 되므로 충분히 이해해야 한다.

음양이란 음과 양 두 개의 개체가 서로 결합하여 이루어진 헤어질 수 없는 하나의 조직체로서 상대적相對的인 개념으로 분석한다.

동적動的인 것과 정적靜的인 것, 양지와 음지, 위와 아래, 맑음과 흐림, 강함과 약함, 시작과 끝, 체體와 용用으로 나눌 수 있다. 그리고 물리적으로는 하늘과 땅, 해와 달, 여름과 겨울, 남자와 여자, 임금과 신하, 소년과 노인 등으로 나눌 수 있는데, 세상의 모든 것들을 음과 양으로 구분할 수 있으며 이 모든 것이 곧 우주를 이루는 기본 요소들로서 우주의 변화와 자연, 그리고 인간 만사의 실상을 파악하는 데 필요한 것이다. 즉 시간과 공간 속에서 한 없이 변화하는 우주와 만물의 원리를 탐구하는 원천이 바로 음양이다.

③ 음양의 조화

이 세상에서 음양의 이치에 해당하지 않는 것은 없다. 무無에서 일기一氣로, 일기에서 음과 양, 양의로 발전하였으며, 이 음양의 조화로써 우주가 생성되고, 우주안의 삼라만상이 창조되었다. 사람에서부터 동물·곤충·식물 또한 미세한 박테리아까지도 음양의 조화에 의하여 번식하고, 인류의 과학 문명, 기상 변화 등 모든 만물의 생장 성쇠가 음양의 조화에 의해 이루어진다.

음양의 구분은, 양은 강하고 억세고 빠르고 높고 밝고 거칠고 단순한 특성이 있으며, 음은 약하고 부드럽고 느리고 낮고 어둡고 여리고 복잡한 특성이 있다. 그러나 음과 양의 구분은 음양 양단론으로만 구분 지어서는 안 된다. 이를테면 남자는 양이므로 대부분의 양의 특성을 가지고 태어나며, 여자는 음이므로 대부분 음의 특성을 가지고 태어나지만, 우주의 천지조화는 남자의 특성과 여자의 특성을 보완하여 단점을 보충하고 장점을 더욱 살려서 세상을 함께 살아가도록 한 것이 음양 조화의 이치이기 때문이다.

그러나 음과 양의 구분은 딱 잘라서 어느 한쪽으로만 규정할 수는 없다. 왜냐하면 여름의 경우 날씨는 덥지만 습도가 높으므로 양이 음을 내포하고 있으며, 겨울은 날씨는 춥지만 건조하므로 음이 양을 내포하고 있는 것이다. 또 불 자체는 양이지만, 불이 붙어 탈 때 불속의 내부는 탁하고 어둑하므로 음의 성질이 내포되어 있으며, 물 자체는 음이나 물속은 맑고 투명하니 양의 성질도 내포하고 있다.

이렇듯 음이 있으면 양도 있다는 상대성으로, 서로 상극과 화합을 반복하고 융화하면서 우리의 모든 일상사에 무한대적으로 영향을 미치는 것이 음양의 원리이다.

④ 음양의 상象

주역에서 음과 양의 작용을 상象으로 표시하는데 바로 양효 —와 음효 --
이다. 하늘은 양이고 땅은 음이니, 하늘이 먼저 열리고 땅이 그 다음에 열리
므로 양은 1획으로 표시하고, 음은 2획으로 표시한다. 전언에 의하면 양효
—는 이어졌으니 남자의 성기를 상징한 것이고, 음효 --는 끊어졌으므로 여
자의 성기를 상징한 것이라고 한다.

3) 사상四象

① 사상의 이해

사상이란 음양이 태극으로부터 일변一變한 후, 다시 재변再變한 것을 말한
다. 즉 양효 —를 본체로 하여 양으로 분화한 것이 노양 ═이고, 음으로 분
화한 것이 소음 ⚎이며, 음효 --를 본체로 하여 양으로 분화한 것이 소양
⚍이고, 음으로 분화한 것이 노음 ⚏이다. 사상은 네 가지의 생김새·모습·모
양을 의미하므로 두 가지인 양의보다 한 단계 더 발전하여 구체적인 상을 이
룬 것이다. 그리고 각각의 형질에 의해 붙여진 이름이 노양·소음·소양·노
음이다노양과 노음은 각각 태양太陽과 태음太陰으로 불리기도 한다.

② 사상의 조화

사상의 조화를 논하면 노양 ═은 강직하니 굽힘이 없이 꿋꿋하고, 노음
⚏은 허약하니 부드럽고 온순하며, 소음 ⚎은 외허내실하니 외형내적으로
생장하고, 소양 ⚍은 외실내허하니 내형외적으로 축소된다. 이를 사시四時로
써 논하면, 소음은 내면의 양이 생장하는 상이므로 아침봄이고, 노양은 양
이 자라서 종내는 강건한 상이되므로 낮여름이며, 소양은 내면의 음이 자라
는 상이므로 저녁가을이고, 노음은 자라서 종내는 음이 극성한 상이 되므로

밤거울에 해당한다. 조선 후기 명의인 태양인 이제마는 사상태양·태음·소양·소음의 상과 성질을 유추하여, 인간 또한 소우주로서 음양오행의 한계를 벗어날 수 없음을 깨닫고, 사람도 그 체질에 맞는 약재를 써야 한다는 사상체질을 연구하여 의학 발전에 많은 공헌을 하였다.

4) 8괘 소성괘:小成卦

8괘는 사상이 음양작용으로 분화하여 성립하게 되며 사상이 팔괘를 이룸으로써 삼변三變의 기본과정이 이루어진다. 이것을 도표로 정리하면 다음과 같다.

① 역의 구성도

卦位괘위	8	7	6	5	4	3	2	1
卦名괘명	坤	艮	坎	巽	震	離	兌	乾
八卦팔괘	☷	☶	☵	☴	☳	☲	☱	☰
四象사상	⚏		⚎		⚍		⚌	
兩儀양의	--				—			
太極태극	☯							

태극이 양의음·양가 되고, 양의가 사상이 되고, 사상이 팔괘를 이룸으로써 우주만물의 생성과정을 보여주고 있다. 하나태극: ☯ 가 둘양의:음 --, 양 —을 생기게 했고, 둘이 넷사상:노음 ⚏, 소양 ⚎, 소음 ⚍, 노양 ⚌을 생기게 했으며, 넷이 여덟8괘:곤坤 ☷, 간艮 ☶, 감坎 ☵, 손巽 ☴, 진震 ☳, 리離 ☲, 태兌 ☱, 건乾 ☰을 생하였음을 보여주고 있다.

음 --과 양 —을 기호로 표시할 때는 효爻라고 한다. 양의는 효가 하나씩이고, 사상은 효가 둘이며, 팔괘는 효가 세 개씩이고 소성괘小成卦라 칭한다.

② 8괘의 명칭名稱

괘라는 이름이 쓰이게 된 데에는 여러 가지 설이 있는데, 그중 비교적 괘자의 본래 뜻에 부합된다고 할 수 있는 학설은, 즉 점을 치면서 매 효를 얻을 때마다 이것을 땅에 그려서 기억하기 편리하도록 했다는 것인데, 이렇게 3효 또는 6효를 표시하여 한 괘가 구성되었다는 것이다. 그렇기 때문에 괘자는 두 개의 토土자와 한 개의 복卜자로 이루어졌다고 한다.

8괘는 모두 3획괘로 매 괘는 ━과 ╍이 삼중으로 중첩되어 구성되어 있다. 일반적으로 역을 처음 대할 때는 누구나 매 괘의 괘상을 기억하기가 쉽지 않기 때문에 송대의 유학자 주희는 주역본의周易本義 속에 8괘 취상가八卦取象歌를 기재하여 괘형을 이해하는 데 도움이 되도록 하였다. 그 내용을 도표로 정리하면 다음과 같다.

괘위 괘명	괘상	괘상에 대한 묘사
一 乾川	☰	乾三連건삼연 건은 3효가 모두 이어져 있다
二 兌澤	☱	兌上缺태상결 태는 상효만 끊어져 있다
三 離火	☲	離中虛리중허 리는 중효만 비어 있다
四 震雷	☳	震仰盂진앙우 진은 하효만 이어져 있다
五 巽風	☴	巽下斷손하단 손은 하효만 끊어져 있다
六 坎水	☵	坎中滿감중만 감은 중효만 이어져 있다
七 艮山	☶	艮覆碗간복완 간은 상효만 이어져 있다
八 坤地	☷	坤六斷곤육단 곤은 3효 모두 끊어져 있다

괘위는 괘의 생성순서를 의미하는 것이고, 건·태·리·진·손·감·간·곤은 괘명을 표시한 것이며, 천·택·화·뢰·풍·수·산·지는 그 괘의 가장 대표적인 물상을 표현한 것이다. 그리고 건삼연·태상결·리중허 등은 각 괘의 상을 표현한 것인데 예를 들면 건괘는 3효가 모두 이어져 있어 건삼연으로 표현

하였고, 태괘는 상효만 끊어져 있으므로 태상결이라고 표현한 것이다. 나머지 괘도 동일하다

③ 8괘의 속성

사상四象은 물상적으로 감지할 수 없는 네 가지의 생김새·모습·모양을 말한다. 그러나 8괘부터는 물상적으로 감지할 수 있는 양상으로 드러난다. 따라서 사상은 눈으로 볼 수 없는 형이상학形而上學의 모습이고, 8괘부터는 눈으로 볼 수 있는 형이하학形而下學의 형상이 드러나는 것으로 보아도 무방하다. 8괘를 통한 대표적 사물의 근본과 성질을 도표로 정리하면 다음 페이지 도표와 같다.

건은 하늘을 상징하므로 아버지라 하고, 곤은 땅을 상징하므로 어머니라 한다. 진은 초효에 양효를 구해 득남했으니 장남이라 하고, 손은 초효에 음효를 구해 득녀했으니 장녀라 한다. 감은 2효에 양을 구하여 득남했으니 중남이라 하고, 리는 2효에 음을 구해 득녀했으니 중녀라 한다. 간은 3효에 양을 구하여 득남했으니 소남이라 하고, 태는 3효에 음을 구하여 득녀했으니 소녀라 한다.

이것은 건과 곤 양괘를 부모로 삼고, 그 밖의 6괘를 자녀로 삼은 것이며 그 중의 진·감·간은 장·중·소남으로 나뉘고, 손·리·태는 장·중·소녀로 나뉜다. 이와 같이 8괘는 두 조로 나뉘어 한 조는 남괘로서 건·진·감·간으로 구성되며 건괘를 수괘로 한다. 그리고 다른 한 조는 여괘로서 곤·손·리·태로 구성되며, 곤괘를 수괘로 한다. 여기서의 남괘와 여괘는 계사전의 양괘와 음괘를 뜻한다.

괘상	괘명	인물	성격	자연	인체	동물	오행	색
☰	乾	아버지 임금	군셈 강건 밝음	하늘 위	머리	말	陽金	진한 적색
☱	兌	막내딸 첩 소녀	즐거움 훼절 구설	연못 비	입 혀	양	陰金	흰색
☲	離	작은딸 중녀 (中女)	총명 명랑 빛남	해 · 불 무지개 맑음	눈 심장	꿩 오리	火	붉은색 홍색
☳	震	장남	움직임 조급 놀람	우레 번개	발 간 터럭	용	陽木	파란색 녹색 푸른색
☴	巽	장녀	부드러움화 합, 과단성 일관성결여	바람 나무	다리 기맥	닭 새종류	陰木	청록색
☵	坎	작은아들 중남 (中男)	음험,천함 외유내강 근심	물 달(月) 서리 · 이슬	귀 신장 피	돼지	水	검은색
☶	艮	막내아들 소남 (小男)	정지 막힘 고요함	산 구름 분묘	손 손가락	개	陽土	누런색
☷	坤	어머니	유순 인색 균등	땅 밭이나 들 마을	배 내장 위	소	陰土	황색

④ 8괘의 이해

기본 8괘에는 건괘·태괘·리괘·진괘·손괘·감괘·간괘·곤괘라는 개념을 가진 여덟 개의 형식이 있다. 그런데 이와같은 8괘의 개념은 고정적인 것이 아니고 그 위치에 따라서 개념이 변화한다는 사실이다. 좀더 구체적으로 논하면 괘卦는 그 배속되는 방위여하에 의해서 작용하는 성질이 달라진다. 즉 복희선천팔괘의 경우와 문왕후천팔괘의 경우는 각각 괘의 작용이 서로 다르니 측량할 수 없는 변화가 상象으로서 나타나는 것이므로 이것을 연구하는 것이 바로 역학연구의 시작이다.

건괘의 상을 ☰ 이와같이 표시한 것은 건괘 ☰에 표시된 세 개의 양이 합하면 하나의 양이 되고, 나뉘면 삼양三陽의 형태로 나타나지만 이것은 다만 양의 질량에 대해 일양一陽이 분화한 것임을 표현한 것이다. 즉 건괘는 일양의 끝을 상으로 나타냄으로써 양의 변화작용이 가능하다는 것을 표시한 것이다.

태괘 ☱는 손괘 ☴ 초효의 음이 양에게 밀려서 괘극卦極에까지 올라와 이와같이 변한 것이다. 그러므로 손괘와 같이 강력한 제어력은 없고 다만 양 위에서 때를 포착하는 상이므로, 이 상을 택澤이라고 하며 소녀라고도 한다. 까닭은 태괘는 삼효인 음이 양을 포위하려고 하지만 속에 내장된 양의 힘이 너무 크기 때문에 물이 땅속에 젖어들지 못하고 만물의 표면에서 약동하고 있는 상이므로 이것을 택이라고 하며 소녀라고도 하는 것이다.

리괘 ☲는 양이 상하에 있고 그 중심에 음이 있어서 상하의 양을 견제하고 있는 상이다. 이 괘의 특징은 상하에 있는 양이 허한 음에 걸려서 빛을 밝히고 있는 상인즉 이와같은 허는 상하에 있는 양의 생명력이다. 만일 중심에 있는 허가 그 성질이 변하여 양과 동화한다면 건으로 변할 것이며, 반대로 중심에 있는 허虛가 상하에 있는 양을 동화시킨다면 곤으로 변할 것이다. 따라서 리괘는 건이나 곤으로 변할 수 있는 상을 지니고 있으나 결국은 곤坤으로 변하고 마는 것이니 이것을 화火의 중도적 작용이라고 한다.

진괘 ☳는 주효主爻가 초효에 있을 뿐만 아니라 그것이 양효이므로 위에 있는 두 개의 음을 확장하면서 용출하려는 기상을 가지고 있다. 그러나 음양운동의 이치는 억압하려는 음의 세력이 강하면 양의 반반력 또한 강해지므로 진괘와 같이 주효인 양이 초효에 위치하였을 때는 그 힘이 가장 강력하게 된다. 따라서 이 괘를 뇌雷라고 하며 장남長男의 속성을 지니고 있다.

손괘 ☴는 진괘 ☳와 상이 반대이므로 성질 또한 반대인 것은 말할 것도 없다. 손괘는 초효의 음이 주효로 되어 있어서 위에 있는 두 개의 양효를 견제하고 있다. 이 괘의 상을 자세히 들여다보면 다음과 같은 뜻이 있다. 음양의 이치는 본래 서로 부합하려는 성질이 있는데, 손괘의 경우 초효와 이효는 서로 상비하고 있으나, 이효는 삼효와 비하지 못하고 유리되고 있다. 그러므로 이 괘의 상을 풍風이라고 한다. 이것은 진괘의 경우에 초효의 반발력이 이효보다 삼효에 이르러서 강해지는 것과는 정반대이다. 손괘를 장녀長女라고 하는 것도 반대로 생각하면 쉽게 이해된다. 이와같이 진·손 두 괘는 음양작용이 시종始終의 기본을 이루고 있기 때문에 장남, 장녀라고 하는 바 우주의 음양작용은 실로 여기에서 시작하는 것이다.

감괘 ☵의 상은 리괘와는 정반대이다. 이는 상하에 있는 음이 중정에 있는 양을 포위하고 있으므로 중심의 양이 그 성질을 발휘할 수가 없다. 그러므로 중심의 양이 상하의 음을 동화시킨다면 건이 될 것이고 음한테 동화되어 버린다면 곤이 될 것이다. 그러나 감은 결국 음을 동화시켜 양의 수괘인 건으로 동화되니 이것이 바로 수水의 중도적 작용인 것이다. 이와같이 리·감 두 괘의 상을 유추해 볼 때 중심에 있는 효가 건·곤으로 변할 수 있다는 것은 그것이 바로 건·곤을 대행할 수 있다는 것이다. 그러므로 역은 이를 중남중녀中男中女라 하고 대단히 소중하게 여기는데 그것은 괘의 주효主爻가 중위에 있어서 중용적中庸的인 작용을 하기 때문이다.

간괘 ☶는 진괘 ☳의 초효에 있던 양이 삼효까지 올라간 상을 말한다. 그러면 진의 강하던 양도 힘이 쇠약해져서 더 이상 향상할 수가 없다. 까닭은 양은 음의 압력에 의해서 힘이 생기는 것인데, 이 괘는 양이 삼위에까지 올라가 있으므로 그 힘이 정리되고 만 것이다. 이것을 진의 상과 비교해 보면 진보다 힘이 약한 것은 당연지사이다. 따라서 그것을 간위산艮爲山이라고 하는데 산山이라는 것은 분출이 정지되어서 확장할 수 없는 상을 말한다.

곤괘 ☷의 상은 음 셋이 합하여 한 개의 상을 형성한 것으로서 건의 상과는 정반대이다. 건괘는 중심부위가 충실하나 곤괘는 중심이 비어 있다. 다시 말하면 건은 내용이 차 있는데 반해 곤은 반대로 내용이 비어 있는 상이다. 그러므로 건은 양을 발하려고 하지만 곤은 양을 포장하려고 하는 것이다.

역경 64괘 중에 기본이 되는 괘 여덟 개가 있는데 이를 기본 8괘라고 한다. 즉 모든 괘상은 그 기본 8개가 상하로 겹쳐서 이루어지는 것이므로 8괘의 상만 완전히 터득하면 나머지 56개의 상은 이 가운데 있다는 결론이 나온다. 또 역은 간艮·태兌가 진震·손巽의 종말을 이루면서 중中인 감坎·리離의 작용을 도와서 우주내의 육대변화를 이루는 것이므로 역은 괘의 효를 육효六爻로 정한 것이다.

5) 64괘 대성괘 大成卦

64괘는 소성괘인 8괘를 발전시킨 것이다. 8괘는 천지만물의 형상과 형태를 물상적으로 상징하는 근본적인 것이기는 하지만, 우주 만물이 변화하고 생성하는 이치는 갖추어지지 않은 것이었다. 그러므로 8괘의 한 괘 한 괘를 둘씩 짝을 지어 위아래로 배치하여 64괘를 만든 것이다. 따라서 8괘세개의 효로 된 괘는 64괘여섯개의 효로 된 괘로 발전하였으며 일명 대성괘라 칭한다.

앞에서 논한 바와 같이 8괘는 3획괘인데, 이것이 두 개씩 중첩되어 이루어진 64괘는 6획괘가 된다. 그러므로 64괘 가운데의 매괘는 모두 상괘와 하괘로 구분되는데, 상괘는 외괘外卦 또는 회괘悔卦라 하고, 하괘는 내괘內卦 또는 정괘貞卦라 한다. 상괘와 하괘의 성질을 도표로 정리하면 다음과 같다.

상괘와 하괘의 성정

상괘외괘	오후	후천	외부	양지	흩어짐	위	나감	상대편	용
하괘내괘	오전	선천	내부	음지	모임	아래	물러섬	나	체

상괘와 하괘의 구분

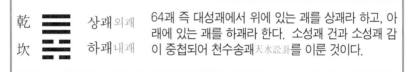

乾   상괘외괘   64괘 즉 대성괘에서 위에 있는 괘를 상괘라 하고, 아
坎   하괘내괘   래에 있는 괘를 하괘라 한다. 소성괘 건과 소성괘 감
                이 중첩되어 천수송괘天水訟卦를 이룬 것이다.

대성괘 즉 64괘 가운데 상·하괘가 같은 괘는 여덟 개 뿐이다. 이것은 같은 8괘가 중첩되어 형성된 것으로서 ☰ 중천건重天乾, ☷ 중지곤重地坤, ☳ 중뢰진重雷震, ☴ 중풍손重風巽, ☵ 중수감重水坎, ☲ 중화리重火離, ☶ 중산간重山艮, ☱ 중택태重澤兌의 모두 여덟 괘이다.

① 괘상卦象, 괘명卦名, 괘사卦辭, 효사爻辭

주역은 64괘로 구성되어 있으며, 매 괘마다 괘상卦象, 괘명卦名, 괘사卦辭, 효사爻辭를 가지고 있다. 예를 들어 건괘를 살펴보자.

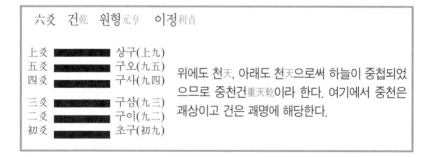

六爻 건乾 원형元亨 이정利貞

上爻 ▬▬▬▬ 상구(上九)
五爻 ▬▬▬▬ 구오(九五)
四爻 ▬▬▬▬ 구사(九四)
三爻 ▬▬▬▬ 구삼(九三)
二爻 ▬▬▬▬ 구이(九二)
初爻 ▬▬▬▬ 초구(初九)

위에도 천天, 아래도 천天으로써 하늘이 중첩되었으므로 중천건重天乾이라 한다. 여기에서 중천은 괘상이고 건은 괘명에 해당한다.

여섯 개의 부호로 이루어진 ䷀이 이괘의 괘상이다. 이것은 3획으로 이루어진 두 개의 건괘가 중첩된 것이다. 괘상 가운데 6획 즉 6효는 아래에서 위로 올라가면서 초효初爻, 이효二爻, 삼효三爻, 사효四爻, 오효五爻, 상효上爻로 구별한다. 괘상은 구분하는 기본 단위가 ━과 --의 두 종류로 되어 있기 때문에, 이것을 쉽게 구분하기 위해서 대략 전국시대부터 ━은 구九로, --은 육六으로 부르기 시작했다. 따라서 모두 ━으로 구성된 건괘 6효의 명칭은 아래부터 순서에 따라 초구初九, 구이初二, 구삼初三, 구사初四, 구오初五, 상구初九라고 한다.

괘상이 괘의 첫머리에 위치한 것은 각 부분 중에서 가장 먼저 나온 것이면서 괘 전체를 대표하는 기초가 되기 때문이다. 괘상 위에 있는 건은 이괘의 괘명이며, 원형, 이정은 이괘의 괘사로서 전체적인 괘의 기본 특징을 설명한다. 괘사는 본래 단사彖辭라고 불렸으나 당唐나라 이후에 괘사로 명칭이 바뀌었다. 곤괘의 예를 들면 다음과 같다.

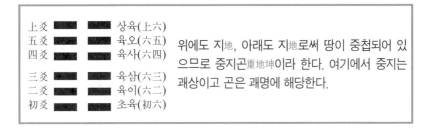

上爻 ▰▰ ▰▰ 상육(上六)
五爻 ▰▰ ▰▰ 육오(六五)
四爻 ▰▰ ▰▰ 육사(六四)

三爻 ▰▰ ▰▰ 육삼(六三)
二爻 ▰▰ ▰▰ 육이(六二)
初爻 ▰▰ ▰▰ 초육(初六)

위에도 지地, 아래도 지地로써 땅이 중첩되어 있으므로 중지곤重地坤이라 한다. 여기에서 중지는 괘상이고 곤은 괘명에 해당한다.

모두 --으로 이루어진 곤괘 6효의 명칭은 아래서부터 순서에 따라 초육, 육이, 육삼, 육사, 육오, 상육이라고 한다. 주역의 64괘 가운데 오직 건괘와 곤괘만이 전부 ━과 --으로 구성되어 있는데 이 양괘의 내용에는 용구用九와 용육用六이라는 두 개의 항이 더 있다. 그러나 용구와 용육은 어떤 구체적인 한 효를 설명하는 것이 아니고 주역의 점치는 방법과 관련이 있기 때문에 효사라고는 할 수 없다.

건과 곤괘 외의 62괘의 괘상은 모두 양효와 음효를 포함하고 있으며, 다만 위치와 수량만이 다를 뿐이다. 각 효의 호칭은 그 성질과 위치에 의해 결정되는 것이므로, 건과 곤의 6효의 호칭보다 복잡하다. 둔괘屯卦와 태괘泰卦의 예를 들면 다음과 같다.

위에는 수水 아래는 뢰雷이니 수뢰둔水雷屯이라 한다. 여기에서 수뢰는 괘상이고 둔은 괘명이다. 소성괘가 중첩한 여덟괘를 제외한 나머지 56괘는 이과 같이 괘명이 정해진다.

위에는 지地, 아래는 천天이니 지천태地天泰라고 한다. 여기서 지천은 괘상이고 태는 괘명이다.

둔괘 6효의 경우 아래부터 초구, 육이, 육삼, 육사, 구오, 상육이라고 하며, 태괘 6효의 경우 초구, 구이, 구삼, 육사, 육오, 상육이라고 한다. 주역은 64괘로 구성되어 있으며 거기에 맞게 64개의 괘사가 있다. 각 괘는 6효로 이루어져 있으므로 64에 6을 곱하면 모두 384개의 효가 있게 되고 따라서 384개 항목의 효사가 있으며, 효사마다 그 앞에 효제爻題가 있다. 예를들면 초구, 구이, 구삼, 구사 등이다. 효사는 한효의 내용과 성정을 설명하는 것으로 각 효는 위치와 성질이 다르기 때문에 효사 역시 각각의 의미로 구분되어 있다.

② 중中·정正·응應·비比

효를 판단하는데 중요한 것은 효와 효 사이의 역학力學관계이며 이 역학

관계를 유추하는데 기준이 되는 것이 중·정·응·비이다. 이 가운데 중과 정은 효가 내제하고 있는 성정의 진위를 가름하고, 응과 비는 주변 효 사이의 관계를 판단한다.

㉠ 중中

중이란 하괘의 중효와 상괘의 중효를 가리킨다. 즉 6효에서 볼 때 2효와 5효를 중이라 하고, 그 자리를 얻는 것을 득중得中이라 한다. 세상의 이치에 부합하는 인간의 덕성은 중용의 도를 얻음을 최상으로 여기는데 주역에서도 역시 득중하는 것을 가장 좋게 평가한다.

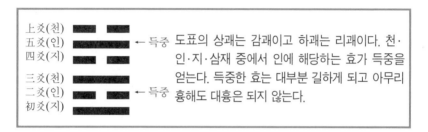

上爻(천)
五爻(인) ← 득중 도표의 상괘는 감괘이고 하괘는 리괘이다. 천·
四爻(지)   인·지·삼재 중에서 인에 해당하는 효가 득중을
三爻(천)   얻는다. 득중한 효는 대부분 길하게 되고 아무리
二爻(인) ← 득중 흉해도 대흉은 되지 않는다.
初爻(지)

㉡ 정正

정이란 음자리에 음효가 들어오고, 양자리에 양효가 들어오는 것을 말한다. 즉 초효, 삼효, 오효는 양수奇:─이므로 양위陽位가 되고, 이효, 사효, 상효는 음수偶: 이므로 음위陰位가 된다. 따라서 양위에 양효가 들어오고, 음위에 음효가 들어오는 것은 바른 것을 얻었다는 의미로 득정得正이라 하고, 반대로 양위에 음효가 들어오고 음위에 양효가 들어오는 것은 부정不正이라고 한다. 주역에서는 득정을 하지 못할 경우 바르지 못하므로 흉하게 판단한다.

도표를 보면 음위인 상효, 사효, 이효 중에서, 양효가 들어온 이효는 부정이 되고, 음효가 들어온 사효, 상효는 정이 된다. 또 양위인 초효, 삼효, 오효 중에서 음효가 들어온 초효는 부정이 되고, 양효가 들어온 삼효, 오효는 정이 된다.

특히 주역에서는 중효中爻가 득정하면 중정中正이라 하여 그 좋은 것은 이루 말할 수 없고, 득정이 아니면서 부정하면 그 흉함은 이루 말할 수 없다.

ⓒ 응應

대성괘에서 상괘의 효와 하괘의 효는 서로 같은 위치끼리 관계를 맺는 것으로 본다. 따라서, 응이란 하괘의 첫효인 초효와 상괘의 첫효인 사효, 하괘의 두 번째 효인 이효와 상괘의 두 번째 효인 오효, 하괘의 세 번째 효인 삼효와 상괘의 세 번째 효인 상효가 서로 짝을 지어 관계함을 말한다. 서로 관계를 맺는 두 효가 각각 음양이면 정응正應이라 하고, 두 효가 모두 음이거나 양이면 불응不應이라고 한다. 즉 음과 양은 서로 합해서 응하지만 음과 음 또는 양과 양은 서로 합하지 못하고 불응한다. 이는 주역의 근본이 되는 음양화합 일치를 나타낸 것이며 정응 가운데서도 중효인 오효와 이효가 정음인 경우가 가장 좋은 유형이다.

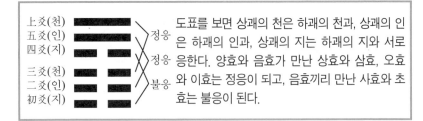

도표를 보면 상괘의 천은 하괘의 천과, 상괘의 인은 하괘의 인과, 상괘의 지는 하괘의 지와 서로 응한다. 양효와 음효가 만난 상효와 삼효, 오효와 이효는 정응이 되고, 음효끼리 만난 사효와 초효는 불응이 된다.

㉣ 비比

비란 서로 이웃하고 있는 효와 효 사이의 관계를 말하며, 이 경우에도 음양의 이치로 판단한다. 즉 음효와 양효가 서로 이웃한 것을 상비相比라고 한다. 다만 응 관계는 바른 이치로 합하는 것이고, 비일 경우에는 제한이나 규정이 없는 평범한 합이므로 바른 짝이 아니다. 따라서 정응하는 것이 있으면 비를 버리고 정응과 결합시킨다. 정응의 관계가 비의 관계보다 결속력이 강하기 때문이다.

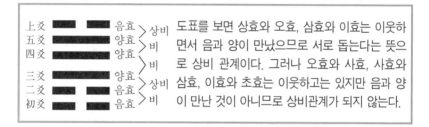

上爻 ▅▅ ▅▅ 음효 〉상비
五爻 ▅▅▅▅▅ 양효 〉비
四爻 ▅▅▅▅▅ 양효 〉비
三爻 ▅▅▅▅▅ 양효 〉상비
二爻 ▅▅ ▅▅ 음효 〉비
初爻 ▅▅ ▅▅ 음효

도표를 보면 상효와 오효, 삼효와 이효는 이웃하면서 음과 양이 만났으므로 서로 돕는다는 뜻으로 상비 관계이다. 그러나 오효와 사효, 사효와 삼효, 이효와 초효는 이웃하고는 있지만 음과 양이 만난 것이 아니므로 상비관계가 되지 않는다.

이와같이 괘사를 보는 경우는 상괘와 하괘의 상象이 큰 의미가 있으며 효사를 보는 경우는 그 음양의 위치와 응과 비의 관계를 항상 염두에 두어야 한다. 중과 정을 얻지 못해도 응이나 비가 도와주면 그리 흉하게 되지는 않는다.

③ 6효의 귀천

효의 위치에 따라서 시회적으로 의미하는 바가 있는데, 도표로 정리하면 다음과 같다.

효위	귀 천	회 사	연 령	삼 재
상효	상왕上王	회장	61	천
오효	군주君主	사장	51	천

사효	공경共卿	중역	41	인
삼효	대부大夫	부장	31	인
이효	사士	과장	21	지
초효	서민	사원	11	지

대저 만물의 생성 과정의 단계를 나타내는 것으로서 초효를 싹이 돋아나는 상태, 상효를 완성상태로 볼 수 있다. 이 경우 삼효는 하괘에서 상괘로 진행하는 위치에 있으므로 가장 위험한 시기이다. 따라서 삼효에는 소수의 예외를 제외하고는 모두 경거망동을 삼가는 효사가 기록되어 있다.

천·인·지 삼재의 생성 순서는 상효부터 초효까지 천·인·지 순으로 생성되었으나, 현상을 유추하는 순서는 초효부터 상효까지 지지·인인·천천 순으로 현상의 실체를 파악한다.

5 주역의 구성체계 ❀

주역의 구성 단위는 괘卦이며, 책 전체가 64괘로 구성되어 있다. 대체로 전국시대부터 주역은 상·하로 나누어지는데 상편이 30괘이고, 하편이 나머지 34괘이다.

1) 상편 30괘

건乾, 곤坤, 둔屯, 몽蒙, 수需, 송訟, 사師, 비比, 소축小畜, 리履, 태泰, 비否, 동인同人, 대유大有, 겸謙, 예豫, 수隨, 고蠱, 림臨, 관觀, 서합噬嗑, 비賁, 박剝, 복復, 무망无妄, 대축大畜, 이頤, 대과大過, 감坎, 리離

2) 하편 34괘

함咸, 항恒, 돈遯, 대장大壯, 진晉, 명이明夷, 가인家人, 규睽, 건蹇, 해解, 손損, 익益, 쾌夬, 구姤, 취萃, 승升, 곤困, 정井, 혁革, 정鼎, 진震, 간艮, 점漸, 귀매歸妹, 풍豊, 려旅, 손巽, 태兌, 환渙, 절節, 중부中孚, 소과小過, 기제旣濟, 미제未濟

3) 괘명의 유래

8괘와 64괘는 모두 일정한 명칭을 가지고 있는데, 이것이 괘명이며, 괘명의 출현은 지칭을 편하게 하기 위해서였다. 그렇다면 괘명은 어디에 근거를 두고 만들어졌을까?

먼저 8괘의 명칭부터 논하기로 한다. 전언에 의하면 고대의 학자들은 대체적으로 두 가지의 견해를 제시한다. 그 첫째가 취상설取象說인데, 8괘란 자연계의 사물 현상에 대한 관찰에서 비롯된 것으로서 괘상과 괘명은 통일되어 있으며, 이것들 모두 그 괘가 모방한 사물과 관련이 있는 것으로 보는 설이다. 예를들면 건괘의 상은 천天인데 건은 고대의 천이다. 그렇기 때문에 이 괘를 건이라 붙인 것이다.

또 곤괘의 상은 지地인데 곤의 본뜻은 땅이므로 이괘 곤이라 이름 붙인 것이다. 괘명에서 유래에 대한 또 다른 견해는 취의설取義說이다. 이것은 8괘의 괘상은 각각 특정한 의미를 대표하는 것으로서, 괘명은 바로 이 괘상이 대표하는 의미로 규정된다고 보는 설이다. 예를 들면 건괘는 모두 양효로서 강건을 주장한다. 그래서 건으로 이름을 삼고 끊임없이 전진한다는 뜻이다. 또 곤괘는 모두 음효로 구성되어 있으며 그 의미는 유순함이다. 그래서 순順의 뜻을 가진 곤을 이름으로 삼은 것이다. 이렇게 괘명의 유래에 대한 두 가지 설명은 서로 다르지만 모두 괘명과 괘상 사이에는 필연적인 관련이 있다는 공통점이 있다.

고대의 학설은 괘명에 대해 뜻깊은 의미를 내포하고 있는 하나의 주제로 인식하여, 괘상을 중심으로 한 괘명의 의의를 이해하고, 괘명이 한 괘의 주되는 요지를 반영한 것이라 설파하였으나, 현대의 학자들은 역경이 시작되었을 때는 괘효사만이 있었고 각 괘 사이는 단지 괘상에 의해서만 구분되었는데, 후대에 들어와서 괘효사에 근거하여 괘명을 붙인 것이라고 생각하여, 괘명 문제를 연구할 때 괘상은 버리고 괘효사를 중시하는 새로운 견해를 제시하였다. 이는 64괘 가운데 단지 곤괘·소축괘·태괘·대유괘·중부괘의 다섯 개의 괘명만이 괘효사와 무관하고 나머지 59괘의 괘명은 모두 괘효사와 관련이 있다고 한다.

예를들어 둔괘라고 이름을 붙인 것은 이 괘의 육이 효사와 구오 효사에 모두 둔屯자가 있는 데서 비롯된 것이며 수괘의 괘명은 이 괘의 초구 효사, 구이 효사, 구삼 효사, 육사 효사, 구오 효사에 모두 수需자가 있기 때문에 붙인 것이다. 다음은 괘효사 가운데 자주 나타나는 중요한 두 개의 글자를 취하여 괘명으로 삼은 경우인데, 예를 들어 귀매는 이 괘의 초구, 육삼, 구사, 육오의 사辭에 모두 나오며 동인, 무망, 명이도 그 괘의 효사 가운데서 여러 번 나온다.

이외에도 괘효사 가운데서 자주 나타나는 중요한 글자에다 다른 한 글자를 덧붙여 괘명으로 삼은 경우인데, 서합괘, 대장괘, 소과괘가 이런한 경우에 속하며, 괘효사 내용중의 사물을 취하여 괘명으로 삼은 경우도 있다. 이는 대축괘, 한 괘가 이에 해당한다. 이것은 괘효사 가운데 우牛, 마馬, 시豕 등의 커다란 가축이 나오기 때문에 대축이라 한 것이다. 또 괘효사 가운데 자주 보이는 중요한 한 개의 글자가 그 내용 중의 사물을 취하여 괘명으로 삼은 경우로서 가인괘와 미제괘가 있으며, 괘효사 가운데서 자주 등장하는 중요한 한 개의 글자 및 그 내용 중의 사물에다 한 글자를 덧붙여 괘명으로 삼은 경우인데, 이는 대과괘와 기제괘가 이러한 경우에 해당한다.

이상과 같이 괘명이 단지 괘효사의 내용 가운데에서 나온 것이라면 다른 특별한 의미는 없을 것이다. 그러므로 고대 사람들처럼 괘명을 지나치게 맹신하거나 괘상을 중심으로 한 괘명에 의의를 부여하여 그 괘명이 한 괘의 주지를 반영한 것이라고 생각할 필요는 없다. 단지 괘명은 한 괘의 표식이며 각각의 괘를 구분하기 편리하도록 덧붙힌 부호 정도로 생각하면 된다.

4) 괘의 순서괘서

괘의 순서란 주역 64괘의 배열순서를 말한다. 역사적으로 괘서는 여러 종류가 있었으나 오늘날 상세히 알 수 있는 괘서는 통행본 주역의 괘서와 백서본 주역의 괘서 두 종류이다.

　통행본 주역의 64괘 배열순서는 건을 첫머리로 하여 곤이 이를 받고 미제괘가 마지막에 놓이므로써 현재 주역의 괘서와 동일하다. 그러면 통행본 주역의 배열순서는 어떤 특징이 있을까?

　이에 대한 학자들의 설명은 여러 가지이나 그 중에서 가장 먼저 이에 대해 설명하고 있는 것은 한漢나라 초기 이전에 이루어진 서괘전序卦傳이다.

　서괘전은 역전 일곱 종류 가운데 하나이며 64괘의 배열순서에 대해 건괘와 곤괘에서부터 기제괘와 미제괘에 이르기까지 하나의 인과관계의 연속으로 논하고 있다. 즉 후괘는 앞의 괘로 인해서 오는 것이고 서로 계승하는 관계이거나 인과관계로 이어진다. 또 서괘전은 괘명의 의미를 중시한다. 그런데 단지 건괘와 곤괘의 해설에서만 취상설에 의거하여 건을 천으로 곤을 지로 설명하고 있다.

　그것은 옛 중원의 고대인들은 천지가 기운을 합하여 만물을 형성한다고 생각하였다. 64괘 가운데 세번째인 둔은 충만하다는 뜻으로 천지간에 만물이 충만하기 때문에 건과 곤 뒤에 둔괘가 오는 것이다. 또한 둔은 만물이 처음 생겨날 때를 가리키며 몽은 사물의 육성을 의미하므로 준괘 뒤에 몽괘가 있다. 그러나 사물이 어릴 때는 양육이 필요하다. 그래서 몽괘 다음에 음식의 뜻인 수괘가 오는 것이다. 이와 같이 서괘전은 단지 괘명으로써 전후괘의 관계를 분석하고 있으며 오늘날의 주역 연구에도 많은 영향을 끼치고 있다.

　백서본 주역의 괘서는 통행본 주역과는 달리 건괘로 시작하여 익괘로 종결 짓는다. 백서본 64괘는 여덟 개의 조로 나누어져 있고, 매 조는 여덟 개의 괘로 구성되며 상괘와 하괘의 배열에도 일정한 규칙이 있다. 역전 설괘전에서는 이러한 원리를 이해하고 앞장에서 논한 8괘의 속성을 대입하였다. 즉 건과 곤 양괘를 부모로 삼고 그 밖의 6괘를 자녀로 삼은 것이다. 그 중의 진·감·간은 장·중·소남으로 분리하고, 손·리·태는 장·중·소녀로 분리한다. 이와같이 8괘는 두 조로 나뉘어 한 조는 남괘男卦로서 건·진·감·간으로 구성되며 건괘를 수괘로 하고 다른 한 조는 여괘女卦로서 곤·손·리·태로 구성되며, 곤괘를 수괘로 한다.

여기서의 남괘와 여괘는 계사전의 양괘와 음괘를 의미하고, 8괘의 속성은 기문둔갑 구궁의 인사人事해석에도 폭넓게 활용된다.

이와같이 통행본과 백서본 주역의 괘가 서로 다르며 각기 일정한 특징이 있음을 알 수가 있다.

5) 괘효사의 이해

괘사는 효와 더불어 주역을 구성하는 중요한 부분이다. 괘사는 원래 점서의 기록으로 후에 학자들이 각 괘와 효의 뒤에 그 괘사와 효사를 편찬하는 일정한 과정을 거치면서 괘효사가 이루어지게 되었다. 괘효사의 내용은 대체적으로 세 가지로 분류할 수 있는데 첫째는 자연 현상의 변화로 인사의 변화를 비유하고 있으며, 둘째는 인사의 득실得失을 설명하는 내용이고, 셋째는 길흉을 판단하는 어구語句인 점사占辭이다. 예를 들면 이정利貞, 구咎, 불사不死, 여厲, 회悔, 무강无强, 길吉 등이다.

이런 괘효사는 고대 사회의 여러 방면의 상황들을 연구할 수 있는 자료라 할 수 있는데, 상공, 농경, 공예, 정치조직, 가족 관계, 제사, 전쟁, 종교, 문화, 예술 등의 많은 정보를 함유하고 있다. 또 효사의 주도적 사상은 점서로서의 성격을 입증하는 것이지만 효사 가운데는 철학사상의 싹을 지닌 것도 있다. 이에 대한 구체적인 내용은 64괘의 본론에서 논하기로 한다.

6 역학의 기본 지식

주역을 대할 때 가장 먼저 할 일은 역학에 관한 기본지식을 갖추는 일이다. 단연히 역사적 사실과 과학적 실증없이 임의대로 상상하여 역의 이치를 설명하면 안 된다. 따라서 본 장에서는 역학의 기초지식인 음양오행의 궁통과 수리數理이 대하여 논하기로 한다.

1) 역易

역이란 우주의 변화하는 원리를 일컫는 말로 바뀌고 순환하는 자연 그대로의 의미를 말한다.

지구는 자전하고 공전하며, 해와 달은 뜨고 진다. 봄·여름·가을·겨울이 순환하면서 세월은 흐르고, 인간 역시 태어나서 성장하고, 늙어서 흙으로 돌아간다. 이렇듯 시간과 공간 속에서 변화하는 우주의 만물 만상의 원리를 표현한 것이 역이다.

2) 역의 발전

역의 발전은 무극無極에서 일기一氣가 생기고, 일기가 나뉘어 양의음양가 되었으며, 양의는 사상태양·태음·소양·소음을 낳고, 사상은 팔괘감·곤·진·손· 건·태·감·리로 발전하였으며, 팔괘는 다시 한 괘 한 괘를 서로 한번씩 합하여 육십사괘로 대성괘를 이루어 삼라만상의 이치를 깨우치는 주역이 탄생하였 고, 일기에서 음양으로, 음양은 다시 오행목·화·토·금·수으로 화化하고 화한 오행의 생·화·극·제生和剋制를 인간 만사의 길흉화복을 예지하는 역리학易 理學이 탄생하게 되었다.

3) 음양陰陽의 원리

음양이란 음과 양 두 개의 개체가 서로 결합하여 이루어진 떨어질 수 없 는 조직체로서 서로 합하고 도우며 의지하고 소통하여 하나를 이루는 것이 다. 그러하기 때문에 천지만물이 각자 뜻한 바를 얻을 수 있게 된다. 괘효상 을 포괄해서 형상을 지닌 그 어떠한 것도 음양의 양면을 함유하고 있으며, 형태상으로는 양성이나 음성의 사물에 속한다 할지라도 그 대립적인 면을 포함하고 있다. 이것은 양 혼자 만물을 생할 수도 없고 음 혼자서 만물을 완 성시킬 수 없으며, 음양은 언제나 융합되어 일체를 이루고 있어 서로 분리될 수 없기 때문이다.

음양이기陰陽二氣는 서로 반대하고 대립하면서도 서로 끌어당기고 도우며, 서로 왕성하게 교합하여 화목하게 협력하면서 하나를 이루고 있기 때문에, 만물의 본체를 구성하면서 사물의 변화를 추동하는 원동력이 된다. 역경도 음양의 이원론에서 시작되었다. 이를테면 우주의 기운과 인간의 기운이 상 호작용하여 새로운 상황을 낳고 발전과 번영을 거듭하면서 우주와 인간의 기운이 가장 근접할 수 있는 정점을 찾는 학문이 바로 주역이다.

4) 오행五行

오행이란 태양太陽·태음太陰·소양小陽·소음小陰과 더불어 지구地球의 변화하는 원리를 목·화·토·금·수의 다섯 종류의 상像으로 설명한 것으로 복합적인 개념을 가지고 있다. 즉 오행에는 방위와 공간, 시간과 계절, 삼라만상의 온갖 사물들의 기본 성정을 함축하고 있으며, 우주가 변화하고 순환하는 개념을 다섯 가지 물상을 취하여 설명한 것으로 돌고 도는 오행의 이치 속에 역易이 변화하는 원리를 내포하고 있다.

木 火 土 金 水
목 화 토 금 수

목·화·토·금·수를 오행이라 칭한다. 오행은 나무·불·흙·쇠·물을 대변하는 기호로서, 순환하는 개념을 내포하고 있으며 돌고도는 오행의 이치 속에서 우주 변화의 원리와 세상만사의 흐름을 말할 수 있다.

5) 오행의 생극生剋

오행간의 생生하는 것을 상생相生이라 한다. 서로 도와주는 상생관계는 목생화木生火·화생토火生土·토생금土生金·금생수金生水·수생목水生木의 다섯 가지이다. 먼저 나무로 불을 지피므로 목생화이고, 불에 타고 남은 재는 땅으로 돌아가니 화생토이며, 흙속에서 광석을 캐내므로 토생금이고, 차가운 쇠에는 이슬이 맺히고 이슬이 모여 큰 물을 이루므로 금생수이며 물에 있어야 나무가 자랄 수 있으니 수생목이다.

오행간의 극剋하는 것을 상극相剋이라 한다. 서로 다투는 상극관계는 목

극토木剋土·토극수土剋水·수극화水剋火·화극금火剋金·금극목金剋木의 다섯
가지이다. 나무는 흙속을 헤집고 뿌리를 내리므로 목극토이고, 흙으로 댐을
쌓아 물을 가두거나 간척을 하므로 토극수이다. 물로 불을 제압하므로 수극
화이고, 불에 쇠를 달구어 녹이므로 화극금이며, 쇠로 도끼·톱·낫 등을 만
들어 나무를 자르므로 금극목이다.

이와같이 상생·상극을 생각하면, 상생은 좋고 상극은 나쁘다고 생각할
수 있겠으나 그것은 아니다. 그 모든 것을 어떻게 쓰여지느냐에 따라서 좋
을 수도 있고 나쁠 수도 있는 법이다. 예를 들면 어떤 오행이 약해서 상태가
나쁠 경우에는 생하는 오행을 만나면 좋은데, 만일 너무 많이 생해서 넘쳐
버리면 오히려 나쁜 결과를 초래하고 반대로 강하면 극하거나 설기泄氣하는
오행을 만나야 좋은데 너무 많이 극하거나 설기하여 부족하면 나쁜 결과가
올 수 있다. 이처럼 너무 넘치거나 부족한 오행의 생과 극은 모두 좋지 않다.

이러한 음양오행 학설을 토대로 하여 고대의 한 학자는 오행의 팔궁괘 및
괘중의 각효에 배치시키는 팔궁괘설八宮卦說 또는 납갑설納甲說을 제기하였
다. 이것은 건괘에는 양금陽金을, 곤괘에는 음토陰土를, 진괘에는 음목陰木을,
손괘에는 양목陽木을, 감괘에는 수水를, 리괘에는 화火를 간괘에는 양토陽土
를, 태괘에는 음금陰金을 배치하였으며, 건·진·감·간·곤·손·리·태의 순서
에 따라 64괘를 팔궁이라 일컫는 여덟 개의 조로 나누어 10천간天干으로 배
열하고 이에 해당하는 각효를 12지지地支로 배열하였다.

이것은 괘효상의 변화로 음양오행의 궁통을 표현한 것으로서 8괘를 주괘
로 삼고, 그 6효의 위位를 종효로 삼아, 주괘와 종효 사이에는 오행의 변화
에 따른 생화극제生和剋制의 관계가 존재하는 것으로 여기고 이로써 괘효사
의 길흉화복을 설명하였다. 또 오행의 상생相生 순서에 의해 팔궁술로 64괘
를 분별하여 목·화·토·금·수의 오성五星에 배치하고 천문학중의 점성술로
인간사의 길흉을 해석하였으며 더 나아가 기후의 이상 현상과 음양재변陰陽
災變까지도 설명하였다. 위에서 논한 납갑설의 뜻은 갑甲이 10천간의 으뜸이

되기 때문에 납갑納甲이라 한 것이다.

　이와 같은 역의 발전은 음양이기의 운행과 오행의 생극을 곧바로 8괘와 64괘의 틀 속에서 표현하여 서한西漢 이래의 자연철학을 더욱 체계화하였다. 팔궁괘설의 이론은 기문둔갑의 구궁 해석에도 유사하게 적용된다.

6) 간지干支

　음양은 오행으로 나뉘고, 오행은 다시 십간十干과 십이지十二支로 발전하면서 분열과 확장을 거듭하며 우주의 근간을 이룬다. 그러므로 십간과 십이지는 음양오행의 기운을 표현하는 가장 대표적인 기초문자이다. 이 십간 십이지에는 음양오행에서 각자의 기운을 나타내는 수리, 계절, 색상, 방향, 맛, 성품 등 온갖 기운을 암시하고 있다.

① 천간天干

甲	乙	丙	丁	戊	己	庚	辛	壬	癸
갑	을	병	정	무	기	경	신	임	계

② 지지地支

子	丑	寅	卯	辰	巳	午	未	申	酉	戌	亥
자	축	인	묘	진	사	오	미	신	유	술	해
쥐	소	범	토끼	용	뱀	말	양	원숭이	닭	개	돼지

중국 고대의 황제씨가 나라의 어려움을 바로잡고 백성들의 평안을 위해

하도河圖의 상생원리를 응용하여 천간은 십간으로 하는 모양을 본떠 만들었고, 지지는 십이지지로 땅의 모양을 본떠 만들었으며, 열두 마리의 동물을 상징하고 있다.

③ 간지의 음양오행

음양이 오행으로 오행은 다시 십간·십이지로 세분화되었으므로 십간과 십이지는 근본적으로 음양오행의 기운을 배포하고 있다.

천간은 하늘을 상징하므로 하늘 천天자를 붙여 천간天干이 되었고, 지지는 땅을 상징하므로 땅지地자를 붙여 지지地支가 되었다.

천간 甲·丙·戊·庚·壬은 양에 속하므로 양간陽干이라 하고, 乙·丁·己·辛·癸는 음에 속하므로 음간陰干이라 한다.

지지 子·寅·辰·午·申·戌은 양에 속하므로 양지陽地라 하고, 丑·卯·巳·未·酉·亥는 음에 속하므로 음지陰地라 한다.

지지의 음양구분은 해당하는 지지 동물의 발가락 숫자에 의해 구분하는데, 예를 들면 동물들의 발가락 숫자가 홀수 1·3·5·7·9이면 양이고, 짝수 2·4·6·8·10이면 음이다.

④ 육십갑자六十甲子

천간과 지지를 양간은 양지, 음간은 음지와 순서대로 결합하면 육십갑자가 성립된다. 천간과 지지의 결합에 있어 양간과 음지, 음간과 양지는 절대로 결합하지 않으며, 천간 열자와 지지 열두자를 한번씩 순환하여 돌리면 모두 여섯 번이 돌아가므로 육십 종에 이르고, 첫머리 갑자를 붙여 육십갑자라 칭한다.

7) 하도의 수리數理

음양오행의 원리는 하도河圖의 이치를 활용한 것이다. 천간은 한번 양하고 한번 음하는 원리에 의해 천도天道의 운행을 주장하고, 지지도 하도의 오행 상생의 이치에 의해 결과를 이룬다. 하도·낙서의 도면은 앞장 역의 발전편을 참조하기 바란다.

① 하도수河圖數의 배합配合

하도를 보면 하얀 점은 홀수, 검은 점은 짝수로 하여 모두 55개의 점으로 구성되어 있다. 1·2·3·4·5는 안에 있어 근본이 되니 만물의 생명을 낳는 생수生數라 하고, 6·7·8·9·10은 외부에서 둘러싸고 있어 형상을 갖추니 만물의 형체를 이루는 성수成數라고 한다. 6·7·8·9·10의 성수는 1·2·3·4·5의 생수에 각각 5점中宮의 생수씩 더하여 이루어진 것이다. 따라서 1·2·3·4·5는 성수 6·7·8·9·10을 낳는 체가 되며 성수 6·7·8·9·10은 생수 1·2·3·4·5를 이루는 용이 된다. 또한 홀수와 짝수의 관계로 볼 때 홀수 1·3·5·7·9는 양수이자 동적이므로 천수天數에 해당하고, 짝수 2·4·6·8·10은 음수이며 안정된 상태이므로 지수地數에 속한다. 천수의 합은 1+3+5+7+9=25이고, 지수의 합은 2+4+6+8+10=30이므로 그 총합은 55이며 하도수河圖數라 하고 선천수先天數라고도 한다.

② 하도오행은 음양의 조화로 이루어진다. 즉 양수인 1은 음수인 6과 합하여 수水를 생성하고, 음수인 2는 양수인 7과 합하여 화火를, 양수인 3은 음수인 8과 합하여 목木을, 음수인 4는 9와 합하여 금金을 생성한다. 중앙의 5는 생수의 체로써 생수의 체인 10과 합하여 토土를 생성하니, 이 5와 10을 중심으로 모든 조화가 이루어진다. 음양오행과 하도수와의 관계를 도표로 정리하면 다음과 같다.

기본수	1	2	3	4	5	6	7	8	9	10
십간	甲	乙	丙	丁	戊	己	庚	辛	壬	癸
음양	양	음	양	음	양	음	양	음	양	음
오행	목		화		토		금		수	
하도수	3	8	7	2	5	10	9	4	1	6

기본수	1	2	3	4	5	6	7	8	9	10	11	12
십이지	子	丑	寅	卯	辰	巳	午	未	申	酉	戌	亥
음양	양	음	양	음	양	음	양	음	양	음	양	음
오행	수	토	목	토	화		토		금		토	수
하도수	1	10	3	8	5	2	7	10	9	4	5	6

③ 하도를 오행으로써 풀이하면 수水로부터 만들어 비롯되며, 물이 아래로 흐르는 이치에 의해 아래쪽의 북방에 1·6수가 배치되고, 화火에서 만물이 성장하며 불이 위로 타오르는 이치에 의해 위쪽에 남방의 2·7화가 배치되며, 하도의 상하는 오행의 기氣로써 대비된다. 또한 목木의 기운으로 만물의 싹이 트이므로 해가 뜨는 동방에 3·8목木이 자리하고, 금金의 기운으로 만물이 열매를 맺으므로 해가 지는 서방에 4·9금金이 자리하며 하도의 좌우는 오행의 질質로써 대비된다.

상하 좌우의 수·화·목·금은 모두 토土를 근본으로 하여 생성유행生成流行하며 중앙의 5·10 토土가 중재·조절함으로써 오행의 조화가 있게 된다. 그러므로 토는 오행의 기氣와 질質을 같이 구비하고 있으며 시간적으로 보면 오행상호간에 서로를 낳고 낳아 무한대로 순환하는 오행상생의 이치가 나타난다. 이와같이 음양수의 배합이 있어야 비로소 천지의 기가 만물을 화생할 수 있다. 이렇게 배합된 천지의 총수는 55이며, 이 또한 대연수大衍數이다. 그런데 오행의 기는 각기 서로 합하여 통하기 때문에 5수를 감하게 되면 단지

50의 수를 갖게 된다. 때문에 대연大衍의 수數는 50이 되는 것이다.

8) 낙서의 수리數理

하도는 오행이 상생하는 이치인데 반해 낙서는 오행이 상극하는 이치가 나타난다. 또한 낙서의 수리를 후천수라고도 한다.

① 낙서를 거북 등의 위치로써 살펴보면 한 가운데 다섯 개의 흰 점을 중심으로 아래에 1를, 위에 9, 좌측에는 3, 우측에는 7이 상하 좌우로 마주하여 있고, 윗모서리 좌우에 4와 2가, 아랫모서리 좌우에 8과 6이, 총 45개의 점이 9궁九宮으로 나뉘어 배열하고 있다. 낙서는 불규칙하게 배열해 있는 것 같지만, 사방 좌우의 합의 수가 15이며, 중앙의 5를 중심으로 각각 제 위치를 잡고 있다. 곧 중앙의 5가 조화의 주체임을 나타낸다.

② 하도와 낙서를 근본으로 선천팔괘와 후천팔괘의 괘위卦位:괘의 방위 수와 효획 관계를 비교해 보면 먼저 선천팔괘는 효획의 합이 각각 9이다. 예를 들면 건괘 3획과 곤괘 6획의 두 합이 9획, 또 괘위의 합도 9를 이루는 반면 1건과 8곤의 괘위의 합이 9, 후천팔괘는 서로 마주보는 1감과 9리, 2곤과 8간, 3진과 7태, 4손과 6건이 각각 10을 이루니 선천팔괘는 선천하도의 10을 체로 하여 9를 용으로 삼고, 후천팔괘는 후천낙서의 9를 체로하여 10을 용으로 한다. 즉 선천은 10체9용生하는 가운데 극하는 원리이 근본이요, 후천은 9체10용극하는 가운데 생화는 원리이 근본이다.

선천의 생성生成함은 오행생성의 원리요, 후천의 극화剋化됨은 오행상극의 작용이다. 그러나 상생에는 상극이 내포되어 있으니 선천에는 만물이 생장하는 가운데 오히려 생존경쟁과 약육강식이 있는 것이고, 상극의 원리에도 그 이면에 상생의 이치가 있으니 바로 만물이 성숙되어 열매를 맺는 데에는 비록 깎여 떨어지는 고통이 있지만, 이로 인해 씨를 뿌리고 결실의 기쁨도 함께 누리는 것이다. 예를 들면 화火가 금金을 극하지만 화火가 생하는 토土가 다시 금金을 생한다. 그래서 상극 속에 상생이 존재하는 것이다.

9) 하도와 낙서

하도와 낙서의 목적은 8괘의 내원을 설명하는 데 있다. 즉 괘상은 수數로부터 생겨난 것이므로 수가 없으면 주역의 괘상은 그 근본을 논할 수가 없다.

그래서 역수易數는 하도와 낙서 중에 포함되어 있으며 그 수의 배열과 조합으로 사상四象과 8괘를 얻게 된다. 또 하도와 낙서 두 그림 모두가 천지자연의 수를 구체적으로 드러내고 있기는 하지만, 하도수는 그 상은 있으나 아직 형을 이루지 못했음을 표현하였고, 낙서수는 이미 그 형을 이루었음을 표현하였다. 즉 하도는 그 상象을 열어 보이고 낙서는 그 형을 펼쳐 보여서 괘상 및 만물의 형성이 상으로부터 형으로 전개되는 것을 나타나는데 이것은 하도와 낙서 그 어느것도 없어서는 안 된다는 것을 의미한다.

기문둔갑에서도 낙서는 구궁의 바탕이 되고 하도는 기문포국이 완성된 후 해석하는 데 근본이 되므로 기문을 연구하는 제현들은 하도와 낙서의 역학관계를 충분히 이해해야 한다.

10) 대연수大衍數

예전의 점서占書에 사용했던 재료는 대나무였을 것으로 추정된다. 따라서 서자筮字는 죽자竹字로 이루어졌으며, 점서는 수리數理의 변화를 통하여 괘를 정한 다음 괘상 및 괘효에 의거하여 길흉을 예측했다. 주역에 의거하여 점을 칠 때에는 먼저 서죽筮竹:산가지으로 수를 세어 괘를 이루는 방법을 알아야 한다. 역전의 계사전에는 이에 관한 기록이 있는데 그 내용은 다음과 같다.

대연大衍의 수는 50이다. 그러나 실제로 사용하는 수는 49이다. 1은 태극太極을 의미하는 것이므로, 태극은 우주만물이 생동하기 전의 근본이 되는 것이기 때문에 변화의 상象에서 제외된다. 1을 제외한 나머지 49를 둘로 나누는 것은 천지음양 즉 양의兩儀를 상징하는 것이고, 그 둘 중의 한 곳에서 하나의 수를 빼어 이것을 걸어 셋으로 하는 것은 천지인天地人 즉 삼재三才를 상징하는 것이며, 다음 이것을 넷씩 세어서 나누는 것을 4계四季를 상징하는 것이고, 남은 수를 손가락 사이에 끼우는 것은 윤달閏月을 상징하는 것이다. 윤달은 5년에 두 번 있기 때문에 남은 수를, 두 차례 손가락에 낀 다음 괘를 이루게 된다. 건乾의 책수策數는 216개, 곤坤의 책수는 144개 합계 360개로서 1년의 날수와 일치한다. 64괘 384효의 책수는 총 11,520개로서 거의 만물의 수에 해당한다. 이상 네 차례의 수를 운영運營하여 역변易變이 나타나고, 이 과정을 세 번 되풀이해서 한 효가 생기며, 한 효가 여섯 번을 거듭해야만이 한 괘가 생기는 것이다.

위의 글은 수를 세어 괘를 얻는 과정을 설명한 것이다. 연衍은 연演의 뜻이며 대연의 수는 50이다 라는 것은 연산하여 괘를 얻는데 사용되는 시초가 50개라는 의미이다.

이것은 하도에서 천수天數의 합은 251+3+5+7+9이고, 지수地數의 합은 302+4+6+8+10이므로 천지天地 수의 합은 55가 된다. 계사전을 보면 천지의 수가 55이니 이로써 변화를 이루어 귀신의 도를 행한다고 하였듯이 우주만상을 수로 표현한 55수에 의해 하늘의 도가 행해지는 것이다. 그러나 하늘의 도를 알려고 괘를 내는 데는 55를 쓰지 않고 50이라는 대연수를 쓴다. 이것은 오행의 기는 서로 합하고 소통하기 때문에 하도의 총수 55에서 5를 감하여 예측할 수 없는 움직임에 대비한다는 의미도 있고, 하도의 총수 55와 낙서의 총수 45를 합하면 100이 되고 그 평균을 내면 50이 된다. 즉 하도와 수 5를 덜어서 낙서의 수에 5를 보충하여 평형을 이루는 의미도 있다. 그래서 대연수는 50인 것이다. 이 50개의 시초 가운데 하나를 연산 과정에 참여시키지 않고 나머지 49개의 시초로 연산演算을 한다. 이것이 바로 계사전에서 실제로 사용하는 수는 49이다의 의미이다. 한 괘의 괘상을 확정하기 위해서는 열여덟 번의 변화를 거쳐야 한다. 따라서 매괘는 6효로 이루어져 있으므로 한 효를 얻기 위해서는 세 번의 변화를 거쳐야 하는 셈이다.

11) 천간의 합충合沖

천간의 합은 음간과 양간이 서로 만나 합을 이루는 것이고 천간충은 양간은 양간끼리 음간은 음간끼리 만나 서로 충한다.

① 천간의 합
천간의 합은 간합干合이라 칭한다. 원래 음과 양은 상극이지만 간합이 되면, 남녀가 만나서 사랑을 하고 결혼을 하듯이 합을 이룬다. 십간 중 다섯 개의 양간은 각각 다섯 개의 특정한 음간과 합이 된다.

甲己 합:토　　乙庚 합:금　　丙辛 합:수
丁壬 합:목　　戊癸 합:화

천간은 기본수 1·6, 2·7, 3·8, 4·9, 5·10의 순서대로 甲己, 乙庚, 丙辛, 丁壬, 戊癸가 상합相合한다.

② 천간의 충

천간의 충을 천충天沖이라 칭한다. 천간합은 십간十干에서 여섯 번째로 만나는 글자인데, 천충은 거기서 한 단계 더 나아가 일곱 번째의 간干과 만나므로 칠충七沖이라고도 한다.

甲庚충　乙辛충　丙壬충　丁癸충　壬戊충
甲戊충　乙己충　丙庚충　丁辛충　癸己충

천간합은 음과 양이 서로 만나 합을 이루는데 반해, 천간충은 양은 양끼리 음은 음끼리 만나서 서로 충한다.

12) 지지의 합충合沖

지지地支의 합에는 서로 생生해 주는 생합生合과 서로 극剋하는 극합剋合이 있다. 지지의 합은 합하는 순간 음양오행의 변화로 기가 다른 기운으로 변하고 합하여 어떤 오행으로 변화하는지를 살펴야 한다.

① 지지합地支合
지지합을 육합六合이라고도 한다

생합：寅亥합·목　辰酉합·금　午未합·화
극합：子丑합·토　卯戌합·화　巳申합·수

생하는 합은 그 영향력이 중대하지만, 극하는 합은 흉성이 합하면 길로 변화고 길성이 합하면 그 작용력은 감소된다.

② 지지의 삼합三合

삼합이란 천지인天地人 삼재三才가 합함과 같이 십이지 가운데 그 성정에 따라 서로 화합하여 결합한 것으로서, 지지합과 다른 점은 결합하는 요소가 음양의 두 개가 아니고 세 개의 지지가 융합하여 그 중 중심이 되는 지지의 오행으로 모두 변화한다는 점이다.

甲子辰 삼합·수　　巳酉丑 삼합·금
寅午戌 삼합·화　　亥卯未 삼합·목

子·酉·午·卯를 중심으로 삼합이 이루어져 오행의 성정도 중심이 되는 오행의 성정으로 바뀐 것을 알 수 있다. 예를 들면 寅午戌 삼합의 경우 寅목은 목으로서 화를 생해 주는 능력이 뛰어나 寅목을 화의 자생지라 칭한다. 세력이 약한 午화는 寅목을 무척이나 반긴다. 寅목은 약한 午화를 길게 생해 주어서 힘을 주기 때문이다. 즉 모닥불의 장작 역할을 하는 것이 寅목이다. 卯목은 음목이므로 장작의 역할을 하지 못한다. 午화는 화가 가장 왕성한 불이라 하여 불의 제왕이라 일컫는다. 戌토는 비록 토이긴 하나 화기를 머금은 땅이다. 또 불을 가두는 창고 역할을 하므로 묘지墓地 혹은 화의 고장庫藏이라고 일컫는다. 화재가 난 집이 불에 탄 후 남은 것이 바로 戌토의 땅이다. 그래서 지지의 글자가 寅午戌 삼합을 이루고 있다면 엄청난 불바다를 이루고 있는 형국이다.

③ 지지의 방합方合

방합이란 글자 그대로 방향이나 계절의 성향이 같은 기운들끼리 모여서 합을 이루는 것으로 강력한 연합세력을 형성하는 것을 말한다.

寅卯辰 방합·동쪽·목   巳午未 방합·남쪽·화
申酉戌 방합·서쪽·금   亥子丑 방합·북쪽·수

④ 지지의 충沖

지지의 충은 천간충처럼 지지의 일곱 번째와 만나 충을 하는데 양은 양끼리 음은 음끼리 충을 한다.

子午충 寅申충 卯酉충 辰戌충 巳亥충 丑未충

천간의 충은 싹과 싹, 다시 말해서 생각과 생각의 충이므로 뿌리가 튼튼하면 충격이 약화될 수 있지만, 지지의 충은 뿌리와 뿌리끼리 얼키고 설켜 아무런 작용도 할 수 없고, 구제할 방법도 없다. 따라서 지지의 충은 천간충보다는 작용이 느리고 결과도 느리지만 피해는 훨씬 크다.

동양에서는 일찍부터 인간의 모든 생활과 학문에 음양오행의 원리를 적용하였다. 또 우주는 음양오행으로 이루어져 있다는 것이 동양철학의 밑바당에 깔린 논리이다. 음양을 크게 구분하면 기氣와 질質로 나눌 수 있다. 여기에서 기는 양을 가리키고 질은 음을 가리킨다. 하늘은 양이고 땅은 음이며, 해는 양이고 달은 음이다. 또 남자는 양이고 여자는 음이다.

이렇게 온 세상의 모든 것들을 음과 양으로 구분할 수 있으며, 이 모든 것이 우주를 이루는 기본 요소들이다. 따라서 기는 질을 만나야 생명이 변하고 질은 기를 만나야만 호흡할 수 있으니 기와 질은 하나이며, 천지天地를 기와 질로써 구분하면 천은 기에 해당하며 동動으로 생하고, 지는 질에 해당하며 정靜으로 생한다.

13) 64괘의 차서도次序圖

고대 중국의 학자 소옹은 8괘의 기원과 64괘의 형성과정을 설명하기 위해 8괘와 64괘의 차서도를 제작하였는데, 8괘와 64괘의 형성은 기우奇偶의 수에서 비롯된다고 하였다. 옆면의 차서도를 참고하면 태극은 1로써 움직여, 기우음양의 두 가지 수를 생하게 되는데, 이것이 분화하여 음과 양의 양의가 된다. 그 다음 음양의 위에 일기일우를 분출하면 태양·소양·소음·태음의 사상이 되고, 이 사상의 위에 다시 일기일우가 분출하면 8괘를 얻는다. 이와같이 1이 나뉘어 2가 되고, 2가 나뉘어 4가 되고, 4가 나뉘어 8이 된다는 것은 바로 주역에서 논하는 태극이 양의를 나고, 양의는 사상을 낳고 사상은 8괘를 낳는다는 것이다.

8괘는 다시 일음일양이 불출하는 형태를 계속 진행하여 16이 되고, 16은 다시 분화되어 32가 되고, 32는 분화되어 64가 되는데, 이와같은 방법으로 끝의 64괘를 얻는다. 64괘에 다시 같은 형태를 계속 진행하면, 이 획의 위에 각기 일기일우를 생출하여, 128개의 괘를 얻게 되는데 이런 방식으로 계속해 나가면 끝이 없는 무한의 괘위를 얻게 된다. 이러한 과정이 음양의 분화로써 논할 수 있는 우주 만물의 형성 과정이다.

천天의 기는 음양으로 화하고, 음양은 태양·태음·소양·소음으로 화하며, 태양은 일日, 태음은 월月, 소양은 성星, 소음은 진辰이 되고, 이는 곧 천天의 4체四體가 된다. 지地의 질은 태유·태강·소유·소강으로 화하여 태유는 수, 태강은 화, 소유는 토, 소강은 석이 되며 이는 곧 지의 사체가 되는 것이다. 그리고 천의 일·월·성·진으로부터 더위·추위·낮과 밤이 생겨나고, 지

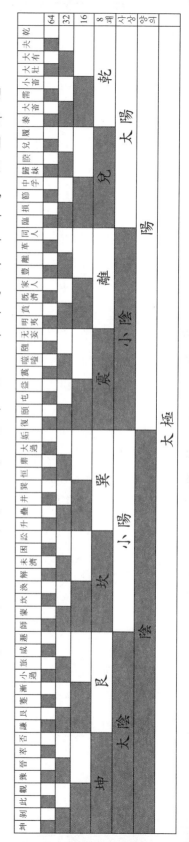

의 수·화·토·석으로부터 비·바람·이슬과 우레가 생겨난다.

그리하여 더위·추위·낮과 밤은 만물의 성정性情과 형체를 변조시키고, 비·바람·이슬·우레는 금수와 초목을 성장하고 변화시킴으로써 동물과 식물이 생겨난다. 뿐만 아니라 사람도 만물과 더불어 함께 하면서 만물 중에 가장 우월한 이가 된다. 이러한 학설은 천지만물의 형성은 기와 질의 끊임없는 분화과정으로 보고 사물의 발전하는 경로와 형성을 유추해석한 것으로서 우주 만물의 발생 절차를 설명한 것이며 우주 구성의 의의意義도 갖추고 있다.

일기일우一奇一偶하여 완성된 64괘의 순서를 보면 제일 윗쪽부터 건·쾌·대유·대장·소축·수·대축·태의 여덟괘가 되고 건괘 ☰가 체괘體卦이다. 다음 리·태·규·귀매·중부·절·손·임의 여덟괘가 되며 태괘 ☱가 체괘이다. 다음은 동인·혁·리·풍·가인·기제·비·명이의 여덟괘가 되고 리괘 ☲가 체괘이다. 다음은 무망·수·서합·진·익·둔·이·복의 여덟괘가 되며 진괘 ☳가 체괘이다. 다음은 구·대과·정·항·손·정·고·승의 여덟괘가 되고 손괘 ☴가 체괘이다. 다음은 송·곤·미제·해·환·감·몽·사의 여덟괘가 되며 감괘 ☵가 체괘이다. 다음은 돈·함려·소과·점·건·간·겸의 여덟괘가 되고 간괘 ☶가 체괘이다. 다음은 비·췌·진·예·관·비·박·곤의 여덟괘가 되며 곤괘 ☷가 체괘이다.

14) 64괘의 원도原圖

복희선천 8괘방위도를 보면 건은 천天으로 양기陽氣의 생장을 표현하고, 곤은 지地로 음기의 증장增長을 표현한다. 그리고 리는 태양으로써 동쪽에서 일출하고, 감은 달로서 서쪽에서 월출한다. 천지가 생장과 증장을 반복함에 따라 춘·하·추·동이 형성되고, 해와 달이 출몰함에 따라 일력日歷과 월력月曆이 형성된다. 다시 말하면 천지 만물의 생성변화는 곧 음양이기 상호간의 생장과 소멸의 과정이다. 이러한 천지만물의 변혁과정을 확대 적용하여 도출하게 된 것이 64괘의 원도이다.

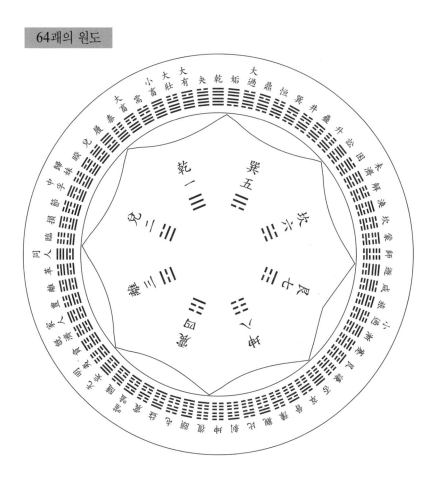

원도를 보면 복괘復卦에서 건괘까지는 양이 자라는 과정을, 구괘姤卦에서 곤괘까지는 음이 자라는 과정을 표현하였다. 즉 복괘는 일양一陽의 생성을 표시하고, 임괘는 이양의 생성을, 택괘는 삼양의 생성을, 대장괘는 사양의 생성을, 쾌괘는 오양의 생성을 표시하고 건괘에 이르러서는 육양이 생성하는데, 건은 양이 일년 사계절 중에 만물이 가장 왕성한 시기를 나타낸다. 또

구괘에서부터 일음―陰이 생성하고, 둔괘에서 이음의 생성을, 비괘에서 삼음의 생성을, 관괘에서 사음의 생성을, 박괘에서 오음의 생성을 표현하고 나아가 곤괘에 이르면 육음이 생성하는데, 곤은 음의 극왕함이므로 일년 사계절의 끝을 나타낸다. 그 다음 복괘에서는 다시 일양이 생성하여 새로운 일년 사계절이 이어진다. 이와같이 원도는 우주의 무한한 순환법칙을 확대하여 모든 사물들이 변화발전하는 법칙을 표현한 것이다.

15) 64괘의 방위도方位圖

방위도는 64괘를 건괘로부터 시작하여 여덟 개의 단계에 따라 아래서부터 위로 배열하는 구조이다. 64괘의 원도는 천을 상징하고, 방위도는 지를 상징하며, 천은 둥글고 지는 네모진 것이다. 천지는 본래 헤어질 수 없는 음양의 결합체이므로 64괘의 원도 가운데에 64괘의 방위도가 자리잡게 되어, 밖은 둥글고 안은 네모진 방원합일도를 형성하게 되었다.

원도의 중점은 시간의 흐름을 논한 것으로서 음양의 유행을 설명하는 데에 있고, 방위도의 중점은 공간의 방위를 논한 것으로서 음양의 정위定位를 설명하는 데에 있다. 이와같은 원리에 의하여 방원합일도는 우주내의 시간과 공간적인 구조라고 말할 수 있으며, 이에 의거하여 천지만물과 인류 생활의 모든 것이 우주의 시간과 공간구조의 중심에 처해 있음을 알 수 있다. 하늘은 둥글고 동적動的이며 땅은 모나고 정적靜的이므로 원도는 하늘을 상징하고, 방위도는 땅을 각기 상징하며, 동남방과 서북방에 곤과 건을 배치하여 음양이 교합하는 형상으로 안정된 모습을 보인다.

16) 상수象數

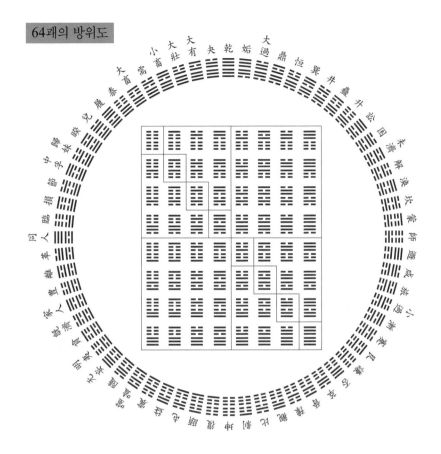

상象과 수數는 역학에서 큰 줄기를 이끌어가는 작용을 한다. 상이란 주로 상·괘·효와 8괘가 상징하는 물상物象을 대변한다. 예를들면 계사상전에서 하늘에 있어서는 상【象:일월성진日月星辰】, 땅에 있어서는 형【形:산천초목 山川草木】이 바로 그것이며 이들의 상호작용이 모든 변화의 원천이 되는 것이다. 강剛과 유柔가 부딪혀서 8괘의 변화가 생긴다. 그 변화의 결합을 나타낸 것이 역이다. 이것은 우주만물의 생성의 변화를 어떤 형상에 모의模擬하여, 그 물체에 타당하게 형상화했으며 이를 일컬어 상이라고 하는 것이다. 또 수란 주로 천지의 수, 음양기우의 수, 대자연의 수, 시초의 수, 구육九六의 수 등을 가리킨다. 예를들면 하늘을 나타나내는 수는 1·3·5·7·9의 기수奇

數이고, 땅을 나타내는 수는 2·4·6·8·10의 우수偶數이다. 천수天數와 지수地數가 짝지어져 오행五行을 나타낸다. 천수의 합계는 25이고, 지수의 합계는 30이며 천지수의 총합계는 55이다. 이 55의 수가 모든 변화를 나타내고, 귀신음양의 작용을 표현하는 요소이다. 서죽산가지은 55로부터 단수를 제외한 50개이지만 실제로 쓰이는 것은 49이다. 이와같이 음양기우의 수를 궁구하여 천지만물의 상을 정하였으며, 기우의 수를 사용할 때에 비로소 음양괘상陰陽卦象을 가지게 된 것이다.

주역은 그 수의 변화와 질서를 상·괘·효와 하나로 결합하여 사물의 변화를 탐구하고 예측하였다. 예를들면 —의 부호를 구九라 칭하고 --의 부호를 육六이라 칭하며, 64괘의 괘상 중에 여섯 개의 효위는 아래서부터 위를 향하여 순서대로 초위初位, 이위二位, 삼위三位, 사위四位, 오위五位, 상위上位로 나뉜다. 점치는 과정에서도 50개의 시초를 점치는 순서에 따라서 나누면, 시초의 남은 수로부터 9·8·7·6의 서로 다른 수를 얻게 되는데, 이러한 수에 의거하여 효상과 괘상을 그려낸다. 그러나 이것은 단지 수만을 언급하는 것이 아니고 이 수로써 상을 정하고, 이 수와 상을 매개로 하여 그 사물의 발전 변화를 인식하고 추단하고 예측하는 일종의 사유思惟방식이 상수의 작용법칙이다.

17) 원형이정元亨利貞

주역의 괘사에서 원형이정을 처음 언급한 괘로는 건괘의 괘사 건乾, 원형元亨, 이정利貞이다. 그 본래의 의미는 제사를 지낼 때에 점을 쳐서 이괘가 나오면 이로움을 얻는 점사이다. 그러나 후대에 와서는 서로 연결되어 병행하는 네 개의 보편적인 범주로 발전하게 되었다.

전국시대의 문언전에서는 원형이정을 인仁·예禮·의義·사事의 네 가지의 덕으로 여겼으며, 남북조南北朝시대에 들어와서는 원元은 시작이요, 형亨은 통通함이며, 이利는 화합이고, 정貞은 바름이다라는 견해에 근거하여 원형이정을 네 개의 덕으로 삼았다. 또 천·지·인의 세 뜻으로 이 네가지의 덕을 풀이하여 천의 원형이정을 춘하추동으로 삼고 지의 원형이정을 목하금수木火金水로 삼았으며, 인의 원형이정을 인의예신仁義禮信으로 삼았다. 이에 덧붙여 네 가지의 덕을 장長·양養·성成·종綜의 뜻을 갖추고 있는 것으로서 사물의 처음부터 끝까지의 발전과정을 의미하는 것이라고 여겼다.

그리고 송시대에 이르러 원형이정을 천지만물를 생성하는 네 종류의 덕으로 규정하고 원은 만물의 시작이요, 형은 만물의 성장이요, 이는 만물의 마침이요, 정은 만물의 완성이라고 하였으며, 이것을 인의예지仁義禮智의 사덕에 배속시켰다. 이후 학자들은 원형이정의 이론을 더욱 발전시켜 설파하였는데 그것은 천도天道로써 논하면 원형이정이 되고, 사계로서 논하면 춘하추동이 되며, 인도人道로써 논하면 인의예지가 되고, 기후氣候로써 논하면 온량조습溫涼燥濕이 되며, 방향으로써 논하면 동서남북이 된다고 하였다. 또 원형이정의 네 단계를 하나의 순환하는 과정으로 해석하고, 곡물이 자라나는 것에 비유했는데 이는 새싹은 원이요, 벗묘는 형이며, 이삭이 팬 것은 이이고, 완전히 여문 씨앗을 정으로, 그 씨앗이 다시 생장수성生長收成의 변화과정으로 무궁한 순환을 계속한다는 것이다.

후에 역에서 정을 이루면 다시 원으로 시작한다는 것은 사물의 변화가 생생무진生生無盡하여 정의 완성으로 원이 일어난다는 의미로 받아들여졌다. 뭇 학자들은 이것으로 만사만물의 변화과정과 중정中正의 성취함을 논하였는데 이는 역학사에 지극한 영향을 주었다.

18) 주역의 구성

주역을 경經과 전傳으로 분류하면, 전은 전수傳授의 의미를 갖고 있으며, 주역을 전해 주는 책이라는 뜻이다. 또한 경은 변하지 않은 항구적恒久的인

의미를 지니고 있으므로 전에 대한 상대적인 개념이다. 전은 전수를 위해 쓴 책이기 때문에 여러 종류가 있고 제각기 설명하는 방법도 다르지만 원본인 주역은 오로지 한 종류로서 여러 가지의 전이 받들고 따르는 항구불변의 존재가 되는 터전이므로 이를 역경易經이라고 하는 것이다.

주역의 구성

① 상경 30괘
② 하경 34괘
③ 단사전彖辭傳 상·하
④ 상사전象辭傳 상·하대상：괘상, 소상：효상
⑤ 계사전繫辭傳 상·하
⑥ 설괘전設卦傳
⑦ 문언전文言傳
⑧ 서괘전序卦傳
⑨ 잡괘전雜卦傳

여러 종류의 역전易傳 가운데 한대漢代까지 계속 전해온 것으로서 역경의 발전에 중요한 영향을 끼친 역전으로는 열 가지가 있다. 이것은 단사전 상·하, 상사전 상·하, 계사전 상·하, 설괘전, 문언전, 서괘전, 잡괘전이다. 주역에서는 이를 십익十翼이라고 부르는데 익이란 새의 날개를 의미하며, 역경을 이해하는데 도움을 주는 책이라는 의미이다. 그러므로 한대 이후의 주역은 원본인 역경과 역전십익까지를 모두 포함한다. 이에 대한 상세한 내용은 앞장의 주역의 완성편을 참고하기 바란다.

역경의 64괘는 우주 삼라만상의 흥망성쇠를 포괄하여 64개의 종種으로 분류한 것이다. 따라서 무언가를 점치려고 할 때는 먼저 점을 치려는 문제가 어떤 사유에서 왔는지를 통찰한 다음, 어느 괘에 속하는 가를 찾아서 그 괘의 괘사와 효사를 유추하고, 덧붙여서 점을 쳐야 할 문제에 맞추어 판단을 내린다. 이러한 사유事由를 판단하는 데 있어 가장 중요한 요소는 보고·듣고·느끼는 것, 즉 시視·청聽·심心의 삼요소인데 이것을 점서법의 요체라고 말할 수 있다.

1) 점서占筮에 대해서는 다음과 같은 마음의 자세가 필요하다

① 점을 쳐야 할 문제에 대해서는 점치기 전에 충분한 고찰을 해 두어야 한다. 모든 조건을 생각하고, 가능한 온갖 것들을 추측하여 거듭 생각한 다음, 궁극에 가서는 어떻게 될 것인가를 고려한 후, 최후의 결단을 내리기 위해서 역에 묻는 것이다. 좌전左傳에서 '점을 가지고 의심을 결단하려 하니 의심치 않으면 무엇 때문에 점을 치겠는가'라고 했듯이 온힘을 다하여 생각하지 않고 쉽게 역점易占으로 해결하려 하는 자는 결코 점서를 살릴 수 없다.

② 같은 것을 두 번 점쳐서는 안 된다

점친 결과 마음에 들지 않는 점괘가 나오면 누구나 다시 한번 해보고 싶은 것이 인지상정이다. 그러나 역에 묻는 것은 최후의 결단을 내리기 위한 것이므로 마음에 들지 않는다고 해서 두번 세번 점을 쳐서는 안 된다. 몽괘 단사에 '첫번 점은 알린다. 거듭하면 모욕하는 것이다. 모독하면 알려주지 않는다'고 했듯이 처음의 결과가 내 마음과 같지 않다고 해서 재차 점을 치면 애초부터 그렇게 하고 싶은 마음이 있었기 때문이므로 처음부터 점칠 필요가 없을 것이다.

③ 옳지 못한 것을 점쳐서는 안 된다

역경이 여타의 점법과 다른 것은 윤리적인 성격을 지니고 있기 때문이다. 따라서 남에게 해를 가하는 옳지 못한 것을 점쳐서는 안 된다. 좌전에 '역을 가지고 해가 될 것을 점쳐서는 안 된다'는 글귀가 있듯이 부정한 일은 단연코 점을 해서는 안 된다. 역점이란 할수 있는 한 마음을 조용히 가라앉히고 생각을 깊이 한 다음, 댓가지를 헤아려 그 수로서 운명을 나타내는 괘를 구하는 것이다. 댓가지를 셈하는 방법은 계사상전에 기록되어 있으나, 이외에도 전해 내려오는 여러 가지 설이 있다. 계사상전에서 다룬 서법筮法은 본서법本筮法이며, 이것을 간략하게 한 법이 중서법中筮法, 약서법略筮法이다.

2) 본서법

본서법은 십익을 엮은 공자께서 창작한 것으로서, 주역을 공부하는 사람들의 정신을 함양하고, 알고자 하는 사항들을 초자연적 대상인 하늘의 도움으로 예단하는 방법이다. 그러나 이와같은 작괘법이 무슨 의미가 있겠느냐고 반문할지 모르지만 자신만의 공간에서 우주삼라만상의 축소판을 만들어 운영한다는 그 정신세계는 곧 우주의 창시자인 신과의 마음과 일통한다는 정성이 들어있기 때문이다.

작괘시의 준비요령은 길이 15~30cm 정도의 대나무를 직경 2~5mm 정도로 잘게 쪼개어 50개를 준비하고, 남향의 정리가 되어 있는 방 한가운데에서 경건한 마음으로 점을 행한다. 방 한가운데에서 행하는 까닭은 방 한쪽으로 치우치게 되면 그 쪽의 방향으로 기운이 치우쳐 점사가 부정확해지기 때문이다.

계사전에 의하면 열여덟 번의 변화를 거쳐야만 비로소 한 괘의 괘상을 얻을 수 있다. 그러면 한 괘는 어떻게 결정되는지 그 과정을 논하기로 한다.

① 50개의 댓가지를 왼손에 잡고 그 중에서 하나를 뽑아 내려놓는다. 이 한 개는 태극을 상징한다. 태극은 모든 변화의 가운데 움직임이 없는 근원이므로 변화의 상태에서 제외하는 것이다.

② 남은 49개의 댓가지를 들고 정성스러운 마음으로 두 무더기를 양손에 나누어 가진다. 두 무더기로 나누는 것은 양의를 상징하고, 왼손에 있는 것을 천책天策, 오른손에 있는 것을 지책地策이라고 한다.

③ 오른손에 들고 있는 댓가지 무더기를 내려놓고 그 중에서 하나를 뽑아 댓가지를 들고 있는 왼손의 넷째와 새끼손가락 사이에 끼운다. 이것은 천·지·인 삼재를 상징한다

④ 이렇게 되면 두 무더기의 합수는 48개가 된다. 다음은 오른손으로 왼손에 들고 있는 댓가지를 네 개씩 세어 덜어낸 후 나머지 댓가지꼭 나누어질 경우 4개를 나머지로 한다를 왼손 셋째와 넷째 손가락 사이에 끼운다. 댓가지를 네 개씩 세어 내는 것은 사계절을 상징하고 남은 댓가지를 손가락 사이에 끼

우는 것은 윤달을 상징하는 것이다.

⑤ 오른손으로 ③에서 내려놓았던 댓가지 무더기를 들고 왼손으로 오른손에 들고 있는 댓가지를 네 개씩 세어 덜어낸 후 나머지 댓가지를 왼손 둘째와 셋째 손가락 사이에 끼운다.

⑥ 이렇게 해서 손가락 사이에 끼워 있는 댓가지를 합계하면 반드시 5 아니면 9이다. 이와같이 ②에서부터 ⑤까지의 절차를 제 일변一變이라고 한다.

⑦ 다음은 이미 손가락 사이에 끼웠던 댓가지를 제외한 나머지 댓가지를 가지고 ②에서부터 ⑤까지의 과정을 되풀이한다. 그리하여 얻은 댓가지의 수는 반드시 4 아니면 8이다. 이것을 제 이변二變이라고 한다.

⑧ 제 일변과 제 이변에서 이미 손가락 사이에 끼웠던 댓가지를 제외한 나머지 댓가지로 다시 한번 ②에서부터 ⑤까지의 과정을 되풀이한다. 이렇게 해서 얻은 댓가지의 수는 4 아니면 8이다. 이것을 제 삼변三變이라고 한다.

⑨ 다음은 일변, 이변, 삼변으로 얻은 댓가지의 수를 판단하여 다음과 같이 노음太陰·노양太陽·소음·소양으로 결정한다.
  ㉠ 세 번의 수가 모두 많은 수9나 8이면 삼다三多이므로 노음에 해당한다.
  ㉡ 세 번의 수가 모두 적은 수5나 4이면 삼소三少이므로 노양에 해당한다.
  ㉢ 세 번의 수 가운데 두 번은 적은 수이고, 한번은 많은 수이면 일다양소一多兩小이므로 소음에 해당한다.
  ㉣ 세 번의 수 가운데 두 번은 많은 수이고, 한번은 적은 수이면 일소양다一少兩多이므로 소양에 해당한다.

⑩ 이렇게 해서 노양 또는 소양이면 양효 ―이고, 노음 또는 소음이면 음

100 |

효 --이다. 이래서 초효가 결정된다. 이와같이 한 효를 얻기 위해서는 삼변의 과정을 거쳐야 한다.

⑪ 초효를 결정하고 나면, 다시 초효를 정할 때와 같은 방법으로 삼변의 과정을 거쳐 이효를 결정하고, 삼효·사효·오효·상효에 이르기까지 이와같은 삼변의 과정을 되풀이해서 육효가 완성된다. 따라서 육효 즉 한 괘의 괘상을 얻기 위해서는 십팔변의 과정을 거쳐야 한다.

이러한 방법으로 완성된 괘는 역경 64괘 중 그 어느 것에 해당하며, 나아가 괘사와 효사를 유추하여 길·흉을 판단한다.

3) 중서법

중서법은 본서법의 ①②③번까지는 동일하다. 그 뒤 오른손의 지책은 그대로 두고 왼손에 들고 있는 댓가지를 8개씩 세어 덜어낸 후 그 나머지와 앞서 왼손에 끼운 한 개를 더한다단, 나머지가 딱 맞아 떨어질 경우에는 처음 왼손에 끼운 한 개로 정한다. 그 수에 의하여 노양·노음·소양·소음을 정하고, 이것을 여섯 번 되풀이해서 육효를 정한다. 이때에도 아래부터 차례대로 육효가 정해지는 것은 말할 것도 없다. 노양·노음·소양·소음을 결정하는 수는 아래와 같다.

1개 노양   2개 소음   3개 소음   4개 소양
5개 소음   6개 소양   7개 소양   8개 노음

중서법은 여섯 번의 과정을 거쳐 이루어지므로 육변서법이라고도 한다.

4) 약서법

약서법은 중서법과 동일한 방법으로 수를 산출한다. 그러나 그 수로써 한 변에 1효를 정하는 것이 아니고 곧바로 하괘를 결정하는 것이다. 즉 나머지와 왼손에 가까운 한 개를 더한 수의 합이 일곱 개이면 하괘는 간괘이다. 이러한 방법을 다시 한번 반복해서 상괘를 정한다. 결국 이번의 과정으로 64괘 가운데 어느 한 괘를 얻게 되는 것이다. 하괘와 상괘를 결정하는 합의 수는 다음과 같다.

1개 건괘   2개 태괘   3개 리괘   4개 진괘
5개 손괘   6개 감괘   7개 간괘   8개 곤괘

약서법의 변효와 지괘를 구하기 위한 방법은, 본서법 ①②③번까지는 동일하지만 이번에는 왼손에 들고 있는 댓가지를 6개씩 세어 덜어낸 후, 그 나머지에 왼손에 끼운 한 개를 더한 수가 변효를 나타낸다. 나머지가 맞아 떨어질 경우에는 왼손에 끼운 한 개로 결정한다. 예를 들면 합의 수가 3이면 삼효가 변효인 것이다.

5) 변효變爻와 지괘之卦

약서법은 따로 댓가지를 셈해서 변효를 구하지만, 본서법과 중서법은 노음 또는 노양에 해당하는 수를 얻어 음효 또는 양효로 정한 효가 있으면 그 효가 변효가 된다. 즉 음효는 양효로 변하고 양효는 음효로 변하는 것이다. 사물이 극에 달하면 변화한다는 주역의 원리에 의하여 노양은 음으로 소음은 양으로 변화하게 되는 것이다.

약서법으로 얻는 괘에는 변효가 한 개밖에 없으나, 본서법·중서법으로 얻는 괘는 육효전부가 변효가 되기도 한다. 이렇게 변화해서 새로 되는 괘를 지괘라고 한다.

예를 들면 수뢰둔 괘의 초효가 변효에 해당할 경우 지괘는 수지비괘가 된다.

지괘는 처음에 얻은 본괘의 괘상에 포함되어 있는 변화로 볼 수 있다. 위 예를 논하면 본괘인 둔다치는 고통스러움의 상태가 지괘인 비서로 화합하다의 상태로 변화할 수 있는 계기를 내포하고 있는 것이다. 길흉의 판단은 본괘와 지괘의 성정 그리고 본괘의 괘효사와 변효의 괘사·효사 등을 유추하여 길흉을 정하고 앞으로의 변화를 복합적으로 미루어 생각한다.

이상과 같은 방법으로 64괘 중에서 어느 한 괘를 얻고, 그 지괘를 아울러서 앞으로 나아갈 사상事象을 깨닫는 것이 바로 역점이다. 이상의 세 가지 서법 중에서 어느 것이 우월한지는 단정할 수 없으나, 점법의 변화는 인류의 사유 능력과 추리 능력의 향상을 반영한 것이라고 할 수 있다.

역전은 학자들의 논리에 따라 역경을 해석한 것이다. 역전은 역경에 대한 해석을 통하여 우주와 사회 그리고 우리들의 인생에 대한 견해를 표명하고 있다. 그러므로 역전은 단순히 점치는 책이 아니고 하나의 철학서임을 알수 있다. 즉 점서라는 형상 속에 철학적인 내용을 포함하고 있는 것이다. 역전 십익 가운데 경문經文과 함께 상하편으로 나뉘는 단사전·상사전과 건·곤 양괘의 괘사와 효사만을 해석하고 있는 문언전은 역경 64괘와 함께 다음 장에서 논하기로 하고 본장에서는 계사전 상·하편과 설괘전, 서괘전, 잡괘전을 논하기로 한다.

1) 계사상전繫辭上傳

계사전의 대부분의 내용은 전국全國시대의 후기에 출현하였으며, 주역과 점서법의 대의를 전체적으로 서술한 것으로써 역대전으로도 불린다.

① 모순과 대립의 근본이치

【원 문】

天尊地卑 乾坤定矣. 卑高以陳 貴賤位矣. 動靜
천 존 지 비 건 곤 정 의 비 고 이 진 귀 천 위 의 동 정

有常 剛柔斷矣. 方以類聚 物以群分 吉凶生矣.
유 상 강 유 단 의 방 이 유 취 물 이 군 분 길 흉 생 의

在天成象 在地成形 變化見矣.
재 천 성 상 재 지 성 형 변 화 현 의

是故剛柔相摩 八卦相盪 鼓之以雷霆 潤之以風
시 고 강 유 상 마 팔 괘 상 탕 고 지 이 뢰 정 윤 지 이 풍

雨 日月運行 一寒一暑.
우 일 월 운 행 일 한 일 서

乾道成男 坤道成女. 乾知大始 坤作成物. 乾以
건 도 성 남 곤 도 성 녀 건 지 대 시 곤 작 성 물 건 이

易知 坤以簡能. 易則易知 簡則易從. 易知則有
이 지 곤 이 간 능 이 즉 이 지 간 즉 이 종 이 지 즉 유

親 易從則有功. 有親則可久 有功則可大. 可久
친 이 종 즉 유 공 유 친 즉 가 구 유 공 즉 가 대 가 구

則賢人之德 可大則賢人之業. 易簡而天下之理
즉 현 인 지 덕 가 대 즉 현 인 지 업 역 간 이 천 하 지 리

得矣. 天下之理得而成位乎其中矣.
득 의 천 하 지 리 득 이 성 위 호 기 중 의

【해 설】

하늘은 위에 있어 스스로 움직이고, 땅은 밑에 있어 작용을 받아 움직인다.
천·지는 모순되는 관계에 있지만 대립을 통해 하나로 통일되어 있다. 건乾과
곤坤의 대립과 통일, 이것이 우주공간·시간구성의 근본원리가 된다.

하늘과 땅의 모습은 그 자체가 우주구성의 원리를 표현하고 있는 것으로
사료 된다. 하늘과 땅이 그러하듯이, 모든 사상事象은 제각기 고립해서 존재
하는 것이 아니라, 반드시 대립하는 것이 있어 그것들이 상호작용하는 관계
에서 존재한다. 말하자면 모순의 동일성同一性이다. 원문은 천존지비·건곤정

의로서 대개의 주석자들이 천·지를 헤아려서 건·곤의 괘가 이루어졌다고 해석하고 있지만, 여기서는 그 이론을 채택하지 않았다. 계사전은 단순한 해설서가 아니고 역의 원리를 궁구해 판단하고 해석한 것이다.

만물은 서로 높고 낮은 위치로 나누어져 귀천의 질서를 형성하고, 동적인 것과 정적인 것으로 나뉘어져 강陽·유陰의 관계를 맺는다. 만물은 또 그 성질과 운동법칙으로 인하여 저마다의 무리로 분할되고 상호작용함으로써 길흉화복을 일으켜낸다. 곧 하늘에 있어서는 상日·月·星·辰, 땅에 있어서는 형山·川·草·木이 바로 그것이며, 이들이 상호작용하여 모든 변화의 원천이 되는 것이다. 강·유가 아우러져 사상으로 화하고 진화하여 8괘의 변화가 생긴다. 그 변화의 과정을 표현한 것이 바로 역易이다.

자연계에서는 하늘이 요란하게 울려 만물의 힘을 돋우고, 바람이 불고 비가 내려서 만물이 윤택해지고, 해와 달이 운행함으로써 춥고 더움의 계절이 주기적으로 되풀이된다. 생물에게도 건·곤 즉 수컷과 암컷이 있다. 건은 움직임을 맡아 하고 곤은 이것을 받아 완성시키는 역할을 한다. 이때 건은 어렵지 않은 방법으로 움직임을 행하고 곤은 편안한 상태로 이것을 받아들인다. 따라서 한쪽은 어렵지 않기 때문에 움직임이 지체없이 이루어져 곤에 대한 친화력을 가진다. 다른 한쪽은 편안한 상태이므로 안정된 행위로써 상대방의 작용을 저항없이 받아들여 인생을 향해 큰 힘을 발휘할 수 있는 것이다.

그리하여 건의 작용은 영속하고 곤의 작용은 확대된다. 이 영속성은 총명한 현자賢者의 덕성의 특이함이고 확대성은 어진 현자의 공덕의 특이함인 것이다. 따라서 인간은 쉽고 간편한 데서 우주의 근본 원리를 터득할 수가 있고 이와같은 까닭으로 천지와 같은 지위를 얻을 수 있다.

② 역은 천·지·인하늘·땅·사람의 도를 표현한다

【원문】

聖人設卦觀象 繫辭焉而明吉凶. 剛柔相推而生
성인설괘관상 계사언이명길흉 강유상추이생

變化. 是故吉凶者 失得之象也. 悔吝者憂虞之
변화 시고길흉자 실득지상야 회린자우우지

象也. 變化者進退之象也. 剛柔者晝夜之象也.
상야 변화자진퇴지상야 강유자주야지상야

六爻之動 三極之道也.
육효지동 삼극지도야

是故君子所居而安者 易之序也. 所樂而玩者
시고군자소고이안자 역지서야 소락이완자

爻之辭也. 是故君子 居則觀其象而玩其辭 動
효지서야 시고군자 거즉관기상이완기사 동

則觀其變而玩其占. 是以自天祐之 吉无不利.
즉관기변이완기점 시이자천우지 길무불리

象者言乎象者也. 爻者言乎變者也. 吉凶者言
단자언호상자야 효자언호변자야 길흉자언

乎其失得也. 悔吝者 言乎其小疵也. 无咎者善
호기실득야 회린자 언호기소자야 무구자선

補過也. 是故列貴賤者存乎位 齊小大者存乎卦
보과야 시고열기천자존호위 제소대자존호괘

辯吉凶者存乎辭 憂悔吝者存乎介 震无咎者存
변길흉자존호사 우회린자존호개 진무구자존

乎悔. 是故卦有小大 辭有險易 辭也者各指其所
호회 시고괘유소대 사유험이 사야자각지기소

之.
지

【해설】

여기 성인이 나타나서 우주삼라만상을 꿰뚫어 보는 법칙을 역으로 체계
화하고 거기에 설명(卦爻辭)을 붙여 길흉을 분명히 하였다.

역괘(易卦) 안에 있는 강효(剛爻)와 유효(柔爻)는 우주의 반영이기 때문에 서로
변화하고 소멸한다. 그것을 의미하는 것이 길(吉)·흉(凶)·회(悔)·인(吝)이다. 길이란

일의 성취를, 흉은 일의 실패를, 회는 현상태를 염려해서 길로 향하는 것을, 인은 현상태에 방만해서 흉으로 향하는 것을 나타낸다. 강유剛柔를 하루에 비유하면 낮과 밤을 상징하는 것으로서 그 교체·순환의 변화이다. 따라서 6효의 동정動靜은 천·지·인 세 가지의 도를 표출하고 있다.

군자는 이 역의 질서에 안심입명安心立命하고 역의 효사를 즐기는 사람이다. 일상생활에서는 역의 상象과 사辭를 겪어 보고 행동을 일으킬 때는 역의 변화와 점을 참고한다. 이렇게 함으로써 하늘의 도움을 받을 수 있고 많은 여러 가지 일들이 아무 탈없이 예정되로 잘 되어 가는 것이다.

괘사는 괘의 상을 설명하는 것이고 효사는 괘의 변화를 설명하는 것이다. 괘효사에서 나타내는 길흉은 성취와 실패를 의미하고 회인悔吝은 얼마쯤의 결함을 의미하며, 그릇된 실수가 없다는 것은 잘못을 고치면 변고나 사고를 면할 수 있음을 뜻한다.

귀천의 질서는 6효의 위치로 설명이 되고 음양대립의 관계는 괘의 형상에 나타나며 길흉의 판단은 괘효사에 의해 표출된다. 회인의 갈림길은 새싹이 틀 시기의 처리에 매여 있고 탈을 피해 갈 수 있음은 반성하는 마음에 매여 있다.

괘의 형상에 강양剛陽을 표현하는 것과 유음柔陰을 표현하는 것이 있듯이 괘효사에도 위험을 나타내는 것과 순조로움을 나타내는 것이 있다. 곧 괘효사는 저마다 사상의 진전 방향을 제시하고 있는 것이다.

상象·사辭·변變·점占은 역易을 구성하는 네 가지의 요소이다. 상은 괘상으로 천지만물을 상징하고, 사는 괘효사로서 처세의 도를 가르치고, 변은 괘효의 변화로써 천지인륜의 도를 표현하고, 점은 점단占斷으로서 앞날을 예고하는 것이다.

③ 역은 천지의 운용과 어긋나지 않는다

【원문】

易與天地準 故能彌綸天地之道.
역 여 천 지 준　고 능 미 륜 천 지 지 도

仰以觀於天文 俯以察於地理 是故知幽明之
앙 이 관 어 천 문　부 이 찰 어 지 리　시 고 지 유 명 지

故. 原始反終 故知死生之說. 精氣爲物 游魂爲
고　원 시 반 종　고 지 사 생 지 설　정 기 위 물　유 혼 위

變 是故知鬼神之情狀.
변　시 고 지 귀 신 지 정 상

與天地相似 故不違. 知周乎萬物而道濟天下 故
여 천 지 상 사　고 불 위　지 주 호 만 물 이 지 도 제 천 하　고

不過. 旁行而不流 樂天知命 故不憂. 安土敦乎
불 과　방 행 이 불 류　낙 천 지 명　고 불 우　안 토 돈 호

仁 故能愛.
인　고 능 애

範圍天地之化而不過 曲成萬物而不遺 通乎晝
범 위 천 지 지 화 이 불 과　곡 성 만 물 이 불 유　통 호 주

夜之道而知. 故神无方而易无體.
야 지 도 이 지　고 신 무 방 이 역 무 체

【해 설】

　역은 천지와 일치하고. 천지의 도道를 아울러서 포용하고 있다. 위로는 해
와 달·별을 그리는 천문天文을, 아래로는 산천초목을 이루는 땅의 지리를 포
괄적으로 관찰하여 체계화한 것이 역이다. 그러므로 역의 원리는 눈에 보이
는 세상뿐 아니라 눈에 비치지 않는 세상에서도 두루 쓰인다. 또한 역은 사
상의 시작과 끝맺음이 주기적으로 순환하는 과정을 포착하는 체계이다. 그
러므로 역의 원리는 삶과 죽음을 체계적으로 설명할 수 있다. 정기精氣가 한
군데에 엉겨 모인 것이 유형의 생물체이고, 그것이 흩어져 번진 것이 영혼이
다. 따라서 이 모이고 흩어지는 원리에서 신령神靈의 모습을 통찰할 수 있는
것이다.

역은 천지의 움직임을 그대로 비추어 낸 것이다. 역의 지식은 만물을 가름하고 역의 도는 천하를 구한다. 때문에 역의 법칙은 조금도 그르침이 있을 수 없다. 역은 어느 한 부분에서만 통하는 원리가 아니고, 어디에서나 통하는 원리이므로 역을 따르는 것은 천명을 따르는 것이다. 그래서 역을 따르는 사람은 당면하고 있는 상황에 기뻐하거나 슬퍼하지 않는다. 자신의 처지에 만족해서 인자한 마음이 차 있기 때문에 널리 만민을 사랑할 수 있다.

역은 천지가 만물을 생육하는 모든 과정을 총망라하고 있다. 음양의 대립에서부터 변전의 원리까지를 완전히 체현하고 있는 것이다. 따라서 역이 표출하는 바는 신령과 같이 어디에서나 통하고 자유롭다.

④ 역의 모순적인 변화

【원문】

一陰一陽之謂道. 繼之自善也 成之者性也. 仁
일음일양지위도　계지자선야　성지자성야　인

者見之謂之仁 知者見之謂之知 百姓日用而不
자견지위지인　지자견지위지지　백성일용이부

知. 故君子之道鮮矣. 顯諸仁 藏諸用 鼓萬物而
지　고군자지도선의　현저인　장저용　고만물이

不與聖人同憂. 盛德大業至矣哉.
불여성인동우　성덕대업지의재

富有之謂大業 日新之謂盛德.
부유지위대업　일신지위성덕

生生之謂易 成象之謂乾 效法之謂坤. 極數知
생생지위역　성상지위건　효법지위곤　극수지

來之謂占 通變之謂事 陰陽不測之謂神.
래지위점　통변지위사　음양불측지위신

【해설】

음양이 서로 대립하고 끊임없이 변천하는 그 원리의 표현됨이 도이다. 이 천지의 도를 이어받아 실천하는 것이 곧 인간의 착한 본성이다. 그러나 인간의 성품은 기울지 않을 수 없다. 천지의 도를 계승하여 인仁으로 기우는 것을 인이라 규정하고, 지知로 기우는 것을 지라 규정한다. 인자仁者도 지자知者도 아닌 한 무리의 사람은 이 도를 따라 생활하지만 그것을 스스로 깨닫지 못한다. 그러므로 도를 몸소 체험하여 터득한 참된 군자는 드물다.

천지의 도는 만물을 생육하면서도 인의 힘을 밖으로 드러내지 않고 자연의 변화 속에서 드러나지 않는 형태로 그 힘이 만물에 미치게 한다. 성인聖人과 같이 인위적인 지도는 하지 않는다. 그것은 활기에 찬 더할 수 없는 극치가 아니겠는가. 만물을 널리 받아들이고 낱낱이 새롭게 하는 성대한 덕이 아닌가.

이 생성·발전·변화의 무한대적인 이어짐이 바로 역이다. 하늘에서 해·달·별들의 상은 건乾을 표현하고, 땅에서 산·천·초·목의 상은 곤坤을 표현한다. 이 변화를 통찰하고 꿰뚫어 보아 예견하는 방법이 점이다. 사람은 점을 수단으로 변화에 대처하고 그것에 의해 음양의 미루어 헤아릴 수 없는 작용에 가까이 할 수 있는 것이다.

⑤ 역의 넓고 큰 작용

【원문】

夫易廣矣大矣. 以言乎遠則不禦 以言乎邇則靜
부 역 광 의 대 의   이 언 호 언 즉 불 어   이 언 호 이 즉 정
而正 以言乎天地之間則備矣.
이 정   이 언 호 천 지 지 간 즉 비 의
夫乾其靜也專 其動也直. 是以大生焉. 夫坤其
부 건 기 정 야 전   기 동 야 직   시 이 대 생 언   부 곤 기
靜也翕 其動也闢. 是以廣生焉.
정 야 흡   기 동 야 벽   시 이 광 생 언

廣大配天地 變通配四時 陰陽之義配日月 易簡
광대배천지 변통배사시 음양지의배일월 이간

之善配至德.
지선배지덕

子曰. 易其至矣乎. 夫易. 聖人所以崇德而廣業
자왈 역기지의호 부역 성인소이숭덕이광업

也. 知崇禮卑. 崇效天 卑法地. 天地設位 而易
야 지숭예비 숭효천 비법지 천지설위 이역

行乎其中矣. 成性存存 道義之門.
행호기중의 성성존존 도의지문

【해 설】

역의 작용은 넓고 크다. 역은 변하고 움직이어 한 점으로 모이기도 하고, 한없이 퍼져 나가기도 한다. 따라서 천지간에 통하지 않는 곳이 없다. 건乾은 머물러 움직이지 않을 때에는 힘이 응집되고, 활동을 시작하면 그 힘을 전부 방출한다. 곤坤은 정지하고 있을 때에는 모여 있으나 활동을 개시하면 건의 힘을 있는 대로 모두 받아들인다. 때문에 곤의 활동은 광대하다 .

그러므로 역의 광대함은 천지의 광대함과 일치한다. 이와같이 역의 주변성은 사계절의 변동에 음양의 변화는 일日·월月의 생생한 기운과 소멸에 일치한다. 건·곤의 어렵지 않은 간편함은 인간의 지덕至德에 일치한다.

역은 더할 수 없이 높은 이치라고 말할 수 있다. 역의 말씀에 순순히 복종함으로써 성인은 덕을 높이고 실천을 확대할 수 있다. 성인이 높은 지성과 자신을 낮추는 예절과 의리를 갖추고 있으나, 그 높은 지성은 하늘에서 배우고 예절과 겸양은 땅에서 배운 것이다. 하늘은 높고 땅은 낮다. 이 양자의 관계를 들추어낸 것이 역이다. 지知에 의하여 선성善性을 이루고, 예禮에 의하여 선덕을 온전히 하는 것은 곧 인륜의 첫 걸음이다.

사상事象이 극점極點에 달하면 변화하고 또 변화하는 것으로 인하여 새로

이 발전해 나아간다. 이것을 변통變通이라고 하며, 역의 중요한 개념의 하나이다.

⑥ 역은 인간생활의 지침서이다

【원문】

聖人有以見天下之賾. 而擬諸其形容 象其物宜.
성인유이견천하지색 이의저기형용 상기물의

是故謂之象. 聖人有以見天下之動 而觀其會通.
시고위지상 성인유이견천하지동 이관기회통

以行其典禮 繫辭焉以斷其吉凶. 是故謂之爻.
이행기전례 계사언이단기길흉 시고위지효

言天下之至賾而不可惡也 言天下之至動而不可
언천하지지색이불가악야 언천하지지동이불가

亂也. 擬之而後言 議之而後動 擬議以成其變
란야 의지이후언 의지이후동 의의이성기변

化.
화

鳴鶴在陰 其子和之. 我有好爵 吾與爾靡之. 子
명학재음 기자화지 아유호작 오여이미지 자

曰 君子居其室出其言. 不善則千里之外違之. 況
왈 군자거기실출기언 불선즉천리지외위지 황

其邇者乎. 居其室出其言. 不善則千里之外違之.
기이자호 거기실출기언 불선칙천리지외위지

況其邇者乎. 言出乎身加乎民 行發乎邇見乎遠.
황기이자호 언출호신가호민 행발호이견호원

言行君子之樞機. 樞機之發榮辱之主也. 言行
언행군자지추기 추기지발영욕지주야 언행

君子之所以動 天地也. 可不愼乎.
군자지소이동 천지야 가불신호

同人 先號咷而後笑. 子曰 君子之道 或出或處
동인 선호조이후소 자왈 군자지도 혹출혹처

或默或語. 二人同心 其利斷金. 同心之言 其臭
혹묵혹어 이인동심 기리단금 동심지언 기취

如蘭.
여란

初六 藉用白茅. 无咎. 子曰 苟錯諸地而可矣. 藉
초육 자용백모 무구 자왈 구조저지이가의 자

之用茅 何咎之有. 愼之至也. 夫茅之爲物薄 而
지용모 하구지유 신지지야 부모지위물박 이

用可重也. 愼斯術也以往 其无所失矣.
용가중야 신사술야이왕 기무소실의

勞謙 君子. 有終吉. 子曰 勞而不伐 有功而不德
노겸 군자 유종길 자왈 노이불벌 유공이부덕

厚之至也. 語以其功下人者也. 德言盛 禮言恭
후지지야 어이기공하인자야 덕언성 예언공

謙也者致恭以存其位者也.
겸야자치공이존기위자야

亢龍有悔. 子曰 貴而无位 高而无民 賢人在下
항룡유회 자왈 귀이무위 고이무민 현인재하

位而无輔. 是以動而有悔也.
위이무보 시이동이유회야

不出戶庭. 无咎. 子曰 亂之所生也 則言語以爲
불출호정 무구 자왈 난지소생야 즉언어이위

階. 君不密則失臣 臣不密則失身 幾事不密則害
계 군불밀즉실신 신불밀즉실신 기사불밀즉해

成. 是以君子愼密而不出也.
성 시이군자신밀이불출야

子曰 作易者 其知盜乎. 易曰 負且乘 致寇至.
자왈 작역자 기지도호 역왈 부차승 치구지

負也者 小人之事也. 乘也者 君子之器也. 小人
부야자 소인지사야 승야자 군자지기야 소인

而乘君子之器 盜思奪之矣. 上慢下暴 盜思伐
이승군자지기 도사탈지의 상만하포 도사벌

之矣 慢藏誨盜 冶容誨淫. 易曰 負且乘 致寇至
지의 만장회도 야용회음 역왈 부차승 치구지

盜之招也.
도지초야

易曰 自天祐之 吉无不利. 子曰 祐者助也. 天之
역왈 자천우지 길무불리 자왈 우자조야 천지

所助者順也. 人之所助者信也. 履信思乎順 又
소 조 자 순 야　　인 지 소 조 자 신 야　　이 신 사 호 순　　우
以尙賢也. 是以自天祐之 吉无不利也.
이 상 현 야　　시 이 자 천 우 지　　길 무 불 리 야

【해 설】

성인聖人은 감추어진 도리를 널리 살펴어. 그것을 눈으로 볼 수 있는 모습으로 표현하기 위하여 형상화하였다. 눈에 보이지 않는 도리를 구체적인 형상으로 표출했다는 뜻으로서 이를 상象이라고 한다. 성인은 또 천변만화하는 만물의 상相을 유추하여 그 변화의 법칙을 이론화하였다. 또 그 변화의 길흉을 구성하기 위해 괘사에 설명을 덧붙였으며, 나아가 사물의 변화를 좇아서 지킨다는 의미로서 이것을 효사라고 하였다.

상象은 사람이 마땅히 행하여야 할 도리를 형상화하였기 때문에 이해하기가 어렵지 않다. 효사는 무궁한 변화를 설명한 것이지만 보편적인 규범이 관찰되어 있으므로 선택이 수월하다. 우리들은 말과 행동으로 역의 뜻에 존중함으로써 이 변화의 도에 알맞은 조치를 취할 수 있다. 그러면 역의 사辭에 어떻게 따르면 좋은지 실례를 들어보자.

중부괘中孚卦 九二의 효사에 '우는 학이 드러나지 않는 곳에 있고 그 새끼가 울음에 맞받아 답한다. 내게 좋은 술잔이 있으니 그대와 함께 주고 받으리라.' 이것은 학이 산속에서 울 때 그 새끼는 어미가 보이지 않더라도 그 소리를 따라 운다. 이와같이 사람의 마음은 지나가는 말에도 예민하게 감응한다 라는 글귀이다. 군자의 언행은 그것이 집안에서 한 것이라도 선의 도에 합당한 처사인지 아닌지에 따라서 가까운 사람은 물론 멀리 있는 사람이라도 이에 부응하여 선하게 처신하기도 하고 혹은 등을 지기도 한다는 뜻이다. 말은 입 밖으로 나올 때는 소수의 사람에게 전하는데 지나지 않지만 오래지 않아 천하 만민에게 영향을 미친다. 행동 또한 가까운 데에서 멀리 영향을 주게 된다. 언행은 군자가 지닌 필요한 조건으로서 명예와 부끄러움을 결정

하는 중요한 요인이 된다. 군자가 천지를 움직이는 것은 언행으로 하기 때문에 군자된 사람은 언행에 극히 신중해야 한다.

동인괘同人卦 九五의 효사에 '사람과 마음을 같이 한다, 처음에는 울며 부르짖고 얼마 지난 뒤에는 웃는다. 군자의 도를 진실로 행하려는 자는 자주 외로움에 젖어 탄식을 자아낸다. 그러나 마음과 마음이 서로 통할 때 미소를 띤다'고 하였다. 군자의 도는 천하에 나가서 받들고, 물러나면 야野에 묻히며, 말없이 잠잠히 있다가 때로는 거침이 없는 변설로 세간을 휘어잡는다. 이와같이 그 표현은 여러 가지이다. 그러나 군자된 사람들이 마음을 같이 한다면 그 힘은 무쇠덩어리도 잘라낼 수 있는 날카로움을 가지며, 그 바른 말은 난蘭과 같은 은은한 향기를 흩날린다.

대과괘大過卦 初六의 효사에서 이르기를 '흰 띠白茅를 제물 밑에 펴놓다. 변고가 없다'고 하였다. 하늘에게 바치는 공물을 땅바닥에 놓아도 지장이 없겠지만, 참되고 성실한 마음으로 흰 띠를 펴놓고 그 위에 놓는다면 어떤 경우에도 사고나 변고를 당할 일이 없다는 의미이다. 이러한 태도는 단연코 조심스러움의 극치이다. 띠 자체는 보잘것없지만 그 구실은 큰 것이다. 이런 마음가짐을 명심하고 있다면 결코 실패하는 일은 없을 것이다.

겸괘謙卦 九三의 효사에서는 '겸양의 미덕은 군자의 행위이다. 끝이 있고 길하다'고 하였다. 군자는 남을 위해 있는 힘을 다하나 스스로 드러내어 자랑하지 않는다. 큰공을 세우고도 교만하지 않는다. 이것은 인정있고 성실한 태도의 종결終結인 것이다. 이 사辭는 공을 세우고도 남을 대함에 있어 자신을 낮추는 것을 말한다. 사람은 덕을 더욱 갈고 닦아 공손하게 하도록 노력해야 한다. 겸謙이란 높은 지위에 있더라도 예의 바르고 겸손을 다해 그 지위를 보존하는 것이다. '군자란 예전에 벼슬이 높은 사람을 일컫는 말이기도 했다.' 건괘乾卦 上九의 효사에서는 '솟아서 위로 오르는 용龍이 후회스러움이 있다'고 하였다. 솟아오른 자가 젠 체하고 뽐내며 방자해지면 어떻게 되겠는가. 고귀한 자도 지위를 잃고 높은 지위에 있어도 민심을 잃는다. 어진 이를 낮은 지위에 두기 때문에 그 보필을 받지 못한다. 이래서는 그 무엇을 하더라도 후회막급한 결과가 된다는 것을 의미한다.

절괘節卦 初九의 효사에는 '문 밖에 나가지 않으면 변고가 없다'고 하였다. 이것은 언행이 진중하지 않고 가볍게 처신하지 않는 신중함을 가르치는 것이다. 난리가 일어나는 것은 신중하지 않은 말이 그 첫째 원인이다. 발언에 경솔함이 있다면 군주는 신하의 마음을 잃고, 신하는 자신의 안위를 걱정한다. 혹여 국가 기밀이 밖으로 새어 나간다면 국가에 이롭지 못한 일을 초래한다. 그러므로 군자는 경솔한 발언을 하지 않는다는 의미이다.

해괘解卦 六三의 효사에는 '짐을 지고 수레를 탄다. 도적을 끌어들인다'고 하였다. 등에 짐을 지는 것은 천한 소인이 하는 일이고, 수레는 존귀한 자가 타는 것이다. 만일 등에 짐을 져야 할 막벌이꾼이 신분의 질서를 어지럽히고 수레를 탄다면 당연히 도적이 그 기회를 엿보게 되는 것이다. 곧 우월적 지위에 있는 자가 기강을 문란케 하고 낮은 지위에 있는 자가 순종하지 않고 거역한다면 침략자에게 권리와 영토를 약탈당한다. 문 단속을 소홀히 한다는 것은 도적에게 남의 물건을 훔치라고 가르치는 것과 같다. 또 화장을 진하게 하는 것은 음란하고 방탕한 점을 유발하는 데 지나지 않고 스스로 도적을 불러들인다는 것과 같음을 이 효사는 가르치고 있다.

대유괘大有卦 上九의 효사에는 '하늘이 이를 도우니 길하고 이롭지 않을 수 없다'고 하였다. 하늘이 덕을 베푸는 것은 사람이 도를 따르는 경우이고, 인간관계에서 도움을 주는 것은 신의를 중요시하기 때문이다. 하늘의 도를 따르고 신의를 중요시한다면 마땅히 옛 성인을 모범으로 삼는다. 이것은 하늘의 뜻과 일치하고 신의를 중히 여기므로써 하늘의 도움을 받아 만사가 여의롭다는 의미이다.

⑦ 점서의 근본 체계

【원문】

天一地二. 天三地四. 天五地六. 天七地八. 天
천일지이 천삼지사 천오지육 천칠지팔 천

九地十. 天數五. 地數五. 五位相得而各有合.
구지십 천수오 지수오 오위상득이각유합

天數二十有五. 地數三十. 凡天地之數五十有
천수이십유오 지수삼십 범천지지수오십유

五. 此所以成變化而行鬼神也.
오 차소이성변화이행귀신야

大衍之數五十 其用四十有九. 分而爲二以象兩
대연지수오십 기용사십유구 분이위이이상양

掛一以象三. 揲之以四 以象四時 歸奇於扐以象
괘일이상삼 설지이사 이상사시 귀기어륵이상

閏. 五歲再閏 故再扐而後掛.
윤 오세재윤 고재륵이후괘

乾之策二百一十有六 坤之策百四十有四 凡三百
건지책이백일십유육 곤지책백사십유사 범삼백

有六十 當期之日. 二篇之策萬有一千五百二十
유육십 당기지일 이편지책만유일천오백이십

當萬物之數也. 是故四營而成易 十有八變而成
당만물지수야 시고사영이성역 십유팔변이성

卦 八卦而小成. 引而伸之 觸類而長之 天下之
괘 팔괘이소성 인이신지 촉류이장지 천하지

能事畢矣.
능사필의

顯道神德行 是故可與酬酢 可與祐神矣. 子曰
현도신덕행 시고가여수작 가여우신의 자왈

知變化之道者 其知神之所爲乎.
지변화지도자 기지신지소위호

【해 설】

하늘을 표출하는 수는 1·3·5·7·9의 기수奇數이고, 땅을 표출하는 수는 2
·4·6·8·10의 우수짝수이다. 천수天數와 지수地數가 짝을 지어서 오행목·화
토·금·수을 이룬다. 천수의 합계는 25, 지수의 합계는 30, 천지의 수의 합은

55이다. 이 55의 수가 모든 변화를 표현하고, 신유양의 작용을 표출하는 요소이다.

서죽簽竹, 댓가지은 이 55에서 끝수를 제한 50개이지만 실제로 사용하는 것은 49개이다. 그 한 개는 태극을 의미하는 것으로서 태극은 만물의 변동이 없는 근본이 되는 것이기 때문에 상에서 제외된다.

먼저 50개에서 한 개를 제외한 나머지 49개의 댓가지를 둘로 나눈다. 이 것은 천지음양을 상징하는 것이다. 왼쪽의 댓가지를 천책天策, 오른쪽의 댓가지를 지책地策이라고 한다. 다음은 오른쪽의 댓가지를 무더기에서 한 개를 뽑는다. 이것은 사람을 나타내고 천책, 지책과 함께 천지인을 상징한다. 다음에는 4개씩을 공제해 가는 것은 사계四季를 상징하고, 맨 끝에 남은 댓가지를 손가락 사이에 끼워 윤달閏月을 상징한다. 윤달은 5년에 두 번 있으므로 천책, 지책을 두 차례 손가락에 끼우는 것이다.

건乾의 책수策數는 216개, 곤坤의 책수는 144개 합계 360개로써 1년의 날수와 일치한다. 64괘 384효의 책수는 종합 11,520개로써 얼추 만물의 수에 해당한다. 이와같이 4개씩의 분할로 인하여 역의 변화가 이루어지고, 이것을 세 번 반복함으로써 한 효가 생기며 6효를 거듭해서 한 괘가 만들어지는 것이다. 8괘는 역의 추상된 유형有形이다. 이 8괘를 거듭해서 64개로 확상하고, 이것을 유추해서 부여한다면 만물의 모든 변화를 알 수 있다.

이 수리數理는 천도를 분명히 하고, 사람의 덕행을 신령의 움직임에 일치시킨다. 따라서 이를 몸소 체험하여 터득한다면 모든 사물의 변화에 능동적으로 대처하고 신명과 함께 움직이는 것이 가능해진다. 진실로 역의 수리 즉 변화의 도를 깨우치는 것이 하늘의 이치를 알 수 있는 것이다.

⑧ 성인의 네 가지 도

【원 문】

易有聖人之道四焉. 以言者尚其辭 以動者尚其
역유성인지도사언 이언자상기사 이동자상기

變 以制器者尚其象 以卜筮者尚其占.
변 이제기자상기상 이복서자상기점

是以君子將有爲也 將有行也. 問焉而以言. 其受
시이군자장유위야 장유행야 문언이이언 기수

命也如嚮 无有遠近幽深 遂知來物. 非天下之
명야여향 무유원근유심 수지래물 비천하지

至精 其孰能與於此.
지정 기숙능여어차

參伍以變 錯綜其數. 通其變 遂成天地之文 極
삼오이변 착종기수 통기변 수성천지지문 극

其數 遂定天下之象. 非天下之至變 其孰能與於
기수 수정천하지상 비천하지지변 기숙능여어

此.
차

易无思也 无爲也 寂然不動 感而遂通天下之
역무사야 무위야 적연부동 감이수통천하지

故. 非天下之至神 其孰能與於此.
고 비천하지지신 기숙능여어차

夫易 聖人之所以極深而研幾也. 唯深也 故能
부역 성인지소이극심이연기야 유심야 고능

通天下之志. 唯幾也 故能成天下之務. 唯神也
통천하지지 유기야 고능성천하지무 유신야

故不疾而速 不行而至. 子曰 易有聖人之道四焉
고불질이속 불행이지 자왈 역유성인지도사언

者. 此之謂也.
자 차지위야

【해 설】

역易은 성인聖人의 네 가지 도를 갖추고 있다. 언론言論으로 가르쳐 이끌
때에는 역의 괘효사를 중시하고, 실천으로 움직이려 할 때에는 역의 변화를
중시하며, 문물에 관한 제도를 구비하여 민중을 여유롭게 할 때에는 상象을

중시하고, 복서卜筮에 의해 앞날을 미리 예견할 때에는 점占을 중시한다.

따라서 군자는 어떤 일과 행동을 처음으로 하고자 할 때에는 큰일이나 작은일을 가리지 않고 역을 찾았다. 역은 소리에 응답하는 메아리처럼 멀고 가까움, 깊고 얕음을 구분하지 않고 모든 문제에 대하여 야기될 사태를 미리 예고해 준다. 더할 수 없는 인식력認識力을 갖추고 있기 때문에 능히 할 수 있는 것이다.

역은 음양 교체에 의한 변화와 서수筮數의 혼합에 의해서 만들어진다. 이 변화는 쉴새없이 이루어져 천문지리를 명백히 하고, 그 서수는 무궁무진한 변화로써 만물의 상징을 만들어 낸다. 무한한 변화의 도를 갖추고 있기 때문에 이것이 가능한 것이다.

역은 무심無心하고 작위作爲가 없다. 그것이 흔들리지 않기 때문에 감응하면 즉시 사물의 법칙을 반영하게 된다. 일체의 상념想念이 없는 영묘함을 갖추고 있기 때문에 이것이 가능하다. 그러하기 때문에 성인은 천지의 심오함을 깊이 탐구하여 진리를 밝히고 만물의 기미機微를 관찰하여 사람들의 뜻을 계획대로 이루어 줄 수 있는 것이다. 그래서 천하의 사업을 성취할 수가 있다. 그 활동은 영묘한 것으로서 급하게 서둘지 않아도 목적한 바를 이룰 수 있고, 움직이지 않아도 이루려고 하는 목표를 달성한다. 역에 성인의 네 가지의 도가 갖추어져 있다는 것은 이러한 사실을 말하는 것이다.

⑨ 역의 효력

【원문】

子曰 夫易何爲者也. 夫易開物成務 冒天下之
자왈 부역하위자야   부역개물성무 모천하지
道. 如斯而已者也 是故聖人以通天下之志 以定
도 여사이이자야 시고성인이통천하지지 이정
天下之業 以斷天下之疑.
천하지업 이단천하지의

是故著之德 圓而神. 卦之德 方以知. 六爻之義
시고시지덕 원이신   패지덕 방이지 육효지의
易以貢. 聖人以此洗心 退藏於密 吉凶與民同
역이공 성인이차세심   퇴장어밀   길흉여민동
患. 神以知來 知以藏往. 其孰能與於此哉. 古
환   신이지래 지이장왕   기숙능여어차재   고
之聰明叡知 神武而不殺者夫.
지총명예지 신무이불살자부
是以明於天之道 而察於民之故 是興神物以前
시이명어천지도   이찰어민지고   시흥신물이전
民用. 聖人以此齋戒 以神明其德夫.
민용 성인이차재계   이신명기덕부

【해 설】

역의 효력이란 만물의 진상眞想을 밝혀, 사람들의 행동을 성공으로 이끌고, 천하의 도리를 명백히 하는 것이다. 그래서 성인은 역을 사용하여 사람들의 뜻을 이루게 하고, 모든 사업을 성취하게 하며, 믿지 못해 이상하게 여기는 마음에 결단을 내리게 하는 것이다. 댓가지가 둥근 것은 원융무애圓融無礙하여 후중한 덕을 나타내고 괘의 사각四角은 방정方正과 영지英智의 덕을 가리키며, 육효의 변화는 이리저리 변하여 달라지는 미래를 예고하는 것이다. 성인은 댓가지, 괘·효를 써서 여러 가지 일을 깊이 생각하며, 심연深淵의 경지에 마음을 드러나지 않게 하고, 길하든 흉하든 항상 백민들을 염려한다.

먼 훗날을 예지하는 영묘함과 지난날을 포용하는 영특한 지혜를 대체 그 누가 자기 것으로 할 수 있을 것인가. 총명하고 지혜가 뛰어난 태고의 성인, 형벌을 쓰지 않고 만민을 납득하여 따르게 한 무소불능無所不能의 거룩한 왕이라도 되었던 것인가. 성인은 하늘의 도를 좇아 인사人事를 깨닫고, 역의 법칙을 명백히 하여 민초들을 인도해야 한다. 성인은 참으로 역의 도에 의해 굴레나 얽매임에서 벗어나 자신의 덕을 영묘하게 했다고 할 수 있다.

⑩ 역의 비유

【원문】

是故闔戶謂之坤 闢戶謂之乾. 一闔一闢 謂之變
시고합호위지곤 벽호위지건 일합일벽 위지변
往來不窮 謂之通 見乃謂之象 形乃謂之器 制
왕래불궁 위지통 견내위지상 형내위지기 제
而用之 謂之法 利用出入 民咸用之 謂之神.
이용지 위지법 이용출입 민함용지 위지신

【해설】

역의 원리를 하나의 문^門에 비유할 수 있다. 문이 닫혀 있는 비활동적인 상태가 곤^坤이고, 문이 열려 있는 활동적인 상태가 건^乾이다. 문을 되풀이해서 여닫는 것이 변^{음양의 상호변화}이고, 문의 여닫음이 무한히 계속되어 끊임없이 행하여 지는 것이 통^{서로 통하는 것}이다. 문이 열려 있을 때는 물건으로서의 존재가 없기 때문에 이것이 상^象이며, 닫혀 있을 때는 물건으로서 존재하기 때문에 이것이 기^器이다. 문은 이용하기 위해서 제작되었다는 점은 법^{規範}이고 모든 사람이 그것을 자각하지 못하고 자유롭게 드나듦은 신^神의 영묘한 작용 때문이다.

⑪ 역의 본질

【원문】

是故易有太極. 是生兩儀. 兩儀生四象 四象生
시고역유태극 시생양의 양의생사상 사상생
八卦. 八卦定吉凶 吉凶生大業.
팔괘 팔괘정길흉 길흉생대업
是故法象莫大乎天地 變通莫大乎四時 縣象著
시고법상막대호천지 변통막대호사시 현상저

明莫大乎日月 崇高 莫大乎富貴. 備物致用 立成
명막대호일월 숭고 막대호부귀 비물치용 입성

器 以爲天下利 莫大乎聖人. 探賾索隱 鉤深致
기 이위천하리 막대호성인 탐색색은 구심치

遠 以定天下之吉凶 成天下之亹亹者 莫大乎蓍
원 이정천하지길흉 성천하지미미자 막대호시

龜.
귀

是故天生神物 聖人則之 天地變化 聖人效之
시고천생신물 성인칙지 천지변화 성인효지

天垂象見吉凶 聖人象之 河出圖 洛出書 聖人則
천수상현길흉 성인상지 하출도 낙출서 성인칙

之.
지

易有四象 所以示也. 繫辭焉 所以告也. 定之以
역유사상 소이시야 계사언 소이고야 정지이

吉凶 所以斷也.
길흉 소이단야

【해 설】

역의 본질근원은 태극이다. 태극이 양의음양로 화하고, 양의가 사상노양·노
음·소양·소음으로 화하며, 사상이 8괘로 분화하여 길흉을 예측하고, 길흉을
미리 추측하므로써 인간의 활동은 전진한다. 우주의 삼라만상 가운데 최대
의 형상은 천지이며, 변통變通의 가장 큰은 사계四季이고, 천상天象중에서 가
장 환하게 비치는 것이 일월日月이며, 인간사회에서 가장 지위가 높고 귀한
것은 부귀공명이다.

생활의 바탕이 되는 물자를 풍요롭게 하고, 제도문물을 정비해서 천하의
복리를 증진하는 데 공로가 가장 큰 이는 성인이며, 깊숙이 내재되어 있는
도리를 찾아내고 길흉을 예고하여 인간 사회를 활발하게 하는 데 가장 큰
공헌을 한 것은 시책蓍策과 귀갑龜甲이다. 역은 인위적으로 이루어진 것이 아

니다. 하늘이 점지한 시책과 귀갑에 의해 천지의 변화를 유추하고, 하늘이 예지하는 길흉을 헤아리며, 하도河圖와 낙서洛書의 이치에 따라서 성인이 이를 체계화한 것이다.

태극은 우주를 성립시킨 근원으로서 음과 양의 기운을 포용하고 있는 하나의 유기체有氣體이며 하늘은 일식日蝕, 월식月蝕, 혜성彗星, 풍우風雨 등에 의해 천지일월의 운행을 조절하고 행복과 재앙을 불러들인다.

무슨 까닭으로 역에 사상四象이 있는가. 변화를 표시하기 위해서이다. 어째서 사辭는 쓰이는가. 미래를 예고하기 위해서이다. 왜 미래에 일을 길과 흉으로 구분하는가. 사람들의 의혹에 결단을 내리기 위해서이다.

⑫ 역서와 인간의 본바탕

【원문】

子曰 書不盡言 言不盡意. 然則聖人之意 其不
자왈 서부진언 언부진의 연즉성인지의 기불

可見乎. 子曰 聖人立象以盡意 設卦以盡情僞
가견호 자왈 성인입상이진의 설괘이진정위

繫辭焉以盡其言 變而通之以盡利 鼓之舞之以
계사언이진기언 변이통지이진리 고지무지이

盡神.
진신

【해 설】

책은 인간의 말을 모두 수용할 수 없다. 또 말은 자신의 생각을 전부 표현할 수 있는 것도 아니다. 그렇다면 역서에서 성인의 마음가짐을 속속들이 알수는 없는 것일까.

성인은 역의 상象을 확연이 정하여 그 마음의 모든 것을 표현했다. 역경 64괘를 만들어 여러 가지의 사물을 판단하고, 사辭를 덧붙여 하고자 하는 말을 명백히 했다. 또한 변통의 이치를 현실에 적용하여 백성들의 사회생활을 모난 데가 없이 원만하게 이끌고 백성의 마음을 격려하고 기세를 돌아 여한이 없는 세상을 만드는 데 진력하였다.

그러므로 역서에는 성인의 마음이 모두 표현되어 있다고 할 수 있다.

⑬ 모순되는 관계가 없으면 운동이 없다

【원문】

乾坤其易之縕邪. 乾坤成列 而易立乎其中矣.
건 곤 기 역 지 온 사　건 곤 성 렬　이 역 입 호 기 중 의
乾坤毁 則无以見易. 易不可見 則乾坤或幾乎息
건 곤 훼　즉 무 이 견 역　역 불 가 견　즉 건 곤 혹 기 호 식
矣.
의

【해 설】

건乾과 곤坤의 대립하는 관계가 역의 핵심이라고 할 수 있다. 그러므로 건과 곤의 모순되는 관계에서 비로소 역은 성립한다. 건과 곤 중의 하나가 없어지면 발전적으로 변화하는 과정인 역은 성립되지 않는다. 따라서 뒤에 남겨진 것이 건이든 곤이든 그 움직임은 종결된다.

⑭ 도·기·변·통

【원문】

是故形而上者. 謂之道 形而下者. 謂之器 化而
시 고 형 이 상 자　위 지 도　형 이 하 자　위 지 기　화 이

裁之. 謂之變 推而行之. 謂之通 擧而措之天下
재지 위지변 추이행지 위지통 거이조지천하

之民. 謂之事業. 極天下之賾者存乎卦 鼓天下
지민 위지사업 극천하지색자존호괘 고천하

之動者存乎辭 化而裁之存乎變 推而行之存乎
지동자존호사 화이재지존호변 추이행지존호

通. 神而明之存乎其人 默而成之 不言而信 存
통 신이명지존호기인 묵이성지 불언이신 존

乎德行.
호덕행

【해 설】

눈에 보이지 않는 사물의 본질인 존재의 근본원리를 사유思惟나 직관으로
유추하는 것이 도道이고, 그것이 발전하여 생김새나 모양이 갖추어져 느낄
수 있게 된 것이 기器이다.

형상으로 나타난 생김새나 모양이 상호작용하여 여러 가지로 변화하는
것이 변變이며 변화하는 이치에 의하여 보다 나은 상태로 향상되는 것이 통
通이다.

깊숙이 숨겨진 도리道理는 역의 괘에 나타난다. 길흉을 예지해서 만백성의
활동을 거침없이 잘 되어 나가게 하는 일은 역의 사辭에 표현된다. 변화하는
온갖 사물의 형상은 역의 변화로 드러난다. 새롭게 발전하는 도는 역의 통
에 감지되고 영묘한 변통에 의해서 모든 백성이 편안하도록 이끄는 것이 성
인이다. 세간의 번잡스러움을 의식하지 않고 자연의 변화에 순응하여 목적
한 바를 이루는 것이 성인의 덕이다.

2) 계사하전繫辭下傳

① 변하지 않는 원리

【원 문】

八卦成列 象在其中矣. 因而重之 爻在其中矣.
팔괘성렬　상재기중의　　인이중지　효재기중의

剛柔相推 變在其中矣. 繫辭焉而命之 動在其中
강유상추　변재기중의　　계사언이명지　동재기중

矣. 吉凶悔吝者 生乎動者也. 剛柔者立本者也.
의　길흉회린자　생호동자야　강유자입본자야

變通者趣時者也. 吉凶者貞勝者也.
변통자취시자야　　길흉자정승자야

天地之道貞觀者也. 日月之道貞明者也. 天下之
천지지도정관자야　　일월지도정명자야　　천하지

動貞夫一者也.
동정부일자야

夫乾確然示人易矣. 夫坤隤然示人簡矣. 爻也者
부건확연시인이의　　부곤퇴연시인간의　　효야자

效此者也. 象也者 像此者也. 爻象動乎內吉凶
효차자야　　상야자　상차자야　　효상동호내길흉

見乎外 功業見乎變. 聖人之情見乎辭.
견호외　공업현호변　성인지정현호사

【해 설】

　강효양 —, 유효유 --의 2획이 삼중으로 중첩되면서 각기 다른 형태로 이루어진 것이 8괘이고, 이는 천지만물을 상징한다. 이 8괘가 두 개씩 중첩되어 구성된 것이 64괘이며, 이는 천지만물을 능동적으로 표현한 것이다. 괘효사는 그 표현의 뜻을 설명한 것이므로 괘효사에서 나타내는 길吉·흉凶·회悔·인吝은 변화에 알맞은 조치를 취하는 것이다. 사물의 본바탕은 강剛·유柔이지만 그 강유는 변화의 상으로 표현되기 때문이다. 64괘는 제각기 6효 중의 강효·유효의 위치는 다르지만 이것은 강과 유가 한번씩 위치를 바꾼 것으로

128　|

볼 수 있다. 곧 서로 바뀌는 것으로 인하여 천지만물의 변화를 나타내고 있는 것이다.

따라서 길흉화복의 법칙은 변함이 없는 기준에 의해 인간의 운명을 좌우지 하는 것이라고 할 수 있다. 이를테면 천지의 도가 달라지지 않고 항상 같은 순환에 의해 인간에게 진리의 불변성을 가리키고, 또 일월日月의 도가 항상 같은 운행에 의하여 인간에게 진리의 명석성을 표현한다. 이와같이 인간사회의 움직임도 궁극에 있어서는 변함이 없는 참된 도리에 귀착하게 된다.

건은 장대한 움직임으로 인간에게 역의 덕을 나타내고, 곤은 부드러운 움직임으로 인간에게 간簡의 덕을 나타낸다. 곧 효爻라는 것은 64괘에 각각 여섯 개의 효가 있으므로 총합계 314효가 모두 이 역간易簡의 도를 따리 이행했다는 것을 의미하고, 괘상 또한 이를 본떠서 만들었다는 것을 의미한다. 이 6효, 괘상의 변화에 응하는 것이 길흉화복이기 때문에 이것의 판단을 바탕으로 해서 활동한다면 공적을 이루고, 괘효사를 읽는 것만으로도 성인군자의 마음을 알 수 있어서 덕성을 기를 수 있을 것이다.

② 역의 괘상과 문물에 관한 제도

【원문】

天地之大德曰生 聖人之大寶曰位. 何以守位 曰
천 지 지 대 덕 왈 생 성 인 지 대 보 왈 위   하 이 수 위   왈
仁. 何以聚人 曰財. 理財正辭 禁民爲非 曰義.
인   하 이 취 인   왈 재   이 재 정 사   금 민 위 비   왈 의
古者包犧氏王天下也 仰則觀象於天 俯則觀法
고 자 포 희 씨 왕 천 하 야   앙 즉 관 상 어 천   부 즉 관 법
於地 觀鳥獸之文與地之宜 近取諸身 遠取諸
어 지   관 조 수 지 문 여 지 지 의   근 취 지 신   원 취 저
物. 於是始作八卦 以通神明之德 以類萬物之
물   어 시 시 작 팔 괘   이 통 신 명 지 덕   이 류 만 물 지
情. 作結繩而爲網 以佃以漁 蓋取諸離.
정   작 결 승 이 위 망 고   이 전 이 어   개 취 저 리

包犧氏沒 神農氏作 斲木爲耜 揉木爲耒 耒耨之
포 희 씨 몰　신 농 씨 작　착 목 위 사　유 목 위 뢰　뇌 누 지

利 以敎天下 蓋取諸益. 日中爲市 致天下之民
리　이 교 천 하　개 취 제 익　일 중 위 시　치 천 하 지 민

聚天下之貨 交易而退 各得其所 蓋取諸噬嗑.
취 천 하 지 화　교 역 이 퇴　각 득 기 소　개 취 제 서 합

神農氏沒 黃帝堯舜氏作. 通其變使民不倦 神而
신 농 씨 몰　황 제 요 순 씨 작　통 기 변 사 민 불 권　신 이

化之 使民宜之. 易窮則變 變則通 通則久. 是以
화 지　사 민 의 지　역 궁 즉 변　변 즉 통　통 즉 구　시 이

自天祐之 吉无不利.
자 천 우 지　길 무 불 리

黃帝堯舜垂衣裳而天下治 蓋取諸乾坤. 刳木爲
황 제 요 순 수 의 상 이 천 하 치　개 취 제 건 곤　고 목 위

舟 剡木爲楫 舟楫之利 以濟不通 致遠以利天
주　섬 목 위 즙　주 즙 지 리　이 제 불 통　치 원 이 리 천

下 蓋取諸渙. 服牛乘馬 引重致遠 以利天下 蓋
하　개 취 저 환　복 우 승 마　인 중 치 원　이 리 천 하　개

取諸隨. 重門擊柝 以待暴客 蓋取諸豫. 斷木爲
취 저 수　중 문 격 탁　이 대 포 객　개 취 제 예　단 목 위

杵 掘地爲臼 臼杵之利 萬民以濟 蓋取諸小過.
저　굴 지 위 구　구 저 지 리　만 민 이 제　개 취 제 소 과

弦木爲弧 剡木爲矢 弧矢之利 以威天下 蓋取
현 목 위 호　염 목 위 시　호 시 지 리　이 위 천 하　개 취

諸睽.
저 규

上古穴居而野處. 後世聖人易之以宮室 上棟下
상 고 혈 거 이 야 처　후 세 성 인 역 지 이 궁 실　상 동 하

宇 以待風雨 蓋取諸大壯. 古之葬者 厚衣之以
우　이 대 풍 우　개 취 제 대 장　고 지 장 자　후 의 지 이

薪 葬之中野 不封不樹 喪期无數. 後世聖人易
신　장 지 중 야　불 봉 불 수　상 기 무 수　후 세 성 인 역

之以棺槨 蓋取諸大過. 上古結繩而治. 後世聖
지 이 관 곽　개 취 제 대 과　상 고 결 승 이 치　후 세 성

人易之以書契 百官以治 萬民以察 蓋取諸夬.
인 역 지 이 서 계　백 관 이 치　만 민 이 찰　개 취 저 쾌

是故易者象也. 象也者像也. 象者材也. 爻也者
시 고 역 자 상 야   상 야 자 상 야   단 자 재 야   효 야 자
效天下之動者也. 是故吉凶生而悔吝著也.
효 천 하 지 동 자 야   시 고 길 흉 생 이 회 린 저 야

【해 설】

만물을 낳고 자라게 하는 것이 천지의 큰 덕이고, 천자의 자리에서 만백성을 다스리는 것이 성인군자의 큰 보물인 것이다. 성인이 천자의 자리를 안전하게 유지하는 것은 인덕을 갖추고 있기 때문이며, 민중을 복종시킬 수 있는 것은 물자物資를 풍요롭게 하기 때문이다. 일반 대중의 생활을 넉넉하게 하고, 지식과 기술을 가르치어 개인의 능력을 향상시키며, 법에 의해 악한 행위를 금지시키는 것이 의義이며 곧 정치이다.

옛날 천하를 다스리던 포희씨包犧氏는 해와 달의 천상을, 아래로는 산과 강의 지형을 관찰하고, 나아가서는 새와 짐승, 초목의 상태로부터 자신의 신체에 이르기까지 온갖 것을 주의 깊게 살펴보고 그것을 종합해서 창조한 것이 8괘이다. 그리고 이 8괘에 의해서 천지의 영검한 덕을 명백히 하고, 만물의 성격과 그 혈통을 구분하였다. 포희씨는 새끼를 꼬아서 그물을 만들고, 그 그물로 짐승이나 물고기를 잡는 방법을 가르친 사람이지만, 이것은 이離의 괘상을 본딴 것이라고 해석할 수 있다.

포희씨가 죽은 후 천하를 다스리던 신농씨神農氏는 나무를 깎아 호미를 만들고 나무를 휘어서는 자루를 만들어 농기구의 편리함을 모든 백성에게 가르친 사람인데, 이는 익益의 괘상을 본을 삼아서 이룬 것이라고 해석할 수 있다. 또한 신농씨는 장터의 제도를 고안해서 정오를 기해 많은 사람들이 장터에 모여 물품을 서로 교역하고 유무상통有無相通하였는데 이는 서합噬嗑의 괘상에서 취한 것이라고 할 수 있다.

신농씨가 죽은 후, 천지를 다스린 사람은 요·순황제堯·舜皇帝이다. 그들도 역시 전대로부터 내려오던 풍습을 개량하여 사회 생활에 반영함으로써 생

산력의 향상과 주민생활의 안정을 도모했다. 이것을 역의 법칙에 비유한다면 사상은 궁극에 이르면 형상·성질 등이 변화하여 새로운 발전을 이루는데 이 생성生成의 발전은 연속성을 가지고 있다. 이와같은 여유로 인하여 '하늘이 그를 도우니 길하고 이롭지 않을 수 없다'라고 하였다. 곧 대유大有의 상구上九의 말씀인 것이다.

황제 요·순은 상하귀천의 신분을 정하기 위해 복식제도를 만들었다. 이것은 건·곤의 괘상을 취한 것으로 해석할 수 있다. 또 나무를 끊어서 배를 만들고 나무를 깎아서 노를 만들어 이를 이용하여 강을 건너 먼 곳의 것도 운반할 수 있게 된 것은 환渙의 괘상을 취한 것이고, 소나 말을 사육해서 물건을 운반했기 때문에 무거운 짐을 멀리까지 옮겨 나를 수 있게 되어 경제가 발전했다. 이것은 수隨의 괘상을 취한 것이며, 문을 이중으로 빗장을 지르고, 딱딱이를 치게 하여 도적을 예방하였다. 이것은 예豫의 괘상을 취한 것이고, 나무를 잘라서 도리개를 만들고 돌을 파서 맷돌을 만들어 탈곡을 편하게 했다. 이것은 소과小過의 괘상을 취한 것이며, 나무를 굽혀서 끈으로 잡아 매어 활을 만들고, 나무를 깎아 화살을 만들어서 병기로 사용하여 군비를 향상시켰다. 이것은 규睽의 괘상을 취한 것으로 해석할 수 있다.

포희, 신농의 시대에는 사람들이 굴속에 살거나 산이나 들에서 살았다. 후세의 성인은 이 주택 양식을 개량하고 가옥을 만들어 비바람을 막았다. 이것은 대장大壯의 괘상을 취한 것이고, 옛날에는 죽은 사람을 묻을 때 땅을 파서 시체를 놓고 위를 나뭇가지로 씌우고 흙을 덮었을 뿐, 무덤을 만드는 일도 묘비를 세우는 일도 없었고 상복을 입는 기간도 없었다. 후세에 성인은 이 풍습을 개량해서 관을 만들었는데 이것은 대과大過의 괘상을 취한 것이며, 포희·신농의 시대에는 나무를 새끼로 매어 기록이나 계약에 도움이 되도록 했지만 후세의 성인은 글자를 만들어 이 불편을 없앴다. 그래서 관리들은 자기의 직책을 정확히 수행할 수 있게 되었고, 백성들 사이에서도 의사소통이 원활하게 되었다. 이것은 쾌夬의 괘상을 취한 것이라고 해석할 수 있다.

이와 같이 역사의 과정을 더듬어 보아도 알 수 있듯이 역易이란 곧 상象이다. 상이란 형상화한다는 의미로서 우주만물을 구상화具象化 한다는 것이다. 또 역이란 단彖이다. 단이란 판단을 나타내는 의미로서 사물의 진위·선악·미추 등을 생각하여 정하는 재료이다. 또 역이란 효爻이다. 효란 본받는다는 의미로서 천하의 변화와 동정動靜을 본받는다는 것이다. 이처럼 구상화하고, 표현하고, 모방하는 것이 있기 때문에 그것과의 대응관계로서 길흉회인吉凶悔吝이 명백해지는 것이다.

③ 양괘와 음괘

【원 문】

陽卦多陰 陰卦多陽. 其故何也. 陽卦奇 陰卦耦.
양 괘 다 음 음 괘 다 양   기 고 하 야   양 괘 기   음 괘 우.
其德行何也. 陽一君而二民 君子之道也. 陰二
기 덕 행 하 야   양 일 군 이 이 민   군 자 지 도 야   음 이
君而一民 小人之道也.
군 이 일 민 소 인 지 도 야

【해 설】

양괘陽卦에도 음효陰爻가 있고, 음괘陰卦에도 양효陽爻가 있다. 이것은 무슨 까닭일까. 홀수 획으로 되어 있는 것이 양효가 되고, 짝수획으로 되어 있는 것이 음효가 되기 때문이다. 양괘·음괘가 나타내는 의미는 무엇인가. 양괘는 양효 하나에 음효가 두 개이므로 이는 군주 한 사람에 많은 백성이 따르는 형상으로 군자의 도를 표현하고 있다. 음괘는 이와 반대로 군주 두 사람에 소수의 백성이 따르는 형상으로 소인의 도를 표현하고 있는 것이다.

④ 역에 함축되어 있는 논리

【원문】

易曰 憧憧往來 朋從爾思. 子曰 天下何思何慮.
역왈 동동왕래 붕종이사 자왈 천하하사하려

天下同歸而殊塗 一致而百慮. 天下何思何慮. 日
천하동귀이수도 일치이백려 천하하사하려 일

往則月來 月往則日來 日月相推而明生焉. 寒往
왕즉월래 월왕즉일래 일월상추이명생언 한왕

則暑來 暑往則寒來 寒暑相推而歲成焉. 往者
즉서래 서왕즉한래 한서상추이세성언 왕자

屈也. 來者信也. 屈信相感而利生焉. 尺蠖之屈
굴야 래자신야 굴신상감이리생언 척확지굴

以求信也. 龍蛇之蟄. 以存身也. 精義入神 以
이구신야 용사지칩 이존신야 정의입신 이

致用也. 利用安身 以崇德也. 過此以往 未之或
치용야 이용안신 이숭덕야 과차이왕 미지혹

知也. 窮神知化 德之盛也.
지야 궁신지화 덕지성야

易曰 困于石 據于蒺藜. 入于其宮 不見其妻. 凶.
역왈 곤우석 거우질려 입우기궁 불견기처 흉

子曰 非所困而困焉 名必辱. 非所據而據焉 身
자왈 비소곤이곤언 명필욕 비소거이거언 신

必危. 旣辱且危 死期將至. 妻其可得見邪.
필위 기욕차위 사기장지 처기가득견야

易曰 公用射隼于高墉之上. 獲之无不利. 子曰
역왈 공용사준우고용지상 획지무불리 자왈

隼者禽也. 弓矢者器也. 射之者人也. 君子藏器
준자금야 궁시자기야 사지자인야 군자장기

於身 待時而動. 何不利之有. 動而不括 是以出
어신 대시이동 하불리지유 동이불괄 시이출

而有獲. 語成器而動者也.
이유획 어성기이동자야

子曰 小人不恥不仁. 不畏不義 不見利不勸 不
자왈 소인불치불인 불외불의 불견리불권 불

威不懲. 小懲而大誡 此小人之福也. 易曰 屢校
위부징 소징이대계 차소인지복야 역왈 구교

134

滅趾. 无咎. 此之謂也.
멸지 무구 차지위야

善不積不足以成名. 惡不積不足以滅身. 小人以
선부적부족이성명 악부적부족이멸신 소인이

小善爲无益而弗爲也. 以小惡爲无傷而弗去也.
소선위무익이불위야 이소악위무상이불거야

故惡積而不可掩 罪大而不可解. 易曰何校滅耳.
고악적이불가엄 죄대이불가해 역왈하교멸이

凶.
흉

子曰 危者 安其位者也. 亡者 保其存者也. 亂
자왈 위자 안기위자야 망자 보기존자야 난

者有其治者也. 是故君子安而不忘危 存而不忘
자유기치자야 시고군자안이불망위 존이불망

亡 治而不忘亂. 是以身安而國家可保也. 易曰
망 치이불망란 시이신안이국가가보야 역왈

其亡其亡 繫于包桑.
기망기망 계우포상

子曰 德薄而位尊 知小而謀大 力小而任重 鮮不
자왈 덕박이위존 지소이모대 역소이임중 선불

及矣. 易曰 鼎折足 覆公餗. 其形渥. 凶. 言不勝
급의 역왈 정절족 복공속 기형악 흉 언불승

其任也.
기임야

子曰 知幾其神乎. 君子上交不諂 下交不瀆 其知
자왈 지기기신호 군자상교불첨 하교부독 기지

幾乎. 幾者動之微 吉之先見者也. 君子見幾而
기호 기자동지미 길지선현자야 군자견기이

作 不俟終日. 易曰 介于石. 不終日. 貞吉. 介如
작 불사종일 역왈 개우석 부종일 정길 개여

石焉. 寧用終日. 斷可識矣. 君子知微知彰 知柔
석언 녕용종일 단가식의 군자지미지창 지유

知剛 萬夫之望.
지강 만부지망

子曰 顏氏之子 其殆庶幾乎. 有不善未嘗不知.
자왈 안씨지자 기태서기호 유불선미상부지

知之未嘗復行也. 易曰 不遠復. 无祗悔. 元吉.
지지미상부행야 역왈 불원복 무지회 원길

天地絪縕 萬物化醇 男女構精 萬物化生. 易曰
천지인온 만물화순 남녀구정 만물화생 역왈

三人行則損一人. 一人行則得其友. 言致一也.
삼인행즉손일인 일인행즉득기우 언치일야

子曰 君子安其身而後動 易其心而後語 定其交
자왈 군자안기신이후동 이기심이후어 정기교

而後求. 君子修此三者 故全也. 危以動 則民不
이후구 군자수차삼자 고전야 위이동 즉민불

與也. 懼以語 則民不應也. 无交而求 則民不與
여야 구이어 즉민불응야 무교이구 즉민불여

也. 莫之與 則傷之者至矣. 易曰 莫益之. 或擊
야 막지여 칙상지자지의 역왈 막익지 혹격

之. 立心勿恒. 凶.
지 입심물항 흉

【해 설】

　함괘 九四의 효사에 '그리운 마음이 간절하여 자주 오고가면 벗만이 그대의 생각을 따른다' 이는 바르지 못한 얕은 지혜를 가지고 이것저것 생각하다가는 작은 수효의 사람밖에 따르지 않는다는 글귀이다. 번거로운 사색으로 심신을 혼란스럽게 할 필요는 없다. 가는 길은 다르더라도 돌아갈 곳은 모두 같다. 목적을 이루기 위한 수단이나 방식은 차이가 있고 구별이 있으나 궁극의 원리는 하나이다. 까닭이나 필요가 없는 사색은 공연한 짓이다. 모든 것을 하나로 일관하면 이치를 깊이 따지지 않아도 절로 얻는다.

　해와 달은 뜨고 진다. 여름이 지나면 겨울이 오고 겨울이 지나면 여름이 온다. 이렇듯이 해와 달, 더위와 추위가 오고 감으로써 하루가 성립되고 나아가서는 일년이 성립된다. 모습이 사라진다는 것은 싹 쓸어서 없애는 것이 아니고. 몸을 움츠려 힘을 모은다는 의미이다. 온다는 것은 뻗는 것. 곧 몸을 펴서 힘을 발휘한다는 뜻이다. 이 움츠리고 뻗는 것이 교대로 순환함으로써 천지는 순조롭게 운행하고 있는 것이다. 자벌레가 몸을 굽히는 것은 다음에 몸을 펴서 앞으로 전진하기 위해서이다. 용이 때를 기다리며 숨어서 지내는 것은 크게 날기 위해서이다. 이와 똑같이 사람이 진리를 탐구하는 것은 때를 맞추어 활용하기 위한 힘을 기르기 위해서이다. 그 힘의 활용에 의하여 스스로 자신을 보호하는 것이 바로 덕성德性의 향상이다.

그 이상의 것은 인간이 감당할 수 있는 능력의 범위를 넘는 일이다. 근본 원리를 파악해서 천지화육天地化育에 한 몸이 되는 것, 여기까지가 인간이 노력할 목표이다.

곤괘困卦 六三의 효사에 '돌로 인하여 고통을 받고 질려풀에 의지한다. 궁宮에 들어가 아내를 보지 못하니 흉하다' 이는 자기분수를 모르는 자는 반드시 진토유곡에 빠져 흉사를 만난다는 글귀이다. 자신의 힘 이상의 것을 하려고 애쓰는 자는 망신을 면하지 못한다. 자신에게 넘치는 지위를 원하는 자는 위험을 면할 수 없다. 이같이 해서는 파멸까지 한걸음 앞서 운명을 같이 하기로 되어 있는 아내에게까지 버림을 받는 것이다.

해괘解卦 上六의 효사에 '공公을 가지고 매隼를 쏘아 떨어 뜨린다. 그것을 잡아서 이로움이 없을 수 없다'는 글귀가 있다. 새매는 쏘아야 할 표적이고, 활은 쓰기 위한 도구이며, 활을 사용하는 주체는 인간이다. 군자는 끊임없는 수양으로 재능과 용구用具를 몸에 지닌다. 따라서 시기를 그르치지 않고 행동할 수 있다. 그리하여 행동에 방해되는 일 없이 만사는 순조롭게 진행되어 목적을 이룰 수 있는 것이다.

이 효사는 평상시에 힘을 길러 쌓았다가 일에 임해야 한다는 것을 가르치고 있다. 소인小人은 불인不仁을 수치스럽게 여기지 않고 불의不義를 두려워하지 않는다. 이利를 가지고 유혹하지 않으면 선을 하려고 하지 않고, 벌罰을 가지고 위협하지 않으면 악을 물리치려고 하지 않는다. 이러한 소인에게는 작은 죄라도 벌을 가하고 엄중하게 훈계할 필요가 있다. 그 편이 소인을 위해서라도 오히려 행복한 것이다.

서합괘噬嗑卦 初九의 효사에 '족가足枷를 차고 발을 망친다, 탈이 없다'는 글귀의 뜻은 이러한 처지를 지적한 것이다. 선행도 많이 하지 않으면 명예를 얻을 수 없고 악행도 많이 저지르지 않으면 몸을 망치는 데까지는 이르지 않는다. 그러나 소인은 작은 성행 같은 것은 이익이 없다고 생각해서 하려 들지 않고, 얼마쯤의 악행은 대수롭지 않게 여겨 중하게 생각하지 않는다. 그러나 이렇듯 악행을 쌓아가는 중에 마침내는 파멸을 면할 수 없게 된다.

서합괘 上九의 효사에 '목에 칼을 쓰고 귀를 베이니 흉하다'라는 글귀가 있다. 이것은 태평함을 지나치게 믿으면 위기에 빠지게 되고, 순조로움을 방심하면 파멸을 초래한다. 치안에 소홀하면 난리가 난다. 군자는 평안할 때도 위기를 잊지 않고 순탄할 때도 파멸을 잊지 않으며 항상 국가 사회의 안녕과 질서를 보전한다. 그렇게 실행함으로써 작게는 내 몸을, 크게는 집안과 국가를 안전하게 유지한다.

비괘否卦 九五의 효사에 '그는 망하리라. 그는 망하리라. 뽕나무 뿌리에 매여 둔다'라는 글귀가 있다. 이것은 스스로 경계해야 한다는 것을 말한다. 인덕이 없으면서 높은 지위에 있고, 지혜가 부족하면서 대사大事를 꾀하고, 힘이 모자라면서 중임重任을 맡는 자는 반드시 화를 입는다.

정괘鼎卦 九四의 효사에 '세 밥솥의 발을 꺾어 공식연회를 뒤엎어 버린다. 그 꼴이 큰 실수이니 흉하다'는 글귀가 있다. 이는 능력 이상의 것을 해서는 안 된다는 것을 경계한 것이다. 사물의 기미幾微을 감지한다는 것은 참으로 영묘한 일이다. 군자는 위에 대해서 공손하지만 아부하는 일은 없다. 아랫사람에 대해서는 친밀하지만 그로인해 몸을 더럽히지 않는다. 장래에 들이닥칠 화禍의 기미를 알기 때문이다. 기미란 사물의 움직임의 작은 징조 즉 낌새를 말한다. 거기에는 이미 길흉의 단서가 나타나 있다. 그래서 군자는 기미를 느끼고 즉시 일어나 때를 지체하지 않고 처리한다.

예괘豫卦 六二의 효사에 '단단하기가 돌과 같다. 하루해를 다 보내지 않으니 곧고 길하다'라는 글귀가 있다. 이는 의지가 돌같이 굳은 것이다. 어찌 기미를 알면서 무위하게 하루를 보낼 수 있겠는가. 과단성은 기미를 헤아리는 데서 생기는 것이다. 군자는 적은 것을 알기 때문에 큰 것을 알고, 부드러운 것을 알기 때문에 강한 것을 안다. 그래서 모든 사람들이 높이 우러러보는 것이다. 안연공자의 제자은 도를 터득한 인격자였다. 항상 반성하기를 잊지 않고 한번 저지른 과오는 두 번 다시 반복하지 않았다. 복괘復卦 初九의 효사에서 '멀지 않아 돌아온다. 뉘우치는 것이 없으니 길하다'라고 한 것은 바로 이러한 태도를 논한 것이다.

천지의 기가 서로 감응하여 비로소 만물이 형形을 이루고, 남녀의 정이 완연하게 일체가 되어 처음으로 생명이 태어난다.

손괘損卦 六三의 효사에 '세 사람이 가면 한 사람을 잃는다. 혼자 가면 벗을 얻는다'는 글귀가 있다. 이것은 두 사람이 합하므로써 새로운 발전이 이루어진다는 것을 말한 것이다.

군자는 기반을 견고히 한 후에 움직이고, 신념을 다진 후에 말하며, 교제를 깊이 한 후에 구한다. 그렇기 때문에 목적을 이룰 수 있는 것이다. 반대로 위태로운 상태에서 움직이면 사람은 따라오지 않는다. 처한 상황이 급박한 상태에서 말해도 귀 기울이지 않는다. 교제하지 않고 구하면 주는 자가 아무도 없다. 이렇게 고립되고 만다면 위해가 더욱 가해질 뿐이다. 익괘益卦 上九의 효사에서 '유익하게 하지 않는다. 공격해 온다. 언제나 마음 둘 곳이 없으니 흉하다'고 하는 것은 이것을 가리키는 말이다.

⑤ 역의 언어

【원문】

子曰 乾坤其易之門邪. 乾陽物也. 坤陰物也.
자왈 건곤기역지문사 건양물야 곤음물야

陰陽合德而剛柔有體 以體天地之撰. 以通神明
음양합덕이강유유체 이체천지지찬 이통신명

之德. 其稱名也雜而不越. 於稽其類 其衰世之
지덕 기칭명야잡이불월 어계기류 기쇠세지

意耶.
의야

夫易 彰往而察來. 而微顯闡幽. 開而當名 辨物
부역 창왕이찰래 이미현천유 개이당명 변물
正言. 斷辭則備矣. 其稱名也小. 其取類也大.
정언 단사즉비의 기칭명야소 기취류야대
其旨遠 其辭文. 其言曲而中 其事肆而隱. 因貳
기지원 기사문 기언곡이중 기사사이은 인이
以濟民行 以明失得之報.
이제민행 이명실득지보

【해 설】

건乾과 곤坤의 모순되는 대립 관계에서 만물을 포착하는 것이 역易의 기본 원리이다. 즉 순수한 양陽과 순수한 음陰이 서로 영향을 미치므로써 만물을 태어나게 한다. 인간은 역에 의해서 대자연이 만물을 생성하고 또 멸망시키는 이치를 터득한다.

역의 언어 즉 말은 얼핏 보아 복잡하고 무질서한 것 같지만 실은 하나의 법칙으로 일관되어 있다. 그러나 그 말에 재액과 화난禍難을 염려하는 것이 많은 까닭은 세상의 일이 두루 뒤섞여 갈피를 잡기 어렵기 때문이다. 역은 과거를 명백히 하고 미래를 예지하여 사물이 싹틀 때부터 주의깊게 살펴봄으로써 그 결과를 예측해 보는 것이다.

사물의 발전 과정은 그 본질에 의해 분류되고 상징적인 명칭이 붙는다. 괘효사는 그것을 질서있고 가지런하게 표현한 것이다. 그 명칭은 말로는 설명하기 힘든 추상적인 사물이나 개념을 구체적인 사물로 나타냄으로써 포괄하는 범위는 광대하다. 그 속에 함축되어 있는 성질은 다양하고 의미하는 바는 변화가 무궁하다

역의 언어는 복잡하고 다양해 보이지만 그것이 가리키는 것은 간결하고 명료하다. 역의 괘상은 단순해도 그 함축성은 깊다. 이 양자가 서로 어울려 사람의 행위를 돕고 실패와 성공을 예견해서 사람을 인도하는 것이다.

⑥ 역과 수신의 덕

【원문】

易之興也 其於中古乎. 作易者其有憂患乎.
역지흥야 기어중고호 작역자기유우환호

是故 履德之基也. 謙德之柄也. 復德之本也.
시고 리덕지기야 겸덕지병야 복덕지본야

恒德之固也. 損德之修也. 益德之裕也. 困德
항덕지고야 손덕지수야 익덕지유야 곤덕

之辨也. 井德之地也. 巽德之制也.
지변야 정덕지지야 손덕지제야

履和而至. 謙尊而光. 復小而辨於物. 恒雜而不
리화이지 겸존이광 북소이변어물 항잡이불

厭. 損先難而後易. 益長裕而不設. 困窮而通.
염 손선난이후이 익장유이불설 곤궁이통

井居其所而遷. 巽稱而隱.
정거기소이천 손칭이은

履以和行. 謙以制禮. 復以自知. 恒以一德. 損以
리이화행 겸이제례 부이자지 항이일덕 손이

遠害. 益以興利. 困以寡怨. 井以辨義. 巽以行
원해 익이흥리 곤이과원 정이변의 손이행

權.
권

【해설】

역경의 성립은 은·주殷·周의 시대에 이루어졌다. 역경을 지은이는 그 당시의 형세나 형편에 대해 불안한 마음을 가지고 있었던 것 같다. 역의 내용을 보면 모든 것을 염려하고 근심하면서도 덕을 쌓고 어렵고 힘든 세상의 풍파를 헤쳐나가는 길을 제시하고 있다.

예를들면 이履는 덕의 기초를 표현하고 있다. 예를 실제로 행함으로써 인간의 행동은 조화를 얻고 최고의 이치에 이르러 닿는다. 곧 이履는 행동의 조화를 꾀하는 것이다.

겸(謙)은 근본을 나타내고 있다. 겸양의 태도를 취하는 것으로써 사람들의 존경을 받을 수 있고 영예를 얻을 수 있는 것이다. 곧 겸은 예를 정하는 것이다.

복(復)은 덕의 시작을 전하고 있다. 청도(正道)로 돌아오는 것으로써 싹이 트기 전에 시비선악을 가릴 수 있다. 복은 자신을 알아야 하는 것을 가르치고 있다.

항(恒)은 덕을 지키는 것을 의미한다. 변함이 없는 떳떳한 마음을 늘 지니고 있으면 혼란 중에서도 길을 잃는 일이 없다. 항은 한결같이 덕을 지켜야 한다는 것을 가르치고 있다.

손(損)은 덕의 수양을 표현하고 있다. 악을 감손(減損)하는 것으로써 고통 뒤에 낙을 얻을 수 있다. 손은 해가 되는 나쁜 일에 멀리하는 길을 가르치고 있다.

익(益)은 덕의 성대함을 나타내고 있다. 선을 더하면 그 무엇을 더하지 않더라도 자연히 덕이 풍부해진다. 또한 익은 이익을 도모한다.

곤(困)은 덕의 시련을 표현하고 있다. 사정이 매우 딱하고 어려운 와중에서도 도의를 잃지 않으면 곤궁함을 이겨낼 수 있다. 곤에 의하면 사람을 원망하는 일도 없고 사람한테 원망 받는 일도 없다.

정(井)은 덕이 있을 곳을 가리킨다. 우물처럼 고정되어 있는 자리를 지킴으로써 자기 자신을 움직이지 않고도 사람들을 윤택하게 한다. 정은 정도를 명백히 하는 것이다.

손(巽)은 덕의 적용을 의미한다. 주위의 형편에 순응함으로써 일의 경중을 그르치지 않고 임기응변으로 자연스럽게 처리할 수 있다. 손은 임기응변의 필요성을 가르치고 있다.

⑦ 역서의 정독

【원문】

易之爲書也 不可遠. 爲道也屢遷. 變動不居 周
역 지 위 서 야　불 가 원　위 도 야 누 천　변 동 불 거　주

流六虛 上下无常 剛柔相易 不可爲典要 唯變所
류 육 허　상 하 무 상　강 유 상 역　불 가 위 전 요　유 변 소

適. 其出入以度 外內使知懼. 又明於憂患與故.
적　기 출 입 이 도　외 내 사 지 구　우 명 어 우 환 여 고

无有師保 如臨父母. 初率其辭 而揆其方 旣有
무 유 사 보　여 림 부 모　초 솔 기 사　이 규 기 방　기 유

典常. 苟非其人 道不虛行.
전 상　구 비 기 인　도 불 허 행

易之爲書也 原始要終 以爲質也. 六爻相雜 唯
역 지 위 서 야　원 시 요 종　이 위 질 야　륙 효 상 잡　유

其時物也. 其初難知 其上易知 本末也. 初辭擬
기 시 물 야　기 초 난 지　기 상 이 지　본 말 야　초 사 의

之 卒成之終. 若夫雜物撰德 辨是與非 則非其
지　졸 성 지 종　약 부 잡 물 찬 덕　변 시 여 비　즉 비 기

中爻不備. 噫亦要存亡吉凶 則居可知矣. 知者
중 효 불 비　희 역 요 존 망 길 흉　즉 거 가 지 의　지 자

觀其象辭 則思過半矣. 二與四 同功而異位 其
관 기 단 사　즉 사 과 반 의　이 여 사　동 공 이 이 위　기

善不同. 二多譽 四多懼. 近也. 柔之爲道 不利
선 부 동　이 다 예　사 다 구　근 야　유 지 위 도　불 리

遠者. 其要无咎 其用柔中也. 三與五 同功而異
원 자　기 요 무 구　기 용 유 중 야　삼 여 오　동 공 이 이

位. 三多凶 五多功 貴賤之等也. 其柔危 其剛
위　삼 다 흉　오 다 공　귀 천 지 등 야　기 유 위　기 강

勝耶. 易之爲書也 廣大悉備. 有天道焉 有人道
승 야　역 지 위 서 야　광 대 실 비　유 천 도 언　유 인 도

焉 有地道焉. 兼三材而兩之. 故六. 六者非它也
언　유 지 도 언　겸 삼 재 이 량 지　고 육　육 자 비 타 야

三材之道也. 道有變動 故曰爻. 爻有等 故曰物
삼 재 지 도 야　도 유 변 동　고 왈 효　효 유 등　고 왈 물

物相雜 故曰文. 文不當 故吉凶生焉.
물 상 잡　고 왈 문　문 부 당　고 길 흉 생 언

易之興也 其當殷之末世周之盛德耶. 當文王與
역지흥야 기당은지말세주지성덕야 당문왕여
紂之事耶. 是故其辭危. 危者使平 易者使傾 其
주지사사 시고기사위 위자사평 이자사경 기
道甚大. 百物不廢 懼以終始 其要无咎. 此之謂
도심대 백물불폐 구이종시 기요무구 차지위
易之道也.
역지도야

【해설】

역서는 자세히 살피어 정밀하게 읽어야 할 책이다. 왜냐하면 역에서 이야
기하는 도道는 한 순간도 멈추지 않고 변동하기 때문이다. 육효六爻는 끊임
없이 상하의 위치를 교환하고, 강유剛柔는 서로 바뀌어서 달라지게 되는 것이
다. 그 변화는 언뜻 보아 규칙에서 벗어나거나 붙들어 줄 수 없는 것처럼
생각되지만 찬찬히 관찰해 보면 거기에는 하나로 고정되어 있는 법칙성이
있다. 그 법칙성은 인륜에 합치되고 인간이 마음속에 지니고 있던 불만을
그 본바탕까지 거슬러 올라가서 설명함으로써 해결할 길을 열어주고 있다.
이는 스승의 엄격한 가르침이 아니며 부모의 자애심을 가지고 사람을 인도
해 주는 것이다.

역易을 읽을 때는 먼저 글귀의 내용을 음미하고, 변화의 법칙을 생각해야
한다. 그것을 몇 번이고 되풀이함으로써 차츰 법칙성이 명백해진다. 법칙을
깨우치고 나면 다음은 실천인데 본디 역의 이치를 터득한 사람이 아니면 도
道를 작정한 대로 해나갈 수 없다.

역서는 사상의 시원始源과 종극終極을 연관하여 포착하는 데 그 본질이
있다. 음과 양이 한데 어울러서 이루어진 6효는 각각의 효가 각각의 시점에
있는 사상事象의 상태를 나타낸다. 초효의 사辭는 분간하기 어려울 정도의
아주 작은 사상의 시초를 표현하고 있으므로 알기 어렵지만, 상효上爻의 사
는 완성된 종말을 표현하고 있으므로 알기가 쉽다. 따라서 하나의 괘가 가

지고 있는 복잡한 요소 중에 무엇이 본질적인 것인가, 그것이 옳은 것인지 그릇된 것인지를 판단하는 데는 특히 중효中爻 : 二, 三, 四, 五爻에 의지하는 것이 중요하다. 중효의 속뜻을 깊이 새기어 보면 길흉존망을 알 수 있는 것이다. 물론 진실로 역의 원리를 터득한 사람이라면 괘의 단사彖辭만 봐도 곧 알 수가 있다.

2효와 4효는 다같이 음陰의 자리를 표시하고, 그 활동은 같지만 위치가 다르기 때문에 그 뜻이 상이하다. 2효는 내괘內卦의 가운데에 위치하기 때문에 길吉이 되는 경우가 많다. 4효는 천자天子 : 五爻와 가까운 위치에 있기 때문에 마음에 꺼려 일을 삼가는 갸륵한 행실을 가지는 경우가 많다. 대체로 유柔의 도는 강剛의 작용을 받아서 이루어지는 것을 본질로 하기 때문에 강五爻으로부터 멀리 떨어져 있는 것은 이롭지 못하지만 2효의 유柔는 내괘의 중심에서 중용을 지키고 있으므로 종내는 자유로워질 수 있는 것이다.

3효는 5효와 같이 양陽의 자리를 표시하고 그 움직임은 서로 다르지 않지만 위치가 틀리기 때문에 의미가 달라진다. 3효는 흉이 되는 경우가 많고 5효는 공을 세우는 경우가 많다. 5효는 천자의 자리에 있어 귀중하고, 3효는 위험한 위치내괘의 끝에 있어 비천하기 때문이다. 3효·5효는 강위剛位이기 때문에 만약 그 자리에 유효柔爻가 오면 3효의 본의本意에 의해 5효까지도 위험이 미치게 되고, 반대로 그 자리에 강효剛爻가 오면 5효의 본의에 의하여 3효까지도 그 덕을 밖으로 드러낼 수 있다.

역서는 그 내용이 넓고 커서 천·지·인天·地·人의 모든 법칙을 포함하고 있다. 그 천·지·인 셋이 제각기 둘이 되고 그 합계가 6효인 것이다. 즉 6효 가운데 상효·5효가 천天, 4효·3효가 인人, 2효·초효가 지地에 해당한다. 그러므로 6효는 천·지·인의 도를 표현한 것에 지나지 않는다.

천·지·인의 도는 잠시도 쉬지 않고 변동한다. 6효의 효는 그 변동을 본뜬다는 의미이다. 효에는 음과 양이 있으며 이 양자를 서로 결합하여 제자리에 대어 붙임으로써 괘의 형形을 정하고, 이 괘의 형상을 유추하여 길흉의 성패를 판단하는 것이다.

역서易書가 성립된 것은 은殷나라 말기쯤으로, 주周나라가 크게 일어설 무렵이다. 아마도 주왕紂王으로 인해서 문왕文王이 위리안치 당할 때의 그 즈음인 것 같다. 왜 그런가 하면 역에 파국을 암시하는 말들이 너무 많이 나오기 때문이다. 두려워서 몸가짐을 조심하는 자는 평안을 얻고, 진중하지 않고 가벼운 자는 파멸한다 라는 말을 하고 싶었던 모양이다.

모든 것에 존재 이유를 붙인다는 점에서 역의 도는 참으로 큰 것이다. 두려워 삼가는 마음으로 시종일관한다면 모든 것이 바로 되고 결국 탈이 없다. 이것이 바로 역의 근본 사상이다.

⑧ 역의 길흉

【원문】

夫乾 天下之至健也. 德行恒易以知險. 夫坤 天
부건 천하지지건야 덕행항역이지험 부곤 천

下之至順也. 德行恒簡以知阻. 能說諸心 能研
하지지순야 덕행항간이지조 능설제심 능연

諸(侯之)慮 定天下之吉凶 所天下之亹亹者. 是
제 후지려 정천하지길흉 소천하지미미자 시

故變化云爲 吉事有祥. 象事知器 占事知來.
고변화운위 길사유상 상사지기 점사지래

天地設位 聖人成能 人謀鬼謀 百姓與能. 八卦
천지설위 성인성능 인모귀모 백성여능 팔괘

以象告. 爻象以情言. 剛柔雜居 而吉凶可見矣.
이상고 효단이정언 강유잡거 이길흉가견의

變動以利言 吉凶以情遷. 是故愛惡相攻而吉凶
변동이리언 길흉이정천 시고애악상공이길흉

生 遠近相取而悔吝生 情僞相感而利害生. 凡
생 원근상취이회린생 정위상감이리해생 범

易之情. 近而不相得. 則凶. 或害之 悔且吝.
역지정 근이불상득 즉흉 혹해지 회차린

146

건乾은 기상이 꼿꼿하고 건전함의 종결終決이며 그 본질은 역易이다. 그리하여 그 활동은 지정거리거나 늦어짐이 없다. 곤坤은 온순하고 부드러움의 종결이며 그 본질은 간簡이다. 그리하여 상대방의 활동을 저항없이 받아들인다. 이 역간易簡의 덕을 미루어 헤아리고 사물의 이치를 따져 깊이 생각할 때 인간은 천하의 길흉을 미리 예견하여 하늘 아래 온 세상을 좌우지할 수 있는 것이다.

자연의 변화와 인간의 언행은 그 옳고 그름과 함께 반드시 길흉의 전조가 역괘易卦 속에 나타난다. 역의 상을 보면 문물에 관한 제도를 알 수 있듯이 역의 점을 두루 살피면 미래를 알 수가 있다. 하늘은 높고 땅은 낮다. 이 양자가 대립하는 것으로써 서로 활동하여 상대에게 작용을 한다. 성인은 그 활동에 대한 법칙을 세운 것이다. 이로 인해서 인간은 누구나 노력여하에 따라 천지의 활동에 동참하여 관계할 수 있다.

8괘는 상象에 의해서, 괘효사卦爻辭는 실체적인 사물의 형상을 취해서 천지의 도를 사람에게 알린다. 강효剛爻·유효柔爻는 서로 관계를 맺고 합류하는 과정의 변화에 의해 길흉을 나타낸다. 이로 인하여 인간세계의 변화는 길흉과 이利·불리不利의 의도를 구별할 수 있는 것이다.

길흉은 각효의 관계에 의해서도 나타난다. 정응正應하는 것은 서로 협력하고, 적응適應하는 것은 서로 세차게 퉁기며, 음효陰爻와 비효比爻는 서로 맞서 겨룬다. 이런 관계에 의해서 길吉·흉凶·회悔·인吝·이利·불리不利가 나타나는 것이다. 대저 역에 있어서는 관계하여 참여할 위치에 있으면서도 서로 연결이 없는 경우는 흉하고, 비효가 음효를 방해하는 경우는 회나 인에 해당한다.

⑨ 언어는 마음의 표현이다

【원 문】

將叛者 其辭慙. 中心疑者 其辭枝. 吉人之辭
장반자 기사참   중심의자   기사지   길인지사
寡. 躁人之辭多. 誣善之人 其辭游. 失其守者
과   조인지사다   무선지인   기사유   실기수자
其辭屈.
기사굴

【해 설】

남의 믿음과 의리를 저버리고 돌아서려는 자의 말투에는 꺼림칙한 면이 나타나고 마음에 의심을 갖는 자의 말투는 헷갈려서 갈팡질팡 헤메는 것을 볼 수 있다. 덕이 있는 자는 말수가 적고 덕이 없는 자는 말을 많이 늘어놓는다. 선을 악이라고 속이려는 자는 논리의 일관성이 없고 신념이 없는 자는 말투에도 비굴함이 나타난다.

3) 설괘전設卦傳

설괘전은 주로 8괘의 괘상과 괘의를 해석한 것으로써, 설괘전의 앞부분은 8괘의 형성과 성질을 설명하고 8괘로 여덟 종류의 자연현상을 상징하면서 여덟 개의 방위에 이를 배속시켰다. 그 뒷부분은 괘상과 괘의에 대한 해석이다.

① 역의 근원

【원 문】

昔者聖人之作易也. 幽贊於神明而生蓍. 參天兩
석자성인지작역야   유찬어신명이생시   참천양
地而倚數. 觀變於陰陽而立卦 發揮於剛柔而生
지이의수   관변어음양이입괘   발휘어강유이생

爻.
효

和順於道德而理於義. 窮理盡性以至於命.
화 순 어 도 덕 이 리 어 의　궁 리 진 성 이 지 어 명

【해 설】

옛 시대의 성인이 역의 기틀을 다질 때, 천지의 영향력을 깊이 통찰하여 시초蓍草를 가지고 괘를 일으켜 세우는 방법을 만들었다. 하늘과 땅의 움직임을 수로 표현하였는데 하늘을 3으로 하고 땅을 2로 해서 이를 근거 삼아 괘를 구성하였다. 변變을 음양으로 주의깊게 살피어 괘를 세웠고, 강·유陰陽를 밖으로 드러내어 효爻를 생기게 하였다. 또한 도덕을 소중히 여겨 지키고, 의義를 다스리게 했으며 이치를 구명하여 본시부터 타고난 천성을 정성스럽게 보살펴 하늘의 명에 이르렀던 것이다.

② 역의 원리

【원 문】

昔者聖人之作易也. 將以順性命之理. 是以立
석 자 성 인 지 작 역 야　장 이 순 성 명 지 리　시 이 입

天之道曰陰與陽. 立地之道曰柔與剛. 立人之
천 지 도 왈 음 여 양　입 지 지 도 왈 유 여 강　입 인 지

道曰仁與義. 兼三才而兩之. 故易六畫而成卦.
도 왈 인 여 의　겸 삼 재 이 양 지　고 역 육 획 이 성 괘

分陰分陽迭用柔剛. 故易六位而成章.
분 음 분 양 질 용 유 강　고 역 육 위 이 성 장

【해 설】

옛 시대의 성인이 역의 기틀을 다질 때, 역으로 본성과 천명의 이치를 따

르려 했던 것이다. 그리하여 하늘의 도를 세워 음과 양이라 칭하고, 땅의 도를 세워 유와 강이라 칭했으며, 인간의 도를 세워 인과 의라고 칭하였다. 또 천·지·인 삼재를 겸하여 두곱으로 만들었다. 그래서 역은 6역으로 한 괘를 이룬다. 이것은 다시 음효와 양효로 분화되고 유와 강이 엇바뀌어 이용되었다. 따라서 역은 6위가 되어 변화의 가르침을 나타낸 것이다. 삼재의 도를 정의해서 음과 양·유와 강·인과 의라고 했으며 유·강은 기가 뭉쳐서 형체를 갖춘 것이다.

③ 8괘의 성립

【원 문】

天地定位. 山澤通氣. 雷風相薄. 水火不相射.
천 지 정 위   산 택 통 기   뢰 풍 상 박   수 화 불 상 사

八卦相錯. 數往者順. 知來者逆. 是故易逆數
팔 괘 상 착   수 왕 자 순   지 래 자 역   시 고 역 역 삭

也.
야

【해 설】

하늘은 높아 만물을 낳고 땅은 낮아 만물을 기르듯이 하늘과 땅의 역활은 정해졌다. 산과 못의 기운은 서로 통하고 우뢰와 바람은 서로 부딪치며, 물과 불은 서로 영역을 침범하지 않고 8괘는 함께 아우러진다. 과거를 헤아리는 것은 현재를 아는 것이고, 현재를 헤아리는 것은 미래를 아는 것이다. 그러므로 역은 미래를 거슬러 셈하는 것이다.

④ 8괘의 특색

雷以動之. 風以散之. 雨以潤之. 日以晅之. 艮
뇌이동지 풍이산지 우이윤지 일이훤지 간

以止之. 兌以說之. 乾以君之. 坤以藏之.
이지지 태이열지 건이군지 곤이장지

【해 설】

8괘를 자연의 작용으로 논하면 우뢰로 위치를 바꾸고, 바람으로 모였던 것이 헤어지며 비로 모든 것을 넉넉히 하고, 햇빛으로 빠짐없이 마르게 하며, 간(☶)으로 멈추게 하고 태(☱)로 기쁘게 하며, 건(☰)으로 모든 것의 주제가 되어 낳게 하고, 곤(☷)으로 받아들여 갈무리 한다.

⑤ 8괘의 작용과 방위

【원 문】

帝出乎震 齊乎巽. 相見乎離. 致役乎坤. 說言乎
제출호진 제호손 상견호이 치역호곤 열언호

兌 戰乎乾. 勞乎坎 成言乎艮. 萬物出乎震 震東
태 전호건 로호감 성언호간 만물출호진 진동

方也. 齊乎巽 巽東南也. 齊也者言萬之
방야 제호손 손동남야 제야자언만지

物潔齊也. 離也者明也. 萬物皆相見. 南方之卦
물결제야 이야자명야 만물개상견 남방지괘

也. 聖人南面而聽天下. 嚮明而治. 蓋取諸此也.
야 성인남면이청천하 향명이치 개취제차야

坤也者地也. 萬物皆致養焉. 故曰致役乎坤. 兌
곤야자지야 만물개치양언 고왈치역호곤 태

正秋也. 萬物之所說也. 故曰說言乎兌. 戰乎
정추야 만물지소열야 고왈열언호태 전호

乾. 乾西北之卦也. 言陰陽相薄也. 坎者水也.
건 건서북지괘야 언음양상박야 감자수야

正北方之卦也. 勞卦也. 萬物之所歸也. 故曰勞
정 북 방 지 괘 야   노 괘 야   만 물 지 소 귀 야   고 왈 로
乎坎. 艮東北之卦也. 萬物之所成終而所成始
호 감   간 동 북 지 괘 야   만 물 지 소 성 종 이 소 성 시
也. 故曰成言乎艮.
야   고 왈 성 언 호 간

【해설】

하늘의 움직임은 진震에서 시작하여 손巽에서 질서를 세우고, 이離에서 모양을 갖추고 곤坤에서 그 구실을 다하며, 태兌에서 기쁨을 누린다. 건乾에서 노력하고 감坎에서 힘을 들이며 간艮에서 목적한 바를 이룬다. 만물의 진화는 진震에서 시작하는데 진은 동방東方이다. 손巽에서 질서를 세우는데 손은 동남방東南方이다.

질서를 세운다는 것은 만물이 깨끗이 정리되는 것을 의미한다. 이離는 밝은 곳이며 만물이 제모습을 갖추는 것이고 남방의 괘이다. 성인은 밝은 데를 보고 주재하므로 남방을 향해 천하의 정사를 다루어 처리한다. 이 모든 것은 여기에서 얻은 것이다. 곤坤이란 땅으로서 만물을 길러내므로 모두가 곤에서 애써 일한다. 태兌는 한가을로서 만물이 익어 단단해지므로 모두가 기뻐한다. 건에서 노력한다는 것은 건은 서북방의 괘로서 음양이 어울려 진력하는 것을 말한다. 감은 물水로서 정북방의 괘이고 만물을 젖게 하는 수고로운 괘로 천지의 물상이 되돌아가는 곳이다. 간은 동북방의 괘이고 만물의 끝판이자 다시 시작하는 곳이다. 그런고로 간에서 목적한 바를 이룬다고 한 것이다.

⑥ 8괘의 변화

【원문】

神也者 妙萬物而爲言者也. 動萬物者 莫疾乎
신 야 자　묘 만 물 이 위 언 자 야　　동 만 물 자　막 질 호

雷. 撓萬物者 莫疾乎風. 燥萬物者 莫熯乎火.
뢰　요 만 물 자　막 질 호 풍　조 만 물 자　막 한 호 화

說萬物者 莫說乎澤. 潤萬物者 莫潤乎水. 終萬
열 만 물 자　막 열 호 택　윤 만 물 자　막 윤 호 수　종 만

物始萬物者 莫盛乎艮. 故水火相逮 雷風不相
물 시 만 물 자　막 성 호 간　고 수 화 상 체　뢰 풍 불 상

悖 山澤通氣 然後能變化 旣成萬物也.
패　산 택 통 기　연 후 능 변 화　기 성 만 물 야

【해 설】

천지는 만물을 번영케 하는 심오한 이치를 지닌 곳이다. 만물의 변동 가운데 우뢰보다 앞서는 것은 없고, 만물을 흩어지게 하는 것 중 바람보다 이른 것은 없다. 만물을 마르게 하는 것 중 불보다 뜨거운 것은 없고, 만물을 기쁘게 하는 것 중에 연못보다 더 즐거운 곳은 없다. 만물을 윤택하게 하는 것 중에는 물이 최상이며, 만물을 끝내고 다시 처음부터 시작하게 하는 곳은 간艮보다 성하고 큰 것이 없다. 그러므로 불과 물이·서로 힘을 보태고 우뢰와 바람이 서로 부름에 응하며, 산과 연못의 기氣가 서로 막힘이 없이 트인 후에야 익숙하게 변화할 수 있고 성취할 수 있는 것이다.

⑦ 8괘의 성품

【원 문】

乾 健也. 坤 順也. 震 動也. 巽 入也. 坎 陷也.
건 건 야　곤 순 야　진 동 야　손 입 야　감 함 야

離 麗也. 艮 止也. 兌 說也.
이 려 야　간 지 야　태 열 야

【해 설】

건乾은 견실성을 의미하고, 곤坤은 부드러움을 나타내고, 진震은 변동하는 것이고, 손巽은 들어내는 것이고, 감坎은 빼앗기는 것이고, 이離는 붙잡는 것을 나타내고, 간艮은 멈추는 것이고, 태兌는 즐거운 느낌이 있는 곳이다

⑧ 8괘를 동물에 비유

【원 문】

乾爲馬 坤爲牛. 震爲龍 巽爲鷄. 坎爲豕 離爲
건위마　곤위우　진위룡　손위계　감위시　이위

雉. 艮爲狗 兌爲羊.
치　간위구　태위양

【해 설】

건은 말, 곤은 소, 진은 용, 손은 닭, 감은 돼지, 이는 꿩, 간은 개, 태는 양을 의미한다.

⑨ 8괘를 인체에 비유

【원 문】

乾爲首. 坤爲腹. 震爲足. 巽爲股. 坎爲耳. 離爲
건위수　곤위복　진위족　손위고　감위이　이위

目. 艮爲手. 兌爲口.
목　간위수　태위구

【해 설】

건은 머리, 곤은 배, 진은 발, 손은 넓적다리, 감은 귀, 이는 눈, 간은 손, 태

는 입을 상징한다.

⑩ 8괘를 혈연관계에 비유

【원문】

乾 天也. 故稱乎父. 坤 地也. 故稱乎母. 震 一
건 천야 고칭호부 곤 지야 고칭호모 진 일
索而得男. 故謂之長男. 巽 一索而得女. 故謂之
색이득남 고위지장남 손 일색이득녀 고위지
長女. 坎 再索而得男. 故謂之中男. 離 再索而得
장녀 감 재색이득남 고위지중남 이 재색이득
女. 故謂之中女. 艮 三索而得男. 故謂之少男. 兌
녀 고위지중녀 간 삼색이득남 고위지소남 태
三索而得女. 故謂之少女.
삼색이득녀 고위지소녀

【해설】

건은 하늘이므로 아버지라 하고, 곤은 땅이므로 어머니라 하며, 진은 처음으로 구해 얻은 아들이므로 장남이라 하고, 손은 처음으로 구해 얻은 딸이므로 장녀라 한다. 감은 두 번째로 구해 얻은 아들이므로 중남中男이라 하고, 이는 두 번째로 구해 얻은 딸이므로 중녀中女라 한다. 간은 세 번째로 구해 얻은 아들이므로 소남小男이라 하고, 태는 세 번째로 구해 얻은 딸이므로 소녀小女라 한다.

⑪ 8괘를 만물에 비유

【원문】

乾爲天 爲圜 爲君 爲父 爲玉 爲寒 爲氷 爲大赤
건위천 위원 위군 위부 위옥 위한 위빙 위대적

爲良馬 爲老馬 爲瘠馬 爲駁馬 爲木果. 坤爲地
위양마 위노마 위척마 위박마 위목과 곤위지

爲母 爲布 爲釜 爲吝嗇 爲均 爲子母牛 爲大輿
위모 위포 위부 위인색 위균 위자모우 위대여

爲文 爲衆 爲柄 其於地也爲黑. 震爲雷 爲龍 爲
위문 위중 위병 기어지야위흑 진위뢰 위룡 위

玄黃 爲旉 爲大塗 爲長子 爲決躁 爲蒼莨竹 爲
현황 위부 위대도 위장자 위결조 위창랑죽 위

萑葦 其於馬也 爲善鳴 爲馵足 爲作足 爲的顙.
추위 기어마야 위선명 위주족 위작족 위적상

其於稼也爲反生. 其究爲健 爲蕃鮮. 巽爲木 爲
기어가야위반생 기구위건 위번선 손위목 위

風 爲長女 爲繩直 爲工 爲白 爲長 爲高 爲進
풍 위장녀 위승직 위공 위백 위장 위고 위진

退 爲不果 爲臭. 其於人也爲寡髮 爲廣顙 爲多
퇴 위불과 위취 기어인야위과발 위광상 위다

白眼 爲近利市三倍. 其究爲躁卦. 坎爲水 爲溝
백안 위근리시삼배 기구위조괘 감위수 위구

瀆 爲隱伏 爲矯輮 爲弓輪. 其於人也爲加憂 爲
독 위은복 위교유 위궁륜 기어인야위가우 위

心病 爲耳痛 爲血卦 爲赤. 其於馬也爲美脊 爲
심병 위이통 위혈괘 위적 기어마야위미척 위

亟心 爲下首 爲薄蹄 爲曳. 其於輿也爲多眚 爲
극심 위하수 위박제 위예 기어여야위다생 위

通 爲月 爲盜. 其於木也爲堅多心. 離爲火 爲日
통 위월 위도 기어목야위견다심 이위화 위일

爲電 爲中女 爲甲冑 爲戈兵. 其於人也爲大腹
위전 위중녀 위갑주 위과병 기어인야위대복

爲乾卦 爲鱉 爲蟹 爲蠃 爲蚌 爲龜. 其於木也爲
위건괘 위별 위해 위라 위방 위귀 기어목야위

科上槁. 艮爲山 爲徑路 爲小石 爲門闕 爲果蓏
과상고 간위산 위경로 위소석 위문궐 위과라

爲閽寺 爲指 爲狗 爲鼠 爲黔喙之屬. 其於木也
위혼사 위지 위구 위서 위검훼지속 기어목야

爲堅多節. 兌爲澤 爲少女 爲巫 爲口舌 爲毁折
위견다절 태위택 위소녀 위무 위구설 위훼절

爲附決. 其於地也 爲剛鹵 爲妾 爲羊.
위 부 결   기 어 지 야   위 강 로   위 첩   위 양

【해 설】

건괘가 상징하는 구체적인 대상물은 하늘·원圓·임금·아버지·구슬·옥·금·추위·어둠·크고 붉은 것·좋은 말·늙은 말·여윈 말·얼룩말·나무열매이다.

곤괘가 상징하는 구체적인 대상물은 땅·어머니·베布·가마·인색하고 균등한 것, 새끼를 가진 어미 소·큰 수레·무늬·무리·자루 그리고 땅에서는 검은색이다.

진괘가 상징하는 구체적인 대상물은 우레·용·검은 황색·꽃·큰길·맏아들·결단해서 앞으로 나아가는 것·푸른 대나무·갈대·말馬에 비유하면 잘 울고 뒷다리가 흰 것·빠른 말·튼튼한 말·흰이마·솟는 새싹·진의 성질이 종극에 이르면 건실하게 번영한다.

손괘가 상징하는 구체적인 대상물은 나무·바람·맏딸·곧은 먹줄·직공·흰빛·긴 것·높은 것·진퇴하는 것·과감하지 못한 것·냄새·인간에 비유하면 이마는 넓고 머리카락은 적으며 눈에 흰자위가 많다. 이익만을 추구하며 세배로 하는 장사이다. 결국 참을성이 없어 급하게 움직이는 괘이다.

감괘가 상징하는 구체적인 대상물은 물·도랑·숨어서 엎드리는 것·굽은 것을 바로 잡는 것·활·수레·인간에 비유하면 근심을 더하고 마음의 병이 되는 것. 귀를 잃고 피를 상징하는 괘이다. 말에 비유하면 머리를 아래로 숙이고 조급함이며, 등뼈이고 얇은 발굽이며 끄는 것이다. 수레에 비유하면 달이고 도둑이며, 고장이 많고 통하는 것이다. 나무에 비유하면 무르지 않고 야무지며 속이 많은 것이다.

이 괘가 상징하는 구체적인 대상물은 불·해·천둥·중녀中女·갑옷·투구·창·무기·인간에 비유하면 큰 배이고, 건괘의 괘상이며, 동물에 비유하면 자라·게·소라·조·거북이고, 나무에 비유하면 속이 비고 잎사귀가 메마른 나

무이다.

간괘가 상징하는 구체적인 대상물은 산·오솔길·작은돌·대문·나무·풀·열매·문지기·손가락·개·쥐·주둥이가 새까만 짐승·나무에 비유하면 가지가 무성한 나무이다.

태괘가 상징하는 구체적인 대상물은 연못·소녀·무당·입·혀·첩·양·꺾어짐·불어서 떨어짐·땅에 비유하면 꼿꼿함과 조금 짠 듯하다.

4) 서괘전序卦傳

서괘전은 단사전과 상사전의 뜻을 채택하고 있으며, 역경 64괘의 배열순서를 해석한 것이다.

① 상경 30괘

【원문】

有天地然後萬物生焉. 盈天地之間者唯萬物.
유천지연후만물생언　영천지지간자유만물

故受之以屯. 屯者盈也. 屯者物之始生也. 物生
고수지이둔　둔자영야　둔자물지시생야　물생

必蒙. 故受之以蒙. 蒙者蒙也. 物之稚也. 物稚
필몽　고수지이몽　몽자몽야　물지치야　물치

不可不養也. 故受之以需. 需者飮食之道也. 飮
불가불양야　고수지이수　수자음식지도야　음

食必有訟. 故受之以訟. 訟必有衆起. 故受之以
식필유송　고수지이송　송필유중기　고수지이

師. 師者衆也. 衆必有所比. 故受之以比. 比者
사　사자중야　중필유소비　고수지이비　비자

比也. 比必有所畜也. 故受之以小畜. 物畜然後
비야　비필유소축야　고수지이소축　물축연후

有禮. 故受之以履. 履而泰然後安. 故受之以泰.
유례　고수지이리　리이태연후안　고수지이태

158

泰者通也. 物不可以終通. 故受之以否. 物不可
태자통야　물불가이종통　고수지이비　물불가

以終否. 故受之以同人 與人同者物必歸焉. 故
이종비　고수지이동인　여인동자물필귀언　고

受之以大有. 有大者不可以盈. 故受之以謙. 有
수지이대유　유대자불가이영　고수지이겸　유

大而能謙必豫. 故受之以豫. 豫必有隨. 故受之
대이능겸필예　고수지이예　예필유수　고수지

以隨. 以喜隨人者必有事. 故受之以蠱. 蠱者事
이수　이희수인자필유사　고수지이고　고자사

也. 有事而後可大. 故受之以臨. 臨者大也. 物
야　유사이후가대　고수지이림　림자대야　물

大然後可觀. 故受之以觀. 可觀而後有所合. 故
대연후가관　고수지이관　가관이후유소합　고

受之以噬嗑. 嗑者合也. 物不可以 苟合而已. 故
수지이서합　합자합야　물불가이　구합이이　고

受之以賁. 賁者飾也. 致飾然後亨則盡矣. 故受
수지이비　비자식야　치식연후형칙진의　고수

之以剝. 剝者剝也. 物不可以終盡. 剝窮上反下.
지이박　박자박야　물불가이종진　박궁상반하

故受之以復.
고수지이복

復則不妄矣. 故受之以无妄. 有无妄然後可畜.
복칙불망의　고수지이무망　유무망연후가축

故受之以大畜. 物畜然後可養. 故受之以頤. 頤者
고수지이대축　물축연후가양　고수지이이　이자

養也. 不養則不可動. 故受之以大過. 物不可以
양야　불양칙불가동　고수지이대과　물불가이

終過. 故受之以坎. 坎者陷也. 陷必有所麗. 故
종과　고수지이감　감자함야　함필유소여　고

受之以離. 離者麗也.
수지이이　이자여야

【해설】

하늘·땅乾·坤이 이루어진 연후에 만물이 생겨났다. 하늘과 땅 사이에 가득히 차 있는 것은 오직 만물뿐이다. 그러므로 이것을 둔屯괘로써 받는다. 둔이란 가득 찬 것을 의미한다. 둔이란 사물의 본체가 처음으로 생기는 것이다. 사물이 새로이 생기면 반드시 어린 것이다. 그러므로 이것을 몽蒙괘로써 받는다. 몽은 충분하지 않다. 사물이 어리다는 의미이다. 사물이 어리기 때문에 자랄 수 있는 것이다. 그러므로 이것을 수需괘로써 받는다. 수란 인간이 먹고 마시는 음식물의 도道이다. 먹고 마시는 데는 반드시 분쟁이 일어나고 송사가 생긴다. 그러므로 이것을 송訟괘로 받는다. 송사에는 기필코 나와 너란 분열이 일어나는 법이다. 그러므로 이것을 사師괘로 받는다. 사란 무리라는 의미이다. 성향이 같은 무리는 친하게 된다. 그러므로 이것을 비比괘로 받는다. 비는 가까이 한다는 의미로서 절친하게 지내면 반드시 저축함이 있다. 그러므로 이것을 소축小畜으로 받는다. 물질이 쌓이고 여유가 생기면 사회규범이 생긴다. 그러므로 이것을 이履괘로 받는다. 사회규범을 지키고 안정이 된 후에야 편안한 것이다. 그러므로 이것을 태泰괘로 받는다. 태란 통한다는 것이다. 그러나 세상은 모두 통할 수는 없다. 통하지 않으면 막힌다. 그러므로 비否괘로 받는다. 세상은 끝내 막히기만 하는 것은 아니다. 그러므로 이것을 동인同人괘로 받는다. 여러 무리와 함께 하는 자에게는 물질이 돌아올 것이다. 그러므로 이것은 대유大有괘로 받는다. 큰 것을 가진 사람은 만족할 수 없는 법이다. 그러므로 이것을 겸謙괘로 받는다. 큰 것을 가지고 있으면서 겸손할 수 있으면 반드시 기뻐한다. 그러므로 이것을 예豫괘로 받는다. 즐거움에는 많은 사람이 따르기 마련이다. 그러므로 이것을 수隨괘로 받는다. 기쁨으로서 사람이 따르는 자는 반드시 일을 얻게 된다. 그러므로 이것을 임臨괘로 받는다. 임이란 큰 것이다. 사물은 우뚝 솟은 후에 많은 시선을 받는다. 그러므로 이것은 관觀괘로 받는다. 많은 시선을 끈 후에 합하는 것이다. 그러므로 이것을 서합噬嗑괘로 받는다. 합이란 합친다는 의미이다. 그러나 합한다고 모두 이루어지는 것은 아니다. 그러므로 이것을 비賁괘로 받는다. 비란 꾸미는 것이다. 손질하여 모양이 나게 잘 만들면 형통함이 있다. 그러므로 이것을 박剝괘로 받는다. 박이란 박탈의 의미로서 벗겨 떨어지게 하는 것이다. 그러나 모든 것이 다 없어질 수는 없다. 그러므로 이것을 복復괘로 받는다. 망각하고 되돌아오면 이기적인 생각을 버린다. 그러므로 이것을 무망无妄괘로 받는다. 이기적인 생각이 없어진 연후에 저축할 수 있다. 그러므로 이것은 대축大畜괘로 받는다. 물질은 쌓인 연후에 키울 수가 있다. 그러므로 이것을 이頤괘로 받는다. 이란 기른다는 의미이다. 기르지 않으면 움직일 수 없다. 그러므로 이것을 대과大過괘로 받는다. 큰 힘이 생길 때까지 지나치게 돌볼 수는 없다. 그러므로 이것을 감坎괘로 받는다. 감이란 빠진다는 의미이다. 빠지면 의지할 곳이 있어야 한다. 그러므로 이것을 이離괘로 받는다. 이란 의지한다는 의미이다.

② 하경 34괘

【원문】

有天地然後有萬物. 有萬物然後有男女. 有男女
유천지연후유만물 유만물연후유남녀 유남녀

然後有夫婦. 有夫婦然後有父子. 有父子然後有
연후유부부 유부부연후유부자 유부자연후유

君臣. 有君臣然後有上下. 有上下然後禮義有所
군신 유군신연후유상하 유상하연후예의유소

錯. 夫婦之道不可以不久也. 故受之以恒. 恒者
착 부부지도불가이불구야 고수지이항 항자

久也. 物不可以久居其所. 故受之以遯. 遯者退
구야 물불가이구거기소 고수지이돈 돈자퇴

也. 物不可以終遯. 故受之以大壯. 物不可以終
야 물불가이종돈 고수지이대장 물불가이종

壯. 故受之以晉. 晉者進也. 進必有所傷. 故受
장 고수지이진 진자진야 진필유소상 고수

之以明夷. 夷者傷也. 傷於外者必反其家. 故受
지이명이 이자상야 상어외자필반기가 고수

之以家人. 家道窮必乖. 故受之以睽. 睽者乖也.
지이가인 가도궁필괴 고수지이규 규자괴야

乖必有難. 故受之以蹇. 蹇者難也. 物不可以終
괴필유난 고수지이건 건자난야 물불가이종

難. 故受之以解. 解者緩也. 緩必有所失. 故受
난 고수지이해 해자완야 완필유소실 고수

之以損. 損而不已. 必益. 故受之以益. 益而不
지이손 손이불이 필익 고수지이익 익이불

已 必決. 故受之以夬. 夬者決也. 決必有所遇.
이 필결 고수지이쾌 쾌자결야 결필유소우

故受之以姤 姤者遇也. 物相遇而後聚. 故受之
고수지이구 구자우야 물상우이후취 고수지

以萃 萃者聚也 聚而上者謂之升. 故受之以升.
이췌 췌자취야 취이상자위지승 고수지이승

升而不已 必困. 故受之以困. 困乎上者必反下.
승이불이 필곤 고수지이곤 곤호상자필반하

故受之以井.
고수지이정

井道不可不革. 故受之以革. 革物者莫若鼎. 故
정도불가불혁 고수지이혁 혁물자막약정 고

受之以鼎. 主器者莫若長子. 故受之以震. 震者
수지이정 주기자막약장자 고수지이진 진자

動也. 物不可以終動. 止之. 故受之以艮. 艮者
동야 물불가이종동 지지 고수지이간 간자

止也. 物不可以終止. 故受之以漸. 漸者進也.
지야 물불가이종지 고수지이점 점자진야

進必有所歸. 故受之以歸妹. 得其所歸者必大.
진필유소귀 고수지이귀매 득기소귀자필대

故受之以豐. 豐者大也. 窮大者必失其居. 故受
고수지이풍 풍자대야 궁대자필실기거 고수

之以旅. 旅而无所容. 故受之以巽. 巽者入也.
지이여 여이무소용 고수지이손 손자입야

入而後說之. 故受之以兌. 兌者說也. 說而後散
입이후열지 고수지이태 태자열야 열이후산

之. 故受之以渙. 渙者離也. 物不可以終離. 故
지 고수지이환 환자이야 물불가이종리 고

受之以節. 節而信之. 故受之以中孚. 有其信者
수지이절 절이신지 고수지이중부 유기신자

必行之. 故受之以小過. 有過物者必濟. 故受之
필 행 지　고 수 지 이 소 과　유 과 물 자 필 제　고 수 지
以旣濟. 物不可窮也. 故受之以未濟終焉.
이 기 제　물 불 가 궁 야　고 수 지 이 미 제 종 언

【해 설】

　하늘과 땅이 이루어진 연후 만물이 발생했다. 만물이 발생하기 시작한 이후에 남녀가 있고 남녀가 있는 이후 부부가 있으며, 부부가 있는 후에 부자가 있고 부자가 있는 후에 군신이 있으며 군신이 있는 후에 상하가 있고, 상하가 있는 연후에 예의가 갖추어지고 도가 서게 되는 것이다.

　부부의 도는 장시간 지속되지 않을 수 없다. 그래서 이것을 항恒괘로 받는다. 항은 영원하다는 의미이다. 물질은 오래도록 한 곳에 있을 수 없다. 그래서 이것을 둔遯괘로 받는다. 둔은 물러난다는 의미이다. 그러나 막다른 곳까지 물러날 수는 없다. 그래서 이것을 대장大壯괘로 받는다. 물질은 언제까지 성잘할 수는 없다. 그래서 이것을 진晉괘로 받는다. 진은 전진하는 것이다. 너무 나아가면 반드시 장애가 있다. 그래서 이것을 명이明夷괘로 받는다. 명이는 훼손되는 것이다. 밖에서 손상을 당하면 반드시 집으로 돌아온다. 그래서 이것을 가인家人괘로 받는다. 집안을 다스리는 법도가 바로 서지 않으면 어긋나게 된다. 그래서 이것을 규睽괘로 받는다. 규는 어긋나는 것으로서 맞지 않으면 반드시 어려움이 있다. 그래서 이것을 건괘로 받는다. 건은 어려운 것이다. 그러나 항상 어려울 수는 없다. 그래서 이것을 해解괘로 받는다. 해는 풀린다는 의미이다. 일이 풀렸다고 방심하면 손해를 본다. 그래서 이것을 손損괘로 받는다. 손해를 경험삼아 다시 일어서면 이익이 온다. 그래서 이것을 익益괘로 받는다. 이익을 계속 보면 안이해진다. 그래서 이것을 쾌夬괘로 받는다. 쾌는 결렬을 의미한다. 의견이 맞지 않아 갈라서도 기필코 만나는 바가 있다. 그래서 이것을 구姤괘로 받는다. 구는 기회를 잡는다는 의미이다. 시기를 만난 연후에 기회가 오는 것이다. 그래서 이것을 췌萃

괘로 받는다. 췌는 모인다는 의미이다. 모여서 발전하는 것을 오른다고 한다. 그래서 이것을 승升괘로 받는다. 계속 발전할 때 수신하지 않으면 곤경에 처한다. 그래서 이것을 곤困괘로 받는다. 위에서 어려움에 처하면 반드시 아래로 귀환한다. 그래서 이것을 정井괘로 받는다. 정의 도는 해묵은 것을 새롭게 하지 않을 수 없다. 그래서 이것을 혁革괘로 받는다. 새롭게 바뀌는 데는 솥보다 더한 것이 없다. 그래서 이것을 정鼎괘로 받는다. 살림살이를 관리하는 자로는 맏아들보다 더한 이가 없다. 그래서 이것을 진震괘로 받는다. 진은 움직인다는 의미이다. 그러나 계속 움직일 수는 없다. 때로는 활동을 중지해야 한다. 그래서 이것을 간艮괘로 받는다. 간은 더 나아가지 못하고 일정한 범위에서 그친다는 의미이다. 그래서 이것을 점漸괘로 받는다. 점은 나아간다는 의미이다. 나아가면 반드시 되돌아오는 일이 있다. 그래서 이것을 귀매歸妹괘로 받는다. 돌아올 것을 취한 자는 기필코 크게 성공한다. 그래서 이것을 풍豊괘로 받는다. 풍이란 대단한 것이다. 크고 많은 것을 얻으면 반드시 막히게 된다. 그래서 이것을 여旅괘로 받는다. 여행을 가면 안정된 자리를 잃는다. 그래서 이것을 손巽괘로 받는다. 손은 들어가는 것이다. 들어가서 타인의 도움을 받으면 기뻐할 것이다. 그래서 이것을 태兌괘로 받는다. 태는 즐거운 곳이다. 즐거운 이후에 모였던 것이 흩어진다. 그래서 이것을 환渙괘로 받는다. 환은 퍼져 가는 것이다. 그러나 끝내 퍼져 나갈 수 만은 없다. 그래서 이것을 절節괘로 받는다. 절제가 있으므로 그것을 믿게 된다. 그래서 이것을 중부中孚괘로 받는다. 그 믿음이 있는 자는 반드시 행할 것이다. 그래서 이것을 소과小過괘로 받는다. 온 힘을 기울이면 반드시 이루어질 것이다. 그래서 이것을 기제旣濟괘로 받는다. 그러나 완전을 다할 수만은 없다. 그래서 이것을 미제未濟괘로 받아 종결을 짓는다.

5) 잡괘전 雜卦傳

잡괘전은 괘명에 의하여 64괘가 32개의 대립적인 관계로 구성되었음을 설명한 것이다. 괘의 순서에 따르지 않고 괘명의 서로 어긋나는 뜻을 좇아 설명했기 때문에 잡雜이라고 칭하였다.

【원문】

乾剛坤柔. 比樂師憂. 臨觀之義. 惑與或求. 屯
건 강 곤 유　비 락 사 우　임 관 지 의　혹 여 혹 구　둔

見而不失其居. 蒙雜而著. 震起也. 艮止也. 損
현 이 불 실 기 거　몽 잡 이 저　진 기 야　간 지 야　손

益盛衰之始也. 大畜時也. 无妄災也. 萃聚而
익 성 쇠 지 시 야　대 축 시 야　무 망 재 야　췌 취 이

升不來也. 謙輕而豫怠也. 噬嗑食也. 賁无色
승 불 래 야　겸 경 이 예 태 야　서 합 식 야　비 무 색

也. 兌見而巽伏也. 隨无故也. 蠱則飭也. 剝爛
야　태 현 이 손 복 야　수 무 고 야　고 칙 칙 야　박 난

也. 復反也. 晉晝也. 明夷誅也. 井通而困相遇
야　복 반 야　진 주 야　명 이 주 야　정 통 이 곤 상 우

也. 咸速也. 恒久也. 渙離也. 節止也. 解緩也.
야　한 속 야　항 구 야　환 이 야　절 지 야　해 완 야

蹇難也. 睽外也. 家人内也. 否泰反其類也. 大
건 난 야　규 외 야　가 인 내 야　비 태 반 기 류 야　대

壯則止. 遯則退也. 大有衆也. 同人親也. 革去
장 즉 지　둔 즉 퇴 야　대 유 중 야　동 인 친 야　혁 거

故也. 鼎取新也. 小過過也. 中孚信也. 豐多故
고 야　정 취 신 야　소 과 과 야　중 부 신 야　풍 다 고

也. 親寡旅也. 離上而坎下也. 小畜寡也. 履不
야　친 과 려 야　이 상 이 감 하 야　소 축 과 야　이 불

處也. 需不進也. 訟不親也. 大過顚也. 姤遇也.
처 야　수 부 진 야　송 불 친 야　대 과 전 야　구 우 야

柔遇剛也. 漸女歸待男行也. 頤養正也. 旣濟定
유 우 강 야　점 여 귀 대 남 행 야　이 양 정 야　기 제 정

也. 歸妹女之終也. 未濟男之窮也. 夬決也. 剛
야　귀 매 여 지 종 야　미 제 남 지 궁 야　쾌 결 야　강

決柔也. 君子道長. 小人道憂也.
결 유 야　군 자 도 장　소 인 도 우 야

【해 설】

건乾은 강건하고 곤坤은 부드럽다. 비比는 서로 만나 즐거웁고 사師는 싸워 근심한다. 임臨과 관觀의 뜻은 위에서 은혜를 베풀기도 하고 혹은 백성에게 구하기도 한다. 몽蒙은 나갈 때와 머물 때를 가려 드러나는 것이다. 진震은 일어나는 것이다.

간艮은 머무는 곳이다. 손損과 익益은 성하고 쇠하는 시초이다. 대축大畜은 덕을 기를 때이고 무망无妄은 재난을 경계하는 것이다. 췌萃는 모이는 곳이고 승升은 앞으로 나아가기만 하고 뒤로 되돌아오지 않는다. 겸謙은 스스로 가볍게 여기는 것이나 예豫는 방심하고 게으르다. 서합噬嗑은 굳어도 씹어서 먹어야 하는 것이고 비賁는 극성에 있으나 색깔이 없는 것을 소중히 여긴다. 태兌는 자신을 보이는 것이고 복伏은 남에게 굽혀 엎드리는 것이다. 수隨는 옛것이 없는 것이고 고蠱는 깨진 것을 버려둘 수 없는 것이다.

박剝은 벗겨서 떨어지는 것이고 복復은 되돌아 새싹이 나는 것이다. 진晉은 낮이고 명이明夷는 어두워지는 것이다. 정井은 통하는 것이고 곤困은 서로 만나는 것이다. 함咸은 빠른 것이고 항恒은 오래 가는 것이다. 환渙은 떠나는 것이고 절節은 멈추는 것이다. 해解는 늦추는 것이고 건蹇은 어려운 것이다. 규睽는 밖이고 가인家人은 안이다. 부否와 태泰는 그 종류가 반대되는 것이다. 대장大壯은 머문다는 곳이고 둔遯은 물러가는 것이다.

대유大有는 무리이고 동인同人은 친한 것이다. 혁革은 옛것을 떠나는 것이고 정鼎은 새로운 것을 취하는 것이다. 소과小過는 지나가는 것이고 중부中孚는 믿는 것이다. 풍豊은 지인이 많은 것이고 여旅는 친함이 적은 것이다. 이離는 올라가고 감坎은 내려가는 것이다. 소축小畜은 적은 것이고 이履는 처해 있지 않은 것이다. 수需는 나아가지 않는 것이고, 송訟은 서로 친화하지 않는다. 대과大過는 큰 것이 지나친 것을 의미하고, 구姤는 만나는 것이며, 유柔가 강剛을 마주보는 것이다. 점漸은 여자가 시집가서 남자에게 순종하는 것이다. 이頤는 바름을 기르는 곳이고 기제旣濟는 제 위치에 정한 것이다. 귀매歸妹는 여자가 시집가는 것으로 능사가 끝나는 것이고 미제未濟는 남자의 길이 바르게 개척되어 있지 않다. 쾌人는 결단하는 것이니 강剛이 유柔를 판결하는 모습이다. 따라서 군자의 도는 성장해 가고, 소인의 도는 근심하게 되는 것이다.

역경에 대한 역전의 해석은 점서와 철학이라는 두 가지의 측면에서 이해가 가능하다. 따라서 역전의 대부분의 문구는 이 양면의 언어가 뒤섞이어 있다. 즉 점서라는 형식 속에 철학적 내용을 포함하고 있는 것이다. 그러므로 역전을 대할 때는 역경의 해설서로서 그 점서적 언어를 이해해야 하며, 더욱 중요한 것은 그 점서적 언어 배후에 있는 철학적 원리를 이해하는 일이다. 왜 그런가 하면 이것이 바로 역전이 진정으로 말하고자 하는 참된 취지이기 때문이다.

64괘六十四卦의 괘효사卦爻辭

◉ 일러두기

　① 괘상 옆에 한글로 8괘 가운데 2개의 괘가 위·아래로 쓰여 있는데 이것은 상괘와 하괘의 명칭이다. 예를 들면 괘의 순서가 1번인 건乾은 상괘와 하괘가 모두 건 ☰이기 때문에 위·아래 모두 건괘라고 표시하고, 괘의 순서가 9번인 소축小畜은 상괘가 손 ☴이고 하괘는 건 ☰이므로 위는 손괘로 아래는 건괘로 표시하였다.

　② 그 다음은 괘명을 나타내는 것으로서 예를들면 1번 건은 두 개의 건괘가 위·아래로 겹쳐 이루어졌으므로 중천건重天乾이라 하고, 9번 소축은 손괘바람와 건괘하늘가 위·아래로 이루어졌으므로 풍천소축風天小畜이라고 한다.

　③ 마지막 부분의 설명은 건의가득하면 이즈러질 징조 소축의부드럽게 대응하라 등은 역자가 덧붙인 것이다.

　④ 본문의 해설은 단사전彖辭傳을 번역한 것으로서 괘전체의 의미를 표현하고 있다.

　⑤ 상사전象辭傳은 대상大象과 소상小象으로 구분되는데 대상은 괘상과 괘의를 해석한 것이고, 소상은 효상爻象과 효사를 해석한 것으로 괘를 구성하

는 6개의 효의 뜻을 차례로 설명하고 있다.

⑥ 효사내의 (　)안에 쓰인 글자는 효와 효사어의 역학관계를 나타낸 것이다. 중中·중정中正 등은 6효의 위치관계를 나타내고, 응應·비比 등은 6효의 상호관계를 나타낸 것이다.

⑦ 원문에서 彖曰단왈은 단사전의 말씀이고, 象曰상왈은 상사전의 말씀이며, 문언왈文言曰은 문언전의 말씀이다. 이것은 공자의 십익이 다른 책으로 떨어져 있던 것을 고대 중국의 학자들이 역경과 합본하는 과정에서 경문과 구분하기 위해 작성한 것이다.

⑧ 역경의 원문을 문구와 어법에 알맞도록 충실하게 번역하여 별도로 기재하였다.

⑨ 필자의 소견은 점서법을 이용하기보다는 역경의 문구를 읽고 그 뜻을 깨달아 기본적인 이해가 있다면, 현재 자신이 처한 실지적인 상황이 어느 괘에 해당하는지 확인한 다음, 그 속에 담겨 있는 의리를 탐구하고 원리를 운용하면 당면한 문제를 슬기롭게 처리할 수 있을 것이다.

01 중천건 重天乾

02 중지곤 重地坤

03 수뢰둔 水雷屯

04 산수몽 山水蒙

05 수천유 水天需

06 천수송 天水訟

07 지수사 地水師

08 수지비 水地比

09 풍천소축 風天小畜

10 천택이 天澤履

11 천지태 地天泰

12 천지비 天地否

13 천화동인 天火同人

14 화천대유 火天大有

15 지산겸 地山謙

16 뇌지예 雷地豫

17 택뢰수 澤雷隨

18 산풍고 山風蠱

19 지택임 地澤臨

20 풍지관 風地觀

21 화뢰서합 火雷噬嗑

22 산화분 山火賁

23 산지박 山地剝

24 지뢰복 地雷復

25 천뢰무망 天雷无妄

26 산천대축 山天大畜

27 산뢰이 山雷頤

28 택풍대과 澤風大過

29 중수감 重水坎

30 중화리 重火離

31 택산감 澤山咸

32 뢰풍항 雷風恒

33 천산둔 天山遯

34 뇌천대장 雷天大壯

35 화지진 火地晉

36 지화명이 地火明夷

37 풍화가인 風火家人

38 화택규 火澤睽

39 수산건 山水蹇

40 뇌수해 雷水解

41 산택손 山澤損

42 풍뢰익 風雷益

43 택천쾌 澤天夬

44 천풍구 天風姤

45 택지췌 澤地萃

46 지풍승 地風升

47 택수곤 澤水困

48 수풍정 水風井

49 택화혁 澤火革

50 화풍정 火風鼎

51 중뢰진 重雷震

52 중산간 重山艮

53 풍산점 風山漸

54 뇌택귀매 雷澤歸妹

55 뇌화풍 雷火豊

56 화산여 火山旅

57 중풍손 重風巽

58 중택태 重澤兌

59 풍수환 風水渙

60 수택절 水澤節

61 풍택중부 風澤中孚

62 뇌산소과 雷山小過

63 수화기제 水火旣濟

64 화수미제 火水未濟

1) 건乾 ䷀ 건괘
건괘 중천건 重天乾 : 가득차면 이즈러질 징조

건乾이란 기상과 뜻이 꼿꼿하고 건전함을 의미하며 군세어서 튼튼하고 능동적이다. 양효 ━는 기세가 당당하고 사물을 대하는 태도가 긍정적인 것이 표상인데, 6효의 모두가 양효로 구성되어 있는 이 괘는 사사로운 욕심이나 다른 것이 조금도 섞이지 않은 순수함을 의미한다.

자연에 빗대면 하늘이 움직이는 것이고 인간사에 빗대면 혈기왕성하여 한창 활동할 시기이며, 나랏일에 빗대어 말하면 황금시대를 구가하는 전성기이다. 그러나 이처럼 세력이 한창 왕성하고 영화로움을 나타내는 괘이지만, 그 정도로 긴장은 끊이지 않고 책임감은 무거워진다.

그러나 한번 성한 것은 얼마 못 가서 반드시 쇠해지는 법이다. 사물의 절정에 이르러 다다른 것은 쇠하여 모조리 없어지는 첫걸음이 되는 것이다. 행운이 따른다고 해서 지나치게 낙관하지 말고 정도가 심한 언동은 삼가해야 할 것이다. 중천건은 여섯 개의 양효가 하늘의 모습을 그리고 있다. 양의 기운은 허공같이 군세고 튼튼하다. 그러나 강할수록 중용을 얻어야 한다. 이것이 중천건의 일깨움이다.

건乾의 뛰어나고 훌륭한 천지창조의 힘에 의해 세상의 모든 물질은 움직이기 시작한다. 건은 마땅히 지켜야 할 도리를 다스리는 하늘의 힘이다. 하늘에서 빛이 내리고 비가 내리며 바람이 분다. 내리는 빛과 내리는 비 그리고 내리는 바람에 의해 세상의 모든 물질은 여러 가지의 형태를 이루어 하늘과 땅 사이를 채운다. 그러나 하늘은 오만하지 않으며 빈틈없고 틀림없이 운행하므로 건의 힘은 아무것에도 방해받지 않고 빠짐없이 골고루 퍼져서 뻗어 나간다. 중천건은 엎드려 숨어 있다가 비약하는 사물의 진행과정을 용龍을 들어 묵시默示하고 있다. 6효에 의해서 저마다의 시점을 직시하고 그 시기에 알맞게 여섯 마리의 용에 몸을 얹고 하늘의 도를 제것으로 삼아 천하를 다스려 가는 것이다. 하늘의 도는 시기에 알맞게 변화하여 만물의 선천적으로 타고난 성품을 성하게 번영시키고, 대자연의 조화를 보호하여 안전하게 유지한다. 그러므로 하늘의 법칙은 순조롭고 영원한 것이다. 이 도에 의해서 패자覇者는 모든 백성을 거느리고 다스려 천하를 평화롭게 하는 것이다.

【大象】 하늘의 운행은 건전하여 잠시도 쉬는 일이 없다. 군자는 이 괘상을 보고 스스로 정신을 바로 차리어 쉬지 않고 노력해야 한다.

① 대상은 한괘의 위·아래의 괘상을 살펴 거기에서 계시하는 정신을 요약하여 만물에 비유해서 설명한 것이다.

② 군자는 덕이 높은 사람 또는 군주를 가리키는 말이다. 역에서도 이 두 가지의 뜻을 아울러 사용하는 경우가 많은데 곧 '훌륭한 지도자'라는 의미이다.

【初陽】 물 속에 잠복한 용, 함부로 행동하지 않고 오로지 힘을 기르며 때를 기다린다. 양陽의 기운이 가득 찬 용이지만 지금은 아래의 위치에 있는 것이다.

【二陽】 땅 위에 나타난 용, 그 덕의 영향이 하늘 아래 온 세상에 널리 퍼진다. 中 그러나 한 인물의 가르침을 받는 것이 좋다.

【三陽】 행운을 등에 업고 무리하게 움직이는 경향이 있기 때문에 위태롭다. 하루종일 쉴새가 없이 노력하고, 저녁에는 반드시 반성하여 지나치지 않도록 조심한다면 형세는 어렵지만 허물은 면할 수 있다.

【四陽】 비약하는 용이 뛰어 솟았다가, 다시 못 속으로 잠기어 힘을 축적한다. 이와같이 시류를 따라 물러가야 할 때 물러가 힘을 기르면 나아가야 할 때 나아가도 허물은 없을 것이다.

【五陽】 나는 용이 하늘로 승천한다. 건의 극치이다. 덕이 높은中正 인물이 제왕의 자리에 오른다. 훌륭한 제왕에게는 뛰어난 꾼들이 모여들어 그를 보필하기에 좋다.

【上陽】정상까지 다 올라간 용, 가득하면 이르러짐이 자연의 법칙이다. 어찌 영원을 기대할 것인가. 뉘우치는 일이 있을 것이다.

【用陽】무리를 이룬 용이 구름속에 머리를 숨기고 있다. 하늘의 도를 본받은 위대한 덕행도 자신을 내세우는 과시함이 없이 베풀어야 진실로 훌륭한 것이다. 양의 기운을 쓸 때는 위대한 것이기 때문에 오히려 한걸음 물러서는 겸손과 조심성이 필요하다.

※ 용양이란 양의 운용이라는 뜻이며 원문에는 용구用九라고 되어 있다. 건은 순순한 양이므로 괘의 전체를 유추하여 이것을 응용하는 데 있어서 마음의 자세를 교시한 것이다. 다음에 나오는 곤괘에도 용음用六이라는 대목을 두어 그 행동의 원리를 설명하고 있다.

64괘 가운데 건·곤의 두 괘에만 용양·용음의 설명이 붙어 있다. 이것은 건·곤이 양·음의 대표이자 본질이기 때문일 것이다.

【해설】중천건괘는 강건한 기운 넘치는 호운好運의 괘이다. 그러나 효사는 이 좋은 운을 다루는 데 신중을 기하고 있다. 이 운세를 용의 몸에 비유하여 잠복에서 비약, 승천에 이르기까지 각각 그 시기를 단계적으로 움직임이 이 시기에 맞아야 하며, 행동이 정해 놓은 범위를 넘지 못하도록 주의시키고 있다. 즉 때가 되면 주어진 운세를 과감히 받아들여 앞으로 나아갈 것을 제시하는 반면 자신의 분수에 넘치는 행동과 성원에 심취하여 교만 방자함이 없도록 교훈을 주고 있다. 중천건의 운세는 강왕하여 용이 하늘로 승천하는 기세이지만 더 오를 수 없는 절정에까지 치닫는 항룡이 되어서는 모처럼의 호운도 궁극의 한계에 도달하여 굴러 떨어지고 마는 것이다. 이와 같이 궁극에 다다르면 변화하는 것이 역의 원리이다.

【원문】

乾 元亨, 利貞, 象曰 大哉乾元 萬物資始, 乃通
건 원형 이정 단왈 대재건원 만물자시 내통
天, 雲行雨施 品物流形,
천 운행우시 품물유형
大明終始 六位時成 時乘六龍 以御天, 乾道變
대명종시 육위시성 시승육룡 이어천 건도변
化 各正性命 保合大和 乃利貞,
화 각정성명 보합대화 내이정
首出庶物 萬國咸寧, 象曰 天行健, 君子以 自强
수출서물 만국함녕 상왈 천행건 군자이 자강
不息,
불식

【직역】건은 크게 형통하는 괘이므로 마음을 바르고 군건하게 가져야 이롭다. 단왈 건의 원기는 위대하다. 만물이 이를 바탕으로 하여 비롯되니 이에 하늘의 도가 통한다. 구름이 떠다니고 비가 내리어 온갖 생물이 번식하여 형체를 이룬다. 처음과 끝을 환하게 밝히면 육효의 위치가 때에 맞춰 이루어지니, 때로 여섯 용을 타고 하늘로 올라간다. 하늘의 도가 변화하여 각기 타고난 성명을 바르게 하고, 음양이 합하여 얻은 조화로운 기를 완전히 보존하므로 이롭지 않은 바가 없다. 성인이 위에 있어 사물보다 먼저 나오니 모든 나라가 다 평안하다. 상왈 하늘의 운행이 강건하다. 군자는 이를 본받아 스스로 힘쓰고 쉬지 않는다.

【원문】

初九 潛龍 勿用, 象曰 潛龍勿用 陽在下也,
초구 잠룡 물용 상왈 잠룡물용 양재하야
九二 見龍在田 利見大人, 象曰 見龍在田 德施
구이 현룡재전 이견대인 상왈 현룡재전 덕시
普也, 九三 君子 終日乾乾 夕惕若 厲无咎, 象
보야 구삼 군자 종일건건 석척약 려무구 상
曰 終日乾乾 反復道也, 九四 或躍在淵 无咎,
왈 종일건건 반복도야 구사 혹약재연 무구

象曰 或躍在淵 進 无咎也, 九五 飛龍在天 利
　　상왈 혹약재연 진 무구야 구오 비룡재천 이
見大人 象曰 飛龍在天 大人造也, 上九 亢龍有
견대인 상왈 비룡재천 대인조야 상구 항룡유
悔, 象曰 亢龍有悔 盈不可久也 用九 見群龍无
회 상왈 항룡유회 영불가구야 용구 견군룡무
首, 吉, 上曰 用九 天德 不可爲首也.
수 길 상왈 용구 천덕 불가위수야

【직역】【초구】잠겨 있는 용의 상이므로 쓰지 말라. 상왈 잠겨 있는 용이
니 쓰지 말라는 것은 양기가 아래에 있기 때문이다. 【구이】나타난 용이 밭
에 있으므로 대인을 만나 보면 이롭다. 상왈 용이 밭에 나타났다는 것은 덕
을 널리 베푸는 것이다. 【구삼】군자가 종일 부지런히 애써 일하고 저녁에 두
려워하며 위태로우나 삼가면 허물은 없다. 상왈 종일토록 애써 일한다는 것
은 도를 반복하는 것이다. 【구사】연못에서 혹은 뛰어오르기도 한다. 허물이
없다. 상왈 연못에서 뛰어오르기도 한다는 것은 나아감에 허물이 없다는
의미이다. 【구오】나는 용이 하늘에 있으니 대인을 만나 보면 이롭다. 상왈
나는 용이 하늘에 있다는 것은 대인의 자리에 있다는 뜻이다. 【상구】지나치
게 높이 올라간 용이 뉘우치게 된다. 상왈 높이 올라간 용이 뉘우친다는 것
은 가득함은 오래 지속될 수 없다는 뜻이다. 【용구】많은 무리의 용이 보이
는데도 우두머리가 없다. 상왈 九를 쓰는 것은 하늘의 덕은 우두머리가 되
어서는 안 된다는 의미이다.

문언전 文言傳

문언전은 건과 곤 양괘의 괘효사만을 해석하고 있다. 문언전이라고 한 것
은 문자로 옛사람의 언론言論을 기록했기 때문으로 추정되며, 건과 곤괘를
설명한 경사經師의 기록으로도 볼 수 있다.

文言曰 元者善之長也 亨者嘉之會也 利者義之
문언왈 원자선지장야 형자가지회야 이자의지

和也 貞者事之幹也, 君子體仁足以長人 嘉會
화야 정자사지간야 군자체인족이장인 가회

足以合禮 利物足以和義 貞固足以幹事, 君子
족이합례 이물족이화의 정고족이간사 군자

行此四德者, 故曰 乾元亨利貞
행차사덕자 고왈 건원형이정

【직역】문언왈 원은 만물을 생육하는 덕이 있으므로 선善의 어른이 되고, 형은 무성히 번창하는 덕이 있으므로 아름다움의 모임이 되고, 이는 알과 열매를 맺는 덕이 있으므로 결실의 의義가 조화되고, 정은 씨앗을 갈무리하는 덕으로서 준비하고 책임을 지므로 일을 주장하는 뿌리가 된다. 건은 원·형·이·정이다.

※ 64괘 중에서 원·형·이·정을 전부 언급한 괘로는 상경의 건·곤·둔·수·임·무망과 하경의 혁등 총 일곱괘이다. 그러나 건·곤은 하늘과 땅으로써 모든 만물의 근본이 되므로 네 가지의 덕으로 설명하고, 다른 괘에 있어서는 주자의 해석과 같이 점서적으로 풀이한다.

初九曰 潛龍勿用 何謂也, 子曰 龍德而隱者也,
초구왈 잠룡물용 하위야 자왈 용덕이은자야

不易乎世 不成乎名 遯世无悶 不見是而无悶,
불역호세 불성호명 둔세무민 불견시이무민

樂則行之 憂則違之, 確乎其不可拔 潛龍也,
낙즉행지 우즉위지 확호기불가발 잠룡야

【직역】초구에서 말하길 잠복해 있는 용은 쓰지 말라 함은 무슨 뜻인가. 공자 말씀하시되 용의 덕을 갖추고 있으면서 아직 세상에 나타나지 않은 것

을 말한다. 세속에 영합하여 명성을 구하는 일도 없고 세상을 피해 살아도 민망하지 않으며, 옳음을 인정하지 않아도 불만을 품지 않는다. 즐거우면 행하고, 근심하면 등져 피하므로, 그 도를 지키는 것이 확고하여 움직일 수 없는 것이 잠복한 용이다.

【원문】

九二曰 見龍在田 利見大人 何謂也, 子曰 龍德
구이왈　현룡재전　이견대인　하위야　자왈　용덕

而正中者也 庸言之信 庸行之謹 閑邪存其誠 善
이정중자야　용언지신　용행지근　한사존기성　선

世而不伐 德博而化 易曰 見龍在田 利見大人
세이불벌　덕박이화　역왈　현룡재전　이견대인

君德也
군덕야

【직역】 구이에서 말하길 나타난 용이 대인을 보아야 이롭다함은 무슨 뜻인가. 공자께서 말씀하시되 용의 덕을 갖추고 때와 장소를 얻은 사람을 일컫는다. 언행에 신의가 있고, 삼가함이 있어 간사함을 막아 그 정성을 보존하며, 선행을 했어도 스스로 자랑하지 않고 덕을 널리 베풀어 만민을 감화시킨다. 이 효사는 임금의 덕을 말하는 것이다.

※ 문언전 구이의 원문 속에 중·경中·慶이란 명칭이 들어 있는데 이것은 역의 중정中正사상에서 비롯된 것이다. 구이는 음위에 양이 처하여 정을 얻은 상태가 아니지만 득중하여 중도로써 바름을 행하므로 정중正中하다고 하는 것이다. 그러므로 중은 정을 포함할 수 있지만 정이라고 해서 반드시 중인 것은 아니다. 또 정중은 정히 중하다라는 뜻으로 중을 강조하는 의미로도 쓰인다.

【원문】

九三曰, 君子終日乾乾 夕惕若厲无咎 何謂也,
구삼왈 군자종일건건 석척약여무구 하위야,

子曰 君子進德修業, 忠信所以進德也, 修辭立
자왈 군자진덕수업 충신소이진덕야 수사입

其誠 所以居業也, 知至至之 可與幾也, 知終終
기성 소이거업야 지지지지 가여기야 지종종

之 可與存義也, 是故居上位而不驕 在下位而不
지 가여존의야 시고거상위이불교 재하위이불

憂, 故乾乾, 因其時而惕, 雖危无咎矣
우 고건건 인기시이척 수위무구의

【직역】 구삼에서 말하길 군자는 종일 쉬지 않고 노력하며, 밤에도 삼가 조심하면 위태로우나 허물은 없다 함은 무슨 의미인가. 공자께서 말씀하시되 군자는 안으로 충성되고 믿음을 쌓아 덕을 행하여 나아간다. 덕을 기르는 데는 충성과 신의가 근본이다. 업을 이끌어가는 데는 바른 언행과 진실한 마음이 근본이다. 군자는 때가 오면 일어선다. 기미徵兆를 보고 알아서 이르니 함께 일을 할 수 있으며, 끝낼 때를 알아서 미련을 갖지 않고 끝내니 그 의리를 지킬 수 있다. 군자는 윗자리에 있어도 교만하지 않고, 낮은 자리에 있어도 근심하지 않는다. 그러므로 건전하고 굳세게 해서 게으르지 않고 자주 나를 반성하면 위태롭긴 해도 허물이 없다.

【원 문】

九四曰 或躍在淵无咎 何謂也 子曰 上下无常
구사왈 혹약재연무구 하위야 자왈 상하무상

非爲邪也 進退无恒 非離群也 君子進德修業
비위사야 진퇴무항 비리군야 군자진덕수업

欲及時也 故无咎
욕급시야 고무구

【직역】 구사에서 말하길 뛰었다가 다시 못 속에 들어간다. 허물될 것은 없다 함은 무슨 의미인가. 공자 말씀하시되, 오르내림과 나아가고 물러남에

제 자리를 지키고 있는 것은 아니지만, 이것이 간사한 짓을 하거나 무리를 떠나고자 함이 아니다. 군자는 덕을 이루고 밖으로의 행실을 바로 하고자 노력한다. 그것은 항상 시기에 맞는 행동을 하려고 마음을 쓰기 때문에 허물될 것은 없는 것이다.

【원문】

九五曰 飛龍在天 利見大人 何謂也 子曰 同聲
구오왈 비룡재천 이견대인 하위야 자왈 동성
相應 同氣相求 水流濕 火就燥 雲從龍 風從虎
상응 동기상구 수류습 화취조 운종룡 풍종호
聖人 作而萬物覩 本乎天者親上 本乎地者天下
성인 작이만물도 본호천자친상 본호지자천하
則各從其類也
즉각종기류야

【직역】구오에서 말하길 나는 용이 하늘에 있으니 대인을 만나 보는 것이 이롭다 함은 무슨 뜻인가. 공자 말씀하시되 같은 소리는 서로 응하고 같은 기운끼리는 서로 구하는 법이다. 물은 젖은 데로 흐르고 불은 마른 데로 나아가며 푸른 구름은 승천하는 용을 따라 흐르고 골짜기의 바람은 범을 따른다. 이와같이 성인이 일어나면 만민은 그에 감응하여 찬양하게 되는 것이다. 하늘에 근본한 것은 하늘을 따르고, 땅에 근본한 것은 땅을 따른다. 이것은 각기 그 류類를 좇아 어우러지는 것이다.

【원문】

上九曰 亢龍有悔 何謂也, 子曰 貴而无位 高而
상구왈 항룡유회 하위야 자왈 귀이무위 고이
无民 賢人 在下位而无輔, 是以動而有悔也
무민 현인 재하위이무보 시이동이유회야

【직역】상구에서 말하길 절정까지 오른 용은 뉘우침이 있으리라 함은 무

180

슨 의미인가. 공자 말씀하시되 윗자리에 있는 고귀한 신분일지라도 민심을 잃으면 어진 사람이 아래에 있어도 그 보좌를 받을 수 없다. 그러므로 무엇을 해도 뉘우침만 남는 것이다.

다음은 건乾 문언전 제2절로서 효사의 뜻을 해석하여 건의 덕德을 논한 것이다.

潛龍勿用 何謂也
잠 룡 물 용　하 위 야
잠룡물용은 아래에 위치하는 것이고,

見龍在田 時舍也
현 룡 재 전　시 사 야
현룡재전은 때로는 그치는 것이고,

終日乾乾 行事也
종 일 건 건　행 사 야
종일건건은 일을 행하는 것이고,

或躍在淵 自試也
혹 약 재 연　자 시 야
혹약재연은 스스로 시험하는 것이고

飛龍在天 上治也
비 룡 재 천　상 치 야
비룡재천은 위에서 다스리는 것이고,

亢龍有悔 窮之災也
항 룡 유 회　궁 지 재 야
항룡유회는 궁극에 달해서 재앙이 있는 것이고

乾元用九 天下治也
건 원 용 구　천 하 치 야
건원용구는 천하를 다스리는 것이다.

다음은 건乾 문언전 제3절로서 소상전의 뜻을 재해석한 것으로 건의 위位를 논한 것이다.

潛龍勿用 陽在潛藏
잠 룡 물 용　양 재 잠 장
잠룡물용은 양기가 미약하여 잠겨 있는 것이고,

見龍在田 天下文明
현 룡 재 전　천 하 문 명
현룡재전은 천하가 문명해지는 것이고,

終日乾乾 與時偕行
종 일 건 건　여 시 해 행
종일건건은 더불어 함께 하는 것이고,

或躍在淵 乾道乃革
혹 약 재 연　건 도 내 혁
혹약재연은 건의 도가 변하여 바뀌는 것이고,

飛龍在天 乃位乎天德
비 룡 재 천　내 위 호 천 덕
비룡재천은 하늘의 덕에 자리하는 것이고,

亢龍有悔 與時偕極
항 룡 유 회　여 시 해 극
항룡유회는 때가 다하여 모두 극하는 것이고,

乾元用九 乃見天則
건 원 용 구　내 견 천 칙
건원용구는 천하를 다스리는 것이다.

다음은 건乾 문언전 3절·4절로서 소상전의 뜻을 해석한 것이다.

【원문】

乾元者 是以亨者也, 利貞者 性情也, 乾始 能以
건 원 자　시 이 형 자 야　이 정 자　성 정 야　건 시　능 이

美利 利天下, 不言所利 大矣哉, 大哉乾乎 剛健
미 리　이 천 하　불 언 소 리　대 의 재　대 재 건 호　강 건

中正純粹 精也, 六爻發揮 旁通情也, 時乘六龍
중 정 순 수　정 야　육 효 발 휘　방 통 정 야　시 승 육 룡

以御天也, 雲行雨施 天下平也
이 어 천 야　운 행 우 시　천 하 평 야

[직역] 건원乾元은 모든 것의 시초이고 형통하는 것이다. 건의 시작함이 순조로워 만물이 이로운 바를 얻는 것이 이利이고, 함부로 동요하지 않고 항구여일의 도를 지키는 것이 정貞이다. 하늘은 묵묵히 말이 없어 천하를 이롭게 하고도 자랑하지 않는다. 위대하다 건이여, 강剛하고, 건健하고, 중中하고, 순純하고, 수粹함이 정미精美로운 것이다. 여섯효를 발휘하는 것은 두루 뜻을 통하는 것이고 때를 따라 여섯 용을 타고 하늘로 몰아나가니 구름이 행하고 비가 내리어 천하가 평안하리라.

다음은 건乾 문언전 제5절로서 괘사의 뜻을 해석한 것이다.

【원문】

君子 以成德爲行 日可見之 行也 潛之爲言也
군 자　이 성 덕 위 행　일 가 견 지　행 야　잠 지 위 언 야

隱而未見 行而未成 是以君子 不用也
은 이 미 현　행 이 미 성　시 이 군 자　불 용 야

【직역】군자는 덕을 이룸으로써 행실을 삼는다. 매일 그 실행하는 것을 볼 수 있다. 잠潛이란 숨어서 나타나지 않는 것이며, 아직 성취하지 못함이다. 그러므로 군자는 생각함이 없이 움직이지 않는다

【원문】

君子 學以聚之 問以辨之 寬以居之 仁以行之,
군자 학이취지 문이변지 관이거지 인이행지

易曰 見龍在田利見大人 君德也
역왈 현룡재전이견대인 군덕야

【직역】군자는 배워서 학문의 힘을 모으고, 물어서 옳고 그름을 판단하며, 관대한 도량을 가지고 거하며 어짐으로써 행하므로 역에서 말하길 '현룡대전 이견대인'이라 한 것은 군주의 덕이 있음을 말한 것이다.

【원문】

九三 重剛而不中 上不在天 下不在田 故乾乾
구삼 중강이부중 상부재천 하부재전 고건건

因其時而惕 雖危 无咎矣
인기시이척 수위 무구의

【직역】구삼의 효는 거듭 강하면서도 중앙의 지위를 얻지 못하니 하늘에 있는 용도 아니고 아래의 밭에 있는 용도 아니다. 그러므로 때에 순응하여 자신이 할 바를 좇아 굳세게 노력한 후 때에 따라 스스로 반성하면 비록 위태로우나 허물이 없는 것이다.

【원문】

九四 重剛而不中 上不在天 下不在田 中不在人
구사 중강이부중 상부재천 하부재전 중부재인

故或之 或之者 疑之也 故无咎
고혹지 혹지자 의지야 고무구

【직역】구사의 효는 거듭 강하면서도 중앙의 지위를 얻지 못하니 하늘에 있는 용도 아니고 아래의 밭에 있는 것도 아니며 중간에서 인심도 얻고 있지 못하다. 그러므로 '혹지'하니 혹지란 의심하여 행하는 것이다. 곧 스스로 자신의 힘을 의심하여 다시 힘을 기르는 것이니 허물이 없는 것이다.

【원문】

夫大人者 與天地合其德 與日月合其明 與四時
부 대 인 자　여 천 지 합 기 덕　여 일 월 합 기 명　여 사 시

合其序 與鬼神合其吉凶 先天而天弗違 後天而
합 기 서　여 귀 신 합 기 길 흉　선 천 이 천 불 위　후 천 이

奉天時 天且不違 而況於人乎 況於鬼神乎
봉 천 시　천 차 불 위　이 황 어 인 호　황 어 귀 신 호

【직역】무릇 대인은 천지와 더불어 그 덕을 합치하고, 일월과 더불어 그 밝음을 합치하고, 사계절과 더불어 그 차례와 합치하고, 귀신과 더불어 그 길흉을 합일한다. 하늘의 이치를 깨달아 하늘보다 앞서 일을 해도 하늘이 어김없이 이를 이루어주며, 하늘이 천명을 내리면 대인 또한 이를 따라 받드니, 대인이 행하는 도는 하늘뿐 아니라 사람이나 귀신도 감히 어기지 못하는 것이다.

※ 대인大人 : 위대한 인물을 말하며 여기에서는 성인과 같은 의미로 썼다.

【원문】

亢之爲言也 知進而不知退 知存而不知亡 知得
항 지 위 언 야　지 진 이 부 지 퇴　지 존 이 부 지 망　지 득

而不知喪 其唯聖人乎 知進退存亡而不失其正
이 부 지 상　기 유 성 인 호　지 진 퇴 존 망 이 불 실 기 정

者 其唯聖人乎
자　기 유 성 인 호

【직역】 항亢, 높다이라고 한 것은 나아갈 줄만 알고 물러설 줄 모르며, 존재하는 것만을 알고 멸망하는 것을 모르며, 얻는 것만 알고 잃는 것은 알지 못하는 것이다. 오직 성인만이 진퇴존망을 알아서 그 바름을 잃지 않는다. 그 오직 성인 뿐이다.

【요점】 행복한 삶을 원하는가. 그렇다면 부정한 마음을 두려워하라. 지나친 마음가짐은 언제든 한쪽으로 치우쳐 균형을 잡지 못하고 넘어진다. 살아가면서 넘어지지 않고 굳건히 제자리를 지키고 싶다면 굳세면서도 부드러울 줄 알아야 한다. 건도乾道는 사람을 편애하지 않는다. 현명한 사람은 천지를 사람의 것으로 생각하지 않는다. 하늘의 입장에서 본다면 인간이나 짐승이나 초목이나 다를 바가 없다. 인간이 인간을 만물의 영장이라고 주장하면서 보라는 듯이 젠 체하고 있을 뿐이다. 하늘을 무서워하라. 못되게 생각하고 행동하면 천벌을 받는다고 했다. 이 말을 가볍게 여기지 말라.

2) 곤坤 ䷁ 곤괘
곤괘
중지곤 重地坤 : 대자연 속의 넓고 큰 땅

곤坤의 괘는 웅대하고 장엄함을 의미하며, 대자연 속의 넓고 큰 땅으로서 대지를 상징한다. 대지는 움직임이 없이 잔잔하나 풍성한 힘을 갖추고 있으므로 가장 위대한 생성력의 근원이다. 전부 음효 --로 구성되어 있는 이 괘는 건괘의 굳세고, 적극적이고, 남성적인데 반하여 유순하고 소극적이고 여성적인 것을 뜻한다. 그렇다고 해서 여성적인 유순함이 남성적인 굳셈보다 뒤지는 것은 아니다. 하늘의 힘도 땅이 받아서 제것으로 취할 때만이 내보일 수 있는 것이며, 만물을 생성하는 원기도 땅의 지기를 받아야 비로소 새로운 생명을 만든다. 음양은 서로 대립하는 모순된 관계이면서 원초적으로는 통일되어 있는 것이다. 곤괘는 소극을 유지하면서 적극을 능가하고 뒤지므로써 앞에 서고, 유하면서도 강을 제어하는 도道를 표현하고 있다.

곤坤은 만사 형통하는 괘이다. 곤의 완전한 생명력의 힘을 받아 세상에 있는 모든 물질은 생겨난다. 대지는 두터워서 만물을 포용하고 있다. 그 덕德은 하늘의 무한함과 일치한다. 곤의 한이 없는 포용력에 의해 만물은 제각기 성장하고 번영한다.

말의 암컷과 같이 유순하게 스스로의 도道를 지켜나가니 만물을 위해 이롭다. 암말은 부드럽고 온순하면서도 끝이 없는 힘을 지니고 있다. 유순하면서도 절개와 지조를 굳게 지켜 나간다. 이것이 곤의 도를 따르는 군자의 길이다.

그런고로 첫머리에 서서 진행하려 한다면 반드시 가는 길을 못 찾고 이리저리 방황하지만 남의 뒤를 따르면 아무런 탈이나 말썽이 없이 목적지에 이르러 다다를 수 있는 것이다.

혼인을 하기 전에는 슬기로운 친구를 만나 서로 협력하지만 혼인을 한 후에는 친구를 떠나 오로지 남편을 섬겨야 한다. 최후에는 큰 기쁨을 성취하여 길이 행복할 것이다.

여성다운 정숙함을 항상 잃지 않는다면, 끝이 없는 대지와 같이 커다란 즐거움을 누릴 것이다.

【大象】대지의 생성력生成力, 이것이 곤이다. 군자는 이 괘상을 보고 스스로 그 덕을 후하게 하여 만민을 포용해 나간다.

【初陰】서리가 내린다. 멀지 않아 얼음의 계절이 올 것이다. 서리는 음의 기운이 엉기어 굳어진 것, 먼저 찾아오는 조짐을 보고 곧 미래를 헤아리는 마음을 가져라.

【二陰】대지는 평편하고 끝이 없이 광대하다. 대지처럼 평직하고 방정하며 넓고 큰 덕을 갖춘 자는 배우지 않아도 저 스스로 만사가 순조롭다. 땅의 도리는 위대하다.

【三陰】뛰어난 재능을 안으로 거두어 간직하고, 자신의 도리를 지키면서 때가 오기를 기다리라. 비록 실력을 인정받아 영예로운 지위에 놓일지라도 빛나는 성공을 바라지 말고, 오직 최후의 대성을 위해 전심전력을 다하라.

【四陰】주머니의 주둥이를 단단히 동여매라. 경솔하게 지혜와 재능을 자랑하지 말고 몸을 근신하면 재해는 받지 않는다. 허물도 없고 영예도 없을 것이다.

【五陰】황색의 치마, 황색은 고귀한 색으로서 흙을 상징하고 중앙을 표시한다. 치마는 아래를 싸서 가리고 위를 따른다. 황색의 치마는 아름다운 곤의 덕성을 내포하고 있으니 대길하다.

【上陰】두 마리의 용이 피투성이가 되어 들을 이룬 벌판에서 싸우니 그 피는 검고 누르다. 음이 극성스러우면 반드시 강건한 양과 다툼을 시작하게 된다.

【用陰】한결같이 음의 덕을 지킨다면 무슨 일이든 탈이나 말썽이 없이 움직이고 유종의 미를 거둘 수 있다.

【해설】중지곤괘는 대지의 상징이다. 땅이 하늘의 아래에 있으므로 유순하고 순응하며 만물을 생성 화육하여 가는 것이 땅으로서의 보람이고 행복일 것이다. 중지곤괘는 사람에 있어서는 아내이고 부하이며 또 남을 도와 협력하고 있는 모든 이들을 상징하는 괘이다. 아내는 남편을 도와 가정의 행복을 꾸려 나가는 데 보람과 기쁨이 있는 것이며, 부하는 직장상사를 도와 묵묵히 일해 나가는 데 발전의 소지가 있는 것이다. 그러나 아내는 남편을 돕는 위치에 있지만 남편의 할 일과 아내가 해야 할 일이 서로 다를 뿐이지 거기에는 우열을 따질 수 없으며, 부하는 상사를 돕지만 부하의 협력과 노력이 없이는 그 무엇을 이룰 수가 없다.

인간의 모든 사업을 성취하는 가장 큰 힘은 말없이 음지에서 일하는 사람들의 손에서 이루어지는 것이다. 결론적으로 이 괘를 얻은 이는 표면에 나서서 자신의 명성을 높이고 자신의 공적을 과시하려는 생각을 하지 말고, 남을 도와 그늘에서 묵묵히 일하면서 협력해 나간다면 그 노력에 대하여 정당한 평가를 받게 되고 신임을 얻어 미래에 대길할 것이다. 그 반대로 아내가 남편과 맞서고 부하가 상사를 앞질러 가려고 하면 불행을 자초하는 결과를 낳게 되는 것이다.

【원문】

坤 元亨 利牝馬之貞 君子有攸往 先迷 後得主,
곤 원형 이빈마지정 군자유유왕 선미 후득주

利 西南得朋 東北喪朋, 安貞吉, 彖曰 至哉坤元
리 서남득붕 동북상붕 안정길 단왈 지재곤원

萬物 資生 乃順承天 坤厚載物 德合无疆 含弘
만물 자생 내순승천 곤후재물 덕합무강 함홍

光大 品物咸亨 牝馬地類 行地无疆 柔順利貞
광대 품물함형 빈마지류 행지무강 유순이정

君子攸行 先迷失道 後順得常 西南得朋 乃與
군자유행 선미실도 후순득상 서남득붕 내여

類行 東北喪朋 乃終有慶 安貞之吉 應地无疆
유행 동북상붕 내종유경 안정지길 응지무강

象曰 地勢坤 君子以厚德載物
상왈 지세곤 군자이후덕재물

【직역】곤은 크게 형통하는 괘상이다. 암말은 바르고 곧아야 이롭다. 군자가 오고갈 곳이 있으면 먼저 하면 아득하고 뒤에 하면 얻는다. 서남방은 벗을 얻고 동북방은 벗을 잃으니 마음을 안정하고 바르게 곧게 해야 길하다. 단왈 곤의 원기는 지극하니 만물이 그것에 바탕하여 생성된다. 이에 순순히 하늘의 도를 이어 받는다. 땅은 두텁고 넓어서 만물을 싣고 있듯이 무강함에 합치되고 크게 빛나서 만물을 모두 형통하게 하는 것이다. 암말은 땅의 무리이니 땅을 건장하게 잘 달린다. 유순하고 정조가 굳으니 군자가 행하여 나아갈 바이다. 음의 도는 양을 따르는 것이니 먼저 하면 아득해서 도를 잃고 나중에 하면 결실의 떳떳함을 얻어 이롭다. 서남방에서 벗을 얻음은 바로 무리와 더불어 행하기 때문이고, 동북방에서 벗을 잃음은 이에 마침내 경사가 있기 때문이니 마음을 안정하고 곧게 나아가야 길하다는 것은 한없는 땅의 덕에 순응하기 때문이다. 상왈 지세는 곤이다. 군자가 이를 본받아 두터운 덕으로써 만물을 포용하여 사랑을 베푸는 것이다.

※ 하도河圖를 짊어지고 나온 용마龍馬의 머리는 용이고 몸은 말의 형상이었다고 한다. 따라서 머리에 해당하는 건乾괘는 형이상학적인 용을 예로들어 해석하고, 몸체에 해당하는 곤坤괘는 형이학적인 말을 예를들어 설명하고 있다.

※ 암말로써 곤의 정貞을 설명한 것은, 암말은 그 성정이 건장하고 유순한 면이 있으며 자신의 짝을 만나면, 다른 말과는 짝을 짓지 않는 절조節操함이 있기 때문이다.

※ 문왕 후천팔괘 방위도를 보면 서남은 음괘들이 있고, 동북은 양괘들이 함께 하고 있다. 서남득붕은 여러 벗음의 무리들이 친하게 지내는 것이고, 동북상붕은 벗이 아닌 배필을 만나서 혼례를 치룬다는 의미이다.

初六 履霜堅氷至 象曰 履霜堅氷 陰始凝也 馴
초육 이상견빙지 상왈 이상견빙 음시응야 순

致其道 至堅氷也 六二 直方大 不習无不利 象
치기도 지견빙야 육이 직방대 불습무불리 상

曰 六二之動 直以方也 不習无不利 地道光也,
왈 육이지동 직이방야 불습무불리 지도광야

六三 含章可貞 或從王事 无成有終 象曰 含章
육삼 함장가정 혹종왕사 무성유종 상왈 함장

可貞 以時發也 或從王事 知光大也 六四 括囊
가정 이시발야 혹종왕사 지광대야 육사 괄낭

无咎无譽 象曰 括囊 无咎愼不害也, 六五 黃裳
무구무예 상왈 괄낭 무구신불해야 육오 황상

元吉, 象曰 黃裳 元吉 文在中也 上六 龍戰于野
원길 상왈 황상 원길 문재중야 상육 용전우야

其血 玄黃 象曰 龍戰于野 其道窮也 用六 利永
기혈 현황 상왈 용전우야 기도궁야 용육 이영

貞 象曰 用六永貞 以大終也
정 상왈 용육영정 이대종야

【직역】【초육】서리를 밟으면 굳은 얼음에 이르느니라. 상왈 서리를 밟으면 굳은 얼음에 이른다 함은 음기가 처음으로 엉긴다는 뜻이다. 바른 도를 잃지 않고 잘 다스리고 길들여지면 굳은 얼음에 이른다. 【육이】곧고 모나고 크다. 학습하지 않아도 이롭지 아니함이 없다. 상왈 육이의 움직임이 곧고 방정하며 익히지 않아도 이롭지 아니함이 없다는 것은 땅의 도가 빛남이다. 【육삼】빛나는 것을 머금어 마음이 곧고 바르다. 혹 왕의 일을 좇아서 힘을 다해도 이룸은 없으되 마침은 있느니라. 상왈 빛남을 내포하고 곧고 바르다 함은 빛난 것을 머금어 정고하게 간직하나 때로는 발현한다는 것이고, 왕의 일을 좇는다 함은 지혜가 빛나고 크다는 것이다. 【육사】주머니를 동여매면 허물도 없고 명예로움도 없으리라. 상왈 주머니를 동여맨 듯하면 허물도 없고 명예로움도 없다 함은 삼가면 해롭지 않다는 것이다. 【육오】누런 치

마를 입으면 크게 길하리라. 상왈 누런 치마이면 크게 길하다 함은 문채가 가운데 있다는 것이다. 【상육】용이 들에서 싸우니 그 핏빛이 검고 누르도다. 상왈 용이 들에서 싸운다 함은 그 도가 더 이상 나아갈 데가 없다는 것이다. 【용육】오래도록 바르게 함이 이로우니라. 상왈 오래도록 바르게 함이 이롭다는 것은 큰 뜻으로 끝을 마친다는 의미이다.

※ 건은 원元으로서 근본을 삼으니 이를 바탕으로 시작하는 것이고, 곤은 정貞으로서 의미를 내세우니 이로 말미암아 크게 마치는 것이다.

문언전 文言傳

【원문】

文言曰 坤至柔而動也剛, 至靜而德方, 後得主
문 언 왈 곤 지 유 이 동 야 강   지 정 이 덕 방   후 득 주
而有常 含萬物而化光, 坤道其順乎 承天而時
이 유 상   함 만 물 이 화 광   곤 도 기 순 호   승 천 이 시
行
행

【직역】문언에 가로되 곤坤은 지극히 유순하다. 그러나 움직일 때는 강하고 굳세다. 곤은 지극히 고요하다. 그러나 그 덕은 방정하고 혼잡하지 않다. 물러서서 뒤를 따르니 오래 몸을 보전한다. 만물을 포용하고 화육化育하여 그 도가 빛나니 곤의 이치는 얼마나 유순한 것인가. 하늘의 힘을 받아들이고 때로 그 힘을 행하는 것이다.

※ 곤坤 문언전은 곤괘에 대해 덧붙이어 설명한 것으로써 건乾 문언전과 함께 십익十翼 가운데 하나이며 모두 2절로 나뉘는데 앞절은 괘사의 뜻을 설명한 것이고 다음절부터는 효사의 뜻을 설명한 것이다.

積善之家 必有餘慶, 積善不之家 必有餘殃, 臣
적선지가 필유여경 적선불지가 필유여앙 신
弑其君 子弑其父 非一朝一夕之故, 其所由來者
시기군 자시기부 비일조일석지고 기소유래자
漸矣, 由辨之不早辨也, 易曰 履霜堅氷至 蓋言
점의 유변지불조변야 역왈 이상견빙지 개언
順也
순야

【직역】 선행을 쌓아가는 집에는 반드시 경사가 있고, 악행을 쌓아가는 집에는 반드시 재앙이 있다. 신하가 그 인군을 죽이고, 자식이 아버지를 죽이는 불상사는 하루아침 하루저녁의 연고가 아니고, 오래도록 누적되어 모인 결과이다. 처음 잘못되었을 때 일찍 고쳐야 하는데 게을리했기 때문이다. 역에 가로되 서리를 밟으면 군은 얼음이 이룬다 함은 무슨 일이든 그 기미와 징조를 잘 살피어 선善으로써 하늘의 명을 순히 따라야 한다는 의미이다.

直其正也 方其義也 君子敬以直內 義以方外,
직기정야 방기의야 군자경이직내 의이방외
敬義立而德不孤, 直方大不習无不利 則不疑其
경의립이덕불고 직방대불습무불리 칙불의기
所行也
소행야

【직역】 직直이라 함은 바른 것이고, 방方이라 함은 의로운 것이다. 군자는 공경함으로써 마음을 바르게 하고 의로써 행동을 방정하게 한다. 공경과 의가 굳게 서면 그 덕이 외롭지 않으니, 어떠한 어려움이 있더라도 뜻한 바를 굽히지 않고 실천할 수 있는 것이다. '바르고 방정하며 넓고 큰 덕을 가진 자는 익히지 않고도 만사가 이롭지 않음이 없다'라고 한 것은 그 행하는 바를

의심하지 않는 것이다.

【원문】

【원문】

陰雖有美 舍之 以從王事 弗敢成也, 地道也 妻
음수유미 함지 이종왕사 불감성야 지도야 처
道也 臣道也, 地道无成 而代有終也
도야 신도야 지도무성 이대유종야

【직역】음이 비록 아름다움이 있어 밝음을 내포하고 있으나 안에 간직한 채 이를 드러내지 않는다. 음이 빛난 덕을 숨기고 왕의 일을 좇아 일을 하되, 스스로 나아가 공을 세우려 하지 않는다. 이것이 대지의 도이며, 처의 도리이자 신하의 도리이다. 대지의 도는 스스로 앞서지 않고 오로지 하늘의 명을 받아 유종의 미를 거두는 것이다.

【원문】

天地變化 草木蕃 天地閉 賢人隱, 易曰 括囊无
천지변화 초목번 천지폐 현인은 역왈 괄낭무
咎无譽 蓋言謹也
구무예 개언근야

【직역】천지가 변화하면 초목이 번성하고 천지의 기운이 막히면 현인은 세상의 일을 피하여 숨는다. 역에 가로되 '주머니를 동여맨 듯하면 허물도 없고 영예도 없으리라'고 한 것은 인군과 신하, 상하上下의 마음이 서로 통하지 않을 때에는 언행을 삼가고 물러나 일신을 보전해야 함을 말한다.

【원문】

君子 黃中通理 正位居體, 美在其中 而暢於四
군자 황중통리 정위거체 미재기중 이창어사
支 發於事業 美之至也.
지 발어사업 미지지야

【직역】 군자는 인간의 내면에 갖추어진 성품을 바로 깨달아 자기자신의 본분에 순응하게 된다. 이러한 아름다움이 온몸으로 통해 빛나고, 더 나아가 큰 사업으로 발홍하게 된다. 이것이야말로 아름다움의 극치인 것이다.

※ 하늘은 형이상학적인 정신을 위주로 하고, 땅은 형이하학적인 육신을 근본으로 하니, 건괘와는 다르게 인간의 몸에 대한 내용으로써 곤괘의 효사를 설명한다.

【원문】

陰疑於陽必戰, 爲其嫌於无陽也 故稱龍焉, 猶
음 의 어 양 필 전   위 기 혐 어 무 양 야   고 칭 용 언   유
未離其類也, 故稱血焉, 夫玄黃者 天地之雜也
미 리 기 류 야   고 칭 혈 언   부 현 황 자 천 지 지 잡 야
天玄而地黃
천 현 이 지 황

【직역】 음이 극성해지면 반드시 양陽과 싸우게 된다. 이는 자신에게 양이 없음을 의심하는 까닭이다. '신하의 힘이 강해지면 임금을 취급하지 않고, 처의 입장이 남편을 능가하면 남편과 부딪치게 된다' 음의 세력이 강해져서 양과 같은 양상을 드러내는 것을 용이라고 한다. 그러나 음은 역시 음이므로 양을 이길 수는 없다. 두 용이 서로 싸워 상처를 입고 피를 흘리게 된다. 무릇 현황이라는 것은 천지의 뒤섞임이니 하늘은 검고 땅은 누르니라.

※ 현玄은 하늘의 색이고, 황黃은 땅의 색이므로, 현황이라는 것은 하늘과 땅이 아울리며 섞이는 것을 말한다.
※ 음이 성숙해지면 양과 교합하기 마련이며, 비록 많은 경험과 생활을 통하여 익숙해졌으나 음의 상태를 벗어나 온전한 양이 되지는 못한다.

【요점】 땅은 두텁고 넓어 만물을 포용한다. 사람의 마음도 땅과 같이 두텁고 넓다면 남의 잘못을 모두 용서하고 감싸안을 것이다. 이런 마음을 일러 후덕이라고 한다. 후덕한 마음은 크고 넓다.

부덕한 사람은 후덕한 사람을 시기한다. 그래서 소인이 대인을 만나면 안 그런 척 허세를 부리는 것이다. 대인은 그런 소인을 잘 알면서도 모른 체 눈감아 준다. 그래서 소인끼리 만나면 시비가 일어 싸움이 붙지만 대인과 소인이 만나면 조용한 것이다. 왜 소인끼리 만나면 다투는가. 두루 통할 수 없기 때문이다. 대인은 져주는 길을 걷고 소인은 이겨내려는 길만을 고집한다. 그러므로 대인은 저마다 두루 통하는 순리를 따르고, 소인은 벗어나 어기고 만다. 두루 통하는 것은 무강하고 광대한 것이다.

3) 둔屯 ䷂ 감괘
진괘 수뢰둔 水雷屯 : 닥치는 고통스러움

둔屯은 막히어 나아가기가 어려운 것이다. 초목의 어린 싹이 굳센 대지를 뚫고 나오지 못하는 상태를 말한다. 안으로는 왕성한 생기를 가지고 있으면서도 충분히 뻗어나갈 수가 없는 것이다. 인간사에 비유하면 고민이 많은 청년기이고, 사업에 비유하면 해 나가기 어려운 고비가 많은 창업기이다.

상괘 감 ☵은 물이므로 흘러나가는 것을 나타내고, 하괘 진 ☳은 천둥이므로 움직이는 것을 나타낸다. 둔은 움직이려고 하나 어려운 지경에 처한 상태를 말한다. 이 괘는 큰 어려움이 있는 네 가지의 괘【둔屯·수감水坎·건蹇·곤困】에 해당하지만 나쁜 뜻만 있는 것은 아니다. 인생 출발부터 고른 바람에 돛달기를 바랄 수 있겠는가. 젊고 왕성한 생명력으로 온갖 고초를 이겨 냄으로써 새로운 발전이 약속되는 것이다.

지금의 고난은 크게 성장하기 위하여 겪는 어려움이다. 괘상으로 보면 감괘는 물이고 진괘는 우레이므로 둔괘는 물속에 우레가 서 있는 모습이다. 부드러운 음기의 내용과 군센 양기가 들어 있으니 돌파하리라. 이것이 둔괘의 일깨움이겠다.

둔屯괘는 양陽과 음陰이 처음으로 교감하여 새로운 것을 태어나게 할 때의 역경을 보여주는 것이다. 그러나 고난에 꺾이지 않고 힘차고 생기있게 움직여 나아가고 있다. 이제 그 힘을 점진적으로 뻗어나가 번영한다. 마치 우레와 비의 원기元氣가 하늘과 땅 사이에 넘쳐 흘러서 마침내 큰 비가 되어 지상에 살아 움직이는 모든 생명체들을 적셔 주는 것과 같다. 지금은 암담하고 비참한 상태에 놓여 있다. 그러나 초조하다고 급히 서둘러서는 안 된다. 인재를 발탁하여 적소에 배치하고, 끈기있게 노력하여 이루려는 계획을 군세게 밀고 나가야 한다.

【大象】구름감괘이 잔뜩 끼어 몹시 흐리고 우렛소리가 천지를 진동하지만, 비가 되어 적시기에는 흡족하지 못하다. 이것이 둔의 괘상이다. 군자는 이 괘상을 보고 암울한 현실을 타개하기 위하여 국가경륜의 큰 뜻을 세운다.

【初陽】나아가려 하나 나아갈 수 없다. 움직이지 말고 처음의 뜻을 밀고 나가는 것이 좋다. 비록 머뭇거리며 망설이고 있으나 뜻하는 바는 정당하다. 뜻이 서로 같은 사람을 만나서 함께 역경을 극복해 나가는 것이 좋다. 몸을 낮추는 겸손한 자세로써 사람을 대하면 크게 민심을 얻을 것이다.

【二陰】나아가는 길이 막히어 번민한다. 가다가 되돌아오고 말을 타고 가다가도 되짚어서 다시 돌아온다. 시집가려는 처녀는 머뭇거리며 뜻을 결정하지 못하고 주저한다. 가까이 있는 총각초양이 사랑을 속삭여 처녀의 마음을 끌고 있기 때문이다. 그러나 처녀는中正 정조가 견고하여 몸가짐을 바르게 하고 때를 기다리니 마침내 정상적인 길로 돌아와 올바른 상대오양와 결합하게 되는 것이다.

【三陰】사냥꾼이 잡으려고 하는 짐승에 정신이 팔려, 안내자도 없이 숲속으로 깊이 들어가는 것과 같다. 위험한 징조가 보이면 좇는 것을 즉시 멈추어야 한다. 사리를 분별하지 않고 행동하면 반드시 길을 잃고 헤어나지 못하게 된다.

【四陰】말을 타고 나갔으나 곧 주저하며 되돌아온다. 그러나 주저하지 말고 혼사를 구하면 순조롭게 이루어져 길하다. 자기 재능의 모자람을 깨우쳐서로 뜻이 같은 사람을 구해 함께 난관을 헤쳐 나가야 함이 현명하다.

【五陽】은덕이 널리 미치는 경지에는 도달하지 못하였다. 자신의 직분에 알맞은 일을 할 때에는 길하지만, 그렇지 못한 경우에는 흉하다.

【上陰】말을 타고 나갔으나 갈 곳이 없어 되돌아온다. 곤궁에서 헤어나지 못해 피눈물을 흘린다. 앞날이 멀지 않구나.

【해설】수뢰둔괘는 괘사에서 효사에 이르기까지 거듭 고통이 많은 불행한 처지를 인내하고 꾸준히 노력하면서 때를 기다릴 것을 역설하고 있다. 이

것은 단순한 가르침이 아니고 자연의 이치를 들어 참된 도리를 논하고 있는 것이다. 수뢰둔괘는 64괘 중에서 중수감·수산건·택수곤괘와 더불어 4대 난괘 중의 하나이며, 대체적으로 감坎이 들어 있는 괘에 어려운 과정이 내포되어 있다. 현재는 혼란과 번민 속에 휩싸여 있는 악운이다. 그러나 이 사나운 운수가 장차의 대성을 내재하고 있는 고난의 악운이기에 이 시기를 극복하기만 하면 크게 이룰 수가 있는 것이다. 이 괘를 얻는 이는 정신력의 정도에 따라서 악운으로 끝날 수도 있고, 악운을 호운으로 뒤바꿀 수도 있는 것이다. 운명은 무릇 인내이다. 능히 인내하는 자는 마침내 성공하리라.

【원문】

屯 元亨, 利貞, 勿用有攸往, 利建侯, 象曰 屯剛
둔 원형 이정 물용유유왕 이건후 단왈 둔강

柔始 交而難生 動乎險中, 大亨貞 雷雨之動滿
유시 교이난생 동호험중 대형정 뇌우지동만

盈, 天造草昧 宜建侯 而不寧, 象曰 雲雷屯, 君
영 천조초매 의건후 이불녕 상왈 운뢰둔 군

子以經綸
자이경륜

【직역】 둔屯은 크게 형통하니 곧고 바르게 함이 이롭다. 초기에는 조급히 서두르지 말고 경륜과 덕망을 갖춘 이를 앞세우는 것이 이롭다. 단왈 둔은 강양과 유음가 처음 사귀어 어려움이 생기고 험한 가운데 움직이므로 크게 형통하고 바르게 함이 이롭다 함은 우레와 배의 움직임이 가득하기 때문이다. 하늘이 처음의 어수선함을 다스릴 때에는 마땅히 제후를 세워야 하겠으나 편안하지 않다. 상왈 구름의 우레는 괴로움이다. 이로써 군자는 경륜을 삼는 것이다.

※ 제후를 세워야 이롭다 함은 만물은 천지의 조화, 국가는 임금, 가정은 부모, 교육은 스승, 사업은 후견인이 필요하듯이 처음으로 시작하는 어려운

시기에는 당연히 경험이 많은 대리인을 앞세워 이끌어가는 것이 이롭다는 뜻이다.

　※ 상괘 감을 비水로 해석하지 않고 구름雲으로 논한 것은, 아직 비를 이루지 못한 까닭이다. 군자는 이러한 상을 헤아려 초창기의 혼란스러운 상황을 타개할 방법을 강구하여 둔의 어려움을 다스려야 한다.

【원문】

初九 盤桓, 利居貞, 利建侯, 象曰 雖盤桓 志行
초구 반환 이거정 이건후 상왈 수반환 지행

正也, 以貴下賤 大得民也, 六二 屯如邅如 乘
정야 이귀하천 대득민야 육이 둔여전여 승

馬班如, 匪寇 婚媾, 女子貞不字 十年乃字, 象
마반여 비구 혼구 여자정불자 십년내자 상

曰 六二之難 乘剛也, 十年乃字 反常也, 六三
왈 육이지난 승강야 십년내자 반상야 육삼

卽鹿无虞 惟入于林中, 君子幾不如舍, 往吝, 象
즉록무우 유입우림중 군자기불여사 왕린 상

曰 卽鹿无虞 以從禽也 君子舍之 往吝窮也, 六
왈 즉록무우 이종금야 군자사지 왕린궁야 육

四 乘馬班如, 求婚媾往 吉无不利, 象曰 求而往
사 승마반여 구혼구왕 길무불리 상왈 구이왕

明也, 九五 屯其膏, 小貞吉 大貞凶 象曰 屯其膏
명야 구오 둔기고 소정길 대정흉 상왈 둔기고

施未光也, 上六 乘馬班如, 泣血漣如, 象曰 泣
시미광야 상육 승마반여 읍혈연여 상왈 읍

血漣如 何可長也.
혈연여 하가장야

【직역】【초구】 앞으로 나아가지 못하고 망설이고 있다. 바름은 행함이 유리하다. 제후를 세워야 이롭다. 상왈 비록 머뭇거리고 망설이는 모습이긴 하나 뜻을 행함이 이롭다. 귀한 것으로 천한 것을 대하니 크게 백성의 믿음을 얻는다. 【육이】 어려운 듯 어려운 걸음인 듯 하다가 말 위에 올라타 주춤거리

고 있다. 도적이 아니면 청혼해 올 것이다. 여자는 부드럽고 올바른 역으로써 청혼을 거부하고 정조를 굳게 지켜 나아가다 마침내 십년만에 바른 짝을 만나 혼인을 한다. 상왈 육이의 어려움은 강剛을 탄 것이며 십년만에 혼인한다 함은 떳떳함으로 돌아온 것이다. 【육삼】 사슴사냥을 나갔으나 안내인이 없다. 오직 혼자 숲속으로 들어간다. 군자는 기회를 봐서 일을 하는 것이니 사냥을 그만둔다. 혹 간다면 궁색하리라. 상왈 사냥을 그만둔다 함은 새를 쫓는다는 것이다. 군자가 하던 일을 그친다 함은 그치지 않고 나아가면 어려움에 빠져 궁하게 된다는 것이다. 【육사】 말을 탔다가 내린다. 청혼을 구하러 가는 것이면 길하여 이롭지 않음이 없으리라. 상왈 구하러 간다 함은 밝은 것이다. 【구오】 그 덕택을 베풀기가 어렵다. 조금 바르게 나아가면 길하고 크게 바르면 흉하리라. 상왈 덕택을 베풀기가 어렵다 함은 베푸는 것이 빛나지 못하는 것이다. 【상육】 말을 탔다가 내린다. 피눈물을 흘리는 듯하다. 상왈 피눈물이 흐르는데 어찌 가히 오래 갈 수 있겠는가.

【요점】 동호험중動乎險中, 대형정大亨貞이라 함은 어려움 속에서도 움직인다. 즉 크게大, 통하고亨, 곧다貞는 의미이다. 어려운 일을 피하려고 하지 않고 정성을 다해 한다는 뜻으로서 지성이면 하늘도 통한다는 것을 말한다. 정성을 다하면 일이 풀리게 마련이다. 이것을 통한다고 한다. 잔꾀를 부리거나 사나웁게 욕심을 내면 하는 일마다 뒤틀리고 탈이 난다. 이것을 막힌다고 한다. 약고도 작은 꾀를 내거나 못된 수작을 부리는 마음은 곧을 수 없다. 저의가 있다면 속마음은 따로 있음이다. 이런 마음은 부정하다. 부정하면 될 일도 안 된다는 것이다. 그러므로 옳은 마음은 통하게 하고 바르지 못한 마음은 막히게 된다는 지혜를 수뢰둔괘가 암시하고 있는 것이다.

4) 몽蒙 ䷃ 간괘 / 감괘 산수몽 山水蒙 : 철이 없는 어린아이

　몽蒙이란 덩굴풀의 한 종류로서 줄기와 잎이 무성하여 나무를 뒤덮으니 그 밑은 어두워지므로 '컴컴하다' '덮는다'는 의미이다. 이 괘는 갓 태어난 상태를 가리킨다. 앞장 둔괘의 뒤를 이어 어린아이의 상태를 나타내고 그 지능이 어떻게 발전되어 가는가 곧 계몽啓蒙:가르쳐서 깨우치다의 도를 논한다. 그러므로 지식 수준이 높은 일에 종사하는 이에게는 밝은 미래를 알려주는 괘이다. 윗괘는 간산괘이고 아랫괘는 감물괘이므로 산기슭을 흐르는 물의 형태이다. 샘에서 흐르는 물줄기는 가늘고 약하여 의지할 곳이 못되나 마침내는 큰 강이 될 가능성을 가지고 있으며, 어린아이 또한 끝이 없는 무한의 가능성을 가지고 있다. 그러나 그 가능성을 온전하게 실현하기 위해서는 순수한 마음으로 바르고 슬기로운 지도자에게 배워야 한다. 몽괘의 괘상으로 보면 간괘는 산이고 감괘는 물이다. 즉 산 아래 물이 있는 모습이다. 산 아래에서 샘물이 나와 물길을 터서 넓은 바다에 이른다. 작은 것이 커진다. 이것이 몽괘의 일깨움이다.

　몽蒙의 괘는 산 아래에 험난한 감坎이 있는 형상이다. 어려움을 당해 갈 바를 모르고 잠시 멈추어 있는 상태가 몽괘의 상징이다. 옳고 바른 가르침으로 지도를 받고 적당한 때를 보아 움직인다면 앞으로 크게 번영할 것이다. 그러나 현재의 상황은 철이 없는 어린아이의 무지에 해당하는 시기이므로, 진심으로 스승의 가르침을 청해야 한다. 그래야만이 스승과 제자는 배우고 가르치는 데 있어 서로 마음이 호응할 것이다.

　이것은 점치는 경우와 같다. 처음 점을 칠 때 정성스러운 마음으로 뜻을 다하여 점을 치면 처음 점에는 반드시 진실을 얻는다. 그러나 점친 결과가 마음에 들지 않는다고 해서 두 번 세 번 같은 점을 되풀이한다면 이것은 점의 신성을 모독하는 것으로서 바른 계시를 얻을 수 없을 것이다. 가르침을 의심하는 자에게 가르침을 준다는 것은 종내는 배우는 자도 혼란스러워 깨달음을 얻지 못하기 때문이다. 몽의 도로써 바른 덕성을 기르는 것은 곧 성인의 길로 들어서게 하는 애쓴 보람이 되는 것이다.

【大象】산 비탈진 곳의 끝자리에 솟아나는 샘물, 이것이 몽의 괘상이다. 군자는 이 괘상을 보고 샘물이 흘러 큰 강이 되듯이 해야 할 일을 다하고 흔들림없이 우직한 산의 모습과도 같이 내 몸의 덕을 기른다.

【初陰】무지한 자를 계발하는 데는 형벌을 엄하게 하는 것이 좋다. 규율을 바르게 하기 위함이다. 되는 대로 내버려 두는 것은 안 될 일이다.

【二陽】무지한 어린이를 이해하고 감싸안아, 처初陰와 화합한 모습이면 길하다. 어머니五陰를 도와 가정을 잘 다스릴 것이다. 中正

【三陰】이런 여자를 아내로 취하면 안 된다. 돈이 많은 부자二陽만 보면 여자로서의 예의 바른 몸가짐을 하지 못하고 먼저 유혹하려 든다. 예절에 어긋난다. 어디에 가나 잘 되지 않는다.

【四陰】일생을 어리석고 우악함에 괴로워한다. 무지를 계발하여 줄 현명한 지도자를 만나지 못했기 때문이다.

【五陰】무지한 이가 높은 지위에 있으면서 겸손한 태도로 능력이 뛰어난 사람에게 가르침을 청한다. 그러므로 길하다.

【上陽】지나치게 엄격하므로 어린아이에게 해를 준다. 오히려 무지를 틈타서 외부로부터 침입하려는 악을 방어해 주는 것이 좋다. 그렇게 하는 것이 상·하의 마음에 서로 화합할 것이다.

【해설】역경의 모든 괘는 추정에 의하여 천지만물과 세상의 모든 일을 확대하여 해석할 수 있기 때문에 산수몽괘는 어린아이의 상징일 수도 있고 경영하는 경제 활동이나 어떠한 경륜일 수도 있는 것이다. 다만 그 어떤 경우이든 이 괘를 얻은 사람은 여기에서 제시한 이치를 깨닫고 본보기로 삼아야 할 것이다. 이 계시를 준수하면 길할 것이고 그렇지 않으면 불길할 것이

다. 이 계시는 자연과 인간을 지배하고 있는 원리를 논리한 것이기 때문이다. 여기에서도 역경은 다시 한번 사람의 정신이 그의 운명을 길한 명으로 또는 흉한 명으로도 이끌어 갈 수 있다는 것을 말해 주고 있다.

【원문】

蒙 亨 匪我求童蒙 童蒙求我, 初筮告, 再三瀆,
몽 형 비아구동몽 동몽구아 초서고 재삼독

瀆則不告, 利貞, 象曰 蒙山下有險, 險而止蒙,
독 즉 불 고 이 정 단 왈 몽 산 하 유 험 험 이 지 몽

蒙亨以亨行 時中也, 匪求童蒙 童蒙求我 志應
몽 형 이 형 행 시 중 야 비 구 동 몽 동 몽 구 아 지 응

也, 初筮告 以剛中也, 再三瀆, 瀆則不告, 瀆蒙
야 초 서 고 이 강 중 야 재 삼 독 독 즉 불 고 독 몽

也, 蒙以養正, 聖功也, 象曰 山下出泉蒙, 君子
야 몽 이 양 정 성 공 야 상 왈 산 하 출 천 몽 군 자

以果行育德
이 과 행 육 덕

【직역】 몽蒙은 형통하는 괘상이므로, 내가 어리석고 사리에 어두운 사람에게 구하는 것이 아니며 몽매한 사람이 나에게 가르침을 구하는 것이다. 처음 점 칠 때에는 알려주고 두세번 점을 치면 더럽히는 것이다. 더럽히면 알려주지 않으니 곧고 바르게 함이 이로우니라. 단왈 몽은 산 아래에 험한 것이 있는 것이다. 험해서 그치는 것이 몽이다. 몽이 형통함으로써 행함이 트이는 것이니 때를 맞추어 행하여야 한다. 내가 몽매한 사람에게 구하는 것이 아니고 몽매한 사람이 나에게 가르침을 구하는 것은 그 뜻이 응하기 때문이다. 처음 정성으로 점치면 길흉을 알려주는 것은 구이가 중을 얻은 까닭이다. 점친 내용이 흉하다 하여 여러 번 점을 치면 신명을 욕되게 하듯이 배우는 사람으로서 스승의 가르침을 의심하면 스승을 불신하는 것이므로 올바른 교육이 이루어질 수 없다.

몸으로써 바르게 기르는 것은 성인의 공덕이다. 상왈 산 아래의 샘물이 솟

아나는 것이 몽이므로 군자는 행함으로써 덕을 기르는 것이다.

※ 몽에는 곡과 고의 두 가지 의미가 있다. 곡은 문제의 핵심을 찔러 알려주는 것이고, 고는 일반적으로 알리다·말하다의 뜻이다.

【원문】

初六 發蒙, 利用刑人, 用說桎梏 以往吝, 象曰
초육 발몽 이용형인 용설질곡 이왕린 상왈
利用刑人 以正法也, 九二 包蒙吉, 納婦吉, 子
이용형인 이정법야 구이 포몽길 납부길 자
克家, 象曰 子克家 剛柔接也, 六三 勿用取女,
극가 상왈 자극가 강유접야 육삼 물용취녀
見金夫 不有躬 无攸利 象曰 勿用取女 行不順
견금부 불유궁 무유리 상왈 물용취녀 행불순
也, 六四 困蒙, 吝 象曰 困蒙之吝 獨遠實也, 六
야 육사 곤몽 린 상왈 곤몽지린 독원실야 육
五 童蒙 吉 象曰 童蒙之吉 順以巽也 上九 擊
오 동몽 길 상왈 동몽지길 순이손야 상구 격
蒙 不利爲寇 利禦寇 象曰 利用禦寇 上下 順也
몽 불리위구 이어구 상왈 이용어구 상하 순야

【직역】【초육】우매함을 일깨워준다. 처음에는 위엄을 갖추고 엄하게 가르치다가, 점차 부드러운 방식을 취하는 것이 올바른 교육법이다. 계속하여 엄하게 가르치면 두려워 따르는 듯하나 참다운 교육성과를 거둘 수 없다. 상왈 형벌로 사람을 다스림이 이롭다 함은 그것으로 법을 바로 잡는다는 것이다.【구이】어리석은 백성들을 받아드리면 길하다. 유순한 아내를 맞이하면 길하게 된다. 아들이 능히 집안을 다스릴 것이다. 상왈 아들이 집안을 다스린다 함은 시집가고 장가들어 접한다는 의미이다.【육삼】여자를 취하지말라. 돈이 있는 사내를 보면 몸을 지키지 못하니 불순하여 이로울 바가 없다. 상왈 여자를 취하지 말라는 것은 행실이 순수하지 아니함이다.【육사】몽매

한 것으로 곤란을 겪으니 인색한 일이다. 상왈 몽매한 것으로 곤란을 겪으니 인색한 일이다 함은 홀로 실상에서 멀어지는 것이다.【육오】어린아이의 몽매함이 길하다. 상왈 어린아이의 몽매함이 길하다 함은 유순하고 공손함을 따라야 한다는 것이다.【상구】몽매함을 일깨워 주는 것이다. 안으로는 엄격하게 하여 도적에 물들지 않게 하고, 밖으로는 도적을 막는 것이 이롭다.【상왈】도적을 막는 것이 이롭다 함은 위와 아래가 서로 순종한다는 것이니라.

　【요점】험이지몽險而止蒙이라 함은 험險하여 발을 멈추는 것이다. 산수몽은 산 아래 물이 있는 모습이다. 산의 형세가 험하면 그 아래 고인물도 험하다. 험한 줄 알면서도 그치지 않는다면 어리석은 짓이다. 어리석음을 버리지 못하고 덮어쓰는 것이 고집이다.

　고집쟁이는 아닌 줄 알면서도 하던 일을 멈추지 않아 그만 험한 데에 빠져 버린다. 이를 몽매蒙昧라고 한다. 몽매한 사람은 시건방을 떨고 잘난 체하느라 남들이 흉보는 줄 모른다. 세상 무서운 줄 모르고 날뛰는 사람 역시 몽매하기 짝이 없다. 몽매는 어리석은 것을 벗어 버리라고 한다. 따라서 몽매를 이해하고 마음속에 깊이 간직하면 험한 곳을 내딛지 않고 발을 멈추는 지혜를 얻을 것이다.

5) 수需 ䷄ 감괘 건괘 수천수 水天需 : 몸가짐을 신중히 하다

수需란 때가 오기를 기다리는 것, 즉 때와 기회를 기다리는 것이다. 인간 세계에서는 때가 올 때까지 마음속으로 참고 견디며 몸가짐을 조심해야 할 일이 너무 많다. 물론 때를 기다리는 방법에는 사람마다 각기 차이가 있을 것이다.

어떻든 움직이면 위험한 일이 수반되기 때문에 기다리는 것이다. 윗괘의 감坎은 위험한 강을, 아랫괘의 건乾은 강건함을 표현한다. 몸과 마음이 강건 하면서도 위험이 앞에 있기 때문에 신중히 하는 모습이다. 때를 기다리지 않 고 무턱대고 앞질러 가는 것은 슬기롭지 못하다. 초조해 하지 않고 진중하게 좋은 기회를 기다리는 것이 바로 참된 용기인 것이다. 힘을 기르면서 시기를 기다리면 마침내 큰 성공을 얻을 수 있으리라.

괘상으로 보면 건괘는 하늘이고 감괘는 물이다. 구름이 하늘로 올라가 떠 있다. 올라간 물이니 내려오리라. 비가 오면 빗물이 불어나 위험하다. 위험이 가실 때까지 성실하게 기다려라. 이것이 수괘의 일깨움이다.

수需는 수須와 같은 것이니 기다린다는 뜻이다. 위험한 일이 앞에 놓여 있 을 때 지혜로운 사람은 이것을 극복할 수 있는 여건이 성숙될 때까지 때를 기다리며 무모한 도발은 하지 않는다. 그러므로 위험에 빠지지 않는다. 마치 큰 강물이 앞을 가로막고 있을 때 배가 오기를 기다리지 않고 강물에 뛰어 드는 어리석음을 저지르지 않는 것과 같다. 그래서 물살에 휩쓸리지 않으며 또 물 한가운데서 나아가지도 물러서지도 못하는 곤경에 처하는 일은 없을 것이다.

수괘는 단순히 기다리는 뜻은 아니다. 성실함을 마음에 지니고 있어서 장 차 크게 발전하는 모습이다. 흔들리지 않는 의지를 가지면 길할 것이다. 크 게 준비를 갖추어 일에 대처하면 큰 강을 건너는 위험에 처해도 아무 탈 없이 나아갈 것이다. 5양이 천자의 자리에 있으면서 중용을 지키고 바른 위치를 점하고 있기 때문이다.

【大象】 수괘는 물을 상징하는 감괘가 하늘을 표현하는 건괘의 위에 있는 형태로서 구름이 하늘에 떠 있는 것을 의미한다. 구름은 아직 비가 되어 대지를 적셔 주기에는 이르지 못한다. 이것이 수의 괘상이다. 군자는 이 괘상을 보고 성숙의 시기를 기다리며 몸과 마음을 기른다.

【初陽】 시골의 궁벽한 땅에 묻혀 때를 기다린다. 위험을 멀리 피하고 헛되이 움직이지 않는다. 공연한 일에 현혹되지 않고 올바른 원칙과 신념을 지켜 나간다면 허물은 없을 것이다.

【二陽】 물가의 모래 뚝에서 기다린다. 위험한 강물을 건너갈 직전에 있는 것이다. 이러한 어려움을 내포하는 큰 일에는 다소의 비난이 있겠으나, 마음을 넓게 가지고 중용의 도리를 지킨다면 종내는 길할 것이다.

【三陽】 물가의 진흙 속에서 강물을 건널 채비를 하고 있다. 고난이 다가왔는데도 진행을 계속한다면 마침내 재앙을 불러들이는 결과가 된다. 조심스럽게 때를 기다려서 결행한다면 실패하지 않을 것이다.

【四陰】 흐르는 피 속에서 기다린다. 자신의 힘이 약한 것을 깨닫고 정직한 마음으로 주위초양의 가르침을 따른다면 궁지에서 벗어날 수 있다.

【五陽】 침착하고 여유있는 마음으로 몸과 마음을 기르면서 때를 기다린다. 이것이 수의 올바른 모습이다. 길할 것이다.

【上陰】 위험하고 어려움의 극치이다. 곤란 속에 빠지게 된다. 뜻밖의 사람들초양·2양·3양로부터 도움을 받는다. 겸손한 마음으로 이들을 존경하고 따른다면 비록 자신에게 과분한 지위이기는 하나 큰 실수는 없을 것이니 결국에는 성공할 것이다.

【해설】 하늘에 솟은 태산도 한걸음씩 올라가다 보면 결국은 정상에 도달하게 된다. 한걸음씩 올라가면서 초조하거나 동요함이 없이 정상에 도달하

는 시기를 가름하는 것이 때를 기다리는 참된 뜻이다. 산 밑에서 올려다만 보고 있는 사람에게 정상의 시간은 없다. 기다릴 때가 없는 것이다. 지금껏 한걸음씩 쌓아 올려온 보람으로 마침내 정상의 직전까지 도달하고 있는 것이다. 조금만 침착하게 기다리면 크게 성공하리라. 수천수는 모든 준비가 다 되었건만 여유자적하며 때의 성숙을 기다리는 상태를 나타내는 괘이다.

때의 성숙을 기다리는 것은 그저 막연하게 기다리기만 하는 것은 결코 아니다. 미리 마련하여 갖추는 것이 없다면 기다릴 기회가 없는 것이다. 불도 때야 굴뚝에 연기가 나는 것이며, 씨앗도 심어야 싹 나기를 기대할 수 있는 것이다. 수괘의 기다린다는 것은 힘을 기른다는 뜻이다. 즉 앞날의 성공을 위해 준비하고 있는 것이다.

【원문】

需 有孚, 光亨, 貞吉, 利涉大川, 彖曰 需須也,
수 유부 광형 정길 이섭대천 단왈 수수야

險在前也, 剛健而不陷 其義不困窮矣, 需有孚
험재전야 강건이불함 기의불곤궁의 수유부

光亨 貞吉 位乎 天位 以正中也, 利涉大川 往有
광형 정길 위호 천위 이정중야 이섭대천 왕유

功也, 象曰 雲上於天需 君子以飲食宴樂
공야 상왈 운상어천수 군자이음식안락

【직역】 수는 믿음이 있고 빛나며 형통하는 괘상이다. 마음을 바르게 해야 길하다. 큰 냇물을 건너는 것이 이롭다. 단왈 수는 기다리는 것이다. 험한 것이 앞에 있기 때문이다. 군세고 건실하여 함락되지 않는 것은 그 뜻이 곤궁하지 않기 때문이다. 기다림은 믿음이 있으므로서 트이는 것이고 성실하고 바르게 해야 길하다 함은 하늘같이 높은 위치에 자리해서 바른 데다 가운데 자리를 차지하고 있기 때문이다. 큰 냇물을 건너는 것이 이롭다 함은 가면 공이 있다는 것이다. 상왈 구름이 하늘로 오르는 것이 수이다. 군자는 이로써 마시고 먹으며 잔치를 즐거워하는 것이다.

① 이정중야以正中也의 정중은 구오가 정과 중을 모두 얻었다는 뜻도 되지만 한편으로는 정히 중하였다는 뜻으로서 중을 강조한 표현이다.

【원문】

初九 需于郊, 利用恒, 无咎, 象曰 需于郊 不犯
초구 수우교 리용항 무구 상왈 수우교 불범

難行也, 利用恒无咎 未失常也 九二 需于沙 小
난행야 이용항무구 미실상야 구이 수우사 소

有言 終吉, 象曰 需于沙 衍在中也 雖小有言 以
유언 종길 상왈 수우사 연재중야 수소유언 이

吉終也 九三 需于泥, 致寇至, 象曰 需于泥 災
길종야 구삼 수우니 치구지 상왈 수우니 재

在外也, 自我致寇 敬慎不敗也, 六四 需于血,
재외야 자아치구 경신불패야 육사 수우혈

出自穴, 象曰 需于血 順以聽也, 九五 需于酒
출자혈 상왈 수우혈 순이청야 구오 수우주

食, 貞吉, 象曰 酒食貞吉 以中正也, 上六 入于
식 정길 상왈 주식정길 이중정야 상육 입우

穴, 有不速之客三人來, 敬之終吉, 象曰 不速
혈 유불속지객삼인래 경지종길 상왈 불속

之客來 敬之終吉 雖不當位 未大失也
지객래 경지종길 수부당위 미대실야

【직역】【초구】들에서 기다린다. 항구적인 자세를 지내는 것이 이롭다. 허물이 없으리라. 상왈 들에서 기다린다 함은 상괘 감의 험한 곳에서 가장 멀리 떨어져 있으므로 들에서 기다리는 것이다. 항구적인 자세가 이롭고 허물이 없다 함은 경솔하게 움직여 어려움을 범하지 않도록 미리 조심함으로써 늘 안정되어 떳떳함을 지켜 나가니 그릇된 실수가 없다는 것이다. 【구이】모래밭에서 기다린다. 말썽은 조금 있으나 마침내 길하리라. 상왈 모래밭에서 기다린다 함은 너그러움으로 가운데 있다는 것이다. 비록 문젯거리는 조금 있으나 길함으로써 마치리라. 【구삼】진흙밭에서 기다린다. 도적을 끌어

들인다. 상왈 진흙밭에서 기다린다 함은 재앙이 밖에 있는 것이다. 스스로 도적을 불러들이는 격이니 사리에 밝은 지혜와 덕으로써 공경하고 삼가면 패하지 않는다. 【육사】 피 속에서 기다린다. 구멍으로부터 나온다. 상왈 피 속에서 기다린다 함은 순하게 말을 듣는다는 것이다. 【구오】 술과 음식에서 기다린다. 곧고 바르면 길하리라. 상왈 술과 음식에서 기다린다. 곧고 바르면 길하다 함은 중정한 자리에 있으면서 때를 기다리니 길하지 않을 수 없다는 것이다. 【상육】 구멍으로 들어간다. 청하지 않는 손님 셋이 올 것이니 그들을 공경하면 마침내 길하리라. 상왈 청하지 않는 손님 셋이 온다. 그들을 공경하면 마침내 길하다 함은 비록 이치에 합당한 자리는 아니지만 이를 지성으로 공경하여 맞아들이면 필경은 길하게 된다는 의미이다.

　※ 상육의 구멍으로 들어간다 함은 기다리는 과정을 모두 마치고 음의 편안한 자리에 있는 것을 말한다.

　※ 주周의 무왕이 은殷의 주왕을 치려고, 은나라의 접경지역에 군사를 배치한 후 하늘의 뜻을 구하는 점을 쳤을 때 수천수의 괘가 나와 무왕은 이 괘 초구의 뜻을 인지하고 군사를 되돌린 고사가 역사에 전해진다.

　【요점】 강건이불함剛健而不陷이라 함은 굳세고 건실하면 함락되지 않는다는 뜻이다. 강건한 마음은 굳세고 성실하며 당당하다. 그러므로 강건한 마음을 쓰러뜨릴 적은 없다. 그러나 마음이 곤궁하면 쪼들리고 옹색해서 멀리 내다볼 여유를 갖지 못한다. 고통스러운 현실을 온갖 지혜를 짜내며 피해 보려 해도 안 되는 것이 곤궁한 마음이다. 마음이 곤궁하면 하는 일마다 어그러진다. 따라서 자신의 마음이 강건한 마음인지 아니면 곤궁한 마음인지를 제 자신에게 물어볼수록 이롭다.

6) 송訟 　천수송 天水訟·옹색하면 험하리라
건괘
감괘

송訟이란 소송 즉 재판을 의미한다. 인간사회에서 다툼은 일어나기 마련이다. 개인·집단·국가간의 대립 그리고 저마다 자기의 내부에서 양립하지 못하는 모순과 상극은 멈추는 날이 없다. 윗괘인 건은 하늘을 뜻하므로 위로 향하고, 아랫괘인 감은 물을 뜻하므로 아래로 흘러내린다. 이와같이 완전하게 의견과 방향을 달리하는 형상이 송의 괘이다. 이런 경우 끝까지 자기 주장만을 고집한다면 대립은 더욱 심해지고 불필요한 추측이나 오해를 초래하게 된다. 지금의 기운은 쇠하여 있다. 아무런 보람이 없는 고집을 버리고 우애와 협조에 공을 들일 때이다. 끊임없는 추구는 그 반발도 역시 크다는 것을 마음속에 새기어 두라. 괘상으로 본다면 건괘는 하늘이고 감괘는 물이다. 하늘 아래 물이 있다. 강한 건괘가 위에 있고 험한 감괘가 아래에 있다. 그래서 송사의 모습이다. 분쟁이 일어나면 누구든지 이기려고 한다. 그러기에 서로 강하고 험하게 버틴다. 이 고비를 지혜롭게 넘길 수 있는 방략이 송괘의 일깨움이다.

송訟의 괘는 위의 완강한 건이 아래의 감을 확대하고, 아래의 음험한 감이 위를 향해 대항하여 싸우는 형세이다. 송은 정성스럽고 진실된 품성을 지니고 있으면서도 남에게 방해되어 마지못해 싸우는 형태이다. 그러나 싸움이란 결코 바람직한 것이 못된다. 잘 반성하여 잘못을 범하지 않으려고 스스로 두려워하는 마음으로 남에 대한 적의를 버리면 길할 것이다. 그러나 끝까지 싸우기를 고집한다면 흉할 것이다.

중정中正을 존중하고 현명한 지도자의 중재를 받는 것이 좋다. 큰 강을 건너는 것과 같은 위험을 무릅쓰고 기필코 다투어 보겠다고 한다면 마침내 깊은 구렁에 빠져들어 비참한 결과로 마무리를 지을 것이다.

【大象】하늘은 위로 향하고 물은 아래로 흐른다. 이와같이 서로 거스르는 것이 송의 괘상이다. 군자는 이 괘상을 보고 어떠한 일이든 시작하는 기점에서부터 깊이 생각하여 후일에 분쟁이 없도록 마음을 삼가서 경계해야 한다.

【初陰】싸움은 길게 끌어서는 안 된다. 정도가 알맞은 시기에 끝낸다면 다소의 분쟁은 있더라도 결국은 시비와 곡절이 명백해져 길하다.

【二陽】패소한다不正. 아래의 것이 도리어 어긋나게 위의 것正陽과 싸우는 격이니 화를 초래하는 것은 당연하다. 쟁투를 피하여 자신의 분수를 지키면서 근신하고 있으면 화는 면할 것이다.

【三陰】현재의 지위에 만족하고 윗사람에게 순종하며 공손한 태도를 지켜 나가면 위태롭기는 하나 결국은 길하다. 때로는 영광스러운 일에 종사하는 일이 있겠으나 화려한 성공을 바라고 정도가 심한 일을 해서는 안 된다.

【四陽】패소한다不正. 물러나와 제 분수를 지키며 천명을 좇아 지금까지의 태도를 고치고 바른 길을 걷는다면 길하다.

【五陽】소송에는 대길하다. 중정을 지키기 때문이다.

【上陽】소송에 승리하여 영예를 차지할 수도 있지만, 결코 그 영예가 오래 가지 못한다. 짧은 시일 안에 다시 빼앗기는 결과이다. 원래 소송으로 얻은 영예는 귀중히 여길 만한 가치가 없는 것이다.

※ 2효는 음효이어야 바른 위치인데 양효이므로 정당한 위치가 아닌 것이며, 또 상괘의 중효이고 효중의 핵심인 5효도 양효이므로 2효와 서로 정응하지 못하고 두 개의 양효가 항쟁하는 상태에 있기 때문에 2양은 송사를 이길 수 없는 것이다.

【해설】사회생활이 복잡다단한 지금의 시대에 서로 송사로 다투는 일이 없기만을 기대할 수는 없다. 그러나 우리는 자신의 쓰라린 경험에 대한 반성과 문명인의 지성으로써 송사의 원인을 최소한으로 줄이기 위하여 현명하게

처신하는 지혜를 가져야 하겠다. 타협과 조정이 민주사회의 본질이라면, 민주주의를 부르짖고 있는 우리에게는 송사를 최소한도로 줄일 수 있는 충분한 가능성을 지니고 있는 것이다. 이 가능성을 실천에 옮기어 본보기로 삼는 것이 곧 이 천수송괘를 좋은 성질의 괘로 바꿀 수 있는 방법이다.

【원문】

訟 有孚窒, 惕中吉 終凶, 利見大人 不利涉大川
송 유부질 척중길 종흉 이견대인 불이섭대천

象曰 上剛下險, 險而健訟, 訟有孚窒 惕中吉 剛
단왈 상강하험 험이건송 송유부질 척중길 강

來而得中也 終凶 訟不可成也 利見大人 尚中正
래이득중야 종흉 송불가성야 이견대인 상중정

也. 不利涉大川, 象曰 天與水違行訟, 君子以作
야 불리섭대천 상왈 천여수위행송 군자이작

事謀始.
사 모 시

【직역】송訟은 믿음은 두터우나 막히는 괘상이다. 두려워서 중용을 구하면 길하고, 마침까지 하면 흉하다. 대인을 보는 것이 이롭고 큰 물을 건너는 것은 이롭지 못하다. 단왈 송은 위는 강하고 아래는 험하다. 험하고도 건강한 것은 송이다. 송의 믿음은 두터우나 막힘을 두려워하여 중용을 취함이 좋다는 것은 강한 기운이 들어와서 중을 얻었기 때문이며 대인을 보는 것이 좋다는 것은 중정한 덕을 갖춘 대인만이 다스릴 수 있는 것이고 큰 냇물을 건너는 것은 불리하다 함은 송사를 하지 않고 편안한 곳으로 들어가는 것이다. 상왈 하늘과 물이 어긋나게 행하는 것이 송이다. 군자는 일을 함에 있어 처음을 꾀하는 것이니라.

【원문】

初六 不永所事 小有言 終吉, 象曰 不永所事 訟
초육 불영소사 소유언 종길 상왈 불영소사 송

不可長也, 雖小有言 其辯明也 九二 不克訟,
불가장야 수소유언 기변명야 구이 불극송

歸而逋 其邑人三百戶 无眚, 象曰 不克訟 歸逋
귀이포 기읍인삼백호 무생 상왈 불극송 귀포

竄也, 自下訟上 患至掇也, 六三 食舊德 貞厲終
찬야 자하송상 환지철야 육삼 식구덕 정려종

吉, 或從王事, 象曰 食舊德 從上吉也 九四 不
길 혹종왕사 상왈 식구덕 종상길야 구사 불

克訟, 復卽命 渝安貞吉, 象曰 復卽命渝安貞 不
극송 복즉명 투안정길 상왈 복즉명투안정 불

失也 九五 訟 元吉, 象曰 訟元吉 以中正也, 上
실야 구오 송 원길 상왈 송원길 이중정야 상

九 或錫之鞶帶 終朝三褫之, 象曰 以訟受服 亦
구 혹석지반대 종조삼치지 상왈 이송수복 역

不足敬也
부족경야

【직역】【초육】일송사을 길게 끌지 아니하며, 조금은 말이 있으나 마침
내 길하리라. 상왈 일을 길게 끌지 않는다 함은 송사를 끝까지 하지 않고 중
간에서 그만두는 것이다. 비록 조금은 말이 있으나 그 분별함이 밝은 것이
니라. 【구이】송사를 극복할 수 없다. 도망하여 돌아오니 읍에 사는 사람이
300호戶이면 재앙이 없으리라. 상왈 송사를 이기기 못해서 돌아가 숨는다
는 것이다. 아래로부터 위를 소송하니 환난을 이룰 만큼 취하리라.【육삼】
옛 덕德을 먹어서 바르고 곧게 하면 위태로우나 마침내 길하다. 혹 왕의 일
에 종사할지라도 이룩함은 없도. 상왈 옛 은덕을 먹으니 윗사람을 좇더라
도 길하리라. 【구사】송사를 이기지 못한다. 돌아와서 명을 받들어 바르게
하면 안정되어 길하리라. 상왈 돌아와 명을 받들어 바르게 하면 길하다 함
은 잃지 않는다는 것이니라. 【구오】송사에 크게 길하다. 상왈 송사에 크게
길하다 함은 편파적이지 않고 바르기 때문이니라. 【상구】혹은 띠를 줄지라
도 아침이 미치는 동안 세 번 빼앗기리라. 상왈 송사로써 행복을 받는다는
것은 역시 공경할 만한 일이 아니다.

※ 구오는 중정中正한 자리에 있고 강건한 인권의 자질이 있으니 대인의 상이고 아래의 감괘는 대천大川의 상이다.

※ 식구덕食舊德이라 함은 자신의 분수를 지키라는 경고이다. 유한 것이 강을 따르고 아랫사람이 윗사람을 따르는 것이 분수를 지키는 것이다.

【요점】이견대인利見大人·상중정야尙中正也라 함은 대인을 보면 이롭다. 대인은 중용과 정도를 높이 받들기 때문이다는 것이다. 대인은 치우치지도 않고 넘치지도 않게 처신한다. 이롭다고 해서 같은 편이 되거나 배짱이 맞지 않는다고 해서 등을 돌리지 않는다.

시시비비를 가려서 편을 나누면 중용이 아니다. 시비곡직을 가리지 않고 포용하는 마음이 곧 중용이다.

이처럼 사람이 걸어가야 할 정도는 한 길이지만, 그 속에는 다양한 덕이 깔려 있다. 정도를 행하는 것을 덕이라고 한다. 한쪽으로 치우침이 없이 덕을 행하는 사람을 대인이라고 한다. 소인을 보면 이로울 것이 없다. 소인은 자신만을 생각하고 남을 배려할 줄 모른다. 남을 도울 줄도 모르고 심지어 남을 이용만 하려 드는 자가 소인이다.

소인이 되면 반드시 스스로 함정에 빠져 험하고 흉한 꼴을 당한다. 그래서 대인을 만나면 이롭고 소인을 만나면 해로운 것이다.

7) 사師　　곤괘 감괘　　지수사 地水師 : 전쟁의 합당성

사師는 다수의 집단 또는 군대를 의미한다. 인간은 본질적으로 사회적인 존재이기 때문에 세상에 태어나면 무리를 이루지 않을 수 없다. 주周나라 사회 구조의 체계에서는 오백명을 여旅, 이천오백명을 사師, 만이천오백명을 군軍이라고 칭했다. 집단이나 군대에는 지도자가 필요하다. 지도자의 재능이 탁월한지 아닌지에 따라서 그 집단의 운명이 좌우된다. 많은 수의 인원을 통솔하여 싸움에 이기려면 어떻게 처신을 해야 할 것인가. 이것이 오늘날 관리자들이 직면하고 있는 과제인 것이다.

이 괘는 지도자의 도道를 설명하고 있다. 그 원칙은 곧고 바른 것이다. 아무리 고통스러워도 옳고 바른 목적이 있다면 민중의 마음을 움직일 수 있는 것이다. 괘상으로 본다면 감괘는 물이고 곤괘는 땅이다. 즉 땅 속에 물이 고여 있는 모습이다. 물이 땅속에 배여 있다. 그래서 땅은 만물을 통솔하면서 길러낼 수 있는 것이다. 이것이 사괘의 일깨움이다.

사師 : 군대·집단를 움직이는 데는 무엇보다도 정의에 입각해서 행하여야 한다. 확고하고 동요하지 않는 지휘로써 수많은 무리를 이끌어 천하의 정의를 행할 수 있다면 그는 곧 천하의 왕자가 되는 것이다. 부드럽고 온화한 천자五陰 밑에서 위엄이 넘치는 재상二陽이 온통 몰아서 거느린다. 그러나 전쟁坎을 겪으면서도 언제나 올바른坤 도를 따르는 것이다. 비록 전쟁을 수행하고 있지만 정의의 길에 순응하는 것이므로 일시적으로 천하를 전쟁의 고통 속에 몰아넣는다 하여도 백성들은 그것을 이해하고 심복한다. 그래서 전쟁은 승리할 것이니 길하리라. 그 무슨 허물이 있을 리가 없다.

【大象】 대지坤가 풍부하게 물坎을 저장하고 있다. 이것이 사의 괘상이다. 군자는 이 괘상을 보고 대자연 속의 넓고 큰 땅이 만물을 포용하듯이 백성

을 포용하고 이끌어간다.

【初陰】 군대를 움직이는 데는 먼저 규율을 엄정하게 해야 한다. 규율이 문란해지면 한 때의 승리를 얻는다 해도 결국은 흉한 것이다.

【二陽】 군대 안에서 위 아래의 신망을 얻는다中. 천자의 깊은 총애를 얻어 길하다. 만국을 심복시키고 여러 차례 포상을 받는다.

【三陰】 전쟁에 나가면 크게 패하여 시체를 마차에 가득 싣고 돌아오는 파국에 이를지 모른다. 흉하다.

【四陰】 앞으로 나아가기 어려운 것을 알고 뒤로 물러선다正. 이 병법의 상도常道를 지킨다면 화를 면할 수 있다.

【五陰】 전답을 황폐하게 하는 새와 짐승침략자, 난적이 있다. 이제야말로 대의명분을 내걸고 불의한 무리를 토벌함이 좋다. 부당한 전쟁이 아니기 때문에 허물이 있을 리 없다. 다만 장수는 출중한 인물二陽을 발탁해야 한다. 혹 부적격한 인물三陰을 쓰게 된다면 참패를 당하여 시체를 마차에 싣고 패주하는 꼴이 된다. 아무리 정의를 위한 전쟁이라도 결과는 흉한 것이다.

【上陰】 전쟁이 끝나면 천자는 공신을 제후에 봉하고 또는 경·대부의 벼슬에 임명한다. 그러나 아무리 공적이 있더라도 소인을 이런 지휘에 올리면 안 된다. 머지않아 반란을 일으킬 것이다.

※ 어떤 전쟁이든 군대의 인기가 좋은 것은, 군기가 엄정하고 백성들에게 온갖 봉사활동을 하는 데 있다. 백성들로부터 약탈하거나 민폐를 끼치는 일은 없어야 한다. 이것이 결국 민심을 사는 일이다.

【해설】 이상과 같이 지수사괘가 암시하는 전쟁에서의 승리하는 방법을 깊이 새기어 보았다. 그러나 전쟁에서 승리하는 길은 이상의 것만으로 만족할 수는 없다. 첫째 우수한 무기가 있어야 하고 다음은 풍족한 보급과 모자람이 없는 경제의 뒷받침이 필요하다. 그러나 우수한 무기나 풍족한 보급도 먼저 정신적인 요건이 확립된 뒤의 문제인 것이다. 아무리 위력이 있는 무기

가 있다 해도 그 무기를 이용하여 전쟁을 수용하는 것은 인간의 정신력이기 때문이다. 결국 물질은 정신력에 부수되는 것이므로 이와같은 당연성은 모두 인간사에 적용이 된다. 그러므로 지수사괘는 전쟁뿐 아니라 인간사의 모든 일에 그 근본이 되는 것은 정신력이라는 것을 설명하고 있는 것이다.

【원문】

師 貞, 丈人吉无咎, 象曰 師衆也, 貞正也, 能
사 정 장인길무구 단왈 사중야 정정야 능
以衆正 可以王矣 剛中而應 行險而順, 以此毒
이중정 가이왕의 강중이응 행험이순 이차독
天下 而民從之, 吉又何咎矣, 象曰 地中有水師,
천하 이민종지 길우하구의 상왈 지중유수사
君子以 容民畜衆,
군자이 용민축중

【직역】 사師는 마음을 바르게 함이다. 장인大丈夫, 長老은 덕이 있어야 길하고 허물이 없으리라. 단왈 사는 여러 무리의 인간이다. 정은 바른 것이니 능히 대중을 바르게 하면 능히 왕이 될 수 있으리라. 강한 것이 가운데서 응하므로 위험한 일을 행하여도 순조롭다. 이로써 천하를 운영해도 백성들이 따르니 길하고 또 무슨 허물이 있겠는가. 상왈 땅 가운데 물이 있음이 사괘의 상이다. 군자는 이것으로써 백성을 용납하고 대중을 기르는 것이다.

【원문】

初六 師出以律, 否臧凶, 象曰 師出以律 失律凶
초육 사출이율 부장흉 상왈 사출이율 실율흉
也, 九二 在師中吉无咎, 王三錫命, 象曰 在師
야 구이 재사중길무구 왕삼석명 상왈 재사
中吉 承天寵也, 王三錫命 懷萬邦也, 六三 師
중길 승천총야 왕삼석명 회만방야 육삼 사
或興尸, 凶, 象曰 師或興尸 大无功也 六四 師
혹여시 흉 상왈 사혹여시 대무공야 육사 사

左次, 无咎, 象曰 左次 无咎 未失常也, 六五 田
좌차 무구 상왈 좌차 무구 미실상야 육오 전

有禽 利執言, 无咎, 長子帥師 弟子輿尸 貞凶,
유금 이집언 무구 장자수사 제자여시 정흉

象曰 長子帥師 以中行也, 弟子輿尸 使不當也,
상왈 장자수사 이중행야 제자여시 사부당야

上六 大君有命, 開國承家 小人勿用 象曰 大君
상육 대군유명 개국승가 소인물용 상왈 대군

有命 以正功也, 小人勿用 必亂邦也
유명 이정공야 소인물용 필난방야

【직역】【초육】사는 군사가 나아가는 데 엄한 규율로써 시행해야 한다. 그렇지 아니하면 하더라도 흉하게 된다. 상왈 군사는 규율로써 움직이는 것이 옳은 일이다. 규율을 잃으면 흉하리라. 【구이】사를 동원하는 데는 중정의 도를 지키면 길하고 허물이 없으므로 왕이 세 번 명을 내린다. 상왈 사를 동원하는 데 중도가 있어 길하다 함은 하늘의 은총을 받음이고 왕이 세 번 명을 내린다 함은 불의한 것을 쳐서 만방을 편히 하는 것이다. 【육삼】군사가 혹여 여럿이 주장하면 흉하리라. 상왈 군사가 여럿이 주장하면 흉하다 함은 혹 지나치게 각자가 주장하여 군사를 이끌면 분수에 넘쳐 패하게 되는 것이다. 패하니 어찌 공이 있겠는가. 【육사】사가 진영으로 물러나는 것이니 허물이 없도. 상왈 군사가 진영으로 물러나니 허물이 없다 함은 세가 불리함을 알고 물러나므로 해서 군사를 잃게 되지는 않으리라. 【육오】밭에 날짐승이 있으니 말씀을 받드는 것이 이롭다. 허물이 없으리라. 장자가 군사를 거느릴 것이다. 제자가 여럿이 주장하면 바르게 하더라도 흉하리라. 상왈 장자가 군사를 거느린다 함은 중정의 도를 행하기 때문이요, 제자가 여럿이 주장하면 바르게 하더라도 흉하다 함은 군사를 이끄는 것이 마땅치 않다는 것이니라. 【상육】천자의 명이 있다. 제후를 봉하고 대부 벼슬을 준다. 소인을 쓰면 안 된다. 상왈 천자의 명이 있다 함은 공을 바르게 평하기 때문이고 소인을 쓰면 안 된다 함은 반드시 나라를 어지럽게 하기 때문이니라.

※ 상육은 지수사괘의 마지막 효이며, 곤괘의 유순한 덕이 더할 수 없는 것으로서 전쟁에 승리한 후 공적의 대소를 의논하여 알맞은 상을 주는 때이다. 따라서 공에 의하여 제후와 경·대부를 삼되 소인에게는 벼슬을 내려 나라를 어지럽히게 하지 말고 대신 금은보화로 상을 주는 것이 국가를 위해 좋은 일이다.

　【요점】 강중이응剛中而應, 행험이순行險而順이라 함은 강은 굳세고 건실하며, 중은 지나치거나 모자라지 않게 하고, 응은 어긋남이 없이 따르며, 행험은 험하다고 일을 마다하지 않고, 순은 이치를 벗어나지 않는 것이다. 무리에서 지도자 역할을 하려면 강·중·행험·순을 솔선해야 한다. 자기만 아는 사람은 우두머리가 될 수 없으며, 자신만 챙기는 사람은 사졸이 되기도 어렵다. 응과 순은 곧고 바른 마음이 드러나는 모습이다. 순응하게 하는 마음이 덕德이고, 복종하게 하는 마음은 패霸이다. 덕은 행험하는 것이고 패는 힘으로 몰아붙이는 것이다. 어려운 일을 솔선해서 자신이 먼저 봉사하는 것이 곧 행험인 것이다.

　국가사회 또는 남을 위하여 헌신하는 마음은 굳세고 알맞게 순응하면서 무리를 통솔할 수 있으리라.

8) 비比 ䷇ 감괘 수지비 水地比 : 서로 화합하다
곤괘

오랫동안 지속된 전쟁이 끝나면 온화하고 화목한 분위기가 흘러 전해지는 법이다. 비比는 두 사람이 가지런하게 서 있는 형상으로서 가깝고 친하게 서로 돕는 것이다. 괘의 형상은 땅坤 위에 물坎이 있으므로 서로 친밀하고 화목하게 지냄으로써 만물을 낳고 길러서 키우는 것이다. 더불어 천자의 위치를 의미하는 오양이 여러 개의 음과 다정하에 맞닿아 있는 형상으로 주위의 사람들이 애틋하게 생각하고 그리워하여 지도자의 주위에 모여드는 상태를 가리킨다. 너그러운 성품으로 사람들을 대한다면 처음에는 뒤얽히고 복잡한 사정이 있겠으나 후에는 많은 사람들의 협력을 얻어 큰 사업을 완수할 수가 있다. 다른 측면으로는 많은 여성을 호리는 남성으로 볼 수도 있다. 따라서 여성으로서는 마음을 놓을 수 없는 형편이다. 뒤떨어지는 자는 흉하다고 했다. 괘상으로 보면 곤괘는 땅이고 감괘는 물이다. 즉 땅 위에 물이 있는 모습이다. 물은 땅 위에 있으면 흘러가고 수증기로 분화하여 하늘로 올라가기도 한다. 그래서 물은 땅을 풍족하게 하는 것이다. 이것이 비괘의 일깨움이다.

비比는 길한 괘이다. 무슨 일이라도 서로 친애하고 화합하는 마음으로 행하면 모든 민초들은 그를 기쁜 마음으로 사모하고 순종하리라. 깊이 생각하여 의견을 주고 받고 잘게 굴거나 까다롭지 않으며 항상 변함이 없는 친화의 도를 좇아서 지킨다면 허물이 있을 수 없다. 중정五陽의 도를 행하면 위·아래가 모두 호응하는 것이다. 천하의 모든 불안정한 무리들이 찾아와 마침내 순순히 복종하게 된다. 이러한 귀항의 행렬에서 늦어지는 자는 나아가지도 물러서지도 못하게 되어 화를 입게 되리라.

【大象】대지坤가 물坎를 담고 있다. 이것이 비比의 괘상이다. 성스러운 왕

은 이 괘상을 헤아려서 만국萬國에 제후들을 봉하고 대지가 물을 포용하듯이 서로 친애하고 화합하였다.

【初陰】 정성스럽고 진실된 마음으로 사람과 친화하고 협력하면 허물이 없다. 마음속에 가득 차서 넘칠 만큼 성의가 있다면 생각지 않은 뜻밖의 길한 일이 있으리라.

【二陰】 충성스러운 마음으로 군주五陽와 친화하고 길이 그 마음을 보존하면 길할 것이다.

【三陰】 친화하고 협조하려는 마음은 있으나 주위에 알맞은 사람이 없다. 딱한 노릇이다.

【四陰】 어질고 사리에 밝은 군주五陽와 친화하고, 바른 신하의 도리를 지켜 정성껏 보필하면 길할 것이다.

【五陽】 공명정대한 군주가 왕위에 있으니 친화와 협조의 덕이 드러나 천하가 존경하는 마음으로 대한다. 中正 군주가 사냥을 할 때는 몰이꾼을 삼면에 배치하고 한 면은 열어 놓는다. 열린 곳으로 쫓겨 달아나는 짐승은 죽이지 않는다. 이와같이 쫓겨 도망가는 짐승을 죽이지 않는 너그러운 마음으로 대한다면, 백성들은 안심하고 따라온다. 길하다.

【上陰】 서로 친해 화합하려 해도 이미 시기를 놓쳐버렸다. 처음에 남과 사귀지 못하였으니 누구와 더불어 최후를 온전히 할 수 있겠는가. 흉하다.

【해설】 수지비괘는 친화하고 협력하는 마음을 발전시키면서 한결같이 변함이 없게 하라고 설파하고 있다. 아무리 훌륭한 친화 협조의 정신도 일관성이 없고 지속되지 못하면 성과를 이룰 수 없다. 너무나 명백한 진리인 것이다. 比는 인人이 두 개 가지런히 서 있는 모습이다. 인간들이 모여 정답게 협조하는 상태를 표현한 상형문자이다. 그래서 비는 인화를 상징하는 괘이다. 역경 64괘의 배치순서는 서로 관련성이 있는 의미를 가지고 있다. 바로 앞장에서는 전쟁을 상징하는 지수사를 논하였고 그 다음 장에서는 인화를 의미하는 수지비를 논하고 있다. 이 괘는 오랜 전쟁이 끝난 뒤에 고통스

러웠던 백성들이 평화를 갈망하여 구하는 마음으로 서로의 힘을 모아 행복한 생활을 건설하려고 협력하는 상태를 보여주는 괘이다. 그러나 인화는 전쟁 뒤 인간의 공허한 마음을 메우기 위한 것만은 아니다. 인간의 생활이 존재하는 한 언제나 인화는 소중하고 존귀한 것이다. 그리고 인화를 실천하는 과정에서는 항상 성실함을 지녀야 한다. 윗사람은 교만하지 말고 겸허한 태도와 관대한 도량을 가질 것이며, 아랫사람은 속에서 우러나는 참된 마음을 가지고 바른 방법으로 보필하고, 협조하며 가르침에 임하라고 수지비괘는 가르치고 있다.

【원문】

比 吉 原筮 元永貞 无咎, 不寧方來, 後夫凶, 象
비 길 원서 원영정 무구 불녕방래 후부흉 단

曰 比吉也 比輔也, 下 順從也, 原筮 元永貞 无
왈 비길야 비보야 하 순종야 원서 원영정 무

咎 以剛中也, 不寧方來 上下應也, 後夫凶 其道
구 이강중야 불녕방래 상하응야 후부흉 기도

窮也, 象曰 地上有水比, 先王以 建萬國 親諸
궁야 상왈 지상유수비 선왕이 건만국 친제

侯
후

【직역】 비比는 즐겁고 길한 괘이다. 처음 점을 하되 넓고 항상 곧고 바르게 하면 허물이 없으리라. 바야흐로 편하지 못함이 다가오므로 뒤늦은 사람은 대장부라도 흉하리라. 단왈 비는 길한 것이고 비는 서로 돕는 것이니 아랫사람이 순중하여 좇는다. 처음 점을 하되 넓고 곧고 바르게 하면 허물이 없으리라 함은 강剛으로써 중도를 지키기 때문이다. 바야흐로 편하지 못함이 다가온다 함은 위와 아래가 서로 응하기 때문이다. 뒤늦은 사람은 대장부라도 흉하리라 함은 그 도가 궁하기 때문이다. 상왈 땅 위에 물이 있는 것이 비괘의 상이다. 선왕은 이로써 여러 나라를 세우고 제후들과 친하게 되느니라.

初六 有孚比之 无咎, 有孚盈缶 終來有他吉, 象
초육 유부비지 무구 유부영부 종래유타길 상

曰 比之初六 有他吉也, 六二 比之自內 貞吉,
왈 비지초육 유타길야 육이 비지자내 정길

象曰 比之自內 不自失也 六三 比之匪人, 象曰
상왈 비지자내 불자실야 육삼 비지비인 상왈

比之匪人 不亦傷乎, 六四 外比之, 貞吉, 象曰
비지비인 불역상호 육사 외비지 정길 상왈

外比於賢 以從上也 九五 顯比, 王用三驅失前
외비어현 이종상야 구오 현비 왕용삼구실전

禽, 邑人不誡, 吉, 象曰 顯比之吉 位正中也, 舍
금 읍인불계 길 상왈 현비지길 위정중야 사

逆取順 失前禽也 邑人不誡 上使中也, 上六 比
역취순 실전금야 읍인불계 상사중야 상육 비

之无首, 凶, 象曰 比之无首 无所終也
지무수 흉 상왈 비지무수 무소종야

【직역】【초육】믿음을 갖고 도와야 허물이 없느니라. 믿음을 갖되 물이 질그릇에 가득차면 마침내 다른 곳에서 길함이 오리라. 상왈 비의 초육은 다른 데에서 길함이 있느니라.【육이】돕는 것을 안에서부터 해야 하느니라. 곧고 바르게 하여 길하다. 상왈 돕는 것을 안으로부터 한다 함은 스스로 잃지 아니함이다.【육삼】서로 친하려 하나 뜻하는 사람이 아니다. 상왈 서로 친하려 하나 자신이 뜻하는 사람이 아니다 함은 또한 마음이 상하지 않겠는가.【육사】밖에서 사람을 도우려 한다. 곧고 바르게 해야 길하다. 상왈 밖에서 어진 사람을 돕는 것은 그것으로써 윗사람을 따르는 것이다.【구오】나타나게 돕는다. 왕이 사냥을 할 때 삼면에서 몰아가고 한 곳을 터놓으니 그 곳으로 날아가는 새를 잃는다. 고을 사람들도 경계하지 않는다. 길하다. 상왈 구오가 군위에 처하고 정히 가운데 함이다. 거스르는 것을 버리고 순종함을 취한다 함은 앞의 새를 잃는 것이다. 고을 사람들이 경계하지 않는다 함은 윗사람이 중용의 도를 지키게 한다는 것이다.【상육】도우려 하나 시작이 없

다. 흉하다. 상왈 도우려 하나 시작이 없다 함은 마치는 것이 없다는 뜻이다. 시작이 잘못되었으니 끝이 좋을 리가 없는 것이다.

　※ 괘상으로 보면 다섯 개의 음으로 상징되는 백성은 유약하여 혼자 힘으로 꾸려 나갈 수가 없고, 인군이 땅에 물이 스며들 듯 다섯 개의 음을 추스르고 편안하게 해 주어야 하니 서로 치밀하게 돕는 형상이다.

　【요점】불녕방래不寧方來, 상하응야上下應也라 함은 편하지 않으면서도 너르게 온다는 것으로써 위·아래가 서로 응한다는 것이다. 너르게 온다 함은 많은 사람이 모인 것이다. 많은 무리 중에서 어느 한 사람이 지도자가 되었을 때, 그 지도자와 나머지 사람들은 서로 마음이 통해야 한다. 그렇게 통하는 것을 응應이라고 한다. 괴로울 때 상하가 함께 괴로워하고, 즐거울 때 상하가 함께 즐거워하는 것이 응이다. 반대로 상하가 불응하면 세상이 뒤틀리는 것이다. 편하지 않으면서도 너르게 온다는 것은, 편하지 않게 하는 것을 제거할 수 있다는 믿음이 있으면 서로 모여서 뜻을 나눌 수 있다는 것이다. 국론을 통일하려면 위쪽에서 먼저 공명정대한 믿음을 줘야 한다. 백성과 소통하면서 백성을 돕고 백성을 따르게 하는 것이 곧 상하응이다. 인심에서 벗어나면 상하가 응할 수 없다. 상하가 서로 응하면 일이 잘되고, 불응하면 될 일도 안 되는 것이 세상인심이다. 그래서 세상이 무섭다는 것을 깨치어 알게 된다.

축畜이란 머물게 하다, 모으다, 기르다는 의미이다. 하나의 음이 다섯 개의
양을 더 나아가지 못하고 중도에서 그치게 하려는 것이기 때문에 일정한 수
준밖에 제어할 수 없는 것이다. 소축은 약한 것이 강한 것을 제어하므로 작
게 이룬다는 뜻이다. 이것은 상도를 벗어난 남편이나 군주를 아내나 신하가
조절하려는 것이다. 약함이 강함을 조절하는 데는 나름대로 수단이나 방식
이 있어야 할 것이다. 공연히 대립해서는 공멸할 뿐이다. 음의 힘은 아직 미
약하지만 운기는 가득하게 차 있으므로 그것이 형상을 이루지 못할 때는 답
답하고 초조해진다. 겹구름은 짙으나 비를 내리지 않는다는 말과 같다. 결
코 성급하게 행동하면 안 된다. 괘상으로 유추하면 손괘는 바람이고 건괘는
하늘이다. 바람이 하늘에서 일어난다. 허공이 없다면 바람은 불고 다닐 곳이
없다. 바람은 하늘을 따른다. 이것이 소축괘의 일깨움이리라.

소축괘는 굳셈을 의미하는 상하의 강효 ━ 가운데, 하나뿐인 유효 --가
바른 자리인 4효에 의지하고 있어 알맞은 지위를 얻고 있으므로 상하의 강
효가 전부 그것에 호응하고 있다. 안으로는 강건한 힘건괘을 축적하고 밖으
로는 순종함손괘을 잃지 않는다. 그러나 지금은 서쪽 하늘에서 뭉개구름이
일어날 뿐 비가 되어 만물을 적시기에는 미흡한 상태이다. 큰 뜻을 펴고자
하나 실천에 옮기지 못하고 침체되어 있다. 더욱 노력하여 앞으로 나아가는
것이 중요하다.

【大象】바람손괘이 하늘건괘에서 분다. 이것이 소축의 괘상이다. 바람은 비
의 전제에 불과하므로 만물을 윤택하게 적셔 주지 못한다. 군자는 이 괘상
을 보고 더욱 자신의 문덕을 닦는다.
【初陽】조급하게 서두르는 마음을 누르고, 자신의 정당한 길로 돌아가려

한다. 무슨 허물이 있겠는가. 길하리라.

【二陽】 같은 무리들끼리初陽, 三陽 손을 잡고 바른 길로 돌아간다. 중용의 도를 지켜 나가면 길하다.

【三陽】 주위의 상황을 생각하지 않고 무리하게 일을 추진하려고 시동을 건다. 서두르는 남편三陽과 그것을 만류하는 아내四陰가 부딪친다. 남편이 가정을 다스릴 만한 덕이 없기 때문이다.

【四陰】 성의를 가지고 일에 대처하면 유혈의 참사도 피할 수 있고 두려움도 사라진다. 윗사람과 마음이 통하기 때문이다. 허물이 없다.

【五陽】 성의를 가지고 남과 손을 잡고 나아간다. 부를 독점하지 않고 이웃과 함께 번영한다.

【上陽】 노력을 기울여 마침내 목적을 이루었다. 기다리던 비가 내려 만물을 적셔 주고, 서두르던 남편도 가라앉게 되었다. 그러나 부녀자陰의 상도는 유순함에 있다. 아무리 바른 일이라도 지나치면 위험한다. 달도 보름이 되면 태양과 같이 보이기도 한다. 이것은 흉조이다. 군자는 이 상황에서 더 이상 나아가서는 안 된다.

【해설】 풍천소축괘는 작은 힘으로 큰 것을 견제하는 것으로서 아내가 남편을 자유로운 행동을 하지 못하게 억누르는 형상이다. 그러므로 그 견제하는 수단은 성의가 있고 예의를 잃지 않으며, 부드러운 것이어야 한다. 곧 참되고 성실한 마음으로 남의 닫힌 마음의 창을 열어야 한다. 이것이 정당한 수단인 것이다. 역경에서는 정의를 위한 일일수록 그 수단은 정당해야 된다고 가르치고 있다. 이 괘를 얻은 사람은 자신의 생각이 아직 실천에 옮길만한 능력을 갖추지 못하였을 때는 초조해 하거나 실망하지 말고 곧은 마음으로 한결같은 노력을 하므로써 자신의 실력을 배양하고, 또 남을 접할 때 성실하고 성의있게 대하면 머지않아 호운은 다가온다는 것이다.

【원 문】

小畜 亨, 密雲不雨 自我西郊, 彖曰 小畜柔得位
소축 형 밀운불우 자아서교 단왈 소축유득위
而上下 應之曰小畜, 健而巽 剛中而志行 乃亨,
이상하 응지왈소축 건이손 강중이지행 내형
密雲不雨 尚往也, 自我西郊 施未行也, 象曰
밀운불우 상왕야 자아서교 시미행야 상왈
風行天上小畜, 君子以懿文德,
풍행천상소축 군자이의문덕

【직역】 소축은 형통하는 괘이다. 촘촘하게 구름은 끼었지만 비가 오지 않는 것은 내가 스스로 서쪽 교외에 있음이라. 단왈 소축은 부드러움에 제자리를 얻고 상하가 서로 응한다. 이것을 일컬어 소축이라고 한다. 굳건하고 겸손하며 강한 것이 중도를 지켜 뜻을 행하므로 이에 형통한다. 촘촘한 구름은 일지만 비가 오지 않는다 함은 아직 행하고 있다는 것이다. 내가 스스로 서쪽 교외에 있다 함은 베풂이 아직 행하여지지 않는 것이다. 상왈 바람이 하늘 위에서 행하는 것이 소축의 괘상이다. 군자는 이로써 문文과 덕德을 아름답게 하는 것이니라.

【원문】

初九 復自道, 何其咎, 吉, 象曰 復自道 其義吉
초구 복자도 하기구 길 상왈 복자도 기의길
也, 九二 牽復, 吉, 象曰 牽復在中 亦不自失也,
야 구이 견복 길 상왈 견복재중 역불자실야
九三 輿脫輻, 夫妻反目, 象曰 夫妻反目 不能正
구삼 여탈복 부처반목 상왈 부처반목 불능정
室也, 六四 有孚, 血去惕出, 无咎 九五 有孚攣
실야 육사 유부 혈거척출 무구 구오 유부련
如, 富以其隣, 象曰 有孚攣如 不獨富也, 上九
여 부이기린 상왈 유부련여 불독부야 상구
旣雨旣處, 尚德載 婦貞厲, 月幾望 君子征凶,
기우기처 상덕재 부정려 월기망 군자정흉
象曰 旣雨旣處 德積載也, 君子征凶 有所疑也
상왈 기우기처 덕적재야 군자정흉 유소의야

【직역】【초구】회복하는 것이 나의 도道이다. 무엇이 허물이 있겠는가. 길하리라. 상왈 회복하는 것이 나의 도라 함은 그 뜻이 길하다는 것이다. 【구이】이끌어서 회복하는 것이니 길하리라. 상왈 이끌어서 회복한다 함은 중도에 있다는 것이니 역시 스스로 잃지 않음이라. 【구삼】수레의 바퀴살이 벗겨졌다. 부부가 서로 반목함이로다. 상왈 부부가 반목한다 함은 집안을 바로 하지 못하느니라. 【육사】믿음을 가지면 상처가 아물어가고 두려운 데서 뛰쳐나와서 허물이 없으리라. 상왈 믿음을 가지면 두려운 데서 뛰쳐나온다 함은 윗사람과 뜻이 합하는 것이니라. 【구오】믿음이 있어 사람을 이끄는 것이다. 그 이웃과 같이 부유하게 된다. 상왈 믿음이 있어 사람을 이끄는 것이다 함은 혼자서는 부유하게 되지 못한다는 것이다. 【상구】이미 비가 오고 이미 그침은 덕을 숭상하여 가득함이니, 부인이 곧고 바르나 위대하리라. 달이 거의 보름이니 군자가 가면 흉하리라. 상왈 비가 오고 이미 그침은 덕이 쌓여서 가득찬 것이다. 군자가 나가면 흉하리라 함은 의심스러운 것이 있다는 뜻이니라.

※ 역경은 주나라의 문왕 때에 완성된 것이므로 자아서교自我西郊란 문왕 자신을 표현한 것이라는 해석도 있다. 문왕은 서백西伯으로서 서쪽지방에 있는 제후들의 수장이었다. 그 당시 은나라의 폭군 주왕이 천자로 있을 때 문왕은 주왕의 폭정에 대해 자주 간언하였으나 그는 듣지 않았으며 오히려 문왕을 몰아붙이기까지 했다. 문왕의 은덕이 천하의 백성들을 구하고자 하나 상왕은 구름이 잔뜩 끼었지만 비가 내리지 않는 그런 상태와 같다는 것이다.

※ 논어에 먼 곳의 사람이 복종하지 않으면 문덕文德을 펴서 오게 하고, 오면 편안하게 해야 한다는 말이 있다. 문덕을 닦는 일은 예법과 인륜의 대도大道로서 행하고 그것으로 백성들을 가르쳐 이끌어야 한다는 것이다.

【요점】건이손健而巽, 강중이지행剛中而志行, 내형乃亨이라 함은 건실하게

공손하며 굳세고 알맞게 뜻을 행하므로 바로 통한다는 의미이다. 소축小畜을 길러서 작게 모은다는 것이다. 작게 모을 뿐이므로 유득위柔得位이다. 곧 부드러우면 제자리를 얻는다는 의미이다. 이런 지혜를 노자老子는 유약승강강柔弱勝剛强이라고 논하였다. 부드럽고 연약한 것이 굳세고 강한 것을 이긴다는 것이다. 격이 없는 욕심은 강강이다. 욕심이 없으면 유약이다. 그 뜻이 적을수록 제자리를 얻는다고 했으니 격이 없는 욕심은 제자리를 잃는다. 그러므로 건실하고, 공손하고, 굳세되 중용의 도리를 잃지 않는 것이 막히지 않고 환하게 트이는 것이다. 즉 작게 모을지라도 통하고 싶다면 소축하라는 이 괘의 지혜는 참으로 값진 것이다.

10) 이履 ䷉ 건괘 태괘 천택이 天澤履 : 호랑이 꼬리를 밟고 서다

이履는 밟다, 실천하다의 뜻을 가지고 있다. 실천에는 언제나 위험이 따르는 법이다. 그러나 위험을 두려워만 한다면 아무 일도 할 수 없다. 호랑이 꼬리를 밟고 서 있는 것과 같은 위험 속에서 어떻게 처신하면 일신을 보전할 수 있겠는가. 이 괘는 강하면서도 이로움을 표현하는 상괘의 건 ☰에 부드러우면서도 온순함을 표현는 하괘의 태 ☱가 따르는 형상이다. 따라서 윗사람이나 실제로 경험한 사람의 말을 겸허하게 받아들이고, 전대의 경험으로부터 교훈을 찾는 정신력이 필요하다. 덮어놓고 달리다가는 반드시 실패한다. 자신의 힘을 제어하고 착실하게 나아가면 처음은 위험에 놓이지만, 반드시 목적을 이룰 수가 있다. 괘상으로 보면 건괘는 하늘이고 태괘는 연못이다. 하늘 아래 연못이 있다. 비가 내리지 않으면 못은 마른다. 땅 위의 못이 어찌 하늘을 거역하겠는가. 이런 마음가짐이 이 괘의 일깨움이다.

천택이괘는 유순함태괘이 강한 것건괘을 따르는 형태이다. 속에서 우러나는 참된 마음으로 선인先人들을 따르면 호랑이 꼬리를 밟고 서 있는 위험에 처하더라도 물려 죽지 않고 그 뜻을 이룰 수 있다. 오양五陽은 중정中正의 위치에 있어서 강건·중정의 덕을 보이고, 천자의 지위에 있어도 조금도 부끄러움이 없으며 그 광명은 널리 천하에 빛나리라.

【大象】하늘이 위에 있고 연못이 아래에 있다. 이것이 이履괘의 괘상이다. 군자는 이 괘상을 유추하여 상하·귀천을 구분하고 사람이 행하여야 할 올바른 예와 도를 정해서 일반 국민들에게 질서의 관념을 심어 준다.

【初陽】순수한 마음으로 혼자서 자신의 도를 실천하라. 앞으로 나아가도 그릇된 실수는 없을 것이다.

【二陽】큰길을 혼자서 걸어간다. 소란한 분위기이다. 달콤한 감언이설에

유혹되지 않으면 정도를 얻어 길하리라. 中

【三陰】외눈박이와 절름발이이면서 남보다 더 잘 볼 수 있고, 잘 걷는다고 자부하는 그런 사람과는 행동을 같이 할 수 없다. 자신의 변변치 못한 재주를 돌아보지 않고 함부로 행동한다면 호랑이 꼬리를 밟아 물려 죽을 것이다. 무인武人이 군주가 된 것과 같다. 너무 강한 것만을 앞에 내세우면 영속할 수 없다.

【四陽】호랑이의 꼬리를 밟는 위험을 과감하고 용기있게 실천해 보라. 매우 조심하고 신중함을 가하면 최후에는 목적을 이룰 수 있으니 길하다.

【五陽】혼자서 멋대로 행동하는 것은 그 일이 올바르다 해도 위험이 따른다. 그 일이 실현될 수 있는 가능성이 높을수록 신중을 기해야 할 것이다.

【上陽】과거의 행동을 되돌아보고 미래의 길흉을 상고하여 생각해 보라. 세상에 나가는 일과 집안에 들어앉는 일 모두 크게 길하다. 마지막에 크게 길하니 큰 경사가 있으리라.

【해설】천택이괘는 위·아래의 질서를 존중하고 그 질서를 유지하기 위해 예의를 지킬 것을 강조하고 있다. 인간의 사회생활에 있어서 질서는 매우 중요한 것이다. 인간의 모든 사회생활은 질서 없이는 이루어질 수 없으며 단 하루도 유지될 수 없다. 그러나 인간의 질서는 자연의 질서와 같이 모든 것이 정확하게 규정되어 있지는 않다. 때로는 인간의 오만과 아집으로 인해 질서가 유린당하거나 엄수하지 않으려는 경우도 있다. 그러므로 인간의 지도자들은 옛부터 인간의 질서와 유지에 애를 쓰고 있으며 이의 방법론으로 천택이괘는 복종과 성의와 예의를 논하고 있는 것이다. 이履는 실천한다, 좇는다의 뜻을 가지고 있다. 아랫사람이 웃사람에게 순순히 따르되 진심에서 우러나는 성의로써 예의를 지켜야 한다고 논하고 있다. 불가에서도 예의를 인간 최고의 덕목으로 설교하고 있거니와 이 예의야말로 지배와 복종의 질서를 유지하는 데 더할 수 없는 도구인 것이다. 그러나 이 천택이괘가 가르친 것이 고대의 신분제도를 바탕으로 한 것이어서 오늘날 민주사회의 이념으

로 빗대어 볼 때 모든 것이 진리일 수는 없다. 그러나 우리가 어느 사회단체의 일원이 되었을 때, 자신에게 주어진 역할의 범위 안에서 상사의 의견을 존중하고 협조하는 것이 현재에 있어서도 선량한 질서가 아닐 수 없으며 또 사람과의 교섭에서도 성의와 예의를 지킨다는 것은 현대인에게도 교훈이 아닐 수 없다.

【원문】

履虎尾不咥人 亨, 象曰 履柔履剛也, 說而應乎
리 호 미 부 질 인 형   단 왈   리 유 리 강 야   열 이 응 호
乾, 是以履虎尾不咥人 亨, 剛中正 履帝位而不
건   시 이 리 호 미 부 질 인   형   강 중 정   리 제 위 이 불
疚 光明也, 象曰 上天下澤履 君子以 辯上下 定
구   광 명 야   상 왈   상 천 하 택 리   군 자 이   변 상 하   정
民志
민 지

【직역】호랑이 꼬리를 밟더라도 사람을 물지 않는다. 모든 일이 형통하는 괘이다. 단왈 이履는 유柔가 강剛에 밟히는 것이니 기쁨으로 건乾에 응한다. 이로써 호랑이 꼬리를 밟아도 물지 않는 것이니 모든 것이 형통하리라. 강건하고 중정함으로 제위에 오르니 병들지 않고 광명하느니라. 상왈 위는 하늘이요, 아래는 못이 있는 것이 이 괘의 괘상이다. 군자는 이로써 위·아래를 분별하고 백성의 뜻을 정하는 것이니라.

【원문】

初九 素履, 往无咎, 象曰 素履之往 獨行遠也,
초 구   소 리   왕 무 구   상 왈   소 리 지 왕   독 행 원 야
九二 履道坦坦幽人貞吉, 象曰 幽人貞吉 中不
구 이   리 도 탄 탄 유 인 정 길   상 왈   유 인 정 길   중 불
自亂也, 六三 眇能視 跛能履, 履虎尾咥人, 凶,
자 란 야   육 삼   묘 능 시   파 능 리   리 호 미 질 인   흉
武人爲于大君, 象曰 眇能視 不足以有名也, 跛
무 인 위 우 대 군   상 왈   묘 능 시   부 족 이 유 명 야   파

能履 不足以與行也, 咥人之凶 位不當也, 武人
능리 부족이여행야 질인지흉 위부당야 무인

爲于大君 志剛也, 九四 履虎尾, 愬愬終吉, 象
위우대군 지강야 구사 리호미 소소종길 상

曰 愬愬終吉 志行也, 九五 夬履, 貞厲, 象曰 夬
왈 소소종길 지행야 구오 쾌리 정려 상왈 쾌

履 貞厲 位正當也, 上九 視履考祥, 其旋元吉
리 정려 위정당야 상구 시리고상 기선원길

象曰 元吉在上 大有慶也
상왈 원길재상 대유경야

【직역】【초구】본디 신을 신은 그대로 가면 허물이 없느니라. 상왈 신을 신은 그대로 간다 함은 홀로 원하는 것을 행하는 것이다.【구이】밟는 도가 탄탄하니 그윽한 사람은 바르고 곧아야 길하다. 상왈 그윽한 사람은 바르고 곧아야 길하다 함은 중中은 스스로 흐트러지지 않아야 한다는 것이다.【육삼】소경도 물건을 볼 수 있고 절름발이도 땅을 딛을 수 있다. 그러나 호랑이 꼬리를 밟으면 사람이 물리니 흉하다. 무인武人이 대군大君이 된다. 상왈 소경도 물건을 볼 수 있으나 밝게 볼 수 있는 것은 아니며, 절름발이도 땅을 딛을 수 있으나 더불어 걸을 수 없다는 것이다. 사람이 물려서 흉하다 함은 위치가 마땅치 않다는 것이다. 무인으로서 대군이 된다 함은 의지가 강한 것이다.【구사】호랑이 꼬리를 밟는 것이니 두려움을 가지고 조심스럽게 행하면 마침내 길하리라. 상왈 두려움을 가지고 조심스럽게 움직이면 마침내 길하다 함은 뜻이 실행된다는 것이니라.【구오】결단코 이행하는 것이니 곧고 바르더라도 위태하리라. 상왈 결단코 이행하는 것이니 곧고 바르더라도 위태하다 함은 자리가 정당하다는 것이니라.【상구】과거에 이행한 것을 되돌아보고 길·흉을 상고해 보라. 그것이 두루 잘 되었으면 크게 길하리라. 상왈 크게 길함이 위에 있다 함은 큰 경사가 있다는 것이니라.

※ 묘능시眇能視는 애꾸눈을 뜻하고, 파능리跛能履는 절름발이를 뜻하는

것으로서, 소인이 분수에 넘치는 일을 하는 경우를 비유한 말이다.

※ 구오九五는 강건하고 중정하여 인군의 덕과 지위를 얻고 있음에도 호랑이 꼬리를 밟듯 형세가 어려운 시기를 헤쳐나가는 때이므로 경계함의 정도를 두었다.

【요점】 이履괘는 유리강야柔履剛也이다 함은 하늘 아래 연못이 있는 괘상의 모습이다. 맑은 날 연못을 들여다보라. 연못 속에 하늘이 있고 구름이 떠가는 자취를 볼 수 있을 것이다. 이와같이 연못이 하늘을 품고 있다고 상상해 보라. 군센剛 하늘이 부드러운柔 못 속에 가득 차 있다. 그렇다면 군센 하늘이 자신을 품은 연못을 휘몰아치겠는가. 군셈이 알맞고 바르면 천자의 지위에 올라도 병이 되지 않고 도리어 광명스러운 것이다. 병이 되지 않는 것은 허물이 없다. 허물이 없는 마음은 항상 깨끗하고 밝으며 맑은 모습이다. 밝고 맑은 모습은 당당하고 떳떳한 것이다. 이보다 더한 광명은 없다. 하늘을 담고 있는 연못처럼 마음안에 부드럽고 평온한 세상을 품고 있다고 상상해 보라. 한 세상이 내 가슴속에 있다는 말이 허투루 들리지 않을 것이다.

11) 태泰　곤괘　건괘　지천태 地天泰 : 상하가 화합하여 평온하다

태泰괘는 하늘을 가리키는 건 ☰이 밑에 있고, 땅을 의미하는 곤 ☷이 위에 있다. 이를테면 천지의 위치가 반대로 바뀌었지만, 태괘의 이치로 봐서는 오히려 잘된 것이다. 곧 하늘의 기는 자꾸만 위로 오르고 땅의 기는 밑으로 내려가는 성질을 갖는다. 만일 하늘이 위에 있고 땅이 밑에 있다면 두 사물은 점점 멀어져 갈 것이다. 그러나 태괘는 이와 반대로 되어 있기 때문에 하늘의 기는 상승하고 땅의 기는 하강하므로써 두 사물은 합쳐지고 만물은 태어나는 것이다. 여기에는 음·양의 통일성을 동적으로 포착하려는 역리의 이상적인 형상이 표현되어 있다.

인간관계로 바라보면 아버지와 아들, 남편과 아내, 강자와 약자, 상사와 부하, 친구와 동지가 서로 화합하여 만사를 순조롭게 이끌어가기 위해서는 어떻게 해야 좋은지를 제시하고 있다. 태괘는 안정되어 편안한 형상이다. 괘의 모습만 보아도 튼튼한 반석 위에 세워진 건축물을 연상케 한다. 그러나 튼튼하다고 마음을 놓아서는 안 된다. 방심은 금물이다. 태괘의 괘상으로 보면 곤괘는 땅이고 건괘는 하늘이다. 천지의 위아래가 서로 바뀌어 있다. 따라서 서로 오고가는 모습이다. 가며오며 서로 마음을 열고 마주하면 막힐 리가 없다. 이것이 태괘의 일깨움이다.

지천태괘는 음의 기운이 하강하고, 양의 기운이 상승하는 형상이다. 이것은 천지가 화합하여 만물을 낳아 기르고, 상하가 화합하여 움직임의 근원이 되는 정신적 상태의 총체를 소통하게 된다. 내괘하괘가 양이고 외괘상괘가 음으로 구성되어 있다. 곧 내면은 강건한 기운을 내포하고 있으면서 밖으로는 유순한 태도를 지킨다. 이것은 중심에는 군자를, 가장자리에는 소인을 배치하므로서 군자의 도는 더 낫고 좋은 상태로 나아가고, 소인의 도는 사라져 없어지는 것이다. 태괘는 길한 것이므로 성장하고 번영한다.

【大象】천지가 화합하는 것이 태의 괘상이다. 왕자는 이 괘상을 헤아려서 천지의 작용에 인간의 힘을 더해 이의 순조로움에 호응하고 백성들을 편안한 곳으로 인도한다.

【初陽】땅에 묻힌 띠풀을 한줄기 파내면 뿌리 채 몽땅 얽혀 나온다. 뜻이 서로 같은 사람들과 함께 적극적으로 행동하는 것이 좋다. 길하리라.

【二陽】남의 잘못을 싸덮어 주는 도량, 큰 강을 걸어서 건너가는 과단성, 사이가 멀어진 자와 친밀하게 지내려는 배려, 사사로운 인연을 끊어버리는 공정, 이러한 덕행을 구비하면 태평성세로 발전하여 백성은 평안함을 누린다. 中

【三陽】달도 차면 기울고, 꽃도 피면 지듯이 태평한 세월도 언젠가는 기운다. 나라를 다스림에 있어서 환난을 잊지 않는다면 허물이 없으리라. 변함없는 성실한 마음을 가지면 허물이 없을 것이니 걱정할 것이 없다. 성실성만 있다면 먹고사는 데는 곤란을 겪지 않으리라. 즉 곤란한 어려움 속에서도 한결같이 노력하는 성실함을 갖춘다면 안정된 생활을 영위할 수가 있으리라.

【四陰】봉황이 떼를 지어 훨훨 날아 땅 위에 내린다. 자신의 우월함을 내세우지 않고 남과 더불어 어진이의 가르침을 구하는 것이다. 자신의 변변치 못한 재주를 알고 있기 때문이다. 진심으로 가르침을 원하면 성실한 마음은 저절로 우러난다.

【五陰】은나라 임금 제을은 어진 신하를 깊이 공경하여 누이를 그의 아내로 짝지어 주었다. 이와같이 겸허한 마음으로 일을 처리한다면 경사스러운 복이 내려 크게 길하리라.

【上陰】성벽은 무너져 성 앞의 도랑을 메운다. 태평성세도 이제 다해서 동란의 조짐이 보인다. 그러나 함부로 군을 동원하여 힘으로 누르려고 해서는 안 된다. 나라안이 분열되어 명이 서지 않는다. 바른 일이라도 비난을 받아 궁지에 몰린다.

【해설】지천태괘는 역경의 64괘 가운데 가장 이상적인 형태를 보이는 길

괘이다. 태는 크다, 태평하다의 뜻이다. 천지의 화합이 만물이 존재하는 활동의 근원이듯이, 역경은 인간의 위대하고 이상적인 성취는 태평성대를 이룩하는 것이라고 생각하였다. 태평성대는 나라가 위험도 불안도 없이 안정되고 평화로워 백성들이 마음놓고 생업에 종사하며 각자의 생활을 영위할 수 있는 평화로운 세상을 가리키는 말이다. 이렇게 소중한 최고의 이상이며 경영인 태평성대를 성취하는 길은 상·하가 서로 화합하는 데 있다고 역경은 가르치고 있다. 화합을 위해서는 먼저 서로의 위치를 바꾸어 생각하고 남의 마음을 이해할 줄 알아야 한다. 옛말에 역지사지란 문구가 있다. 즉 남의 처지에서 생각하므로 그 심정도 이해할 수 있고 수고로움도 짐작할 수 있다는 것이다. 그리하여 두 사람의 마음이 지향하는 곳이 하나인 것을 서로 알게 될 것이고, 그들의 노력은 하나의 목적을 향해 집결할 수 있는 것이다. 이러한 사상이 군주와 신하와 백성들 사이로 확대되어 가면 그 나라의 정신은 하나로 화합되어 크게 성공할 것이고 나아가서는 태평성세를 누릴 수 있는 것이다.

　지천태괘는 대길운을 암시하는 괘이므로 스스로 선택하여 호운이 구현되기를 바란다.

【원문】

泰 小往大來, 吉亨, 象曰 泰小往大來 吉亨 則
태　소왕대래　길형　단왈　태소왕대래　길형　칙

是天地交而萬物通也, 上下交而其志同也, 内陽
시천지교이만물통야　상하교이기지동야　내양

而外陰 内健而外順 内君子而外小人 君子道長
이외음　내건이외순　내군자이외소인　군자도장

小人道消也, 象曰 天地交泰, 后以財成 天地之
소인도소야　상왈　천지교태　후이재성　천지지

道 輔相天地之宜 以左右民,
도　보상천지지의　이좌우민

　【직역】 태는 작은 것이 물러가고, 큰 것이 오니 모든 것이 길하고 형통하

238　|

느니라. 단왈 태는 작은 것이 가고 큰 것이 오니 길하고 형통하다 함은 곧 이 천지가 사귀어 만물이 통하는 것이며, 위와 아래가 서로 사귀어 그 뜻이 같은 것이니라. 안은 양이고 밖은 음이며, 안은 강건하고 밖은 유순하며, 안은 군자이고 밖은 소인이니, 군자의 도는 자라나고 소인의 도는 사라지는 것이니라. 상왈 하늘과 땅이 교합하는 것이 태괘의 상이다. 왕후는 천지의 도를 재단하여 이루고, 천지의 마땅함을 도움으로써 백성을 좌우하느니라.

【원문】

初九 拔茅茹, 以其彙, 征吉, 象曰 拔茅征吉 志
초구 발모여 이기휘 정길 상왈 발모정길 지
在外也, 九二 包荒 用馮河 不遐遺 朋亡 得尚
재외야 구이 포황 용풍하 불하유 붕망 득상
于中行, 象曰 包荒得尚于中行 以光大也, 九三
우중행 상왈 포황득상우중행 이광대야 구삼
无平不陂 无往不復, 艱貞 无咎, 勿恤其孚, 于
무평불피 무왕불복 간정 무구 물휼기부 우
食有福, 象曰 无往不復 天地際也, 六四 翩翩,
식유복 상왈 무왕불복 천지제야 육사 편편
不富以其鄰, 不戒以孚, 象曰 翩翩不富 皆失實
부부이기린 불계이부 상왈 편편부부 개실실
也, 不戒以孚 中心願也, 六五 帝乙歸妹 以祉
야 불계이부 중심원야 육오 제을귀매 이지
元吉, 象曰 以祉元吉 中以行願也, 上六 城復于
원길 상왈 이지원길 중이행원야 상육 성복우
隍, 勿用師 自邑告命, 貞吝 象曰 城復于隍 其
황 물용사 자읍고명 정린 상왈 성복우황 기
命亂也,
명난야

【직역】【초구】 띠뿌리를 뽑으니 서로 뒤얽혀 있다. 마치 띠뿌리와 같이 서로 이끌면서 정벌에 임하면 길하리라. 상왈 띠뿌리를 뽑으니 그 무리로써 정벌에 임하면 길하다 함은 뜻이 밖에 있다는 것이니라. 【구이】 거친 족속을

포용하고, 강을 걸어서도 건너고 먼 데 있는 것을 버리지 아니하고 붕당을 없애고 중용의 도를 행하면 합함을 얻으리라. 상왈 거친 족속을 포용하고, 중용의 도를 행하여 잃어버린 것을 다시 얻는다 함은 그로써 빛남이 크다는 것이다. 【구삼】아무리 평평해도 나중에는 언덕지지 않는 것이 없으며, 가면 돌아오지 않는 것이 없으니, 어려움 속에서도 곧고 바르게 하면 허물이 없으리라. 그 성실함이 있으니 근심하지 말라. 먹는 데에 복이 있으리라, 상왈 가면 다시 돌아오지 않는 것이 없다 함은 천·지가 서로 사귀는 것이니라. 【육사】새가 훨훨 날아가는 형태이다. 부富하려 하지 않고, 이웃과 서로 사귀어야 한다. 경계하지 않고 믿음으로 가르침을 받는다. 상왈 새가 훨훨 날아 부하려 하지 않는다 함은 실질을 취하지 않는 것이며, 경계하지 않고 믿음으로 가르침을 받는다 함은, 중정中正의 마음으로 원함이니라. 【육오】제을이 누이를 시집보낸다. 이로써 복이 되면 크게 길하리라. 상왈 복이 되니 크게 길하다 함은 중정의 마음으로 원함을 실행하는 것이니라. 【상육】성이 무너져 그 터만 남은 것이다. 군사를 쓰지 말 것이니라. 읍으로부터 명을 받으니 말씀이 바르더라도 인색하리라. 상왈 성이 무너져 그 터만 남는다 함은, 그 명령이 어지러운 것이니라.

※ 은나라의 임금인 제을은 고대의 예법을 주도하여 혼례의 법도를 세웠다고 전해진다.

※ 정征과 왕往은 모두 간다는 의미가 있다. 그러나 정은 무력으로 치다의 뜻을 내포하고 있으므로 그 행함이 바른 뜻으로 나아가는 것을 의미하고, 왕은 어느 일정한 곳을 향하여 간다는 의미이다.

【요점】군자도장君子道長, 소인도소야小人道消也라 함은 군자의 도는 후덕하기 때문에 더 낫고 좋은 상태로 나아가고, 소인의 도는 부덕하기 때문에 행적이 차차 없어진다는 것이다. 그러므로 후덕한 마음은 중용을 따르고 부덕한 마음은 중용을 어긴다. 중용과 중정은 같은 말이다. 둘 다 과불급이니

치우침이 없고 곧고 올바름을 표현하는 글귀로서 지나치지 말라는 뜻이다. 소인은 항상 제 욕심을 지나치게 부려 탈을 일으키고 군자는 욕심을 다스려서 알맞게 행하므로 막히는 법이 없다. 군자와 소인의 대소를 자신의 뜻에 따라 풀이해서 새겨도 무방할 것이다. 곧 덕은 크고 부덕은 작다. 선은 크고 악은 작다. 공은 크고 사는 작다. 목숨은 크고 재물은 작다. 이렇듯 마음속으로 다져가면 어째서 큰 것이 들어오고 작은 것이 나가면 행복해지고 통하는 것인가를 새겨둘 수 있다. 욕심은 사람을 작게 만들고 무욕은 사람을 크게 만드는 것이다.

비否괘는 앞의 태泰괘와 정반대이다. 하늘은 위로 끝없이 오르고 땅은 밑으로 한없이 내려간다. 무슨 일이나 서로 빗나가고 마주 놓임으로써 어울리지 않는다. 주위의 모든 백성들이 못마땅히 여겨 탓하고, 사면팔방이 어둠에 쌓여 막힌 상태이다. 민초들의 뜻이 드러나지 못하고, 빈부의 격차가 날로 심해진다. 괘의 형상도 충실하지 못한 기반 위에 강건한 것이 올라타고 있어 언제 허물어 내릴지 모르는 모래 위의 누각 같은 형태를 나타내고 있다. 지금 당신은 큰 위기에 봉착해 있다. 잠시도 머무적거리면 안 된다. 막힌 상태를 잘 처리하여 나갈 길을 모색하기 위해서는 참되고 성실하게 현실과 맞서지 않으면 안 된다. 각 효사는 이를 위한 내용을 깨우쳐 주고 있다. 비괘의 괘상을 보면 건괘는 하늘이고 곤괘는 땅이다. 내려가야 할 양기가 올라가 있고, 올라가야 할 음기는 내려가 있다. 이는 엇갈리고 막혀서 고여 있음이다. 또한 큰 것은 물러가고 작은 것이 오는 것이므로 딱하다. 마음을 좁게 쓰지 말라. 이것이 비괘의 일깨움이다.

비否는 소인이 세상을 가로질러 막고 있는 형태이다. 그러므로 군자가 바른 도리를 지켜 나가려 해도 소인들의 방해로 인해 잘 되지 않는다. 양은 올라가고 음은 내려간다. 천지는 화합하지 아니하고 만물은 생육되지 못한다. 상하는 화합하지 아니하고 나라는 멸망한다. 내괘가 음이고 외괘가 양이다. 이것은 내면은 유약하면서도 외면은 강건한 듯이 꾸미는 것이다. 중추는 소인이 차지하고 군자는 변두리로 밀려난다. 소인의 도가 활개치고 군자의 도는 소멸하는 것이다.

【大象】천지가 믿음과 의리를 저버리고 돌아서는 것이 비의 괘상이다. 군자는 이 괘상을 보고 자신의 덕망을 숨기며 물러나와 난을 피한다. 직위와

봉록으로 유혹해도 뜻이 동요되어서는 안 된다.

【初陰】 띠풀 한 줄기를 뽑으면 한 포기가 전부 뒤얽혀서 나온다. 동지二陰, 三陰들과 함께 지극한 마음으로 군주五陽에게 충성을 하면 길해서 발전하고 번영하리라.

【二陰】 소인은 위五陽의 지시에 순순히 복종하고 받아들이니 길하다. 군자는 신념을 굳히지 아니하고 타협하지 않는다. 사면팔방이 꽉 막혀 있어도 굳게 믿는 마음을 끝까지 밀고 나아가 목적을 이룰 수 있다. 中正

【三陰】 자신의 신분을 망각하고 부귀영화에 눈이 어두어 부끄러움도 모르고 체면도 없다.

【四陽】 오로지 훌륭한 군주의 명령에 따라서 움직이면 허물이 없으리라. 막힌 상태를 타개하려는 뜻이 이루어져 동지들과 함께 지극한 복을 누린다.

【五陽】 막힌 상태의 진행이 멈춘다. 군자는 길하다. '멸망할지도 모른다, 멸망할지도 모른다'하는 경계하는 마음으로 내 몸을 붙일 곳은 뽕나무 하나뿐이라고 항상 자신을 주의시켜야 한다. 中正

【上陽】 얽히고 막힌 일이 잘 처리되어 나아갈 길이 열린다. 암울한 시대라고 해서 한없이 계속되는 것은 아니다. 처음은 고통을 받지만 후에는 즐거움이 찾아온다.

【해설】 천지비는 앞에서 설명한 지천태와는 정반대의 괘이다. 지천태괘의 형상은 하늘을 의미하는 건괘가 아래에 있고, 땅을 의미하는 곤괘가 위에 있다. 천지의 화합과 협동에 의하여 만물이 생성되는 상태를 나타내는 괘이다. 그러나 천지비괘는 그 형태에 있어서 건괘가 위에 있고 곤괘가 아래에 있다. 언뜻 보기에는 천지자연의 상태를 바른 위치 그대로 표현한 것이어서 좋은 괘로 보이지만 역경의 해석은 그렇지 않다. 하늘과 땅을 공존하는 정신적 주체를 인지하고 그 정신의 상태를 동적인 면으로 파악하여 해석하고 있기 때문이다. 곧 하늘의 마음은 위로 향하여 땅의 노고를 이해하지 못하고, 땅의 마음은 아래로 향하여 하늘의 정성을 이해하지 못하고 있다는 것이다.

그래서 하늘은 하늘대로 땅은 땅대로 갈라져 소외된 상태에 있게 된다. 그러므로 천지자연의 만물은 생겨 이루어질 수 없게 되었다. 이것이 자연계에 있어 천지비의 상태이다. 불신과 반목이 사람의 마음 사이를 소통할 수 없는 굳은 상태로 가로질러 막아버리는 몰인정하고 꽉 막힌 비정한 세상이 천지비괘의 상징인 것이다. 거기에는 화합과 협동이 있을 수 없으므로 마침내 그 나라는 쇠퇴하여 멸망하고 만다.

그러나 역경은 이 괘의 괘사와 효사에서 희망의 암시를 밝히고 있다. 오로지 바르고 정성된 마음으로 뭇사람들과 협력하고 힘을 합할 것을 주지시키고 있으며 그래도 자신의 바르고 성의 있는 마음이 통하지 아니할 때는 은인자중하며 때를 기다리라고 일러주고 있다. 또 바르지 않은 일에 영합하여 잘 보이려고 알랑거리나 비굴한 행동을 취하지 말라고 사리를 밝혀 타이르고 있다. 이러한 행동은 오히려 앞으로 다가올 호운에 악영향을 미치기 때문이다. 낮과 밤이 항상 바뀌듯이 인간의 행운과 악운도 끊임없이 변화하는 것이라고 가르치는 역경의 진리를 우리는 깨치어 알아야 한다.

【원문】

否之匪人, 不利君子貞, 大往小來 彖曰 否之匪
비 지 비 인   불 리 군 자 정   대 왕 소 래   단 왈   비 지 비
人 不利君子貞 大往小來 則是天地不交而萬物
인   불 리 군 자 정   대 왕 소 래   즉 시 천 지 불 교 이 만 물
不通也, 上下不交 而天下邦也, 内陰而外陽 内
불 통 야   상 하 불 교   이 천 하 방 야   내 음 이 외 양   내
柔而外剛 内小人而外君子 小人道長 君子道消
유 이 외 강   내 소 인 이 외 군 자   소 인 도 장   군 자 도 소
也, 象曰 天地不交否, 君子以儉德辟難, 不可榮
야   상 왈   천 지 불 교 부   군 자 이 검 덕 피 난   불 가 영
以祿
이 녹

【직역】 비否는 사람의 도가 행하지 못하느니라. 군자의 곧고 바름도 이롭

지 못하다. 큰 것이 가고 작은 것이 오는 것이니라. 단왈 비는 사람의 도가 행하지 못함이다. 군자의 곧고 바름도 이롭지 못하고 큰 것이 가고 작은 것이 있다 함은 천지가 서로 사귀지 아니하여 만물이 통하지 않는다는 것이고, 위아래가 서로 사귀지 아니하니 천하에 나라가 없는 것이니라. 안은 음이고 밖은 양이며, 안은 유하고 밖은 강하며, 안은 소인이고 밖은 군자이니, 소인의 도는 자라나고 군자의 도는 사라지는 것이니라. 상왈 천지가 서로 사귀지 않는 것이 비괘의 상이니, 군자는 이로써 덕을 검소하게 하고 어려움을 피해야 하며 녹봉을 받는 것이므로 영화를 누리지 못하는 것이니라

【원문】

初六 拔茅茹, 以其彙, 貞吉亨, 象曰 拔茅貞吉
초육 발모여 이기휘 정길형 상왈 발모정길
志在君也, 六二 包承, 小人吉, 大人否亨, 象曰
지재군야 육이 포승 소인길 대인비형 상왈
大人否亨, 不亂群也, 六三 包羞, 象曰 包羞 位
대인비형 불난군야 육삼 포수 상왈 포수 위
不當也, 九四 有命无咎, 疇 離祉, 象曰 有命无
부당야 구사 유명무구 주 리지 상왈 유명무
咎 志行也, 九五 休否, 大人吉, 其亡其亡 繫于
구 지행야 구오 휴비 대인길 기망기망 계우
苞桑, 象曰 大人之吉 位正當也, 上九 傾否, 先
포상 상왈 대인지길 위정당야 상구 경비 선
否後喜, 象曰 否終則傾 何可長也,
비후희 상왈 비종칙경 하가장야

〔직역〕【초육】 띠뿌리를 뽑는다. 그 뿌리가 얽혀 있다. 곧고 바르면 길해서 형통하리라. 상왈 띠뿌리를 뽑으니, 곧고 바르면 길하면서 형통한다 함은 그 뜻이 군자에게 있는 것이니라. 【육이】 포용하여 이어 받는다. 소인은 길하고 대인은 막히는 일이 있지만 형통하느니라. 상왈 대인은 막히는 일이 있지만 형통한다 함은 군중을 어지럽히지 않는다는 것이다. 【육삼】 남에게 포용

되는 것은 부끄러운 일이니라. 상왈 남에게 포용되면 부끄러운 일이다 함은 위치가 마땅치 않다는 것이다. 【구사】명을 기다려 움직이면 허물이 없느니라. 동료들에게 복이 있으리라. 상왈 명을 기다려 움직이면 허물이 없다 함은 뜻이 행하여지는 것이다. 【구오】운이 막히는 것을 쉽게 한다. 대인은 길하다. 그 나라가 망할 것이다, 망할 것이다 하여야 뽕나무에 잡아매리라. 상왈 대인이 길하다 함은 위치가 정당하다는 것이니라. 【상구】막혔던 것이 기울어진다. 먼저는 막히고 후에는 기뻐하니라. 상왈 막힌 것이 마침내 기울어진다 하니 어찌 오래 갈 수 있겠는가.

　　【요점】검덕피난儉德辟難, 불가영이록不可榮以祿이라 함은 검소한 덕으로 난을 피하고 녹봉을 받아 영화로움을 누리지 않는다는 것이다. 현명한 사람은 어려운 때일수록 마음이 바르고 인도人道에 합당한 일을 한다. 현명한 사람은 어려운 때 출세를 해서 부귀영화를 누리려 하지 않는다. 험한 세상에서 나 홀로 잘난 척을 하면 화를 불러들인다는 것을 아는 연유이다. 그러나 인간은 어리석게도 세상이 소란스러울 때 한목 잡으려고 약고도 작은 꾀를 부린다. 그러기에 어리석고 못난 인간은 그 끝이 항상 거칠고 험난스럽다. 사면팔방이 막힌 것을 모르고 신중하지 않으면 세상은 보기를 꺼려 외면한다. 같이 고생하고 같이 즐길 줄 모르면 신중하지 못함이다. 남이야 죽든 말든 나만 살면 된다는 사람은 결국 살지 못하고 죽는다. 그러니 살아가기가 고생스러울수록 검소한 마음이 앞서고 후덕해야 한다는 것이다.

동인同人이란 남과 뜻을 같이하는 사람, 곧 동료를 구해서 지향하는 방향으로 같이 나아가는 것이다. 윗괘의 건 ☰은 강건하여 쉬지 않는 활동력, 아랫괘의 이 ☲는 광휘가 반짝이는 지성을 의미한다. 실천력이 없는 지식 계급이나 주변성이 많아서 크게 활동하는 사람도 아니다. 풍부한 지성으로 주어진 일을 제어하고 관리하는 공직자이며 유연한 자세를 가진 인물이다. 동료들을 규합하는 데는 결코 오래된 사연이나 연고에 얽매이면 안 된다. 어디까지나 공적인 인간관계를 만들어가는 것이 중요하다. 그리하여 처음은 외로움을 느끼는 마음으로 힘들고 어렵지만 그렇다고 평안한 길을 선택해서는 안 된다. 처음에 품은 뜻을 끝까지 밀고나가면 반드시 만족스럽고 유쾌한 일이 따른다. 괘상으로 미루어보면 건괘는 하늘이고 이괘는 불이다. 건괘의 가운데 효인 양기와 이괘의 가운데 효인 음기가 정당한 자리에 있어서 음양이 서로 응하고 있는 모습이다. 괘상에서 가운데 효를 주효라고 한다. 주된 것이 중용을 취하면 서로 이롭다. 이것이 동인괘의 일깨움이다.

멀고 가까운 차별없이 너르게 동료를 구하니 크게 융성하리라. 중심이 되는 오직 하나뿐인 유효二陰가 중정을 지켜 뭇 사람들四陽, 五陽, 上陽을 대하고 있는 것이다. 뜻은 이루어진다. 강대한 실행력은 큰 강을 도강하는 것과 같은 험난한 사업도 성취하리라. 판단하는 능력離이 뛰어나고 강건乾해서 중정을 잘 지킨다. 이것이 군자의 바른 자세이다. 이 도리를 침해당하지 않도록 두루 살피는 군자만이 천하 백성들의 마음을 통하게 하여 하나로 합칠 수가 있는 것이다.

【大象】어느 때에나 높은 곳에 있는 하늘乾·天과, 언제나 높은 곳을 향하여 나아가는 불, 이것이 동인의 괘상이다. 군자는 이 괘상을 보고 인물을 분

별해서 동료들을 모은다.

【初陽】문을 나와 널리 동료를 구한다. 그릇된 실수는 없을 것이다.

【二陰】정치적 목적이나 주의·주장을 같이 하는 사람들끼리 집단을 이룬다. 세론의 비난을 면치 못하리라.

【三陽】자신의 역량도 분별하지 못하고 야욕을 채우기 위해, 군사를 우거진 숲속에 배치하고 적의 정세를 살핀다. 그러나 상대의 세력이 강성하기 때문에 3년의 세월이 지났건만 공격의 기회는 오지 않는다.

【四陽】성벽 앞까지 공격해 들어갔으나 이러지도 저러지도 못하는 매우 난처한 처지에 놓였다. 야욕을 버리고 정도로 돌아가면 길하리라.

【五陽】동료와 더불어 나아간다. 그러나 훼방을 놓는 자들이 많아서 처음은 외로움에 지쳐 울부짖는다. 그러나 최후에는 만족스럽고 유쾌한 일이 있을 것이다. 훼방을 놓는 자들은 대병력을 동원하여 쳐서 승리하고 동료三陰와 규합한다.

【上陽】외따로 홀로 떨어져 도움을 주는 이가 없다. 아직도 뜻을 이루지 못하고 헤매인다. 그러나 스스로 가책을 느끼지는 않는다.

【해설】동인同人은 다른 사람들과 뜻을 같이한다. 즉 동지들을 규합하여 함께 일을 도모한다는 의미이다. 천하동인괘의 형상은 하늘을 상징하는 건괘가 위에 있고 불을 상징하는 이괘가 아래에 있다. 하늘은 항상 위로 향하여 높게 솟아 있고 불은 항상 높은 곳을 향하여 타오른다. 그러므로 하늘과 불은 같은 본질성을 지니고 있으며, 그들의 정신적인 상태는 처음부터 끝까지 높은 곳에 있는 것이다. 이와같이 동인괘는 불길이 하늘을 향하여 치솟듯이 국가나 사회가 한창 왕성하게 번영하는 시기를 의미한다. 그러나 이러한 왕성한 번영도 기필코 이것을 만들기 위하여 각고의 노력을 쏟고 있는 사람들의 단합과 교류가 있어야 하고 이 단합과 교류는 동지애의 합심에서 우러나온다고 이괘는 제시하고 있다.

역경이 제시하는 동지적인 규합의 첫째 조건은 훌륭하는 지도자가 중심이 되어야 한다는 것이다. 훌륭한 지도자가 중심적 인물이 되면 그를 공경하고 흠모하는 인사들이 호응하여 동지적 규합이 가능하다는 것이다. 그리고 지도자의 인격은 너그럽고 겸손하며 흔들리지 않아야만이 남들이 그를 진심으로 존경하며 따르는 것이다. 다음은 지혜와 힘이 중정하게 호응하도록 가르치고 있다. 사람에게는 누구나 장점과 단점이 있다. 따라서 그 사람의 장점을 살려 적재적소에 쓸 줄 아는 사람이 훌륭한 지도자인 것이다. 지혜있는 자는 글만 받들고 좋아하여 나약함에 빠지기 쉽고, 힘 있는 자는 꼿꼿하여 굽힘이 없는 독단성에 치우치기 쉽다. 그러나 이것을 중용적 위치에서 조화를 이루게 함으로써 지혜있는 자도 힘 있는 자도 모두 동지로 규합할 수 있는 것이다.

역경은 그 사람의 성정에 맞게 가르쳐 이끌라고 논하고 있다. 그 사람의 본바탕 그대로를 장점이 되게 지도하고 또 한가지의 특수함이 있고 그것을 잘 활용할 수 있다면 모두 동지도 모을 수 있고 그들의 정신적 사상을 집약할 수 있을 것이다. 그러므로 훌륭한 지도자의 덕목은 모든 사람들의 역량을 하나로 통합할 수 있다는 것이다. 또 역경은 사람들을 모으는 데 있어 사사로운 인정에 얽매이거나 출신지·학력 등의 개인적인 이해관계에 얽히는 일이 없이 공평해야 한다고 주의를 환기시키고 있다.

【원문】

同人于野, 亨 利涉大川, 利君子貞, 象曰 同人柔
동인우야 형 이섭대천 이군자정 단왈 동인유
得位 得中而應乎 乾 曰同人(同人曰) 同人于野
득위 득중이응호 건 왈동인 동인왈 동인우야
亨 利涉大川 乾行也, 文明以建 中正而應, 君子
형 이섭대천 건행야 문명이건 중정이응 군자
正也, 唯君子 爲能通天下之志 象曰 天與火同
정야 유군자 위능통천하지지 상왈 천여화동
人, 君子以類族辨物.
인 군자이유족변물

【직역】동인은 사람들과 같이 하는 것을 넓은 들에서 하면 모든 것이 형통하리라. 큰 냇물을 건너는 것이 이로우며 군자는 바르고 곧으면 이로우니라. 단왈 동인은 유柔가 자리를 얻고 중中을 얻어서 하늘에 응하므로 동인이라 한다. 그러므로 동인은 바깥세상에서 널리 사귀어 뜻을 함께 하는 것이다. 모든 일이 형통한다. 큰 냇물은 건너는 것이 이롭다. 군자의 도는 행함이니라. 문명함으로 굳세고 중정하게 응하는 것이 군자의 바른 도이니라. 오직 군자라야 능히 천하의 뜻을 통하느니라. 상왈 하늘과 불이 함께 있는 것이 동인이므로 군자는 이로써 민족을 모으고 물건을 분별하는 것이니라.

【원문】

初九 同人于門, 无咎, 象曰 出門同人 又誰咎
초구 동인우문 무구 상왈 출문동인 우수구

也, 六二 同人于宗, 吝, 象曰 同人于宗 吝道也,
야 육이 동인우종 린 상왈 동인우종 린도야

九三 伏戎于莽 升其高陵, 三歲不興, 象曰 伏戎
구삼 복융우망 승기고릉 삼세불흥 상왈 복융

于莽 敵剛也, 三歲不興 安行也, 九四 乘其墉
우망 적강야 삼세불흥 안행야 구사 승기용

弗克攻, 吉, 象曰 乘其墉 義弗克也, 其吉 則困
불극공 길 상왈 승기용 의불극야 기길 칙곤

而反則也, 九五 同人 先號咷而後笑, 大師克相
이반칙야 구오 동인 선호도이후소 대사극상

遇, 象曰 同人之先 以中直也, 大師相遇 言相克
우 상왈 동인지선 이중직야 대사상우 언상극

也 上九 同人于郊, 无悔 象曰 同人于郊 志未得
야 상구 동인우교 무회 상왈 동인우교 지미득

也
야

【직역】【초구】동인은 문과 같은 것이니 허물이 없으리라. 상왈 문 밖에 나가서 동인하는 것을 누가 허물하겠는가. 【육이】동인을 종문宗門에서 하는 것이니 인색하도다. 상왈 동인을 종문에서 한다 함은 인색한 도라는 것이니

라.【구삼】군사를 숲속에 매복시키고 높은 언덕에 올라가서 망을 본다. 그러나 3년이 지나도 일어나지 못한다. 상왈 군사를 숲속에 매복시킨다 함은 적이 강하기 때문이요, 3년이 지나도 일어나지 못한다 함은 행한 곳이 어느 곳이란 말인가.【구사】그 담장을 오르되 능히 침범하지 못하니 길하다. 상왈 담장을 오르되 침범하지 못한다 함은 의를 이기지 못하는 것이다. 그 길하다 함은 곤궁하여 법칙으로 돌아오는 것이다.【구오】동인은 처음에는 울며 부르짖고 후에는 웃는다. 큰 군사로 이겨 서로 만나게 되는 것이니라. 상왈 큰 군사로 이겨 서로 만난다 함은 서로 이김을 말함이니라.【상구】동인을 교외郊外에서 하는 것이니 뉘우침이 없으리라. 상왈 동인을 교외에서 한다 함은 아직 뜻을 얻지 못했다는 것이니라.

※ 동인괘의 유일한 음효인 이효에 대해서는 모든 양효가 접근하려 한다. 특히 비比의 관계에 있는 상양이 이음을 차지하려고 오양에 강력하게 대응하나, 이음은 오양과 정응의 관계이므로 가장 강력하게 결합되어 있어 큰 군사로써 승리한다고 해석하는 것이다.

【요점】동인선호조이후소同人先號咷而後笑라 함은 함께 하는 사람들이 처음에는 울며 부르짖지만 후에는 웃는다는 것이다. 인생살이는 기쁨과 슬픔, 즐거움과 괴로움, 희망과 절망 등 극적이고 다채로운 명암으로 이어진다. 따라서 사람이 세상을 살아가는 데는 웃음과 눈물에 있다. 그러나 삶의 명암이 결코 길흉을 나타내는 것은 아니므로 눈물은 흉하고 웃음이 길한 것만은 아니다. 온갖 인내와 노력을 쏟은 다음에 얻는 결과가 인간을 더 감동시키고 뿌듯하게 하는 경우가 얼마든지 있다. 특히 여러 사람이 뜻을 같이해 바라던 바를 고생 끝에 성취하는 일은 무엇보다 훌륭하다. 뜻이 같으면 울다가도 웃게 된다. 그러나 저마다 뜻이 다르다면 웃다가 울게 된다. 동지애적인 한마음으로 시작했다가 뒤에는 원수가 되어 헤어지는 모임이라면 처음부터 그만두는 것이 좋다. 여럿이 뜻을 모아 일을 하기로 작정했다면 모두

한마음 한뜻으로 정해 놓은 길을 더불어 걸어간다는 마음을 나누어야 한다. 이러한 심정으로 함께 하는 사람들은 어떤 난관이라도 헤쳐나갈 수 있다. 그래서 처음에는 울다가 뒤에는 서로 웃는 것이다.

14) 대유大有 ䷍ 이괘 건괘 화천대유 火天大有 : 풍요로운 태양

대유大有란 크게 소유한다는 의미이다. 모든 것을 이해하고 감싸안으며, 왕성한 기운을 보존해 나가는 괘이다. 윗괘인 이 ☲는 태양, 아랫괘인 건 ☰은 하늘을 가리킨다. 한낮의 태양이 하늘의 한복판에 높이 떠서 강한 빛과 열기를 구석에까지 비추어주는 형상이며, 귀한 지위에 있는 음효가 부드럽고 온화한 포용력으로 주위의 양효를 휩싸서 이끌어 가는 모습이다. 모든 것이 자기편이므로 무엇을 해도 순풍에 돛을 단 격이다. 지금이야말로 적극적으로 행동을 개시할 때이다.

그러나 왕성한 기운 속에 배어드는 불행의 씨앗을 언제든 견제할 수 있도록 마음에 새겨야 한다. 괘상으로 헤아려보면 이괘는 불이고 건괘는 하늘이다. 이괘의 가운데 효인 음효가 다섯 개의 양효로 둘러싸여 있다. 따라서 만물이 단비를 맞아 잘 자라고 곡식이 잘 여물면 풍년이 들듯이 영근 마음가짐이 좋다. 이것이 대유괘의 일깨움이다.

대유大有는 유효五陰가 지위가 높고 귀한 자리에 있으며, 그 덕을 상하의 어질고도 재간이 있는 인사들이 모두 흠모하는 괘이다. 그 덕은 강하고 건전하며 지성 또한 풍부해서 천명이 순응하므로 기회를 놓치지 않는다. 그런 여유로 인하여 크게 발전하고 번영한다.

【大象】태양離이 하늘乾 높이 치솟아 있다. 이것이 대유의 괘상이다. 군자는 이 괘상을 보고 선과 악을 분간하여 악은 제압하고 선은 드러내어 하늘의 거룩한 명을 따른다.

【初陽】이롭지 못한 것을 멀리하고 부지런하게 노력을 하면 그릇된 실수는 없으리라.

【二陽】도맡아 해야 할 임무는 무겁고 갈 길은 멀다. 그러나 큰 그릇에 많

은 물건을 담을 수 있듯이 큰 책임을 다할 수 있을 것이다. 용기있게 앞으로 나아가도 그릇된 실수는 없다.

【三陽】천자가 제후에게 향응을 베푼다. 소인은 여기에 참석할 수 없다. 격에 맞지 않은 대우는 교만스러운 마음을 불러들여 오히려 해가 되리라.

【四陽】군주보다도 강력한 권력과 세도를 누리지만 정도에 어긋나지 않도록 심히 자제한다. 사물의 이치를 논리적으로 생각하고 판단하는 자세로써 행동하면 허물은 없으리라

【五陰】정성스럽고 진실된 마음으로 사람을 대하고 침범할 수 없는 엄숙한 몸가짐을 갖추고 있으나 무리하게 위엄있는 태도를 보이는 것은 아니다. 길하리라.

【上陽】하늘이 이 사람을 도우니 만사가 순조롭고 길하지 아니한 것이 없다. 길하다.

【해설】대유大有는 하늘 높이 치솟은 태양처럼 가득하다는 의미이다. 하늘에 솟은 태양보다 더 높고 크게 있는 것은 없다. 태양은 지구가 소속된 태양계의 모든 것을 포용하고 있다. 태양은 끝 닿은 데가 없이 무한하므로 그 영화로움은 한계가 없다. 따라서 태양이 그 빛을 발산하지 않았다면 천지는 막연하고 쓸쓸한 상태로써 만물이 존재하지 않는 텅빈 불모의 모래벌판에 불과했을 것이다. 이와같은 태양의 경이로움을 우리는 태양의 역할이 너무도 거대하기 때문에 그 고마움을 모르고 있는 것이다. 어쨌건 더할 수 없이 큰 발전과 번영의 홍복을 상징하는 것이 화천대유괘이다. 그러나 이 괘의 3양과 5음의 효사에서는 진실되고 겸허한 마음의 자세를 가져야만 길하다고 논하였다. 달도 차면 기울고 해도 뜨면 지는 법이므로 태양과 같은 무한대적인 영화로움을 지나치게 믿으면 안 된다는 것이다. 이것은 모처럼 얻은 큰 행운을 조심성있게 이루어 갈 것을 진언한 것이다.

【원 문】

大有 元亨, 象曰 大有柔得尊位 大中而上下應之
대유 원형 단왈 대유유득존위 대중이상하응지
曰大有, 其德剛健而文明 應乎天而時行, 是以元
왈대유 기덕강건이문명 응호천이시행 시이원
亨, 象曰 火在天上大有, 君子以遏惡揚善 順天
형 상왈 화재천상대유 군자이알악양선 순천
休命,
휴명

【직역】 대유는 크게 형통하느니라. 단왈 대유는 부드러운 것이 존귀한 자리를 얻는다. 큰 중점의 도가 위와 아래에 응하는 것이 대유이므로 그 덕은 강건하고 문명해서 하늘에 응하고 때로는 행하느니라 그러므로 크게 형통한다는 것이니라. 상왈 불이 하늘 위에 있는 것이 대유이니, 군자는 악한 것을 막고 선한 것을 드날려서 하늘의 명에 순종한다는 것이니라.

【원문】
初九 无交害, 匪咎, 艱則无咎, 象曰 大有初九
초구 무교해 비구 간칙무구 상왈 대유초구
无交害也, 九二 大車以載 積中不敗也, 九三
무교해야 구이 대거이재 적중불패야 구삼
公用亨于天子, 小人弗克, 象曰 公用亨于天子 小
공용형우천자 소인불극 상왈 공용형우천자 소
人害也, 九四 匪其彭, 无咎, 象曰 匪其彭 无咎
인해야 구사 비기팽 무구 상왈 비기팽 무구
明辨晳也, 六五 厥孚交如, 威如, 吉, 象曰 厥孚
명변절야 육오 궐부교여 위여 길 상왈 궐부
交如 信以發志也, 威如之吉 易而无備也, 上九
교여 신이발지야 위여지길 이이무비야 상구
自天祐之 吉无不利, 象曰 大有上吉 自天祐也,
자천우지 길무불리 상왈 대유상길 자천우야

【직역】【초구】해로운 것과 사귀는 일이 아니므로 허물은 없으나 어렵

게 하면 허물됨이 없으리라. 상왈 초구는 해로운 것과 사귀는 일이 없느니라.【구이】큰 수레로써 짐을 싣는다. 갈 곳이 있음이니 허물이 없느니라. 상왈 큰수레로써 짐을 싣는다 함은 중용의 도를 쌓아서 패하지 않는 것이다.【구삼】제후가 천자에게 공물을 바침이니 소인은 능해도 이기지 못하리라. 상왈 제후가 천자에게 공물을 바친다 함은 소인에게는 해가 되는 것이니라.【구사】채우려 하지 않으면 허물이 없으리라. 상왈 채우려 하지 않으면 허물이 없다 함은 밝게 분별하는 지혜이니라.【육오】그 성실함으로 남과 사귀는 것이니 위엄이 있으면 길하리라. 상왈 성실함으로 남과 사귄다 함은 믿음으로써 뜻을 작용시킨다는 것이다. 위엄이 있으면 길하다 함은 쉽게 하면 갖추지 못하는 것이니라.【상구】하늘이 스스로 돕는지라 길하고 이롭지 않음이 없느니라. 상왈 대유의 상구가 길하다 함은 하늘이 도와 준다는 것이니라.

【요점】대유유득존위大有柔得尊位 · 대중이상하응지大中而上下應之라 함은 대유괘는 부드러워 높은 자리를 얻고, 크고 알맞아 아래위가 응하고 있다는 것이다. 부드럽다는 것, 크다는 것, 알맞다는 것, 그리고 응하는 것이 대유괘가 일깨우는 삶의 지혜이다. 드센 마음보다는 부드러운 마음이 크게 통하고, 좁은 마음보다는 큰 마음이 크게 통한다. 이렇듯 미루어 생각하면 대유괘에서 새겨둘 삶의 태도는 명백해진다. 작은 물방울이 억센 바위에 구멍을 뚫는다. 이렇듯 강한 물이지만 한없이 부드럽다. 물은 부드럽기 때문에 모양을 고집하지 않는다. 둥근 그릇이면 둥근꼴을 취하고, 네모난 그릇이면 네모꼴을 취해 사물에 응한다. 그래서 물은 어긋나지 않는 자세를 취하는 것이다. 크다는 것은 덕과 선을 뜻한다고 새기면 된다.

마음가짐이 크면 생각이 넓고 깊다. 넓고 깊은 생각은 경솔하거나 어설픈 행동을 제어한다. 실수가 없도록 마음을 삼가서 경계하는 사람은 견식이 얕은 생각으로 행동하지 않는다. 그래서 무리하지 않으면 이를 일컬어 중中이라고 한다. 중은 곧 중용이다. 중용은 거역하지 않고 응하는 마음이다. 위와 아래가 제각기 대처해서는 서로 응할 수 없다. 상하가 소통하려면 서로 응하는 마음이 있어야 한다. 상대방의 입장을 높이어 중히 여기고 넘치거나 모자람이 없이 생각하고 행동하는 것이 응지이다. 응지는 곧 어느 쪽으로든 지 치우침이 없는 중정中正함을 말하는 것이다.

곤괘

간괘

지산겸 地山謙 : 겸손한 도의

대유괘에 이어 겸괘가 놓인 것을 유념해 보자. 대유는 풍요로운 부를 의미한다. 그리고 겸은 이익을 치우침이 없이 공정하게 나누는 것이다. 국민소득이 증대해도 빈부의 격차가 심화되면 사회는 안정되지 못한다. 겸이란 겸손·겸허를 의미한다. 곧 자신을 남 앞에서 낮추는 것이다. 자신의 이익과 스스로 자랑하는 마음을 버리고 시류에 동승한다. 이것은 만월은 반드시 이지러지고 높은 산이 물에 깎이어 낮은 곳에 쌓이는 것과 같은 이치이다. 지위가 높고 귀할수록 신분이 낮은 천한 곳에 헌신적으로 봉사하는 것을 잊지 말아야 한다. 뛰어난 능력과 아름다운 용모도 겸손한 태도에 임하므로써 더욱 빛나는 것이다. 모양으로 유추하면 곤괘는 땅이고 간괘는 산이다. 다섯 개의 음기가 하나의 양기로 쏠려 있다. 이를 역경은 겸을 드러내는 모습으로 읽었다. 겸손하라. 이것이 겸괘의 일깨움이다.

겸은 성하게 잘 되어 영화로움을 구가한다. 높은 곳에 있는 하늘도 그의 기운이 내려와 만물을 낳으므로써 참된 빛을 발휘하는 것이다. 그리고 땅은 낮은 곳을 지킴으로써 그 기운이 상승해 하늘의 운행에 호응할 수 있는 것이다. 만월이 곧 이지러지듯이 가득한 것을 덜어 내고 겸손하게 임하는 것이 곧 하늘의 도이다. 또 높은 산을 깎아 간석지를 매립하듯이 가득찬 것을 달라지게 하여 겸허하게 임하는 것이 곧 땅의 도이다. 부자에게 액화를 주고 겸손한 자에게는 복을 주는 것이 신령의 도이다. 교만 방자함을 미워하고 겸손을 좋아하는 것이 사람의 도이다. 겸손한 사람이 고귀한 위치에 있으면 빛이 나고 비루하고 천한 몸이라도 업신여김을 당하지 않는다. 그러므로 군자는 시작한 일을 끝맺음할 수 있는 것이다.

【大象】높은 산이 낮은 땅 아래에 있다. 이것이 겸의 괘상이다. 군자는 이

괘상을 보고 많은 것에서 덜어 내어 모자람을 보태어 채운다. 어느 한쪽으로 치우침이 없이 쪽 고르게 유지하고 이익을 공평하게 나눈다.

【初陰】스스로 부족함을 깨닫고, 공경하며 겸손한 마음으로 덕을 기르는 자가 군자이다. 큰 강을 건너는 것과 같은 위험한 일을 수행하여도 길하리라.

【二陰】겸허한 마음은 자연스레 말과 행실에서 나타난다. 이러한 모습을 잃지 않으면 길하리라.

【三陽】천하를 위해 몸을 바쳐 있는 힘을 다해도 겸손한 마음을 잃지 않는 자가 군자이다. 만인이 심복한다. 유종의 미를 거두어 길하리라.

【四陰】모든 일을 도리에 어긋남이 없이 자신을 낮추어 겸손하므로 법도에 거스르는 일이 없어 만사가 순조롭다.

【五陰】부귀한 몸이면서도 교만하지 않고 여러 사람들과 함께 어진이三陽의 가르침을 구한다. 그래도 불복하는 자가 있다면 당당하게 정벌하는 것이 좋다. 순조롭지 않은 것이 없으리라.

【上陰】겸손한 마음이 자연스레 말과 행동으로 나타나지만 뭇사람들은 이해하지 못한다. 군사를 동원해도 자신의 영내를 진정시킬 정도로 그쳐야 한다.

【해설】지산겸地山謙은 겸손하고 겸허하면 더 낫고 좋은 상태로 나아간다는 이치를 설명하는 괘이다. 겸손은 남을 높이고 자신을 낮추는 마음이 행동으로 나타나는 상태이다. 남을 높이는 마음이기에 남의 인격을 중히 여기고, 남의 의사에 귀를 기울이고 주의해 들으며 존경하는 태도를 잃지 않는다. 그러므로 남에게 미움을 살 리 없고 적을 만들 리 없다. 나아가서는 남의 호감을 얻어 뭇사람의 지혜를 모은 협조를 기대할 수 있게 된다. 또 자신을 낮추는 마음이기에 늘 스스로 부족하다고 생각한다. 그러므로 자신의 몸과 마음을 닦아 품성과 지식을 쌓기 위해 노력하게 된다. 밖으로는 남과 힘을 모아 서로 돕고 안으로는 자신의 향상을 위해 노력하면 발전은 반드시 기약할 수 있을 것이다. 인간에 있어서 겸손과 겸허의 중요성을 예찬한 것은

역경만은 아니다. 유교에서도 결과로 얻은 체계적인 사상으로서 어진이를 존경하고 자신의 몸을 낮추어야 한다는 도의를 지도자의 첫번째 덕목으로 삼고 있다. 이러한 사상은 동양인의 사고와 생활에 뿌리깊이 자리잡고 있는 것이다. 여기에 저자의 생각을 조심스럽게 덧붙이고 싶은 것은 겸손은 반드시 인간이 갖추어야 할 중대한 요건의 하나이지만 그 겸손이 정도를 넘으면 과시誇示가 되는 것이다. 그것은 겸손이 아니고 남의 환심을 사거나 잘 보이려고 알랑거리는 아첨이 아니면 비굴인 것이다. 보름달은 기울어 가고 초생달은 커 가는 것이 하늘의 이치이고, 높은 곳의 흙이 깎이어 낮은 곳에 쌓이는 것은 땅의 이치이듯이 가득 차 있는 교만한 자의 행운이 겸허하고 부족한 자에게 옮겨지는 것은 인간의 성쇠와 소장의 전칙인 것이다.

【원문】

謙 亨, 君子有終, 象曰 謙亨, 天道下濟而光明,
겸 형 군자유종 단왈 겸형 천도하제이광명

地道卑而上行, 天道虧盈而益謙 地道變盈而流
지도비이상행 천도휴영이익겸 지도변영이유

謙 鬼神害盈而福謙 人道惡盈而好謙, 謙尊而
겸 귀신해영이복겸 인도악영이호겸 겸존이

光 卑而不可踰, 君子之終也, 象曰 地中有山謙
광 비이불가유 군자지종야 상왈 지중유산겸

君子以裒多益寡 稱物平施,
군자이부다익과 칭물평시

【직역】 겸은 형통하니 군자의 도가 열리는 괘상으로서 마침이 있느니라. 단왈 겸은 형통하는 것으로서 하늘의 도가 아래로 내려와 밝게 빛나고 땅의 도가 낮은 데에서 위로 행하는 것이다. 하늘의 도는 가득 찬 것을 이지러지게 하여 겸손한 데는 보태어 주고, 땅의 도는 가득찬 것을 변하게 하여 겸손으로 흐르게 하며, 귀신은 가득 찬 것을 해롭게 하여 겸손함에서 복을 주고, 사람의 도는 가득 찬 것을 미워하여 겸손한 것을 좋아하나니, 겸은 높고 빛남이 있어 낮아도 넘지 아니하는 것이니라. 군자의 끝마침이니라. 상왈 땅

가운데 산이 있는 것이 겸의 괘상이니라. 군자는 이로써 많은 것을 덜어 적은 데에 보태고, 모든 물건을 저울질하여 베푸는 것을 고르게 하느니라.

【원문】

初六 謙謙 君子, 用涉大川, 吉, 象曰 謙謙 君
초육 겸겸 군자 용섭대천 길 상왈 겸겸 군
子 卑以自牧也, 六二 鳴謙, 貞吉, 象曰 鳴謙 貞
자 비이자목야 육이 명겸 정길 상왈 명겸 정
吉 中心得也, 九三 勞謙 君子, 有終吉 象曰 勞
길 중심득야 구삼 로겸 군자 유종길 상왈 로
謙 君子 萬民服也 六四 无不利撝謙, 象曰 无
겸 군자 만민복야 육사 무불리휘겸 상왈 무
不利撝謙 不違則也, 六五 不富以其鄰, 利用侵
불리휘겸 불위칙야 육오 불부이기린 이용침
伐, 无不利, 象曰 利用侵伐 征不服也, 上六 鳴
벌 무불리 상왈 이용침벌 정불복야 상육 명
謙, 利用行師征邑國, 象曰 鳴謙, 志未得也, 可
겸 이용행사정읍국 상왈 명겸 지미득야 가
用行師征邑國也,
용 행 사 정 읍 국 야

【직역】 **【초육】** 겸손하고 겸손한 군자이니라. 큰 냇물을 건너는 일이 있더라도 길하니라. 상왈 겸손하고 겸손한 군자이다 함은 몸을 낮춤으로써 스스로 처신하는 것이니라. **【육이】** 겸이 울린다. 정하고 길하니라. 상왈 겸이 울리니 정하고 길하리라 함은 중용의 마음을 얻었다는 것이니라. **【구삼】** 수고로워도 겸손한 군자이니라. 마침이 있으니 길하리라. 상왈 수고로워도 겸손한 군자이다 함은 만민이 북종한다는 것이니라. **【육사】** 겸을 엄지손가락으로 하니 이롭지 않음이 없다. 겸은 발휘하는 것이니라. 상왈 이롭지 않음이 없고 발휘하는 것이다 함은 법칙에 어긋나지 않는 것이니라. **【육오】** 부유하다 여기지 아니하고 이웃을 사귄다. 적을 침범하면 이로우니 이롭지 않음이 없느니라. 상왈 적을 침범하면 이롭다 함은 복종하지 않는 것을 정벌한다는

것이니라. 【상육】겸이 널리 울린다. 군사를 움직여 영토 안의 나라를 정벌함
이 이롭다. 상왈 겸이 널리 울린다 함은 아직 뜻을 얻지 못함이니라. 군사를
움직인다 함은 영토 안의 나라를 정벌할 수 있음이다.

※ 상육의 원문에는 명겸鳴謙으로 되어 있지만 명겸冥謙이라는 설도 있다.
까닭은 다음장의 예괘에서 상음이 명예冥豫로 되어 있기 때문이다. 이에 따
르면 거짓이 없으며 진실하고 올바른 겸허를 알지 못한다. 겸허가 도를 지나
치면 비굴해진다는 의미이다. 이것의 의미로도 전체의 흐름에 부합된다.

※ 겸괘에 용用이 세번 나오는데 모두 겸손의 도를 이용하여 라는 의미이
다. 이것은 초육의 용섭대천 곧 겸의 도를 이용하여 자신의 처한 상황을 바
꾸는 것이고, 육오의 이용침벌 곧 겸의 도를 이용하여 적을 다스리는 것이며,
상육의 이용행사 곧 겸의 도를 이용하여 자신을 다스리는 것이다.

【요점】명겸정길鳴謙貞吉, 노겸군자勞謙君子라 함은 겸손이 널리 퍼지는 것
은 마음이 곧고 겉과 속이 같은 것이며, 수고로움이 많아도 겸손하니 틀림
없는 군자이다 라는 것이다. 겉과 속이 다른 마음은 부정이다. 겉으로는 겸
손한 척하면서 속으로 오만을 떨며 스스로 속이는 것이다. 겸손하고 공손한
마음가짐은 항상 자기를 낮추고 남을 높인다. 위선이 아니고 진실로 겸손을
행하는 사람 앞에서는 누구든 마음을 갖추지 않고 스스럼없이 트인다.

이처럼 내가 겸손하면 상대도 겸손해져 서로 속마음을 주고 받는 것이다.
겸은 자신의 것을 덜어 내고 낮추는 마음가짐이다. 이러한 마음이 없이는 공
평하게 덜어 내어 보태는 일을 할 수가 없다. 한쪽으로 치우치면 겸은 사라
진다.

세상이 왜 군자를 존경하는가. 노겸하기 때문이다. 좋은 일을 하고도 자
신을 낮추는 군자야말로 자신의 악을 드러내 징벌하고 자신의 선을 감추려
는 사람이다. 공을 세우고도 자신을 감추는 군자는 남에게 부끄러울 것이
없다. 남들로부터 칭찬을 들으려고 좋은 일을 행하는 것이 아니다. 당연한

일을 했다고 생각하므로 자랑할 것이 없는 것이다. 그래서 군자는 공을 세워도 겸손하다.

예豫는 세 가지의 뜻을 지니고 있다. 즐거움·태만·미리 라는 의미이다. 너무 기뻐하고 즐거움에 빠지면 마음을 놓아버려 뜻지 않은 잘못으로 일을 그르치게 된다. 미리 조심하지 않으면 안 된다. 괘의 형상으로 보면 진괘는 우레이고 곤괘는 땅이다. 다섯 개의 음기 속에 하나의 양기가 올라갈 준비를 하고 있는 양상이다. 겨울동안 쌓아둔 기운을 행동으로 나타내어 밖으로 풀어 흩어지게 하는 봄이다. 지금까지 때를 만나지 못했고 불운했던 것은 오로지 오늘을 위한 준비단계였던 것이다. 준비를 완전히 끝마치고 조심스럽게 환희의 앞날을 개척하기 위해 문밖을 나서는 것이다.

예괘는 하나뿐인 강효四陽에 모든 음효가 호응하는 형상으로서 그 뜻을 크게 펼칠 수가 있다. 학식과 능력이 뛰어난 사람을 적당한 위치에 배치한 다음 새로운 일을 시작하는 것이 좋다. 예는 사람이 마땅히 행하여야 할 바른 도리에 순응해서 움직이는 것을 나타낸다. 하늘과 땅도 도리에 의하여 움직이기 때문에 해와 달의 운행, 사계절의 변화가 기준에 맞지 않거나 벗어나지 않는다. 성인도 도리에 의하여 행동하기 때문에 형벌이 공정하게 이루어지고 백성들은 진심으로 따르게 된다. 따라서 예의 이치는 매우 중요하여 가볍게 여길 수 없다.

【大象】천둥소리가 땅 위에서 울리는 것이 바로 예의 괘상이다. 거룩한 왕은 이 괘상을 보고 소리에 의한 가락을 만들고 덕을 드러내서 기리어 상제를 즐겁게 했으며, 조상의 선영에 제사를 지냈던 것이다.

【初陰】윗사람四陽의 총애를 받고 이따금 우쭐거리며 뽐낸다. 방자한 마음이 생기어 종내는 앞길이 막히고 흉하리라. 不正

【二陰】도리를 지키는 것이 돌처럼 군세다. 즐거움과 게으름에 빠졌던 잘

못을 스스로 깨닫고 되짚어서 다시 오면 정도로 돌아와 길하리라. 中正

【三陰】분수에 지나친 자리에 있으면서 상사에게 아첨하고 세력을 빌려 우쭐거리며 뽐내고 있다. 뉘우침이 늦는다면 영원히 후회를 하게 되리라. 不正

【四陽】만족스럽고 유쾌한 마음이다. 그 뜻이 사람들에 의해 받아드려지고, 이루려는 목적을 성취할 수가 있다. 양陽 자신의 신분에 맞지 않는다고 두려워할 필요는 없다. 천하의 동지들이 덕망이 높은 것을 흠모하여 구름처럼 모이리라.

【五陰】아래에 있는 자가四陽 행사할 수 있는 권한을 장악하고 있어 힘들고 어려운 날들이 계속되지만 항상 변하지 않는 떳떳한 도리를 잃지 않는다면 허물은 없으리라. 中

【上陰】환락에 탐닉하여 생각하고 판단하는 능력을 잃어버린다. 멸망은 목전에 닥치었다. 그러나 뉘우치고 회개한다면 그릇된 실수는 없을 것이다.

【해설】뇌지예괘는 우레를 의미하는 진괘가 위에 있고 땅을 의미하는 곤괘가 아래에 있다. 그러므로 땅위에서 우렛소리가 천지를 진동하는 상태를 표현한 것이다. 우레는 필연코 비를 동반한다. 우레와 함께 내리는 비는 언제나 호기있고 아낌없이 쏟아지는 비다. 그 빗속에는 만물이 살아나려고 하는 생명의 힘이 살아 움직인다. 대자연 속의 넓고 큰 땅을 흡족하게 적셔주는 봄비가 오면 하늘과 땅 사이는 기쁨으로 가득찬다. 꽃과 나무에는 새싹이 움트고, 새들은 높이 떠서 날개치며 시원스럽게 날고 온갖 짐승들은 땅위를 뛰고 달리며 생생한 기운을 활개치고 있다.

이렇듯 모든 것이 함께 즐거워하고 기뻐하는 상태가 바로 뇌지예괘의 괘상이다. 그러면 뇌지예의 즐거움을 어떻게 하면 이룰 수 있는지에 대해 역경은 순리대로 행하라고 가르치고 있다. 만물의 활동의 근원이 되는 기운이 한겨울 동안 땅속에 숨어 힘을 기르다가 봄이 오면 천둥소리를 내지르며 땅위로 터져나오는 것이 우레이다. 이것은 자연의 순리이며 법칙인 것이다. 하늘과 땅이 자연의 법칙에 순응하여 움직이므로 해와 달이 운행을 그른 일이 없고 낮과 밤이 질서가 없는 법이 없다. 겨울의 숲에서 새싹이 나오기를 바라고 눈보라치는 하늘에서 새들이 지저귀는 소리를 기대하는 것은 자연계의 순리와 법칙에 거슬러서 나아가는 어리석음에 불과한 것이다.

이와같이 인간이 살아가면서 겪게 되는 온갖 일들을 인간 본연의 이치와 정당한 도리를 좇아서 움직여야만이 목적한 바를 이룰 수 있는 것이다. 정의가 불의에 이긴다는 것은 인간의 내면 세계에 있어 하나의 법칙이다. 그러나 불의가 정의보다 강할 때는 약한 것이 강한 것을 이길 수 없는 것도 무시할 수 없다. 이러한 경우에는 경솔하게 행동하지 말라. 우레가 땅속에서 봄을 기다리듯 힘을 기르며 때를 기다려야 하는 것이다.

【원문】

豫 利建侯行師, 象曰 剛應而志行, 順以動豫,
예 이건후행사 단왈 강응이지행 순이동예

豫順以動故 天地如之, 而況建侯行師乎, 天地
예순이동고 천지여지 이황건후행사호 천지

以順動 故 日月 不過而四時不忒, 聖人以順動
이순동 고 일월 불과이사시불특 성인이순동

則刑罰淸而民服, 豫之時義 大矣哉, 象曰 雷出
칙형벌청이민복 예지시의 대의재 상왈 뢰출

地奮豫, 先王以作樂崇德 殷薦之上帝 以配祖
지분예 선왕이작악숭덕 은천지상제 이배조

考,
고

【직역】 예는 제후를 세우고 군사를 움직임이 이로운 괘이니라. 단왈 예는 강하게 응하여 뜻이 행하고 순리에 의해 행하는 것으로써 곧 도리에 순응해서 움직이는 것이다. 그러므로 천지도 이와 같은데 하물며 인간의 일이니 제후를 세우고 군사를 행함이 어떠하겠는가. 천지는 순리에 따라 움직인다. 그리하여 해와 달이 지나치지 않으며 사계가 어긋나지 않고, 성인의 순리를 따

라 움직이면 형벌이 맑아서 백성이 복종하게 된다. 예의 때와 뜻이 큼이다. 상왈 우레가 땅에서 나와 떨치는 것이 예의 괘상이니라. 선왕은 이로써 음악을 짓고 덕을 숭상하니 온 나라에서는 상제께 천신하고 조상을 숭배하였다.

【원문】

初六 鳴豫, 凶, 象曰 初六鳴豫 志窮 凶也, 六
초육 명예 흉 상왈 초육명예 지궁 흉야 육

二 介于石, 不終日, 貞吉, 象曰 不終日貞吉 以中
이 개우석 부종일 정길 상왈 부종일정길 이중

正也, 六三 盱豫, 悔遲 有悔, 象曰 盱豫有悔 位
정야 육삼 우예 회지 유회 상왈 우예유회 위

不當也, 九四 由豫 大有得, 勿疑, 朋盍簪, 象曰
부당야 구사 유예 대유득 물의 붕합잠 상왈

由豫大有得 志大行也, 六五 貞疾 恒不死, 象曰
유예대유득 지대행야 육오 정질 항불사 상왈

六五貞疾 乘剛也, 恒不死 中未亡也, 上六 冥
육오정질 승강야 항불사 중미망야 상육 명

豫, 成有渝 无咎, 象曰 冥豫在上 何可長也,
예 성유투 무구 상왈 명예재상 하가장야

【직역】【초육】예가 울린다. 흉하리라. 초육의 예가 울린다 함은 뜻이 궁하여 흉하다는 것이니라.【육이】절개가 돌과 같다. 하루를 마치지 않으니 마음이 바르고 곧아야 길하다. 상왈 하루를 섬기지 못하니 마음이 바르고 곧아야 길하다 함은 중정의 도이기 때문이니라.【육삼】바라보는 예이니라. 뉘우칠 것이며 더디게 해도 뉘우침이 있으리라. 상왈 바라보는 예이니 뉘우칠 일이 있다 함은 자리가 정당하지 못하다는 것이니라.【구사】예로 말미암아 크게 얻음이 있느니라. 의심치 말라. 벗들이 모두 모이리라. 상왈 예로 말미암아 크게 얻음이 있다 함은 뜻이 크게 행하여지는 것이니라.【육오】곧고 바르면 병이 들어도 영원히 죽지 않도다. 상왈 육오의 곧고 발라도 병이 있다 함은 강함을 탓하는 것이니라. 영원히 죽지 않는다 함은 중정의 도를 잃

지 않음이다. 【상육】 어두운 예이니 일에 변함이 있으나 허물됨은 없으리라. 상왈 어두운 예가 위에 있으니 어찌 오래 할 것인가.

【요점】예순이동豫順以動, 강응이지행剛應而志行이라 함은 예괘는 굳세게 응하고, 마음이 가는 바를 실행하며, 먼저 하는 일은 유순함으로써 움직인다는 것이다. 덕은 도가 작용하는 결과물로서 만물에 두루 통하는 것이 덕이다. 가장 크고 변함이 없는 덕은 하늘·땅·바람·물이다. 이 상덕이 없이는 누구도 살 수가 없다. 그래서 도덕을 숭상한다. 또 도덕을 숭상하려면 어긋나지 말고 어기지 말고 순리에 따라 이행해야 한다. 이것이 순이동이다.

　예괘의 가르침은 강응과 지행이다. 순리를 따라서 억지를 부리지 않는 마음가짐이 강응이다. 이러한 마음가짐으로 뜻을 세워 추진해 나가는 의지가 지행인 것이다. 예는 앞으로 실행할 일을 미리 준비하는 것으로 새기면 된다. 미래의 일을 이루려면 마음가짐이 무리를 범해서는 안 된다. 순리를 벗어난 무리는 파탄이 나기 마련이다. 그러므로 욕심 사납게 일을 도모하지 말라는 것이 예괘의 가르침이다.

17) 수隨 ䷐ 태괘 / 진괘 택뢰수 澤雷隨 : 따라서 행하다

수隨는 따른다는 의미이다. 따른다는 것은 자기만이 갖고 있는 견해나 관점을 잃어버리고 물결의 흐름에 의탁하는 것은 아니다. 무엇에 따르는가, 이것은 주체성의 결단에 매여 있는 것이며, 따라갈 상대와 목적을 명확하게 정하는 것이다. 괘의 형상을 보면 윗괘인 태는 젊은 여자를 뜻하고, 아랫괘인 진은 중년남자를 뜻하므로서, 중년남성이 젊은 여성에게 매료되어 따르는 형상이다. 사회적인 단면으로 유추하면 실력자가 자신의 주장을 굽히고 아랫사람의 의견을 따르는 형상으로 볼 수 있다. 아무튼 어떠한 사정이나 형편이든 간에 진지한 태도로 임하면 반드시 좋은 결과를 얻을 수 있다. 왕성하던 기운이 쇠락해지면 남을 따르려는 마음도 가질 수 있도록 심사숙고 해야 한다.

수隨의 괘는 강한 것진괘이 부드러운 것태괘를 따르는 형상으로써 강이 솔선하여 따르고 유도 즐겁게 받아들인다. 이 도는 크게 형통하고 번영하는 것이므로 옳은 원칙과 신념을 끝까지 지켜 나간다면 만사가 순조로워 그릇된 실수가 없다. 수괘의 도를 실지로 행한다면 천하의 백성들이 즐겨 따르리라. 수의 뜻은 진실로 큰 것이다.

【大象】하늘은 요란하게 울리는 천둥의 계절이 지나고, 그 기운이 연못태괘 속에 잠기어 숨는다. 이것이 수의 괘상이다. 군자는 이 괘상을 보고 해가 져서 어두어지면 편안히 쉬면서 심신을 단련한다.

【初陽】지금껏 해온 일이 변하여 움직일 것이다. 그래도 처음에 품은 뜻이나 의지를 관철하면 길하리라. 개인적인 관계의 성질을 띠고 있는 좁은 테두리에서 벗어나 너르게 사람들과 사귄다면 목적한 바를 이룰 것이다.

【二陰】소인初陽과 어울려 가까이하면比, 참된 마음으로 따라야 할 군자五

陽로부터 버림을 받을 것이다. 두 마음을 가질 수가 없다.

【三陰】소인을 멀리하고 군자를 가까이하며 적극적으로 따르면 받아 줄 것이다. 그러나 환심을 사거나 잘 보이려고 알랑거리면 안 된다.

【四陰】천자를 따르는 몸으로 믿음과 덕망을 쌓아 권력을 잡는다. 아무리 바른 일을 하더라도 흉함이 있다. 성의를 다해 도를 지키면서 그릇됨이 없으면 허물은 없을 것이다.

【五陽】지위가 높고 귀한 몸으로 성의를 다해 선을 따른다. 상하가 활동하여 합하니 길할 것이다. 中正

【上陽】흩어지려는 백성들의 마음을 단단하게 붙들어야 한다. 문왕은 서산西山에서 하늘에 정성을 드리고 민심을 수습하였다.

【해설】택뢰수괘는 위에 연못을 상징하는 태괘가 있고, 아래에는 우레를 의미하는 진괘가 자리하고 있다. 우레가 진동을 멈추고 스스로 내려와 못 속에 잠기면 연못은 기꺼이 그를 받아들인다. 그러므로 우레와 연못은 너무나 화순하면서도 있는 듯 없는 듯 공존공명하기 때문에 평화롭기 그지없다. 이러한 안정과 평화는 어떠한 연유로 이루어졌을까. 그것은 우레가 못에게서 배우고 있기 때문이다. 천지를 진동시킬 수 있고 용맹스러운 위력을 가진 우레이건만 가녀린 소녀같은 못에서 가르침을 받고 있는 것이다. 우레는 못에게 가서 맑고 깨끗한 마음을 배우고 가림없이 받아주는 포용성을 배우며, 경솔하지 않고 포근한 정다움을 배우고, 꾸준하게 잇대어 성장하고 있는 조화를 배운다. 그리하여 우레와 못은 서로 어긋나지 않고 화합하므로써 안정과 평화를 가져온다.

역경은 이러한 과정을 인간사회에 덧붙이어 논하고 있다. 마음이 너그럽고 슬기로워 덕행이 높은 지도자가 위에 있어서 주관적인 편견으로 판단을 내리지 않고 굽어 신하의 진언을 들을 줄 알고, 백성들의 노고를 치하할 줄 알며, 국가와 민초들의 행복한 삶을 위하여 힘쓰게 되면 신하들은 즐겨 그를 보필하고 백성들은 기쁜 마음으로 따르게 된다. 그래서 지도자는 신하와 백성들의 의견과 해석을 좇고 신하와 백성들은 지도자의 가르쳐 이끌음에 따르게 되는 것이다. 이렇듯 마음으로 따르는 현상이 택뢰수괘의 상태인 것이다. 수隨는 따른다는 의미이다. 따른다는 것은 그저 우연히 남의 뒤를 걷고 있는 것만은 아니다. 서로 상대의 의견을 경청하고 중지를 모아 공동의 이익을 위해 바르고 옳은 노력을 한 곳으로 쏠리게 해야만이 모두가 따를 수 있다는 것이다.

【원문】

隨 元亨, 利貞, 无咎, 象曰 隨剛來而下柔, 動而
수 원형 이정 무구 단왈 수강래이하유 동이
說隨, 大亨貞无咎 而天下隨時, 隨之時義大矣
열수 대형정무구 이천하수시 수지시의대의
哉, 象曰 澤中有雷隨, 君子以嚮晦 入宴息,
재 상왈 택중유뢰수 군자이향회 입연식

【직역】수는 크게 형통하는 괘이니 마음을 곧게 가지면 이롭다. 허물이 없으리라. 단왈 수는 강한 기운이 오고 유한 기운이 아래로 내려간다. 이런 움직임을 기뻐함이 수이다. 크게 형통하고 곧고 바르며 허물이 없느니라. 천하의 백성이 항상 따른다. 수의 시간과 뜻은 크도다. 상왈 못 가운데 우레가 있는 것이 수의 괘상이다. 군자는 이로써 그믐을 향하여 들어가 잔치하고 쉬는 것이니라.

【원문】

初九 官有渝 貞吉, 出門交有功, 象曰 官有渝,
초구 관유투 정길 출문교유공 상왈 관유투
從正吉也 出門交有功 不失也, 六二 係小子 失
종정길야 출문교유공 불실야 육이 계소자 실
丈夫, 象曰 係小子 弗兼與也, 六三 係丈夫 失
장부 상왈 계소자 불겸여야 육삼 계장부 실
小子, 隨有求得, 利居貞, 象曰 係丈夫 志舍下
소자 수유구득 리거정 상왈 계장부 지사하

也, 九四 隨有獲, 貞凶, 有孚 在道以明 何咎 象
야 구사 수유획 정흉 유부 재도이명 하구 상

曰 隨有獲 其義凶也, 有孚在道 明功也, 九五
왈 수유획 기의흉야 유부재도 명공야 구오

孚于嘉 吉 象曰 孚于嘉吉 位正中也, 上六 拘係
부우가 길 상왈 부우가길 위정중야 상육 구계

之 乃從維之 王用亨于西山, 象曰 拘係之 上窮
지 내종유지 왕용형우서산 상왈 구계지 상궁

也
야

【직역】【초구】관직은 때에 따라서 변함이 있으니 바르게 하면 길하리라. 문 밖에 나가서 사람과 사귀면 공이 있으리라. 상왈 관직이 변한다는 것은 바름을 좇아야 길하다는 것이니라. 밖에 나가 사람과 사귀면 공이 있다 함은 잃지 않는다는 것이니라. 【육이】소인에게 매이면 장부를 잃으리라. 상왈 소인에게 매인다 함은 아울러서 함께 하지 못한다는 것이니라. 【육삼】대인에게 매이면 소인을 잃으리라. 따름에 구하면 얻음이 있느니라. 바른 데에 거함이 이로우니라. 상왈 대인에게 매인다 함은 그 뜻이 아랫사람을 버린다는 것이니라. 【구사】따름에 획득함이 있다. 바르더라도 흉함이 있으리라. 믿음이 있어 도가 존재하고 그 공은 밝음으로써 행하면 무슨 허물이 있으리오. 상왈 따라서 획득함이 있다 함은 그 뜻이 흉하다는 것이다. 성실함이 있고 도가 있으면 그 공이 명백하다는 것이니라. 【구오】성실함은 아름다운 것이니라. 길하리라. 상왈 성실함은 아름다운 것이다 함은 자리가 바르고 가운데에 있다는 것이다. 【상육】얽어서 매고 이에 좇아 또 매어 놓는다. 왕은 이로써 서산에서 형통하도다. 상왈 얽어맨다 함은 위가 궁하다는 것이니라.

【요점】관유유정길官有流貞吉, 수유구득隨有求得이라 함은 괸직은 변하는 것이므로 마음을 바르게 하면 길하고, 때에 따라 구하면 얻는다는 것이다. 한자리에 매여 있는 관리는 능력이 없는 사람이다. 지위가 오르는 관리가 마

음이 곧다면 바뀐 직무상의 책임으로 속을 태우는 일은 없을 것이다. 그러나 자잘한 재능으로 승진한 관리라면 뒤가 좋을 리 없다. 마음을 바르게 갖지 못한 관리는 언제든 된서리를 맞는 법이므로 마음을 곧고 바르게 갖추도록 노력을 기울여야 한다. 때에 따라 구한다 함은 시기에 따라서 구해야 한다는 것이다. 때에 알맞게 구하면 얻을 수 있지만 걸맞지 않은 것을 구하려 한다면 얻은들 무슨 쓸모가 있겠는가. 때를 벗어난 일은 성사되기 어렵다. 견디어 내기 힘든 아픔이 닥쳐도 꿋꿋하고 차분하게 준비되어 있는 사람은 때를 잃지 않고 구할 것을 얻어 삶을 이롭게 할 것이다.

간괘
손괘 산풍고 山風蠱 : 화액이 바뀌어 복이 되다

고蠱는 살림에 쓰는 온갖 그릇붙이를 벌레들이 파먹거나 접시에 가득 담아 있는 음식에 벌레들이 모여들어서 우글우글 물 끓듯이 움직이고 있다는 의미이다. 근심걱정이 없고 평안한 세월이 계속되면 부패와 환란이 내부에서 일어난다. 풍기문란, 천변지이 등 여러 가지로 일이 많은 데다 어려움도 많다. 그러나 희망이나 기대를 아주 잃게 된 것은 아니다. 매우 궁박한 처지에 이르면 도리어 해결할 길이 생긴다. 이것을 기회로 삼아 내부를 파먹는 병균을 철저하게 도려내야 한다. 부패하여 혼란의 시기는 동시에 혁신적 제도 개혁의 시대인 것이다. 괘의 형상도 산☶기슭에서 바람☴이 세차게 위로 불어닥쳐 화액을 일으키는 열풍현상이다. 또는 중년부인☴이 젊은 남자☶를 홀려 정신을 못 차리게 하는 상태를 나타낸다.

고괘蠱卦는 강건간괘한 것이 위로 나아가고, 유순손괘한 것은 아래를 향하므로 서로 맞물려 합치되는 일이 없다. 그러므로 아랫 사람은 옳고 그름을 가리지 않고 덮어놓고 따르며, 윗사람은 하는 일 없이 날을 보낸다. 이것이 고괘의 혼란과 부패와 천변지이를 나타내는 것이다. 그러나 후에는 크게 번영하고 천하는 다시 평온해 질 것이다. 진취의 기상으로 일을 대하고 큰 강을 건너는 위태로움도 극복해 나가는 지혜로움이 있어야 한다. 사물의 정당한 도리는 항상 변화하는 것이므로 막바지에 이르면 필연코 새로운 것이 시작된다. 이것이 하늘의 도이다. 새시대 창조의 기틀을 마련하려면, 지금까지의 일이 되어 온 과정과 이후 전개될 발전하는 경로를 돌이켜 생각해서 행동해야 한다.

【大象】산☶ 아래 낮은 방향으로부터 바람☴이 거세게 불어 닥친다. 이것이 고의 괘상이다. 군자는 이 괘상을 보고 힘에 겨워서 괴로워하는 백성들

을 구하고 자신의 덕을 기른다.

【初陰】아버지의 처리하기 어려운 일을 다루어 결말을 짓는다. 아버지의 뜻을 이어 받아 난사를 잘 처리하는 자식이 있다면 아버지도 허물은 없을 것이다. 곤란과 위험은 따르지만 후에는 길하다.

【二陽】어머니의 처리하기 어려운 일을 다루어 결말을 낸다. 중도를 지키면서 그때의 처한 형편에 맞게 일을 처리해야 한다. 원칙만 내세우는 것은 옳지 않다.

【三陽】아버지의 어려운 일을 맡아서 처리한다. 지나친 바가 있어 후회되는 일도 있겠으나, 그릇된 잘못은 없을 것이다.

【四陰】아버지의 어려운 일을 아무렇지도 않은 듯이 예사롭게 방관한다. 실행해도 잘 되지 않는다. 뜻을 얻지 못해 곤경에 처한다.

【五陰】아버지의 어려운 일을 맡아서 처리한다. 크고 훌륭한 덕을 가지고 아버지의 뜻을 이어 받기 때문에 구시대의 폐습을 타파하여 큰 칭찬이 자자하다

【上陽】왕후 밑에서 벼슬하지 않고 야인으로 돌아가 일신을 고결하게 보존한다. 그 뜻은 모범을 삼기에 충분하다.

【해설】산풍고괘의 윗괘는 산을 의미하는 간괘이고, 아랫괘는 바람을 상징하는 손괘로 되어 있다. 산 밑에서 홀연히 세찬 바람이 불어닥쳐 초목이 꺾여 쓰러지고, 산짐승들이 놀라 갈팡질팡하는 매우 혼란스러운 상태를 나타내는 것이 산풍고이다. 이것을 한 국가의 상황으로 본다면 나라의 정치가 바로 서지 못하여 혼란한 중에 천지자연의 변고와 괴변이 겹쳐 일어나 나라 안이 뒤죽박죽이 되어 백성들이 생업에 종사할 수 없는 그러한 모습인 것이다. 강건한 양괘가 위에 있고 부드러운 음괘가 아래에 있어 역경의 논리로는 상·하가 친근감이 없고 서로 등져 떨어지는 형상으로서 저마다의 위치에만 얽매이고 남의 일은 알려고 들거나 참견할 필요가 없다는 것이다.

그러므로 지도자는 부하의 의견을 경청하는 신중함이 없고, 부하는 지도

자를 보필할 성의가 없어서 상·하의 중지를 모은 현명한 정치를 할 수 없기 때문에 백성들의 마음을 한 곳으로 집약시킬 국시가 서지 못한다. 그러면 나라의 정치는 혼란을 가져와 국민들의 마음은 흩어지고 찢기어 갈피를 잡을 수 없게 되므로써 여러 가지 뜻밖의 사건들이 일어나게 되고, 나라의 안팎은 혼란스러움에 빠져들게 된다. 이것이 산풍고의 괘상이다.

그러나 세상만사는 항상 변하는 것이므로 궁극에 도달하면 새로운 것이 시작되는 것은 자연의 운행법칙이라고 괘사에서 설명하고 있다. 평온하고 화목한 세월이 지속되면 부패와 혼란은 오게 마련이다. 혼란한 세상이 오면 난세의 영웅들은 잘못을 인지하고 개혁에 진력하게 된다. 그리하여 다시 평화로운 세상이 도래 하는 것이다. 이와같은 개혁의 일은 걸어서 큰 강을 건너는 것과 같이 웅건한 용기를 필요로 한다. 그러나 확고부동한 결심으로 큰 일을 위해 노력해 나가면 위난을 극복하여 크게 형통할 것이라고 산풍고 괘는 논하고 있는 것이다.

【원 문】

蠱 元亨, 利涉大川, 先甲三日 後甲三日, 象曰 蠱
고 원형 이섭대천 선갑삼일 후갑삼일 단왈 고

剛上而柔下, 巽而止蠱, 蠱元亨而天下治也, 利
강 상 이 유 하 손 이 지 고 고 원 형 이 천 하 치 야 이

涉大川 往有事也, 先甲三日 後甲三日 終則有始
섭 대 천 왕 유 사 야 선 갑 삼 일 후 갑 삼 일 종 즉 유 시

天行也, 象曰 山下有風蠱, 君子以振民育德,
천 행 야 상 왈 산 하 유 풍 고 군 자 이 진 민 육 덕

【직역】 고는 크게 형통하는 괘이니 큰 내를 건너면 이롭다. 갑일에 앞서 삼일이고 갑일의 뒤에 삼일이니라. 단왈 고는 강이 위에 있고 유는 아래에 있다. 겸손한 기운이 내려와 머무는 것이 괘이니라. 고는 크게 형통하여 천하를 다스리는 것이니라. 큰 내를 건너면 이롭다 함은 가면 일이 있다는 것이니라. 갑일에 앞서 삼일이고 갑일의 뒤에 삼일이다 함은, 마치면 곧 시작함

이 있다는 뜻으로 바로 천도의 운행이니라. 상왈 산 아래에 바람이 있는 것이 고이니 군자는 이로써 백성을 진작시키고 덕을 기르느니라.

【원문】

初六 幹父之蠱, 有子 考无咎, 厲終吉, 象曰 幹
초육　간부지고　유자　고무구　려종길　상왈　간

父之蠱 意承考也 九二 幹母之蠱, 不可貞, 象
부지고　의승고야　구이　간모지고　불가정　상

曰 幹母之蠱 得中道也, 九三 幹父之蠱, 小有
왈　간모지고　득중도야　구삼　간부지고　소유

悔 无大咎, 象曰 幹父之蠱 終无咎也, 六四 裕
회　무대구　상왈　간부지고　종무구야　육사　유

父之蠱 往見吝, 象曰 裕父之蠱 往未得也, 六
부지고　왕견린　상왈　유부지고　왕미득야　육

五 幹父之蠱, 用譽, 象曰 幹父用譽 承以德也,
오　간부지고　용예　상왈　간부용예　승이덕야

上九 不事王侯, 高尙其事, 象曰 不事王侯 志可
상구　불사왕후　고상기사　상왈　불사왕후　지가

則也,
칙야

【직역】【초육】아버지의 잘못을 바로 잡는다. 자식이 있으면 죽은 아버지의 허물이 없어지리라. 위태하지만 마침내 길하리라. 상왈 아비의 잘못을 바로 잡는다 함은 죽은 아비의 뒤를 이어 받음이니라.【구이】어머니의 잘못을 바로 잡는다. 마음을 가히 바르게 할 수 없느니라. 상왈 어머니의 잘못을 바로 잡는다 함은 중도를 얻음이니라.【구삼】아버지의 잘못을 바로 잡으니 조금 후회는 있으나 큰 허물은 없으리라. 상왈 아비의 잘못을 바로 잡는다 함은 마침내는 허물이 없는 것이니라.【육사】아버지의 잘못을 너그럽게 한다. 가면 인색함을 보리라. 상왈 아비의 잘못을 너그럽게 한다 함은 아직 얻지 못하는 것이니라.【육오】아버지의 잘못을 바로 잡으니 그로써 명예로우리라. 상왈 아비의 잘못을 바로 잡으니 명예로우리라 함은 덕을 이어 받음이니

라. 【상구】왕이나 제후를 섬기지 아니하고 자신의 일을 높이 숭상한다. 상왈 왕이나 제후를 섬기지 않는다 함은 본받을 만한 것이니라.

※ 원문에 선갑삼일·후갑삼일이란 문구는 예로부터 여러 가지 설이 구구하나 애매모호하다. 본서는 갑은 십간의 첫 날짜이므로 출발점을 의미하고, 앞뒤의 삼일은 출발시점을 나타내는 것으로 풀이하여 게재하였다. 또 사물이 궁극에 이르면 변하는 것이므로 그 변화의 시기를 표현한 것으로도 볼 수 있다.

【요점】군자이진민육덕君子以振民育德이라 함은 군자는 고괘를 본 삼아 백성들을 떨쳐 일으키어 실하게 한다는 것이다. 고통스러움이 인생을 절망하게 해서는 안 된다. 그래서 어려움 속에서도 강건하게 살아갈 수 있도록 힘을 일깨어 주는 것이 진작振作이다. 어려울 때 희망을 잃지 않도록 용기를 진작시키는 그런 마음과 행동이 곧 크게 통한다元亨는 것이다. 남이 잘 살도록 용기를 진작시키는 것은 곧 덕을 짓고 쌓는 일이다. 이런 삶을 일컬어 육덕育德이라고 한다.

그러므로 진민振民은 결국 덕을 짓고 쌓는 일이다. 아무리 살기가 힘겨워도 어려움을 극복할 수 있는 정신을 가다듬게 하는 것이 곧 진振인 것이다. 고괘는 육덕을 아버지의 잘못을 바로 잡는다는 표현을 써서 밝히고 있다. 아버지를 명예롭게 하기 위해 잘못을 바로 잡겠다는 자신의 마음같이 남을 대한다면 인생에서 원한 같은 것은 없다.

19) 임臨 곤괘 태괘 지택림 地澤臨 : 세상을 대하다

임臨은 높은 곳에서 낮은 곳을 대하는 것이다. 곧 높은 사람의 지배와 보호를 아래에 미치게 함으로써 군림하는 것이다. 지배하는 수단이나 방식은 갖가지이지만, 이 괘는 위·아래가 친밀하게 지내는 상태를 나타내고 아래에 두 개의 양이 있어 대단히 번성하는 시기이다. 그러나 이런 경우는 빠르게 성장하고 곧 쇠하는 경향이 있기 때문에 시기의 선택에 신중해야 한다.

또 한 가지 일에 정신을 쏟는가 하면 곧 잊어버리는 인간의 성질과 특징을 그대로 보이기 때문에 좀처럼 정신 차려 대하지 않으면 일생 후회막급할 일이 있다.

임臨괘는 강건한 양의 기운初陽, 二陽이 차츰 강성해지고, 위·아래가 친밀하게 지내며 마음으로 즐겨 순종하는 형태이다. 하늘의 도에 편승하여 크게 번영한다. 옳은 원칙과 신념을 지켜 나가면 만사가 순조롭다. 그러나 천지의 만물은 성하면 반드시 쇠하는 법. 8월이 양기가 쇠퇴하는 때가 되면 불길한 징조가 나타난다.

【大象】강 기슭坤에 서서 못兌에 임한다. 이것이 임의 괘상이다. 군자는 이 괘상을 보고 그침없이 백성들을 교화하고 한없이 포용하기를 원한다.

【初陽】위·아래가 뜻을 같이해서 임한다. 처음부터 끝까지 하나의 방법으로 바른 도리를 지키면 길하리라.

【二陽】위·아래가 뜻을 같이해서 임한다. 만사가 아무 탈이나 말썽이 없이 예정되로 진행된다. 그러나 군주의 명령五陰에 무조건 덮어놓고 따르라는 것은 아니다.

【三陰】안이한 생각으로 일에 임한다. 잘 될 리가 없다. 지난 일을 반성하고 스스로 경계하면 머지않아 허물은 면할 것이다.

【四陰】지극한 정성을 가지고 일에 임한다. 허물이 없다.

【五陰】총명하고 슬기로운 마음으로 일에 임한다. 그 행동이 왕자의 도리로서 이치에 들어맞는다. 길하리라. 中

【上陰】믿음이 있고 성실한 마음으로 일에 임한다. 어진이初陽·二陽를 정성을 다하여 따르기 때문에 길할 것이다.

【해설】지택림괘는 땅을 상징하는 곤괘가 위에 있고 연못을 의미하는 태괘가 아래에 있다. 연못이 땅 밑에 있다는 것은 근원이 깊고 풍부한 수량을 가진 큰 못을 형태를 의미한다. 크고 깊은 못이면 그 바닥의 생명처럼 부단히 솟아나는 원천이 있는 것이므로 고요히 정지하고 있지만 부패하지는 않는다. 물질대사가 끊임없이 영위되고 있기 때문이다. 격렬하게 부딪치지 않고 자연스럽게 묵은 물과 새 물이 바뀌어지면서 영원히 맑음을 유지하고 있다. 그리고 그 거울처럼 맑고 티없는 못은 모든 것을 포용한다. 군자는 이 괘상을 보고 언제까지나 백성을 가르쳐 이끌고 포용할 것을 다짐한다. 이와같은 지택림의 형태는 평화롭고 안정된 조화를 이룬 태평한 세상을 상징하고 있다. 이런 화평한 나라가 이룩되기까지는 강하고 왕성한 기운이 점진적으로 성장함에 따라 위·아래가 서로 화합하는 마음으로 순응하기 때문으로 논하고 있다. 너그러운 군주를 중심으로 하여 위·아래가 진심으로 친애하고 순응하기 때문에 크게 형통하고 더 좋은 상태로 나아간다는 것이다.

앞의 괘에서도 설명했듯이 지도자는 아랫사람의 의견을 존중하고, 아랫사람은 진심으로 윗사람을 보필하게 되면 상·하의 마음이 한 곳으로 합치되어 그 나라는 무한한 발전과 번영을 구가할 수 있다. 그러나 이러한 친화의 상태도 한때에 그치고 만다면 아무런 의미가 없다. 처음부터 끝까지 변함이 없어야 할 것은 의심할 여지가 없는 것이다. 역경은 이 점에 대한 경고도 잊지 않고 있다. 인간만사는 항상 처음보다는 끝맺음이 더 어려운 것이며, 목적한 사물을 이루기보다는 그 이루는 과정이 더 어려운 것이므로 지도자는 못물의 수원이 머무르지 않고 줄기차게 솟아나는 것을 보고 어느 때에나 백성들을 가르쳐 이끌어야 한다고 일러주고 있다.

【원문】

臨 元亨, 利貞, 至于八月有凶, 彖曰 臨剛浸而長
림 원형 이정 지우팔월유흉 단왈 림강침이장

說而順 剛中而應, 大亨以正 天之道也, 至于八
열이순 강중이응 대형이정 천지도야 지우팔

月有凶 消不久也, 象曰 澤上有地臨, 君子以敎
월유흉 소불구야 상왈 택상유지림 군자이교

思无窮, 容保民无疆,
사무궁 용보민무강

【직역】 임은 크게 형통하는 괘이다. 마음을 바르게 함이 이롭다. 8월에 이
르면 흉함이 있으리라. 단왈 임은 강함이 침범하여 자라나고, 기뻐하고 순종
하며, 강함이 가운데에 응하는 것이니라. 크게 형통하고 바르니 하늘의 도리
이니라. 8월에 이르면 흉함이 있다 함은 오래 가지 못하는 것이니라. 상왈 못
위에 땅이 있는 것이 임이니라. 군자는 이로써 가르치고 생각하는 것에 궁함
이 없으며, 백성을 용납하여 보전함이 끝이 없어야 하느니라.

【원문】

初九 咸臨, 貞吉, 象曰 咸臨 貞吉 志行正也,
초구 함림 정길 상왈 함림 정길 지행정야

九二 咸臨 吉无不利, 象曰 咸臨 吉无不利 未
구이 함림 길무불리 상왈 함림 길무불리 미

順命也, 六三 甘臨, 无攸利 旣憂之无咎, 象曰
순명야 육삼 감림 무유리 기우지무구 상왈

甘臨 位不當也, 旣憂之 咎不長也, 六四 至臨,
감림 위부당야 기우지 구불장야 육사 지림

无咎, 象曰 至臨 无咎 位當也, 六五 知臨 大君
무구 상왈 지림 무구 위당야 육오 지림 대군

之宜, 吉, 象曰 大君之宜 行中之謂也, 上六 敦
지의 길 상왈 대군지의 행중지위야 상육 돈

臨 吉无咎, 象曰 敦臨之吉 志在内也,
림 길무구 상왈 돈림지길 지재내야

【직역】【초구】음과 양이 느끼어 임함이니 마음을 바르게 하면 길하리라. 상왈 음과 양이 느끼어 임하니 마음을 바르게 하면 길하다 함은 바른 일을 행하는 것이니라. 【구이】음과 양이 느끼어 임함이니 길하고 이롭지 않음이 없으리라. 상왈 음과 양이 느끼어 임하니 길하고 이롭지 않음이 없다 함은 아직 명령에 순응하지 않는다는 것이니라. 【육삼】달게 임한다. 이로운 바가 없다. 이미 근심을 하고 있으니 허물은 오래 가지 않으리라. 상왈 달게 임한다 함은 자리가 마땅치 않는다는 것이다. 이미 알고 근심을 한다 함은 허물이 오래 가지 않는다는 것이니라. 【육사】지극하게 임함이니 허물이 없으리라. 상왈 지극하게 임하니 허물이 없다 함은 자리가 마땅하다는 것이니라. 【육오】지혜롭게 임하니 대군의 마땅한 일이니라. 상왈 대군의 마땅한 일이라 함은 중도를 행함을 이르는 것이니라. 【상육】돈독하게 임함이니 길하며 허물이 없느니라. 상왈 돈독하게 임하니 길하다 함은 뜻이 안에 있음이니라

※ 12월의 괘는 각 괘가 각각의 달을 의미하는 것으로서 특히 64괘 가운데 이 12월의 괘를 군주의 괘라 하여 존중하고, 다른 52괘를 잡괘라 하여 신하의 괘에 해당하는 것으로 생각하였다.

※ 12월의 괘

월	1	2	3	4	5	6	7	8	9	10	11	12
卦名	泰	大壯	夬	乾	姤	遯	否	觀	剝	坤	復	臨
卦象	䷊	䷡	䷪	䷀	䷫	䷠	䷋	䷓	䷖	䷁	䷗	䷒
地支	寅	卯	辰	巳	午	未	申	酉	戌	亥	子	丑

【요점】감임무유리甘臨无攸利, 지임知臨이라 함은 달콤하게 임하면 이로울

것이 없으므로 지극하고 슬기롭게 임하라는 것이다. 감언이설로 그럴듯하게 수작을 부려 일에 임하면 그 일이 잘 풀리겠는가. 일에 임할 때는 정직해야 한다. 마음이 바르지 못하면 일이 올곧게 나가지 못한다. 지극하고 당당하게 온힘을 다해 임하면 설령 일의 끝이 뜻대로 되지 않아도 아쉬울 뿐 부끄러운 것은 없다. 슬기롭게 임하는 것은 사리를 밝히고 지혜롭게 처리해 나가는 능력이다. 그러므로 지극하고 슬기롭게 임하려면 정성스럽고 지혜로운 마음이 있어야 한다. 이것이 모든 일에 현명하게 임할 수 있는 일처리의 방법인 셈이다. 성공하는 사람은 운이 좋아서 그렇게 된 것이 아니다. 일에 임하는 마음가짐에 성공하는 비법이 있는 것이다.

20) 관觀 손괘
곤괘 풍지관 風地觀 : 사물을 주의 깊게 살피다

관觀은 눈으로 응시하고 마음으로 느끼는 것이다. 그저 어렴풋하게 보는 것이 아니고 내막을 속속들이 알아보는 것이다. 관괘는 군자의 도가 쇠하고 개인적인 이익을 탐하는 무리들이 다투어 질서를 파괴하는 시기를 나타낸다. 그러나 이러한 때일수록 깊이 잘 생각하여 관찰할 수 있는 곳까지 꿰뚫어 보아야 한다. 이러한 사태에 대처하는 자세가 몸에 익숙해지면 덕이 되어 사람들을 감화시킬 수 있다. 행동보다도 고요히 생각하는 시기이기 때문에 지도적인 위치에 있는 사람에게 좋은 괘이다. 이 괘의 형상은 땅☷위에 바람☴이 험하고 거세게 불어오는 상태를 의미하고, 음--의 세력이 위의 양一을 거세게 날려버릴 듯 한 모습을 표현하고 있다.

관觀은 사물을 주의 깊게 살펴보는 것. 천자五陽가 위에 있어 온화坤하고 겸손巽하게 중정二, 五의 덕을 가지고 천하를 두루 살피는 것이다. 심신을 깨끗이 하고 신전 앞에 나아가 번거로운 의례를 갖추기 직전, 사제가 꾸밈이 없는 정성된 마음으로 가득차 있어서 장엄하고 위풍이 있는 분위기가 주위를 지배하고 있으나 자연스럽게 보는 사람들의 마음을 감화시키는 상태이다. 신령스러운 하늘의 법칙을 보라. 춘하추동의 운행은 조금도 어긋남이 없다. 성인은 이 영묘한 도리에 의해 백성들을 가르치고 이끌어 천하를 따르게 한다.

【大象】바람巽이 땅坤위를 스쳐 지나가는 것, 이것이 관의 괘상이다. 성군은 이 괘상을 헤아려 천하를 두루 돌아보며 백성들의 모든 생활에 관한 풍습을 살핀 후 가르침을 준다.

【初陰】수준이 낮고 미숙한 행동으로 관찰한다. 소인이라면 그런 대로 허물은 없겠으나 군자는 비난을 받고 어찌할 수 없는 곤란한 경우에 처한다.

【二陰】나무그늘에 숨어서 그의 동정을 가만히 살핀다. 가정을 지키는 부

녀자는 이치에 마땅하나 군자는 부끄러운 관찰법이다.

【三陰】 지난 일을 다시 생각하고 행동거지를 결정한다. 그리하면 도를 잃지 않으리라.

【四陰】 나라의 빛나는 영예를 바라본다. 그것을 더욱 광명정대하게 빛내기를 원한다면 군주五陽의 귀한 손님으로 우대를 받을 것이다

【五陽】 천자는 백성들의 순수함을 인지하고 자신을 돌아본다. 군자의 도리를 벗어나지 않았다면 허물은 없을 것이다.

【上陽】 민생을 주의해서 살펴본다. 스스로 거드름을 부리며 만족해 하지 말라. 군자의 도리를 벗어나지 않으면 허물은 없다.

【해설】 풍지관괘의 윗괘는 손괘로서 바람을 의미하고 아랫괘는 곤괘로서 땅을 상징한다. 관은 본다는 뜻으로서 사물의 이치를 따져 깊이 생각하는 것이다. 그러므로 평범하게 보아 넘기는 그러한 본다는 것과는 다르다. 매우 뜻이 깊고 함축성이 있는 글귀이다. 역경은 더 나아가 관찰하는 방법론까지 제시하고 있다. 군주가 천하 백성들의 상태를 살필 때는 높은 곳에서 크게 살피라고 가르치고 있다. 즉 높은 곳에서 내려다보는 자세로 시야를 넓게 하여 고르게 살피라는 것이다. 그러한즉 먼저 자신의 위치를 바르고 확실하게 정할 수 있고, 세상이 돌아가는 형편을 파악할 수 있다는 것이다.

그러므로서 무엇이 가장 먼저인가에 대하여 근본이 되는 법칙을 세울 수 있다. 지엽적인 작은 문제에 얽매이어 큰 것을 그르치는 과오를 면할 수 있고, 어느 한쪽으로 치우쳐 공평하지 못하거나, 소소한 일로써 천하의 대세를 제멋대로 좌우지하는 독단에서 벗어날 수도 있다. 그러므로 공평과 균형의 조화를 이루게 하는 밑바탕을 만들 수 있는 것이다. 이것은 군주나 위정자의 위치에 있는 경우만은 아니다. 인간은 때때로 자신이 걸어 가고 있는 길을 스스로 높은 위치에 서서 내려다보는 마음의 상태로 속세에 초연하게 고요히 반성하여 보는 태도를 잊어서는 안 된다. 인간은 자신도 모르는 사이에 잘고 인색해지고 편단적이고 이기적인 속물로 변해 버리는 경향이 있다.

높은 곳에 서서 크게 관찰한다는 것은 진정으로 인간에게 성장과 발전을 가져 오게 하는 계기가 될 것이다. 역경은 다시 천하를 크게 관찰하려면 어떤 마음의 자세를 가져야 할 것인가에 대해 겸허하고 중용적이고 공평하고 올바른 태도를 가져야 하며 무엇보다도 참되고 정성스러운 뜻이 있어야 한다고 논하고 있다.

【원문】

觀 盥而不薦, 有孚顒若, 象曰 大觀在上 順而巽
관 관이불천 유부옹약 단왈 대관재상 순이손

中正以觀天下, 觀盥而不薦 有孚顒若 下觀而化
중 정 이 관 천 하 관 관 이 불 천 유 부 옹 약 하 관 이 화

也, 觀天之神道 而四時不忒, 聖人以神道設教
야 관 천 지 신 도 이 사 시 불 특 성 인 이 신 도 설 교

而天下服矣, 象曰 風行地上觀, 先王以 省方
이 천 하 복 의 상 왈 풍 행 지 상 관 선 왕 이 성 방

觀民設教,
관 민 설 교

【직역】 관은 세수를 하고 아직 제사를 올리지 않았음을 뜻하는 것이니라. 정성이 몸에 가득하니 우러러보리라. 단왈 대관은 하늘 위에서 유순하고 겸손하며 중정으로 천하를 살피니, 관은 세수만하고 하늘에 제사를 올리지 않았으나 정성이 몸에 가득하니 우러러본다 함은 아랫사람이 우러러보아 감화된다는 뜻이니라. 관은 사시의 변화가 조금도 어긋나지 않는 하늘의 신비한 도이다. 성인이 신비한 도로써 가르침을 베푸니 천하가 복종하느니라. 상왈 바람이 땅 위에서 움직이는 것이 관이니라. 선왕은 이로써 지방을 살피고 백성을 관찰하여 가르침을 베푸는 것이니라.

【원문】

初六 童觀, 小人无咎, 君子吝, 象曰 初六童觀
초육 동관 소인무구 군자린 상왈 초육동관

小人道也, 六二 闚觀 利女貞, 象曰 闚觀女貞 亦
소인도야 육이 규관 이여정 상왈 규관여정 역
可醜也, 六三 觀我生進退, 未失道也, 六四 觀
가추야 육삼 관아생진퇴 미실도야 육사 관
國之光, 利用賓于王, 象曰 觀國之光 尙賓也,
국지광 이용빈우왕 상왈 관국지광 상빈야
六五 觀我生 君子无咎, 象曰 觀我生 觀民也,
육오 관아생 군자무구 상왈 관아생 관민야
上九 觀其生 君子无咎, 象曰 觀其生 志未平
상구 관기생 군자무구 상왈 관기생 지미평
也,
야

【직역】【초육】아이처럼 유치하게 관찰한다. 소인은 허물이 없고 군자는 부끄러운 일이니라. 상왈 초육의 어린아이처럼 유치하게 관찰한다 함은 소인의 도이니라. 【육이】엿보는 것이니 여자의 마음이 바르면 이로우니라. 상왈 엿보는 것이니 여자에게 바름이 있어야 한다 함은 역시 추하게 여겨야 한다는 것이니라. 【육삼】나의 생애를 먼저 관찰하고 나아가서 물러갈 것이니라. 상왈 나의 생애를 관찰하고 나아가서 물러간다 함은 아직 도를 잃지 않았다는 것이니라. 【육사】나라의 광명을 살핀다. 왕에게 손님대접을 받는 것이 이로우니라. 상왈 나라의 광명을 살핀다 함은 국빈을 숭상한다는 것이니라. 【구오】나의 생애를 살핀다. 군자이면 허물이 없느니라. 상왈 나의 생애를 살핀다 함은 백성을 살핀다는 것이니라. 【상구】그 생애를 살핀다. 군자이면 허물이 없으리라. 상왈 그 생애를 살핀다 함은 뜻이 아직 평안하지 않다는 것이니라.

【요점】관아생진퇴觀我生進退라 함은 내 삶을 잘 살펴보고 나아가려면 나아가고, 물러서려면 물러서라는 것이다. 사람은 누구든 물러설 때와 나아갈 때를 놓치지 말아야 한다. 연연하면서 비트적거리면 너절하고 추해진다. 스스로 삶을 구길 필요가 없다. 간명하고 단호하게 자신의 인생을 살필수록

좋다. 그렇다면 내 삶을 어떻게 관찰할 것인가. 신독慎獨과 무자기毋自欺가 내 삶을 관찰하는 가장 좋은 방법이다. 홀로 있을 때일수록 조심하라는 것이 신독이다. 그리고 스스로 속이지 말라는 것이 무자기이다. 남의 눈치를 보고 진실한 척 행동하면 위선이다. 위선은 결국 내가 나를 속이는 것이므로 세상을 다 속이고 있는 셈이다. 그러므로 내 삶을 관찰하는 데는 냉정하고 엄격해야 한다. 스스로 변호하지 말라. 그러면 내 삶은 점점 더 추해지고 더러워진다. 그래서 나를 취하면 더럽고 나를 버리면 깨끗하다 하지 않는가. 이처럼 인생의 진퇴는 참으로 중하고 요긴한 것이다.

21) 서합噬嗑 ䷔ 이괘 진괘 화뢰서합 火雷噬嗑 : 연합을 저해하는 것

서합噬嗑이란 깨물어 씹는 것을 의미한다. 괘의 형태를 보면 위턱과 아래 턱 사이에 물질이 끼어 있어서 씹는 것을 방해하는 상태이다. 그러므로 방해가 되는 물질을 씹어 깨뜨리면 위·아래가 합치한다. 왕성한 생활력과 의욕적으로 막아서 거치적거리는 장애물을 치워 없애버리고 나아가면 큰 성과가 있음을 가리킨다. 그러나 장애물은 강양剛陽이기 때문에 대수롭지 않게 생각하다가는 뜻하지 않은 저항을 받게 된다. 근본적인 대책이 없이 임시변통으로 하는 수단을 쓰지 말고 용의주도한 계획으로 전력을 기울여 정면으로 부딪쳐 가는 것이 문제 해결의 관건이다. 서합의 상괘는 리괘 ☲로서 태양·전광·빛 등을 의미하고 하괘는 천둥·뇌성 등을 의미하므로 어느 것이나 왕성한 활동력을 나타낸다.

서합噬嗑은 더 낫고 좋은 상태로 번영함을 의미한다. 위·아래의 턱 사이에 물질이 끼어 턱을 벌려 놓은 상태이므로 이 물질적 대상을 씹어서 깨뜨리면 위·아래가 들어맞는다. 강괘震와 유괘離는 왕성한 활동력과 전체를 환하게 내다보는 날카로움을 가리키고, 또 천둥震의 위력과 번갯불의 밝은 지혜를 겸비하여 굳센 의지와 용단을 나타낸다. 주효의 오음五陰은 중간 위치에 있어 바른 위치는 아니지만 온화한 덕을 가지고 일에 응한다. 그러므로 법령을 시행해야 한다. 평화를 방해하는 자는 형벌을 내리는 것이 좋다.

【大象】천둥의 위력과 번개불의 밝은 지혜를 겸비한 것이 서합의 괘상이다. 지혜로운 군주는 이 괘상을 보고 법령을 정비하고 형벌을 시행하였다.

【初陽】발에 쇠고랑을 차고 발의 자유를 잃는다. 다시는 악행을 저지르지 않도록 징계를 받는 것이다. 이후부터 잘못이 없도록 미리 조심하면 탈을 면할 수 있다.

【二陰】물러서 매끈매끈한 살을 코가 묻힐 만큼 물어서 뜯는다. 상대는 강하고 씩씩하지만 가장 중심이 되는 부분을 찔러 처리한다면 변고는 없을 것이다.

【三陰】뻣뻣한 마른 고기를 씹다가 독성에 치어서 기능 장애를 일으키는 수가 있다. 강력한 저항에 부딪히어 한때 어려운 경우에 처하기도 하지만 탈은 면할 수 있다. 不正

【四陽】뼈에 붙은 굳은 고기를 씹으면서 어렵고 괴로운 생활을 하다가 그 속에서 화살촉을 얻는다. 사정이 매우 딱하고 어려운 듯한 생활이 계속된다. 그러나 처음에 먹은 마음을 끝까지 밀고 나감이 좋다. 그 안에 숨어 있는 새로운 사실을 찾아내어 길하게 된다.

【五陰】뻣뻣한 마른 고기를 씹으며 어렵고 괴로운 생활을 하지만, 고기 속에서 황금을 발견한다. 이치에 들어맞는 처사만을 시행한다면 위태롭기는 하나 빛나는 진실을 찾아내어 그릇된 실수는 없을 것이다.

【上陽】목에 큰 칼이 씌워져 귀가 보이지 않는다. 경고하는 말을 듣지 않아 극형에 처해진다. 흉하다. 不正

【해설】화뢰서합괘는 형벌과 징계를 의미하는 괘이다. 이 괘의 형태를 보면 불을 뜻하는 이괘가 위에 있고 우레를 뜻하는 진괘가 아래에 있다. 이것은 우레가 치고 번개가 번쩍이는 장엄하고 위풍스러운 모습을 상징한 것이다. 이것은 나라에 굳게 믿는 마음이 강하고 몸을 바쳐 있는 힘을 다하는 영민하고 비범한 군주가 있어서 국가의 묵은 체제를 고쳐 새 체제로 바꾸는 상태를 표출한 것이다. 나라를 다스리고 운영하는 행위를 새롭게 하려면 국가의 발전과 민초들의 행복한 삶을 저해하는 모든 요소들을 제거해야 한다. 안으로는 부정과 부패를 없이 하고 국가와 국민을 적대하는 저항을 구축해야 할 것이며, 밖으로는 적의 침략에 대비하고 사납고 악한 짓을 일삼는 적을 징벌해야 할 것이다. 이것은 우렛소리가 천지를 뒤흔들고 번개가 번쩍이는 하늘의 거친 기운과 같은 위엄과 큰 힘을 가져야만 성공할 수 있는 위엄

인 것이다.

대저 어떠한 큰 일이라도 목적한 바를 이루려면 일치단결 없이는 불가능한 일이다. 무슨 하찮은 일도 협심이 없이는 불가능한데 나라의 일대개혁을 수행하는 일에 위·아래의 협력이 없으면 이룩할 수 있겠는가. 상호협력하는 힘이 클수록 개혁은 성공할 것이다. 아무런 작은 경우라도 장애물의 저항력보다는 큰 힘을 가져야 한다. 서합괘는 이것을 뻣뻣한 굳은 고기를 씹는 아래윗니의 합치는 힘과 같은 것이라고 논하고 있다. 곧 징벌을 시행할 수 있으면 선량함이 사악함을 이길 수 있고 정의가 부정을 물리칠 수 있게 되어 국정의 개혁을 가능하게 한다는 것이다.

역경은 이런 까닭으로 징계와 형벌을 평가하고 있다. 진정 인간이 무리를 지어 생활을 영위하고자 하는 생활체에서는 징계와 형벌이 없을 수 없는 것이다. 다만 그 형벌이 공명정대하고 지나치게 혹독하지 않아야 할 것이며 또 형벌이 죄를 지은 사람에게 괴로움과 아픔을 주는 것이 목적이 아니라는 고려 안에서 수행되기를 원할 뿐이다. 공공의 복리와 정의를 위하여 동정하는 마음을 참고 죄인을 징벌한다는 생각을 형벌권자는 늘 잊어서는 안 된다. 그러므로 죄는 미워하되 사람은 미워하지 않는다는 것이다.

【원문】

噬嗑 亨, 利用獄, 彖曰 頤中有物
서합 형 이용옥 단왈 이중유물
曰噬嗑, 噬嗑
왈서합 서합
而亨, 剛柔分動而明 雷電合而章, 柔得中而上
이형 강유분동이명 뢰전합이장 유득중이상
行 雖不當位 利用獄也, 象曰 雷電噬嗑, 先王以
행 수부당위 이용옥야 상왈 뢰전서합 선왕이
明罰勅法,
명벌 칙법

【직역】서합은 만사가 형통하는 괘이니 옥을 사용하면 이로우니라. 단왈 턱 가운데 물질이 있음을 서합이라 한다. 씹어서 합하니 형통하리라. 강함과

유함이 나뉘어지고, 움직여서 밝고, 우레와 번개가 합하여 빛나고, 유함이 중을 얻어 위로 올라가니 비록 자리는 마땅치 않으나 감옥을 사용하는 것이 이로우니라. 상왈 우레와 번개가 부딪힌다. 선왕은 이로써 형벌을 밝히고 법을 정하느니라.

【원문】

初九 屨校滅趾, 无咎, 象曰 屨校滅趾 不行也,
초구 구교멸지 무구 상왈 구교멸지 불행야

六二 噬膚滅鼻, 无咎, 象曰 噬膚滅鼻 乘剛也,
육이 서부멸비 무구 상왈 서부멸비 승강야

六三 噬腊肉 遇毒, 象曰 遇毒 位不當也, 九四
육삼 서석육 우독 상왈 우독 위부당야 구사

噬乾胏 得金矢, 利艱貞, 吉, 象曰 利艱貞吉 未
서건자 득금시 리간정 길 상왈 리간정길 미

光也, 六五 噬乾肉 得黃金, 貞厲无咎, 象曰 貞
광야 육오 서건육 득황금 정려무구 상왈 정

厲无咎 得當也, 上九 何校滅耳, 凶, 象曰 何校
려무구 득당야 상구 하교멸이 흉 상왈 하교

滅耳 聰不明也.
멸이 총불명야

【직역】【초구】발목에 형틀을 채워 발꿈치를 자른다. 허물이 없느니라. 상왈 발목에 형틀을 채워 발꿈치를 자른다 함은 행하지 못하게 하는 것이니라.【육이】살을 깨물어 씹고 코를 묻는다. 허물이 없느니라. 상왈 살을 깨물어 씹고 코를 묻는다 함은 강한 것을 탄다는 것이니라.【육삼】마른 고기를 씹다가 독을 만나니 조금은 부끄러우나 허물은 없느니라. 상왈 독을 만났다 함은 자리가 마땅치 않다는 것이다.【구사】마른 고기를 씹다가 금과 화살을 얻는다. 어려워도 마음을 바르고 곧게 가지면 길하리라. 상왈 어려워도 마음을 바르고 곧게 가지면 길하다 함은 아직 빛나지 못한다는 것이니라.【육오】마른 고기를 씹다가 황금을 얻으니 마음을 바르고 곧게 가지면 조금 위

태로우나 허물은 없으리라. 상왈 마음을 바르고 곧게 가지면 조금 위태로우나 허물은 없다 함은 정당함을 얻었다는 것이니라. 【상구】 형틀을 매어서 귀를 멸한다. 흉함이 있느니라. 상왈 형틀을 매어서 귀를 멸한다 함은 총명하지 못하다는 것이니라.

【요점】 선왕이서합괘先王以噬嗑卦, 명벌칙법明罰勅法, 장려무구貞厲无咎, 득당야得當也라 함은 선왕은 서합괘를 본받아 형벌을 밝히고 법률을 정비했으며, 마음을 곧게 해도 위태로우나 허물이 없다는 것은 마땅함을 얻었다는 것이다. 인간이 서로 헐뜯는 마음을 버리지 못한다면 세상을 모두 형옥으로 만들어야 할 것이다. 형법이 필요한 이유는 결국 인간이 서로 헐뜯고 남을 괴롭히기를 예사롭지 않게 생각하기 때문이다. 만일 법 없이도 사는 사람이 있다면 서합괘의 말씀은 부질없는 뜬소리에 불과하리라. 그러나 법이 없어도 될 만큼 마음이 바르고 곧다고 단언할 사람은 없다.

그러므로 법은 있게 마련이고, 형벌도 정해져야 하고 징벌 또한 필요한 것이다. 또 어떠한 의사결정의 행위가 옳았다면 결과가 좋지 않아도 부끄러울 것이 없다. 동기가 불손하면 결과가 좋게 나와도 거리낌이 있어 면목이 없다. 남들은 모를 지라도 자신은 알고 있는 까닭이다. 당당함을 얻는 것보다 더 떳떳한 것은 없다. 비굴하게 구는 것보다 더 추하고 너절한 것은 없다. 그래서 곧은 마음은 살아가는 형편이나 정도는 궁할지라도 당당하게 행세할 수 있으므로 마땅한 것이다. 따라서 틀림이나 잘못됨이 없이 아주 마땅한 것이 곧 득당得當이다.

22) 비賁 📋 간괘 이괘 산화비 山火賁 : 문명의 진보와 쇠폐

비賁는 치장하여 꾸미는 것이다. 아름답게 가꾸고 치장하는 것은 사람의 마음을 즐겁게 한다. 자신을 아름답게 장식하는 것은 예의가 되어 사회질서를 이루는 근간이 된다. 그러나 그것은 동시에 멸망하기 직전의 반짝 빛을 내는 상태를 암시하기도 한다. 문명이 지나치게 발달하면 도덕, 기풍 등이 문란해져서 마침내는 순수한 생명력을 잃게 된다. 개인에게 있어서는 겉모양만 치장하고 인간의 내면적인 깊이를 잃는 것이다. 무슨 일이든 외면상의 다채롭고 호화찬란한 것에 매혹되지 말고 신중하게 사물의 속내를 검토해야 한다. 괘의 형상을 보면 산을 의미하는 간괘 ☶ 밑에 태양을 의미하는 이괘 ☲가 있어 유난히 붉은 저녁놀이 산천과 초목을 예쁘고 곱게 장식하는 모습을 나타낸다.

비賁괘는 부드러움二陰이 강건함下剛을 매만지어 뻗어나가 번영하는 것을 가리키고 강上陽이 유柔에 대해 실질적인 가치를 주고 있어 적극적으로 나아간다면 유익하고 도움이 되는 것이 있음을 나타낸다. 강유가 뒤섞이어 여러 가지 문양을 이룬다. 이것이 천체에서 일어나는 온갖 현상이다. 문명이 무르녹게 익지 않을 정도로 억제 되어 있는 것이 인문人文이다. 비괘는 천문의 운행으로 인해서 때의 변화를 깨닫고 문화에 의해 천하를 가르쳐 이끌어 간다.

【大象】산艮 아래에 불, 태양離이 있다. 이것이 비의 괘상이다. 석양에 타는 저녁놀은 산을 아름답게 장식하지만 만물을 모두 밝게 할 수는 없다. 군자는 이 괘상을 보고 행정상의 사무를 정리하는 것으로 그치고, 형벌과 같은 중대한 사건은 경솔하게 처리하지 않는다.

【初陽】발을 치장하여 꾸민다. 몸과 마음을 닦아 도덕심을 높은 경지로 끌어 올린다. 정의를 거슬러서까지 사회적으로 높은 지위에까지 오르려 하

지 않는다.

【二陰】 턱수염을 치장하여 꾸민다. 턱수염은 턱이 움직이는 대로 따른다. 세상에 나서는 일과 집안에 들어앉는 일을 선배三陽인 윗사람을 따른다. 온 힘을 다해 몸을 예쁘고 곱게 치장하는 것이 좋다.

【三陽】 아름답고 윤택하다. 실속은 없이 겉만 치레하지 않으면 깔보고 욕되게 할 자가 없어 길하리라.

【四陰】 화려하고 사치스러운 아름다움인가, 꾸밈이나 거짓이없고 수수해야 할 것인가 하고 머뭇거리며 망설일 때 백마가 질주해 온다. 빛나고 아름다움을 공격하는 것은 아니다. 상대방과의 조화를 이루어야 한다. 그것이 가능하면 허물은 면할 수 있을 것이다.

【五陰】 전답을 치장하고 꾸미는 데 힘쓴다. 법식 등을 겉으로만 꾸며 실속이 없는 것을 폐하고 검소하게 한다. 한때 지나치게 인색하다는 비난도 받지만 결국은 길하리라.

【上陽】 더할 수 없는 아름다움의 극치는 지나친 화려함이 아니고 순수한 것이다. 이것을 마음에 새겨 두면 그릇된 실수는 없을 것이다.

【해설】 산화비괘는 산에 불이 붙어 타고 있는 것을 상징하고, 비賁는 장식하다, 치장하다, 꾸미다, 아름답게 하다의 뜻이다. 아름답게 꾸미는 것은 사람의 시선과 마음을 즐겁게 한다. 아름다움은 인간에게 밝은 꿈을 가지게 하고, 인간사회를 화려하고 우아하고 빛나게 만들어 준다. 어느 의미에서는 인류생활의 역사는 아름다움을 창조하고 유지하고 발전시키기 위한 노력의 과정인지도 모른다. 이 아름다움의 창조를 위한 노력의 산물이 문화인 것이다. 하늘에는 별이 있어 아름답고, 땅에는 꽃이 있어 곱다면 문화는 인간사회에 있어서 별이며 꽃이라고 할 수 있을 것이다.

그러나 인간사를 화려하게 수놓아 주는 문화도 그 정도가 지나치면 오히려 해악을 가져온다. 사람의 마음은 호사함과 쾌락에 빠지기 쉽고 사회의 풍조는 형식과 허례에 치우치기 마련이다. 허영과 사치스러움에 젖어든 사회는 이미 사람이 서로 믿지 못하는 공허한 사회, 불신의 사회인 것이다. 거기에는 벌써 자제와 반성을 기대할 수 없다. 제 아무리 세련된 예절과 고상한 언어를 구사할지라도 자제와 반성이 없는 마음은 내리막길로 굴러가는 몰락하는 마음인 것이다. 산화비괘의 효사에서 화려하고 사치스러운 아름다움인가 아니면 꾸밈이나 거짓이 없는 수수함인가 하고 갈등하는 대목이 나온다. 이것은 화려하면서도 꾸밈이나 거짓이 없고, 수수하면서도 화려함을 잃지 않는 그러한 문화가 올바른 문화라고 강조하고 있는 것이다.

비괘는 인간사회가 자연상태에서 벗어나 일정한 목적과 생활의 이상을 실현하려는 문명활동의 과정을 논하고 있지만 이것은 회사의 운영에 있어서도 개인의 처신에 있어서도 시사하는 바가 크다.

【원문】

賁 亨, 小利有攸往, 象曰 賁亨 柔來而文剛 故
분 형 소리유유왕 단왈 분형 유래이문강 고
亨, 分剛上而文柔, 故小利有攸往, 天文也, 文
형 분강상이문유 고소리유유왕 천문야 문
明以止人文也, 觀乎天文以察時變 觀乎人文以
명이지인문야 관호천문이찰시변 관호인문이
化成天下, 象曰 山下有火賁, 君子以明庶政 无
화성천하 상왈 산하유화분 군자이명서정 무
敢折獄.
감절옥

【직역】 비는 형통하는 괘이니 갈 곳이 있으면 다소 이로우니라. 단왈 비괘는 형통하는 괘이니라. 부드러운 것이 와서 강한 것을 꾸며 주는 까닭으로 형통하느니라. 강이 나뉘어 위로 올라가서 부드러움을 꾸미는 까닭으로 갈 곳이 있으면 조금 이로우니 이것이 바로 천문이니라. 문명이 밝아서 머물면 인문이 되는 것이니라. 천문을 관찰하여 때의 변화를 살피며 인문을 관찰하여 천하를 변화시키느니라. 상왈 산 아래에 불이 있는 것이 비괘이니 군자는

이로써 뭇 정사를 밝히되 감히 옥사를 판단하지 않아야 하느니라.

初九 賁其趾, 舍車而徒, 象曰 舍車而徒 義不乘
초구 비기지 사거이도 상왈 사거이도 의불승
也, 六二 賁其須 象曰 賁其須 與上興也, 九三
야 육이 비기수 상왈 비기수 여상흥야 구삼
賁如 濡如, 永貞吉, 象曰 永貞之吉 終莫之陵
비여 유여 영정길 상왈 영정지길 종막지릉
也, 六四 賁如 皤如, 白馬翰如, 匪寇婚媾, 象曰
야 육사 비여 파여 백마한여 비구혼구 상왈
六四當位疑也, 匪寇婚媾 終无尤也, 六五 賁于
육사당위의야 비구혼구 종무우야 육오 비우
丘園, 束帛 戔戔, 吝終吉 象曰 六五之吉 有喜
구원 속백 전전 린종길 상왈 육오지길 유희
也, 上九 白賁, 无咎, 象曰 白賁无咎 上得志也.
야 상구 백비 무구 상왈 백비무구 상득지야

【직역】【초구】자신의 발을 꾸미는 것이니 수레를 버리고 걷는다. 상왈
수레를 버리고 걷는다 함은 의지상 타지 못하는 것이니라.【육이】그 수염을
보기 좋게 꾸민다. 상왈 수염을 보기 좋게 꾸민다 함은 위와 더불어 일어난
다는 것이다.【구삼】빛나고 윤택하니 오래도록 마음을 바르게 하면 길하리
라. 상왈 오래도록 마음을 바르게 하면 길하다 함은 마침내 업신여길 사람
이 없다는 것이니라.【육사】빛나고 희며, 흰 말은 너무도 빨라서 나는 듯하
니 도둑이 아니면 청혼하리라. 상왈 육사는 정당한 자리를 의심하는 것이니
라. 도둑이 아니면 청혼한다 함은 마침내 허물이 없다는 것이니라.【육오】동
산과 밭을 꾸민다. 비단 묶음이 작으면 부끄러우나 마침내는 길하리라. 상왈
육오의 길하다 함은 기쁨이 있다는 것이니라.【상구】희게 빛나면 허물이 없
으리라. 상왈 희게 빛나면 허물이 없다 함은 윗사람의 뜻을 얻었다는 것이니
라.

【요점】 군자이명서정君子以明庶政, 무감정옥无敢政獄, 비여유여賁如濡如, 영정길永貞吉이라 함은 군자는 비괘를 본받아 서정을 밝히고 함부로 형벌을 내리지 않는 것이며, 꾸미고 윤택한 마음이 변함없이 곧으면 좋다는 뜻이다. 불빛처럼 밝게 서정庶政을 한다면 누구나 편안하게 살 수 있을 것이다. 정사를 밝게 경영하는 것이 곧 서정이다. 정사를 밝게 경영하려면 강한 것과 부드러운 것이 어긋나지 않아야 한다. 강유剛柔가 서로 엇갈리면 뜻을 거슬러 정상을 그르친다. 역시 밝은 것을 지나치게 강요하다 창백한 꼴이 되어서는 안 된다.

용서하고 이해하는 후한 마음이 있어야 세상살이가 따뜻하다. 정사를 밝게 경영하되 가혹하게 몰아서는 안 된다는 것이다. 또 사실보다 지나치게 부풀리어 꾸미면 안 된다. 허세를 꾸미거나 윤택한 척하지 않는 마음은 곧 바른 마음이다. 변함없이 마음이 곧다면 보기 좋게 꾸며도 길하고 윤택해 보이게 해도 흉될 게 없다. 그러나 꾸며서 어설픈 허세를 부리지 말고 윤택하다고 드러내어 과시하지 말라는 것이다.

23) 박剝　산지박 山地剝 : 속으로 배어드는 위기

박剝은 깎여 떨어진다, 벗겨 내린다는 의미이다. 양의 힘이 점차로 깎여 곧 무너지려는 위기를 상징하고 있다. 문화상의 성숙이 더할 수 없는 정도에 이른 후에 오는 사회의 쇠퇴기라고 논하고 있다. 스스로 깨닫지 못하는 중병, 방탕한 생활로 인한 파산, 실각의 기회를 엿보는 부하 등 기울어가는 운의 극을 나타낸다. 생각함이 없이 경솔하고 망령되게 행동하지 말고 진중하게 겨울철이 지나가기를 기다려야 한다. 겨울이 오면 봄이 멀지 않으니 되일어나는 부흥의 괘가 다음에 기다리고 있다. 괘의 형상도 한 개 남아 있는 양효를 아래서부터 세찬 기세로 상승하는 음효들이 들추고 높이 솟은 산간괘이 자연현상에 의하여 평지곤괘로 화하는 양상을 드러내고 있다.

박剝은 벗겨 떨어뜨리는 것이다. 많은 음陰이 하나의 양陽을 긁어내어 깎아 버리려 한다. 소인의 기세와 힘이 충천할 때이다. 이치에 맞지 않게 일을 추진하면 해를 부를 것이다. 괘의 형상은 그 당시의 시세에 순응해서坤 절도 있는 태도를 지켜 행동을 머물러야艮 할 것을 가리키고 있다. 군자는 그런즉 이로움과 이롭지 못함을 살피어 행동한다. 그것이 천행의 필연적인 불변의 관계이기 때문이다.

【大象】산艮이 허물어져 내려앉아 평지坤가 된다. 이것이 박의 괘상이다. 위에 앉은 사람은 이 괘상을 보고 먼저 아랫사람들의 형편을 넉넉하게 하는 데 힘써 자신의 지위를 확고히 한다.

【初陰】침대를 깨뜨린다. 먼저 다리가 흔드적거린다. 위기가 발 밑에서부터 배어들고 질서와 체계가 파괴된다. 불길하다.

【二陰】파괴는 다리 위까지 이르러 미친다. 위기는 아직 드러나지 않았지만 머지않아 질서를 무너뜨리고 만다. 불길하다.

【三陰】그 결과로 인해 드디어 파괴된다. 그러나 군자上陽의 가르쳐 이끔을 받고 주위를 둘러싸고 있는 소인들은 떠난다면 그릇된 실수는 없을 것이다.

【四陰】침대의 파괴는 그 위에 있는 사람까지 위태롭게 하여 형편이 매우 어렵다. 그 위험이 몸의 주위에까지 미쳤으니 불길하다.

【五陰】왕후가 궁의 나인들을 통솔해서 천자上陽의 총애를 받는다면 결국은 허물을 면하고 일이 아무 탈이나 말썽없이 예정대로 잘 되어 간다. 中

【上陽】나무의 높은 가지에 알맞은 과일 하나가 떨어져 없어지지 않고 붙어 있다. 쇠멸하는 세상에 홀로 남은 뛰어난 인물은 마침내 백성들로부터 윗사람으로 떠받듦을 받아 높은 지위에 오를 것이다. 소인들은 끝내 위를 침노하여 범하려 하지만 그것은 자신들의 지붕을 파괴하는 것과 같다. 일신을 편안히 할 자리까지 잃어버릴 것이다.

【해설】산지박괘의 형상은 모든 효가 음효로 되어 있고 한 개의 양효만이 맨 위에 놓여 있다. 그러므로 마치 어느 건물의 아랫부분은 전부 패여 속은 아무것도 없는 텅빈 굴속 같이 되어 있고, 그 위에 지붕이 살짝 씌워져 있는 위태로운 모습과 같다. 이러한 붕괴 직전의 상태가 바로 박剝괘인 것이다. 그러나 역경의 이치에 절망은 없다. 궁하면 변하고 변하면 통한다는 것이 역경의 대원리이다.

즉 매우 궁박한 처지에 이르면 도리어 해결할 길이 생긴다는 것이다. 산지박괘와 같은 상태에 있을 때는 무리한 투쟁을 전개해도 성과는 얻을 수 없다. 이런 경우에는 고요히 움직임을 멈추고 때가 오기를 기다리는 것이다. 기회는 반드시 온다. 겨울이 오면 봄도 멀지 않았음을 우리는 알고 있다. 오직 우리가 새기어 둘 일은 기다리는 것이 그저 막연하게 기다리는 것이 아니고 후일을 도모하기 위한 마음의 준비와 노력이 있어야 한다는 것이다. 그러므로 의연하고 굳센 뜻을 가지고 한편 내일을 축적하고 기르는데, 부단한 노력을 기울여야 한다. 겨울 동산의 가지만 앙상하게 남아 있는 나무들은 눈 속에서 봄을 준비하고 있는 것이며, 봄하늘의 우레는 겨울동안 땅속에서 근원이 되는 힘을 축적해 가는 것이다.

이런 마음의 준비와 노력만이 바로 산지박괘의 험한 운에 대처하는 전화위복의 방법이다.

【원문】

剝 不利有攸往, 彖曰 剝剝也, 柔變剛也, 不利
박 불리유유왕 단왈 박박야 유변강야 불리
有攸往 小人長也, 順而止之 觀象也, 君子尚消
유유왕 소인장야 순이지지 관상야 군자상소
息盈虛 天行也, 象曰 山附於地剝, 上以厚下安
식영허 천행야 상왈 산부어지박 상이후하안
宅.
택

【직역】 박괘는 갈 곳이 있으면 이롭지 아니하니라. 단왈 박괘는 깎아내린다는 것이니 유柔가 강剛을 변하게 하는 것이다. 갈 곳이 있으면 이롭지 않다 함은 소인이 자라기 때문이며, 순종하여 머무는 것은 상象을 관찰하는 것이니라. 군자가 영고성쇠의 도를 숭상한다는 것은 하늘의 행함을 숭상하는 것이니라. 상왈 산이 땅에 붙어 있는 것이 박괘의 상이니 윗사람은 이를 본받아서 아랫사람을 후하게 하여 집을 편안하게 해야 하느니라.

【원문】

初六 剝牀以足, 蔑貞, 凶, 象曰 剝牀以足 以滅
초육 박상이족 멸정 흉 상왈 박상이족 이멸
下也, 六二 剝牀以辨, 蔑貞, 凶, 象曰 剝牀以辨
하야 육이 박상이변 멸정 흉 상왈 박상이변
未有與也, 六三 剝之 无咎, 象曰 剝之无咎 失
미유여야 육삼 박지 무구 상왈 박지무구 실
上下也, 六四 剝牀以膚, 凶, 剝牀以膚 切近災
상하야 육사 박상이부 흉 박상이부 절근재

也, 六五 貫魚 以宮人寵, 无不利, 象曰 以宮人
야　육오　관어　이궁인총　무불리　상왈　이궁인
寵, 終无尤也, 上九 碩果不食, 君子得輿 小人
총　종무우야　상구　석과불식　군자득여　소인
剝廬, 象曰 君子得輿 民所載也, 小人剝廬 終
박려　상왈　군자득여　민소재야　소인박려　종
不可用也.
불가용야

【직역】【초육】상을 갉아 먹는 데에는 다리부터 시작함이니 바른 것이
멸함이다. 흉하도다. 상왈 상을 다리부터 갉아먹는다 함은 아래서부터 먹어
올라간다는 것이니라.【육이】상을 갉아먹는 데에는 언저리부터 시작한다.
바른 것이 없음이라. 흉하도다. 상왈 상의 언저리부터 갉아먹는다 함은 함께
할 동료가 없다는 것이니라.【육삼】갉아먹어 허물이 없느니라, 상왈 갉아먹
으나 허물이 없다 함은 위·아래를 잃었다는 것이니라.【육사】상을 갉아먹어
도 거죽부터 시작한다. 흉하리라. 상왈 상을 거죽부터 갉아먹는다 함은 재
앙이 가까이 있어 절박하다는 것이니라.【육오】물고기를 잡아 꿰어서 궁인
들의 총애를 받는다. 이롭지 않음이 없으리라. 상왈 궁인들의 총애를 받는
다 함은 마침내 허물이 없다는 것이니라.【상구】큰 열매는 먹을 수 없으나
군자는 수레를 얻고 소인은 집을 깎으리라. 상왈 군자가 수레를 얻는다 함
은 백성들이 추대했다는 것이니라. 소인의 집이 깎인다 함은 종내는 쓸 수가
없는 것이니라.

※ 박괘의 효사는 상狀:침상을 예로 들고 있다. 상으로써 괘의 형상을 표
현하고 그것을 벗겨 내리는 것이다. 초효부터 5효까지는 다리를 뜻하고 상
효는 깔개를 의미한다.
※ 관어貫魚란 물고기를 노끈으로 엮어서 고르게 늘어놓은 것을 뜻한다.
이는 떨어지거나 빠지는 일이 없음을 관어라는 글귀를 이용하여 나타낸 것
이다.

【요점】 상이후하안택上以厚下安宅, 군자득여 소인박려君子得輿 小人剝廬라 함은 위를 본받아 아래를 후하게 하고 집안을 편안하게 하는 것이며, 군자는 수레를 얻지만 소인은 집이 헐린다는 것이다. 위에 있을수록 엄하게 마음을 다져야 하고 아랫사람을 보살피며 너그럽게 대하는 도량이 있어야 안팎이 편하다. 가려운 데를 찾아서 긁어 주는 마음이 있다면 아랫사람은 진심으로 윗사람을 모시려는 마음이 우러나는 법이다. 어느 직장이든 상사가 부하를 함부로 다루면 좀벌레가 상다리를 갉아먹는 꼴이 일어나게 마련이다. 털어서 먼지 안 나는 사람 없듯이 이런 저런 흉을 잡혀 끝내는 상사가 밀려나는 일도 일어난다.

하후상박下厚上薄이란 위에서 덜어내어 아래를 더해 주면 흉될 것이 없다는 박괘의 교훈이다. 이처럼 서로 돕고 이해하는 마음이 통할 때 사회는 건전함을 이룬다. 또 군자가 수레를 얻는다 함은 베푸는 마음을 앞세우므로 심신이 편하다는 뜻이며 소인의 집이 헐린다 함은 무엇이든 갉아먹는 좀벌레같은 행위를 한 탓으로 징벌을 받는다는 뜻이다. 그러므로 착취하지 말라. 이것이 박괘의 일깨움이다.

24) 복復 곤괘진괘 지뢰복 地雷復 : 가면 다시 돌아온다

깨뜨리어 헐어 버린 다음에는 건설이 시작된다. 쇠잔하던 것이 되일어나는 것이다. 복復은 동지를 가리킨다. 음의 기운이 내리덮고 있는 속에서 양의 기운이 움트기 시작하여 서서히 봄이 돌아오는 것이다. 오랫동안 괴로움도 이제 한순간뿐이다. 그러나 매우 급하게 서두르면 안 된다. 적극적으로 뛰어들어 싹을 내려고 하면 늦서리를 맞아 시들어 버린다. 신중하게 장래의 대계를 세워야 할 때이다. 괘의 형상을 헤아리면 땅속곤괘 깊은 곳에 봄기운이 발동진괘하고 있음을 가리킨다. 역점에서는 복원復原, 화해和解, 실물失物에 좋은 괘이다.

복復괘는 양기初陽가 되돌아와서 일이 성하게 잘 되어 가는 영화로움을 나타낸다. 변화에 적응하여 따르면 나가든 돌아오든 거치적거림이 없다. 가깝게 사귀는 사람들이 모여들어도 변고는 없을 것이다. 가는 길을 7일만에 되돌아온다. 이것은 천지자연의 도리와 일치한다. 양기陽氣가 뻗어나가려 한다. 바싹 다잡아서 활동하는 것이 좋다. 복괘는 사물을 생겨 이루어지게 하고 만물을 길러서 키우는 천지의 마음을 나타낸다.

【大象】우레의 기운이 아직 땅속에 배어 있는 상태가 복의 괘상이다. 군주는 이 괘상을 보고 양의 기운이 다시 돌아오는 동짓날에는 관문을 닫고 뭇사람들의 통행을 금지하며 자신도 순행시찰을 중단하고 양의 기운이 왕성해지는 시기를 기다린 것이다.

【初陽】지난 잘못을 깨우치고 바른 도리로 돌아온다. 몸과 마음을 닦아 도덕심을 높은 경지로 끌어올리고 행동을 바로잡으면 후회스러움을 남기지 않게 크게 길하다.

【二陰】좋아서 나무랄 곳이 없을 정도로 돌아온다. 몸을 낮추고 어진 사

람(初陽)을 따르면 길하다.

【三陰】망령되게 행동해서 잘못을 범하지만, 그때마다 정도로 돌아오면 형세는 어려워 마음을 놓을 수 없지만 큰 허물은 없을 것이다.

【四陰】중용의 상태를 그대로 유지하면서 홀로 자신의 길을 갔다가 정도로 돌아온다.

【五陰】믿음이 있고 성실한 마음가짐으로 정도로 돌아온다. 중용을 지키며 깊히 잘 생각하여 결정한다면 후회는 없을 것이다.

【上陽】정도로 돌아갈 것을 잊고 정처없이 헤매인다. 흉하다. 그것은 특히 군주 된 자의 도리에 맞지 않는 행동이다. 천재지변이 겹칠 것이다. 이때 많은 병력을 전선에 배치해도 크게 패하여 군주 자신도 화를 입는다. 10년이 지나도 전날의 패배를 설욕하지 못한다.

【해설】지뢰복괘는 앞에서 논한 산지박괘와는 정반대의 모습이다. 산지박괘는 음효가 겹쳐 쌓인 맨 위에 한 개의 양효가 놓여 있었다. 이것은 천지에 가득한 음의 기운이 겨우 쇠잔한 명을 이어 가는 한쪽의 양의 기운을 초잠식지하려는 암담한 상태를 보이는 것이었다. 그러나 지뢰복괘는 이러한 희망이 끊어진 상태를 넘어서 극한의 벽을 뚫고 빛이 보이는 희망의 가도로 내닫는 새로운 출발을 상징하는 괘이다. 복復은 회복하다, 돌아오다, 되찾다의 뜻이다. 천지자연의 운행법칙은 돌고 도는 것이어서 돌아오지 않는 것은 없다는 것이다. 역경의 이치는 바로 이러한 가면 다시 돌아온다는 데 근거를 두고 있는 것이다.

이 괘는 지뢰복의 상태를 천지자연의 법칙이 한바퀴 돌아와서 다시 새로운 출발을 하는 상태라고 생각하고 있다. 역경이 천지자연의 운행을 7일로써 논하는 것은 서양의 1주·7일의 현상과도 일치하는 것이며, 구약전서의 창세기 편에서 보는 하나님의 천지창조의 과정과도 서로 어긋나지 않는 것이다. 참으로 역설적이 아닐 수 없다. 어찌되었든 지뢰복괘가 넌지시 깨우쳐주는 회복하고 돌아오고 하는 이치가 역경에서 논하듯이 인간의 모든 일에 적용되는 참된 도리라고 여겨서 의심치 않기 때문에 인간은 절망하지 않고 때를 기다리며 노력하고 투쟁하게 되는 것이다. 또 우리는 흥하고·망하고·성하고·쇠하는 역사적 경험을 잘 알기 때문에, 인생살이는 흥미가 있는 것이며, 지뢰복괘의 회복하고 돌아오는 진리와 같이 어떤 일을 이루거나 기대하는 마음으로 삶을 영위하고 있는 것이다. 그러나 복괘는 아직은 힘이 미약하며 모자람이 없는 가능성만 내포하고 있을 뿐이다. 시간과 순서를 중히여기는 현명함을 지니면서 적극적이면서도 점진적으로 진행해야 할 것이다.

【원문】

復 亨, 出入无疾 朋來无咎, 反復其道 七日來
복 형 출입무질 붕래무구 반복기도 칠일래
復, 利有攸往, 彖曰 復亨 剛反, 動而以順行, 是
복 이유유왕 단왈 복형 강반 동이이순행 시
以出入无疾 朋來无咎, 反復其道七日來復 天行
이출입무질 붕래무구 반복기도칠일래복 천행
也, 利有攸往 剛長也, 復其見天地之心乎, 象曰
야 이유유왕 강장야 복기견천지지심호 상왈
雷在地中復, 先王以至日閉關 商旅不行 后不省
뢰재지중복 선왕이지일폐관 상려불행 후불성
方
방

【직역】 복復은 만사가 형통하는 괘이니 출입을 하여도 병이 없다. 벗이 찾아와도 허물이 없으리라. 그 도를 다시 반복하니 7일만에 되돌아온다. 갈 곳이 있으면 이로우니라. 단왈 복괘가 형통하다 함은 강한 기운이 다시 돌아오는 것이니라. 움직여 순종함으로써 행하느니라. 이것이 출입을 하는 데도 병이 없다는 것이니라. 벗이 찾아와도 허물이 없느니라. 그 도를 반복해서 7일만에 되돌아온다 함은 하늘의 행함이니라. 갈 곳이 있으면 이롭다 함은 강한 양의 기운이 자라나기 때문이니라. 복괘에서 그 천지의 마음을 보는 것이니라. 상왈 우레가 땅 가운데 있는 것이 복괘이니라. 선왕은 이를 본받

아서 동짓날에 관문을 닫고 장사와 여행을 하지 못하게 하며 제후들은 방소를 살피지 아니하였다.

【원문】

初九 不遠復, 无祗悔, 元吉, 象曰 不遠之復 以
초구 불원복 무지회 원길 상왈 불원지복 이

修身也, 六二 休復, 吉, 象曰 休復之吉 以下仁
수신야 육이 휴복 길 상왈 휴복지길 이하인

也, 六三 頻復, 厲无咎, 象曰 頻復之厲 義无咎
야 육삼 빈복 려무구 상왈 빈복지려 의무구

也, 六四 中行獨復, 象曰 中行獨復 以從道也,
야 육사 중행독복 상왈 중행독복 이종도야

六五 敦復, 无悔, 象曰 敦復无悔 中以自考也,
육오 돈복 무회 상왈 돈복무회 중이자고야

上六 迷復凶, 有災眚 用行師 終有大敗 以其國
상육 미복 흉 유재생 용행사 종유대패 이기국

君, 凶, 至于十年不克征, 象曰 迷復之凶 反君
군 흉 지우십년불극정 상왈 미복지흉 반군

道也.
도 야

【직역】 **【초구】** 머지않아 되돌아온다. 뉘우치는 일이 없을 것이다. 크게 길하리라. 상왈 머지않아 되돌아온다 함은 몸을 수양하기 위함이니라. 【육이】 되돌아와서 회복함이니 길하니라. 상왈 되돌아와서 회복함이니 길하다 함은 아래가 어질게 된다는 것이니라. 【육삼】 자주 되돌아온다. 위태로우나 허물은 없으리라. 상왈 자주 되돌아오고 위태롭다 함은 의리상 허물이 없다는 것이다. 【육사】 중정을 행하여 홀로 되돌아온다. 상왈 중정을 행하여 홀로 되돌아온다 함은 도를 따르기 위함이니라. 【육오】 돈독하게 되돌아온다. 후회가 없느니라. 상왈 돈독하게 되돌아오는데 후회가 없다 함은 중도로써 스스로 이룬다는 것이니라. 【상육】 아득하게 돌아오는 길을 잃었으니 흉함이 있느니라. 인위적인 재앙으로 군사를 쓰면 마침내 크게 패할 것이며 그

나라 인군에게까지 흉한 일이 미치게 된다. 10년에 이르도록 능히 가지 못하리라. 상왈 아득하게 돌아오는 길을 잃었으니 흉함이 있다 함은 인군이 도에 어긋나기 때문이니라.

【요점】중행독복中行獨復, 이종도야以從道也, 돈복무회敦復无悔라 함은 가운데로 걸어서 홀로 되돌아오는 것은 도리에 의해서이고, 돈독하게 되돌아온다는 것은 후회가 없다는 것이다. 중을 실천하면서 홀로 되돌아온다는 것은 그곳에서 바로 나 자신이 있기 때문이다. 중은 중용이다. 지나침도 없고 모자람도 없이 알맞게 사는 삶이 곧 중용의 도리인 것이다. 또 이렇듯 자신을 추스른 다음 돈독하게 되돌아오는 것이 곧 돈복敦復이다.

결국 자신에게로 돌아온다는 뜻이다. 복잡다단한 작금의 시대에는 자신의 삶을 되돌아볼 겨를도 없이 일에 쫓기며 사는 인간들이 많다. 그러나 정신없이 살다보면 후회할 일이 생기는 법이다. 인생은 작은 물고기를 굽듯이 경영해야 한다. 그래서 노자老子는 정치를 일러 작은 물고기를 굽는 것과 같다고 했다. 이것은 작정하지 못한 사물이라도 함부로 다루지 말라는 의미이다.

25) 무망无妄 ䷘ 건괘 진괘 천뢰무망 天雷无妄 : 결과에 순응하다

무无는 무無이고, 망妄은 망望이다. 어떻게 하고 싶다는 기대와 예정, 속 다짐, 술수 등을 버리고 흐르는 대로 몸을 맡기는 것이다. 노자老子의 덧없는 행동을 하지 않는 자연 그대로인 무위자연無爲自然의 사상과 거의 같다. 무망无妄이라는 것은 생각지 않았던 일, 예기치 않았던 일이란 의미이다. 하늘의 섭리에 일신을 맡기고 뜻하지 않았던 일에 부딪쳐도 흔들려 움직이지 않고 조용하면서도 꾸밈이 없이 그것을 받아들여야 할 것이다. 물론 그것은 복잡하지 않는 비활동적인 것은 아니다. 천지자연의 변고와 괴변이 일어나도 대지를 붙들고 떠나지 않는 농부의 마음, 어렵고 힘든 고난을 이겨내고 자식을 기르는 어머니의 태도이다. 또 송대의 한 학자는 망妄을 사실과 어긋나는 터무니없는 언행으로 규정하고, 무망无妄이란 거짓이 없는 인간의 지적 능력, 지극한 정성이라고 논한 바 있다.

무망无妄의 괘는 강효剛爻가 아랫괘의 주효가 되어, 윗괘의 건乾과 서로 기맥이 통해서 굽힘이 없이 꼿꼿하고, 활동을 멈추지 않는다. 더 나아가 5양五陽과 2음二陰이 중정中正의 위치에 있어 서로 호응하는 이상적인 모습을 보이고 있다. 무망이란 하늘의 명에 따름으로써 강대하고 번영한다. 이 도리를 항상 같은 마음으로 지켜 나가는 자는 모든 일이 순조롭다. 그러나 계책과 계략을 꾸며 이 도리를 어긴다면 반드시 재앙을 당할 것이다. 생각함이 없이 마구 나아가지 말라. 무망의 때를 만나 하늘의 뜻을 어겨 거스르고 어디로 갈 것인가. 하늘이 협력하지 않을 것이다.

【大象】하늘건괘에서 우렛진괘소리가 진동할 때, 세상의 모든 물질들은 하늘의 섭리에 따라 그 생명을 유지하고 있다. 이것이 무망无妄의 괘상이다. 성스럽고 위대한 왕은 이 괘상을 보고 환경이나 변화에 적응해서 만물을 보살

피고 자라게 하는 것이다.

【初陽】사사로운 마음이 없이 거짓이 없고 참된 마음으로 나아가면 뜻을 얻어 길하다.

【二陰】일을 하여 얻은 성과에 대해 개의치 않고, 오로지 땅을 갈아 농사를 지으며 한결같이 개척해 나간다면 만사는 아무 탈이나 말썽 없이 예정되로 잘 되어 간다. 부귀를 생각하지 않고 그날의 맡은 일만 계획대로 진행하라.

【三陰】뜻하지 않은 재앙을 만난다. 예를 들면 길가에 매어둔 소를 지나가던 도둑이 훔쳐 가고 아무것도 모르는 동네사람이 혐의를 뒤집어쓰는 그런 경우이다.

【四陽】정당한 도리를 지켜라. 뜻이 흔들리지 않고 굳게 지켜 나아가면 그릇된 실수는 없을 것이다.

【五陽】뜻하지 않은 질병에 걸린다. 그러나 침착하지 못하고 서두르며 약을 쓰지 말라. 그대로 버려두면 저 스스로 자연스럽게 쾌차할 것이다.

【上陽】사람의 힘을 더하지 않은 자연 그대로의 상태에 맡겨 두라. 의식적으로 한 적극적인 행위는 어찌할 수 없는 곤란한 경우에 몰아넣어질 것이다.

【해설】앞에서 논한 지뢰복괘의 우레는 땅 위에 뛰쳐나온 완성된 우레가 아니다. 커 가는 순간에 있기는 하나 천하를 압도할 만한 그런 우레는 아니었다. 그러나 천뢰무망괘의 우레는 이미 땅속에 가둬진 우레는 아닌 것이다. 지각을 뚫고 하늘로 치솟아 올라 크게 포효하는 하늘의 우레인 것이다. 지뢰복괘가 봄의 시작이라면 천뢰무망괘는 봄의 중심이라고 할 수 있다. 인간 사회로서 유추해석하면 천뢰무망은 군주와 신하 그리고 어진 인사들이 한 마음으로 바르고 복된 국가를 영위하고 있는 상태를 의미한다. 천뢰무망괘는 이와같이 위·아래가 서로 호응하여 발전하고 번영하는 상태를 보여 주는 잘 되어 가는 운의 괘인 것이다.

그러므로 한결같이 변함이 없으면 크게 형통하여 길하다고 논하고 있다.

역경의 64괘 가운데 원·형·이·정이 모두 들어 있는 괘는, 건·곤·수·임·무·둔·혁의 일곱괘이다. 그리고 역경은 여기에서도 주의를 잊지 않고 있다. 무망괘의 상징과 같이 위·아래가 합심하여 더 낫고 좋은 상태로 나아가 크게 형통한다는 것은 바른길을 좇기 때문이라는 것이다. 죄악의 진상이 드러나는 불운의 시대를 회복하고 새로운 복된 사회를 이룩하는 데는 정의라는 바른길을 걸어야 한다. 만일 새로운 국가사회를 건설하였으나 올바른 도리를 저버리고 부정한 길을 걷는다면 그 국가와 사회는 천지만물이 함께 봄을 꾸려 나가는 빛살같은 천뢰무망의 상태를 이룰 수 없는 것이다. 그것은 이미 파탄을 의미하는 것이며 재액과 화난을 내포하고 있다고 논리할 수 있다.

그러므로 천뢰무망의 크게 번영하고 온갖 일이 뜻대로 되는 상태는 일의 시초부터 정의로써 어루어진 것이며, 또 미래에도 올바른 도리를 유지해야만이 끊이지 않고, 늘 잇대어 나아가며 발전할 수 있다는 것이다.

【원문】

无妄 元亨, 利貞, 其匪正有眚, 不利有攸往, 象
무망 원형 이정 기비정유생 불리유유왕 단
曰 无妄剛自外來而爲主於內, 動而健, 剛中而
왈 무망강자외래이위주어내 동이건 강중이
應, 大亨以正 天之命也, 其匪正有眚 不利有攸
응 대형이정 천지명야 기비정유생 불리유유
往 无妄之往 何之矣, 天命不祐 行矣哉, 象曰
왕 무망지왕 하지의 천명불우 행의재 상왈
天下雷行 物與无妄, 先王以茂對時育萬物.
천하뢰행 물여무망 선왕이무대시육만물

【직역】무망은 크게 형통하는 괘이니 마음이 바르고 곧으면 이로우니라. 그것이 바르지 않으면 재앙이 있으리라, 갈 곳이 있어도 이롭지 않느니라. 단왈 무망괘는 강한 기운이 밖으로부터 와서 스스로 안의 주체가 되는 것이니, 굳건하고 강한 기운이 가운데 응한다. 크게 형통하고 바르게 하니 바로 하

늘의 명령이니라. 그것이 바르지 않으면 재앙이 있고 갈 곳이 있어도 이롭지 않다 함은 무망의 갈 곳이 어디리요. 천명이 돕지 않는 것을 행함이 아니겠는가. 상왈 하늘 아래에 우레가 행하니 물건은 모두 망함이 없느니라. 선왕은 이로써 성하게 때를 대하여 만물을 육성하는 것이니라.

【원문】

初九 无妄往吉, 象曰 无妄之往 得志也, 六二
초구 무망왕길 상왈 무망지왕 득지야 육이

不耕穫 不菑畬 則利有攸往, 象曰 不耕穫 未富
불경확 불치여 칙리유유왕 상왈 불경확 미부

也, 六三 无妄之災, 或繫之牛, 行人之得 邑人
야 육삼 무망지재 혹계지우 행인지득 읍인

之災 象曰 行人得牛 邑人災也, 九四 可貞, 无
지재 상왈 행인득우 읍인재야 구사 가정 무

咎, 象曰 可貞无咎 固有之也, 九五 无妄之疾,
구 상왈 가정무구 고유지야 구오 무망지질

勿藥有喜, 象曰 无妄之藥 不可試也 上九 无妄
물약유희 상왈 무망지약 불가시야 상구 무망

行有眚, 无攸利, 象曰 无妄之行 窮之災也.
행유생 무유리 상왈 무망지행 궁지재야

【직역】【초구】무망괘이니 가는 데에 길함이 있느니라. 상왈 가는 데에 길함이 있다 함은 뜻을 얻었다는 것이니라.【육이】밭을 일구어도 거두어들일 것이 없고, 밭을 개간한 지 3년이 되었어도 좋은 밭이 되지 않는다. 갈 곳이 있어야 이로우니라. 상왈 밭을 일구어도 거두어들이지 못하면 아직 부유하지 아니하다.【육삼】뜻하지 않은 재앙이다. 혹은 소를 매어 놓았다 하더라도 지나가는 사람이 그것을 얻으니 마을사람은 재앙이 되리라. 상왈 지나가는 사람이 소를 얻었다 함은 마을사람에게는 재앙이 된다는 것이니라.【구사】가히 마음을 바르게 함이니 허물이 없으리라. 상왈 마음을 바르게 해야 허물이 없다 함은 굳게 지킨다는 것이니라.【구오】뜻하지 않은 병이니 약을

쓰지 않으면 기쁨이 있으리라. 상왈 뜻밖의 병으로 약을 써서는 안 된다는 것이니라.【상구】예기치 못한 일이니 일을 행하면 재앙이 있어서 이로울 것이 없느니라. 상왈 예기치 못한 일을 행하면 궁한 재앙이 있다는 것이니라.

【요점】무망지재无妄之災, 무망지행无妄之行, 궁지재야窮之災也라 함은 별생각 없이 재앙을 만날 수 있다는 것이고, 뜻하지 않은 행동이란 피치 못할 변고라는 것이다. 길가에 매어둔 소를 도둑이 훔쳐 갔는데 마을사람들이 소도둑으로 몰려 의심받게 되는 경우를 무망의 재앙이라고 한다. 내가 성실하게 살아도 그렇지 못한 사람들 틈바구니에 살고 있으니 어쩔 수 없이 괴로운 일을 당하게 마련이다. 이런 경우가 곧 무망의 변고이다.

그러나 화풀이하려는 마음은 그 어떤 경우라도 갖지 않아야 할 것이다. 헛된 욕심·겉치레·어설픈 기세 등은 모두 피치 못할 변고를 부른다. 비굴하게 보이는 것 역시 탈이다. 공연한 짓을 해서 천대를 받는 인간이 된다면 얼마나 억울하겠는가. 생각지도 못했던 불행을 당하게 되는 경우가 곧 궁하게 된 재앙이다. 그러므로 무망도 중용을 잃어서는 안 된다. 무망은 천지의 성실함을 가르쳐서 깨닫게 해주는 문구이다.

26) 대축大畜 간괘 건괘 산천대축 山天大畜 : 더 할 수 없는 축적

　대축은 소축과 견주어 볼 수 있고 큰 것이 작은 것을 자라게 하는 것으로서 위대한 군주가 인재를 보살피고 가르쳐 실력을 쌓게 한다는 의미이다. 축畜의 옛 글자는 축畜으로 전답에 농작물이 가득한 풍년을 가리킨다. 대축은 대풍작으로 창고에 곡물이 산처럼 쌓여 있는 상태이다. 큰 희망을 품은 자는 먼저 힘을 길러야 한다. 지혜와 견식을 넓히고 학식·능력이 뛰어난 사람을 양성하며, 자금을 충분히 저축하고 어진 덕을 갖추므로써 기력이 충실하고 정세가 넘쳐 흘러 대업을 완성할 수 있다. 막아서 거치적거리는 위험도 버젓하고 정대한 모습으로 헤쳐 나갈 수 있는 것이다. 괘의 형상은 윗괘는 간괘로서 산을 의미하고 아랫괘는 건괘로서 하늘을 상징한다. 하늘이 있고 산이 있으므로 크게 키울 여지가 있다. 곧 천지에 맡겨 자연스레 양육하는 것이다.

　대축大畜의 괘는 강건건괘하고 독실간괘해서 그 덕이 천하를 밝게 한다. 나날이 새롭게 되어가는 상태이다. 강효上陽가 맨 윗자리에 있어 어진 이初·二三陽를 공손히 섬기며 굳세고 강건괘하면서 굴레 벗은 말을 제어하는 것도 잊지 않는다. 이것이야말로 크고 바른 도를 걷는 것이다. 그 도리를 끝까지 밀고 나아가는 것이 길하다. 현자賢者를 존경하며 중도에서 그치지 말고 널리 사회적으로 활동하는 것이 좋다. 대축괘는 하늘의 도리에 적응하여 따르므로 큰 강을 건너는 위험을 범해도 아무 탈이나 말썽없이 예정대로 진행된다.

　【大象】하늘건괘의 기운이 산간괘 속에 모아지고 있다. 이것이 대축의 괘상이다. 군자는 이 괘상을 보고 옛 성현의 가르침을 마음에 새기어 스스로 자신의 덕을 이루어 나간다.

314

【初陽】앞으로 나아가면 위태롭다. 재난을 피해서 행동을 멈추는 것이 길하다.

【二陽】수레에서 바퀴가 흘러서 빠진다. 용맹하게 나아가는 자는 버려두고 중용을 지키면 그릇된 실수는 없을 것이다.

【三陽】썩 잘 달리는 말을 타고 질주한다. 달라지지 않고 항상 같은 마음으로 노력하는 것이 좋다. 날마다 무술에 관한 기예를 닦고 어진 이와 뜻을 합해 나아가면 순조롭다.

【四陰】울타리 안의 송아지. 경솔하고 망령되게 행동하지 않으면 기쁨이 있고 길할 것이다.

【五陰】말뚝에 매어둔 새끼 돼지. 경솔하고 가볍게 행동하지 않으면 기쁨이 있고 길할 것이다.

【上陽】끝없이 크고 넓은 하늘의 도를 터득하고 자유로이 움직일 수 있다. 도가 크게 작정한 대로 해 나아갈 것이다.

【해설】산천대축괘는 하늘이 산 밑에 있는 모습이다. 높이 있어야 할 산이 산 아래에 있는 것은 역경의 논리로 볼 때 매우 길한 것이다. 하늘은 겸손한 마음으로 몸을 낮추고, 산은 아래에 있으면서도 마음과 정성이 하늘로 향하기 때문에, 위·아래가 서로 호응하여 일치 협력할 수 있는 것이다. 이것은 한 나라의 군주는 신하와 백성들의 인격과 의사를 중히 여기고, 신하와 백성들은 군주를 성심껏 보필함으로써 위·아래가 합심하여 나아갈 수 있는 상태를 상징하는 것이다. 대축은 크게 저축한다, 크게 기른다의 뜻이다.

그러므로 산천대축괘는 산이 그 속에 하늘의 큰 기운을 받아들여 축적하고 있는 상태를 의미한다. 웅대하고 깊숙한 산중에 하늘의 기운을 축적하고 있다면 그 역량이 얼마나 대단한 것인가를 미루어 헤아리고, 하늘과 산의 정세가 서로 호응하는 상태를 대축이라는 글귀로 표현하고 있는 것이 역경의 논리적 사유이다. 산은 그 깊은 수원에 모아둔 하늘의 비로써 샘을 솟게 하고, 시냇물을 흐르게 하고 하천을 넘치게 하고 강과 바다를 광대한 존재로 만들어 주면서 쉴새없이 새로운 근원을 제공하고 있다. 그리고 산천초목에는 짐승과 새들이 번식하고 있고 바다와 하천에는 물고기와 해초가 살고 있다. 강물은 다시 농사에 필요한 물을 대고, 곡식과 채소를 길러 인간을 자라게 한다. 이러한 자연의 섭리를 본받아 힘을 기르고, 어진 이를 양성하고, 백성들을 이끌어 나아가라고 가르친 것이 바로 대축괘가 모든 지도자들에게 주는 교훈이고 계시인 것이며, 여기에만 머무르지 않고 일반 백성들에게도 가르침을 주고 있는 것이다.

우리들은 제각기 자신들의 마음속에 제 나름의 인생관을 가지고 있다. 몸과 마음을 닦아 품성과 지식을 높은 경지로 끌어올리고, 동료들을 사귀고, 자본금을 모으는 등의 모든 능력을 발휘하고 내용을 알차게 준비하는 것이 자신의 세계를 발전시키는 원동력이 되는 것이다. 이렇게 축적하고 기르는 힘이 탄탄할수록 큰 강을 홀로 건너는 것과 같은 감당하기 어려운 위험한 일도 순조롭게 진행될 것이라고 산천대축괘는 논하고 있다.

【원문】

大畜 利貞, 不家食吉, 利涉大川, 象曰 大畜剛健
대축 이정 불가식길 이섭대천 단왈 대축강건
篤實輝光 日新其德, 剛上而尙賢, 能止健, 大正
독실휘광 일신기덕 강상이상현 능지건 대정
也, 不家食吉 養賢也, 利涉大川 應乎天也, 象
야 불가식길 양현야 이섭대천 응호천야 상
曰 天在山中 大畜, 君子以多識前言往行 以其畜
왈 천재산중 대축 군자이다식전언왕행 이기축
德.
덕

【직역】 대축괘는 마음을 바르게 함이 이로우니 집에서 먹지 않아도 길하다. 큰 강을 건너는 것이 이로우니라. 단왈 대축괘는 강건하고 독실하고 빛이 찬란하니 그 덕을 새롭게 하느니라. 강한 기운이 위로 올라가서 어진 이

를 숭상하고 능히 건실함에 머무르면 크게 바르게 되느니라. 집에서 먹지 않아도 길하다 함은 어진 이를 기른다는 것이니라. 큰 강을 건너는 것이 이롭다 함은 하늘에 응한다는 것이니라. 상왈 하늘이 산 가운데 있음이 대축괘이니 군자는 이로써 지난 이들의 말씀과 지난 행실을 많이 알아서 스스로 그 덕을 쌓느니라.

【원문】

初九 有厲, 利已, 象曰 有厲 利已 不犯災也,
초구 유려 리이 상왈 유려 리이 불범재야

九二 輿說輹, 象曰 輿說輹 中无尤也, 九三 良
구이 여설복 상왈 여설복 중무우야 구삼 양

馬逐, 利艱貞, 日閑輿衛 利有攸往, 象曰 利有
마축 리간정 일한여위 이유유왕 상왈 이유

攸往 上合志也, 六四 童牛之牿, 元吉 象曰 六
유왕 상합지야 육사 동우지곡 원길 상왈 육

四元吉 有喜也, 六五 豶豕之牙, 吉, 象曰 六五
사원길 유희야 육오 분시지아 길 상왈 육오

之吉 有慶也, 上九 何天之衢, 亨, 象曰 何天之
지길 유경야 상구 하천지구 형 상왈 하천지

衢 道大行也.
구 도대행야

【직역】 **【초구】** 위태로움이 있을 것이니 그치는 것이 이로우니라. 상왈 위태로움이 있을 것이니 그치는 것이 이롭다 함은 재앙을 범하지 아니하는 것이니라. **【구이】** 수레의 바퀴살을 벗기도다. 상왈 수레의 바퀴살을 벗긴다 함은 가운데 자리함이니 허물이 없다는 것이니라. **【구삼】** 좋은 말로 쫓아감이니 조금 어려움이 있으나 마음을 바르게 하면 이로우니라. 날마다 수레를 모는 일과 호위를 익히면 갈 곳이 있으니 이로우니라. 상왈 갈 곳이 있으니 이롭다 함은 윗사람과 뜻을 같이 하는 것이니라. **【육사】** 어린 소의 빗장이니 크게 길하리라. 상왈 육사가 크게 길하다 함은 기쁨이 있다는 것이니라. **【육

오】불알 깐 돼지의 어금니니 길하리라. 상왈 육오가 길하다 함은 경사가 있다는 것이니라. 【상구】하늘의 길이니라. 형통하리라. 상왈 하늘의 길이다 함은 도를 크게 행한다는 것이니라.

【요점】군자이다식전언왕행君子以多識前言往行, 이축기덕以畜其德이라 함은 군자는 대축괘로써 앞서 한 말씀들과 지나간 행동들을 다양하게 살펴서 그것으로 덕을 기른다는 것이다. 되돌아보고 살피지 않으면 덕을 기를 수 없다. 결국 나를 되돌아보고 살펴보라는 것으로서 자신의 언행이나 생각에 대하여 그 잘못이나 옳고 그름 따위를 스스로 돌이켜 생각해 본다는 의미이다. 이렇게 하면 못된 자신을 벗어나 어질고 사리에 밝은 자신으로 되돌아올 수 있다. 선한 자신으로 되돌아오는 것은 곧 덕을 기르는 것으로 통한다.

덕을 기른다 함은 과거를 살펴서 미래를 확실하게 해둔다는 뜻이 숨겨져 있다. 잘못은 항상 과거의 것이다. 앞서 잘못하겠다는 사람은 없다. 이미 지나간 이러저러한 언행을 잊지 않고 기억해 내어 반성하는 과정을 게을리하지 말라는 것이다. 잘못을 되풀이하는 어리석음은 인도人道에 합당한 일을 어긋나게 한 탓으로 시행착오를 거듭하는 것이다. 그래서 현명한 사람은 지나간 삶을 들추어 내어 반성하고 개선하는 것이다. 이것이 곧 대축괘의 일깨움이다.

27) 이頤 ䷚ 간괘
진괘 산뢰이 山雷頤 : 길러 내는 도

이頤는 턱을 가리킨다. 서합에서 논한 것처럼 산뢰이 괘의 형상을 보면 맨 위의 상효와 맨 아래의 초효가 양효이므로 마치 아래위의 잇몸같고, 그 사이에 있는 네 개의 효는 모두 음효로서 이빨 같은 모습을 하고 있다. 또 상괘인 간괘는 산의 상징이므로 멈춘다는 것이고 하괘인 진괘는 우레를 상징하므로 움직인다는 뜻으로써 거의 턱의 움직임과 일치한다. 인간은 턱을 움직여 음식을 먹고 영양을 섭취하여 육신을 기른다. 이런 의미에서 이는 기른다·길러낸다는 뜻도 된다. 사람의 몸을 기르고 마음과 영혼을 기르며, 물질세계에 있는 모든 것을 기르는 등, 기르는 도는 그만큼 다양해서 신중을 기하는 것이다. 사물에서 생기는 탈은 몸을 통해 들어오고, 모든 재앙과 액화는 업을 거쳐 나간다. 그러므로 언어와 음식물에 특히 주의해야 할 것이다.

이頤는 어떤 일을 해 나가거나 목적을 이루기 위한 수단이나 방식이 적의하면 길하다. 무엇을 기를 것인가를 잘 살펴 본바탕을 조사하고 생각하여 자신에 알맞은 것을 스스로 노력해서 구해야 한다. 가령 몸과 마음을 닦아 성품·지식·도덕심 등을 높은 경지로 끌어올리는 것이다. 하늘과 땅은 만물을 기르고 성인은 어진 이를 길러 도타운 사랑을 베푸는 마음이 만민에게 미치게 한다. 이 괘가 산출되면 시기를 짐작하여 결정하는 것이 중요하다.

【大象】산간괘 아래에 천둥진괘의 기운이 모습을 감추고 있다. 이것이 이괘의 괘상이다. 군자는 이 괘상을 보고 언행을 지나치지 않도록 조심하고 음식물을 알맞게 조절하여 제한한다.

【初陽】자신이 먹고 있던 맛이 좋은 고기를 버리고, 남의 고기에 침을 흘린다. 자신의 타고난 능력이나 기질을 버리고 남의 재주와 능력을 부러워한다. 당연히 귀하게 여길 것이 못 된다. 흉하다.

【二陰】아랫사람이 길러 주니 지켜야 할 도의에 벗어나지만 그것만이라면 그래도 길하다. 처자까지 버리고 부질없이 높은 곳 上陽을 올려다보면 흉하다.

【三陰】분수에 훨씬 넘치는 희망에 끌리어 기르는 도를 거스른다. 흉하다. 십년간 때를 기다리며 움직이지 말라. 만약 움직인다면 해가 될 뿐이다.

【四陰】아랫사람이 길러 주지만 길하다. 고맙게 베풀어 주는 혜택이 있기 때문이다. 기회를 노리고 정세를 관망하여 앞으로 나아가도 허물이 없다.

【五陰】상도의에는 어긋나지만 자신을 버리고 위 上陽를 좇아 변함이 없다면 길하다. 큰 강을 건너는 것과 같은 위험한 일은 피해야 한다.

【上陽】모든 것이 자신의 힘으로 길러진다. 도맡아 해야 할 임무는 중하고 고생스럽지만 길하다. 크나큰 기쁨이 있다. 큰 강을 건너는 것과 같은 어려운 일을 저지를지라도 순조롭다.

【해설】산뢰이괘는 기르는 것을 상징하는 괘이다. 육지는 산천초목과 여러 동물들을 기르고 바다는 물고기와 해초를 기른다. 인간은 음식을 섭취하여 육신을 기르고 수양을 쌓아 그 정신을 기른다. 성인은 슬기로운 인재를 기르고 천지는 만물을 기른다. 이와같이 천지자연의 생성화육에서부터 한 시대의 번영과 한 개인의 성장과 발전에 이르기까지 기른다는 일의 공로는 크다. 기른다는 것은 곧 내일의 대성과 번영을 미리 마련하여 갖추는 것이다. 그러나 위대한 사명을 띤 기르는 일은 저절로 이루어지는 것은 아니다. 천지가 만물을 기르는 데는 하늘과 땅이 서로 호응하고 협력해야 비로소 가능한 것이다. 또 한 나라가 어진 선비를 기르고 백성을 기르는 일은 군주의 지휘 아래 그 일에 관여할 자들이 힘을 합쳐 단결해야만이 실현될 수 있다.

그러므로 이 괘는 무엇을 기를 것인가를 자세히 살펴서 그 원칙이 정해지면 그것을 좇아 스스로 길러야 할 바를 선택하여 노력하라고 풀어서 밝히고 있다. 그리고 이 괘는 대상에서 언행을 조심하고 음식을 알맞게 조절하여 제한하라고 가르치고 있다. 이것은 일신의 안위를 돌보고 수양을 쌓는 요점을 논한 것이다. 수양의 요점으로 언행을 조심하고 건강의 요점으로 음심의 절제를 요구한 것이다. 그럼 여기에서 언행과 음식을 분류해서 설명하면, 음식은 사람의 건강뿐 아니라 생명과도 직결되어 있기 때문에 먹을거리를 조심해야 할 것은 말할 나위도 없다. 그러나 언행도 음식에 못지않게 중요한 것이며 그 미치는 결과는 음식보다도 훨씬 중대하다. 음식은 한 개인의 건강이나 생명에 영향을 끼치지만 인간의 사상과 감정을 표현하는 언어는 타인과 온세상 또는 후세에까지도 영향을 미치기 때문이다.

그러므로 옛 성인들은 한결같이 진실하고 과묵할 것을 가르치고 있는 것이다. 언어의 그릇된 실수로 인해 불필요한 추측이나 오해를 불러들이는 재난을 주의시키는 격언이 동서고금을 통하여 너무도 많다. 그만큼 말과 행동은 매우 중요하여 항상 신중하게 처신해야 한다.

【원문】

頤 貞吉, 觀頤自求口實, 象曰 頤貞吉 養正則吉
이 정길 관이자구구실 단왈 이정길 양정즉길
也, 觀頤 觀其所養也, 自求口實 觀其自養也,
야 관이 관기소양야 자구구실 관기자양야
天地養萬物 聖人養賢以及萬民, 頤之時大矣
천지양만물 성인양현이급만민 이지시대의
哉, 象曰 山下有雷 頤, 君子以愼言語 節飮食
재 상왈 산하유뢰 이 군자이신언어 절음식

【직역】 턱을 바르게 놀리면 길하니라. 관찰하고 기르며, 스스로 입의 실상을 구하는 것을 바라니라. 단왈 턱을 바르게 놀려야 길하다 함은 기르는데 바르게 하면 좋다는 것이니라. 관찰하고 기른다는 것은 그 기르는 바를 관찰한다는 것이다. 스스로 입의 실상을 구한다 함은 그 스스로 기르는 것을 관찰한다는 것이니라. 천지는 만물을 기르고, 성인은 어진 이를 길러서 만민에게 그 영향이 미치니 이 괘의 때는 큼이라. 상왈 산 아래에 우레가 있는 것이 이 괘이니 군자는 이로써 언어를 삼가고 음식을 절도있게 하느니라.

初九 舍爾靈龜 觀我朵頤, 凶, 象曰 觀我朵頤
초구 사이영귀 관아타이 흉 상왈 관아타이

亦不足貴也, 六二 顚頤 拂經, 于丘頤 征凶, 象
역부족귀야 육이 전이 불경 우구이 정흉 상

曰 六二貞凶 行失類也 六三 拂頤, 貞凶, 十年勿
왈 육이정흉 행실류야 육삼 불이 정흉 십년물

用, 无攸利, 象曰 十年勿用, 道大悖也, 六四 顚
용 무유리 상왈 십년물용 도대패야 육사 전

頤吉, 虎視耽耽 其欲逐逐 无咎 象曰 顚頤之吉
이길 호시탐탐 기욕축축 무구 상왈 전이지길

上施 光也, 六五 拂經, 居貞吉 不可涉大川, 象
상시 광야 육오 불경 거정길 불가섭대천 상

曰 居貞之吉 順以從上也 上九 由頤, 厲吉, 利涉
왈 거정지길 순이종상야 상구 유이 려길 이섭

大川, 象曰 由頤 厲吉 大有慶也.
대천 상왈 유이 려길 대유경야

【직역】【초구】신령스러운 거북이를 버리고 나를 보고서 턱을 벌리니 흉하리라. 상왈 나를 보고서 턱을 벌린다 함은 족히 귀하지 못하느니라.【육이】거꾸로 엎어진 턱이라서 법도를 거스르니 언덕에서 정벌하면 구하지 못해 흉하리라. 상왈 육이의 정벌을 하면 얻지 못해 흉하다 함은 행하면 같은 무리를 잃는다는 것이니라.【육삼】턱의 바름을 거스르니라. 흉해서 십년은 쓰지 못하니라. 이로울 것이 없느니라. 상왈 십년은 쓰지 못한다 함은 도에 크게 거스르는 것이니라.【육사】거꾸로 된 턱이지만 길하리라. 호랑이가 노려보고 있으니, 그 하고자 하는 것을 추구하면 허물이 없느니라. 상왈 거꾸로 된 턱이지만 길하다 함은 윗사람이 베푸는 바가 빛난다는 것이니라.【육오】법을 거스르는 것이나 곧고 바르게 하면 길하리라. 큰 냇물은 건널 수는 없느니라. 상왈 마음을 곧고 바르게 하면 길하다 함은 윗사람에게 순종하는 것이니라.【상구】턱으로 말미암아 양육된다. 조금은 위태로운 일이 있으나 길하리라. 큰 냇물을 건너면 이로우니라. 상왈 사람의 몸이 턱으로 말미암아

양육되니 조금은 위태로운 일이 있으나 길하다 함은 큰 경사가 있다는 것이니라.

【요점】 성인양현이급만민聖人養賢以及萬民, 군자이신언어君子以愼言語, 절음식節飮食이라 함은 성인은 현명한 사람을 길러서 온 사람들에게 미치게 한다이고, 군자는 언어를 삼가고 먹을거리를 절제한다 이다. 천지가 만물을 키우고 길러내는 것처럼 성인은 현명한 사람을 길러내고 그 현명한 사람은 다시 온 사람을 사리에 밝고 어질게 이끌어가므로 길러내다는 것은 중대한 일이다. 그리하여 성인의 마음이 만민에게 고루 미친다면 선악을 분별하여 따로 처리할 것도 없다. 성인의 마음이란 처음부터 나를 중심으로 생각하고 행동하는 것이 아니라 너와 우리를 중심으로 생각하고 행동하는 사심이 없는 마음인 것이다.

또 턱을 움직여 음식을 씹는 모습을 살펴 욕심을 삼가고 절제하는 지혜를 터득하라는 것이다. 인간을 귀하게 하는 방법 중에 가장 훌륭한 것이 신愼과 절節이다. 신은 매우 조심스러움이고 절은 정도를 넘지 않도록 알맞게 조절하여 제한하는 것이다. 말을 조심하고 분수에 지나치게 하고자 하는 마음을 참을 줄 알면 어디서든 낭패보는 짓을 범하지 않는다. 이것이 이 괘의 일깨움이다.

태괘
손괘

택풍대과 澤風大過 : 힘에 벅찬 임무

대과大過는 대大 즉 양陽이 정도가 심하게 많아서 그것을 받들고 버티며 유지하고 있는 자가 무르다는 의미로서 조화가 되지 않는 것을 말한다. 감당하기 어려울 정도로 힘에 겹지만 일을 포기할 수는 없다. 사조의 거센 흐름을 견디어 내며 군센 의지를 가지고 나아가야 한다. 남녀의 애정관계에도 서로 조화가 되지 않고, 특히 남편이 있는 여자가 젊은 사내와 성적인 욕망에 빠져버리는 경향이 있다. 사회에서는 상하의 연결을 맺게 하는 중요한 조건이 불통되어 중간에 있는 그 대상이 강해지고 있는 상태이다. 대과는 대들보가 지붕의 무게를 견디지 못하고 굽어지는 것에 비유할 수 있다. 괘의 형상도 홍수태괘의 물결에 휩쓸리는 나무손괘를 나타내고 있다.

대과의 괘는 강효陽가 너무 많다. 대들보를 받치고 있는 토대初陰와 기둥上陰이 튼튼하지 못해 휘어져 있는 상태이다. 그러나 강효가 너무 많다고는 해도 오양五陽·이양二陽이 가운데에 자리하고 있어 중용을 지키고, 또 허물을 고치도록 타이르는 말을 기꺼이 따르기 때문에 적극적으로 나아가 위험에 대처해도 아무 탈이나 말썽이 없이 더 낫고 좋은 상태로 번영한다. 대과의 괘가 산출되면 뜻에 맞는 시기를 구하는 것이 가장 중요하다.

【大象】 연못兌의 물이 나무巽를 덮치어 말라 죽게 하는 것이 대과의 괘상이다. 군자는 이 괘상을 보고 어려워도 무서워하거나 두려워하지 않고 세상을 드러나지 않게 이어 나가도 괴로워하지 않는다.

【初陰】 정돈되어 있는 흰 띠를 곧게 펴고 그 위에 제사 그릇을 차려 놓듯이, 공경하는 마음으로 깊이 삼가고 조심하는 마음의 자세로써 일을 행하면 탈이 없다.

【二陽】 오래 묵은 버드나무에 새싹이 트고, 노인이 젊은 여자를 아내로

맞이하여 심신의 활동력을 회복한다. 부조화이기는 하지만 그런대로 정착하면 만사가 여의롭다.

【三陽】대들보가 휘어 부러지려고 한다. 위난에서 구해 주는 자가 없다. 흉하리라.

【四陽】대들보가 높이 솟아 있다. 아무렇지도 않은 듯이 예사로운 모습으로 압박하는 힘에 굴하지 않으면 길하리라. 그러나 딴 마음이 있다면 비난을 받아 곤경에 처할 것이다.

【五陽】오래 묵은 버드나무에 꽃이 피었다. 늙은 여자가 젊은 남자를 서방으로 맞이한다. 때에 맞지 않는 꽃은 오래 가지 못한다. 보기에 흉할 뿐이다. 찬양할 것도 없고 허물될 것도 없다.

【上陰】사물을 분별하는 슬기를 잊고 힘에 부쳐 당해 내기 어려운 일을 밀고나간다. 강을 건너려다가 물에 머리가 잠긴다. 흉하지만 부득이한 일이기 때문에 변고는 면할 수 있다.

【해설】택풍대과괘는 너무 크고 투박하고 무거워서 균형을 잃고 있는 상태를 나타내는 것으로서 위·아래로 분산된 온순한 음효의 힘으로는 중심부에 운집하고 있는 강강한 양효의 세력을 견제하기에는 지나치게 약한 형세에 있다. 이렇듯 양효의 강강함이 정도를 넘는다고 해서 대과라고 한 것이다.

한 나라에 있어서 대과의 형태는 위로는 군주의 권위가 서지 않고 아래로는 백성들의 생활이 안정을 잃고 있는 상황 속에서 강대한 세력의 무리들이 발호하여 나라안이 도괴되고 있는 상태를 의미한다. 통치자의 권위가 서지 않으면 법령이 행하지 못하고 기강이 서지 않는다. 그러므로 나라안의 강강한 무리들이 세력을 떨치며 횡행하게 되고 이것을 견제할 수 없으면 백성들의 생활은 견디어 낼 수 없을만큼 피폐해진다. 이미 몇 사람의 힘으로는 이것을 광구할 수 없는 것이다. 마치 큰 물이 나무를 삼켜 버리는 상태와 같다. 이런 때에 사리에 밝은 사람은 자신의 힘으로 어찌할 수 없음을 느끼어 알아채면 의연한 모습으로 세상일에서 손을 떼고 물러나 스스로 바른 도리를 지키며 수양에 힘써야 한다고 대과괘는 논하고 있다.

자신의 힘이 국가와 사회에 도움이 될 수 없는 것을 알면서 권력과 영화로움에 대한 연연한 생각을 끊지 못하고 혼탁을 조성하면서 시류에 편승하는 것은 군자의 도리가 아니라고 대과는 힘주어 말하고 있다. 마치 못 물위에 거센 바람이 불어와 얼크러진 분란을 일으켜 놓은 듯한 혼란스러운 상태를 드러내는 불길한 괘이다. 이러한 운수가 언짢은 상태를 넘기려면 고요히 물러앉은 자세로 때를 기다리거나 아니면 굳은 신념과 의기를 가지고 격류에 뛰어들어 싸워서 극복하는 두 가지의 길이 있을 뿐이다.

대과괘는 괘사에서는 후자를 암시하고 대상에서는 전자를 선호하는 모순의 두 사상을 보이고 있다. 그러나 대상은 유교적인 원리를 설명한 것이고 괘사에 나오는 전진적인 암시는 대과괘의 경우를 논한 것으로 해석된다. 이 괘는 또 한가지 문제를 제시하고 있다. 그것은 네 개의 양효와 위·아래로 갈라져 있는 음효와의 관계를 비정상적인 남녀의 애정관을 들어 묘사하고 있는 것으로서 어수선하고 혼란한 세상을 남녀관계의 애정관을 들어 표현하고 있는 것이다. 이것은 풍속의 어지러움을 마치 인간사회의 해방처럼 생각하며 애써 아무렇지도 않은 듯이 예사롭게 여기는 일부 경박한 현대인에게 울리는 경종인 셈이다.

【원문】

大過 棟橈, 利有攸往 亨, 象曰 大過 大者過也,
대과 동요, 이유유왕 형 단왈 대과 대자과야
棟橈 本末弱也, 剛過而中 巽而說行, 利有攸往
동요 본말약야 강과이중 손이열행 이유유왕
乃亨, 大過之時 大矣哉 象曰 澤滅木大過, 君子
내형 대과지시 대의재 상왈 택멸목대과 군자
以獨立不懼 遯世无悶.
이독립불구 둔세무민

【직역】대과괘는 집의 대들보가 흔들리는 현상이니 갈 곳이 있으면 이롭

다. 형통하리라. 단왈 대과는 큰 것이 지나치다는 것이다. 집의 대들보가 흔들린다 함은 양이 음보다 지나치게 성하기 때문이다. 강한 기운이 지나치지만 가운데 있음이니 겸손하고 기쁘게 행하는 것이다. 갈 곳이 있으면 이롭다 함은 이에 형통한다는 것이니라. 대과의 때는 참으로 크도다. 상왈 못이 나무를 멸하는 것이 대과괘이니 군자는 이로써 홀로 서도 두려워하지 않으며 세상을 멀리 해도 민망하게 여기지 않는다는 것이니라.

【원문】

初六 藉用白茅, 无咎, 象曰 藉用白茅 柔在下也,
초육 자용백모 무구 상왈 자용백모 유재하야
九二 枯楊生稊 老夫得其女妻, 无不利, 象曰 老
구이 고양생제 노부득기여처 무불리 상왈 노
夫女妻 過以相與也, 九三 棟橈, 凶, 象曰 棟
부여처 과이상여야 구삼 동요 흉 상왈 동
橈之凶 不可以有輔也, 九四 棟隆, 吉, 有它吝,
요지흉 불가이유보야 구사 동륭 길 유타린
象曰 棟隆之吉 不橈乎下也, 九五 枯楊生華 老
상왈 동륭지길 불요호하야 구오 고양생화 노
婦得其士夫, 无咎无譽, 象曰 枯楊生華 何可久
부득기사부 무구무예 상왈 고양생화 하가구
也, 老婦士夫 亦可醜也, 上六 過涉滅頂, 凶无
야 노부사부 역가추야 상육 과섭멸정 흉무
咎, 象曰 過涉之凶 不可久也.
구 상왈 과섭지흉 불가구야

【직역】【초육】자리를 까는 데 흰 띠풀을 쓰니 허물이 없느니라. 상왈 흰 띠풀을 쓴다 함은 부드러운 기운이 아래에 있다는 것이니라.【구이】마른 버드나무에 새싹이 돋으니, 늙은 지아비가 젊은 처자를 아내로 맞이하니 이롭지 않음이 없느니라. 상왈 늙은 지아비가 젊은 처자를 아내로 맞이한다 함은 지나침으로써 서로 어울린다는 것이니라.【구삼】기둥이 흔들리니 흉하리라. 상왈 기둥이 흔들리니 흉하다 함은 가히 도움이 되지 않는 것이니

라. 【구사】 기둥이 높아짐이니 길하거니와 다른 생각이 있으면 인색할 것이 니라. 상왈 기둥이 높아 길하다 함은 아래가 흔들리지 않는 것이니라. 【구오】 마른 버드나무에 꽃이 피었다. 늙은 지어미가 젊은 남자를 얻어 지아비로 삼는다. 허물도 없고 칭찬도 없으리라. 상왈 마른 버드나무에 꽃이 피었으 니 어찌 가히 오래 갈 것인가. 늙은 지어미가 젊은 남자를 얻어 지아비를 삼 으니 그 또한 추한 일이니라. 【상육】 지나치게 깊은 물을 건너다 이마까지 물 에 젖었다. 흉하지만 허물할 데가 없느니라. 상왈 지나치게 깊은 물을 건너 는 것이 흉하다 함은 허물할 수가 없다는 것이니라.

【요점】 강과이중剛過而中, 손이열행巽而說行, 군자이독립불구君子以獨立不懼, 돈세무민遯世无悶이라 함은 강한 것이 지나치지만 가운데에 있고, 나를 앞세 우려는 헛된 망상을 버리라는 것이며, 군자는 홀로 있어도 두려워하지 않고 세상을 등지고 은둔하면서도 번민하지 않는다는 것이다. 중中은 어느 한쪽 으로 쏠리지 않는 까닭에 중시한다. 이런 생각을 어렵게 논한 것이 중용이 며 그것은 사사로운 것에 얽매이지 않는 공평한 마음을 뜻한다.

이렇듯 중심을 잡고 있으면 군세고 드센 양의 기운이라도 허물이 없다. 내 가 나를 높이지 않고 낮추면서 바르고 겸손하면 서로가 즐겁다. 이러한 즐 거운 마음으로 이끌어 주며 함께하는 삶을 일컬어 열행說行이라고 한다. 또 군자는 인생을 중용으로 경영하는 자이다. 넘침도 모자람도 없이 지나치지 않는 알맞은 마음으로 신중하게 생각하고 조심스럽게 행동하는 것이다. 군 자는 세상을 바르게 인지하고 제대로 헤아리는 지혜를 간직하고 있으므로 홀로 있어도 두려워하지 않는다. 바른 길을 가고 있음을 알고 있는 까닭이다. 이것이 대과괘의 일깨움이다.

29) 습감習坎 감괘
감괘 중수감 重水坎 : 어렵고 힘든 일들이 겹친다

습감習坎괘는 64괘 가운데 4개의 큰 난괘【둔屯, 습감習坎, 건蹇, 곤困】에 해당한다. 감坎은 험하여 고생스러움을 뜻한다. 본괘는 감坎이 겹쳐 절망의 나락으로 떨어지는 것을 나타내고 있다. 이러한 때 어떻게 처신하는가에 따라서 인간의 진실한 가치가 정해진다. 힘든 역경에 쓰러지고 마는가 그렇지 않으면 온갖 고난을 참고 견디며 용기와 힘을 기르는가이다. 지금 당장 얽힌 일을 풀어서 결말을 지을 수는 없다. 그 무엇이든 두려워하지 않는 신념과 지성을 가지고 시대의 흐름에 맞서는 도리밖에 없다. 어떤 일이든 적극적으로 몸을 던져 관계해야만이 새로운 기회도 만들어진다.

습감習坎은 위험하고 어려운 일이 겹쳐 있는 상태이다. 그러나 강물坎은 가득 차서 밖으로 흘러나오는 일이 없고, 이리저리 꺾이고 굽은 곳을 만나도 낮은 곳으로 흐르는 고유의 특성은 변치 않는다. 사람은 위험을 만나도 참되고 정성스러운 뜻만 있다면 어려운 고비를 넘기고 형통한다. 머뭇거리며 망설임이 없이 앞으로 나아가면 크게 성공하여 세상 사람들의 존경을 받는다. 하늘의 험난한 곳은 오를 수 없는 정도이고 땅의 험난한 곳은 산천과 구름이다. 통치자들은 성벽을 쌓고 못을 파서 험난한 곳을 만들어 나라를 지킨다. 험한 괘가 나왔을 때에는 대처할 방법을 매우 조심스럽게 생각해야 한다.

【大象】홍수가 겹쳐서 밀려오는 것이 습감의 괘상이다. 군자는 이 괘상을 보고 덕을 기르며 백성을 타일러 경계하고, 가르치는 데 온힘을 기울인다.

【初陰】구덩이에 떨어져 헤치고 벗어날 길을 알 수 없다. 흉하다.

【二陽】매우 위급하고 어려운 경우에 처해 쉽사리 벗어날 수 없지만, 참되고 성실하게 노력하면, 조금은 길이 열린다.

【三陰】앞문에는 호랑이, 뒷문에는 늑대가 진을 치고 있어 앞으로 나아갈 수도 뒤로 물러날 수도 없다. 꼼짝할 수 없는 궁지에 빠진다. 무엇을 해도 보

람이 있는 좋은 결과가 없다. 견디기 위해 몹시 애쓰지 말고 때를 기다려라. 不中正

【四陰】온갖 간난신고를 벗어날 방책을 세우는 데 있어 예의는 꾸밈이 없이, 의견은 복잡하지 않게 하면 군신五陽의 마음이 서로 통하여 마지막에는 탈을 면하리라.

【五陽】험난은 아직 없어지지 않았다. 만사가 잠잠해진 후에 움직이면 변고는 없다.

【上陰】몸이 결박되어 감옥에 갇혀 지낸다. 벗어날 길이 없다. 3년동안 오래도록 흉하리라.

【해설】중수감괘는 물을 상징하는 감괘가 겹쳐서 이루어졌다. 물이 겹쳐 있다는 것은 험난이 겹쳐 있다는 의미이다. 소용돌이 치는 물굽이가 사람을 삼켜버릴 듯이 휘몰아치는 광경은 필설로 다 표현할 수가 없다. 그러한 위험과 두려움에 처하면 단 한번의 시련일지라도 견디기 어려운 노릇이다. 그런 위난이 앞뒤로 겹쳐 있다면 수난과 절망이 절정에 달한 것이다. 이와같은 위난이 중첩한 상태를 상징하는 것이 곧 중수감괘이다.

인간은 누구나 이런 불우한 경우에 봉착하기를 원하지 않는다. 그러나 자신의 힘으로는 어찌 할 수 없는 불가항력의 원인에서 또는 자신이 깨닫지 못하는 사이에 불우한 환경 속으로 휩싸이는 경우도 있다. 사람들은 이것을 운명이라고 한다. 운명이란 과연 어찌할 수 없는 것일까. 불운의 앞에서 단념한다는 것은 절망하는 마음이다. 절망한다는 것은 스스로 내일을 부정하는 자신의 최후를 선언하는 행위이다. 그렇다면 습감괘는 인간으로서는 뚫을 수 없는 벽을 의미하는 것이 된다. 그러나 이것은 역경이 논하는 진리가 아니다.

역경이 거듭하여 설명하고 있는 천지자연과 인간만사의 운행법칙에 의해 그러한 것은 아니다. 궁하면 변하고 변하면 통한다는 것이 역경이 논하는 원리이고 논리인 것이다. 우주의 만물 가운데서 어떤 것도 변치 않는 것은 없다. 그러므로 역경은 습감괘에서 대처하는 방법을 설명하고 있다. 물은 험난하다. 그러나 먼저 그 물의 고유한 특성을 알아야 한다. 물은 뚫린 곳이 있으면 흘러나가고, 물은 차도 넘치도록 기다리지 않으며, 물은 어떠한 경우에도 낮은 곳으로 흐른다. 이것은 사리와 상황을 바로 파악하라는 것이다. 직면하고 있는 위난의 본질을 먼저 규명하라는 가르침인 것이다.

그리고 마음속에 흔들리지 않는 신념을 가지고 정성을 다하여 전진하면 난관을 돌파할 수 있고, 앞길에 성공이 있어 윗사람들의 찬사를 받을 것이라고 용기를 북돋우어 주고 있다. 더 나아가서 난관은 그것을 잘 대처하는 사람에게는 성공의 계기가 될 것이며 행복의 모체가 되는 고마운 존재일 수도 있다는 것이다. 이것은 오히려 나를 위해 유효한 것으로 역용할 수도 있다고 역경은 논하고 있다.

【원문】

習坎 有孚 維心亨, 行有尙, 象曰 習坎重險也,
습 감 유부 유심형 행유상 단왈 습감중험야

水流而不盈, 行險而不失其信, 維心亨 乃以剛
수류이불영 행험이불실기신 유심형 내이강

中也. 行有尙 往有功也, 天險不可升也, 地險山
중야 행유상 왕유공야 천험불가승야 지험산

川丘陵也, 王公設險 以守其國, 險之時用大矣
천구릉야 왕공설험 이수기국 험지시용대의

哉, 象曰 水洊至習坎, 君子以常德行 習敎事,
재 상왈 수천지습감 군자이상덕행 습교사

【직역】 습감괘는 믿음이 있어서 오직 마음이 형통하리니 행하면 숭상함이 있느니라. 단왈 습감괘는 거듭 쌓여 험한 것이니 물이 흘러도 그것을 채우지 못하고 험한 일을 해도 그 믿음직한 마음을 잃지 않는다. 믿음이 있어서 오직 마음이 형통하다 함은 강한 기운이 가운데 자리를 차지하고 있다는 것이니라. 행하면 숭상함이 있다는 것은 공이 있다는 것이니라. 하늘의

험한 곳을 가히 오르지 못함이고, 땅의 험한 곳은 산천과 구름을 말하는 것이니라. 왕공이 험한 것을 설치하여 그 나라를 지키나니, 험한 이치를 때에 따라 사용함이 매우 크도다. 상왈 물이 거듭하여 이르는 형상이 습감괘이니, 군자는 이로써 덕행을 행하고 가르치는 일을 익히는 것이니라.

【원문】

初六 習坎 入于坎窞, 凶, 象日 習坎入坎 失道凶
초육 습감 입우감담 흉 상왈 습감입감 실도흉
也, 九二 坎有險, 求小得, 象日 求小得 未出中
야 구이 감유험 구소득 상왈 구소득 미출중
也, 六三 來之坎坎 險且枕, 入于坎窞, 勿用, 象
야 육삼 래지감감 험차침 입우감담 물용 상
日 來之坎坎 終无功也, 六四 樽酒簋貳 用缶,
왈 래지감감 종무공야 육사 준주궤이 용부
納約自牖, 終无咎 象日 樽酒簋貳 剛柔際也,
납약자유 종무구 상왈 준주궤이 강유제야
九五 坎不盈, 祗旣平 无咎, 象日 坎不盈 中未
구오 감불영 지기평 무구 상왈 감불영 중미
大也, 上六 係用徽纆 寘于叢棘, 三歲不得, 凶,
대야 상육 계용휘묵 치우총극 삼세부득 흉
象日 上六失道 凶三歲也.
상왈 상육실도 흉삼세야

【직역】【초육】겹겹이 둘러싸인 구덩이 속으로 들어간다. 흉하리라. 상왈 겹겹이 둘러싸인 구덩이 속으로 들어간다 함은 도를 잃어 흉하다는 것이니라.【구이】구덩이 속에 위험이 있으나 구하면 조금 얻는 것이 있으리라. 상왈 구하면 조금 얻는 것이 있다 함은 아직 가운데에서 나가지 않는다는 것이다.【육삼】오고 가는 곳에 구덩이와 구덩이며 험한 데에 또 베개하여 구덩이에 들어가니 쓰지 말아라. 상왈 오고 가는 곳에 구덩이와 구덩이이다 함은 마침내 공이 없다는 것이니라.【육사】한 동이의 술과 대그릇 둘을 질그릇으로 쓰고 간략하게 드리되 창문으로 들여보낸다. 마침내는 허물이 없

으리라. 상왈 한 동이의 술과 대그릇 둘을 질그릇으로 쓴다 함은 강과 유가 서로 사귄다는 것이니라. 【구오】 구덩이에 흙이 다 차지 않았다. 이미 평평한 데에 이르면 허물이 없으리라 상왈 구덩이에 흙이 다 차지 않았다 함은 중도가 아직 크지 않았다는 것이니라. 【상육】 매는 데 세 가닥으로 꼰 노끈과 두 가닥으로 꼰 노끈을 써서 가시덩쿨로 둘러싸인 곳에 버리니 3년이 지나도 얻지 못한다. 흉하리라. 상왈 상육의 도를 잃었다 함은 그 흉함이 3년 동안 잇대어 나간다는 것이니라.

【요점】 험지시용대의재險之時用大矣哉, 감불영·지기평·무구坎不盈·祗旣平·无咎라 함은 험한 때를 활용하는 것은 몹시 크도다. 곧 위기를 기회로 삼을 수 있어야 한다는 것이며 구덩이가 가득 차지 않았지만 이미 잘 내딛고 있으니 허물이 없다는 것이다. 험險은 위험하고 어렵다는 것이다. 그러므로 험한 때라는 것은 위기를 가리킨다. 인생을 험한 항로라고 한다. 폭풍이 불어 배가 침몰할 지경에 이르렀을 때 뱃사공이 절망한다면 배는 침몰할 수밖에 없다. 그러나 폭풍을 만났을지라도 침몰할 수 없다는 용기를 낸다면 닥쳐온 화禍가 변하여 복福이 되는 것이다.

또 감불영坎不盈은 위기를 극복하려는 의지가 없는 것이고, 지기평祗旣平은 위기를 극복하려는 의지가 있는 것이다. 난관에 봉착했을 때 극복하려는 마음이 있고 없음에 따라서 인생을 경영하는 데 허물이 있을 수도 있고 없을 수도 있다. 그러므로 현대사회에서 끊임없이 밀어닥치는 크고 작은 위기에 적절히 대처하여 처리해 나가는 위기관리 능력을 많은 시련과 역경을 통해 익혀 나가는 것이 성공의 비결이라고 습감괘는 논하고 있다.

30) 이離 ䷝ 이괘
이괘 중화리 重火離 : 맹렬히 일어서다

이離괘는 불·태양을 상징한다. 또한 광명이고 정신작용이다. 불이 붙어 타오르다의 뜻에서 서로 들러붙는다는 것을 가리키기도 한다. 이것은 자신의 입장에서 굳고 실하게 뿌리를 내려 최대한의 능력을 발휘할 때이다. 그러나 불같이 맹렬히 일어나는 감정에 치우쳐 진중하지 않고 가벼운 경향이 있다. 그러므로 암소와 같은 유순함을 기르는 것이 길하다. 이 괘의 형상을 보면 위·아래가 모두 이 ☲괘로서 밝은 태양, 불같은 정열, 총명하고 사리에 밝은 두뇌와 풍부한 창의력을 나타낸다.

이離는 둘러붙는다, 붙이어 달다는 의미이다. 해와 달은 하늘에 붙고, 백곡과 초목은 땅에 붙는다. 사람은 밝은 지혜를 가지고 정도正道를 행하면 천하의 백성들을 가르쳐 이끌고 길러낼 수가 있어 사회를 발전시키고 나아가서는 날로 번영하는 국가를 이룩한다. 유효가 중정中正의 자리에 있는 것은 암소와 같이 성질이 부드럽고 온순함을 기르면 일이 상서롭다는 것을 나타낸다.

【大象】밝음이 겹쳐 있는 것이 이離의 괘상이다. 대인은 이 괘상을 헤아려서 밝은 지혜를 고르고 다져 널리 천하를 보살피고 주재하는 것이다.

【初陽】날이 밝기 전 앞으로 움직여 걸어 나가는 발길이 위험하다. 실족하지 않도록 주의하면 탈을 면하리라.

【二陰】태양이 중천에 걸려 있으며, 황금처럼 누렇고 반짝이는 빛깔이 만물을 비친다. 크게 길하리라. 中正

【三陽】저녁 해가 서쪽으로 기울 때 술항아리를 두들기며 노래하던 날들은 멀어지고 이젠 늙어서 체력이 예전같지 않음을 탄식할 뿐 남은 생이 얼마 남지 않았으니 흉하다.

【四陽】아주 힘있게 부닥뜨리고 갑자기 뛰어나가고 불에 타고 죽임을 당하고 모른 체 내던져진다. 몸 붙일 곳이 없고 파괴되어 멸망한다.

【五陰】왕공王公의 자리에 있으면서 불행한 사람을 보면 눈물을 흘리고 도리에 맞지 아니하는 일에 마음 아프게 생각하면 길하다.

【上陽】왕은 군사를 거느리고 출정해서 난을 일으키는 적의 대부대를 쳐 없애고 나라를 바로잡는다. 못된 짓을 한 무리의 우두머리를 죽일 수 있으니 공경하고 축하할 일이다. 그러나 그의 졸개들은 관대하게 처리해야 한다. 그리하면 그릇된 실수는 없을 것이다.

【해설】중화리괘는 불과 태양을 의미하는 이 괘가 두 개 겹쳐서 이루어진 괘이다. 하늘은 태양이 있으므로서 천지의 경영은 영광에 차고, 땅에는 불이 있기 때문에 인류의 생활은 문명을 향유할 수 있다. 태양이 없었다면 하늘과 땅 사이는 황폐하여 거칠고 쓸쓸함만이 존재하는 공허한 하나의 빈 공간에 불과하였을 것이다. 태양은 열과 광선을 내리쪼여 만물을 환하게 비추고 자라게 한다. 그리함으로써 천지는 생명과 아름다움으로 가득찬 인류가 살고 있는 천체를 이룰 수 있게 되었다. 그리고 슬기로운 인간의 지성은 태양의 은혜에 만족하지 않고 불을 만들어 이용하였다.

인간이 동물과 구별되는 첫째의 조건은 불을 사용할 줄 안다는 것이다. 그 어떤 학설로도 인류의 문명을 불과 분리하여 설명할 수 없다. 불은 언제나 인간의 생활에 밝고, 따뜻하고, 정다움을 주고 희망을 준다. 이렇듯 대담하고 소중한 불이 두 개가 포개져 이루어진 것이 중화리괘이다. 이것은 나라에 위대한 군주가 있어서 태양처럼 밝고 빛나는 정치를 베풀어 백성을 평화롭게 하고, 불처럼 백성들이 행복과 문명을 향유할 수 있는 덕과 혜택을 주는 이를테면 태평성대의 길을 가리키고 있는 것이다. 그렇게 하기 위해서는 먼저 바른 도리를 지키는 것이 민초들을 교화육성할 수 있다고 가르치고 있다. 정치가 바른 길로 들어서는 것은 흡사 해와 달이 하늘에 붙어 있어야 그 광명이 천하를 밝히고 모든 종류의 곡식과 초목들이 정착하여 성장하는 것과 다르지 않다고 논하고 있다. 해와 달이 그 위치가 궤도를 벗어나지 않고 한결같이 하면 곡식과 초목이 땅에 뿌리를 내리듯이 정치가 바른 길을 벗어나지 않고 어느 때에나 변함이 없으면 백성들을 안정되게 할 수 있다는 것이다. 그리하려면 부드럽고 온화한 지도자가 군주의 위치에 있어서 후덕한 정치를 실행해야 한다는 것이다.

원래 불이란 소중하고 대견스러운 것이지만 무엇이든 태워 버리는 맹렬한 성질 그대로 방치한다면 인류의 생활을 모조리 폐허로 만들 것이다. 그러므로 불의 강성한 기세를 억제하지 않으면 안 된다. 곧 암소와 같은 유순함을 기르라는 것이다. 덧붙이면 맹렬하고 강성한 기세에 지나침이 없이 부드럽고 온화한 마음을 기르는 것이 태평성사를 구가할 수 있는 방법이라고 역경은 조리를 세워 설명하고 있다.

【원문】

離 利貞, 亨, 畜牝牛吉, 彖曰 離麗也, 日月麗乎
리 이정 형 축빈우길 단왈 리려야 일월려호
天 百穀草木麗乎土, 重明以麗乎正 乃化成天下,
천 백곡초목려호토 중명이려호정 내화성천하
柔麗乎中正 故亨 是以畜牝牛吉也, 象曰 明兩作
유려호중정 고형 시이축빈우길야 상왈 명량작
離, 大人以繼明 照于四方.
리 대인이계명 조우사방

【직역】 이 괘는 마음을 곧고 바르게 해야 이롭다. 형통하리라. 암소를 기르면 길하리라. 단왈 이 괘는 서로 걸려 있는 형상이니 해와 달은 하늘에 걸리고 모든 곡식과 초목은 땅에 걸려 있다. 거듭된 밝음으로 바르게 걸리면 이에 천하를 이루게 된다. 부드러운 기운이 중정의 자리에 있는 까닭에 모든 일이 형통한다. 이로써 암소를 기르면 길하다는 것이니라. 상왈 밝은 것이 두 번 일어 나는 것이 이 괘이다. 대인은 이로써 밝은 것을 이어받아 사방을 비추는 것이니라.

初九 履錯然, 敬之无咎, 象曰 履錯之敬 以辟
초구 리착연 경지무구 상왈 이착지경 이벽

咎也, 六二 黃離 元吉, 象曰 黃離 元吉 得中道
구야 육이 황리 원길 상왈 황리 원길 득중도

也, 九三 日昃之離 不鼓缶而歌 則大耋之嗟,
야 구삼 일측지리 불고부이가 칙대질지차

凶, 象曰 何可久也, 九四 突如其來如, 焚如 死
흉 상왈 하가구야 구사 돌여기래여 분여 사

如棄如, 象曰 突如其來如 无所容也, 六五 出
여기여 상왈 돌여기래여 무소용야 육오 출

涕沱若, 戚嗟若, 吉, 象曰 六五之吉 離王公也,
체타약 척차약 길 상왈 육오지길 리왕공야

上九 王用出征, 有嘉折首, 獲匪其醜 无咎 象曰
상구 왕용출정 유가절수 획비기추 무구 상왈

王用出征 以正邦也.
왕용출정 이정방야

【직역】【초구】밝는 것이 뒤섞이니 공경하면 허물이 없으리라. 상왈 밝
는 것이 뒤섞이니 공경하라 함은 그것으로써 허물을 피한다는 것이니라.【육
이】누런이이니 크게 길하리라 상왈 누런이이니 크게 길하다 함은 중도中道
를 얻었다는 것이니라.【구삼】해가 기울어져 걸림이니 장구를 두드리고 노
래를 부르니 큰 노인이 탄식을 한다. 흉하리라. 상왈 해가 기울어져 걸림이
니 어찌 오래 갈 수 있겠는가.【구사】돌연히 오는 듯하다. 불 사르니 죽은 듯
하며 버리니라. 상왈 돌연히 오는 듯하다 함은 용납할 바가 없느니라.【육오】
눈물이 물 흐르는 듯하고 슬퍼서 슬퍼하니 길하리라. 상왈 육오가 길하다
함은 왕공에게 붙어 있다는 것이니라.【상구】왕이 나가서 징벌을 하면 아름
다움이 있으리니 우두머리만 베고 얻은 것이 추하고 자질구레하지 않으면
허물이 없으리라. 상왈 왕이 나가서 징벌을 한다 함은 그것으로 나라를 바
로 한다는 것이니라.

【요점】 중명이이호정重明以麗乎正·내화성천하乃化成天下, 대인이계명大人以繼明, 조우사방照于四方이라 함은 거듭된 밝음으로 올바름에 붙어 있다. 이에 천하를 변화시켜 이룩하고 풀줄기에 꽃이 매어 있어 아름다운 모습이다 이고 대인은 밝음을 이어받아 사방을 비춘다 이다. 이離괘는 두 개가 겹쳐 일어나게 하는 모습을 지닌 괘이다. 강한 것이 부드러운 것을 감싸고 있으니 유한 것이 가운데 있어 중도를 지킨다. 중도는 곧고 바른 마음이다. 어느 한 편으로 치우치지 않고 마음이 어긋나지 않는 까닭에 아름답다. 세상을 변화시키고 이룩한다는 것은 모든 사람이 밝고 맑은 마음으로 인생을 경영한다는 뜻으로 통한다. 나만 착하고 어진 것이 아니고 우리 모두 선한 마음으로 인생을 관리하고 운영하는 것이 서로 함께하는 아름다움麗이다.

또 대인은 왜 명明을 이어받아 세상을 비추는 것인가. 세상에는 어리석은 사람들이 많아 어둡게 하는 까닭이다. 명은 자신을 살피는 마음이며 자신을 일깨우는 마음가짐이다. 맹자는 자신을 구하면 얻을 것이고 버려 두면 잃을 것이라고 했다. 대인은 어리석은 세상을 현명하게 하기 위해 온갖 정성을 다한다. 그래서 밝음을 두 번이나 일어나게 하는 이 괘의 가르침을 본받아 세상을 비추려고 하는 것이다. 모든 사람들이 천하의 만물과 의좋게 더불어서 밝고 명랑한 사회를 일구어 내려면 나부터 먼저 밝아야 하고, 사리와 도리에 맞아야 하고, 넘치거나 모자라지 않아야 한다.

31) 함咸 태괘 간괘 택산함 澤山咸 : 서로 느껴 통하다

함咸이란 느낌·감응·유도誘導를 가리킨다. 인간의 사회생활은 문화·사상 등의 조류가 서로 통하지 않고는 이루어지지 않는다. 그 사회의 가장 작은 단위는 마음이 서로 일치하는 부부가 본보기이다. 남과 여는 마음이 서로 통하면 곧 사랑의 불꽃을 일으킨다. 사물이 접촉하여 그에 따른 반응의 원리를 함괘에 의해 나타내는 것이다. 함괘의 원리는 작게는 부부로부터 사회 전반, 나아가서는 우주에까지 맞추어 쓸 수 있다. 함괘의 형상을 보면 상괘 태괘는 젊은 여자를 상징하고 하괘간괘는 젊은 남자를 의미한다. 산이 연못을 품고 있는 모습으로서 둘이 마음을 열어 사랑하고 함께 둥지를 트는 것이 함괘의 근본 이치이다.

함咸은 느끼는 것으로써 부드러운 기운의 태괘가 위에 있고, 강건한 기운의 간괘가 아래에 있다. 음양의 두 기운이 서로 감응하여 친밀하게 지낸다. 남자가 아래에 있어서 달라지지 않고 항상 같은 사랑을 굳게 약속하며 여자는 그것을 기쁘게 받아들인다. 그러므로 끊이지 않고 굳게 맺어진다면 일이 성하게 잘되어 영화롭고 만사가 순조롭다. 결혼에 길하다. 천지는 교감하여 만물을 생겨 이루어지게 하고, 성인은 인심을 변화게 하여 천하를 평온하고 화목하게 한다. 감응의 이치를 알게 되면 천지 만물의 조화를 인식하여 분별할 수 있다.

【大象】산艮 위에 연못兌이 있어 축축하게 적셔 주고 있다. 이것이 함의 괘상이다. 군자는 이 괘상을 보고 마음을 비워 뭇 사람들의 마음을 받아들인다.

【初陰】발가락에 접촉하여 그에 따른 반응을 알아본다. 남과 마음의 접촉을 구하면 아직 느끼는 것이 미약해서 끌리거나 흔들리지는 않는다.

【二陰】종아리에 감응한다. 종아리는 걸음을 걸을 때 먼저 움직이는 것으로써 급히 서두르면 흉하다. 부드럽고 온순함을 지키고 있으면 길하며 전혀 어떠한 해가 없다.

【三陽】허벅다리에 감응한다. 허벅다리는 반응이 예민한 곳이지만 사리를 분별하지 않고 움직이면 남몸 윗부분에게 이끌리기 쉽다. 자신만이 갖고 있는 견해와 관점이 분명하지 못하다. 생각없이 마구 나서면 비난을 받아 궁색하게 될 것이다.

【四陽】뜻이 흔들리지 않게 자신을 지키면 길해서 뉘우칠 일이 없다. 마음이 초초하고 불안하여 어찌할 바를 모르면 따르는 자는 모두 그런 부류의 인간들뿐이다. 큰 영향력을 갖지 못한다.

【五陽】등살에 감응한다. 느끼어 받아들이는 힘은 없지만 공평하고 사사로움이 없어 뉘우침은 없으나 큰 감동을 모른다.

【上陰】턱·볼·혀에 감응한다. 신중하지 못하고 가볍게 입으로만 지껄일 뿐 참되고 정성스러운 뜻이 없다.

【해설】택산함괘의 형상은 연못을 상징하는 태괘가 위에 있고 산을 의미하는 간괘가 아래에 있다. 이것은 높은 곳에 있는 산의 마음이 제 몸을 낮추는 태도로, 낮은 위치에 있는 못에 대하여 그 인격을 존중하고, 수고스럽게 애씀을 보살펴주며, 낮은 위치에 있는 못은 스스로 자신을 업신여기거나 용기와 줏대가 없이 남 앞에서 비굴스럽지 않도록 조신하게 산의 마음을 받아들여 그를 돕고 협력하려는 마음의 상태가 바로 함괘의 괘상이다. 위에 있는 산은 아래로 내려와 못의 마음을 느끼고, 아래에 있는 못의 참되고 성실한 마음은 위로 올라가 산을 돕게 된다. 그리해서 산의 마음과 못의 마음은 서로 교감할 수 있다. 서로의 마음을 감응하게 된다는 것이다. 함괘는 감응을 논하는 괘로서 감感과 동일하다. 곧 느낀다, 생각한다의 뜻이다.

천지자연의 모든 생성화육의 일에서부터 인간사회의 성립에 이르기까지 그 모든 것은 감응한다는 현상에서부터 시작하여 성장하고 목적한 바를 이룬다. 천지의 기운이 서로 감응하므로써 만물의 생성과정은 수행되고, 인간 사회에서는 남녀간의 마음이 서로 감응했기 때문에 애정 생활은 시작되었을 것이며, 인류의 생명은 한없이 계승되고 번성할 수 있게 되었던 것이다. 순수한 감정은 곧 사람의 진정을 의미하는 것이다. 그러므로 이 순수한 감정은 남의 가슴에 감동을 불러 일으키는 힘을 가진다. 한 사람의 순수하고 진정한 감정은 상대의 마음을 움직이고, 동료의 공감을 일으키며 때로는 천하를 움직이는 힘을 발휘하는 것이다.

함괘는 성인이 사랑의 마음을 감화시켜서 천하가 화합하며 평온하게 된다고 논하고 있다. 많은 사람의 마음이 서로 공감을 가지고 감응을 일으키어 친애하고 협력하는 사회가 진실로 평화롭고 행복한 세상인 것이다.

그러기에 함괘의 괘사에서도 감응의 이치를 깊이 살피면 천지만물의 근원이 되는 정신적 상태의 총체를 다 알 수 있는 것이라고 설명하고 있다.

【원문】

咸 亨, 利貞, 取女吉, 象曰 咸感也, 柔上而剛下
함 형 이정 취녀길 단왈 함감야 유상이강하
二氣 感應以相與, 止而說 男下女, 是以亨 利貞
이기 감응이상여 지이열 남하녀 시이형 리정
取女吉也, 天地感應化生聖人感人心 而天下和
취녀길야 천지감응화생성인감인심 이천하화
平, 觀其所感而天地萬物之情可見矣, 象曰 山
평 관기소감이천지만물지정가견의 상왈 산
上有澤咸, 君子以虛受人.
상유택함 군자이허수인

【직역】함은 형통하는 괘이니 마음을 곧고 바르게 가지면 이로우니라. 여자를 취하면 길하리라. 단왈 함괘는 느끼는 것이니 부드러운 기운이 위로 올라가고 강건한 기운이 아래로 내려와 두 기운이 느껴 응함으로써 더불어 참여한다. 머물러서 기뻐하고, 남자가 여자보다 아래함이니 이로써 마음을

곧고 바르게 가지면 이로우며 여자를 취하면 길하리라. 천지가 감응하여 만물이 화생하고 성인이 인심을 느껴서 천하가 화평하나니, 그 감응하는 바를 살펴어 천지만물의 정을 볼 수 있으리라. 상왈 산 위에 못이 있는 것이 함괘이니 군자는 이로써 비움으로 사람을 받아들이는 것이니라.

【직역】【초육】그 엄지발가락에서 느끼고 있다. 상왈 엄지발가락에서 느낀다 함은 뜻이 밖에 있다는 것이니라.【육이】그 종아리에서 느끼고 있다. 흉하다. 거하면 길하리라. 상왈 비록 흉하나 거하면 길하다 함은 온순하면 해롭지 않다는 것이니라.【구삼】그 허벅다리에서 느낀다. 따르는 이를 붙잡으니 가면 부끄러움이 있으니라. 상왈 허벅다리에서 느낀다 함은 역시 행하지 말라는 것이다. 뜻이 따르는 사람에게 있으니 잡는 바가 낮다는 것이니라.【구사】곧고 바르게 하면 길하고 뉘우침이 없으리니 자주 오고 가고 하면 친구가 네 뜻을 좇으리라. 상왈 곧고 바르게 하면 길하다 함은 느낌에 해

롭지 않다는 것이니라. 자주 오고 가고 한다는 것은 아직 빛이 크지 못하다는 것이니라.【구오】그 등심에서 느낀다. 뉘우침이 없으리라. 상왈 그 등심에서 느낀다 함은 뜻이 말초에 이르렀다는 것이니라.【상육】턱과 볼과 혀에서 느낀다. 상왈 턱과 볼과 혀에서 느낀다 함은 구설에 오른다는 것이니라.

※ 함괘의 효사는 신체의 각 부분에 감응하는 것을 예를 들어 설명하고 있다. 이것은 남녀의 애정관계를 겉으로 드러내어 표현한 것이라고 할 수 있다. 서로 이성을 사랑하여 어루만짐에 이르고 있는 것이다.

【요점】함기무咸基拇, 함기보협설咸基輔頰舌, 군자이허수인君子以虛受人이라 함은 함기무는 초효이고 함기보협설은 상효이다. 이것은 엄지발가락에서부터 느낌이 시작되어 장딴지와 넓적다리를 거치고 등골을 지나 관골과 볼을 거친 다음 혀에 이르기까지 남녀의 운우지정을 나타내는 것이다. 매우 관능적인 성적 묘사를 통하여 서로 느끼는 감정이 어떤 것인지를 사실적으로 풀어서 설명하고 있다. 그러나 충동적으로 일어나는 욕심에 못 이겨 성희를 나눈다면 뉘우칠 일이 반드시 생길 것이다.

남녀의 사랑은 성의 희롱이 아니다. 숭엄하고 성스러운 사랑이 어찌 육체만을 어르고 그치겠는가. 이처럼 함괘는 남녀의 사랑하는 마음을 길흉으로 밝히어 가름하고 있는 것이다. 또 허심虛心하면 통하고 길하다. 그러나 욕정欲情하면 막히고 흉하다. 텅 빈 마음으로 사람을 맞이하는 것이 곧 군자의 허수인이다. 아무런 심산이 없는 것이다. 궁리하는 마음을 숨기고 사람을 대하는 사람은 달면 삼키고 쓰면 뱉는 흉심을 감추고 있으므로 자신이 불리하면 언제든지 믿음과 의리를 저버리고 돌아선다. 군자는 텅빈 마음으로 사람을 맞이하므로 마음에 부족하여 아쉽거나 섭섭한 느낌이 있어도 아랑곳 하지 않는다. 저보다 나은 사람을 미워하고 시기하고 질투하는 세상에서 다 같이 벗이 되어 산다는 것은 참으로 어려운 일이다. 그러나 벗이 되기 위해서 서로 느끼고 사랑하라. 이것이 함괘의 일깨움이다.

　사랑하는 마음 뒤에는 부부 관계를 맺는 것이다. 항恒이란 언제나 변하지 않는 것이며 안정된 결혼생활을 의미한다. 함괘에서는 젊었던 두 사람도 이제는 중년이 되고 괘의 형상도 남자가 위에 서고, 여자는 아래에서 순종하고 있는 것이다. 이전의 불타는 듯한 연정도 평화롭고 조용한 생활로 변화하였다. 그러면 생활이나 일의 진행에서 일어나는 많은 곤란과 변화를 구하는 마음이 생긴다. 이를테면 마음이 들썽거리는 상태가 일어나는 것이다. 달콤한 유혹을 뿌리치지 않으면 영원한 길은 얻을 수 없다. 지금은 가정생활을 포함하여 모든 일에 처음 지녔던 뜻을 되새기며 신묘하고 기이한 것에 어지러워져 홀리는 일이 없이 일관된 방침을 밀고 나가는 것이 중요한 때다. 괘의 모습을 보면 상괘진괘는 성인이 된 남자를 뜻하고 하괘손괘는 성인이 된 여자를 의미한다.

　항恒은 변하지 않고 오래가는 것을 의미한다. 강건함진괘 : 남성은 위에 있고 부드러움손괘 : 여성은 아래에 있다. 우레진괘와 바람손괘이 힘을 합쳐서 만물의 생성을 돕고 아내는 순종하며손괘 남편은 열심히 일한다. 각효의 음양이 서로 호응하는 것이 항이다. 참으로 변하지 않고 안정된 자세를 취하고 있는 모습이다. 그래서 온갖 일이 뜻대로 형통하고 번영하므로써 그릇된 실수가 없다. 천지의 도는 항구여일하여 그치는 일이 없다. 그러므로 일관해서 도리를 지켜나가는 자는 순조로울 것이다.

　해와 달은 하늘의 움직임에 따름으로써 한없이 오래 빛을 보내어 밝게 할 수 있고, 사계절은 저마다 변화하는 것으로 말미암아 영원히 순환할 수가 있다. 성인은 이 도를 계속 지킴으로써 천지자연의 이치로 만물을 길러내고 키우는 것이다. 변화가 있는 곳에 항구恒久함이 있는 것이다. 시간이 무한히 계속되어 끊임이 없는 항구함을 두루 살필 수 있다면 천지 만물의 진정한 모습을 알 수 있다는 것이다.

【大象】 우레와 바람이 결합되어 공손하게 움직이는 것이 항의 괘상이다. 군자는 이 괘상을 보고 자신의 입장을 정확하고 틀림이 없게 확정하여 앞으로 일을 할 방향과 계획을 바꾸지 않는다.

【初陰】 처음부터 상대방을 깊이 알려고 하는 것은 좋지 않다. 급하지 아니하게 순서를 좇아 서서히 그와의 화합을 두텁게 해야 한다. 서두르면 사유가 맞다 해도 해가 되리라.

【二陽】 뉘우침이 없다. 오래도록 중용을 지키고 있기 때문이다. 中

【三陽】 정조를 잃는다. 몸 둘 곳도 없고 부끄러움을 당하기에 이른다. 저마다의 이유나 변명은 있겠으나 원색적인 비난을 받고 어찌할 수 없는 곤란한 경우에 처한다.

【四陽】 적당하지 않은 자리에 마음이 쏠려 잊지 못하고 매달리고 있으니 어찌 좋은 일이 있겠는가. 사냥을 해도 잡히는 것이 없다. 不正

【五陰】 부드럽고 온순한 덕을 오래 지켜서 부인은 끝까지 한 남편만을 섬겨야 길하다. 二陽 그리고 남편은 아내가 하자는 대로 따라 한다면 흉하리라. 남자는 마땅히 행해야 할 큰 도리를 좇아야 한다.

【上陰】 항상 변하지 않는 떳떳한 도리가 흔들린다. 더구나 윗자리에 있으므로 큰일을 잘못하여 그르칠 수가 있다. 흉하다.

【해설】 뇌풍항괘는 우레를 의미하는 진괘가 위에 있고, 바람을 의미하는 손괘가 아래에 있다. 우레와 바람이 겹쳐 있는 상태를 상징하고 있는 것이다. 우레와 바람은 잠시도 고요히 머무르는 일이 없다. 이러한 동작을 계속하는 형태의 우레와 바람을 구체적인 사물로 나타낸 것이 뇌풍항괘이다. 이것은 사물의 작용이 어느 때에나 지속적으로 이끌어 가는 것을 표현하고 있는 것이다.

이와같이 중단되지 않고 지속적으로 이어져 가는 상태를 항구恒久라고 한다. 모든 것은 움직임으로써 그 상태를 오래 계속할 수 있다. 그러므로 끊임없이 생동하고, 성장하고, 전진하는 형태의 것만이 항구불변할 수가 있는 것이다. 항괘는 괘사에서 천지의 법칙을 항구하여 그치는 일이 없고 하나가 끝나면 하나가 시작된다고 논하고 있다.

겨울이 가면 봄이 시작되고, 밤이 끝나면 낮이 시작되며 물이 항상 그 본성을 유지하고 있는 것도 흐르고 움직이면서 존재할 수 있는 것과 같이 우주만물은 움직이고 순환하면서 영원한 천지의 상태를 이끌어간다는 것이다. 이러한 논리는 인간에게 그대로 적용이 된다. 인간이 자신의 본분을 망각하지 않고 한결같이 처신하려면 부단히 수양을 쌓고 노력하는 등의 전진을 잇대어 가야만이 가능할 것이다. 수양과 노력이 머물러 움직이지 않고 전진의 적극적인 의지가 행하지 않으면 그 순간부터 타성과 나태에 젖어 안이한 생활에 빠지게 된다.

작금의 복잡다단한 사회에서 유능한 시민으로 살아남으려면 항상 움직이는 세계와 인심의 동향을 살펴야 하고 이에 붙좇아서 따르는 새로운 지식을 갖추어야 하며, 부단한 노력으로 행동에 옮겨야만 비로소 한 사람의 유능한 시민으로서 신분과 지위를 갖출 수 있는 것이다. 한 국가와 사회의 경우도 이와 동일하다. 힘차고 생기있게 움직이고 노력하며 전진하는 국가와 사회만이 발전과 번영을 오랜 세월이 지나도록 지속할 수 있다. 있는 척, 가득한 척, 부유한 척하며 분수에 넘치는 외관상의 겉치레에 혼쭐을 놓고 있는 요즈음, 의연하고 꿋꿋함이 한결같은 항구한 사람이 이다지도 있기 어려운 것인가. 우리 모두 되돌아보자.

【원문】

恒 亨, 无咎 利貞, 利有攸往, 彖曰 恒久也. 剛
항 형 무구 이정 이유유왕 단왈 항구야 강

上而柔下. 雷風 相與 巽而動 剛柔皆應恒. 恒亨
상 이 유 하 뇌풍 상여 손이동 강유개응항 항형

无咎 利貞 久於其道也. 天地之道 恒久而不已
무구 이정 구어기도야 천지지도 항구이불이
也. 利有攸往 終則有始也. 日月得天而能久照
야 이유유왕 종칙유시야 일월득천이능구조
四時變化而能久成 聖人久於其道而天下化成.
사시변화이능구성 성인구어기도이천하화성
觀其所恒 而天地萬物之情可見矣. 象曰 雷風
관기소항 이천지만물지정가견의 상왈 뇌풍
恒. 君子以立不易方.
항 군자이입불역방

[직역] 항괘는 모든 일이 형통해서 허물이 없으니 마음을 바르게 하면 이롭다. 갈 곳이 있으면 이로우니라. 단왈 항괘는 변함없이 오래 한다는 뜻이니라. 강한 기운이 위로 올라가고, 부드러운 기운이 아래로 내려온다. 우레와 바람이 서로 더불어 겸손하게 움직이고, 강한 기운과 유한 기운이 모두 응하는 것이 항괘의 형상이니라. 그리하여 항괘는 모든 일이 형통하느니라. 허물이 없고 마음을 바르게 하면 이롭다 함은 그 도가 오래도록 있기 때문이다. 하늘과 땅의 도는 항구히 해서 그만두지 않느니라. 갈 곳이 있으면 유리하다 함은 끝나면 곧 시작함이 있다는 것이니라. 해와 달이 하늘을 얻어 능히 오래 비추고, 사계절은 변화해서 능히 오래 이루며 성인이 그 도에 오래 하면 천하가 화하여 이루어지니 그 항구성을 관찰하면 천지 만물의 실정을 능히 볼 수 있느니라. 상왈 우레와 바람이 겹친 것이 항괘이니라. 군자는 이로써 덕을 세워 방침을 바꾸지 않느니라.

【원문】

初六 浚恒. 貞凶. 无攸利. 象曰 浚恒之凶. 始
초육 준항 정흉 무유리 상왈 준항지흉 시
求深也. 九二 悔亡. 象曰 九二悔亡 能久中也.
구심야 구이 회망 상왈 구이회망 능구중야
九三 不恒其德. 或承之羞. 貞吝. 象曰 不恒其
구삼 불항기덕 혹승지수 정인 상왈 불항기

德 无所容也. 九四 田无禽. 象曰 久非其位 安
덕 무소용야 구사 전무금 상왈 구비기위 안

得禽也. 六五 恒其德貞. 婦人吉. 夫子凶. 象曰
득금야 육오 항기덕정 부인길 부자흉 상왈

婦人貞吉 從一而終也. 夫子制義 從婦凶也. 上
부인정길 종일이종야 부자제의 종부흉야 상

六 振恒. 凶. 象曰 振恒在上 大无功也.
육 진항 흉 상왈 진항재상 대무공야

【직역】【초육】항구함을 파느니라. 마음을 바르게 해도 흉하리라. 이로울
바가 없느니라. 상왈 항구함의 도리가 흉하다 함은 처음부터 너무 깊은 것
을 구분한다는 것이니라.【구이】뉘우침이 없어지리라. 상왈 구이의 뉘우침
이 없다 함은 능히 가운데에 오래 할 수 있다는 것이니라.【구삼】그 덕을 항
구히 하지 않으면 홀로 부끄러움을 당할지 모르니 고집을 부리면 허물이 있
으리라. 상왈 그 덕을 항구히 지키지 못하면 용납할 바가 없다는 것이니라.
【구사】들에서 사냥을 하는데 날짐승이 없느니라. 상왈 그 자리가 아닌데
오래 있으니, 어찌 날짐승을 얻으리오.【구오】그 덕을 항구히 바로 지킨다.
부인은 길하고 남편은 흉하리라. 상왈 부인이 마음을 곧게 하면 길하다 함
은 일부종사 한다는 것이니라. 그러나 남자는 의로써 제재하는데 부인을 좇
으면 흉하다는 것이니라.【상육】항구함을 떨쳐내니 흉하리라. 상왈 항구의
도를 떨쳐내리니 공이 크게 없다는 것이니라.

【요점】천지지도天地之道, 항구이불이야恒久而不已也, 준항지흉浚恒之凶, 시
구심야始求深也라 함은 천지의 도는 항구할 따름이라 이고 항구함을 떨쳐냄
이 흉하다는 것은 처음부터 깊은 곳을 구한다는 것이다. 천지는 이랬다 저
랬다 변덕을 부리지 않는다. 천지에는 이름도 없고 선악도 없고 호오도 없다.
인간 스스로 사랑과 미움, 착하고 못된 것, 좋고 나쁜 것을 구별하여 시시비
비를 가릴 뿐이다. 천지는 사람이라고 해서 귀하게 여기고, 미물이라고 해서
천하게 여기지 않는다고 생각하는 마음이 곧 천지의 도이다. 또 첫술에 배부

르기를 바라고 천리길도 한 걸음부터라는 이치를 모르는 것이 곧 준항이다. 성급하게 하고자 하는 욕심은 화를 부른다.

예를 들면 깊은 물로 곧장 짓쳐 들어가는 것은 탈을 일으킬 가능성이 많다. 그러나 얕은 물에서부터 시작하여 깊은 물로 서서히 들어가는 사람은 익사하지 않는다. 처음부터 깊은 곳을 구하는 사람은 얕은 곳을 몰라 물구덩이 속으로 떨어지게 마련이다. 그러므로 처음부터 깊은 곳을 좇지 말고 얕은 곳에서 시작하여 깊은 곳에 이르도록 자신을 제어하면 따라붙는 흉액을 막아낼 수 있다는 것이다.

건괘
간괘 천산둔 天山遯 : 뒤로 물러나다

둔遯이란 피해서 물러난다는 것이다. 또 돼지의 성정과도 일맥상통한다. 돼지는 원래 피해 달아나기를 잘하는 동물이다. 자신의 운기가 쇠해져서 그 시대의 풍조나 경향에 맞지 않을 때에는 지체없이 물러나는 것이 상책이다. 괘의 형상은 음 --의 세력이 일어나서 양 —의 기세가 약해지는 것을 나타낸다. 힘에 부치는 일을 억지로 우겨서 뚫고 나아가려 하지 말고 쇠하는 운수가 지나가기를 기다려야 한다.

둔遯괘는 겉으로 드러나지 않게 몸을 감추어야 길이 열린다. 강효五陽가 정중正中의 자리에 있어서 유효二陰와 서로 응하고 있는 것은 시세에 따라 행동할 것을 가리키는 것이다. 소인初陰, 二陰의 세력이 점진적으로 왕성해지는 시기이다. 지금은 적당한 때가 아니므로 일을 해도 순조롭지가 않다. 돈의 의미는 현실의 구체적 연관에 있어서 참으로 중대하다.

【大象】하늘건괘을 향해 아래로부터 산간괘이 솟아서 위로 오르려는 괘상이다. 군자는 이 괘상을 보고 몹시 미워하지 않으며 엄격하게 소인을 멀리한다.

【初陰】피해서 도망가는데 뒤떨어진 돼지의 꼬리이다. 사리를 분별하지 아니하고 나아가지 말고 때를 기다려라. 가만히 있으면 화가 미치지 않는다.

【二陰】황소 가죽으로 붙잡아 매어 두면 절대로 풀 수 없다. 옳은 원칙과 신념을 지켜 군주를 붙잡고 나아가면 그 결합을 떼어놓을 자 없다.

【三陽】돼지를 붙잡아 매어 둔다. 가족관계에 얽매어 마음대로 피해 갈 수 없으며, 이상과 현실의 사이에서 괴로워하고 번뇌함으로 지쳐 있어 위험하다. 신하와 가족을 위로하고 마음을 편안하게 하여 주는 등의 작은 일은 좋으나 큰 일을 해서는 안 된다.

【四陽】돼지의 성정을 본받아 즐거운 마음으로 피한다. 군자는 할 수 있지만 소인은 할 수 없다.

【五陽】돼지를 그대로 따라 하여 나무랄 곳이 없게 피한다. 처음부터 끝까지 변함없이 지켜 나가면 길하리라.

【上陽】돼지를 모방하여 덤비지 않고 여유있게 피한다. 아무런 거리낌이 없이 유유자적하게 피해서 숨는다면 만사형통할 것이다.

【해설】천산둔의 괘상을 보면 위에 네 개의 양효가 있고, 아래에 두 개의 음효가 이어져 있다. 여기에서의 양효는 군자를 의미하고, 음효는 소인을 상징한다. 천하에서 소인의 세력은 차츰 강성해지고 군자의 도는 점차 부족하여 못 미치는 모습이다. 역경의 논리에서는 모든 발전과 성장은 아래의 효부터 위로 상승하여 진행된다고 풀어서 밝히고 있다. 이렇듯 악이 선의 정도를 낮추어 얕게 보는 행태가 보이면 군자는 마음을 비우고 세상에서 물러나 숨어 살아야 한다는 것이다. 잘 다스려진 세상에는 나아가 벼슬을 하고, 어지러운 세상에서는 물러나 몸을 드러내지 않는 것을 유교에서는 군자의 도리라고 내세우며 역설하고 있다. 이 천산둔의 형태도 그러한 유교적인 사상인 것이다.

그러나 이러한 주제는 일신의 안위를 위한 처세술은 될 수 있지만 국가와 사회에서 지도급 인사의 일원으로 자타가 공인하는 소위 군자라는 사람들의 바른 도리라고 인정받을 수 있는 것인가에 대해서는 적지 않은 의구심을 가지게 한다. 도리어 정의를 내세우는 지도자라면 악이 횡행하는 어지러운 세상에서는 신명을 내걸고 악과 맞서서 대항하려는 의지와 용기를 가지는 것이 군자의 바른 도리가 아닐까 한다. 순조로운 세상이면 나아가 벼슬을 하고 혼란스러운 세상이면 벼슬을 내어놓고 물러가 숨어버리는 이러한 유교의 군자도의 사상은 후대로 내려오면서 확대 해석되고 때로는 악용되기도 하면서 동양인의 가슴속에 퇴영적인 사상을 심어 놓았다.

특히 우리나라에서는 이러한 사상을 군자지도의 가르침으로 극구 찬양

받았던 것이다. 약삭 빠르고 눈치있는 지도급 인사 중에는 항상 움직이는 바람끝을 따져서 생각하다가, 위험한 기색이 보이면 국가와 겨레에 대한 중요한 임무를 헌신짝 버리듯 하고 물러가 몸을 피하곤 하였다. 그들은 자신들의 용기가 없는 비겁한 태도를 군자지도라는 유교의 진퇴론을 방패로 삼아 자신이 옳은 것인 양 꾸미고 스스로 군자이며 바른 도리임을 의심하지 않았던 것이다. 군자의 도가 이런 것이라면 우리는 유교의 이러한 가르침을 타기하지 않을 수 없다. 그런 의미에서 이 천산둔괘의 가르치고 깨우침은 비평하고 판단하는 이론적 기초로는 부정적이지 아닐 수 없다.

【원문】

遯 亨. 小利貞. 彖曰 遯亨 遯而亨也. 剛當位而
둔 형 소리정 단왈 둔형 둔이형야 강당위이

應 與時行也. 小利貞. 浸而長也. 遯之時義 大
응 여시행야 소이정 침이장야 둔지시의 대

矣哉. 象曰 天下有山遯. 君子以遠小人 不惡而
의재 상왈 천하유산둔 군자이원소인 불악이

嚴.
엄

【직역】 둔은 형통하는 괘이나 마음을 바르게 하면 이로우니라. 단왈 둔괘가 형통하다는 것은 물러나서 일이 트인다는 것이다. 강한 기운이 마땅한 자리에 앉아서 응하고 있으니 때와 더불어 행한다는 것이니라. 마음을 바르게 하면 이롭다 함은 물이 스며들 듯 점진적으로 자란다는 것이다. 물러나 숨는 때와 의미는 참으로 크도다. 상왈 하늘 아래에 산이 있는 것이 둔괘의 형상이니라. 군자는 이로써 소인을 멀리하되 악하게 하지 않고 엄격하게 한다는 것이니라.

【원문】

初六 遯尾. 厲. 勿用有攸往 象曰 遯尾之厲 不
초육 둔미 려 물용유유왕 상왈 둔미지려 불

往何在也. 六二 執之用黃牛之革. 莫之勝說.
왕하재야 육이 집지용황우지혁 막지승설

象曰 執用黃牛 固志也. 九三 係遯 有疾厲. 畜
상왈 집용황우 고지야 구삼 계둔 유질려 축

臣妾吉. 象曰 係遯之厲 有疾憊也. 畜臣妾吉. 不
신첩길 상왈 계둔지려 유질비야 축신첩길 불

可大事也. 九四 好遯. 君子吉. 小人否. 象曰 君
가대사야 구사 호둔 군자길 소인부 상왈 군

子好遯 小人否也. 九五 嘉遯 貞吉. 象曰 嘉遯
자호둔 소인부야 구오 가둔 정길 상왈 가둔

貞吉. 以正志也. 上九 肥遯. 无不利. 象曰 肥
정길 이정지야 상구 비둔 무불리 상왈 비

遯无不利 无所疑也.
둔무불리 무소의야

【직역】【초육】도망하는데 돼지 꼬리라. 위태롭다. 갈 곳이 있어도 가지 말아라. 상왈 도망하는데 꼬리이므로 위태롭다 함은 가지 않으면 무슨 재앙이 있으리오.【육이】얽어매려면 누런 소의 가죽을 쓰느니라. 여기에서 벗어나지 말라. 상왈 잡아매려면 누런 소의 가죽을 써라 함은 그 뜻이 견고하기 때문이니라.【구삼】매여서 물러나려 하나 질병이 있어 위태롭다. 신하와 첩을 부양하는 데는 길하리라. 상왈 매여서 물러나려 하나 질병이 있어 위태롭다 함은 질병이 있어 피곤하다는 것이니라. 그리고 신하와 첩을 부양하는 데 길하다 함은 큰 일을 할 수 없다는 것이다.【구사】좋아도 물러나는 것이니 군자는 길하고 소인은 비색하니라. 상왈 군자는 물러나는 것이 좋고, 소인은 그렇지 않다는 것이니라.【구오】아름답게 물러나는 것이니 마음을 바르게 해야 길하리라. 상왈 아름답게 물러나는 것이니 마음을 바르게 해야 길하다 함은 그것으로 뜻을 바르게 한다는 것이니라.【상구】살이 찌게 물러나는 것이니 이롭지 않음이 없느니라. 상왈 살이 찌게 물러나는 것이니 이롭지 않음이 없다 함은 의심할 바가 없다는 것이니라.

【요점】군자이원소인君子以遠小人, 불악이엄不惡而嚴, 집용황우執用黃牛, 고지야固志也라 함은 군자는 소인을 멀리하되 미워하지는 않고 엄히 대한다 이고, 황소를 잡아매어 써라 함은 뜻이 견고하다는 의미이다. 세상을 등지고 흔들림없이 삶을 이어 가려면 무엇보다도 마음의 평정을 얻어야 한다. 그러나 마음을 비우지 않고서는 평심을 찾기 어렵다. 그러므로 마음의 평심은 욕심을 버리는 데서 이루어진다. 역시 외떨어진 곳에서 생활을 하는 것만 은둔 생활이 아니다. 이 험한 세상에서 양심을 지키고 사는 것이 더 참다운 운둔 생활이라고 하겠다. 또 사회생활에서 간사하고 도량이 좁은 소인배와는 흥정할 것도 없이 엄하게 끊어버려야 한다. 군자가 왜 소인을 미워하지는 않고 엄하게 대하는지 새겨둘 일이다.

또 역경이 씌여질 당시에는 힘센 황소를 잡아 길들이는 것은 무척 어려운 일이었을 것이다. 어려운 일을 포기하지 않고 하려면 먼저 뜻이 확고해야 한다. 일을 시작하기 전에 생각을 거듭하여 나아갈 바를 정해 움직이기 때문에 주저하지 않는 것이다. 뜻이 확고한 사람은 옳은 일이면 단호히 실행하고, 그른 일이면 딱 잘라 포기한다.

34) 대장大壯 ䷡ 진괘 건괘 뇌천대장 雷天大壯 : 헛된 싸움

대장大壯이란 대大 곧 양陽이 왕성하다는 의미이다. 양기가 아래에서부터 성하여 위로 올라가 위의 음기를 쇠하게 하는 현상이다. 어두컴컴하고 스산한 분위기를 모두 잊고 양기가 기운차게 활기를 띠며 나아가는 모습이다. 따라서 겉으로 보기와는 달리 드러나지 않는 이익이 따르지 못하는 경향이 있다. 이러한 때에는 자신의 지난 과정을 한번 더 돌아볼 필요가 있다. 사업을 늘여 넓히는 것도 좋고, 힘을 믿고 거침없이 곧장 나아갈 때이다. 그러나 마음을 다잡지 않고 놓아버리면 큰 실패를 불러올 것이다. 하늘건괘에서는 천둥진괘이 치는데도 비가 올 낌새가 전혀 보이지 않는 괘상이다.

대장大壯이란 양기가 한창 성하다는 뜻이다. 강건건괘하면서 기운차게 움직이는진괘 형상이다. 크게 뛰어나고 훌륭한 자는 바르게 행하므로써 비로소 순조롭다. 정직하고 위대해야만이 하늘과 땅의 참된 뜻을 밝혀서 전체를 내다볼 수 있는 것이다.

【大象】천둥震이 하늘乾 위에서 진동한다. 이것이 대장의 괘상이다. 군자는 이 괘상을 보고 예절과 의리에 거슬리는 일은 행하지 않는다.

【初陽】발길이 닿는 대로 진중하지 않고 가볍게 나아간다. 벼른 끝에 잡은 기회도 헛되이 돌아간다. 흉하다.

【二陽】처음에 품은 뜻과 의지를 관찰하면 길하다. 中

【三陽】소인은 강한 세력을 형성하여 거침없이 나아가지만, 군자는 그런 일을 하지 않는다. 정도를 유지하고 있더라도 형편이 매우 어렵다. 숫양이 무턱대고 돌진하다가 울타리를 뿔로 들이받고 고통스러워하는 것과 같은 긴급한 사태가 일어난다.

【四陽】무엇을 하려고 속으로 결심한 뜻과 의지를 관철하면 길하다. 뉘우

침이 없다. 무너진 괴로운 울타리에서 벗어날 수 있을 것이다. 수레바퀴를 정비하고 앞으로 과감히 나아가는 것이 길하다.

【五陰】울타리가 무너져서 양이 도망간다. 그러니 억지로 잡아 두려고 하지 말라. 뉘우침은 없다. 不正

【上陰】숫양의 뿔이 울타리에 걸려 나아가지도 물러나지도 못하고 어떻게 할 줄 모르는 상태이다. 무엇을 하든 잘 되지 않는다. 방심하지 말고 열심히 노력하면 길하고 결함도 오래 가지 않을 것이다.

【해설】뇌천대장괘의 형상은 네 개의 양효가 뭉쳐서 점차 위로 확대되고 발전하면서 음의 기운을 구축하는 모습을 보이고 있다. 역경의 논리는 양기가 음기보다 강한 것으로 여기기 때문에 대장괘는 강한 것이 장성해 가고 있는 것을 상징한다. 역경은 이러한 대장의 감각적 영상을 뇌천으로 표현하고 있다. 뇌는 우레·천둥이고 천은 하늘이므로, 하늘에서 우레가 크게 울려서 진동하는 상태를 나타낸다. 참으로 하늘과 땅 사이에 부르짖어 막힘이 없고 천지만물에 군림하여 두려움이 없다.

천지는 그를 위하여 알맞고 신선하게 트여 있었고, 천지만물은 그의 위엄을 존경하는 마음으로 대하는 그러한 왕성한 대운을 상징하고 있다. 한 국가가 대장괘와 같은 성운에 놓여 있다면 그 나라는 아침해가 하늘로 치솟는 상태와 같이 발전하고 융성하는 상태임을 가리킨다. 나라안은 군자의 도가 크게 떨치고 소인배의 세력은 쇠해져서 위로 훌륭한 군주가 있고 아래에 현달한 신하들이 있으며, 백성들 사이에는 화기애애한 분위기가 넘쳐 흐르는 세상을 의미한다. 이를테면 태평성대 직전의 상태에 있는 것이다.

한 인물의 경우라면 가슴속 깊이 쌓아 두었던 자신의 경륜을 드디어 소신대로 펼쳐 보이는 정상의 순간일 것이다. 뇌천대장은 진실로 왕성한 기운을 나타내는 괘이다. 그러나 역경은 여기에서 타일러 주의시킴을 잊지 않고 있다. 인간이란 제 뜻대로 기를 펴고 행동할 수 있는 환경에 놓여지면 꺼리거나 삼가는 마음이 없어 멋대로 행동하기 쉽다. 또 그러한 세력을 가진 자가 소인배라면 백성을 복종시키기 위해 권력을 휘두르기 마련이다. 어떠한 세도와 권력도 실수가 없도록 삼가서 경계해도 십년을 유지하기 어려운 것이거늘 하물며 세력을 과시하고 권력을 남용한다면 그것은 교만한 것이니, 교만하고 어찌 행운 유수하기를 기대할 수 있겠는가. 그리고 어떠한 국가권력도 강경일변도로 치닫는 행태는 항상 위험을 내포하고 있다.

천지자연의 필연적인 법칙도 강경과 유화가 바르게 조화 되어야 그 운행이 순조로운 것이다. 대장괘의 효사에서 숫양이 무턱대고 돌진하다가 뿔로 울타리를 받아 괴로워하는 꼴이 되기 쉽다는 것이다. 이와같이 대장괘는 효사에서 날뛰지 말고 무모하게 돌진하지 말라고 계시하고 있다. 이것은 모처럼의 호운을 악운으로 전락시키는 경고이기 때문이다. 그러므로 군자는 대장의 괘상을 보고 허세와 겉치레를 삼가고 실질을 추구해야 하며 예의를 지켜 바른 도리에 어긋나지 않는 규범을 보여야 한다고 논하고 있다.

【원문】

大壯 利貞, 象曰 大壯大者壯也. 剛以動 故壯.
대장 이정 단왈 대장대자장야 강이동 고장
大壯利貞 大者正也. 正大而天地之情可見矣.
대장이정 대자정야 정대이천지지정가견의
象曰 雷在天上大壯. 君子以非禮弗履.
상왈 뇌재천상대장 군자이비예불리

【직역】대장괘大壯卦는 바르게 함이 이로우니라. 단왈 대장은 큰 것이 장성한다는 뜻이니 강함으로써 움직이고 장성하는 것이며, 바르고 곧아야 이로운 것은 큰 것이 바르기 때문이다. 바르고 크게 해서 천지의 참된 뜻을 볼 수 있으리라. 상왈 우레가 하늘 위에 있는 것이 대장괘의 상이다. 군자는 이로써 예가 아니면 밟지 않아야 하느니라.

【원 문】

初九 壯于趾. 征凶. 有孚. 象曰 壯于趾 其孚窮
초구 장우지 정흉 유부 상왈 장우지 기부궁
也. 九二 貞吉. 象曰 九二貞吉 以中也. 九三 小
야 구이 정길 상왈 구이정길 이중야 구삼 소
人用壯. 君子用罔. 貞厲. 羝羊觸藩 羸其角. 象
인용장 군자용망 정려 저양촉·번 리기각 상
曰 小人用壯 君子罔也. 九四 貞吉. 悔亡 藩決
왈 소인용장 군자망야 구사 정길 회망 번결
不羸. 壯于大輿之輹. 象曰 藩決不羸 尙往也.
불리 장우대여지복 상왈 번결불리 상왕야
六五 喪羊于易. 无悔. 象曰 喪羊于易. 位不當
육오 상양우이 무회 상왈 상양우이 위부당
也. 上六 羝羊觸藩 不能退 不能遂. 无攸利. 艱
야 상육 저양촉번 불능퇴 불능수 무유리 간
則吉. 象曰 不能退不能遂 不詳也. 艱則吉 咎不
즉길 상왈 불능퇴불능수 불상야 간즉길 구부
長也.
장야

【직역】【초구】발꿈치에서 장성하니 정벌하면 흉함이 확실하게 있느니라.
상왈 발꿈치에서 장성해 간다 함은 곤궁하다는 것이니라. 【구이】 마음을 곧
고 바르게 가져야 이롭다. 상왈 마음을 곧고 바르게 가져야 이롭다 함은 가
운데의 자리에 있기 때문이니라. 【구삼】 소인은 장성함을 사용하지만 군자
는 그것을 사용하지 않으니 마음이 아파도 위태롭다. 숫양이 울타리를 들
이받아 그 뿔이 걸린다. 상왈 소인은 장성한 세력을 사용하지만 군자는 그
런 일이 없다는 것이니라. 【구사】 마음을 바르게 하면 길하니 뉘우침이 없으
리라. 울타리가 무너져 양의 뿔이 휘어지지 않는다. 큰 수레의 바퀴살이 장
함이니라. 상왈 울타리가 무너져 양의 뿔이 휘어지지 않는다 함은 나아감
을 숭상한다는 것이니라. 【육오】 양을 쉽게 잃어버리면 뉘우침이 없으리라.
상왈 양을 쉽게 잃어버렸다 함은 자리가 마땅하지 않다는 것이니라. 【상육】
숫양이 울타리를 들이박고는 능히 물러나지도 못하고 능히 나아가지도 못

하니 이로울 바가 없다. 어려움을 참으면 길하리라. 상왈 물러나지도 못하고 나아가지도 못한다 함은 헤아리지 못하는 것이요, 어려움을 참으면 길하다 함은 허물이 오래 가지 않는다는 것이니라.

【요점】 대자정야大者正也, 군자이비예불리君子以非禮弗履라 함은 큰 것은 정이다 이고, 군자는 예가 아니면 이행하지 않는다 이다. 크다는 것은 천지를 말함이고, 정은 곧고 올바른 것이다. 대인은 체격이 큰 사람이 아니고 천지를 본받아 공명정대하게 마음을 쓰는 사람을 말한다. 공사를 혼동하지 않으면 절로 곧고 큰 존재가 된다. 곧고 큰 것은 바로 현인의 심상인 것이다.

세상을 얕잡아 보는 사람은 달려오는 수레를 막겠다는 사마귀와 같다. 수레가 굴러오는 소리 때문에 먹이를 놓친 사마귀가 화를 참지 못하고 수레를 향해 돌진하다 바퀴에 깔려 죽었다는 문언이 장자에 나온다. 깔려 죽은 사마귀는 수레를 벌레 정도로 생각하고 덤벼들어 생죽음을 당한 것이다. 이런 사마귀 같은 대책이 없는 인간이 되어서는 안 된다.

또 예가 아니면 행하지 않는다. 예를 따라 생각하고 행동하면 중용으로 통한다. 몸 둘 바를 잘 아는 것 역시 예를 따름이다. 오만하고 경솔한 사람은 해서는 안 될 짓을 멋모르고 저지른다. 이는 예를 잊은 탓이다. 실수가 없도록 삼가서 경계하고 신중하게 처신하는 것은 스스로를 장하게 한다. 그래서 어질고 사리에 밝은 사람은 기대에 맞지 않거나 기준에서 벗어나는 행동을 하지 않는 것이다.

진晉이란 앞으로 나아가는 것을 의미한다. 그러나 대장大壯처럼 요량이 없이 덮어놓고 나아가는 것은 아니다. 때를 얻어 모든 능력을 발휘하는 것이다. 지금은 얼마든지 일을 맡아도 아무 탈이나 말썽없이 해 나갈 수 있는 시기이다. 일하면 할수록 주위로부터 인정받고 큰 보답을 받을 것이다. 심신이 고통스러운 사람도 이제부터는 상승하기 시작한다. 따라서 마음의 여유도 없이 급하게 서두를 필요는 없다. 들뜨지 않고 차분하게 자신을 가지고 계획을 세워 나아가면 된다. 괘의 형상을 보면 상괘이괘는 불火·태양을 상징하고, 하괘곤괘는 대지를 의미한다. 땅 위에 태양이 비추기 시작한 것으로서 희망의 아침을 나타낸다.

진晉은 진進과 동일하므로 나아가는 것을 가리키는 괘이다. 밝은 태양離이 지상坤에 솟아서 위로 오르는 시기이다. 부드럽고 온순한坤 태도로 밝은 군주離를 따르는 것이 길하다. 천자가 유효한五陰 자리에 있어서 온화한 덕으로 천하를 주재하고 있는 것이다. 제후는 많은 말들을 천자에게 바침으로써 하루에 세 번 공식적으로 대면하는 우대를 받았다.

【大象】밝은 태양이 지상에 떠오른다. 이것이 진晉의 괘상이다. 군자는 이 괘상을 보고 자신의 덕을 청사에 길이 빛나게 하기 위해 노력을 기울인다.

【初陰】바른길로 나아가려 해도 좌절감에 빠지고 만다. 외로히 자신의 덕을 지켜 나아가기 때문이다. 변함없이 처음에 품은 뜻과 의지를 관철해 나가면 길하다. 정성스러운 뜻을 인정 받지 못해도 사리를 너그럽게 판단하는 마음으로 기다리면 허물은 없을 것이다.

【二陰】나아가려 해도 나아가지 못하니 괴로워하고 번민한다. 아무렇지도 않은 듯이 예사롭게 초지를 관철하면 길하다. 큰 복을 왕의 어머니로부터

받게 될 것이다. 中正

【三陰】 앞으로 나아가려는 정성스럽고 진실된 뜻이 여러 사람에게 알려져 믿음성을 인정 받는다. 후회는 없으리라.

【四陽】 앞으로 나아간다. 자기 능력 이상의 위치에 있는 것은 큰 들쥐가 남을 손상시키는 것과 같다. 바른 도리를 지키고 있더라도 목숨을 위태롭게 할 만큼 안전하지 못한다. 不正

【五陰】 뉘우침은 없다. 성공이나 실패에 즐거워하거나 근심으로 속을 태우지 말라. 앞으로 나아가면 길해서 만족스럽고 유쾌하리라. 만사가 여의하다.

【上陽】 이미 나아갈 곳이 없다. 자기 영토 안의 난적을 토벌하는 데 전념하면 길하고 탈은 없을 것이다. 덕의 베풂이 모자라서 소요가 내란으로 번진다. 진압하는 방책이 정도를 따른다 해도 비난받고 어찌할 수 없는 곤란한 경우에 처할 것이다.

【해설】 화지진괘는 불을 의미하는 이괘가 위에 있고, 땅을 상징하는 곤괘가 아래에 있다. 태양이 지평선 위로 나와 하늘로 솟아오르는 아침의 태양이다. 그것을 인생에 비유하면 청춘이고 항해에 비유하면 출항인 것이다. 청춘은 미지의 인생을 어림잡아 계획을 세워 보는 가슴 설레임이 있어서 좋고, 출항은 수많은 미지의 항구를 만나는 기대감이 있어서 좋다. 인생의 희망적인 설계나 구상은 구김살이 없는 청춘의 가슴속에 이미 그려져 있어야 한다. 그것이 인생을 바로잡고 통제하기 때문이다. 인생의 항해 계획은 출항 전에 앞서서 이정표가 그려진 해도와 같이 준비되어 있어야 한다. 해도는 일정한 항로가 있고 항구마다의 거리와 방위가 표시되어 있기 때문이다.

아침의 떠오르는 태양에게는 일정한 기준의 진로가 있고 지켜야 할 해도가 있다. 우리는 이러한 태양의 한결같음을 배워야 한다. 태양은 누구의 지시도 받지 않고 힘차게 전진한다. 달리는 궤도가 있어 진로를 벗어나는 일이 없다. 또 약속된 시간을 엄격히 지키면서 한 걸음씩 순서 있게 상승한다. 그러므로 태양의 행로는 위치와 방향이 일정하기 때문에 동서남북의 구별이 가능한 것이다. 만일 태양이 아무데서나 툭 비어져 솟는다면 하늘과 땅 사이는 전체적으로 혼란과 불안과 방향감각의 상실과 시간관념의 부존재 등으로 인해 부조리한 사태가 가득하게 될 것이다. 생각만 해도 끔찍한 일이 아닐 수 없다.

지평선을 벗어나 하늘로 오르는 아침의 태양은 높이 오를수록 광명은 커져 가고 어둠은 사라진다. 온도는 높아 가고 찬 기운은 스러진다. 그러므로 태양의 위치가 정상에 가까워질수록 만물은 기뻐하고 그 공적을 찬양한다. 이것이 화지진괘가 논하고 있는 호운의 상징이다. 그러나 자신이 어느새 이 행운 속에 있다고 스스로 뽐내며 자랑하고 거만하게 굴어서는 안 된다. 아직은 떠오르는 태양의 시작이므로 시기가 무르익을 때까지 각고면려 해야 할 것이다.

【원문】

晉 康侯用錫馬蕃庶 晝日三接. 象曰 晉進也. 明
진 강후용석마번서 주일삼접 단왈 진진야 명

出地上 順而麗乎大明 柔進而上行. 是以康侯用
출지상 순이려호대명 유진이상행 시이강후용

錫馬蕃庶 晝日三接也. 象曰 明出地上晉. 君子
석마번서 주일삼접야 상왈 명출지상진 군자

以自昭明德.
이자소명덕

【직역】 진괘는 강후가 말을 여러 번 받치고 하룻날에 세 번씩 천자를 접하는 상이다. 단왈 진괘는 앞으로 나아가는 것이니라. 밝은 빛이 땅 위에 나와서 크게 밝아지고 유순하게 진행하여 위로 행한다. 이것이 강후로부터 말을 여러 번 받치게 하여 하루에 세 번씩 천자를 뵙게 한 것이니라. 상왈 밝은 빛이 땅 위로 나온 것이 진괘이다. 군자는 이로써 스스로 밝은 덕을 밝히느니라.

【원문】

初六 晉如 摧如. 貞吉. 罔孚 裕无咎. 象曰 晉如
초육 진여 최여 정길 망부 유무구 상왈 진여

摧如 獨行正也. 裕无咎 未受命也. 六二 晉如
최여 독행정야 유무구 미수명야 육이 진여

愁如. 貞吉, 受茲介福于其王母. 象曰 受茲介福
수여 정길 수자개복우기왕모 상왈 수자개복

以中正也. 六三 衆允. 悔亡 象曰 衆允之志 上
이중정야 육삼 중윤 회망 상왈 중윤지지 상

行也. 九四 晉如. 鼫鼠貞厲 位不當也. 六五 悔
행야 구사 진여 석서정려 위부당야 육오 회

亡. 失得勿恤. 往吉无不利. 象曰 失得勿恤 往
망 실득물휼 왕길무불리 상왈 실득물휼 왕

有慶也. 上九 晉其角. 維用伐邑 厲吉无咎. 貞
유경야 상구 진기각 유용벌읍 려길무구 정

吝. 象曰 維用伐邑 道未光也.
린 상왈 유용벌읍 도미광야

【직역】【초육】 적극적으로 나아가는 듯하고, 꺾이는 듯하다. 마음을 곧고 바르게 하면 길하다. 믿음은 없더라도 여유있게 하면 허물이 없으리라. 상왈 적극적으로 나아가는 듯하고 꺾이는 듯하다 함은 홀로 바른 것을 행한다는 것이니라. 여유있게 하면 허물이 없다 함은 아직 명을 받지 않았다는 것이니라. 【육이】 나아가는 것이 근심에 잠긴 듯하나 마음을 바르게 가지면 길하니라. 이 큰 복을 왕모로부터 받으리라. 상왈 이에 큰 복을 받는다 함은 가운데에 자리하고 있기 때문이니라. 【육삼】 무리를 믿음이라. 뉘우침이 없으리라. 상왈 무리들이 믿음이 있다 함은 뜻이 위로 행한다는 것이니라. 【구사】 나아가는 것이 들쥐와 같으니 자신의 의견을 굳게 지키면 위태함이 있으리라. 상왈 들쥐와 같으니 자신의 의견을 굳게 지키면 위태하다 함은 자리가 마땅하지 않다는 것이니라. 【육오】 뉘우침이 없어지니 잃고 얻음을 근심하지 말라. 상왈 잃고 얻음을 근심하지 말라 함은 가면 경사가 있다는 것이니라. 【상구】 그 뿔까지 나아간다. 오직 다른 고을을 치면 위험하나 길함이 있어 허물이

없다. 마음을 옹색하게 가지면 부끄러움이 있으리라. 상왈 오직 다른 고을을 친다 함은 도가 아직 빛나지 않았다는 것이니라.

※ 강후康候는 나라를 평안하게 하는 제후라는 학설과 무왕의 동생 강숙康叔이라는 풍설이 있는데 어느 것이든 의미는 크게 다르지 않다.

【요점】순이려호대호명順而麗乎大明, 실득물휼失得勿恤, 왕유경야往有慶也라 함은 정도를 초월하는 밝은 것에 순응하여 벗을 이룬다 이고, 잃을 것인지 얻을 것인지 근심으로 속을 태우지 말라. 가면 좋은 일이 있다는 것이다. 태양이 대지 위로 솟고 있는 모습처럼 인생을 어둠 속에서 밝은 곳으로 가르쳐 이끈다면 그보다 더 큰 밝음은 없다. 밝음을 한마디로 논한다면 덕이다. 덕은 순응하면 서로 벗을 이루게 마련이다. 덕유소장德有所長이란 글귀가 있다. 덕은 선하고 거룩해서 존경 받는 것이 있다는 말이다.

하늘의 일은 허물을 뚫는 것이고 인간의 일은 허물을 드러내는 것이다 라고 장자가 말한 바 있다. 하늘의 일은 덕행으로 이행하면 되고 인간의 일은 욕심으로 파악하면 된다. 서로 돕고 베풀어 주는 마음으로 행동한다면 삶은 크게 밝아진다. 덕행은 그런 마음가짐에서 비롯되는 것이다. 또 이로울 것인지 해로울 것인지 이리저리 헤아릴 일이면 그만두고 이해득실을 따질 일이 아니면 걱정할 것 없다는 것이다. 얻어도 그만 잃어도 그만이라면 얼마나 홀가분한 처지인가. 인생을 저울질하지 말라. 남의 것이 더 커 보인다는 말을 믿고 이해득실을 따진다면 부덕하게 된다. 덕은 생명을 긍정하는 천명인 것이다. 이것이 진괘의 일깨움이다.

36) 명이明夷　곤괘　이괘　지화명이 地火明夷 : 온갖 고난속에서 성장한다

명이明夷란 명明이 깨어진다. 곧 어질고 사리에 밝은 것이 상처를 입는다는 의미이다. 또 슬기롭지 못하고 둔한 자가 위에 있어서 재능있는 부하를 힘으로 억누르고 있는 형태이다. 이러한 때에 이치에 맞지 않는 능력을 발휘해서 난국을 타개하려 한다면 곧장 주위로부터 늘씬하게 매를 맞을지도 모른다. 괘상의 모습대로 밝은 지혜離를 어리석은坤 정서로 가장하고 점진적으로 내면의 충실을 기해야 한다. 못나고 어리석은 사람으로 보이는 것이 좋다. 고난과 역경 속에서 갈고 닦아진 실력은 마침내 옥처럼 환하게 비칠 것이다. 명이는 앞서 논한 진晉의 경우와는 반대로 곤괘가 위에 있고 이괘가 아래에 자리하고 있어 어둡고 추악한 암흑이 지배하고 있는 형상이다.

명이明夷는 태양離이 땅坤 속에 감추어진 상태이다. 이럴 때에는 안으로 밝은 지혜離의 덕을 숨기고 겉으로는 유순한 태도로 두려워서 하기에 힘든 어지러운 판국을 수습하는 것이 좋다. 어떠한 고난과 역경 속에서도 굳은 신념을 관철하는 것이 좋다. 폭군의 학정에 시달리면서도 밝은 지혜와 재능을 밖으로 드러내지 않고 자신의 지조를 바로 지켜 나갈 수 있다. 문왕은 이렇게 해서 유리옥羑里獄의 어려운 난국을 배겨 내었고, 기자箕子는 거짓으로 미친 척하면서 주왕의 폭정에 적절히 대처하였다.

【大象】태양離이·땅坤 속에 숨는다. 이것이 명이의 괘상이다. 군자는 이 괘상을 보고 더럽히지 않은 본디의 천성을 감추고 스스로 마음의 빛만을 밝게 가진다.

【初陽】밝음이 깨어지고 어둠이 지배한다. 그러한 징조가 조금이라도 나타나면 곧 무리를 떠나 폈던 날개를 접는다. 어두운 세상에서 녹을 먹는 것은 의에 어긋나는 일이다. 그 때문에 헐벗고 먹을 것이 없어 주리는 고통을

받을 수도 있고 가는 곳마다 비난을 받지만 마음에 두고 생각할 필요는 없다.

【二陰】밝음이 깨어지고 어둠의 지배가 더욱 심하다. 왼쪽 다리에 부상을 당한다. 그러나 유순陰하고 단정하기 때문에 아랫 사람만 건강하다면 구출되어 길하다. 中正

【三陽】밝음이 깨어지고 어둠이 지배한다. 과단히 일어나서 남향으로 나아가 적을 공격하면 명이족의 우두머리를 붙잡아 뜻을 이룰 수가 있다. 그러나 너무 성급하게 정의를 행하려 하지 말라. 허물이 될 것이다.

【四陰】어둠의 지배자들 속에 있으면서 그들의 속마음을 알아챈다. 지체 없이 집을 떠나 국외로 피해야 한다.

【五陰】기자箕子는 밝은 지혜를 드러내지 않고 지조를 지켜 나갔다. 그러나 그의 명덕은 멈추지 않고 계속해서 빛을 내었다.

【上陰】밝은 덕이 없는 어둠의 군주가 나라를 거느려 다스린다. 처음에는 천자가 되어 사해명진 하지만, 결국은 길을 잃고 굴러 떨어지고 만다.

【해설】지화명이괘는 땅을 의미하는 곤괘가 위에 있고, 불을 상징하는 이괘가 밑에 자리하고 있어 태양이 땅속으로 빠져 들어가는 형상이다. 앞장에서 논한 화지진괘는 이괘가 위에 있고 곤괘가 아래에 있어 태양이 대지 위로 나와 하늘로 치솟아 오르는 상태로서 행운을 암시하는 괘였다. 불이 땅 위에 있는 모습이므로 태양이 하늘로 치솟는 것과 같은 성운이고, 지화명이괘는 불이 땅밑에 있는 모습이므로 태양이 땅속으로 꺼져 들어가는 것과 같은 흉운을 암시하는 괘라는 것이다.

그러면 명이괘와 같은 흉운에 직면했을 때 사람은 어떻게 처신하면 좋은지 역경이 계시하고 있는 견해를 살피면, 명이는 밝은것이 파멸한다는 의미이다. 태양이 지평선 뒤로 넘어가버린 컴컴하고 아득한 숨막히는 어두운 심연 속에 굴러 떨어졌을 경우 인간은 어떻게 해야 하는 것인가. 빛이 없는 세상에서는 예쁜 얼굴도, 의젓한 인품도, 화려한 비단옷도 남에게 보일 수 없고 아름다운 금수강산도 식별할 수가 없다. 암흑은 사람에게 방향감각마저

상실하게 하는 것이다. 이렇듯 한치 앞도 내다볼 수 없는 지경에 자신은 비뚤어지지 않은 길을 판단할 수 있다고 전진을 감행하거나, 남에게 따라 오기를 강요한다면, 그것은 자신을 위협하는 무모함이고 오랜만의 신념도 비난의 대상이 되고 말 것이다. 밤은 아무리 길어도 새기 마련이므로 고요히 자신의 집에 들어앉아 밤이 새기를 기다리는 것이 가장 현명한 방법이다.

세상이 악으로 가득 차 있으면 선은 매몰되는 것이고, 소인배가 활개치는 나라에선 선량한 지도자는 고립되고 해를 입게 마련이다. 이러한 부정한 세상을 뒤짚어 엎을 만한 조건이나 사회적 상황이 무르익지 않은 환경에서는 군자는 자신의 명석함을 드러내지 않고 바보무지렁이처럼 유유낙낙한 태도로 살아가라고 역경은 설파하고 있다. 뒷날 고종의 섭정인 흥선대원군 이하응도 비굴하리만큼 철저하게 자신을 숨기고 살았던 일화는 너무도 유명하다. 바보처럼 사는 것도 내일의 성공을 위해서이고, 밤을 고요히 쉬는 것도 내일의 눈부신 활동을 위한 준비인 것이다. 남에게 보이지 않는 자신의 마음만을 바르고 꿋꿋하게 가지면서 밝아오는 새 아침을 기다리라고 역경은 힘써 말하고 있다.

【원문】

明夷 利艱貞. 象曰 明入地中明夷. 内文明而外
명이 이간정 단왈 명입지중명이   내문명이외

柔順 以蒙大難. 文王以之. 利艱貞 晦其明也.
유순 이몽대난 문왕이지   이간정 회기명야

内難而能正其志. 箕子以之. 象曰 明入地中明
내난이능정기지   기자이지   상왈 명입지중명

夷. 君子以莅衆 用晦而明.
이 군자이리중 용회이명

【직역】 명이괘는 어려움이 있으나 마음을 곧고 바르게 하면 이로우니라. 단왈 밝은 것이 땅 가운데로 들어가는 것이 명이의 괘상이다. 안으로 문명하고 밖으로 유순해서 큰 어려움을 무릅쓴다.

문왕은 이로써 큰 이치를 사용하셨느니라. 어려움이 있으나 마음을 곧고 바르게 하면 이롭다 함은 밝은 빛을 어둡게 한다는 것이니라. 안은 비록 어렵다지만 능히 그뜻을 바로 잡을 수가 있으니 기자箕子가 이것을 사용하였느니라. 상왈 밝은 빛이 땅 가운데로 들어가는 것이 명이괘이다. 군자는 이로써 무리에 임하여 어두움을 써서 밝히느니라.

【원문】

初九 明夷 于飛垂其翼. 君子于行 三日不食. 有
초구 명이 우비수기익 군자우행 삼일불식 유

攸往 主人有言. 象曰 君子于行 義不食也. 六
유왕 주인유언 상왈 군자우행 의불식야 육

二 明夷 夷于左股. 用拯馬壯 吉. 象曰 六二之
이 명이 이우좌고 용증마장 길 상왈 육이지

吉 順以則也. 九三 明夷 于南狩 得其大首 不可
길 순이칙야 구삼 명이 우남수 득기대수 불가

疾貞. 象曰 南守之志 乃大得也. 六四 入于左腹
질정 상왈 남수지지 내대득야 육사 입우좌복

獲明夷之心 于出門庭. 象曰 入于左腹 獲心意
획명이지심 우출문정 상왈 입우좌복 획심의

也 六五 箕子之明夷 利貞. 象曰 箕子之貞 明不
야 육오 기자지명이 이정 상왈 기자지정 명불

可息也. 上六 不明晦. 初登于天 後入于地. 象
가식야 상육 불명회 초등우천 후입우지 상

曰 初登于天 照四國也. 後入于地 失則也.
왈 초등우천 조사국야 후입우지 실칙야

【직역】【초구】어둠속에 새가 나니 그 날개를 드리운다. 군자가 길을 감에 삼일을 먹지 않아서 갈 곳이 있으면 주인의 말이 있느니라. 상왈 군자가 길을 간다 함은 의리상 먹지 않았다는 것이니라. 【육이】어두운 때에 왼쪽 다리를 상함이니 구원하는 데에는 말이 건장하면 길하리라. 상왈 육이의 길하다 함은 순종함으로써 도를 따른다는 것이니라. 【구삼】어두운 때에 남쪽

으로 사냥을 가서 그 큰 머리를 얻으니 성급하고 바르게 하려 하지 말라. 상왈 남쪽으로 사냥을 가서 큰 머리를 얻는다 함은 큰일을 얻었다는 것이니라.【육사】왼쪽 배에 들어가서 어두운 마음을 얻어 가지고 왼쪽 앞뜰로 나온다. 상왈 왼쪽 배에 들어간다 함은 마음과 뜻을 얻었다는 것이니라.【육오】기자가 스스로 밝은 마음을 어둡게 한 것이다. 곧고 바르게 하면 이로우니라. 상왈 기자의 곧고 바른 마음이라 함은 밝은 빛이 쉴 수 없다는 것이니라.【상육】밝지 아니하여 어둡다. 처음에는 하늘에 오르고 나중에는 땅으로 들어간다. 상왈 처음에는 하늘에 오른다 함은 사방의 나라를 비춘다는 것이니라. 나중에는 땅으로 들어간다 함은 규범을 잃었다는 것이니라.

군자이이중君子以莅衆, 용회이명用晦而明, 명이우비明夷于飛, 수기익垂其翼이라 함은 군자가 무리를 헤아려 함께 한다면 어둠을 활용하여 밝힌다 이고, 밝음이 지고 어둠이 끼면 날던 날개를 접는다 이다. 밝음이 땅밑으로 들어가 어둡게 되는 모습이 곧 명이괘이다. 이런 모습을 본받아 현명한 사람은 밝음이 사라졌다고 해서 어둠이 지속된다고 단정하지 않는다. 밝음이 가면 어둠이 오고, 어둠이 가면 밝음이 온다는 것을 읽어내는 것이 명이괘에 숨어 있는 지혜이다. 누구나 이를 가늠하여 살피면 아무리 어둡고 괴로운 세상일지라도 밝음이 온다는 확신을 갖게 된다.

어둠 속에서 밝음을 기다릴 줄 아는 마음가짐이 곧 용회이명이다. 선악을 두루 통한 현명한 사람은 어둠을 밝히고 어리석음을 슬기로움으로 옮긴다. 이를 일러 깨우침이라고 하는 것이다. 또 어둠이 밀려오면 둥지로 돌아가 날개를 접고 밝을 때를 기다리는 새처럼 어렵고 힘든 세상에서는 스스로 몸조심을 해야 한다. 날개를 접고 때를 기다리며 근신하라는 것은 기회주의자가 되라는 게 아니다. 본분에 넘치는 짓을 멀리하고 사람답지 못한 궂은 일을 범하지 않기 위해 몸가짐과 언행을 삼가고 조심하라는 것이다.

날개를 접지 않고 걸어 둔다는 것이 곧 수기익이다. 난세를 당해 살아가는 방법이 잘 비유되어 있다. 옆을 볼 것도 없고, 엿들을 것도 없이 중심을 잡고 어긋난 생각을 피하면서 마음가짐을 곧고 바르게 간직한다면 삶이 고통스럽고 두려울지라도 반드시 헤쳐 나갈 길이 트인다는 것이다. 이것이 명이괘의 일깨움이다.

37) 가인家人　　손괘　풍화가인 風火家人 : 집안이 평온하다
이괘

가인家人이란 글자 그대로 한 가족이 살림하고 있는 집안의 사람 곧 가족을 가리킨다. 가족의 중심은 부부이며 특히 주부의 역할은 크다. 가정이 항상 온화하고 화목한 분위기가 넘쳐 흐르기 위해서는 주부의 정답고 포근한 마음씨가 필요하다. 이 괘는 남편을 어루만져 마음을 편하게 해 주고 자식들을 귀히 여기는 어진 어머니이면서도 착한 아내의 상을 나타내고 있다. 괘의 형상은 상양上陽을 제외하고는 모두가 바른 자리에 임하고 상하가 바로 응하고 있다. 가정안에서 자신들이 처해 있는 경우를 지키고 있으므로 부모·형제·부부가 서로 뜻이 맞고 정답다. 윗괘인 손괘는 장녀를 의미하고 아랫괘인 이괘는 중녀를 상징한다. 가정의 평화는 흔히 여자들 사이의 갈등으로 깨진다. 고부간의 불화, 시누·올케간의 대립 등으로 집안의 화목을 저해하고 있는 것이다. 그러나 이 괘는 위에 있는 장녀를 중녀가 따르고 있으므로 만사가 원만히 다스려지고 있다.

가정을 보살피는 데는 여자가 바른 도리를 지켜야 한다. 여자二陰는 안을 보살피고 남자五陽는 밖에서 활동한다. 하늘과 땅이 그러한 것처럼 남녀가 각자의 입장을 바로 지켜야 하는 것은 마땅히 행해야 할 큰 도리이다. 부모는 가정의 옳고 바른 군주이다. 부모·형제·부부가 저마다 알맞은 태도를 가짐으로써 가정이 올바르게 다스려진다. 가정이 올바르게 다스려져야 천하도 안정이 된다.

【大象】불離이 타서 바람巽이 일어난다. 이것이 가인家人의 괘상이다. 작은 일은 큰 일을 불러들인다. 군자는 이 괘상을 보고 언행을 삼가고, 말은 반드시 사실에 근거하며 행동은 항상 원칙만을 붙좇는다.
【初陽】탈이 없도록 문을 단단히 닫아 잠그면 뉘우침이 없으리라.

【二陰】고집스럽게 자신의 의견만 주장하치 말라. 자신의 임무인 음식을 조리하는 일에 전념하고 순종하는 마음을 잊지 않으면 길하다. 中正

【三陽】가족에 대해서 도에 지나치게 통제한다. 그 점을 뉘우치고 바로잡아 관용을 베푼다면 길할 것이다. 그러나 여자 아이들이 절도 없이 지나치게 웃고 흥겨워하며 예절이 없어져서 종내는 비난을 받고 곤경에 처한다.

【四陰】부드럽고 온화陰한 태도로 가정을 보살피면 가정이 부유해지며 크게 길하다. 正

【五陽】주인의 성의가 있어 나무랄 곳이 없이 가정을 보살핀다. 온가족이 모두 화목하게 지내면 아무 걱정이 없다. 길하다.

【上陽】성의를 다하고 언제나 자신을 반성한다면 스스로 위엄과 신망을 얻는다. 마지막은 길하다.

【해설】풍화가인괘는 가정을 상징한다. 의미는 가정이 바르게 다스려지면 거기에서 바른길이 시작되고 온갖 활동의 힘이 배양되어 국가와 사회로 뻗쳐 나가 온 천하가 안정될 수 있는 것이다. 가정이 국가사회를 일으키는 하나의 기본단위로 생각하고 있다. 그러므로 가정이 바르게 다스려져야 국가와 사회가 성장하는 것이라고 여기고 있다. 가정을 국가사회의 기본으로 생각하는 견해는 예전이나 지금이나 별 이견이 없는 것 같다.

가정의 중심은 주부이다. 가정이 잘 보살펴지고 원만하려면 주부가 제 위치를 바로 지켜야 한다고 역경은 논하고 있다. 가정에서는 부부의 책임이 구분되어 있다. 남자는 밖에서 일하고 여자는 안에서 일하는 것이다. 여기에는 엄격한 제한이 있어 서로 침범해서는 안 된다. 마치 하늘과 땅이 자신이 맡은 일만 계획대로 해 나갈 뿐 서로의 한계를 넘보는 일이 없기 때문에 천지의 모든 경영은 순조로울 수 있음과 같다는 것이다.

그러기에 여자는 바깥일에는 일체 참견하지 않고, 자신이 맡은 집안 일에만 충실해야 한다. 항상 유화적인 태도로 남편을 내조해야 할 것이며, 음식을 조리하고 제공하는 것이 여자의 가장 중요한 일관이다. 무슨 일이든 자신이 나서서 계획을 세우고 나아가 그것을 진행시키려는 생각은 그만둬야 한다. 몸가짐은 언제나 절도 있고 실수가 없도록 삼가서 경계해야 하며 함부로 큰소리로 웃어대거나 즐거워서 어찌 할 줄 모르는 개방적인 태도를 가져서는 안 된다고 역경은 풍화가인의 괘를 통해서 논하고 있다.

그러나 이것은 옛 사람들의 가정관이고 여성관인 것이다. 현대적인 교양을 쌓고 현대식 생활을 하는 사람들에게는 그대로 수긍될 수 없는 일이다. 거기에는 비평하고 새롭게 판단해야 할 이견이 있다. 그러나 다시 동감을 가지게 하는 점도 적지 않다. 그것은 가정은 주부가 중심이 되어야 한다는 의견과 해석이 그러하다. 또 가정을 꾸려 나가는 데 부부가 일을 나누어서 맡는다는 견해도 옳은 것이다. 여자가 가정의 살림을 맡는다는 것은 타고난 정신적, 육체적 조건으로 보아도 마땅한 이치가 아닐까 한다. 집안일을 분담하는 것은 결단코 여성의 지위를 저하시키는 까닭은 되지 않을 듯하다. 우리들의 가정을 욕구가 충족되어 충분한 만족과 기쁨을 누리는 상태로 이끌어가기 위해 새롭지 못한 역경의 가정관 속에서 현대인의 지적인 능력에 채울 수 있는 마땅한 이치가 발견되기를 기대하는 바이다.

【원문】

家人 利女貞. 象曰 家人女貞位乎内 男正位乎
가인 이여정 단왈 가인녀정위호내 남정위호
外. 男女正 天地之大義也. 家人有嚴君焉 父母
외 남녀정 천지지대의야 가인유엄군언 부모
之謂也. 父父 子子 兄兄 弟弟 夫夫 婦婦 而家
지위야 부부 자자 형형 제제 부부 부부 이가
道正. 正家而天下定矣. 象曰 風自火出家人. 君
도정 정가이천하정의 상왈 풍자화출가인 군
子以言有物而行有恒.
자 이언유물이행유항

【직역】 가인괘에는 여자의 마음이 곧고 바르게 하면 이로우니라. 단왈 가

인괘는 아내가 안에서 자리를 바르게 하고 남편은 밖에서 자리를 바르게 하는 것이니라. 남편과 아내가 자리를 바르게 함은 천지의 큰 뜻이니라. 가인괘에 엄한 인군이 있다는 것은 부모를 말함이니라. 아비는 아비 노릇을, 자식은 자식 노릇을, 형은 형 노릇을, 동생은 동생 노릇을, 지아비는 지아비 노릇을, 지어미는 지어미 노릇을 하면 집안의 도가 바르게 서니라. 집안을 바르게 다스리면 천하가 안정되리라. 상왈 바람이 스스로 불로부터 나오는 것이 가인괘이니 군자는 이로써 말을 하는 데는 물건이 있고 행동에는 항상 함이 있게 하느니라.

【원문】

初九 閑有家. 悔亡. 象曰 閑有家 志未變也. 六
초구 한유가 회망 상왈 한유가 지미변야 육

二 无有遂 在中饋. 貞吉. 象曰 六二之吉 順以
이 무유수 재중궤 정길 상왈 육이지길 순이

巽也. 九三 家人嘻嘻 悔厲吉. 婦子嘻嘻終吝.
손야 구삼 가인학학 회려길 부자희희종린

象曰 家人嘻嘻 未失也. 婦子嘻嘻 失家節也.
상왈 가인학학 미실야 부자희희 실가절야

六四 富家大吉 象曰 富家 大吉 順在位也. 九五
육사 부가대길 상왈 부가 대길 순재위야 구오

王假有家. 勿恤 吉. 象曰 王假有家 交相愛也.
왕가유가 물휼 길 상왈 왕가유가 교상애야

上九 有孚 威如 終吉. 象曰 威如之吉 反身之謂
상구 유부 위여 종길 상왈 위여지길 반신지위

也.
야

[직역] 【초구】 집안의 어려운 일을 막으면 후회가 없어지리라. 상왈 집안의 어려운 일을 막는다 함은 뜻이 변하지 않았다는 것이니라. 【육이】 이루는 바가 없고 음식을 만들어 가족을 봉양한다. 마음을 바르게 하면 길하리라. 상왈 육이의 길함은 순종함으로써 공손함을 취한다는 것이니라. 【구삼】

집안에서 남자들이 엄숙하게 하니 뉘우침이 있으면 위태로우나 길하리라. 부녀자들이 히히덕거리고 웃는다. 마침내는 부끄러움을 당하리라. 상왈 집안에서 남자들이 엄숙하게 한다 함은 아직 잃지 않았다는 것이니라. 그리고 부녀자들이 히히덕거리고 웃는다 함은 가정의 절도를 잃었다는 것이니라. 【육사】 집안을 부유하게 하니 크게 길하리라. 상왈 집안을 부유하게 하니 크게 길하다 함은 순종함이 자리에 있다는 것이니라. 【구오】 왕이 집안을 지극하게 하니 근심하지 말라. 길하리라. 상왈 왕이 집안을 지극하게 한다 함은 사귀어 서로 사랑한다는 것이니라. 【상구】 믿음을 두고 위엄있게 하면 마침내는 길하리라. 상왈 위엄있게 하면 마침내 길하다 함은 몸을 돌이켜 살핀다는 것이니라.

【요점】 정가이천하정의正家而天下定矣, 군자이언유물행유항君子以言有物行有恒이라 함은 집안을 바르게 하면 천하가 격식대로 이루어진다 이고, 불어서 바람이 나오는 것이 가인괘의 모습이니, 군자는 이러한 가인괘의 형상을 유추하여 언행을 조심하고 삼가는 지혜를 터득한다는 것이다. 가인유엄군家人有嚴君이란 집안에 엄군이 있어야 한다는 의미로서 부모를 말함이다. 엄嚴은 곧고 바른 마음을 지킨다는 것이다. 그러므로 부모가 곧고 바른 마음으로 가족을 이끌어야 집안이 바르게 된다는 것이다. 한 가족의 엄이란 아버지는 아버지답게, 아들은 아들답게 형은 형답게, 동생은 동생답게, 남편은 남편답게, 아내는 아내다워야 한다. 이것을 인륜이라고 한다.

인륜은 곧 천륜이다. 이러한 이치는 가인괘의 바람이 있어야 불이 타고 불이 있어야 바람이 이는 이치와 동일하다. 세상은 내 뜻대로 되지 않는다. 또한 나를 기다려주지도 않는다. 이런 세상을 헤쳐 나가려면 먼저 집안이 합당하게 구성이 되어야 한다는 것이다. 또 범부凡夫는 누구나 군자도 될 수 있고 소인도 될 수 있다. 어리석음과 지혜는 동전의 앞뒤라는 것이다. 어리석음을 깨우치면 그 어리석음이 깨우침의 바탕이 된다. 가인괘는 말을 어떻게 해야 하고 행동을 어떻게 해야 하는지를 깨닫게 하여 준다. 그것은 깊이 생각한 다음 행동으로 옮기라는 것이다. 생각이 얕은 사람은 기회주의자가 되기 쉽다. 경솔한 행동은 변덕이 죽 끓듯 하여 뭇 사람들의 신망을 얻지 못한다. 그러므로 언행은 진중하면서도 차분하게 드러내어 표현하라는 것이다. 이것이 가인괘의 일깨움이다.

규睽는 믿음과 의리를 저버리고 돌아선다, 반목한다를 뜻한다. 앞장에서 논한 가인괘가 반대로 뒤바뀐 괘로서 가정의 불화, 의견의 상치, 모순, 대립 등을 의미하고 여자들 사이의 음성적인 적대감정을 드러내어 나타낸다. 시어머니와 며느리의 불화 등을 마음으로 느끼는 기운을 갖게 하는 괘이다. 이러한 때에는 얽힌 일을 풀려고 대들어서는 안 된다. 작은 일을 순서에 따라 조리있게 처리해 나가는 마음자세가 필요하다. 시어머니와 며느리가 한 집안의 인원人員인 것처럼 만물은 서로 모순된 속에서 비로소 통일이 있고 진보가 있는 것이다. 서로 대립하여 양립하지 못하는 모순을 생동하는 현상으로 포착하는 것이 중요하다. 윗괘의 이離는 불로서 중녀를 의미하고 아랫괘의 태兌는 연못으로서 소녀를 상징한다. 불기운과 물기운이 서로 어긋나 버티고 있다.

불離은 타오르고 연못兌은 흘러내린다. 두 여인中女, 小女이 한 집에서 살아가지만 그 생각은 다르다. 이것이 규睽괘의 표상이다. 그러나 즐거이兌 밝은 덕을 따르고離, 위아래의 중요五陰, 二陽가 바로 응해서 내면의 일치함을 겉으로 드러내고 있다. 그리하여 규는 작은 일을 하는 데 길하다. 천지는 서로 거슬리기 때문에 어우러져 일체가 되고, 남녀는 서로 거슬리기 때문에 애정이 통하는 것이다. 만물은 저마다 상반되는 영향을 미침으로써 합치하여 전체에 같이 소속되는 것이다. 규의 작용은 참으로 중대하다.

【大象】불離이 위에 있고 연못兌이 아래에 있어 서로 거스르고 있다. 이것이 규睽의 괘상이다. 군자는 이 괘상을 보고 일에 몰두하면서도 다른 것을 생각한다.

【初陽】뉘우침이 없어진다. 말이 도망치더라도 쫓지 말라. 자연스레 돌아올 것이다. 상대방이 악인이라도 두려워하지 말고 만나는 것이 좋다. 그리하면 탈은 면할 수 있다. 가는 자를 쫓지 말고 오는 자를 막지 않는다.

【二陽】길바닥에서 주인五陰을 만난다. 허물은 없다. 가는 길을 알고 있기 때문이다.

【三陰】수레가 움직임을 멈칫거린다. 소는 다리가 온전하지 못하고 사람은 죄인이 된다. 처음에는 어려운 대목에 맞딱뜨려서 순조롭게 풀리지 않지만 후에는 보호자上陽을 얻는다. 不正

【四陽】주위 사람들과 대립이 계속되고 서로 미워한다. 쌍방이 참되고 정성스러운 뜻을 가지고 사귀면 떨어져 나갔던 사람初陽과도 마음이 통한다. 위태롭지만 허물은 없을 것이다. 不正

【五陰】후회는 없어진다. 상대의 마음을 적극적으로 파고 들어 가까이 지내면 즐거움은 있을지언정 허물은 없으리라.

【上陽】주위 사람들과 서로 사이가 좋지 않고 미워한다. 쓸쓸하고 외롭다. 상대三陰가 흙투성이인 돼지나 요망스러운 마귀처럼 보인다. 활을 쏘려고 시위를 당기지만 종내는 오해와 갈등이 풀려 화살을 내려놓는다. 상대는 해를 가하려는 것이 아니고 도리어 관계를 맺고 합쳐서 하나가 되기를 원하는 것이다. 오해가 다 풀리고 의심을 씻는다면 길하리라.

【해설】화택규괘의 형태는 불을 의미하는 이괘가 위에 있고, 연못을 의미하는 태괘가 아래에 있으므로 불과 물이 함께 있는 현상을 상징한다. 불은 위로 타오르는 특성이 있고 물은 아래로 흐르는 습성이 있다. 그러므로 불은 낮은 데로만 시선을 돌리고 있는 물의 본질을 이해하려 들지 않고, 물은 물대로 자애지정한 대지의 품을 잊지 못하여 자신의 유순하고 겸허한 생활신조에 스스로 만족하고 있다. 따라서 화려한 허상을 좇아 위로 향하여 높이 솟아오를 것을 기대하면서 이룰 수 없는 욕망을 태양에 두고 있는 불의 들뜬 마음에 동감할 수 없는 것이다. 화택규는 서로 어그러져 일치하지 못

하는 이러한 불과 물의 상태를 표현하는 괘이다.

인간 관계에 있어서도 불과 물처럼 선천적으로 타고난 성품이 다르고 생활의 신조가 다르고 재주와 능력이 다르면서도 같은 공동체에 묶여 동존하는 경우가 많다. 어떠한 가정도 마음이 꼭 맞는 사람만이 모여서 한 가정을 이룰 수는 없을 것이다. 또한 어떠한 단체나 사회에서도 그 구성원의 성격과 재능이 반드시 같을 수는 없다. 인간의 이러한 공존할 수 없는 상이한 인간 관계에 대처하는 방법은 서로 다르고 모순되는 너와 나의 특성을 제각기 살리면서 이루려고 하는 목적 속에 종합시켜 조화를 이룩하는 것이 대승적 방법이라고 역경은 논하고 있다.

천지가 서로 다르나 영위하는 일은 같고 남녀가 서로 다르나 그 뜻은 서로 통한다. 그러므로 화택규의 괴리와 상반이 기필코 인류 사회에 비극만을 초래하는 것은 아니다. 이것을 선용하고 조화함으로써 다채로운 행복의 번영과 발전을 기원할 수 있다는 것이다.

한 국가와 사회를 번영하고 발전시키는 대국적인 일에는 전 구성원의 마음이 일치하기를 원하지만 그러한 공동의 광장을 향하는 각자의 마음은 하나일 수는 없다. 따라서 중대한 국가경영의 목표를 이루려면 각 개인이 먼저 자신의 특성을 살려 제가 가야 할 길을 가야 할 것이다. 그기에 화택규는 종합되기 이전의 작은 일들은 길하다고 설명하고 있는 것이다. 여기서 우리는 천지만물의 작용은 서로 다르지만 일의 결과는 유사하게 이루어진다는 점에 대해 다시 한번 미루어 추측해 보도록 하자.

【원 문】

睽 小事吉. 象曰 睽火動而上 澤動而下. 二女同
규 소사길 단왈 규화동이상 택동이하 이녀동

居 其志不同行 說而麗乎明 柔進而上行 得中而
거 기지부동행 열이려호명 유진이상행 득중이

應乎剛 是以小事吉. 天地睽而其事同也. 男女睽
응호강 시이소사길 천지규이기사동야 남녀규

而其志通也. 萬物 睽而其事類也. 睽之時用大
이 기 지 통 야   만 물   규 이 기 사 류 야   규 지 시 용 대

矣哉. 象曰 上火下澤睽. 君子以同而異.
의 재   상 왈   상 화 하 택 규   군 자 이 동 이 이

【직역】 규괘는 작은 일에 길하리라. 단왈 규괘는 불이 움직여서 위로 오르고, 못이 움직여서 내려가며 두 여자가 한 곳에 거주하나 그 뜻은 행동을 같이하지 않느니라. 기뻐하여 밝은 데에 걸리고 부드럽게 나아가 위로 향하니 가운데 자리를 얻어 강함에 응한다. 이로써 작은 일을 하는 데는 길하다는 것이니라. 하늘과 땅은 어긋나도 그 일은 같으며 남녀가 어긋나도 그 뜻은 통하며 만물은 어긋나도 그 일의 종류는 같으니 규괘의 때와 서로 넘나들며 씀은 크도다. 상왈 위는 불이고 아래는 못인 것이 규괘의 상이니라. 군자는 이로써 다름을 같이해도 인식해야만 하느니라.

【원문】

初九 悔亡. 喪馬勿逐 自復. 見惡人无咎. 象曰
초 구   회 망   상 마 물 축   자 복   견 악 인 무 구   상 왈

見惡人 以辟咎也. 九二 遇主于巷 无咎 象曰
견 악 인   이 벽 구 야   구 이   우 주 우 항   무 구   상 왈

遇主于巷 未失道也. 六三 見輿曳. 其牛掣 其人
우 주 우 항   미 실 도 야   육 삼   견 여 예   기 우 체   기 인

天且劓. 无初有終. 象曰 見輿曳 位不當也. 无
천 차 의   무 초 유 종   상 왈   견 여 예   위 부 당 야   무

初有終 遇剛也. 九四 睽孤. 遇元夫 交孚. 厲无
초 유 종   우 강 야   구 사   규 고   우 원 부   교 부   려 무

咎. 象曰 交孚无咎 志行也. 六五 悔亡 厥宗噬
구   상 왈   교 부 무 구   지 행 야   육 오   회 망   궐 종 서

膚. 往何咎 象曰 厥宗噬膚 往有慶也. 上九 睽
부   왕 하 구   상 왈   궐 종 서 부   왕 유 경 야   상 구   규

孤 見豕負塗 載鬼一車. 先張之弧 後說之弧.
고   견 시 부 도   재 귀 일 거   선 장 지 호   후 설 지 호

匪寇婚媾. 往遇雨則吉. 象曰 遇雨之吉 群疑亡
비 구 혼 구   왕 우 우 칙 길   상 왈   우 우 지 길   군 의 망
也.
야

【직역】【초구】뉘우침이 없어지니라. 말을 잃고 쫓지 아니해도 스스로 회
복하느니라. 악인을 보고 허물이 없으리라. 상왈 악인을 봄으로써 허물을 피
한다는 것이니라.【구이】군주를 거리에서 만나면 허물이 없으리라. 상왈 군
주를 거리에서 만난다 함은 도를 잃지 않는다는 것이니라.【육삼】수레를 당
기고 그 소가 멈춘다. 그 사람이 하늘이고 또 코가 베임을 본다. 처음은 없
으나 마침은 있으리라. 상왈 수레를 당긴다 함은 자리가 마땅치 않다는 것이
니라. 그리고 처음은 없으나 마침은 있다는 것은 강한 것을 만난다는 것이
니라.【구사】서로 뜻이 어긋나서 고독하다. 선한 사람을 만나니 서로가 성
실하도다. 위태로우나 허물은 없으리라. 상왈 서로가 성실하여 허물이 없다
함은 뜻이 실행된다는 것이니라.【육오】뉘우침이 없어지리라 그 종족들이
서로 살을 합치듯 친하게 지낸다. 간들 무슨 허물이 있으리요. 상왈 그 종족
들이 살을 서로 합치듯 친하게 지낸다 함은 경사가 있다는 것이니라.【상구】
서로 엇갈리어 고독하다. 돼지가 등에 진흙을 짊어진 것과 귀신을 한 수레
에 실은 것을 보느니라. 처음은 활을 매기다가 뒤에는 활줄을 벗긴다. 도적
이 아니라 혼인을 하자는 것이니 가다가 비를 만나면 곧 길하리라. 상왈 비
를 만나면 길하다 함은 뭇 의심이 없어진다는 것이니라.

【요점】친지규이기사동야天地睽而基事同也, 무초유종无初有綹, 우강야遇剛
也라 함은 하늘과 땅은 서로 다르다. 그러나 하늘과 땅이 하는 일은 서로 같
다 이고, 처음은 없고 후는 있다고 하는 것은 굳센 것을 만났다는 것이다.
노자老子는 하늘과 땅이 하는 일을 포일抱一이라고 했다. 이는 만물은 하나
같이 포용되어 있다는 의미이다. 장자莊子는 천지를 쉼터라고 했다. 천지는
한쪽을 치우쳐 사랑하지 않는다. 인간이나 미물이나 다 같이 천지에 머물다

갈 뿐이다. 그래서 칠백년을 살다 죽은 팽조는 요절했다 하고 낳자마자 죽은 갓난아이가 장수했다는 장자의 말이 새삼스럽다.

규패는 서로 다르면서 하는 일이 같은 것을 사랑이라고 규정했다. 천지는 남녀가 서로 애틋이 아끼고 위하는 따듯한 마음의 절정으로 만물을 낳아 기르는 것이다. 또 용두사미는 처음만 있고 뒤는 없는 것이다. 시작할 때는 큰 소리 쳐놓고 뒤에 가선 흐지부지하고 마는 것은 뜻이 나약해서이다. 그러나 처음은 수수하게 시작했지만 결과가 영글고 튼실하다면 뜻이 굳세고 강한 덕이다. 뜻이 굳세다는 것은 처음 가진 마음가짐이 변하지 않고 끝까지 성실하게 이행했다는 것이다. 이렇듯 시작할 때 단단히 가다듬은 뜻을 끝까지 버리지 않고 초지일관하는 것을 역경은 무초유종·우강야라고 표현하고 있다.

감괘
간괘
수산건 水山蹇 : 감지되는 고통스러움

건蹇은 다리를 쓰지 못하는 앉은뱅이를 가리키는데, 앞으로 나아가지 못하는 괴로움을 의미한다. 사면팔방이 막혀 목숨은 위태롭게 할 만큼 안전하지 못하여 나아가지도 물러서지도 못하는 상태이다. 이러한 때는 가능하면 무리하지 말고 예사로운 길을 선택하여 사물을 분별할 수 있는 격식이 높은 사람의 의견을 경청하는 것이 중요하다. 그래도 고난이 계속되는 것은 어찌할 수 없는 운명이다. 험한 것을 보고 잘 머물러 있으니 지혜로운 일이 아닌가. 부질없이 나아가지 말고 스스로 돌이켜 생각하여 인덕을 연마하며 위험하고 힘든 시기가 지나가기를 기다려야 한다. 괘의 형상도 험난한 산간괘과 위험한 큰 강감괘을 나타낸다.

건蹇이란 고난·역경을 가리키는 괘이다. 가는 곳에는 위험坎이 있다. 위험을 감지하고 가던 길을 멈출 수 있는 사람은 참으로 지혜로운 자이다. 서남방坤, 平地으로 가면 아무 탈이나 말썽이 없지만 동북방艮:山으로 가면 험난하다. 건괘가 나올 때는 어느 쪽이든 치우침이 없이 중정中正함을 지켜 순조로운 길을 선택하고 험난한 산이 가로막힌 길은 피해야 한다. 마음이 너그럽고 슬기로워 덕행이 높은 사람의 가르침에 따르면 고난을 극복하고 나아가리라. 달라지지 않고 항상 같은 정도를 유지하여 국가를 바르게 이끌어 가면 길하다. 건괘가 산출되었을 때는 대처할 방법을 매우 조심스럽게 생각해야 한다.

【大象】 험난한 산艮 위에서 세차게 물이 흐른다. 이것이 건의 괘상이다. 군자는 이 괘상을 보고 곤란이 닥쳐 오면 먼저 자신을 반성하고 덕을 쌓는다.

【初陰】 앞으로 나아가면 험하여 고생스럽고, 물러서면 칭찬을 받는다. 때를 기다리는 것이 좋을 것이다.

【二陰】군주를 위해 모진 고생을 한다. 자신의 부귀와 영달을 누리는 일이 아니기 때문에 최후에는 화를 면할 것이다.

【三陽】앞으로 나아가면 어렵고 위험한 일을 만나지만 물러서서 지키면 고통스러움이 없어지고 동지들初二이 즐거워한다.

【四陰】앞으로 나아가면 고난을 만나지만, 물러서서 충실을 기하면 사람들과 힘을 모으고 협력 방안을 모색하여 장애물을 헤치고 나갈 수가 있다.

【五陽】몸과 마음이 괴로움과 아픔을 겪지만 절도있는 태도를 지켜 나간다면 위난에서 구해 주는 벗이 나타난다. 中

【上陰】앞으로 나아가면 고난을 맞게 되지만 물러나서 지키면 천자五陽를 위해 큰 공을 세울 수가 있다. 훌륭한 인물의 가르침을 받는 것이 좋다.

【해설】수산건괘의 상괘는 물을 의미하는 감괘이고, 하괘는 산을 의미하는 간괘로 구성되어 있다. 건蹇괘는 역경 64괘 가운데 4대 난괘 중 하나이며 험난한 중에서도 험난을 의미한다. 깎아 세운 듯한 천길 낭떠러지가 있고, 그 위에 날카롭게 하늘을 찌를 듯한 높은 산들이 겹쳐 있어 험난함의 위용을 전체하고 있는 천험의 위험 앞에서는 인간의 힘은 너무도 보잘것이 없다. 그러나 이것으로도 수산건의 위난은 끝난 것이 아니다. 산 너머에는 다시 강이 있다. 수심이 깊고 물결은 거칠다. 검푸른 급류가 서로 뒤엉켜 어지럽게 움직이며 회오리친다. 산이 높기 때문에 강변은 항상 어두컴컴하고 스산하다. 요란하게 울리는 포성같은 성난 물 흐름은 산울림을 겹치면서 하늘에 닿고 있는 산과 산 사이의 빈 곳을 여지없이 공포의 도가니로 몰아넣고 있다.

이렇게 무섭고 엄청난 위험 앞에 직면했을 때 인간은 어떻게 대처해야 하는 것인가. 역경은 험난한 것을 보고 능히 가던 길을 멈추는 자는 지혜로운 사람이다 라고 가르치고 있다. 인간의 능력은 한계가 있다. 인간으로서의 최선을 다하고 최대의 능력을 발휘하면 그것으로써 자신에게 만족스러운 것이다. 그러기에 맹자도 태산을 옆에 끼고 북해바다를 건너뛰는 것은 불가능한 일이다 라고 설하였다. 인간의 능력한계를 초월하는 불가능은 신명을 끼고 있어도 가능하게 할 수 없다. 불가능을 불가능으로 인지하는 것이 인간의 지혜이고 현명인 것이다.

인간은 헤치고 벗어날 수 없음을 알면서도 자진해서 위험을 무릅쓰고 일신을 던지는 경우가 있다면 그것은 정의를 위하고 불의에 굽히지 않은 의지와 절개를 위해서만 공을 드러내어 기리고 수긍할 수 있는 것이다. 아무런 의의나 두드러지는 가치도 없는 일에 깊은 사려를 배제하고 신중하지 못하게 대든다는 것은 그처럼 어리석은 일도 없다.

이기어 회복할 수 없는 위급하고 어려운 지경 앞에서 한걸음 물러서는 것이 비겁하고 용기가 없는 행동은 아니다. 또 몹시 위태로운 경우를 향하여 전진하는 것이 용기있는 태도는 더욱 아닌 것이다. 뒤섞여 갈피를 잡기 어려운 인생의 행로는 때로 넘어갈 수 없는 험난에 맞닥뜨리는 경우가 얼마쯤은 있다. 여기에서 역경은 위난에 직면하면 잠시 머물러서 자신을 반성하고 도덕적인 법칙을 좇아 확실한 의지를 결정할 수 있는 인격적 능력을 북돋아 기르라고 논하고 있다.

【원문】

蹇 利西南. 不利東北. 利見大人. 貞吉. 象曰 蹇
건 이서남 불리동북 이견대인 정길 단왈 건
難也. 險在前也. 見險而能止. 知矣哉. 蹇利西
난야 험재전야 견험이능지 지의재 건이서
南 往得中也. 不利東北 其道窮也. 利見大人
남 왕득중야 불리동북 기도궁야 이견대인
往有功也. 當位貞吉 以正邦也. 蹇之時用 大矣
왕유공야 당위정길 이정방야 건지시용 대의
哉. 象曰 山下有水蹇. 君子以反身修德.
재 상왈 산하유수건 군자이반신수덕

【직역】 건괘는 서남방은 이롭고, 동북방은 불리하다. 대인을 보면 이로우니 마음을 곧고 바르게 하면 길하리라. 단왈 건괘는 고난을 나타내고 험한

것이 앞에 있다. 위험한 것을 보고 능히 멈출 수 있어야 지혜롭다. 건괘는 서남방이 이롭다 함은 가면 가운데 자리를 얻는다는 것이니라. 동북방이 불리하다 함은 그 도가 궁하기 때문이다. 대인을 보면 이롭다 함은 곧게 가면 공이 있다는 것이다. 마음을 곧고 바르게 하면 길하다 함은 그것으로써 나라를 바르게 하는 것이니라. 건괘의 때와 쓰임은 크도다. 상왈 산 위에 물이 있는 것이 건괘의 상이니라. 군자는 이로써 몸을 돌이켜보고 덕을 닦아야 하느니라.

【원문】

初六 往蹇 來譽. 象曰 往蹇 來譽. 宜待也. 六
초육 왕건 래예 상왈 왕건 래예 의대야 육
二 王臣蹇蹇 匪躬之故. 象曰 王臣蹇蹇 終无尤
이 왕신건건 비궁지고 상왈 왕신건건 종무우
也. 九三 往蹇 來反. 象曰 往蹇 來反 內喜之
야 구삼 왕건 래반 상왈 왕건 래반 내희지
也. 六四 往蹇 來連. 象曰 往蹇 來連 當位實
야 육사 왕건 래연 상왈 왕건 래연 당위실
也. 九五 大蹇 朋來. 象曰 大蹇朋來 以中節也.
야 구오 대건 붕래 상왈 대건붕래 이중절야
上六 往蹇. 來碩. 吉. 利見大人. 象曰 往蹇 來
상육 왕건 래석 길 이견대인 상왈 왕건 래
碩 志在內也. 利見大人 以從貴也.
석 지재내야 이견대인 이종귀야

【직역】【초육】 가면 험하고 오면 명예로우리라. 상왈 가면 험하고 오면 명예롭다 함은 마땅히 기다려야 한다는 것이니라.【육이】 왕과 신하가 다리를 절고 저는 것이 원인이 자신의 몸에 있는 것은 아니다. 상왈 왕과 신하가 절고 전다 함은 마침내 허물이 없다는 것이니라.【구삼】 가면 어렵고 오면 돌이켜진다. 상왈 가면 어렵고 오면 돌이킨다 함은 안에서 기뻐한다는 것이니라.【육사】 가면 어렵고 오면 이어지리라. 상왈 가면 어렵고 오면 이어진다 함

은 받은 자리가 충실하기 때문이니라.【구오】큰 어려움에 처하지만 벗이 온
다. 상왈 큰 어려움에 처하지만 벗이 온다 함은 중정의 도로써 절도 있게 한
다는 것이니라.【상육】가면 어렵고 오면 크게 길하다. 대인을 만나면 이로우
니라. 상왈 가면 어렵고 오면 크게 길하다 함은 뜻이 안에 있기 때문이니라.
대인을 만나면 이롭다 함은 그러므로써 귀함을 붙좇기 때문이니라.

【요점】견험이능지見險而能止, 지의재知矣哉, 대건붕래大蹇朋來, 이중정야以
中節也라 함은 험난함을 보고 멈출 수 있다면 그것은 지혜로운 일이고, 큰 어
려움 속에서도 벗이 온다는 것은 절도를 알맞게 하기 때문이다. 건괘는 어
리석은 자와 현명한 자를 분별하게 한다. 험한 줄 모르고 끌려들면 어리석
은 것이고 험한 줄 알고 물러서면 현명한 것이다. 맹자의 지지知止는 선에 머
물 줄 안다는 것이고 건괘의 능지能止는 험한 줄 알고 말려들지 않는다는 것
이다.

물론 험한 것을 돌파하려고 온몸을 던지는 경우도 있다. 연산군 시대에
김처선이란 정일품 내시가 있었는데 그는 연산군에게 폭군이 되지 말고 성
군이 되라고 직언했다. 말할 것도 없이 김처선은 연산군에 의해 생죽임을 당
했다. 또한 폭군 주왕 앞에 몸을 던져 육시를 당했던 비간比干이 그러하고 김
시습처럼 지저분한 세상을 피해 유리표박 할 수도 있는 것이다. 김처선의 경
우든 김시습의 경우든 선을 위해 악을 멸하려는 뜻이다. 이런 뜻은 험한 것
을 물리치려는 의기에 해당한다. 또 어려움을 겪을 때 벗들이 등을 돌린다
면 누구의 잘못일까. 그것은 어려움을 당할 때까지 내가 잘못한 것이 많아
서 친구들이 등을 돌리는 까닭이다. 그러나 어려울 때 벗들이 나를 이해하
고 도와주려 한다면 스스로 자랑스러워 해도 된다. 못되게 살지 않았다는
증거가 분명하기 때문이다.

높은 자리에 있다고 거드럭거리면 그 자리에서 물러났을 때 누가 공손히
섬기겠는가. 정승집 강아지가 죽으면 문상객이 있지만 정승이 죽으면 문상객
이 없다는 전언이 있다. 그런 정승은 높은 자리에 있을 때 절도를 알맞게 못

했던 탓이리라. 당면한 시대가 족쇄를 채워 절룩거리게 할 때일수록 만용을 부려 마음가짐을 함부로 하지 말라. 이것이 곧 건괘의 일깨움이다.

40) 해解 진괘감괘 뇌수해 雷水解 : 묵은 일을 해결한다

해解는 문구대로 해결한다, 누그러진다, 풀린다는 의미이고 계절에 비유한다면 춘분春分에 해당한다. 굳은 얼음이 풀리고 만물은 소생한다. 그리고 지금까지 힘들고 괴로웠던 난처한 일들이 해결되고 새로운 목적지를 향해 나아가는 시기가 온 것이다. 이 절호의 기회를 놓쳐서는 안 된다.

어물어물하다가는 기회를 잃는다. 재빠른 동작으로 좋은 기회를 붙들어 쥐어야 한다. 눈이 오고 몹시 추운 겨울을 벗어난 해방감에 젖는 것도 좋지만, 여기서 마음을 다잡지 않고 놓아 버리면 안 된다. 방심하지 말라. 괘의 형상은 봄의 천둥소리진괘와 봄비감괘를 나타내고 있다. 곧장 밭을 갈고 씨를 뿌릴 때이다. 게을러서 하는 일 없이 세월만 헛되이 보낸다면 일년의 수확이 헛일이 된다.

해解 괘는 고난坎 속을 헤쳐 나가면서震 마침내 그것을 극복하여 고통스러움에서 벗어나는 시기를 가리킨다. 서남방坤:平地으로 가면 순조롭다. 넓고 큰 도를 실천하면 쉽사리 인심을 얻을 수 있다. 곤란스러운 문제를 해결하면 물러나서 고요히 지내는 것이 길하다. 아직 문제가 남아 있으면 신속하게 처리하는 것이 좋다. 얼어붙었던 하늘과 땅의 기운이 풀리고 봄의 천둥이 진동하며, 봄비가 내린다. 이 봄비를 맞아 산천초목은 모두 거죽을 벗고 새싹을 틔운다. 이 움트는 계절을 상징하는 해解의 시기는 참으로 중대한 때이다.

【大象】 우렛소리가 천지를 진동하고震 비가 쏟아지는 모습이 해의 괘상이다. 군자는 이 괘상을 보고 백성들의 잘못을 용서하고 징계를 가볍게 하여 자애를 베푼다.

【初陰】 허물은 없을 것이다. 마음을 꾸밈이 없이 곧고 바르게 하여 현인四陽의 지도를 받는다.

【二陽】사냥을 나가 세 마리의 여우를 잡듯이 간사하고 악독한 무리初, 二, 上을 좇아버린다. 황금의 화살을 얻는다. 처음에 품은 뜻을 관철하면 길하다. 中

【三陰】무거운 짐을 짊어진 막벌이꾼이 수레를 탄다. 소인배가 높은 자리에 오르니 도적이 그 틈을 노리게 된다. 스스로 불러들인 결과이므로 그 누구도 비난할 수 없다. 설령 바른길을 간다 해도 어려운 경우에 처해 비난을 받는다. 不正

【四陽】소인과의 관계를 깨끗이 정리하라. 그러하면 동료五陰가 나타나서 진실한 친교를 맺게 될 것이다.

【五陰】곤란스러운 사정을 원만히 해결하면 길하다. 소인들도 마음을 바로잡고 물러날 것이다.

【上陰】위로 향하여 길게 솟은 성벽 위에 있는 새매와 같이 지위는 높지만 포악한 성질을 가진 자를 쏘아 떨어뜨리면 모든 일이 순조롭게 풀려나간다. 도道가 아닌 것을 푸는 것이다.

【해설】뇌수해괘의 상괘는 우레를 의미하는 진괘이고, 하괘는 물을 상징하는 감괘로 구성되어 있다. 우레는 험난한 것이고 물은 생기있게 살아 움직이는 것이다. 그러므로 뇌수해는 생기있게 활동하므로써 험난에서 벗어나는 것을 가리킨다. 해解는 해결하다, 풀리다의 뜻이기 때문이다. 삭풍과 눈보라가 몰아치는 냉혹하고 잔인한 계절에는 모든 생명은 위축되고 성장은 정체한다. 온 천지는 황폐하여 쓸쓸한 공간이며 산천은 죽음의 폐허처럼 살아 움직이는 것이 없었다. 그러나 이러한 위축과 정체의 고난 속에서도 봄은 내면을 향하여 축적되고 성장해 왔던 것이다. 봄의 근원이 되는 원기는 새로운 창조의 적극적인 의지로 뭉쳐진 내일을 준비하여 힘을 길러 왔던 것이다.

우레가 진동하고 봄비가 흡족하게 내리면 강산의 눈은 녹아버리고 산과 들에는 아지랑이가 피어오르며, 호수에는 가득히 푸른 물결이 일렁거린다. 그러한 날들이 짙어 가면 나무와 풀들은 새싹이 돋고 나비는 어지럽게 춤추고 새들은 노래하면서 봄은 무르익어 가는 것이다. 이러한 희망과 번영을 약속하면서 우레와 봄비는 이른 봄을 해동하고 있는 것이다. 이렇듯 우레와 봄비가 선도하는 봄을 어떻게 설계하면 효율적인 것인가. 일년의 시작은 봄에 있다. 우리는 진정 풍성하고 약동하는 봄을 알차게 보내기 위하여 스스로 쟁기질을 하고 씨앗을 뿌린다.

봄은 한 해에 두 번 오지 않는다. 시절은 흐르는 물과 같은 것이니 때를 잃으면 안 된다. 들 가득히 무르익은 풍성한 오곡백과도 저절로 이루어지는 것은 아니다. 제 시기에 갈고 뿌리고 북돋우어 줘야 한다. 그것은 모두 봄에 해야 할 일이다. 기회는 앞에 왔을 때 재치있고 빠르게 잡아야 한다. 인간이 세상을 살아가는 법식도 이와같은 것이다. 그러므로 뇌수해는 크게 번성하는 희망에 찬 행운유수行雲流水의 괘이다.

【원문】

解 利西南. 无所往 其來復吉. 有攸往 夙吉. 象
해 　이서남 　무소왕 　기래복길 　유유왕 　숙길 　단
曰 解險以動 動而免乎險解. 解利西南 往得中
왈 　해험이동 　동이면호험해 　해리서남 　왕득중
也. 其來復吉 乃得中也. 有攸往夙吉 往有功也.
야 　기래복길 　내득중야 　유유왕숙길 　왕유공야
天地解而雷雨作 雷雨作而百果草木皆甲坼. 解
천 지해이뢰우작 　뇌우작이백과초목개갑탁 　해
之時 大矣哉. 象曰 雷雨作解. 君子而赦過宥罪
지시 　대의재 　상왈 　뇌우작해 　군 자이사과유죄

【직역】 해괘는 서남방이 이로우니 갈 곳이 없으면 그곳으로 돌아와서 회복함이 길하다. 갈 곳이 있으면 빨리 가야 길하리라. 단왈 해괘는 험한 곳으로 움직이는 것이니 움직여 험한 데서 벗어나는 것을 해라고 한다. 해괘는 서남방이 이롭다 함은 가서 무리를 얻는다는 것이다. 그곳으로 돌아와서 회복함이 길하다 함은 이에 가운데의 자리를 얻었다는 것이니라. 갈 곳이 있으

면 빨리 가야 길하다 함은 가면 공이 있다는 것이니라. 천지가 풀림에 우레와 비가 일어나고, 우레와 비가 일어나면 백과초목이 열려서 터지고 새싹이 틔인다. 해의 때는 참으로 크도다. 상왈 우레와 비가 일어나는 것이 해괘이다. 군자는 이로써 허물을 용서해 주고 죄를 감해 주느니라.

【직역】【초육】허물이 없느니라. 상왈 강철과 부드러움이 서로 교제하니 마땅히 허물이 없느니라. 【구이】들에 사냥을 나가 세 마리의 여우를 잡아서 누런 화살을 얻으니 마음을 곧고 바르게 하면 길하니라. 상왈 구이의 마음을 곧고 바르게 하면 길하다 함은 중도를 얻었다는 것이니라. 【육삼】짐은 등에 지고 수레를 탐이라. 도적이 오게 되니 마음을 곧고 바르게 해도 인색하리라. 상왈 짐을 등에 지고 수레를 탄다 함은 또한 추하다는 것이니라. 내가 스스로 도적을 오게 했으니 또 우리를 탓할 수 있으리오. 【구사】너의 엄지발가락을 풀어놓으면 벗이 오고 따라서 그 성실함도 따르게 되리라. 상왈

너의 엄지발가락을 풀어놓는다 함은 아직 자리가 마땅하지 않다는 것이니라. 【육오】군자만이 오로지 험난에서 풀린다. 길하리라. 소인에게는 믿음이 있어야 한다. 상왈 군자만이 오로지 험난에서 풀린다 함은 소인의 도가 물러간다는 것이니라. 【상육】공의 벼슬에 있는 사람이 높은 담장 위에서 새매를 쏘아 잡으니 이롭지 않음이 없느니라. 상활 공의 벼슬에 있는 사람이 새매를 쏘아 잡는다 함은 어그러진 거슬림을 풀었다는 것이니라.

※ 수레를 탄다는 것은 벼슬이나 문벌이 높은 집단이다. 계사전에 효사 육삼에 대한 해설이 실려 있다.

【요점】군자이사과유죄君子以赦過有罪, 강유지제剛柔之際, 의무구야義无咎也라 함은 군자는 해괘를 본받아 허물을 없애 주고 잘못을 용서한다 이고, 강함과 유함이 서로 교제를 하므로써 마땅히 허물은 없다는 것이다. 뇌수해괘는 우레가 진동하고 비가 내리는 것을 천지가 덕을 베푸는 것이라고 여겼다. 오랜 가뭄 끝에 단비가 촉촉이 내리는 자연적인 현상을 유추하여 재앙이 풀리는 것으로 깨치어 알게 되었던 것이다. 천지를 고마워하는 마음을 해괘는 터득하게 한다. 군자는 해괘를 본받아 남의 허물을 들추어 내지 않고 남의 약점을 잡지 않는다는 것이다.

또 무쇠는 왜 부러지는가. 굳세기만 하고 부드러움이 없어서이다. 마른 가루가 왜 바람에 흩날리는가. 부드럽기만 하고 굳셈이 없는 까닭이다. 한데 섞이어 조화를 이루려면 강함과 부드러움이 아우러져야 한다. 중용 역시 강함과 부드러움의 교제이다. 강하기만 하면 지나친 것이고 유하기만 하면 모자란 것이다. 더함도 덜함도 없이 알맞고 바른 마음가짐이 곧 중용이다. 어려움을 푸는 것이 중용의 해법이라는 것을 잊지 않고 새기어 둘수록 인생은 성공의 빛이 보이며 희망적이다.

손損은 깨지거나 상하고, 덜리어 잃거나 축이 나서 손해를 보는 손상·손실을 의미한다. 그러나 이것은 단순한 손해가 아니고 국가 사회 또는 남을 위해 헌신적으로 일하는 무료봉사에 가깝다.

아무런 이익도 없고 주위의 비웃적거림을 받으면서 신념을 관철해 나가는 것이 손의 도리이다. 그것을 단순한 손실로 볼 것인지, 기쁨을 얻을 것인지는 그 사람의 마음가짐에 매여 있다. 이루려고 하는 목표를 향해 작은 욕심을 버리고 사랑하는 사람들을 위하여 희생하며 목전지계를 내던지고 먼 미래를 향해 나아가는 것이 곧 손해를 보고 이득을 취하는 것이다. 괘의 형상은 산간괘 기슭에 있는 연못태괘의 모습이다. 그 연못은 스스로 자신을 낮춤으로써 산은 한결 위로 숫구친다.

손損은 아래를 들어내어 위를 늘린다는 의미로서 아래에서 위로 봉사한다는 뜻이다. 참되고 정성스러운 뜻을 가지고 손괘의 도리를 행하면 크게 길하다. 초지를 관철하여 나아가면 허물이 없으리라. 성의만 있다면 일정한 절차나 방법에 구애받을 필요는 없다. 그러나 손의 도는 시기에 적절히 맞추어 행해야 한다. 천지의 손해와 이익은 차고 기우는 천지의 이치에 따라서 행하여지는 것이다.

【大象】산艮 기슭에 연못兌이 있다. 이것이 손損의 괘상이다. 군자는 이 괘상을 보고 마음에 그리며 추구하는 최고의 목표를 위해 작은 욕심을 억제하도록 노력을 기울인다.

【初陽】자신의 일을 버리고, 재치있고 빠르게 달려가 봉사한다면四陰 마음이 서로 어긋나지 않고 꼭 맞기 때문에 탈은 없을 것이다. 다만 실제의 사정을 헤아려 지나침이 없어야 한다.

【二陽】자신의 도리를 지키는 것이 길하다. 어찌할 줄 모르고 함부로 행동하면 흉하다. 힘이 부치는 일을 억지로 우겨서 하지 않는 것이 결국은 남을 도와주는 원인이 된다. 中

【三陰】세 사람이 같이 움직이면 속마음을 알려고 서로 의심하게 되어 그 중 한 사람을 잃는다. 혼자서 가면 협력자를 얻는다.

【四陰】재치있고 빠르게 병의 근원을 잘라내 버리면 완쾌의 즐거움을 맛볼 수 있다. 허물은 없을 것이다.

【五陰】지나간 때의 노력이 보상을 받게 된다. 예민한 거북점을 치더라도 불길한 징조는 전혀 나오지 않는다. 틀림없이 대길할 것이다. 하늘이 그를 돕는다.

【上陽】무리하지 않고도 사람을 도울 수 있다. 허물은 없을 것이다. 자기 할 바를 믿고 나아가면 길하다. 있는 정성을 다해 행하면 세상 사람이 우러르고 따르는 덕망을 얻으며 집안을 잊고 사회를 위해 봉사한다.

【해설】산택손괘는 아랫것을 덜어서 윗것의 모자람을 채우는 것을 상징한다. 이러한 원리는 손괘의 형상에서 헤아리는데 그것은 하괘의 삼효가 음효로서 그 모습이 마치 하괘에서 삼효를 덜어 내어 상괘의 사효, 오효의 음효에 보태어 주는 것이 같이 감지되기 때문이다. 아랫것을 덜어서 윗것에 보탠다는 것은 아랫사람이 윗사람에게 헌신적으로 봉사하는 것을 의미한다. 인간사회의 증진을 도모하기 위해 하는 행위는 두 가지로 나눌 수 있는데, 첫째는 아랫사람이 윗사람을 위해 받들어 섬기는 것이고, 둘째는 윗사람이 아랫사람에게 선의를 베푸는 것이다.

윗사람이 아랫사람을 위해 선의를 베푸는 것은 바람직스러운 일이지만 반드시 해야 된다는 의무사항은 아니다. 강요될 성질의 것은 아니라는 것이다. 그러나 아랫사람이 윗사람의 뜻을 받들어 봉사한다는 것은 반드시 지켜야 할 사회 질서인 것이다. 어떤 집단에 있어서 윗사람이 판단하고 결정하여 이루어진 의사가 아랫사람들에 의해서 겸손하게 수행되지 않는다면 그 집단의 질서는 파괴되고 행정은 기능이 소멸되어 정지될 것이다. 그러나 위를 향하는 봉사도가 서로 호응하듯 움직인다면 그 집단의 활동은 아무 탈이나 말썽없이 예정되로 진행이 될 것이다.

이러한 상향의 봉사도를 역경은 아랫것을 덜어서 윗것에 보태는 일이라고 논하고 있다. 이것은 윗사람을 위해서 아랫사람의 일방적인 희생을 강압적으로 요구하는 것은 아니다. 어디까지나 아랫사람의 마음의 자세와 결의를 강조하고 있는 것이다. 그러기에 윗사람에게 진정으로 보탬이 되는 일은 눈에 보이는 실체를 갖추고 있는 이익의 크고 적음에 있는 것이 아니고 오직 그 참되고 진실한 성의에 있는 것이라고 역경은 풀어서 밝히고 있다. 결국 손괘가 제시하는 것은 일개 범부에 지나지 않는 자신을 희생하여 마땅히 행해야 할 큰 도리를 살리고, 사사로운 일보다는 공공의 이익을 도모하므로써 작은 것은 손해를 보고 큰 이득을 추구하는 것이다.

【원문】

損 有孚 元吉. 无咎. 可貞. 利有攸往. 曷之用.
손 유부 원길 무구 가정 이유유왕 갈지용

二簋可用享 象曰 損下益上 其道上行. 損而有
이 궤가용향 단왈 손하익상 기도상행 손이유

孚. 元吉 无咎 可貞 利有攸往 曷之用 二簋可用
부 원길 무구 가정 이유유왕 갈지용 이 궤가용

享. 二簋應有時. 損剛益柔有時. 損益盈虛 與時
향 이 궤응유시 손강익유유시 손익영허 여시

偕行. 象曰 山下有澤損. 君子以懲忿窒欲.
해행 상왈 산하유택손 군 자 이징분질욕

【직역】손괘는 믿음을 두면 크게 길하고 허물이 없느니라. 마음을 곧고 바르게 하면 이로우니라. 갈 곳이 있으면 이롭다. 어디에 쓰지 않으리요. 두 대그릇은 가히 제사에 쓸 수 있느니라. 단왈 손괘는 아래를 덜어 위를 더하는 것이니 그 도가 위로 행하는 것이니라. 덞에 믿음이 있고, 크게 길하며 허

물이 없느니라. 마음을 곧고 바르게 하며, 갈 곳이 있으면 이로우니라. 이러한 것들을 어찌 사용하지 않으리오. 대그릇을 제사에 쓸 수 있다 함은 두 개의 제기가 마땅히 때가 있어야 한다는 것이니라. 강한 것을 덜어서 유한 것에 더하는 것도 때가 있어야 하느니라. 덜고 보태고 채우고 비우고 하는 것은 모두 때에 따라 함께 행해야 하느니라. 상왈 산 아래 못이 있는 것이 손괘이니라. 군자는 이로써 분노를 징계하고 욕심을 막느니라.

【원문】

初九 已事遄往 无咎. 酌損之. 象曰 已事遄往
초구 이사천왕 무구 작손지 상왈 이사천왕
尚合之也. 九二 利貞 征凶. 弗損益之. 象曰
상합지야 구이 이정 정흉 불손익지 상왈
九二利貞 中以爲志也. 六三 三人行 則損一人.
구이이정 중이위지야 육삼 삼인행 즉손일인
一人行 則得其友. 象曰 一人行 三則疑也. 六四
일인행 즉득기우 상왈 일인행 삼칙의야 육사
損其疾. 使遄有喜. 无咎. 象曰 損其疾 亦可喜
손기질 사천유희 무구 상왈 손기질 역가희
也. 六五 或益之 十朋之 龜 弗克違. 元吉. 象曰
야 육오 혹익지 십붕지 귀 불극위 원길 상왈
六五元吉 自上祐也. 上九 弗損益之. 无咎. 貞
육오원길 자상우야 상구 불손익지 무구 정
吉. 利有攸往. 得臣无家. 象曰 弗損益之 大得
길 이유유왕 득신무가 상왈 불손익지 대득
志也.
지야

【직역】【초구】일을 마치거든 빨리 가야 허물이 없느니라. 참작하여 던다는 것이니라. 상왈 일을 마치거든 빨리 간다 함은 위와 뜻이 합한다는 것이니라. 【구이】곧고 바르게 하는 것이 이롭고 정벌하면 흉함이 있으리라. 덜지 않고 오히려 더하리라. 상왈 구이의 곧고 바르게 하는 것이 이롭다 함은 중

도로써 뜻을 삼기 때문이니라.【육삼】세 사람이 가면 한 사람을 잃고 한 사람이 가면 곧 벗을 얻는다. 상왈 한 사람이 간다 함은 셋이면 곧 의심을 받게 된다는 것이니라.【육사】그 질병을 덜되 빨리 가면 기쁨이 있다. 허물이 없으리라. 상왈 그 질병을 던다 함은 또한 가히 기뻐할 수 있다는 것이니라.【육오】혹 이롭게 되는지도 모른다. 십붕의 거북점을 하더라도 어긋나지 아니하니 크게 길하리라. 상왈 육오가 크게 길하다 함은 위로부터 도움을 받는다는 것이니라.【상구】덜지 말고 더하면 크게 이롭고 허물이 없으리라. 마음을 곧고 바르게 하면 길하리라. 갈 곳이 있어야 유익하다. 신하를 얻음에 집은 없으리라. 상왈 덜지 말고 더하면 크게 이롭고 허물이 없다 함은 큰 뜻을 얻었다는 것이니라.

【요점】군자이징분질욕君子以懲忿窒欲, 불손익지弗損益之, 무구无咎라 함은 군자는 손괘를 본받아 분함을 억누르고 욕심을 막는다 이고, 손해보지 않고 이익되게 하면 허물이 없다는 것이다. 억울하고, 원통한 심기가 들면 마음을 얽히어 갈피를 잡을 수 없게 되고 욕심을 사납게 내면 마음은 어수선하고 들썽거린다. 무심無心이란 무엇을 탐내거나, 분수에 지나치게 하고자 하는 마음을 버리라는 것이다.

인간이 뜻을 이루지 못하는 것은 소아小我에 집착하여 자신만을 내세워 버티기 때문이다. 질욕窒欲은 나를 버리는 것이며 나를 닦는 것이다. 원통해 일어나는 분한 마음을 억누르고 욕심을 버리는 것은 참으로 어렵지만, 삶을 탈없이 순조롭게 경영하려면 분한 마음을 삭이고 욕심을 사납게 부리지 않아야 한다는 것이다.

또 흥정이란 내가 좀더 이익을 내기 위한 거래이다. 그러나 내가 이익을 올리려 하지 않고 상대도 손해를 보지 않는 선에서 생각하고 행동한다면 인생에서 허물을 지을 리 없다. 두루 마음에 흡족하게 인생을 경영한다는 것은 몹시 어려운 일이다. 그것은 무심하지 않고서는 만족을 얻을 수 없기 때문이다. 허물이 없는 손損이란 결국 내가 먼저 양보의 미덕을 쌓는 경우이다.

그러면 상대도 나를 이롭게 하는 보답으로 반드시 되돌게 한다. 이러한 보답이 아래에서 위로 향하는 도리라고 여겨도 무방할 것이다.

익益은 앞장에서 논한 손괘와는 반대로 위를 덜어 내어 아래의 모자람을 채우는 것이다. 곧 윗사람이 아랫사람에게 자비를 베푼다는 의미이다. 그 일이 막바지에 가서는 내 자신을 위하게 된다는 것은 손괘의 경우와 동일하다. 적극적으로 난국을 극복하고 널리 사회적 이익을 추구하는 자에게는 크게 길한 괘이다. 또 손괘의 아래를 덜어내는 것이 민중들의 권세와 이익을 제한하는 중대한 위기시의 권력의지라고 한다면 익괘는 민주주의적 평화공존의 시대를 나타내고 있다.

익괘의 형상은 윗괘손괘는 바람·따른다는 의미이고, 아랫괘진괘는 우레·움직임을 상징하고 있다. 아래가 움직이면 위가 그것을 따르고 협력한다. 하늘이 자기편에 서는 것이다. 질풍과 우레와 같은 급진적인 이익을 도모할 수 있는 기회라고 판단이 되면, 거침없이 돌진하는 것이 좋다.

익益은 위를 덜어 아래를 보태는 것이다. 백성은 베푸는 덕행을 항상 기뻐하며, 군주의 도道는 겉으로 드러나 추앙을 받는다. 그 도를 적극적으로 실행한다면 상하가 호응하여 큰 즐거움을 얻는다. 익괘는 형세가 왕성한 활동력震과 침착하고 여유있는 순응성巽을 아울러 갖추고 있어 끊이지 않고 잇대어 나아가되 잠시도 머무는 일이 없다. 하늘은 양기를 내리고 땅은 만물을 세상에 나오게 한다. 익괘는 천지자연의 이치에 따라 널리 행하여지는 것이다. 만물을 이롭게 하는 것은 때를 얻어 움직여야 한다. 위·아래의 중요二, 五는 바른 위치에서 서로 응하고 있으므로 큰 강을 건너는 것과 같은 위험을 저질러도 순조로울 것이다. 손巽과 진震은 오행의 나무木에 해당되어 그 안에 있는 세 개의 음효는 나무속을 도려낸 형상을 의미하며 배의 모습을 연상케 한다.

【大象】빠르게 부는 바람巽과 우레震, 이 모습이 익의 괘상이다. 군자는 이 괘상을 보고 착하고 올바름을 보면 즉시 배우고 그릇된 실수가 있으면 즉시 고친다.

【初陽】농사에 전념하는 것이 좋다. 크게 길하다. 아래에 있는 사람에게 중대한 임무를 맡기지 않을 것이기 때문에 허물은 없을 것이다.

【二陰】생각지 않았던 도움五陰을 얻을 수 있다. 신기하고 영묘한 거북점으로 점을 치더라도 불길한 징조는 안 나올 것이다. 틀림없이 좋은 소식이 있을 것이다. 군주는 이 사람에게 상제의 제사를 일임하면 신의 뜻에 합당하여 길하리라.

【三陰】고난을 주는 것으로 사람을 단련시킨다. 뜻을 굳게 지키는 자는 탈이 없으리라. 참되고 정성스러운 뜻으로 중도를 지켜 나아가면 군주四陰의 신임을 받는다.

【四陰】중도를 지키고 국가를 이끌어서 도와줄 뜻이 있다면 군주五陽에게 신임을 얻는다. 믿음으로써 일을 맡으면 나라의 도움을 옮기는 큰 일도 순조롭게 성과를 이룰 수 있다.

【五陽】성실하고 아랫사람에게 도타운 사랑을 베푸는 마음이 깊은 사람은 점치지 않아도 대길하다. 백성二陰도 성의를 가지고 호응하며 그 은혜에 감사한다. 뜻은 크게 행하여 질 것이다.

【上陽】개인의 이익과 욕심에 사로잡혀, 백성을 두루 살필 마음이 없다. 바깥쪽으로부터 공격을 받는다. 그 움직임에 근원이 되는 정신적 상태가 바른 도리를 생각하는 원칙이 없다. 흉하리라.

【해설】풍뢰익괘는 윗괘를 덜어서 아래에 보태는 것을 상징하는 괘로서 앞장에서 논한 산택손괘의 형상과는 정반대의 모습을 하고 있다. 윗것을 덜어서 아래에 보탠다는 것은 윗사람이 아랫사람을 위해 모든 노력을 기울여 쏟는 상태를 의미한다. 한 나라가 번영하는 국가로 발돋움하려면 자신의 몸을 돌보지 않는 신하들의 지극한 마음과 일맥상통하는 국민들의 협력이 있

어야 비로소 가능한 것이다. 그러나 신하들의 충성과 국민들의 협력을 이끌어 내는 힘은 군주 자신에게 있다. 이것이 바로 통치자가 아랫사람을 위하는 성의와 노력인 것이다.

군주의 위치는 우월하기 때문에 그의 자세는 바르면 바른 대로, 기울면 기운 대로 모든 국민 앞에 장단점을 드러낸다. 마치 태양이 하늘 높이 떠 있으므로 모든 사람이 그것을 누려 가지듯이, 한 부분의 검은 구름이 태양을 가리워도 비치어 나타나는 모든 물체의 모습을 흐리게 하는 것이다.

군주는 국민에게 행사하는 강제력을 지녔기 때문에 한번의 폭정으로 국민들의 마음을 어둡게 하기는 쉽다. 그러나 백성들의 마음을 감동시켜 호응하게 만들기는 진정 어려운 일이다.

마음은 생김새나 그 바탕이 되는 형체가 없기 때문에 강요할 수도 없는 것이다. 오직 스스로 답하거나 행동하게 할 뿐이다. 그것은 거짓이 없는 진실한 성의와 꾸준한 노력만이 천하만민의 마음을 하나로 모을 수 있는 것이다. 그러므로 군주는 백성들의 마음을 확실히 이해하고 백성들의 욕구가 충족되어 충분한 만족과 기쁨을 누릴 수 있는 위민봉사의 정신으로 주권을 행사하라는 것이다.

이러한 다스림이 윗것을 덜어 내어 아래에 보태는 것이라고 풍뢰익괘는 논하고 있다. 이렇듯 윗사람이 아랫사람을 위하면 아랫사람들은 기꺼이 윗사람의 사례에 호응할 것이므로 감당하기 어려울 만큼 힘에 겨운 일도 능히 극복할 수 있고 국가와 사회는 발전한다는 것이다. 이것은 국가와 사회에만 한정된 것은 아니다.

영리를 추구할 목적으로 설립된 법인, 한 가족이 살림하고 있는 집안도 그러하다. 이 대강령은 현대에 살고 있는 사람들에게도 주관의 욕구를 충족시켜 깨치어 알게 하는 성질의 것이라고 익괘는 애써 설명하고 있다.

【원 문】

益 利有攸往. 利涉大川. 彖曰 益損上益下. 民
익 이유유왕 이섭대천 단왈 익손상익하 민
說无疆. 自上下下 其道大光. 利有攸往 中正有
열무강 자상하하 기도대광 이유유왕 중정유
慶. 利涉大川 木道乃行. 益動而巽 日進无疆.
경 이섭대천 목도내행 익동이손 일진무강
天施地生 其益无方. 凡益之道 與時偕行. 象曰
천시지생 기익무방 범익지도 여시해행 상왈
風雷益. 君子以見善則遷 有過則改.
풍뢰익 군자이견선칙천 유과칙개

【직역】익괘는 갈 곳이 있어야 이롭다. 큰 냇물을 건너는 것이 이로우니라.
단왈 익괘는 윗것을 덜어서 아랫것에 더하는 것이 백성들의 기뻐함이 그지
없느니라. 스스로 위로부터 아래로 내리는 형상이니, 그 도가 크게 빛남이
니라. 갈 곳이 있어야 이롭다 함은 중정의 자리이니 바르게 하여 경사가 있
다는 것이니라. 큰 냇물을 건너는 것이 이롭다 함은 도를 바로 행한다는 것
이니라. 익괘는 움직임이 겸손해서 날로 나아감이 한없으리라. 하늘이 베풀
고 땅이 낳아서 그 이익됨이 일정한 방향과 장소가 없으리라. 무릇 더함의
도는 때와 함께 더불어 행해야 하느니라. 상왈 바람과 우레로 이루어진 것이
익괘의 상이니라. 군자는 이로써 선함을 보면 실행에 옮기고 허물이 있으면
즉시 고쳐야 하느니라.

【원문】

初九 利用爲大作. 元吉 无咎 象曰 元吉无咎 下
초구 이용위대작 원길 무구 상왈 원길무구 하
不厚事也. 六二 或益之. 十朋之龜弗克違. 永貞
불후사야 육이 혹익지 십붕지귀불극위 영정
吉. 王用享于帝. 吉. 象曰 或益之 自外來也. 六
길 왕용향우제 길 상왈 혹익지 자외래야 육
三 益之用凶事. 无咎 有孚中行 告公用圭 象曰
삼 익지용흉사 무구 유부중행 고공용규 상왈

益用凶事 固有之也. 六四 中行告公從. 利用爲
익용흉사 고유지야 육사 중행고공종 이용위
依遷國. 象曰 告公從 以益志也. 九五 有孚惠
의천국 상왈 고공종 이익지야 구오 유부혜
心. 勿問元吉. 有孚惠我德. 象曰 有孚惠心 勿問
심 물문원길 유부혜아덕 상왈 유부혜심 물문
之矣. 惠我德 大得志也. 上九 莫益之. 或擊之.
지의 혜아덕 대득지야 상구 막익지 혹격지
立心勿恒. 凶. 象曰 莫益之 偏辭也. 或擊之 自
입심물항 흉 상왈 막익지 편사야 혹격지 자
外來也.
외래야

【직역】【초구】크게 벌이는 것이 이롭다. 크게 길하며 허물이 없으리라.
상왈 크게 길하며 허물이 없다 함은 아랫사람이 두터운 일을 못하는 것이니
라.【육이】혹은 더하면 열 벗이라. 거북점도 능히 어긋나지 아니한다. 길이
마음을 곧고 바르게 가지면 길하리라. 왕이 상제께 제사 지내더라도 길하리
라. 상왈 혹은 더하면 열 벗이라 함은 스스로 밖에서 온다는 것이니라.【육
삼】더함을 흉한 일에 쓰므로서 이익이 되게 한다. 허물이 없으리라. 믿음
을 가지고 중도를 행하여 공후에게 고하고서 옥패를 사용한다. 상왈 더함
을 흉한 일에 쓰므로서 이익이 되게 한다 함은 굳게 된다는 것이니라.【육
사】중도를 행하여 공후에게 고하고 따르게 한다. 남을 의지해야 이롭다. 나
라를 옮기는 것이 이로우니라. 상왈 공후에게 고하고 따르게 한다 함은 그렇
게 하여 뜻을 더하려는 것이니라.【구오】믿음을 두고 은혜로운 마음을 갖
는다. 묻지 않아도 크게 길하리라. 믿음이 있어 나의 덕을 은혜롭게 여기리
라. 상왈 믿음을 두고 은혜로운 마음을 갖는다. 묻지 않아도 크게 길하리라.
믿음이 있어 나의 덕을 은혜롭게 여기리라 함은 크게 뜻을 얻었다는 것이니
라.【상구】더하는 이가 없느니라. 혹은 그것을 쳐야 할지 모른다. 항상 같은
마음을 가지지 말라. 오히려 흉하리라. 상왈 더하는 이가 없다 함은 편벽하
기 때문에 그만두라는 것이다. 그것을 쳐야 할지 모른다 함은 스스로 밖으

로부터 더 온다는 것이니라.

【요점】익손상익하益損上益下, 민열무강民說无疆, 군자이견선즉천君子以見善則遷이라 함은 위에서 덜어 내어 아래에 보탬으로써 온 백성이 한없이 기뻐한다 이고, 군자는 선을 보면 옮기고 허물이 있으면 고친다는 것이다. 백성들의 몸과 마음을 편하게 하는 정치가 곧 익益이다. 흉포한 정치는 사람을 해치는 호랑이보다 더 두렵다고 공자는 말했다. 이른바 포학한 정치는 백성들의 목숨을 빼앗는 형틀이다.

물론 작금의 시대에는 시민으로부터 정치가 나온다는 세상이다. 그러나 사실 그 속을 들여다보면 여전히 관치가 시민의 상전노릇을 하고 있다. 부정·부패·뇌물·횡령 등의 깨끗하지 못하고 썩을 대로 썩은 위정자들의 행위가 국민들의 마음을 괴롭게 하는 것이다.

위에서 아래로 내려오는 것이야말로 크고 밝다. 익괘의 형상은 바람이 구름을 몰아와 우레를 치고 비를 내리며 하늘이 베풀고 땅이 낮게 되어 두루 통하는 이로움을 가리킨다. 백성을 이롭게 하는 것보다 더 큰 선은 없다. 또 군자와 범인이 따로 결정되어 있는 것은 아니다. 현명하면 군자이고 어리석으면 범인이다. 선한 것을 보고 그것을 본받으면 그것이 곧 현명한 것이고 허물인 줄 알고 지체없이 고치면 그 또한 현명하다. 선을 본받고 허물을 고치는 마음가짐이 바로 삶을 유익하게 하는 것이다.

䷪ 태괘
건괘 택천쾌 澤天夬 : 독재자를 엄중히 처단하다

쾌夬란 궤결潰決, 결렬決裂의 결決에 해당하는 말로서 얽히고 막힌 일을 처리한다, 중대사를 결단하여 실행한다의 뜻이다. 제일 위의 음효 --가 다섯 개의 양효 ☰를 억누르고 있는 형상이다. 독재자가 사회대중의 여론을 무시하고 포악한 정치를 시행하고 있는 모습이다. 위험은 따르겠으나 임시변통의 조처를 강구해서라도 민주적인 절차를 무시하고 독단으로 행사하는 위정자를 처단하지 않으면 안 된다. 강하고 군센 정신乾으로 이를 과감하게 실행하므로써 백성들은 즐거워하고兌 평안해질 수 있는 것이다. 그러기 위해서는 불손한 동기가 없어야 한다. 개인의 이익과 욕심을 버리고 정의를 관찰해 나아가며 또 자신의 기본이 되는 토대를 든든히 하고 실행해야 하며 폭력을 써서 목적을 달성하려는 의도는 될 수 있는 한 피해야 한다.

쾌夬는 결단하여 실행한다. 막힘을 처리하여 나아갈 길을 연다는 의미이다. 다섯 개의 양효가 위에 있는 음효를 받아들이지 않고 제외하고 있는 것이다. 군센 의지와 의젓한乾 인품으로 소인배를 단죄한다면 위·아래가 다 같이 즐거워하고 화목하게 된다. 권세가 등등한 간사한 자를 처벌하는 데에는 정의를 선양하고 정성을 기울여 국민들을 설득시켜야 한다. 말할 것도 없이 위험을 각오해야 하고 스스로 경계해야만이 큰 성과도 이룰 수 있다. 먼저 자신의 영토를 바로잡고 나서 결행해야 한다. 그러나 군사상의 힘으로 억누르면 안 된다. 자신이 지키고 있는 정의와 권위를 잃게 될지도 모른다. 정의를 관철하고 그 도를 완성하기 위해 과단성 있는 조처를 취하는 것이 좋다.

【大象】연못兌이 하늘乾 위에 있는 것이 쾌의 괘상이다. 하늘 위에 있는 연못의 물은 나가는 어귀만 있으면 흘러서 만물을 적신다. 군자는 이 괘상을 보고 아랫사람에게 은혜와 덕을 베풀며 자신의 이익과 야욕을 채우는 것을

깊이 삼간다.

【初陽】앞으로 나아가는 것은 용맹스런 일이지만 승산도 없이 전진하면 실패한다. 탈을 입는다.

【二陽】앞날을 두려워하여 동지들의 도움을 청한다. 한밤중에 불의의 습격을 당할 수 있겠으나 크게 걱정할 것은 없다. 中

【三陽】뜻을 정하여 굳게 다진 속내를 얼굴에 드러내면 흉하다. 결단을 내리고 홀로 뛰쳐나가 비를 몸에 쭉 내배도록 맞는다. 동료들에게 책망을 받지만 결국 허물은 없을 것이다.

【四陽】볼기의 윗부분, 살갗이 벗겨져 마음대로 걸을 수가 없어서 꾸무럭거린다. 민초들을 이끌어 가면 뉘우침은 없겠지만 남의 충언도 믿지 못하는 유유범범한 태도가 답답하다. 不正

【五陽】음산하고 눅눅한 땅에 뿌리내리는 우엉, 시원스럽게 뽑아 버리고 중도를 지켜 나가면 허물을 면할 수 있다.

【上陰】도움을 청해 보았으나 호응하는 이가 없다. 나머지의 목숨이 얼마 남지 않았다. 종내는 비웃음거리가 될 것이다. 백성들의 호응을 받지 못하는 독재자는 길게 유지하지 못한다.

【해설】택천괘의 괘상을 헤아리면 군집한 양효 위에 하나의 음효가 위치하고 있다. 이것은 악의 세력이 어진 올바름을 억누르고 높은 위치에서 그 나라를 거느려 다스림을 의미하는 것으로써 정의를 믿고 받드는 민초들이 대중과 유리된 악의 세력을 덮어 없애려고 일어서는 형태를 상징하는 것이다. 쾌夬는 결행한다, 결단한다를 뜻하며 상괘는 연못을 상징하는 태괘이고, 하괘는 하늘을 의미하는 건괘로 구성되어 있다. 연못의 흐름을 가로막고 있는 언덕을 제거한다면 물은 당장에 험하고 세찬 기세로 쏟아질 것이다. 이것이 쾌의 괘상이다. 권력을 마음대로 휘두르며 함부로 날뛰는 악의 무리들을 배제하기 위해 모든 백성들이 한결같이 그런 뜻을 품고 힘차게 일어나는 상태를 표현하고 있는 것이다.

포학무도한 권력으로 위세를 과시하는 악의 무리들과 맞서 싸우는 일은 위험을 각오해야 하며, 나라를 위해 목숨을 바치는 멸사봉공의 비장한 결의가 있어야 한다. 정의를 위하여 일신의 안위를 돌보지 않고 불속에 뛰어드는 인물은 언제나 악이 발호하는 세상에서 출현한다. 곧 불의는 정의를 낳는 것이다.

여기에서 역경은 잇대어 투쟁의 방법론까지 논하고 있다. 첫째는 악을 제거하여 나라를 구한다는 참된 마음으로 국민을 향하여 호소하고, 둘째는 단숨에 몰아쳐 천하의 모든 마음을 동화시킬 수 없는 것이므로 일정한 계획에 의하여 특별히 지정된 지역에 온 힘을 기울여 핵심인물을 양성하고 활동의 근거로 삼을 곳을 구축하라는 것이다. 그리하면 개혁의 기운은 크게 발전하고 마침내 정의는 승리할 것이라고 역경은 풀어서 밝히고 있다.

그러나 택천쾌가 암시하고 있는 것은 무장봉기와 같은 혁명을 선동하는 것이 아니고 위정자에 대해 바르고 착한 정치를 하지 않으면 천하의 민심을 잃게 되어 군주의 지위를 유지하지 못할 것이니 정신을 가다듬어 조심하라는 마음을 불러일으키는 데 목적이 있는 것으로 봐야 한다. 그기에 군자는 이 쾌상을 보고 백성들에게 은혜와 덕을 베풀고, 스스로 지켜야 할 도리를 깨달아 몸가짐을 신중히 하라고 역설하고 있는 것이다.

【원문】

夬. 揚于王庭. 孚號 有厲. 告自邑. 不利卽戎. 利
쾌   양우왕정   부호 유려   고자읍   불리즉융   이
有攸往. 象曰 夬決也. 剛決柔也. 健而說 決而
유유왕   단왈 쾌결야   강결유야   건이열   결이
和. 揚于王庭 柔乘五剛也. 孚號有厲 其危乃光
화   양우왕정 유승오강야   부호유려   기위내광
也. 告自邑 不利卽戎 所尙乃窮也. 利有攸往 剛
야   고자읍 불리즉융 소상내궁야   이유유왕   강
長 乃終也. 象曰 澤上於天夬. 君子以施祿及下
장   내종야   상왈   택상어천쾌   군자이시록급하

居德則忌.
거 덕 칙 기

【직역】 쾌는 왕의 뜰에서 드날린다. 미덥게 부르짖어 위태롭게 하느니라.
먼저 고을에 고한다. 군사로서 나아가는 것이 이롭지 아니하다. 갈 곳이 있
으면 이로우니라. 단왈 쾌쾌는 결단하는 것으로서 강한 기운이 부드러운 기
운을 결단하는 것이니라. 군세며 기뻐하고 결단하여 화합하느니라. 왕의 뜰
에서 드날린다 함은 부드러운 기운이 강한 기운을 타고 있음이니라. 미덥게
부르짖어 위태롭게 한다 함은 그 위태로움이 빛난다는 것이니라. 고을에 먼
저 고하고 군사로서 나아가는 것이 이롭지 않다 함은 숭상하는 바가 이에
궁하다는 것이니라. 갈 곳이 있으면 이롭다 함은 강한 기운이 자라서 이에
끝난다는 것이니라. 상왈 못물이 하늘로 오르는 것이 쾌쾌이다. 군자는 이로
써 녹을 베풀어 아래에 미치게 하며, 덕을 쌓아 두기를 꺼려 해야 하느니라.

【원문】

初九 壯于前趾. 往不勝爲咎. 象曰 不勝而往
초구 장우전지 왕불승위구 상왈 불승이왕
咎也. 九二 惕號. 莫夜有戎勿恤. 象曰 有戎勿
구야 구이 척호 막야유융물흘 상왈 유융물
恤 得中道也. 九三 壯于頄. 有凶. 獨行遇雨 君
흘 득중도야 구삼 장우규 유흉 독행우우 군
子夬夬 若濡. 有慍 无咎. 象曰 君子夬夬 終无咎
자쾌쾌 약유 유온 무구 상왈 군자쾌쾌 종무구
也. 九四 臀无膚 其行次且 牽羊悔亡. 聞言不
야 구사 둔무부 기행차차 견양회망 문언불
信 象曰 其行次且 位不當也. 聞言不信 聰不明
신 상왈 기행차차 위부당야 문언불신 총불명
也. 九五 莧陸夬夬 中行无咎. 象曰 中行无咎 中
야 구오 현륙쾌쾌 중행무구 상왈 중행무구 중
未光也. 上六 无號 終有凶. 象曰 无號之凶 終
미광야 상육 무호 종유흉 상왈 무호지흉 종

不可長也.
불 가 장 야

【직역】【초구】앞발꿈치가 기운차게 앞으로 나아간다. 가서 이기지 못하면 허물이 되리라. 상왈 이기지도 못하면서 앞으로 나아가면 허물이 된다는 것이니라.【구이】두려워서 부르짖는다. 저문 밤에 군사가 있더라도 근심하지 말지어다. 상왈 군사가 있더라도 근심하지 말라 함은 중도를 얻었다는 것이니라.【구삼】광대뼈에 씩씩함이 가득찼다. 흉함이 있으리라. 군자는 과단성이 있어 홀로 가다 비를 만나서 젖는 듯하다. 성냄이 있으나 허물은 없으리라. 상왈 군자가 과단성이 있다 함은 종내는 허물이 없다는 것이니라.【구사】볼기에 살이 없다. 그 행함이 몹시 머뭇거린다. 양을 끌고 가면 후회는 없으리라. 말을 듣더라도 믿지 않으리라. 상왈 그 행함이 몹시 머뭇거린다 함은 자리가 마땅치 않다는 것이니라. 말을 듣더라도 믿지 않는다 함은 총명하지 못하다는 것이니라.【구오】현륙을 결단하고 결단하면 중도를 행함에 허물이 없으리라. 상왈 중도를 행하면 허물이 없다 함은 중도가 아직 빛나지 못하다는 것이니라.【상육】호소할 데가 없으니 마침내는 흉함이 있으리라. 상왈 호소할 데가 없으니 마침내는 흉함이 있다 함은 결국 끝까지 갈 수 없다는 것이니라.

※ 현륙見陸이란 자리공과에 속하는 다년초로서 부드럽고 습기가 많은 순음의 성질로 된 풀이다. 그러므로 음의 위치에 있고, 맨 위에 자리하고 있는 음 중에서도 가장 순수한 음은 택천괘의 상육을 가리킨다.

【요점】건이열健而說, 결이화決而和, 불승이왕不勝而往, 구야咎也라 함은 건실하여 기뻐하고 결단하여 화목하다 이고, 이기지도 못하면서 앞으로 나아가는 것은 큰 잘못이라는 것이다. 남의 마음을 언짢게 하려고 기세를 부린다면 건실한 것이 아니다. 그것은 사리를 분간하지 못하고 함부로 날뛰는 행

패이다. 굳세고 튼튼하다는 것은 강자가 약자를 보호하고 도와주는 마음가짐이고 행동이며, 약자는 이를 고마워할 때 서로 기쁘게 여기며 즐거워한다. 이렇듯 만족스럽고 유쾌하게 환호할 수 있는 마음과 행동으로 삶을 엮어낸다면 어떠한 고통스러움도 이겨낼 수 있는 힘을 얻을 것이다. 중대한 시기에 이르면 냉소적인 사람은 앞날을 부정하며 곁에 있는 사람들만 힘들게 하고, 건실한 사람은 어려움을 무릅쓰고 단호하게 결단을 내린다. 서로 돕고 보살피면서 용단을 내릴 수 있는 사람이 곧 강·유를 겸비한 대인군자이다.

굳셀 때는 굳세고 부드러울 때는 한없이 부드러운 사람이 쾌괘의 지혜를 터득한 사람이겠다. 또 인생을 승부의 생리로 대하는 사람은 언제나 허점투성이로 끝을 마감한다. 반드시 이길 가망성이 없으면 물러서라. 그러면 그릇된 실수를 면할 수 있다. 그러나 작금의 다난한 시대에는 달걀로 바위를 치려는 사람이 의외로 많다. 그것은 요행수를 바라고 위험한 일이나 거의 가능성이 없는 일에 손을 대는 후안무치한 인간들이 부지기수로 많다는 것이다. 인생을 허물없이 살고 싶다면 중행하라. 마음을 쓰는 태도를 조심하여 삼가고 알맞게 나아가는 것이다. 이것이 쾌괘의 일깨움이다.

44) 구姤 건괘손괘 천풍구 天風姤 : 매혹적인 여성

구姤는 해후邂逅의 후逅와 같은 의미로서 오랫동안 헤어졌다가 우연히 다시 만난다는 뜻이다. 쾌괘에서 소인배의 세력을 몰아 쫓아내버리고 화합하는 안일한 세상이 찾아왔다고 느끼고 있을 때 예상외의 곳에서 재앙과 환난이 닥치는 것을 의미한다. 괘의 형상을 헤아리면 한 개의 음효 --가 다섯 개의 양효 ▆를 등에 얹고 있는데, 흡사 한 여자가 다섯 남자를 마주 대하고 있는 모습이다. 술이나 음료수를 파는 여자라도 어지간한 재간이 있는 여자이다. 이러한 방면에서는 좋은 쾌이지만 결혼 상대로서는 마땅하지 않다. 곧 아내를 삼기에는 적합하지 않다는 것이다. 그러나 이 괘를 부정적으로만 봐서는 안 된다. 가끔은 뜻하지 않게 일어난 우연의 만남으로 아름다운 인간의 모습을 나타내기도 한다.

구姤는 서로 마주보게 된다, 만나다의 뜻이다. 하나의 부드러움이 다섯 개의 강剛을 대하는 형상이다. 무리의 남자들 사이에 홀연히 한 여자가 나타나서 멋진 연기로 남자들을 호려 현혹하는 모습이다. 여자는 거칠고 드센 팔자를 지니고 있다. 이런 여자를 아내로 맞이하면 안 된다. 도저히 같이 삶을 영위해 나갈 수가 없다. 천지가 아우러지면 만물은 건실하게 자라고, 강건함 二陽이 중정의 천자를 만나면 천하가 어긋남이 없다. 구의 뜻은 매우 중요하여 가볍게 여길 수 없다.

【大象】 하늘乾 아래에 바람巽이 일다. 이것이 구의 괘상이다. 군주는 이 괘상을 보고 만물의 근원을 이룬다는 신령스러운 기운을 불러 일으키어 천하에 선포하는 것이다.

【初陰】 쇠말뚝에 단단히 붙잡아 매어 두라. 그대로 가면 길하리라. 진중하지 않고 가볍게 나아가면 흉하다. 살 집이 없는 수척한 돼지가 함부로 돌아

다니는 모습이다.

【二陽】 짚으로 비린내 나는 생선初陰을 보이지 않게 싸 두었다. 그것만으로는 허물은 없겠으나 그 생선을 손님에게 내놓는 것은 불길하다. 집안에서 조용히 처리해 버려야 한다.

【三陽】 엉덩이 살갗이 벗겨지고 걷는 것도 마음대로 되지 않아 이리저리 비틀면서 굼뜨게 행동한다. 아직 오도 가도 못하는 처지初陰는 아니다. 그것이 오히려 위험은 하지만 뜻밖에 잘 되어 큰 허물은 없을 것이다.

【四陽】 짚으로 싸 두었던 생선初陰이 사라진다. 흉한 일의 원인이 된다. 협력할 자와 이별하고 만다. 위정자에게 있어서는 민중으로부터 멀어지는 것을 의미한다.

【五陽】 버드나무로 만든 바구니에 참외를 넣는다. 아름답고 갸륵한 덕행을 안에 간수해서 드러내지 않는다면 뜻하지 않은 하늘의 은혜와 사랑을 받을 것이다. 언제나 하늘의 명령을 잊지 않았기 때문이다. 中正

【上陽】 뿔로 맞부딪친다. 젠체하고 뽐내며 방자함이 있으니 남과 모난 데가 없이 온화하게 지낼 수 있겠는가. 비난을 받고 이럴 수도 저럴 수도 없는 곤란한 처지에 봉착하지만 별 탈은 없을 것이다.

【해설】 천풍구괘의 형상을 보면 양효가 떼지어 모여 있는 곳에 오직 하나의 음효가 맨 아래에 위치하고 있다. 이것은 많은 남성들이 한 사람의 여성과 만나는 상태를 의미한다. 남자만의 사회에서 한 사람의 여자가 출현한다면 그 사실 하나만으로도 여자는 그 남자 사회에서 중심이 되는 여성으로 군림할 가능성을 가진다. 덧붙이어 미모의 여인이고, 일을 꾸미고 치뤄나가는 재간이 있으며 사교에 능란하고, 아집이 드센 여자라면 여제에 머물지 않고 종내는 독재자로 변신할 가망성이 크다.

이러한 여자는 자신이 어떻게 남성들을 공략하고 사로잡을 것인가를 잘 알고 있다. 이미 남성들은 그의 포로에 불과한 것이다. 이러하면 여인은 만사를 주재하고 남성의 사회를 지배하는 포악한 군주가 된다. 역경은 이런 여성을 여장부로 표현하고 있다. 여자가 정도가 심하게 드세다는 것이다. 그러나 유교의 경전 가운데 하나인 역경은 유교의 부녀도를 고즈넉하게 설명하고 있다. 삼종지의 三從之義나 부창부수 夫唱婦隨가 그 대표적인 예이다.

삼종지의라는 것은 어려서는 아버지를, 시집가서는 남편을, 남편이 죽은 후에는 아들을 좇는 것을 이른다. 이렇듯 여자는 평생을 남에게 따라가면서 살아야 부덕에 맞다는 것이다.

이러한 유교의 고전적인 사상으로 갖추어진 역경이 만사를 제멋대로 해치우는 남성 위에 군림하는 여장부를 좋게 평가할 리가 없다. 그러기에 이러한 여자를 아내로 맞이하지 말라. 오래도록 더불어 가정을 함께 꾸릴 수가 없다고 논하고 있는 것이다.

그러나 구괘에서 들추어내고 있는 여성은 부녀자의 권리와 의무의 주체성을 스스로 깨닫고 있는 현대적인 품격을 갖춘 그러한 여성은 아니다. 오히려 품위가 떨어지고, 모질고, 도량이 좁으면서 뭇 남성들의 시선을 끌기에 충분한 성적 매력을 지닌 그런 여성인 것이다.

한 여자로서 여러 명의 남성을 교묘하게 다루어 부리는 그러한 여성을 나타내고 있는 것이다. 구괘는 이러한 의미에서 길운의 괘는 아니다. 소인배의 세력이 나라 안에서 다시 싹트는 것을 의미하는 괘이다. 그러나 제각기 신분의 한계를 자각하고 자신의 위치를 지켜 나간다면 행운으로 전환시킬 수 있다.

한 여자가 많은 남자를 상대로 하는 그런 상황이 구괘를 해로운 괘로 몰아가지만, 만난다는 의미의 구姤 자체는 행운이 따르고 즐거움이 솟구치는 것을 뜻한다. 그러므로 구괘는 마음의 자세와 몸가짐에 탈선이 없고, 각자의 사회생활에서 정상적인 위치를 굳게 지킨다면 행운의 괘로서 진가를 발휘할 수 있다고 역경은 논하고 있는 것이다.

【원 문】

姤 女壯. 勿用取女. 象曰 姤遇也. 柔遇剛也. 勿
구 여장 물용취녀 단왈 구우야 유우강야 물
用取女 不可與長也. 天地相遇 品物咸章也. 剛
용취녀 불가여장야 천지상우 품물함장야 강
遇中正 天下大行也. 姤之時義大矣哉. 象曰 天
우중정 천하대행야 구지시의대의재 상왈 천
下有風姤. 后以施命誥四方.
하유풍구 후이시명고사방

【직역】구괘는 여자의 기운이 드세니 이런 여자를 취하지 말지니라. 단왈 구괘는 만난다는 뜻으로서 부드러운 기운이 강한 기운을 만난다는 것이니라. 여자를 취하지 말라 함은 가히 더불어 오래 갈 수 없다는 것이니라. 하늘과 땅이 서로 만나고 모든 물건이 다 빛난다. 강한 것이 중정의 도를 만나니 천하에 크게 행함이니라. 구괘의 때와 의는 참으로 크도다. 상왈 하늘나라에 바람이 있는 것이 구의 괘상이다. 후왕은 이로써 명을 베풀고 사방에 고하느니라.

【원문】

初六 繫于金柅. 貞吉. 有攸往 見凶. 羸豕孚蹢
초육 계우금니 정길 유유왕 견흉 리시부척
蹢. 象曰 繫于金柅 柔道牽也. 九二 包有魚. 无
촉 상왈 계우금니 유도견야 구이 포유어 무
咎. 不利賓. 象曰 包有魚 義不及賓也. 九三 臀
구 불리빈 상왈 포유어 의불급빈야 구삼 둔
无膚. 其行次且. 厲无大咎 象曰 其行次且 行未
무부 기행차차 려무대구 상왈 기행차차 행미
牽也. 九四 包无魚 起凶. 象曰 无魚之凶 遠民
견야 구사 포무어 기흉 상왈 무어지흉 원민
也. 九五 以杞包瓜. 含章 有隕自天. 象曰 九五
야 구오 이기포과 함장 유운자천 상왈 구오
含章 中正也. 有隕自天 志不舍命也. 上九 姤其
함장 중정야 유운자천 지불사명야 상구 구기

角. 吝无咎. 象曰 姤其角 上窮吝也.
각 린무구 상왈 구기각 상궁린야

【직역】【초육】쇠말뚝에 매여 있다. 마음을 곧고 바르게 하면 길하니라. 갈 곳이 있으면 흉한 일을 보게 된다. 여윈 돼지가 믿고 뛰느니라. 상왈 쇠말뚝에 매여 있다 함은 부드러운 기운의 도를 견제한다는 것이니라.【구이】꾸러미에 물고기가 있으면 허물이 없으리라. 손님을 정대하기에는 이롭지 못하니라. 상왈 꾸러미에 고기가 있다 함은 의리가 손님에까지 미치지 못한다는 것이니라.【구삼】볼기짝에 살이 없다. 그 행함이 머뭇거린다. 위태하나 큰 허물은 없으리라. 상왈 그 행함이 머뭇거린다 함은 행함을 아직 견제하지 못한다는 것이니라.【구사】꾸러미에 물고기가 없으니 흉한 일이 일어나리라. 상왈 꾸러미에 물고기가 없으니 흉하다 함은 백성을 멀리한다는 것이니라.【구오】박달나무로써 오이를 싼다. 빛나는 것을 머금고 있으면 하늘에서 저절로 떨어지는 것이 있으니라. 상왈 구오의 빛나는 것을 머금고 있다 함은 중정의 덕이 있다는 것이니라. 하늘이 스스로 돕는 것이니 뜻은 항상 천명을 버리지 않아야 하느니라.【상구】그 뿔에서 만난다. 인색하나 허물할 데가 없느니라. 상왈 그 뿔에서 만난다 함은 위에서 궁하여 인색하다는 것이니라.

【요점】구기각姤其角, 상궁린야上窮吝也, 이기포과以杞包瓜, 함장含章이라 함은 그 뿔에서 뜻하지 않게 만난다는 것은 위가 곤궁해서 부끄럽다는 것이며, 박달나무로 오이를 싸고 있으니 빛남을 머금고 있다는 것이다. 장자는 가장 궁박하고 어리석은 행동의 비유를 달팽이의 뿔 사이에서 싸우는 것이라고 했다. 시시하고 인색한 사람일수록 작은 것에 칼을 뽑는 법이다. 높은 자리에 오를수록 후하게 처신해야지 궁하면 옹색해진다.

남이야 죽든말든 나만 잘 살면 그만이라고 생각하는 사람이 있다면 그런 사람이야말로 곤궁하기 짝이 없는 사람이다. 돈이 제아무리 많아도 곤궁한 사람이 있다. 좁쌀같은 사람이 돈을 좀 벌면 꽉 틀어쥐고 있다가 불의시변을 당한다. 원만하면 인생을 넉넉하게 경영해야지 궁박하게 굴면 언제 어디서든 부끄러운 꼴을 당하기 마련이다.

또 박달나무도 천지의 것이고 오이도 천지의 것이다. 천지는 지극히 높지만 항상 마땅하다. 그런 천지의 것이야말로 빛남을 머금고 있다고 보는 것이 동양철학의 해석이다. 박달나무로 오이를 싼다는 것은 덕을 시적으로 표현하고 있는 셈이다. 만일 박달나무로 오이를 싸는 마음을 가지고 있다면 뜻하지 않게 닥치는 재난이 있더라도 당황하지 않는다. 그러므로 덕으로 감싸는 마음을 이기포과以杞包瓜라 하고 덕을 행하는 마음이 베푸는 행동으로 이어져 훈훈한 것을 함장含章이라 해도 이치는 틀리지 않을 것이다.

45) 췌萃 ䷬
택지췌 澤地萃 : 인생의 위안이 되는 곳

췌萃의 본뜻은 풀이 무성한 것으로, 사람이나 물건이 한 곳으로 모여 있는 것을 가리킨다. 췌괘는 현재의 번영이 하늘과 조상의 은덕으로 이루어졌기 때문에 그것을 고맙게 여기는 마음을 잊거나 자신의 힘을 과신해서는 안된다고 경고하고 있는 것이다. 또한 연못의 물이 땅 위에 모이는 형상이기 때문에 홍수가 나도 풍년이 들어 농작물이 흐들어지고 호수나 온천의 의미를 상징한다. 예로부터 잉어가 용문으로 뛰어올라 용이 되는 형상이라고 기리어 말하며, 취직·입시·인사이동 등에는 대길한 괘이다. 괘상을 보면 땅곤괘 위에 연못태괘의 물이 모여서 초목이 우거지고 사람이 모여들어 교역이 이루어지는 모습이다. 마치 사막의 오아시스와 같은 곳이다. 여행하는 사람들은 오아시스를 만나서 하늘의 은혜와 사랑을 고마워한다.

췌萃는 취聚로서 곧 모인다는 의미이다. 유순하고坤, 즐거워하며兌, 강건하고 중정한 군주五陽와 유순하고 중정한 신하二陰가 서로 호응하고 있다. 그러하기 때문에 많은 사람과 물자가 모여드는 것이다. 왕자는 영묘에 참배하고 선조의 영 앞에 나아가 번영을 진심으로 감사하면서 성스럽게 제사를 올린다. 영특한 지도자를 따르며 바른 도리를 지니고 췌의 도를 행한다면 더 한층 뻗어 발전할 것이다. 나라의 힘이 융성한 때를 맞이하여 큰 희생을 바쳐 성대하게 제사를 지내고 과단성 있게 앞으로 나아가는 것이 좋다. 그것이 하늘의 명을 지키는 연유가 되는 것이다. 어디서 어떻게 모이는가를 주의깊게 살펴보면 천지만물의 실정을 알 수가 있다. 잘난 체하지 않고 겸손한 태도를 굳게 지켜나가면 길할 것이다.

【大象】연못兌의 물이 땅坤 위에 있다. 이것이 췌의 괘상이다. 사람이 모이면 도리를 벗어난 악한 짓들이 일어난다. 군자는 이 괘상을 보고 군비를 갖

추어 불의의 돌변사고를 경계한다.

【初陰】성의는 있지만 모든 일의 결과가 잘 맺어지는 것은 아니다. 상황이 혼란스럽고 술렁인다. 그러나 진지한 태도로 임하여 벗을 구하면 곧 서로 웃게 될 것이다. 나아가 임무를 수행해도 허물은 없을 것이다.

【二陰】동료들을 이끌면서 중정의 도를 지키면 길하리라. 정성스러운 뜻만 있다면 예는 꾸밈이 없고 간략하게 치르는 편이 좋다. 허물은 없다.

【三陰】동료들이 모여서 한숨을 쉬며 탄식하고 있다. 무슨 일이나 잘 되지 않는다. 얼마쯤의 곤경에 처할 것이다. 그러나 적극적으로 임한다면 벗을 얻을 수 있고 허물도 없으리라.

【四陽】자신의 능력에 맞지 않는 지위에 있지만 처신을 삼가면 크게 길하고 탈을 면할 수 있다. 不正

【五陽】사람의 마음을 모으고 자리를 보전한다. 그러나 아직 마음으로부터 복종하는 것은 아니다. 계속해서 도리를 지켜 나간다면 뉘우침은 없을 것이다.

【上陰】고립된다. 호응이 없다. 외따로 홀로 떨어져 있는 것을 탄식하고 괴로워하면서 반성하면 허물은 없을 것이다.

【해설】택지췌괘의 상괘는 못을 의미하는 태괘이고, 하괘는 땅을 상징하는 곤괘로서 구성되어 있다. 췌는 모인다는 뜻이므로 연못에 물이 모이는 것을 상징하고 있다.

산이 푸르면 낱낱의 곳에서 물이 솟구친다. 산기슭에서, 봉우리에서, 골짜기에서 솟는 샘물은 고이고 넘쳐서 물줄기가 된다. 이 무수한 물줄기들은 숲 사이를 헤치고, 산굽이를 돌아 합치고 모여서 실개천이 되고 종내는 대지 속에 자리하고 있는 커다란 연못으로 모여든다. 이렇게 끊임없이 흘러드는 원류가 있기 때문에 못은 언제나 푸르고 생기있는 모습으로 유지할 수 있다.

논밭을 일구고, 풍성한 곡식으로 가을을 꾸미고, 탐스러운 과일을 맺게 해주는 못, 못물이 이처럼 그 공적을 찬양받을 수 있게 된 것은 스스로 몸을 낮은 곳에 두고 겸허한 태도로써 흘러가는 물들을 받아들일 줄 알기 때문이다.

못은 무한한 포용성과 아량을 지녔다. 가냘픈 사냇물도, 큰 개천물도, 맑은 물도, 흐린 물도 구별하지 않고 자신을 향해 찾아드는 모든 물을 반가이 맞아들인다. 그리고 혼연일체가 되어 커다란 하나의 맑고 깊은 못물로 만들어 놓는다. 이것은 의식적으로 수단을 취하는 것이 아니고 선의 분위기 속에서 스스로 정화되었을 뿐이다.

국가도 매한가지다. 겸허하고 포용성이 있는 지도자가 현명한 인사들의 인격을 존중하고 그들의 의견을 성의있게 받아들이며 인재를 선용할 줄 안다면 천하의 훌륭한 인재들이 이 나라로 모여들어 상하가 서로 호응하고 뜻을 하나로 뭉치므로써 나라는 살기 좋은 곳으로 발전하고 번영할 것이다.

그러기에 무엇이 어디로 모인다는 것은 우연이 아니다. 모든 모이는 것은 같은 류를 좇는다. 악은 악한 곳으로, 선은 선한 곳으로 모인다는 것이다. 훌륭한 인물들을 모으려면 그 방법이 공평하고 올발라야 한다. 그래서 역경은 바른 도道로써 모이니 훌륭한 인재를 구하는 데 이롭다고 논하고 있는 것이다.

【원문】

萃 亨. 王假有廟. 利見大人. 亨. 利貞. 用大牲
췌 형 왕가유묘 이견대인 형 이정 용대생

吉. 利有攸往. 彖曰 萃聚也. 順以說 剛中而應
길 이유유왕 단왈 췌취야 순이열 강중이응

故聚也. 王假有廟 致孝享也. 利見大人 亨 聚
고 취야 왕가유묘 치효향야 이견대인 형 취

以正也. 用大牲吉 利有攸往 順天命也. 觀其所
이정야 용대생길 이유유왕 순천명야 관기소

聚 而天地萬物之情可見矣. 象曰 澤上於地聚
취 이천지만물지정가견의 상왈 택상어지취

君子以除戎器 戒不虞.
군 자 이 제 융 기   계 불 우

【직역】 췌괘는 왕이 사당을 가지고 있음이다. 대인을 보면 이롭다. 모든 일이 형통하니라. 마음을 곧고 바르게 하면 이로우니라. 큰 희생물을 쓰는 것이 길하리라. 갈 곳이 있으면 이롭다. 단왈 췌괘는 모이는 것이다. 유순해서 기뻐하고 강한 기운이 가운데 자리에서 응한다. 그러므로 모이는 것이니라. 왕이 사당을 가지고 있다 함은 효성으로 제사를 지내는 것이니라. 대인을 보면 이롭고 모든 일이 형통하다 함은 모이는 데 있어서 바른 도를 행한다는 것이니라. 큰 희생물을 쓰면 길하고 갈 곳이 있으면 이롭다 함은 천명을 따른다는 것이니라. 그 모이는 것을 자세히 살피면 가히 천지만물의 실정을 볼 수 있느니라. 상왈 못물이 땅 위에 모이는 것이 췌괘의 상이다. 군자는 이로써 병기를 수리하고 헤아리지 못할 일을 경계해야 하느니라.

【원문】

初六 有孚不終. 乃亂乃萃. 若號 一握爲笑. 勿
초 육 유 부 부 종   내 난 내 췌   약 호   일 악 위 소   물

恤. 往无咎. 象曰 乃亂乃萃 其志亂也. 六二 引
휼   왕 무 구   상 왈   내 난 내 췌   기 지 란 야   육 이   인

吉. 无咎 孚乃利用禴. 象曰 引吉 无咎 中未變
길   무 구   부 내 이 용 약   상 왈   인 길   무 구   중 미 변

也. 六三 萃如 嗟如. 无攸利. 往无咎小吝. 象
야   육 삼   췌 여   차 여   무 유 리   왕 무 구 소 린   상

曰 往无咎 上巽也. 九四 大吉 无咎. 象曰 大吉
왈   왕 무 구   상 손 야   구 사   대 길   무 구   상 왈   대 길

无咎 位不當也. 九五 萃有位. 无咎. 匪孚. 元永
무 구   위 부 당 야   구 오   췌 유 위   무 구   비 부   원 영

貞. 悔亡. 象曰 萃有位 志未光也. 上六 齎咨 涕
정   회 망   상 왈   췌 유 위   지 미 광 야   상 육   재 자   체

洟. 无咎. 象曰 齎咨 涕洟 未安上也.
이   무 구   상 왈   재 자   체 이   미 안 상 야

【직역】【초육】믿음이 있으나 끝까지 아니하면 이에 어지럽고 이에 모인다. 크게 호소하는 듯하면 일제히 배울 것이니 근심하지 말고 가면 허물이 없으리라. 상왈 이에 어지럽고, 이에 모인다 함은 그 뜻이 어지럽다는 것이니라.【육이】이끌고 가면 길하여 허물이 없으리라. 성의만 있다면 간략하게 제사를 올리는 것이 이로우니라. 상왈 이끌고 가면 길하여 허물이 없다 함은 중도를 행함이 아직 변하지 않았다는 것이니라.【육삼】모이는 듯하니 슬퍼하느니라. 이로울 바가 없으니 가면 허물이 없으나 조금 인색하리라. 상왈 가면 허물이 없다 함은 윗사람이 겸손하다는 것이니라.【구사】크게 길하면 허물이 없으리라. 상왈 크게 길하며 허물이 없다 함은 자리가 마땅하지 않다는 것이니라.【구오】사람을 모으는데 자리가 있다. 허물이 없으나 믿지 않거든 오래도록 마음을 바르고 곧게 가져야 뉘우침이 없으리라. 상왈 사람을 모으는데 자리가 있다 함은 뜻이 아직 빛나지 않았다는 것이니라.【상육】탄식하며 눈물과 콧물을 흘림이니 허물할 데가 없느니라. 상왈 탄식하며 눈물과 콧물을 흘린다 함은 아직 윗자리가 편하지 못하다는 것이니라.

【요점】순이열順而說, 강중이응剛中而應, 고취야故聚也, 군자이제융기君子以際戎器, 계불우戒不虞라 함은 유순함으로 기뻐하고 강한 것이 중용을 지켜 서로 응하므로써 모인다 이고, 군자는 전시에 대비하여 병장기를 잘 거두고 헤아리지 못했던 것이 없는지 경계한다는 것이다.

스스로 즐겁게 모이는 것과 억눌려서 모이는 것을 견주어 보게 한다. 폭군 밑에 민초들이 모이는 것은 죽음이 두려워서 억지로 모이는 것이고, 성군 밑에 백성들이 모이는 것은 삶이 즐거워 기쁘게 모이는 것이다. 폭군이란 어리석기 짝이 없는 포악한 군주를 말함이고, 성군이란 스스로 순하게 하고 기쁘게 하는 덕을 베푸는 군주이다. 또한 군세면서도 지나치거나 모자람이 없이 다스려 백성들의 마음을 열고 응하게 하는 국가의 원수를 말한다.

작금의 시대에도 여전히 성군도 있고 폭군도 있어서 세상을 일렁거리게 하고 있다. 우주를 지배하는 모든 근본이치를 통틀어 천명이라고 한다. 천명을 선이라고 해석해도 될 것이고, 덕이라고 해도 틀림이 없다. 나아가 인의仁義 역시 하늘의 뜻을 풀이한 것으로 볼 수 있다. 그러므로 선·덕·인의는 도덕적 생활의 이상에 머물 줄 알고 하늘의 명을 어기지 말라 함이다.

또 인생은 미래를 준비해 둘수록 순탄하게 나아갈 수 있다. 무작정 사는 것은 현명한 인생이라고 할 수 없다. 뜻밖의 어려움이 닥치기 전에 미리 준비하여 성의있게 살라는 것이 곧 제융기除戎器이고 항상 삼가고 깊이 생각하면서 섣불리 행동하지 말라 함이 곧 계불우戒不虞이다. 이것이 췌괘의 일깨움이리라.

䷭ 곤괘
손괘 지풍승 地風升 : 움트는 계절

승升이란 솟아서 위로 오른다는 의미이다. 위로 솟아오르는 모습을 나타내는 괘가 진晉·점漸·승升의 세 괘가 있는데 그중 순조롭게 자라서 커가는 것은 승괘가 최고이다.

기세와 힘으로 헤아리면 떠오르는 아침해처럼 세력이 성대한 진괘가 제일이지만 이것은 위험과 그릇됨이 따른다. 승괘는 굳고 착실하며 또한 자신감을 마음에 지니고 향상하는 것을 나타내고 있다. 단전彖傳에서는 향상을 나타내는 것으로서 때를 얻는 것과 실력을 기를 것과 후견인을 만나는 것의 세 가지를 들고 있다. 어린 싹은 봄의 계절과 풍부한 영양분을 섭취해야만 이 강렬한 생명의 힘을 지니게 된다. 승괘는 땅곤괘 밑에서 싹이 돋아 어린 나무손괘가 하늘을 향해 무럭무럭 자라는 형상을 나타내는 괘이다.

승升은 크게 뻗어 번영하는 것을 의미한다. 부드러운五陰 새싹이 시기를 만나 솟아오르고 겸양巽의 미덕과 유순坤의 공덕을 갖추어서 강효二陽와 곧바로 응하고 있다. 이런 연유로 인하여 크게 뻗어 발전하고 번영하는 것이다. 훌륭한 지도자를 따르도록 하라. 아무런 걱정거리도 없고 기쁨이 찾아올 것이다. 남쪽으로 가면 목적한 바를 이룰 수 있어 길하다.

【大象】땅坤 속에서 나무巽가 새로 생긴다. 이것이 승의 괘상이다. 군자는 이 괘상을 보고 나무의 성장을 본보기로 하여 작은 것을 쌓아올리고 또 쌓아 점진적으로 발전해 나아가는 것이다.

【初陰】굳세고 용감하게 올라간다. 위二, 三와 뜻을 합치해서 나아가니 크게 길하리라.

【二陽】참되고 정성스러운 뜻만 있다면 예는 꾸밈없이 간략하게 치러도 축복이 있다. 탈은 없을 것이다.

【三陽】무인지경을 가는 것처럼 헤살을 받음도 없이 뻗어나간다. 머뭇거릴 것 없다. 자신이 믿고 주장하는 바이니 따라 믿고 날아가라.

【四陰】문왕은 예의 바르고 겸손한 태도로써 은나라의 신하가 되어 주왕을 섬겼고, 제후의 예를 지켜서 기산의 신전에서 제를 올렸다.

【五陰】무리하게 높이 뛰어오름을 삼가고 어디까지나 매사에 충실하고 도리에 순응하여 나아가면 큰 뜻을 성취한다.

【上陰】나아가는 데에만 정신이 쏠려 멈출 수가 없다. 일을 그르치어 못되게 만들기 쉽다. 끊임없이 반성하며 나아가는 것이 양효하다.

【해설】지풍승괘는 상괘가 땅을 의미하는 곤괘, 하괘는 바람을 의미하는 손괘가 겹쳐서 괘를 이루었다. 손괘의 속뜻은 나무를 상징하고 승升은 승昇과 동일하므로 오른다는 뜻을 내포하고 있다. 그래서 승괘는 나무의 새싹이 돋아 힘차게 자라 오르고 있는 상태를 의미한다.

긴 겨울동안 땅속에서 봄의 기운을 품은 채 힘을 길러오던 나무의 씨앗이 드디어 봄의 따뜻한 틈 안에서 소신껏 발돋움을 하고 짙푸른 하늘을 향해 뻗어 올라 희망으로 가득차 있는 무한대의 공간으로 고개를 젖히면서 나오는 것이다. 이 어린 새싹을 감싸 주는 것은 하늘만은 아니다. 태양은 그에게 따뜻한 빛을 주어 포근하게 하고 그 몸을 생동하게 한다. 한마음 가득히 태양의 기운을 받아 안고 반짝이는 나무의 새싹처럼 생기있고 활발하게 움직이는 듯한 아름다움을 느낄 수 있는 것은 없을 것이다.

또 바람은 그를 날뛰게 하며 비는 그의 몸을 씻어 주고 마른 목을 적셔 준다. 어린 나무의 마음은 하늘·태양·바람 그리고 비의 은혜를 고맙게 여기며 어찌할 줄 모른다. 그러나 가장 큰 감사의 마음으로 가득 차게 만드는 것은 대지이다. 나무를 낳아 주고 길러 주고 있는 대지는 한없이 든든하고 믿음직스럽다. 어느 때에나 뿌리를 내릴 수 있고, 영양을 섭취할 수 있는 대지가 있기 때문에 나무는 아무런 망설임 없이 하늘을 지향하고 자랄 수 있는 것이다. 그러므로 어린 나무의 새싹은 대지를 향한 끝이 없는 감사의 마음을 보내고 있는 것이다. 역경은 이러한 성장과 고마움의 상태를 무인지경을 가는 것처럼 혜살을 받음도 없이 뻗어나간다 라고 표현하고 정성스러운 뜻만 있다면 예는 간략하게 치러도 축복이 있다고 논하고 있다.

그러면 무엇이 어린새싹을 행복된 상황 속에 있게 했을까? 그것은 단순한 우연이 아니다. 새싹은 천지자연의 법칙에 순응할 줄 안다. 때를 기다릴 줄 알고 때에 의하여 활동할 줄 아는 마음이 곧 천지자연의 법칙에 순응하는 마음인 것이다. 새싹은 자신의 힘을 헤아릴 줄 아는 현명함을 지녔으며 주위의 환경에 자신을 조화시킬 줄 아는 지혜를 가지고 있는 것이다. 그리고 새싹은 자신의 현명함에도 환경의 적응력에도 교만하지 않고 무작정 돌진하는 일도 없이 차근하게 잠시도 쉼이 없는 부단한 노력으로 자신을 정진시키고 있다. 그것은 새싹이 천지가 무한대하고 세월이 영겁으로 이어진다는 것을 알고 있기 때문이다.

무엇이 바빠서 급진적인 이상을 탐하고 비약적인 향상을 기대할 것인가. 끊임없는 성장은 머지않아 밑둥이 불어나고 줄기와 가지는 하늘 위로 치솟으며 무성한 잎은 해를 가리는 천년 고목으로 자랄 것이다. 그리하면 새들은 모여들어 둥지를 틀고 사람들은 모여서 그늘을 즐기며 고단함을 풀 것이다. 이렇듯 지풍승괘는 앞으로 성장하고 발전하는 가능성을 내포하고 있는 단연 행운의 괘이다. 또 우리들 모두가 새싹일 수 있듯이 승괘가 암시하고 있는 새싹은 자신의 행운을 이어져 내려오는 경험적인 사실에 근거하여 보여주고 있는 것이다.

【원 문】

升 元亨. 用見大人. 勿恤. 南征吉. 彖曰 柔以時
승 원형 용견대인 물휼 남정길 단왈 유이시
升 巽而順. 剛中而應 是以大亨. 用見大人 勿恤
승 손이순 강중이응 시이대형 용견대인 물휼
有慶也. 南征吉 志行也. 象曰 地中生木升. 君子
유경야 남정길 지행야 상왈 지중생목승 군자

426 |

以順德 積小以高大.
이 순 덕 적 소 이 고 대

【직역】승괘는 크게 형통하는 괘이다. 대인을 만나게 되니 근심하지 말고 남쪽을 징벌하면 길하리라. 단왈 부드러운 기운이 몰려서 위로 올라간다. 겸손하고 유순하며, 강한 기운이 가운데 위치해서 응하므로 이로써 크게 형통하는 것이니라. 대인을 만나게 되니 근심하지 말라 함은 경사가 있다는 것이다. 남쪽을 징벌하면 길하다 함은 뜻이 행하여진다는 것이니라. 상왈 땅 가운데에서 나무가 나오는 것이 승괘이다. 군자는 이로써 덕을 순종하고 작은 것을 쌓음으로써 크고 높게 되느니라.

【원문】

初六 允升. 大吉. 象曰 允升 大吉 上合志也.
초육 윤승 대길 상왈 윤승 대길 상합지야
九二 孚乃利用禴. 无咎. 象曰 九二之孚 有喜
구이 부내이용약 무구 상왈 구이지부 유희
也. 九三 升虛邑. 象曰 升虛邑 无所疑也. 六四
야 구삼 승허읍 상왈 승허읍 무소의야 육사
王用亨于岐山. 吉无咎. 象曰 王用亨于岐山 順
왕용형우기산 길무구 상왈 왕용형우기산 순
事也. 六五 貞吉. 升階 象曰 貞吉 升階 大得志
사야 육오 정길 승계 상왈 정길 승계 대득지
也. 上六 冥升. 利于不息之貞. 象曰 冥升在上
야 상육 명승 이우불식지정 상왈 명승재상
消不富也.
소 불 부 야

【직역】【초육】믿고 올라가니 크게 길하리라. 상왈 믿고 올라가니 크게 길하다 함은 위와 뜻이 합한다는 것이니라. 【구이】믿음만 있다면 간략한 제사를 받드는 것이 이롭다. 허물이 없으리라. 상왈 구이의 믿음이라 함은 기쁨이 있다는 것이니라. 【구삼】빈 고을에 오르는 것이다. 상왈 빈 고을에 오

른다 함은 의심할 바가 없다는 것이니라. 【육사】왕이 기산에서 제사를 지내면 길하고 허물이 없으리라. 상왈 왕이 기산에서 제사를 지낸다 함은 순수히 섬기는 것이니라. 【육오】마음을 곧고 바르게 해야 길하니라. 섬돌에 오르도다. 상왈 마음을 곧고 바르게 해야 길하다. 섬돌계단에 오른다 함은 큰 뜻을 얻었다는 것이니라. 【상육】어두운 오름이니라. 계속해서 쉬지 않고 마음을 곧고 바르게 가져야 이롭다. 상왈 어두운 오름이 위에 있으면 재물이 흩어져서 부富하지 못하는 것이니라.

【요점】유이시승柔以時升, 군자이순덕君子以順德, 적소이고대積小以高大라 함은 부드러운 것이 때로 올라간다 이고, 군자는 승괘를 본받아 덕에 순응하고 작은 것을 쌓아 높고 크게 한다는 것이다. 거친 흙거죽을 뚫고 장하게 올라오는 새싹은 부드럽기 한이 없다. 약하고 부드러운 것이 굳고 센 것을 이기는 것이다. 인생도 예외는 아니다. 부드러운 마음은 굳센 것을 지나치지 않게 하고 엇나가지 않게 한다. 부드러운 마음은 곧 순응하는 마음이다. 인생은 어느 한 사람에 의해서 안정과 질서를 유지하는 것은 아니다. 서로 돕고 의지하는 것이 불투명한 인생살이를 도탑게 하는 것이다.

부드러운 것이 때로 올라간다는 것은 차근차근 행한다는 것이다. 서두르지 말라. 일에는 선후가 있고 대소가 있는 법이다. 작은 것부터 정성을 들이면 큰 것은 저절로 이루어지게 되는 까닭이다. 또 순덕順德은 덕을 짓고 쌓는 마음가짐이고, 그 행동이다. 작은 것이 모여 큰 것이 되고 낮은 것이 쌓여 높은 것이 된다. 천릿길도 한걸음부터 시작된다. 천릿길에 비하면 한걸음은 보잘것이 없지만 한걸음, 한걸음이 모여서 천릿길을 밟는 것이다.

고마운 정이라는 것은 큰 것이 아니다. 오히려 사소한 것일 수도 있다. 나라를 다스릴 때에 작은 생선을 굽듯이 하라고 노자가 말했듯이 인생을 경하는 데에도 사소한 것을 소중히 다루어 남의 마음을 괴롭게 하지 말아야 한다. 이러한 마음가짐을 일러 적선積善이라고 한다. 순리에 따라 어긋나지 않게 살아가는 것을 스스로 다짐한다면 이런 삶이 작은 것을 쌓아 올려 높고 크게 하는 적소이고대積小以高大의 삶일 것이다.

47) 곤困 ䷜ 태괘 택수곤 澤水困 : 섶에 누워 쓸개를 맛본다
감괘

곤困은 울타리 안에 갇힌 나무로서 뻗으려고 하지만 막힘을 당하여 괴로워하는 상태를 나타낸다. 곧 시시껄렁한 패거리들에게 방해되어 곤란한 지경에 처한 모습이다. 자금난에 허덕인다. 무슨 말을 하더라도 믿어 주지 않는 것처럼 사방이 꼭 막혀 있는 상태를 가리킨다. 그러나 겪기 어려운 고난에 처할수록 인간의 참된 가치가 나타난다. 험난 속에서도 빼앗기지 않는 의연한 마음, 곤란하면서도 형통하는 길을 잃지 않고 굳은 신념이 있는 마음 그것이 가장 중요한 때이다.

괘의 형상도 가득하게 차 있어야 할 연못의 물태괘이 밑으로 새어 나가 말라버린감괘 상태를 나타내고 있다. 또 세 개의 강효 —가 음효 --에 둘러싸여 고통스러워하는 형상이다. 그러나 곤궁할수록 꿋꿋하게 극복해 가려는 마음이 있어야 한다. 난관은 자신이 극복하는 것이지 남에게 의지하는 것이 아니다. 섶에 누워 쓸개를 맛본다는 뜻으로 마음먹은 일을 이루려고 괴롭고 힘든 어려움을 참고 견딘다는 와신상담의 고사를 되새겨 봐야 한다.

곤困은 시련을 극복하고 뻗어 발전하는 괘이다. 강효剛爻가 음효陰爻에 둘러싸여 있다. 그 위험한 어려움坎을 즐겁게兌 받아들이고, 괴로움과 아픔 속에서도 번영의 길을 걷는 사람이 진정으로 참된 군자인 것이다. 어떤 어려움이 닥쳐도 변함없이 처음에 품은 뜻과 의지를 관철하라. 강인한 덕二, 五을 내부에 갖추고 있는 것이다. 위대한 인물에게는 길하리라. 어려운 환경에 처해 있을 때에는 무엇을 말하더라도 변명으로밖에 받아들이지 않는다. 말이 많을수록 어찌할 수 없는 곤란한 경우에 처할 것이다.

【大象】연못兌에 물坎이 없다. 이것이 곤의 괘상이다. 군자는 이 괘상을 보고 옳은 원칙과 신념을 지켜 굽히지 않는 꿋꿋한 의지를 밀고 나아가 목적

한 바를 이룬다.

【初陰】나무 등걸이에 걸터앉았는데 엉덩이가 아파서 고통스러워한다. 깊은 골짜기에서 3년 동안이나 헤아나지 못한다. 어리석고 둔하기 때문이다.

【二陽】먹는 음식마저 부족해서 곤란을 겪는다. 그러나 스스로 구하려는 태도를 나타내지 말라. 오래지 않아 천자五陽가 찾아와 함께 큰일을 행하는 기쁨을 얻을 것이다. 中

【三陰】자신의 신분도 잊고 나아가기 때문에 자갈길에서 괴로움을 당하고 가시덤불에 얽히어 몸마저 움직일 수 없다. 집에 돌아가면 아내까지 달아나 버린 후이니 매우 흉하리라.

【四陽】기다리는 사람初陰은 늦어진다. 금색이 찬란한 수레가 훼방을 놓아 곤란한 경우에 빠진다. 비난을 받고 막히지만 협력자初陽를 얻어 끝을 완전히 할 수 있다. 不正

【五陽】코를 베이고 발목이 잘리는 형벌을 받아 뜻을 이루지 못한다. 믿고 의지할 만한 풍요도 없어서 고통스러워한다. 그러나 서서히 호전되어 기쁨이 찾아올 것이다. 中

【上陰】가시덤불에 얽히고 울퉁불퉁한 길을 만나 괴로움을 당한다. 몸을 움직이면 반드시 뉘우침이 있을 것이다. 그러나 진심으로 반성하고, 틀린 것을 바로잡아 나아가면 길하리라. 不正

【해설】택수곤괘는 상괘가 못을 상징하는 태괘, 하괘는 물을 의미하는 감괘가 겹쳐서 이루어졌다. 곤困은 네모□ 안에 나무木가 갇혀 있는 형상으로 고통·위험·위난 등의 상태를 나타내는 괘이다. 나무는 본래 두텁고 넓은 땅에 뿌리를 내리면서 아무런 막힘도 없이 시원스럽게 자라는 것이 자연 그대로의 상태인 것이다. 그러나 이러한 나무가 네모 상자 속에 갇혀 뿌리를 내릴 수도 없고 가지를 펼 수도 없이 그저 숨막히는 구속의 상태에서 고단한 여명을 유지하고 있다. 이것은 곤괘의 상태를 상자 속에 갇힌 나무에 비유하여 적절하게 표현하고 있는 것이다. 못에는 물이 있어야 한다. 항상 맑

고 푸른 물을 넘칠 만큼 가득히 담고 있어 바람에 출렁거리는 것이 못의 모습인 것이다. 논·밭에 물을 주고 오곡백과를 길러 풍성한 가을을 가져 오고, 거울처럼 맑은 수면 위에서는 백조가 너울거리며 춤을 추고, 물속에는 물고기들이 쏘다니며 노니는 모습이 못의 정취를 자아낸다. 그러나 못의 물이 고갈되면 이미 못으로서의 기능을 잃어버린 것이다.

오직 메마르고 삭막한 빈터 위에 공허함만 느껴질 뿐이다. 이러한 상태가 물 마른 못에서 유추할 수 있는 택수곤괘의 드러난 모습이다. 이와같은 자연적 조건이나 사회적 상황 속에서는 자신의 감정을 드러내지 않고 고요히 참고 견딜 수밖에 없다. 그러나 실망할 것은 없다. 때를 기다려야 한다. 언젠가는 비는 오게 마련이다. 하늘에서 비가 쏟아지면 말라붙었던 산천의 물은 넘쳐 흐르고, 조수처럼 밀려올 것이다. 짧은 시간에 못은 다시 푸르고 깊고 물결이 출렁이는 넓은 못으로 되살아날 것이다. 못은 그것을 확신하면서 오늘의 고통을 인내하는 것이다.

각설하고 택수곤괘의 형상을 헤아리면 세 개의 양효가 모두 음효로 가로 막혀 있다. 선은 악에 구축되고 정의는 불의에 포위당하여 억눌리고 질식상태에 놓여 있는 그러한 곤경이 곧 택수곤괘의 괘상인 것이다.

그러므로 택수곤은 사대난괘둔屯·건乾·곤坤·수감水坎 중의 하나로서 출중한 인물들이 박해를 당하고 있는 상태를 상징하고 있다. 우리는 이러한 곤경에 처했을 때 어떻게 대처할 것인가. 역경은 견디기 어려울 만큼 벅찬 시련과 난관에 봉착했을 때 인간의 진가는 드러나는 법이며, 곤괘와 같은 상황에서 이것을 꿋꿋이 극복하고, 다시 순탄한 행보로써 새로운 활로를 개척하는 일은 군자만이 가능하다고 역설하고 있다. 험난한 속에서도 즐겨 할 줄 알고, 형통함을 잃지 않으며, 변함이 없는 굳은 신념을 가진 큰 인물에게는 오히려 택수곤괘의 불행한 처지가 기회일 수 있다고 역경은 논하고 있는 것이다.

【원 문】

困　亨. 貞大人吉无咎. 有言不信. 象曰　困剛揜
곤　형　정대인길무구　유언불신　단왈　곤강엄

也. 險以說. 困而不失其所亨　其唯君子乎. 貞
야　험이열　곤이불실기소형　기유군자호　정

大人吉　以剛中也. 有言不信　尙口乃窮也. 象曰
대인길　이강중야　유언불신　상구내궁야　상왈

澤无水困. 君子以致命遂志
택무수곤　군자이치명수지

【직역】곤괘는 험한 가운데서도 모든 것이 트이는 괘이니라. 마음을 곧고 바르게 하니 대인이면 길하고 허물이 없느니라. 말을 해도 믿지 않는다. 단왈 곤괘는 강한 기운이 가리워져 있는 괘상이다. 험하되 기쁘고 곤궁하되 그 형통한 바를 잃지 않는다 함은 그것이 오직 군자의 도이기 때문이니라. 마음을 곧고 바르게 하니 대인이면 길하다 함은 강한 기운이 가운데 하기 때문이니라. 말을 해도 믿지 않는다 함은 입으로만 숭상하면 이에 궁하게 된다는 것이니라. 상왈 못에 물이 없는 것이 곤괘이다. 군자는 이로써 목숨을 다하여 뜻을 이루어야 하느니라.

【원문】

初六　臀困于株木. 入于幽谷　三歲不覿. 象曰　入
초육　둔곤우주목　입우유곡　삼세불적　상왈　입

于幽谷　幽不明也. 九二　困于酒食. 朱紱方來.
우유곡　유불명야　구이　곤우주식　주불방래

利用亨祀. 征凶. 无咎. 象曰　困于酒食　中有慶
이용형사　정흉　무구　상왈　곤우주식　중유경

也. 六三　困于石　據于蒺蔾. 入于其宮　不見其妻.
야　육삼　곤우석　거우질려　입우기궁　불견기처

凶. 象曰　據于蒺蔾　乘剛也. 入于其宮　不見其妻
흉　상왈　거우질려　승강야　입우기궁　불견기처

不祥也. 九四　來徐徐. 困于金車. 吝有終. 象曰
불상야　구사　래서서　곤우금거　린유종　상왈

來徐徐　志在下也. 雖不當位　有與也. 九五　劓刖
래서서　지재하야　수부당위　유여야　구오　의월

困于赤紱. 乃徐有說. 利用祭祀 象曰 劓刖 志未
곤우적불 내서유열 이용제사 상왈 의월 지미
得也. 乃徐有說 以中直也. 利用祭祀 受福也.
득야 내서유열 이중직야 이용제사 수복야
上六 困于葛藟于臲卼. 曰動悔. 有悔征吉. 象曰
상육 곤우갈류우얼올 왈동회 유회정길 상왈
困于葛藟 未當也. 動悔. 有悔 吉行也.
곤우갈류 미당야 동회 유회 길행야

【직역】【초육】 궁둥이가 나무 등걸에 걸려서 곤란을 당한다. 그윽한 골짜기에 들어가서 삼년이라도 보지 못하리라. 상왈 그윽한 골짜기로 들어간다 함은 그윽해서 밝지 못하다는 것이니라. 【구이】 주식이 곤란하나 주황빛 인끈을 찬 임금이 바야흐로 오려고 하니 제사를 올리는 것이 이로우니라. 징벌하면 흉하니 허물할 데가 없느니라. 상왈 주식이 곤란하다 함은 가운데 자리에 경사가 있다는 것이니라. 【육삼】 발길이 돌에 막혀 곤란하며 가시들은 찔레풀에 웅거한다. 그 집에 들어가도 그 처를 보지 못하니 흉하도다. 상왈 가시 돌은 찔레풀이 웅거한다 함은 강한 것을 탄 것이요 그 집에 들어가도 그 처를 보지 못한다 함은 상서롭지 못함이라. 【구사】 느릿느릿 온다. 쇠수레에 곤란을 당한다. 인색하나 마침이 있으리라. 상왈 느릿느릿 온다 함은 뜻이 아래에 있다는 것이니 비록 자리가 마땅하지 않으나 더불어 함께할 사람이 있다는 것이니라. 【구오】 코를 베이고 발꿈치를 베여서 붉은 인끈을 맨 신하에게 곤란을 당한다. 이에 서서히 기쁨이 있으리니 제사를 지내면 이로우니라. 상왈 코를 베이고 발꿈치를 베인다 함은 아직 뜻을 얻지 못함이요, 이에 서서히 기쁨이 있다 함은 중도를 곧게 지켜나간다는 것이니라. 제사를 지내면 이롭다 함은 복을 받는다는 것이니라. 【상육】 위태한 곳에서 칡넝쿨에 곤란을 당한다. 움직이면 뉘우침이 있으며, 뉘우치는 일이 있어서 정벌하면 길하리라. 【상왈】 위태한 곳에서 칡넝쿨에 곤란을 당한다 함은 아직 당치 않다는 것이요, 움직이면 뉘우침이 있으며, 뉘우치는 일이 있어 가면 길하다 함은 행하면 길하다는 것이니라.

【요점】상구내궁야尙口乃窮也, 곤우갈류困于葛류라 함은 입만 숭상해서는 곧 궁색해진다 이고, 칡넝쿨에 걸려서 곤궁하다는 의미이다. 말만으로는 위기를 극복할 수 없다. 난관을 헤쳐나가려면 뜻과 더불어 강한 실천이 뒤따라야 한다. 아무리 애처롭게 하소연하며 빌어도 말로는 막힌 것을 틔일 수 없다. 장자는 하늘은 뚫고 인간은 막는다고 설했다. 이것은 하늘은 답답한 생활을 틔여 주는데, 인간은 한사코 틀어막는 짓을 한다는 것이다.

입을 함부로 놀리지 말라. 그리하면 궁박한 처지에 이를 것이다. 또 고생을 사서 하는 사람들이 너무도 많다. 자신의 오만함으로 대추나무에 연 걸리듯 얽혀 헤어나지 못하고 곤란을 당하는 사람들이 부지기수라는 것이다. 모나지 않고 실수가 없도록 마음을 삼가서 인생을 경영하는 사람은 칡넝쿨에 휘감기지 않는다. 세상을 얕잡아보고 경망스럽게 행동하다가 밑바닥으로 굴러 떨어지는 경우도 얼마나 많은가.

곤궁할수록 입을 다물고 마음을 곧고 바르게 처신하면서 삶을 성실하게 추슬러야 한다. 내 잘못이 없는가를 두루 살피면서 밝고 맑게 인생을 바라볼 수 있는 마음의 자세를 지녀야만이 절망의 노예가 되지 않는 것이다. 이것이 곤괘의 일깨움이다.

감괘 손괘 **수풍정** 水風井 : 맑은 물이 솟는 샘터

정井은 샘터를 의미한다. 샘터는 겉모양은 조용하지만 길어내도 마르지 않는 끈질긴 생명력을 지니고 있다. 인간생활에 있어서 반드시 필요한 것이 지만 평소에는 그 고마움을 모른다. 모든 사람의 출입이 자유롭게 이루어 지도록 개방되어 있고, 지나가는 목마른 나그네도 그 도움을 받는다. 우물 은 가끔씩 퍼내야 한다. 그러므로서 묵은 물이 없어지고 새물이 대신 생기 는 것이다. 또 우물에는 두레박이 없어서는 안 된다. 아무리 맑을 물도 길어 내지 않으면 본래의 질이 변하여 썩고 만다. 우물은 움직여서 자리를 바꾸지 않는다. 잠잠히 자신의 자리를 지키고 있다. 괘의 형상을 보면 윗괘는 물감괘, 아랫괘는 나무손괘가 있어 우물에 두레박을 늘어뜨린 형상이다. 이러한 고 유의 특성을 인간사회에 빗대어 다시 한번 생각해 보도록 하는 것이 정괘의 계시이다.

우물井은 자리를 바꾸어 정할 수 없다. 三, 五, 剛中 그 나라의 수도와 길거 리는 옮길 수 있어도 우물은 옮기지 못한다. 우물은 마르는 일도 없고 넘쳐 흐르는 일도 없다. 오고 가는 사람은 누구나 그 혜택을 받는다. 손쉽게 길어 낼 수 있다고 생각하여 밧줄과 두레박을 준비하지 않으면 안 된다. 우물坎 속에 두레박巽을 넣어서 물을 길어올리는 것이 우물이다. 우물은 사람을 쇠 하지 않게 길러내도 마르지 않는 곳이다.

【大象】나무巽가지 끝에도 물坎의 영향은 미친다. 이것이 정괘의 괘상이다. 군자는 이 괘상을 보고 백성들을 위로하고, 권하여 장려하고 도움을 주는 것이다.

【初陰】우물이 지저분해서 먹을 수도 없고, 나는 새도 찾지 않는 헐고 너 절한 우물이다. 세상 사람에게 버림 받는다.

【二陽】조금씩 솟는 우물이 겨우 어린 붕어를 기르는 정도밖에 되지 않는다. 두레박도 부딪치어 쪼개지고 불러주는 사람이 없다. 응함이 없는 것이다.

【三陽】모처럼 우물을 쳐냈는데 아무도 마시지 않는다. 길어내면 잡스러운 것이 섞이지 않은 깨끗한 물이다. 괴롭고 슬프다. 군주가 현명하다면 이 사람을 등용해서 더불어 축복을 받을 것이다.

【四陰】우물의 안쪽에 기와를 깔고 벽돌을 쌓아 단정하게 수리한다. 허물은 없을 것이다.

【五陽】우물은 맑고 깨끗하며, 싱그러운 물은 사람들을 즐겁게 한다.

【上陰】모든 사람에게 우물을 마시게 해야 한다. 한 사람이 독차지하여 우물에 덮개를 씌우는 그런 일을 해서는 안 된다. 참된 정성스러움이 있다면 대길하리라. 크게 성공할 것이다.

【해설】수풍정괘의 상괘는 물을 의미하는 감괘, 하괘는 바람과 나무를 상징하는 손괘가 겹쳐 괘를 이루었다. 정井은 우물이다. 우물은 인간의 생활에 없어서는 안 될 매우 소중한 것이다. 사람은 물을 마시지 않고서는 생명을 유지하지 못하기 때문이다. 그러므로 인류의 생활은 물과 함께 시작되었다. 고대의 인류는 삶의 터전을 마련하기 위해 정처없는 유랑의 생활을 이어가는 동안 그들은 항상 물이 있는 곳을 찾아 헤매였고 그러는 동안에 물이 있는 곳에 생활의 근거를 삼고 점차로 일정한 곳에 자리잡아 정착하였을 것이다.

그들은 홍수의 위험이 있는 곳이나, 오랫동안 비가 오지 않으면 물이 말라버리는 천변에서 살기보다는 언제나 맑은 물이 가득 샘솟는 안전한 샘터를 찾아 머무르게 되었다. 그들은 천연의 샘물을 우물로 만들고 다시 새로운 우물을 개척하여 인류의 생활에 놀라운 발전을 가져왔으며 그 우물을 중심으로 부락이 형성되어 공동생활이 시작되고 정착하게 되니 마침내는 농경에 눈을 뜨게 되었을 것이다. 이렇듯 인간의 삶이 이어온 이래 우물은 인간에게 있어서 생명의 원천이었으며, 만족과 기쁨의 상징이었을 것이다.

역경에서는 이러한 우물의 특성을 나라 안의 유능한 인재에 비유하고 있다. 인재는 우물과 같은 것이므로 발굴하여 쓸수록 인재는 번성하는 것이며, 더불어 나라는 발전하고 번영하는 것이다. 이를 거두어 쓰지 않으면 소중한 인재는 초야에 묻히는 것이고 나라의 발전도 기회를 잃는다는 것이다. 그리고 역경은 우물 속을 인간의 심성에 비유했고 인간의 생명력이라고 풀어 설명하고 있다. 또한 도읍은 옮길 수 있어도 우물은 옮길 수 없다고 말하고 있다. 이것을 인간의 심성에 빗대어 논하면 도덕은 변하여도 양심은 변할 수 없다는 것이다.

시대의 변천에 따라 윤리관이 바뀌고 문물에 관한 제도가 변천해도 인간의 양심은 달라질 수 없다는 것이다. 인간의 생명력도 매한가지다. 땅속 깊은 곳에 근원을 둔 우물이 마르지 않듯이, 천지의 작용에 결합되어 있는 인간의 생명력도 쓸수록 고갈되는 일은 없을 것이다. 우리는 양심의 우물에서 한없이 많은 선善을 길어 올릴 수 있고 생명력의 원천에서 헤아릴 수 없는 의욕적인 자아를 퍼 올릴 수 있는 것이다. 우리가 무엇을 하고자 하는 적극적인 의지와 노력을 가지면 사회를 윤택하게 하고 자신의 목적한 바를 이룰 수 있는 첩경이 된다고 수풍정괘는 논하고 있는 것이다.

【원문】

井 改邑不改井. 无喪无得. 往來井井. 汔至亦未
정 개읍불개정 무상무득 왕래정정 흘지역미

繘井 羸其瓶. 凶. 象曰 巽乎水而上水井. 井養
율정 리기병 흉 단왈 손호수이상수정 정양

而不窮也. 改邑不改井 乃以剛中也. 汔至亦未繘
이불궁야 개읍불개정 내이강중야 흘지역미율

井 未有功也. 羸其瓶 是以凶也. 象曰 木上有
정 미유공야 리기병 시이흉야 상왈 목상유

水井. 君子 利勞民勸相.
수정 군자 이로민권상

438

【직역】 정괘는 고을은 고치되 우물은 고치지 못하니 잃는 것도 없고 얻는 것도 없으리라. 가고 오는 이가 우물을 우물로 쓴다. 거의 이르름에 아직 우물을 길어내지 못함이라. 두레박이 깨어지면 흉하리라. 단왈 물 속에 넣어서 물은 퍼올리는 것이 정괘이다. 아무리 우물의 물을 길어내도 궁하지 않느니라. 고을은 고치되 우물은 고치지 못하는 것은 이에 강한 기운이 가운데에 자리하고 있기 때문이니라. 거의 이르러도 아직 우물을 길어내지 못했다 함은 아직 공이 있지 못하다는 것이니라. 두레박이 깨어지면 흉하다 함은 이로써 흉하다는 것이니라. 상왈 나무 위에 물이 있는 것이 정괘이다. 군자는 이로써 백성을 위로하고 서로 돕는 것을 권한다는 것이니라.

【원문】

初六 井泥不食. 舊井无禽. 象曰 井泥不食 下
초육 정니불식 구정무금 상왈 정니불식 하
也. 舊井无禽 時舍也. 九二 井谷射鮒. 甕敝
야 구정무금 시사야 구이 정곡사부 옹폐
漏. 象曰 井谷射鮒. 无與也. 九三 井渫不食.
루 상왈 정곡사부 무여야 구삼 정설불식
爲我心惻. 可用汲. 王明 幷受其福. 象曰 井渫
위아심측 가용급 왕명 병수기복 상왈 정설
不食 行惻也. 求王明 受福也. 六四 井甃. 无
불식 행측야 구왕명 수복야 육사 정추 무
咎. 象曰 井甃 无咎 修井也. 九五 井冽寒泉食.
구 상왈 정추 무구 수정야 구오 정렬한천식
象曰 寒泉之食 中正也. 上六 井收勿幕. 有孚元
상왈 한천지식 중정야 상육 정수물막 유부원
吉. 象曰 元吉在上 大成也.
길 상왈 원길재상 대성야

【직역】【초육】 우물이 진흙물이라 마시지 못하느니라. 옛 우물에 새가 없도다. 상왈 우물이 진흙물이라 마시지 못한다 함은 아래에 있기 때문이다. 옛 우물에 새가 없다 함은 때가 버렸다는 것이니라. 【구이】 우물이 골짜기라

붕어가 산다. 독이 깨어져서 물이 새도다. 상왈 우물이 골짜기라 붕어가 산다 함은 함께 할 사람이 없다는 것이니라. 【구삼】 우물을 치어도 먹지 못한다. 나의 마음이 몹시 슬프다. 가히 물을 길어 쓸 만하니 왕이 밝으면 아울러 그 복을 받으리라. 상왈 우물을 치어도 먹지 못한다 함은 행함을 슬퍼한다는 것이니라. 왕이 밝음을 구한다 함은 복을 받는다는 것이니라. 【육사】 우물을 치면 허물이 없으리라. 상왈 우물을 치면 허물이 없다 함은 우물을 고친다는 것이니라. 【구오】 우물물이 맑고 차서 차가운 샘물을 먹도다. 상왈 차가운 샘물을 먹는다 함은 중정의 도를 행한다는 것이니라. 【상육】 물을 길어낸 우물이라도 거두어서 덮지 않고 믿음을 두니 크게 길하리라. 상왈 크게 길하다 함은 크게 이룬다는 것이니라.

【요점】 정양이불궁야井養而不窮也, 군자이노민권상君子以勞民勸相이라 함은 아무리 우물의 물을 길어내도 다함이 없다이고, 군자는 정괘를 본받아 백성을 위로하고 서로 돕기를 권한다는 것이다.

두레박으로 물을 길어 내면 깊은 우물은 그만큼의 새물을 채워 변함이 없게 한다. 아무리 가물어도 우물이 마르지 않는 까닭은 깊은 땅속에 고여 있는 물을 우물이 알맞게 끌어 올려놓기 때문이다. 부지런하고 성실한 사람은 다함이 없다는 참뜻을 실천하는 사람이다. 깊은 우물은 변함없이 알맞은 양의 물을 갈무리함으로써 이처럼 부지런한 사람들에게 항상 거두어들일 것을 베푸는 것이다. 거두어들일 것이 없는 사람은 늘 불평을 앞세운다. 자기 탓인 줄 모르고 남의 탓으로 돌려 불만스럽게 생각하는 것이다. 그러나 부지런한 사람은 남을 빙자하지 않는다.

또한 궁하지 않게 산다는 것은 물질적으로 넉넉하여 모자람이 없는 것만을 뜻하지 않는다. 마음의 자세가 비뚤어지지 않고 바르다면 비록 물질적으로는 구차하더라도 자신의 삶을 험하게 버려두지 않는다는 것이다. 노민勞民은 난세를 극복하는 일시적인 수단이다. 백성이 게으르면 세상은 궁해진다. 그러므로 군자는 백성을 노력하게 하여 부지런하고 성실한 민중이 될 수 있도록 기운을 북돋운다. 권상勸相은 서로 격려하는 것이다. 이끌어 잘못됨이 없도록 서로 후원하면서 생활을 영위하는 것이 권상인 것이다. 이것이 사리를 깨우쳐 주는 정괘의 가르침이다.

혁革은 새롭게 하다, 바로잡는다는 의미이다. 낡은 것을 바꾸고 새로운 업적과 가치를 창조하는 과정을 나타낸다. 그렇게 하려면 제게 이롭도록 잔꾀를 부리거나 개인의 이익을 위하여 움직여서는 안 된다. 다소의 혼란은 피할 수 없지만 어디까지나 바른 도리를 지켜야 한다. 묵은 조직을 바꿔 새롭게 하는 혁신은 제한이나 조건이 없는 변화만은 아니다. 거기에는 적극적인 가치가 포함되어 있는 것이다. 더럽고 흉한 방법으로 일을 이루려고 하는 목표를 더럽히지 말고, 이離가 가리키는 밝은 지혜와 용기로써 한층 더 높은 단계로 발전하고 향상할 때인 것이다. 괘의 형상을 보면 화火 ☲와 수水 ☵가 서로 맞서 버티고 있는 형상이다. 또한 윗괘의 소녀태괘와 아랫괘의 중녀이괘가 대항하고 충돌하는 모습이기도 하다.

혁革의 괘상은 시기가 넉넉하게 무르익은 후에 행하여야 윗사람들의 신뢰를 받을 수 있음을 나타내고 있다. 물兌과 불離이 서로 이기려고 다투고, 두 여인이 동거하면서 자기 주장을 고집하여 옥신각신하는 모순을 밝은 덕離으로서 즐거움으로 승화시킨다면 혁신적인 사업은 크게 발전하고 번영할 것이다. 그리고 정도는 관철할 수가 있다. 혁신이 그렇게 될 수밖에 없는 법칙이라면 이전의 잘못을 뉘우치는 그러한 일은 일어나지 않는다. 천지가 변하고 새로워져 계절의 순환이 이루어진다. 난세의 영웅들도 이러한 하늘의 이치에 따라 혁명을 일으켜 백성들의 마음에 호응했던 것이다. 혁은 바로 그에 알맞은 시기를 선택하는 것이 중요하다.

【大象】물과 불이 치고 받는다. 이것이 혁의 괘상이다. 군자는 이 괘상을 보고 개혁을 시작함에 있어서 역서를 가늠하여 때를 확실하게 정하는 것이다.

【初陽】황소 가죽으로 감아 굳게 동여맨다. 절대로 진중하지 않고 가볍게 처신하면 안 된다.

【二陰】시기가 충분히 무르익은 후에 개혁을 결단하여 실행한다. 전진하면 기쁨이 있고 길할 것이다. 허물은 없다.

【三陽】분별함이 없이 무턱대고 앞으로 나아가면 흉하다. 올바르더라도 위태롭다. 변혁을 바라는 세론이 무르익어 달리 어찌할 수 없는 상태에 놓일 때 행한다면 만백성의 신뢰를 얻고 성공할 것이다.

【四陽】뉘우침은 없다. 백성들의 신뢰가 두터우니 혁명을 단행할 때이다. 뜻한 바를 이룰 수가 있다. 길하리라.

【五陽】대인이 천자가 되고 모든 것이 새로워져 호피의 어룽진 무늬처럼 아름답게 변하여 찬란한 빛이 휘돌아친다. 점할 것도 없이 만백성의 신뢰를 받는다.

【上陰】군자의 마음과 언동이 돌변한다. 지도층의 인사들도 면목을 일신하여 자리하고, 서민들도 뜻을 새롭게 하여 군주를 따른다. 그러나 숙청을 강행하면 흉하다. 혁명의 성과를 잘 보존해서 이전 것이라도 바르고 좋은 것은 그대로 유지해 가는 것이 길하다.

【해설】택화혁괘는 연못을 의미하는 태괘가 상괘, 불을 의미하는 리괘를 하괘로 하여 구성되었다. 혁은 개혁, 변혁의 뜻이므로 혁명을 상징하는 괘이다. 상하의 신분질서를 중시하는 유교의 경전인 역경이 여기에서는 혁명을 긍정하는 논리로 설명하고 있다. 분명히 그 사이에는 모순이 성립하는데, 그러한 모순을 합리화시키는 데에 천명이라는 사상이 개입된다. 천명이란 하늘의 명령인 것이다. 이 우주의 만유를 창조하고 주재하는 하늘의 명령을 인간은 순순히 따를 뿐이라는 것이다. 인간은 그 자신을 하늘을 축소한 소우주라고 생각한다. 그러므로 인간은 그 자체내에 하늘을 지니고 있으므로 그의 의사를 수행한다는 것이다.

따라서 제왕이 되어 천하를 다스리는 사람은 천명을 얻어야 한다. 하늘의 명을 받은 선택된 지도자는 하늘을 대신하여 그의 뜻으로 만백성을 다스리는 것이다. 그러나 천명을 받은 제왕이 하늘의 뜻에 어긋나는 국가권력을 행사하면 천명을 잃게 된다. 곧 하늘이 제왕을 파면하는 것이다. 그러므로 제왕이 된 자는 언제나 몸과 마음을 닦아 품성·지식·도덕심 등을 높은 경지로 끌어올려 선정을 떨쳐야만이 천명을 유지할 수 있다. 하늘의 뜻을 어기고 포악한 정치로 백성들을 괴롭히는 자는 민심을 잃은 것이며, 그러므로써 새로운 천명을 받은 자가 하늘을 대신하여 혁명을 수행할 수 있다는 것이다.

이러한 논리에서 혁명은 긍정적으로 평가될 수 있다. 혁명이란 개념은 양심을 어기고 도의에 벗어나 있는 흉악한 것을 처단하여 선한 것으로 되돌리는 행위를 일컫는 것이지 단순한 왕권탈취를 목적으로 하는 실력 행사는 아니다. 무탈한 임금을 제거하고 왕위를 빼앗는 그런 찬시簒弒의 반역은 아닌 것이다. 물론 혁괘에서 논하고 있는 혁명은 그 개념이나 본질이 현대의 그것과는 견해차가 있지만 괘사와 효사에서 가르치고 있는 혁명에 대한 교훈은 생생한 진리와 원칙을 제시하는 바가 크다.

그리고 역경은 이 시점에서 행동의 지침을 요구하고 있다. 이는 세론이 무르익어 여건이 충분히 조성되었을 때 혁명을 성취함으로써 천하의 백성이 기뻐하고 밝은 국가로 우뚝 설 수 있다고 논하고 있는 것이다. 또 개혁이라고 하여 정도에 지나치게 재래의 것은 무엇이나 바꿔 치우려는 과시개혁은 옳지 않다고 지적한다. 혁괘는 주로 정치적인 혁명을 중심으로 논하고 있지만 그 진리와 원칙은 그것에만 국한되는 것이 아니고 사회전반에 걸쳐서 묵은 폐습을 버리고 새롭게 하는 발전적 변화에 대해 계시하고 있는 것이다.

【원문】

革 已日乃孚. 元亨. 利貞. 象曰 革水火相息. 二
혁 이일내부 원형   이정 단왈 혁수화상식 이

女同居 其志不相 得曰革. 已日乃孚 革而信之.
녀동거 기지불상 득일혁 이일내부 혁이신지

文明以說 大亨以正. 革而當其悔乃亡. 天地革
문명이열 대형이정 혁이당기회내망 천지혁
而四時成 湯武革命 順乎天而應乎人. 革之時大
이사시성 탕무혁명 순호천이응호인 혁지시대
矣哉. 象曰 澤中有火革. 君子以治歷明時.
의재 상왈 택중유화혁 군자이치력명시

【직역】 혁괘는 시일을 두어야 이에 믿고 폐단을 고치니 크게 형통하리라. 곧고 바르게 함이 이로워서 뉘우침이 없느니라. 단왈 혁괘는 물과 불이 서로 쉬게 하는 괘이다. 두 여자가 함께 거처하되 그 뜻은 서로 얻지 못하는 것을 혁괘라 한다. 시일을 두어야 이에 믿고 폐단을 고친다 함은 개혁을 하여 믿게 한다는 것이다. 문명함으로써 기뻐하고, 크게 형통함으로써 바르게 나아가니 개혁이 정당하게 이루어지면 그 뉘우침이 바로 없어지느니라. 천지가 변혁하여 사시가 이루어지고 탕과 무가 혁명을 일으켜 하늘에 순종하고 백성에게 응하니 혁의 때가 참으로 크도다. 상왈 못 가운데에 불이 있는 것이 혁괘의 상이다. 군자는 이로써 책력을 다스리고 때를 밝혀야 하느니라.

【원문】

初九 鞏用黃牛之革. 象曰 鞏用黃牛 不可以有
초구 공용황우지혁 상왈 공용황우 불가이유
爲也. 六二 己日乃革之. 征吉无咎. 象曰 己日
위야 육이 이일내혁지 정길무구 상왈 이일
革之 行有嘉也. 九三 征凶貞厲. 革言三就 有
혁지 행유가야 구삼 정흉정려 혁언삼취 유
孚. 象曰 革言三就 又何之矣. 九四 悔亡. 有孚
부 상왈 혁언삼취 우하지의 구사 회망 유부
改命. 吉. 象曰 改命之吉. 信志也. 九五 大人虎
개명 길 상왈 개명지길 신지야 구오 대인호
變 未占有孚 象曰 大人虎變 其文炳也. 上六 君
변 미점유부 상왈 대인호변 기문병야 상육 군
子豹變. 小人革面. 征凶. 居貞吉. 象曰 君子豹
자표변 소인혁면 정흉 거정길 상왈 군자표

變 其文蔚也. 小人革面 順以從君也.
변 기문울야 소인혁면 순이종군야

【직역】【초구】굳게 누런 소의 가죽을 사용하니라. 상왈 굳게 누런 소의 가죽을 사용한다 함은 하는 일이 가능하지 않다는 것이니라.【육이】시일을 두어야 이에 믿고 혁명을 일으킨다. 정벌하면 길해서 허물이 없으리라. 상왈 시일을 두어야 이를 믿고 혁명을 일으킨다 함은 행하면 아름다운 경사가 있다는 것이니라.【구삼】정벌하면 흉하다. 마음을 곧고 바르게 해도 위태하다. 혁명을 일으킨다는 말이 세 번 나아가면 미더움이 있으리라. 상왈 혁명을 일으킨다는 말이 세 번 나아가면 미더움이 있다 함은 또 어느 것을 행하여야 하느냐는 것이니라.【구사】뉘우침이 없어지니 미더움이 있으면 개혁하므로 길하다. 상왈 개혁하면 길하다 함은 뜻을 믿어야 한다는 것이니라.【구오】대인이 호랑이로 변하는 것이니 점을 하지 아니해도 미더움이 있느니라. 상왈 대인이 호랑이로 변한다 함은 그 무늬가 빛난다는 것이니라.【상육】군자가 표범으로 변한다. 소인은 얼굴빛만 고치니 정벌하면 흉하다. 마음을 곧고 바르게 하면 길하리라. 상왈 군자가 표범으로 변한다 함은 그 무늬가 성하다는 것이다. 소인이 얼굴빛을 고친다 함은 순종해서 군주를 따른다는 것이니라.

※ 유교가 혁명의 구체적 사실을 들어 긍정한 사례는 두 번이 있다. 그 첫 번째는 하나라 최후의 제왕인 걸이 포악무도하여 백성들의 원성이 자자하자 은왕조의 시조인 탕왕이 걸을 쫓아내고 스스로 천자가 되었던 일이고, 두 번째는 은나라 최후의 왕인 주가 전형적인 폭군으로 백성들을 도탄에 빠지게 하자 주왕조의 시조인 무왕이 은을 쳐서 멸망시키고 스스로 천자가 되었던 일이다. 이것은 천명을 받아 바꿨다는 의미로서 혁명革命이라고 칭하였던 것이다.

【요점】문명이열文明以說, 대형이정大亨以正, 군자이치역명시君子以治歷明時
라 함은 문文을 통하여 기쁘게 했고, 크게大 통하여 바르게 한다 이며, 군자
는 혁괘를 본받아 역을 다스리고 때를 밝힌다는 것이다.

인간다운 삶을 누릴 수 있도록 밝히는 것이 문명이다. 이러한 문명이 모
두를 기쁘게 한다면 민심은 세상을 즐거이 맞고, 민심이 즐거우면 막힐 것
이 없다. 민심이 항상 바라는 것은 바름이다. 바른 것正이면 통하게 마련이
다. 몇 사람의 욕심을 채우기 위한 혁명이라면 용납될 리 없다. 그런 혁명은
바르지 못하기 때문이다. 부정한 힘으로 권력을 잡아 독재를 일삼는 집단은
결국 다른 힘에 의해서 무너지게 된다. 백성들이 정의·도의·의리에 어긋난
집단을 용납하지 않는 까닭이다.

세상에는 밝고 맑은 인생도 있고 어둡고 추한 인생도 있다. 자신의 힘만
믿고 세상을 얕잡아보며 돈과 권력이 유일한 힘이라고 믿는 인간들 탓으로
세상은 어둡고 착잡하다. 어찌하면 이런 인간들을 깨우쳐 올바른 인생으로
돌아오게 할 수 있을까. 이러한 고뇌야말로 진정한 혁명의 횃불인 것이다.

또 못 가운데 불이 있는 모습이 혁괘이다. 부드러움 가운데 드셈이 있고
차가움 가운데 뜨거움이 있다. 이것은 상극相克이 맞서고 있는 형상이다. 힘
이 서로 엇비슷하여 팽팽히 맞서는 경우 결국은 어느 한 쪽으로 기울인다.
그러므로 때時의 일은 천운天運이 닿아야 성사된다는 참된 진리는 불변한
것이다. 겪어온 일, 지나온 일 등이 역歷이다. 과거부터 현재에 이르기까지
허물이 없었는가 살피는 마음가짐이 곧 치역治歷인 것이다. 치역은 앞으로
나아가기 위한 준비이다. 어제와 오늘의 허물을 살핀다는 것은 실패없는 내
일을 위해 미리 마련하여 갖춘다는 것이다.

정鼎은 세 발 달린 무쇠솥을 의미한다. 물을 넣어 끓이고 익히는 그릇으로 세 개의 발이 받쳐져 있다. 신령에게 바치는 음식을 끓이는 제기로서 국가권위의 상징이다. 세 개의 발은 상호 협력과 안정을 나타낸다. 세 사람이 힘을 모아 무거운 짐을 드는 형상이다. 개인으로는 삼박자가 고르게 정리되어 있는 모습으로 무슨 일이든 순조롭게 진전함을 드러내는 괘이고, 남녀 관계에서는 삼각관계를 나타내지만 그것도 모난 데 없이 해결되는 괘이다. 끝까지 상호간의 교류협력방안을 모색하는 것이 중요하다. 어떠한 방면의 권위를 의심한다는 것을 세 발 달린 솥의 경중輕重을 묻는다는 말로 표현한것도 여기에서 시작되었다.

정鼎은 크게 발전하고 번영하는 괘이다. 이 괘는 세 발 달린 무쇠솥을 상징하고 있다. 나무巽를 불離 속에 넣어서 끓이고 익힌다. 성천자聖天子는 이렇게 잘 맞추어 요리한 음식을 바쳐서 천제께 제사를 지내고, 천하의 어린 이들에게 베풀어 대접하는 잔치를 연다. 겸손巽하고 총명離해서 조언이나 소수의 의견도 존중한다. 유효가 천자五陰의 자리에 있어서 강효二陽와 서로 응하고 있다. 그런 연유로 인하여 크게 발전하고 번영하는 것이다.

【大象】나무巽에 불離이 붙어 타오르고 있다. 이것이 정의 괘상이다. 군자는 이 괘상을 보고 질서를 세워 주어진 천명을 성취하는 것이다.

【初陰】무쇠솥을 거꾸로 뒤집어 놓고 밑에 남은 찌꺼기를 깨끗이 털어내는 것이 길하다. 항상 변함이 없는 떳떳한 도리는 아니지만 낡은 악습을 일소하고 존귀四陽함을 따른다. 대를 이을 자식을 얻기 위해서라면 후처를 두어도 무방할 것이다. 상도는 아니지만 허물은 없다.

【二陽】무쇠솥에 음식이 가득 담겨 있다. 매우 조심스럽게 다루어야 한다.

아내가 입덧의 중세가 심해서 동침할 수가 없다. 결국 탈이 없고 길할 것이다.

【三陽】솥의 손잡이를 바꾼다. 솥을 옮겨 나를 수가 없다. 솥에 끓여 놓은 꿩고기도 먹을 수 없다. 비가 내려 솥이 더러워지기도 한다. 어찌해 볼 도리가 없다. 뉘우침은 있으나 후에는 길하다.

【四陽】공식 연회석상에서 솥의 다리가 꺾어서 부러지고 음식이 엎질러진다. 이러한 행위는 큰 잘못이므로 중형에 처해질 것이다. 흉하다.

【五陰】솥에 황금의 손잡이와 고리가 달려 있다. 어진이上陽를 따르고 겸손하게 귀를 기울이는 태도를 갖는 것이 길하다.

【上陽】솥에 옥으로 만든 고리가 달려 있다. 강유柔位剛爻가 유익한 위치를 차지하여 길하다. 무슨 일이든 아무런 탈이 없이 진행되어 간다.

【해설】화풍정괘는 불을 의미하는 이괘를 상괘로, 바람과 나무를 의미하는 손괘를 하괘로 하여 괘가 성립되었다. 불은 나무가 있으므로 타오를 수 있고, 타오르는 불은 바람을 만나면 더욱 그 기세가 강렬해진다. 따라서 불과 나무 그리고 바람은 서로 잘 어울리는 일원이다. 그들은 각자가 제 할 일을 즐겁게 수행하면 그것이 바로 협동하여 행하는 그들 상호간의 훌륭한 연대인 것이다. 또 상괘인 불은 광명이나 현명을 의미하고, 하괘인 바람은 좇는 습성이 있어 종순과 겸손을 의미한다. 이것은 윗사람의 현명함에 아랫사람들이 겸손한 태도로 순종하는 모습이다. 위·아래의 마음이 호응하고 협력하는 상태를 보이는 것이다.

정鼎은 발이 셋 달린 무쇠솥을 의미한다. 정은 고대국가에 있어서 천자의 지위와 국가의 위엄을 상징하는 성스러운 제기이었다. 고대 사회의 제사와 정치가 일치하는 정교일치의 시대에서 으뜸가는 제물로 바칠 생뢰牲牢를 이 무쇠솥에 넣어서 삶는 것이다. 국가의 운명을 좌우지 하는 신의 가호를 받기 위해서는 제물이 정결하고 알맞게 익혀져야 한다. 그 중요하고도 큰 임무를 맡은 것이 바로 무쇠솥인 것이다. 또 군주는 이 솥에서 만든 음식으로 천하의 현인들을 향응하고 그들의 중지를 모아 국정의 바른 수행을 위하여 노력을 기울리는 것이다. 무쇠솥은 안정과 협력을 상징한다. 이러한 조화로운 위치에서 솥은 그 소중한 임무를 수행하고, 종묘사직의 제물도, 천하의 어진이들을 향응하는 요리도 순조롭게 공급할 수 있는 것이다. 이렇듯 화풍정 괘는 서로 협력하므로써 안정을 가져 오고 안정함으로 소신껏 발전과 번영을 전진시킬 수 있는 상태를 암시하는 호운의 괘이다.

인간은 사회라는 공동생활체 속에서 삶을 꾸려나간다. 이 공동생활이 인간의 협력성을 나타내고 있는 것이다. 인류사회의 발전이란 본질은 그들의 공동생활을 어떻게 조화시키며 발전했는가를 의미한다. 이것은 곧 어떠한 행위로써 그들의 협력상태를 발전시켜 왔는가를 뜻한다. 이와같이 협력은 인류역사의 방향과 진로를 바꿔 놓을 만큼 중요한 것이다. 협력한다는 마음은 사물을 종합적인 견지에서 힘을 모아 서로 돕는 교류협력 방안을 모색하는 방향으로 상고하여 살피게 한다. 이 시점에서 우리는 주빈主賓의 양개념이 일치하지 않는 배타적인 관점에서 벗어나 긍정과 협력의 진일보한 생활태도를 가져야 한다고 역경은 논하고 있는 것이다.

【원문】

鼎 元吉亨. 象曰 鼎象也. 以木巽火 亨飪也. 聖
정 원길형 단왈 정상야 이목손화 형임야 성

人亨以亨上帝 而大亨以養聖賢. 巽而耳目聰明.
인 형이형상제 이대형이양성현 손이이목총명

柔進而上行 得中而應乎剛. 是以元亨. 象曰 木
유진이상행 득중이응호강 시이원형 상왈 목

上有火鼎. 君子以正位凝命.
상유화정 군자이정위응명

【직역】 정괘는 크게 길하여 만사가 형통하는 괘이니라. 단왈 정괘의 형상은 솥의 모습이니라. 나무로써 불을 들여 물건을 삶고 익히는 것이니 성인이 제물을 삶아서 상제께 제사 올리고 크게 제물을 삶아서 성인들을 거느린다. 겸손하고 귀와 눈이 총명하며, 부드러움은 나아가 위로 향하고 가운데의 자

리를 얻어 강함에 응한다. 이로써 크게 형통하는 것이니라. 상왈 나무 위에 불이 있는 것이 정괘의 상이다. 군자는 이로써 위치를 바로잡고 명을 소중히 여기느니라.

【원문】

初六 鼎顚趾. 利出否. 得妾以其子. 无咎. 象曰
초육 정전지 이출부 득첩이기자 무구 상왈
鼎顚趾 未悖也 利出否 以從貴也. 九二 鼎有實.
정전지 미패야 이출부 이종귀야 구이 정유실
我仇有疾. 不我能卽. 吉. 象曰 鼎有實 愼所之
아구유질 불아능즉 길 상왈 정유실 신소지
也. 我仇有疾 終无尤也. 九三 鼎耳革 其行塞.
야 아구유질 종무우야 구삼 정이혁 기행색
雉膏不食. 方雨虧悔. 終吉. 象曰 鼎耳革 失其
치고불식 방우휴회 종길 상왈 정이혁 실기
義也. 九四 鼎折足 覆公餗 其形渥. 凶. 象曰 覆
의야 구사 정절족 복공속 기형악 흉 상왈 복
公餗 信如何也. 六五 鼎黃耳金鉉. 利貞. 象曰
공속 신여하야 육오 정황이금현 이정 상왈
鼎黃耳 中以爲實也. 上九 鼎玉鉉. 大吉无不利.
정황이 중이위실야 상구 정옥현 대길무불리
象曰 玉鉉在上 剛柔節也.
상왈 옥현재상 강유절야

【직역】【초육】솥의 발꿈치가 엎어진다. 비색한 것을 내놓는 것이 이롭다. 첩을 얻으면 그 자식을 가지므로써 허물이 없어지리라. 상왈 솥의 발꿈치가 엎어진다 함은 아직 거스리지 아니함이다. 비색한 것을 내놓는다 함은 그렇게 하여 귀한 것을 따른다는 것이니라.【구이】솥에 실물이 있으나 나의 짝이 질병이 왔다. 내가 나아가지 아니하면 이내 길하리라. 상왈 솥에 실물이 있다 함은 가는 바를 삼간다는 것이니라. 나의 짝이 질병이 있다 함은 마침내 허물이 없어진다는 것이니라.【구삼】솥의 귀가 변혁되어 그 행함이 막

히리라. 꿩의 기름을 먹지 못한다. 바야흐로 비가 내린다. 뉘우침이 이그러져 마침내 길하게 되리라. 솥의 귀가 변혁이 된다 함은 그 뜻을 잃었다는 것이니라.【구사】솥이 다리가 부러져서 공의 밥을 엎으니 그 얼굴에 땀이 나서 흉하리라. 상왈 공의 밥을 엎지른다 함은 그 믿음이 어떠냐 하는 것이니라.【육오】솥에 누런 귀와 금괘가 있다. 마음을 곧고 바르게 하면 이로우니라. 상왈 솥에 누런 귀라 함은 가운데에 자리해서 실질을 얻는다는 것이니라.【상구】솥에 옥으로 만든 괘가 있다. 크게 길해서 이롭지 아니함이 없느니라. 상왈 솥에 옥으로 만든 고리가 있다 함은 강과 유가 서로 절제한다는 것이니라.

【요점】이목손화以木巽火, 형임야亨餁也, 군자이정위응명君子以正位凝命이라 함은 나무로 불을 지펴 삶아 익힌다 이고 군자는 정괘를 본받아 자리를 바로잡고 천명을 소중히 받든다이다. 형임亨餁이란 말의 뜻이 깊은 의미를 지니고 있음은 정괘의 단사에서 나타난다. 여기에서 형은 제향祭享의 뜻도 되고 팽烹의 의미도 된다. 그리고 임은 예의 바르고 겸손한 마음의 자세를 가리킨다.

하늘에 제사를 올리는 심정은 두텁고 경건하다. 이러한 마음의 자세를 정괘의 단사에서는 이형상제以享上帝로 표현한다. 제물을 정성을 다해 삶고 익혀서 하늘에 제사를 올린다. 그리하여 많은 여러 가지 일들을 통하게 한다는 마음이 곧 응명凝命이다. 먹거리를 삶고 익혀 주는 솥을 역경은 응명의 감각적 영상으로 담아내고 있다. 또 거칠고 단단한 생것을 삶아 부드러운 음식으로 만들어 주는 솥을 성현을 길러내는 뜻으로 삼고 있는 것이다. 성聖은 선한 삶을 이루어내는 정도를 말하고 현賢은 정당한 도리를 베푸는 행동을 의미한다. 그러므로 땔나무를 지펴 불을 타게 하는 것은 온 세상에 성현을 양생하는 마음의 자세와 행동을 나타낸 것이다.

또 솥을 걸고 아궁이를 만들고 굴뚝을 세우고 해야만이 불이 제대로 바람을 맞아 솥 안의 것을 변화시킨다. 이처럼 솥 하나 거는 일도 자리를 바로잡고 정성을 기울려야 한다. 이렇듯 인생도 예사롭게 여기어 소홀히 대하면

안 된다. 인생의 삶을 소중히 대하고 성실히 마주하면 세상 살아가는 재미
와 보람을 느끼는 것이다. 이를 일러 행복이라고 한다. 이것이 정괘의 깨우침
이리라.

진震은 벼락, 번개, 우레, 천둥 또는 움직임을 의미한다. 중뢰진괘는 진괘가 두 개 겹쳐 있어서 하늘과 땅 사이를 요란하게 진동시켜 놀라 어쩔 줄 모르고 허둥지둥하는 모습을 나타낸다. 고대인들은 천둥소리가 하늘이 노하는 소리로 알고 두려워하는 마음이 있었다. 그러나 천둥이 실제로는 큰 피해를 주지 않는다는 것을 경험을 통해서 잘 알고 있었다. 뜻밖의 일을 당하여 가슴이 두근거리거나 갑자기 무서움을 느낄 때에는 이 천둥소리를 떠올리는 것이 좋다. 행동이 들뜨지 않고 차분하고 냉정한 태도를 취한다면 아무 일 없이 지나칠 수 있다.

진괘는 헛 위세만 부리고 실속이 없는 것을 상징한다. 천둥이 요란하고 야단스러웁지만 사실은 뛰어난 힘도 없듯이 진괘는 크게 떠벌리기만 하고 실제의 결과는 작은 것에 비유할 수 있다.

진震은 천천하게 번영한다. 천둥이 칠 때면 놀라고 두려워하지만, 지나가면 웃어버리고 평상시와 다름이 없다. 몸가짐이나 행동을 삼가고 조심하는 마음으로 있으면 오래지 않아 행운이 찾아온다. 백리를 진동시키는 천둥의 위력에도 놀라거나 당황한 기색이 없이 침착한 태도로써 제사를 올리고 그릇을 떨어뜨리는 등의 예절에 어긋나는 일이 없는 인물이 천자의 지위를 이어받고 나아가 상제에게 제사를 올릴 수 있는 것이다.

【大象】 우레가 겹쳐 있는 것이 진의 괘상이다. 군자는 이 괘상을 보고 두려워하여 몸가짐과 행동을 삼가고 그 잘못이나 옳고 그름 따위를 스스로 돌이켜 생각한다.

【初陽】 우레가 칠 때는 위력에 눌려 무서워하지만 지나가면 웃으면서 평정을 되찾는다. 근신하고 수양에 힘쓰기 때문에 행운이 들어온다.

【二陰】음양이 어우러져 벼락을 때리므로 목숨을 위태롭게 할 만큼 안전하지 못하다. 침착하게 판단하여 재산 따위는 버리고 산속으로 피하도록 하라. 생각을 딱 끊을 수 없어 남아 있는 마음이 있어서는 안 된다. 칠일이 지나면 다시 찾을 수 있으리라.

【三陰】우렛소리가 차차 없어지고 다시는 재앙이 찾아오지 않는다.

【四陽】벼락이 떨어져 땅속으로 배어 든다. 우레는 벌써 그 큰 힘을 잃어버렸다.

【五陰】우렛소리가 끊임없이 오고 가니 앞으로 전진하는 것은 위험하다. 그러나 피하여 도망치는 것은 옳지 아니하다. 냉정하게 판단하고 제사를 계속 진행시킨다.

【上陰】우렛소리가 이제 존재하지 않는다. 그러나 아직도 겁에 질려 마음을 안정시키지 못한다. 이런 상태에서 일을 계속 진행한다면 흉할 것이다. 벼락은 자신의 집을 때린 것이 아니고 이웃집에 떨어진 것이다. 이웃집의 재액을 두루 살피고 스스로 나서서 경계하는 마음을 가지면 허물이 없다. 친척 사이에 시끄러운 다툼이 일어난다.

【해설】중뢰진괘는 우레를 상징하는 진괘가 두 개 겹쳐서 구성되었다. 지금이라도 하늘이 깨어져서 내려앉고 땅이 뒤집어질 것 같은 우렛소리가 겹쳐 일어나는 상태를 의미한다. 고대사람들에게 우레는 무서움과 그 두려움의 대상이었다. 그들은 우레를 하늘이 섭섭하고 분해서 노여워하는 것이라고 생각하였다. 그러기에 죄를 지으면 천벌을 받아 벼락을 맞는다고 참으로 그렇게 믿었던 것이다. 이미 우레의 폭성만으로도 공포에 질리고 전율스러웠을 것이다. 우렛소리가 진동하고 번개가 불꽃을 번쩍이며 겹쳐서 덮쳐올 듯 쏟아지는 광경을 목격하면 두렵고 떨리어 정신을 못차리고 몹시 허둥거리는 그들의 모습도 미루어 생각할 수 있다.

역경은 인간이 가장 당황하고 위태롭고 전율하여 정신을 잃을 만큼 두려워하는 사태의 견본으로 중뢰진괘를 빌어 논하고 있다. 그러나 아무리 위급한 순간에도 평소와 다름없이 태연할 수 있다면 그 사람은 진정 위대하고도 무서운 인물일 것이다. 그의 가슴에는 신념과 안정이 있어서 죽음과 삶의 갈림길에서도 태산처럼 움직이지 않는 큰 힘을 가진 사람일 것이다. 여기에서도 역경은 뭇 우레의 포효 속에서도 침착하고 여유있게 제사를 거행하고 예절을 그르치는 일이 없는 인물을 묘사하고 있다. 그러한 인물이면 황제가 되어 천하를 다스리고 제실의 제주가 될 수 있는 큰 그릇이라고 논하고 있는 것이다.

이렇듯 매우 위급하고 어려운 경우에서도 태연자약할 수 있다면 공포는 사실상 아주 짧은 동안에 지나가 버린다. 우레가 노호하며 벼락을 때리는 광경도 사라지고 나면 의심이 날 만큼 흔적도 없는 것이다. 태양은 밝게 비치고, 산천초목은 아름답고, 사람들은 웃고 이야기하며, 세상은 정답기만 한 것이 비가 개고 나면 다시 햇살이 비치는 순환하는 자연의 법칙에 경의를 표할 뿐이다.

중뢰진괘는 위태롭고 어려운 지경에서도 경건하고 굳센 태도를 지녀 스스로 지키며, 뜻이 흔들리지 않는 마음과 꿋꿋한 절개를 가지고 자신이 가야 할 바른길을 동요하지 않고 나아간다면 곧 새로운 전환의 시기를 맞이할 수 있다고 역설하고 있는 것이다.

【원문】

震 亨. 震來虩虩. 笑言啞啞. 震驚百里 不喪匕
진 형 진래혁혁 소언아아 진경백리 불상비
鬯. 象曰 震亨 震來虩虩 恐致福也. 笑言啞啞
창 단왈 진형 진래혁혁 공치복야 소언아아
後有則也. 震驚百里 驚遠而懼邇也. 出可以守
후유칙야 진경백리 경원이구이야 출가이수
宗廟社稷 以爲祭主也. 象曰 洊雷震. 君子以 恐
종묘사직 이위제주야 상왈 천뢰진 군자이 공
懼修省.
구 수 성

【직역】진괘는 형통하니 위와 아래에서 우렛소리가 진동하여 놀라고 두려워하며 놀란 뒤에는 웃음소리가 깔깔거리고 터져나온다. 백리안을 놀라게 하더라도 숟가락과 향기로운 술을 잃지 아니 하니라. 단왈 진괘가 형통하는 괘라 함은 우렛소리가 거듭 진동하여 울리므로써 만물을 생하고 복을 이루게 한다는 것이니라. 웃음소리가 깔깔거리고 터져나온다 함은 그런 후에 법칙이 있다는 것이니라. 우렛소리가 진동하여 백리안을 놀라게 한다 함은 먼 데 있는 사람은 놀라게 하고, 가까운 데 있는 사람은 두려워하게 함이니라. 나아가서 종묘와 사직을 지킨다 함은 그렇게 해서 제주가 될 수 있다는 것이니라. 상왈 거듭하여 우레가 진동하는 것이 진괘이니라. 군자는 이로써 놀라고 두려워하여 수양하고 반성한다는 것이니라.

【원문】

初九 震來虩虩. 後笑言啞啞. 吉. 象曰 震來虩
초구 진래혁혁 후소언아아 길 상왈 진래혁

虩 恐致福也. 笑言啞啞 後有則也. 六二 震來
혁 공치복야 소언아아 후유칙야 육이 진래

厲. 億喪貝 躋于九陵. 勿逐. 七日得. 象曰 震來
려 억상패 제우구릉 물축 칠일득 상왈 진래

厲 乘剛也. 六三 震蘇蘇. 震行无眚. 象曰 震蘇
려 승강야 육삼 진소소 진행무생 상왈 진소

蘇 位不當也. 九四 震遂泥 象曰 震遂泥 未光
소 위부당야 구사 진수니 상왈 진수니 미광

也. 六五 震往來厲. 億无喪有事. 象曰 震往來
야 육오 진왕래려 억무상유사 상왈 진왕래

厲 危行也. 其事在中 大无喪也. 上六 震索索.
려 위행야 기사재중 대무상야 상육 진색색

視矍矍. 征凶. 震不于其躬 于其鄰. 无咎. 婚媾
시확확 정흉 진불우기궁 우기린 무구 혼구

有言. 象曰 震索索 中未得也. 雖凶无咎 畏鄰戒
유언 상왈 진색색 중미득야 수흉무구 외린계

也.
야

【직역】【초구】우렛소리가 진동함에 두려워한다. 뒤에는 웃음소리가 깔깔거릴 것이니 길하리라. 우렛소리가 진동함에 두려워한다 함은 두려움이 있어 복을 이룬다는 것이니라, 웃음소리가 깔깔거릴 것이다 함은 그런 뒤에 법칙이 있다는 것이니라. 【육이】우레가 진동하니 위태롭다. 재물 잃을 것을 헤아려 구릉 위에 올라가 본다. 쫓지 아니하면 칠일후에 다시 얻으리라. 상왈 우레가 진동하니 위태롭다 함은 강한 기운을 탔다는 것이니라. 【육삼】우레가 진동하여 까무라쳤다가 깨어난다. 우렛소리가 나더라도 그대로 행하면 재앙이 없으리라. 상왈 우레가 진동하니 까무라쳤다가 깨어난다 함은 자리가 마땅하지 않다는 것이니라. 【구사】우레가 드디어 사라진다. 상왈 우레가 드디어 사라진다 함은 아직 빛나지 않았다는 것이니라. 【육오】우레가 가고 오니 매우 위태롭다. 모든 것을 생각해서 행하면 일을 잃지 않으리라. 상왈 우레가 가고 오니 매우 위태롭다 함은 행함이 위태롭다는 것이고, 그 일이 가운데 자리에 있으니 크게 잃을 것이 없다는 것이니라. 【상육】우레가 흩어지고 흩어지니 눈을 두리번거리며 주시한다. 정벌하면 흉하리라. 진동하는 우렛소리를 그 몸에 느끼지 말고, 그 이웃에서 난다고 생각하면 허물이 없으리라. 혼구는 집에서 말이 있으리라. 상왈 우레가 흩어지고 흩어지니 눈을 두리번거리며 주시한다 함은 아직 가운데 자리를 얻지 못했다는 것이니라. 비록 흉하나 허물이 없다 함은 이웃의 경계함을 두려워한다는 것이니라.

【요점】소언액액笑言啞啞, 후유칙야後有則也, 군자이공구수성君子以恐懼修省이라 함은 우스갯소리가 웃음을 잦아지게 한다. 그것은 뒤에 법칙이 있다는 것이고 군자는 진괘를 본받아 두려워하고 걱정할 줄 알며 수양하고 반성한다는 것이다. 막힌 것이 뚫리려면 진통을 겪어야 한다. 진통은 일이 성사되어 갈 무렵에 겪는 아픔이다. 심신에 느껴졌던 아픔이 걷히고 막혔던 것들이 뚫리게 되면 새로운 출발을 다짐할 수 있는 것이다.

비가 그치면 햇빛이 나듯이 세상살이가 좋아지면 백성들의 웃음이 잦아진다. 이렇듯 세상의 어지러워진 사태가 진정된 뒤에는 반드시 질서가 생긴다. 무법이었던 난리통에 짓밟혔던 민심이 상황의 결정권을 쥐게 되어 악을 징벌하기 시작하는 것이다. 민심이 행하는 징벌은 정치적 보복이 아니고 천벌이다. 그러므로 민심을 두려워하고 상식밖의 행동을 취하지 말라. 또 두려워하고 걱정할 줄 안다는 것은 자신을 바르게 하고 부끄러워하고 뉘우칠 줄 안다는 것이다. 두려워하면 범하지 않는 것이고 걱정하면 경솔한 행동을 하지 않는다. 그렇다면 지공무사한 삶을 어그러지게 하지 않는 상식을 잊지 않고 인생을 경영하는 셈이다. 수양하고 반성하자 함은 자신을 성찰省察하는 것이다. 너도 나도 자신의 마음을 반성하여 살핀다면 세상은 두루 통해 막임없는 삶을 펼칠 것이다.

52) 간艮 ䷳ 간괘 / 간괘 중산간 重山艮 : 움직임을 멈춘 산

간艮괘는 앞장에서 논한 진震괘와는 정반대의 모습이다. 따라서 간괘가 내포하고 있는 의미도 전체에 걸쳐 그 반대가 되는 것이다. 진괘의 특성은 진동하는 우렛소리였으나, 간괘는 오를 수 없는 산이다. 깊이 잘 생각하여 경솔하고 망령된 행동을 삼가할 시기이다. 일을 가볍게 처리하면 산이 거듭 겹친 것과 같은 난관이 중첩되는 고통을 겪는다. 머물러 움직이지 않아야 할 때는 머물러야 하는 것이다.

남에게 협조를 요청하는 것도 해서는 안 된다. 도움을 주는 사람을 기대할 수 없고 혼자서 자신의 길을 헤쳐 나갈 각오가 필요하다. 아무렇지도 않은 듯이 예사로운 마음으로 각고의 노력을 쏟아 현재의 위치를 침해당하지 않도록 살피는 것이 중요하다. 기회가 올 때까지 있는 정성을 다해 스스로의 힘을 길러야 한다. 괘의 형상은 각 효가 응하는 것이 하나도 없다. 간괘는 쾌夬와 함咸과 같이 신체의 여러 부분을 본보기로 삼아 발부터 머리까지 차례대로 논한다.

간艮은 하던 일·동작·움직임을 잠시 그치는 것이다. 머물러야 할 때는 머물고 가야 할 때는 가야 한다. 언제든 움직임과 정지의 시기를 잃지 않으면 광명이 가득한 미래를 언약할 수 있다. 간괘는 각효가 어느 것도 바로 응하는 것이 없다. 예를 들면 사람의 배후에 머물러서艮 서로 얼굴을 대하려 하지 않고 문 앞까지 나아가서도 대면하려 하지 않는다. 이와 같이 더 이상 나아가지 못하고 중도에서 그칠 때에는 머무는 것이 허물이 없다.

【大象】산이 거듭 포개어져 있는 것이 간의 괘상이다. 산은 위치를 바꾸지 않고 자리를 옮기지 않는다. 군자는 이 괘상을 보고 자기 본래의 입장을 지키고 무엇을 이루어보려는 욕망을 품지 않는다.

【初陰】묵묵히 서서 발을 움직이지 않는다. 자신의 입장을 굳게 지켜 나가면 허물은 없을 것이다. 正

【二陰】잠자코 서서 종아리를 움직이지 않는다. 위三陽를 따르므로 하는 수 없이 머물러 있다. 자신의 의견을 받아주지 않기 때문에 항상 불쾌하고 즐거움이 없다.

【三陽】묵묵히 서서 허리를 움직이지 않는다. 허리를 굽혔다 폈다 하지 않으니 등살이 터지는 것처럼 아프다. 다가오는 위험이 애를 태워서 마음을 졸이게 한다.

【四陰】잠자코 서서 상반신을 움직이지 않는다. 묵묵히 자신이 해야 할 일만을 하면 그릇된 실수는 없을 것이다.

【五陰】묵묵히 서서 볼을 움직이지 않는다. 언행을 삼가면 뉘우칠 일은 없다.

【上陽】아무 소리도 내지 않고 고요히 자신의 자리를 지킨다. 일의 끝을 잘 마무리하는 성과를 거둘 것이다. 길하리라.

【해설】중산간괘는 간괘가 포개어져서 구성되었다. 간은 산을 뜻하므로 산과 산이 겹쳐 있는 상태를 의미한다. 따라서 간艮은 머물러 움직이지 않음을 뜻한다. 산이 움직이지 않는 것은 자연 그대로의 모습이고 순리이다.

산을 움직이려 하는 것은 슬기롭지 못한 어리석은 생각이다. 우리도 산의 변하지 않는 일정한 상태를 두루 깨우쳐 머물러야 할 때는 머물러야 한다. 흐르는 물도 웅덩이를 만나면 흐름을 멈춘다. 물이 차올라 웅덩이를 메울 때까지 제자리에서 맴돌고 있는 것이다. 그러나 그 물은 마침내 웅덩이를 채워 넘어 힘차게 앞으로 뻗어 나아갈 것이다.

살아 있는 수목도 겨울이 오면 성장을 멈추고 봄이 다시 올 때까지 내면의 충실을 기한다. 그리고 따뜻한 봄날이 오면 새로운 싹을 틔우고 더욱 맑고 산뜻하게 자라 오를 것이다. 이렇듯 우리는 전진을 멈춰야 할 시기가 있다. 멈춰야 할 때에 멈춘다는 것은 조업을 중단하거나 희망을 잃어버리는 것이 아니고 내일의 약진을 위해 준비하고 있는 것이다.

중산간괘의 괘상을 헤아리면 윗괘와 아랫괘의 사이가 장벽으로 가로막힌 모습이고 등은 서로 맞대고 있는 모습이기도 하다. 이것은 서로 호응하지 않고 배척하며 대립하는 형상이다. 곧 나와 세상 사이에 장벽이 가로질러 있어 소통이 없고 대화가 막힌 상태인 것이다. 이러한 시기에는 동료를 얻어 협력을 구할 수 없다. 외로이 홀로된 공간에서는 불러도 대답할 자 없고 두드려도 문은 열리지 않는다. 이렇듯 간괘가 의미하는 상황에서 굳이 자신의 뜻을 펼치려고 전진을 시도한다면 겨울 들판에 꽃을 피우려는 어리석음과 같다.

지금은 움직일 때가 아니다. 태연자약하고 여유로운 마음으로 자신의 위치를 지키며 때가 올 때까지 스스로의 힘을 길러야 한다. 잠시 활동을 멈추는 것을 안타깝게 생각하지 말라. 다음의 기회가 올 때까지 자신이 있을 만큼 힘을 어떻게 기를 것인가를 걱정하는 것이 중요하다.

겨울이 가면 봄이 오고 얼음은 녹기 마련이다. 그 무엇이 계절의 변화를 거부할 것이며, 누가 인간의 영고성쇠를 고정시킬 수 있겠는가. 우리는 오직 이 법칙에 순응하면서 머물 땐 머물고, 움직일 땐 움직일 줄 아는 것이 순환하는 자연의 본연성에 일치하는 현명한 조치인 것이다.

그러기에 역경은 아무런 욕심없이 고요히 자신의 자리를 지키고 있으면 그 몸을 보전할 수 있으며, 뜰을 거닐어도 다른 사람을 느끼지 않게 되어 허물이 없다고 가르치고 있는 것이다.

【원문】

艮其背 不獲其身. 行其庭不見其人. 无咎. 象曰
간 기 배　불 획 기 신　행 기 정 불 견 기 인　무 구　단 왈
艮止也. 時止則止 時行則行 動靜不失其時 其
간 지 야　시 지 즉 지　시 행 즉 행　동 정 불 실 기 시　기
道光明. 艮其止 止其所也. 上下敵應. 不相與
도 광 명　간 기 지　지 기 소 야　상 하 적 응　불 상 여

也. 是以不獲其身 行其庭不見其人 无咎也. 象
야 시 이 불 획 기 신 행 기 정 불 견 기 인 무 구 야 상
曰 兼山艮. 君子以思不出其位.
왈 겸 산 간 군 자 이 사 불 출 기 위

【직역】간괘는 모든 사물이 등지고 있는 괘로서, 그 몸이 사물을 획득하지 못하며 그 뜰에 나아가도 그 사람을 보지 못하여 허물이 없으리라. 단왈 간괘는 그치는 상이다. 때가 그칠 때면 그치고 때가 행할 때면 행하니 움직이며 그침이 그 때를 잃지 아니하여 그 도가 광명하리라. 그칠 때면 그치는 것은 그 자리에서 머무는 것이다. 그래서 상하가 적응하여 서로 더불지 못하니 이로써 그 몸이 득하지 못하고 행하여 뜰에 나아가도 그 사람을 보지 못해 허물이 없다는 것이니라. 상왈 산이 겹쳐 있는 것이 간괘이다. 군자는 이로써 제 자리에서 벗어나지 않는 것이니라.

【원문】

初六 艮其趾. 无咎. 利永貞. 象曰 艮其趾 未失
초 육 간 기 지 무 구 이 영 정 상 왈 간 기 지 미 실
正也. 六二 艮其腓 不拯其隨. 其心不快. 象曰
정 야 육 이 간 기 비 불 증 기 수 기 심 불 쾌 상 왈
不拯其隨 未退聽也. 九三 艮其限. 列其夤. 厲
불 증 기 수 미 퇴 청 야 구 삼 간 기 한 열 기 인 려
薰心. 象曰 艮其限 危薰心也. 六四 艮其身. 无
훈 심 상 왈 간 기 한 위 훈 심 야 육 사 간 기 신 무
咎. 象曰 艮其身 止諸躬也. 六五 艮其輔. 言有
구 상 왈 간 기 신 지 제 궁 야 육 오 간 기 보 언 유
序. 悔亡. 象曰 艮其輔 以中正也. 上九 敦艮
서 회 망 상 왈 간 기 보 이 중 정 야 상 구 돈 간
吉. 象曰 敦艮之吉 以厚終也.
길 상 왈 돈 간 지 길 이 후 종 야

【직역】【초육】기운이 그 발꿈치에 머무른다. 허물이 없느니라. 길이 마

음을 곧고 바르게 하면 길하리라. 상왈 기운이 그 발꿈치에 머무른다 함은 아직 바름을 잃지 않았다는 것이니라. 【육이】 기운이 그 장딴지에 머무르니 구원하지 못하고 따르는지라. 그 마음이 유쾌하지 아니하도다. 상왈 기운이 그 장딴지에 머무르니 구원하지 못하고 따른다 함은 물러나서 아직 듣지 못했다는 것이니라. 【구삼】 기운이 그 허리에 머무른다. 그 등뼈를 쓰지 못한다. 위태하여 가슴이 찌는듯 하도다. 상왈 기운이 그 허리에 머문다 함은 위태로움에 마음이 초조하다는 것이니라. 【육사】 기운이 그 몸에 머무른다. 허물이 없으리라. 상왈 기운이 그 몸에 머무른다 함은 모든 기운이 그 몸에서 정지하고 있다는 것이니라. 【육오】 기운이 그 볼에 머무른다. 말에 차례가 있음이니 후회가 없으리라. 상왈 기운이 그 볼에 머무른다 함은 중정으로써 바로잡는다는 것이니라. 【상구】 기운이 도타웁게 머물러 있다. 길하리라. 상왈 기운이 도타웁게 머물러 있어 길하다 함은 후한 것으로써 끝맺음을 한다는 것이니라.

【요점】 시지즉지時止則止, 시행즉행時行則行, 군자이사불출기위君子以思不出其位라 함은 때가 정지할 만하면 정지하고, 때가 행할 만하면 행한다 이고, 군자는 간괘를 본보기로 하여 생각을 깊게 하며 그 위치에서 벗어나지 않는다는 것이다. 즉지則止는 선善에 머물 줄 안다는 것이다. 하기에 힘들거나 괴로운 일이 닥쳤을 때 그 어려움을 더하는 마음과 행동은 악惡이다. 그러나 어려움을 덜고 극복하려는 마음과 행동은 선善이다. 이것은 곧 정지할 때와 움직일 때를 파악해서 어긋나거나 지나치지 않고 알맞게 하는 것을 깨치어 알면 멈춘다止는 참뜻을 확실히 이해한다는 것이다.

어려움 앞에서 의연하라. 어설픈 허세로 아무렇지도 않은 척하는 것이 아니고 옳게 생각하고 바르게 행동하기 위해서 자신을 살펴 두라는 것이다. 그래서 인생을 어려워는 하되 두려워는 하지 말라고 했다. 어려워함은 멈출지를 안다는 것이고, 두려워함은 정성을 다해 처신한다는 것이다.

또 산이 첩첩이 겹친 모습이 간괘이다. 인생도 첩첩산중처럼 험하게 굽이

칠 수 있다. 일마다 부딪히고 깎아지른 듯이 험하고 가파른 언덕처럼 될 수 있다는 것이다. 이런 때일수록 진중하지 않고 가볍게 인생을 마주하면 안 된다는 슬기로움을 간괘의 가르침을 통하여 인식할 수 있다.

삶이 어려운 때일수록 산처럼 듬직해야 하고 제 위치에서 벗어나지 않아야 한다. 들어오는 어려움을 탓하지 말고 극복하기 위해 깊고 폭넓게 생각한다면 지혜로운 통로가 보이고 숨통이 트일 것이며, 정지할 땐 정지하고 행할 땐 행하듯이 설정에 알맞게 제 위치를 조정한다면 산이 첩첩으로 막힌 험한 곳이라도 뚫고 나갈 수 있는 슬기로움을 발휘할 수 있다는 것이다.

53) 점漸 ䷴ 손괘 풍산점 風山漸 : 서서히 호전되는 의식
간괘

점漸은 천천히 나아가는 것이다. 속도감 있는 성장은 바랄 수 없지만 착실하게 서서히 마땅한 이치에 순종하여 전진하는 것을 의미한다. 각 효사는 기러기가 물가에서 바위로 다시 육지로, 나무 위로, 산 위로 그리고 높은 구름 속으로 순서에 의해 날아다니는 형태를 상징하고 있다. 기러기는 엄격한 일부 일처제를 유지하는 새로서 이상적인 부부관계의 상징이다. 하늘을 나를 때에도 그 순서를 좇아 흐트러지지 않는다. 혼례의식이 정해진 순서대로 행하여지는 것처럼 무슨 일이든 바르게 차례를 정하여 진행하면 길하다.

괘의 형상은 산간괘 위의 나무손괘가 눈에 보이지 않는 속도로 천천히 그리고 착실하게 성장하고 있음을 나타낸다. 또한 여자손괘가 침착하게간괘 구혼을 기다리고 있는 모습이다.

점漸은 여성들의 혼인에 길한 괘이다. 이루기 위한 활동은 순서를 따라 진행하는 것이 좋다. 상효上爻를 제외하고는 각효가 바른 위치에 자리하고 있으므로 앞으로 나아가 일을 행하면 애쓴 보람이 있음을 나타낸다. 바른 도리를 지키면 나라의 기강을 바로잡을 수도 있다는 것이다. 천자의 위치五爻에는 강효剛爻가 있지만 머물 땐 머물고艮 시세의 흐름巽을 따라야 한다. 그런 연유에 의해서 행하면 순조롭게 나아갈 수 있다.

【大象】산艮 위의 나무巽가 성실하게 자란다. 이것이 점의 괘상이다. 어진 덕을 굳게 지키며 점진적으로 한 나라의 모든 생활에 관한 습관을 개선해 나가는 것이다.

【初陰】기러기가 날아가려고 물가까지 나아간다. 어린 것이 서둘러서 날려고 하면 위태롭다. 비난을 받는 일이 있지만 허물은 없다.

【二陰】기러기가 바위 위까지 날아간다. 편안한 곳에서 음식물을 섭취하

며 침착하고 여유있게 뛰어난 기상을 기른다. 그것은 결단코 하는 일 없이 먹기만 하는 것은 아니다. 발전의 단계로 나아가는 것을 기다리는 것이다. 길하리라.

【三陽】기러기가 급히 날려고 높은 곳으로 올라가 무리와 헤어진다. 남편은 집을 나간 뒤 돌아오지 않고 아내는 외간남자에게 교태를 부려 자식을 낳지만 보살피려 하지 않는다. 어느 것이나 정도를 벗어난 결과이므로 흉할 것이다. 시세를 거스르지 말고 뒤로 물러나 막아서 지키는 태도를 취하는 것이 길하다.

【四陰】기러기가 나뭇가지에 오른다. 순박하고 진실한 마음을 잃지 않으면 안정된 자리가 있는 나뭇가지를 얻어 그릇된 실수는 면할 것이다.

【五陽】기러기가 산꼭대기까지 나아간다. 본디부터 원하는 바를 성취하고, 어떠한 방해도 받지 않는다. 그러나 아내는 삼년이 지나도 자식을 갖지 못한다.

【上陽】기러기가 멀리 구름 속으로 날아간다. 날개를 가지런히 하고 흐트러지지 않는 모습은 우리들이 본받아 배울 만한 본보기가 될 것이다. 길하다.

【해설】풍산점괘의 상괘는 나무를 의미하는 손괘, 하괘는 산을 상징하는 간괘가 겹쳐 괘를 이루었고 산에 나무가 자라고 있는 모습을 나타내고 있다. 산에서 자라는 나무는 눈에 띄듯이 시원스럽게 성장하지 않는다. 그러나 잠시도 쉬지도 머뭇거리지도 않고 차근하게 순서를 따라 성장하고 있는 것이다. 하늘 높이 오를 것을 아는 나무는 초조하지도 않고, 게으르지도 않고 덤비는 일도 없이 무한한 신념과 끈질긴 생명력을 지니고 꿋꿋하게 앞으로 나아가는 것이다.

동네 어귀에 자리잡고 있는 아름드리 버드나무도 수백년을 버티고 서 있는 낙락장송도 정확한 걸음걸이로 한 계단씩 올라가듯 성장해 왔다. 이렇듯 나무의 성장하는 생태는 우리들에게 점진적인 인고의 힘을 사실에 근거하여 증명해 보이고 있다. 이러한 점진의 상태를 역경은 기러기에 비유해서 논하고 있다. 푸른 가을 하늘에 구름이 떠가듯 무리를 지어 가지런히 날아가는 기러기 떼의 비상을 보면 무엇에 얽매이지 않고 구애됨이 없이 뻗쳐 나가는 기운의 모습이 후련하기 이를 데 없다. 그러나 그런 기러기의 꿈은 하루 아침에 이루어진 것이 아니다. 부단한 노력과 경험을 거듭 닦으면서 점진의 계단을 차례로 올라서듯이, 새들이 공중을 날기까지는 몇 수십번이고 날개짓을 되풀이하여 익히는 것이다.

인간의 일도 이와 같다. 이렇게 순서를 따르고 과정을 밟아서 차근하고 끊임없이 한 걸음씩 전진하면 그의 앞길은 순조로울 것이며 나아가서는 지위를 얻고, 일을 수행해서는 공로를 성취할 수 있다고 역경은 논하고 있다. 한 걸음씩 신중하게 내딛는 발걸음에 부주의로 인한 잘못이 있을 리 없고 그러한 걸음걸이로 잠시 머무름도 없이 앞으로 나아가면 절망과 좌절이 있을 수 없다. 거기에는 오직 발전과 번영만이 있을 뿐이다.

이와같은 점진의 공로는 어느 한 개인의 문제에 국한되는 것은 아니다. 인류가 이루어 놓은 유구한 역사도 셀 수 없는 점진의 계단을 밟아 온 것이고, 한 나라, 한 사회의 나무랄 곳이 없는 문화와 전통도 짧은 동안에 이루어진 것은 아니다. 온갖 형태의 공동생활을 하는 인간사회의 순조로운 성장은 점진의 규범에 따르지 않음이 없다. 그러기에 인생을 성공적으로 이끌어가려면, 자신의 꿈을 설정하고 오직 그 꿈을 향하여 방황하지 않으며 중단하지 않고 부단하게 걸어가는 그러한 인생일 것이다. 그리고 그 꿈은 반드시 이루어질 것이다.

【원문】

漸 女歸吉. 利貞. 象曰 漸之進也 女歸吉也. 進
점 여귀길 이정 단왈 점지진야 여귀길야 진
得位 往有功也. 進以正 可以正邦也. 其位剛得
득위 왕유공야 진이정 가이정방야 기위강득
中也. 止而巽 動不窮也. 象曰 山上有木漸. 君
중야 지이손 동불궁야 상왈 산상유목점 군

子以居賢德善俗.
자 이 거 현 덕 선 속

【직역】 점괘는 여자가 시집가는 것이 길한 괘이니라. 마음을 곧게 바르게 하는 것이 이로우니라. 단왈 점괘의 나아가는 기운이 있어 여자가 시집을 가면 길하니라. 나아가서 자리를 얻으니 가면 공이 있다는 것이니라. 나아감을 바름으로써 하니 가히 나라를 바로 잡을 수 있느니라. 그 자리는 강한 기운이 가운데를 얻음이라. 그치고 겸손하니, 움직임에 궁하지 않음이라. 상왈 산 위에 나무가 있는 것이 점괘의 상이니라. 군자는 이로써 어진 덕에 머물면서 풍속을 선하게 하느니라.

【원문】

初六 鴻漸于干. 小子厲. 有言无咎. 象曰 小子
초육 홍점우간 소자려 유언무구 상왈 소자

之厲 義无咎也. 六二 鴻漸于磐. 飲食衎衎. 吉
지려 의무구야 육이 홍점우반 음식간간 길

象曰 飲食衎衎 不素飽也. 九三 鴻漸于陸. 夫
상왈 음식간간 불소포야 구삼 홍점우륙 부

征不復 婦孕不育. 凶. 利禦寇. 象曰 夫征不復
정불복 부잉불육 흉 이어구 상왈 부정불복

離群醜也. 婦孕不育 失其道也. 利用禦寇 順相
리군추야 부잉불육 실기도야 이용어구 순상

保也 六四 鴻漸于木. 或得其桷. 无咎. 象曰 或
보야 육사 홍점우목 혹득기각 무구 상왈 혹

得其桷 順以巽也. 九五 鴻漸于陵. 婦三歲不孕.
득기각 순이손야 구오 홍점우릉 부삼세불잉

終莫之勝. 吉. 象曰 終莫之勝吉 得所願也. 上
종막지승 길 상왈 종막지승길 득소원야 상

九 鴻漸于陸. 其羽可用爲儀. 吉. 象曰 其羽可
구 홍점우륙 기우가용위의 길 상왈 기우가

用爲儀 吉 不可亂也.
용위의 길 불가란야

【직역】【초육】 기러기가 점점 물가로 나아간다. 어린아이가 위태해서 말이 있으나 허물은 없느니라. 상왈 어린아이의 위태함은 의리가 있어서 허물이 없느니라. 【육이】 기러기가 차츰 반석 위로 나아간다. 마시고 먹는 것이 즐겁고 즐거우니 길하리라. 상왈 즐거운 모습으로 마시고 먹는다 함은 공연히 배부르려 하지 않는다는 것이니라. 【구삼】 기러기가 점점 육지로 나아간다. 지아비가 가면 돌아오지 못하고, 지어미가 잉태하여도 기르지 못하여 흉하도다. 도적을 막는 것이 이로우니라. 【육사】 기러기가 차츰 나무 위로 나아간다. 혹 그 평이로운 나뭇가지를 얻으면 허물이 없으리라. 상왈 혹은 그 평이로운 나뭇가지를 얻는다 함은 유순하고 겸손하다는 것이니라. 【구오】 기러기가 언덕 위로 올라간다. 지어미가 삼년째 아기를 배지 못한다. 마지막까지 이것을 이기지 못한다. 길하리라. 상왈 마지막까지 이것을 이기지 못하여 길하다 함은 원하는 바를 얻었다는 것이니라. 【상구】 기러기가 점점 하늘 위로 날아간다. 그것을 의식에 삼을 만하므로 길하니라. 상왈 그것을 의식에 삼을 만하니 길하다 함은 어지럽게 하지 못하는 것이니라.

【요점】 지이손止易巽, 동불궁야動不窮也, 홍점우간鴻漸于干, 소자려小子厲, 유언무구有言无咎라 함은 멈추고 공손하므로 움직임이 궁색하지 않다 이고, 기러기가 천천히 물가로 날아간다. 새끼 갈매기가 위험하다. 말을 해도 허물이 없다는 것이다. 아무 까닭이나 요령이 없이 덮어놓고 전진하지 말라. 인생이란 앞길을 순조롭게 나아가려면 멈출 때도 있는 법이다. 그리고 공손하라. 나를 이롭게 하기에 앞서 남을 먼저 생각하는 마음이 공손이다. 일이 풀리지 않는 것은 제 욕심을 더하려는 속셈을 감추어 놓고 삶을 저울질하기 때문이다. 멈추고止, 공손하라巽 이러한 마음의 자세로 삶 앞에 머문다면 풀리지 않을 일이 없다. 궁하면 통한다고 했지만 현명하고 후덕한 때에만 트이는 것이다.
이러한 이치를 역경은 기러기가 성장해 가는 과정에 빗대어 논하고 있다. 또 이제 막 어미의 보호를 벗어나 둥지를 떠난 새끼 기러기는 모진 세파를 참고 견디면서 어른 기러기로 자랄 것이다. 그 사이에는 수많은 고난과 역경이 따른다. 이렇듯 인간도 부모의 품안에서 벗어나 사회로 진출하여 모질고 거센 세상의 풍파를 헤쳐 나가려면 숱한 어려움을 만날 것이다. 이러한 세상은 자신의 욕심대로 성급하게 처리한다면 세파에 휩쓸려 난파선의 한 조각처럼 되기 쉽다. 어린 기러기가 험한 바다를 잘 모르는 것처럼 어린 인간도 세상이 험하다는 것을 모른다. 그러므로 성인들은 어린이가 자라 어른이 되어 국가의 근간을 이룰 때까지 차근하고 슬기롭게 충고하는 것을 인색해 하지 않아야 한다. 이것이 점괘의 깨우침이리라.

54) 귀매歸妹 진괘 / 태괘 뇌택귀매 雷澤歸妹 : 바르지 못한 애정

귀매歸妹는 젊은 여자가 출가하는 것을 의미한다. 그러나 귀매괘가 암시하고 있는 것은 비정상적인 결혼인 것이다. 진실한 애정은 정신적인 면의 충실을 기하고 서로 관계를 맺고 합쳐서 하나가 되는 숭고한 사랑의 결실이 마지막까지 지속되도록 드높여야 한다. 이것은 하나의 본보기에 불과하고 모든 면에서 그러하다는 것을 깨치어 알아야 한다.

귀매괘가 나타내는 결혼은 젊은 여자태괘가 적극적으로 나이 많은 남자진괘에게 다가와 여자로서 가려야 하는 예의범절을 거스르고 있다. 또 음효 --가 양효 —를 위해서 누르고 있는 형상으로서 남자가 움직이므로진괘 여자가 즐거워한다태괘. 곧 육체적 관계만으로 결합되어 애정이 모자라는 맺음인 것이다.

역경 64괘 중에는 남녀 관계를 드러내는 괘가 네 개함咸, 항恒, 점漸, 귀매歸妹가 있지만 귀매괘만이 불길한 운명을 나타내는 것은 이렇듯 비정상적인 애정관 때문이다.

귀매歸妹괘는 여자가 적극적으로 행동하는 모습을 표현하고 있다. 어떤 원인이든 좋은 결과를 얻지 못한다. 흉하다. 하늘과 땅이 사귀어 합하지 않으면 만물이 생기지 않듯이 여자가 시집가는 것은 변하지 않는 떳떳한 도리이며 천지간의 큰 법칙이다. 그러나 여자가 먼저 즐겁게兌 다가가 스스로震 결혼을 서두르는 것은 공명하지 못한 방법이고 흉이 되는 것이다. 유효가 강효를 억제하고서는 좋은 결과를 얻을 수 없다.

【大象】연못兌 위에서 우레震가 치고 수면에 파장을 일으킨다. 이것이 귀매의 괘상이다. 군자는 이 괘상을 보고 한때 나타나는 현상에 사로잡히는 폐혜를 깨닫고 언제까지나 계속되는 길을 택한다.

【初陽】부처副妻로 출가한다. 이것은 결정된 운명이다. 그러나 한쪽 발이 온전한지 못한 사람도 걸을 수는 있다. 성심을 다해 남편과 정부인을 받든다면 길할 것이다.

【二陽】한쪽 눈이 먼 사람도 볼 수는 있다. 과부가 된 것을 한탄하며 외롭고 적적한 날들을 보내지만 끝까지 굳은 절개를 지키는 것이 좋다.

【三陰】비천한 여인의 몸으로 지위가 있는 남자의 사랑을 얻으려 하지만 분수에 맞지 않다. 몸을 삼가서 부처가 되는 것이 자신의 신분에 맞는 줄 알아야 한다. 不正

【四陽】혼인하기에 적당한 시기를 놓친다. 그러나 일을 빨리 처리하려고 급하게 굴지 말고 때를 기다리면 반드시 좋은 연분을 만난다.

【五陰】제을帝乙 : 은나라의 천자, 주왕의 아버지이 누이동생을 혼인시킬 때 신부의 의상은 부처의 의상보다도 소박한 것이었다. 겉꾸밈보다는 마음속의 고결함을 간직하고 혼인한 것이다. 달은 만월에 가깝다. 길하리라.

【上陰】신전에서 엄숙히 맹세할 때 여자가 바치는 항 속은 텅 비어 있고, 남자가 바치는 희생물에서는 피가 나오지 않는다. 실속이 없다. 좋은 결과는 오지 않을 것이다.

【해설】뇌택귀매괘는 장남을 의미하는 진괘와 소녀를 상징하고 즐거움을 나타내는 태괘가 겹쳐서 구성되었다. 그러므로 귀매괘는 여자가 남자를 유혹하여 결혼하는 것을 뜻한다. 젊은 여자가 출가한다는 것은 참으로 경사스러운 일이다. 그것은 당사자만의 경사가 아니고 나아가서는 가정과 사회의 경사이기도 하다. 인간의 사회 생활은 결혼에서부터 시작한다. 인간의 존재와 생활과 번영도 결혼에서부터 출발하는 것이다. 남녀가 부부관계를 맺음으로써 인간생활의 기본단위를 형성하고 자식이라는 새로운 생명이 형상화된다. 그 새로운 생명체는 다시 새로운 생명을 형성하며 줄기를 뻗는다. 이처럼 인간의 생명은 영원한 계승을 통하여 이어 가고 번성한다. 이것이 바로 인류의 생존과 번영의 모습인 것이다.

그러나 요즘의 결혼 세태는 인간의 근본적인 문제보다는 그 주변의 일상 생활에 더 큰 관심과 기대를 가지고 혼인하는 여성들이 많은 것 같다. 세상의 남편들은 아내의 밝은 얼굴이 하루의 모든 일에 흥미와 열성을 가지게 하지만, 반대로 아내의 거슬렸던 잔소리가 원인이 되어 엉뚱한 다른 사람에게 기분이 좋지 않은 감정을 드러내기도 한다. 이렇듯 아내는 남편에게 적극적인 의지와 더할 수 없는 힘을 주기도 하고, 반대로 밝지 못하고 우울한 성격의 인간을 만들어 놓기도 한다. 또 가정주부로서 가사를 처리하고 자녀를 양육하는 등의 모든 일이 아내의 힘에 의존하지 않는 것이 없다. 그렇다면 아내는 분명히 인간생활에 있어서 행복을 꾸미고 짓는 사람인 것이다. 이러한 인생의 중대사인 결혼에 대하여 역경은 유교적인 윤리관을 들어 귀매괘를 논하고 있다.

　　유교적인 윤리에서는 여성의 혼인은 먼저 신랑쪽의 구혼을 받아 부모님의 허락하에 예절에 따른 절차를 거쳐 수동적으로 따르는 것이 도리라고 설명한다. 이러한 격식은 신부쪽이 행하여야 할 올바른 예와 도이며 그 장래를 행복하게 해 주는 길이라고 생각하고 있는 것이다. 오늘날 우리는 누구도 이러한 윤리관에 동의할 사람은 없을 것이다. 그러나 한 사람의 아내와 남편으로써 그들의 행복을 위한 가정생활을 주재하는 경우가 누구이든 어느쪽이 더 행복하고 유익한 것일까 하는 것은 부부간의 느끼는 의견에 따라서 달라진다고 필자는 생각한다.

　　그러나 귀매괘는 여성으로서 앞서 나아가는 것은 온당하지 못할 뿐 아니라 그러한 마음의 자세로는 행복한 가정생활을 꾸려갈 수 없다고 논하고 있다. 그러므로 요즈음 젊은 남녀의 결혼관이나 가정생활에 대해서 무엇이 옳고 그른지의 여부를 이 기회에 다시 한번 논의해 볼 수 있는 문제가 아닌가 한다.

【원 문】

歸妹 征凶. 无攸利. 象曰 歸妹天地之大義也.
귀매 정흉 무유리 단왈 귀매천지지대의야
天地不交而萬物不興 歸妹人之終始也. 說以
천지불교이만물불흥 귀매인지종시야 열이
動 所歸妹也. 征凶 位不當也. 无攸利 柔乘剛
동 소귀매야 정흉 위부당야 무유리 유승강
也. 象曰 澤上有雷歸妹. 君子以 永終知敝.
야 상왈 택상유뢰귀매 군자이 영종지폐

【직역】 귀매괘는 남을 정벌하면 흉하다. 이로운 바가 없느니라. 단왈 귀매괘는 천지의 대의이다. 천지가 사귀지 않으면 만물이 흥하지 아니하나니 여자가 혼인하는 것은 마침과 시작이니라. 기뻐함으로써 움직이는 바가 여자가 시집을 가는 것이니라. 정벌을 하면 흉하다 함은 자리가 마땅치 않음이고, 이로울 것이 없다 함은 부드러운 기운이 강한 기운을 탔기 때문이다. 상왈 연못 위에 우레가 있는 것이 귀매의 괘상이다. 군자는 이로써 끝남의 이치를 길이 새겨서 떨어지는 것을 알아야 하느니라.

【원문】

初九 歸妹以娣. 跛能履. 征吉. 象曰 歸妹以娣
초구 귀매이제 파능리 정길 상왈 귀매이제
以恒也. 跛能履吉 相承也. 九二 眇能視. 利幽
이항야 파능리길 상승야 구이 묘능시 리유
人之貞. 象曰 利幽人之貞 未變常也. 六三 歸妹
인지정 상왈 리유인지정 미변상야 육삼 귀매
以須. 反歸以娣. 象曰 歸妹以須 九四 歸妹愆
이수 반귀이제 상왈 귀매이수 구사 귀매건
期. 遲歸有時. 象曰 愆期之志 有待而行也. 六
기 지귀유시 상왈 건기지지 유대이행야 육
五 帝乙歸妹. 其君之袂 不如其娣之袂良. 月幾
오 제을귀매 기군지메 불여기제지메량 월기
望. 吉. 象曰 帝乙歸妹 不如其娣之袂良也 其位
망 길 상왈 제을귀매 불여기제지메량야 기위

在中 以貴行也. 上六 女承筐无實 士刲羊无血.
재중 이귀행야 상육 여승광무실 사규양무혈
无攸利. 象曰 上六无實 承虛筐也.
무유리 상왈 상육무실 승허광야

【직역】【초구】누이동생을 시집 보내는데 시중드는 여자 종을 딸려 보낸다. 절름발이도 능히 밟을 수 있다. 정벌하면 길하리라. 상왈 누이동생을 시집 보내는데 여자종을 딸려 보낸다 함은 오래도록 살기 위함이다. 절름발이가 능히 밟을 수 있다 함은 서로 뜻을 잇는다는 것이니라. 【구이】소경이 능히 볼 수 있다. 그윽한 곳에 사는 사람은 마음이 바르고 곧아야 이롭다. 상왈 그윽한 곳에 사는 사람은 마음이 바르고 곧아야 이롭다 함은 아직 떳떳함이 변하지 않았다는 것이니라. 【육삼】누이 동생을 시집 보내는데 못난 계집의 상이다. 되돌아와서 여자종과 함께 시집을 보낸다. 상왈 누이 동생을 시집 보내는데 못난 계집의 상이다 함은 아직 마땅하지 않다는 것이니라. 【구사】누이동생 시집 보내는데 기약을 연기한다. 시집을 더디게 보내는 것은 다 때가 있기 때문이니라. 상왈 기약을 연기하는 데 때가 있다 함은 기다리는 뜻이 있어 그렇게 한다는 것이니라. 【육오】은나라의 천자 제을이 누이동생을 시집보낸다. 그 누이의 옷소매가 그 첩의 옷 소매의 좋은 것만 못하니 달이 거의 보름에 가까우면 길하리라. 상왈 은나라의 천자 제을이 누이 동생을 시집 보내는데 그 누이의 옷소매가 그 첩의 옷소매의 좋은 것만 못하다 함은 그 자리가 가운데 있어서 귀하게 행한다는 것이니라. 【상육】여자가 광주리를 이는 데 실물이 없느니라. 선비가 양을 찌르는 데 피가 없으니 이로울 바가 없느니라. 상왈 상육에 실물이 없다 함은 빈 광주리를 이어받는다는 것이니라.

【요점】천지불교天地不交, 만물불흥萬物不興, 월기망月幾望이라 함은 천지가 쉬지 않으면 만물이 흥하지 않는다 이고, 달이 거의 보름달이 됐다는 것이다. 하늘과 땅은 음양의 조화로 드러난다. 음양의 조화는 암수의 사랑과 같

476

다. 암수가 사랑을 하여 사물의 근원을 만들어내는 것이 곧 조화의 극치이다. 그래서 노자는 수컷임을 알고 암컷임을 지키는 것이 천하의 법칙이다 라고 하였다.

천지天地를 암수로 보려는 것도 도덕道德이다. 도덕은 천지를 하나의 생명체로 보고 그 천지의 품안에 만물이 안기고 번성해서 생과 사를 누린다고 본다. 노자는 땅을 말의 암컷에 비유하고 하늘을 말의 숫컷에 비유하였다. 천지가 교합해서 만물이 일어난다는 것을 암말과 숫말이 사랑을 해서 씨를 잉태하는 것에 비유해서 논하였다. 이러한 관점이 도덕관이다.

주역은 유가儒家의 뜻에 의해 해석한다. 특히 단사彖辭와 상사象辭는 더욱 그러하다. 그러나 유가이든 도가이든 천지가 온갖 생명체를 관장하는 명命을 주관한다는 것을 긍정하고 있다. 그러므로 서양의 사상은 천지를 물질로 보고 삼라만상을 과학적으로 이해하려 들지만 동양의 사상은 천지를 생명으로 보고 삼라만상을 도덕적으로 유추하는 것이다.

또 달도 차면 기운다. 가득찬 것을 두려워하여 멀리하고, 덜어내어 빈 것을 곁에 두고 소중히 하라. 이러한 마음의 자세가 허심虛心이고 무심無心이다. 가득 차기를 구하지 말라. 그리하면 빈 곳이 없어 숨쉴 틈이 없다. 욕심을 부린다고 다 채워지는 것은 아니다. 그러나 한사코 가득 채워지기를 원한다면 달도 차면 기운다는 둥근 보름달처럼 기울어질 것이다. 그러므로 월기망月幾望은 채우는 것을 삼가라는 말씀이리라.

풍豐은 풍족하여 그득한 것을 뜻한다. 풍괘는 모든 것이 매우 넉넉하고 모자람이 없는 상태를 나타내고 있다. 그러나 궁하면 통하고 성하면 반드시 쇠하는 것이 역의 이치이다. 고통이 많은 불행한 처지에 있는 자에게는 구원의 길을 가르치고, 운이 한창 성한 자에게는 반드시 경계하여 알리고 있다. 해가 중천에 솟아오르면 곧 기울고 달도 차면 이지러지는 법이다.

현재의 상태를 유지하는 것만으로도 적지 않은 노력이 필요한데 새로운 사업을 확장한다는 것은 사리에 맞지 않는다. 남녀 관계에 있어서 장남진괘과 중녀이괘가 깊고 원만한 부부이지만 머지않아 쇠한다는 것을 암시하고 있다.

각 효사는 암담하고 비참한 상태에 있는 가운데 밝은 지혜이괘를 가지고 올바르게 움직이는진괘 처신법을 논하고 있다.

풍豐은 뻗어서 발전하고 성대한 것을 의미하므로서 밝은 지혜離에 의해 움직이고震 번영하므로 성하고 큰 덕을 구할 수 있다. 기운차게 뻗는 형세는 극에 달한다. 천지만물은 사계절의 변하여 감에 따라서 성하고 쇠하는데 더군다나 인간이 그 법칙에서 헤어날 수 있을 것인가. 죽은 사람의 넋도 벗어날 수 없다. 그러나 공연한 걱정으로 속을 태우지 말라. 중천에 솟아 있는 태양과 같이 공정하고 떳떳하게 행동하는 것이 지혜로운 방법이다.

【大象】우렛소리震와 번개불離이 동시에 일어난다. 이것이 풍의 괘상이다. 군자는 이 괘상을 보고 밝은 지혜에 의해 판결의 절차를 공평하고 올바르게 판단하여 형벌을 집행하고 위엄을 세운다.

【初陽】함께 나아갈 군주四陽를 만난다. 같은 통일적 근본 경향을 지녔기 때문에 세찬 반대에 부딪치는 일도 있으나 허물은 없을 것이다. 함께 나아가

면 부귀와 공명을 누리지만 쓸데없는 세력 다툼을 일으키면 재앙을 받을 것이다.

【二陰】거적을 병풍처럼 둘러친다. 낮에도 밤같이 어두워 북두칠성이 보일 정도이다. 실의에 잠길 때이다. 부질없이 나아가면 의심하여 수상히 여기고, 미움을 받는다. 정성스럽고 참된 뜻을 지켜 나가면 자연스레 동료들을 감동시켜 길할 것이다.

【三陽】천막을 겹겹이 둘러친다. 낮에도 작은 별까지 보일 정도로 어둡다. 큰 일을 할 시기는 아니다. 오른쪽 팔이 부러진다. 재주와 능력을 남이 모르게 숨기고 나아가면 그릇된 실수는 없을 것이다.

【四陽】거적을 두툼하게 둘러친다. 낮에도 북두칠성이 보일 만큼 어둡다. 그러나 앞으로 나아가면 힘을 모아 서로 돕는 후견인初陽을 만나 길할 것이다.

【五陰】어진이二陽을 초청해서 협력을 구하면 축하할 만한 기쁜 일과 명예를 얻는다. 길할 것이다.

【上陰】한때 하늘이라도 날아오를 듯이 영화를 누리던 사람의 저택에 지금은 두툼하게 둘러쳐 있다. 문 안을 들여다보아도 사람의 거동을 느낄 만한 자취가 없다. 사람의 눈을 피해서 살고 있는 것이다. 삼년동안 아무도 그의 얼굴을 본 일이 없다. 흉하다.

【해설】뇌화풍괘의 상괘는 우레를 상징하는 진괘, 하괘는 불과 현명함을 의미하는 이괘가 겹쳐서 괘를 이루었다. 풍괘는 사물이 적당한 시기에 이루는 정점의 상태를 나타내는 것으로서 태양이라면 중천에 치솟아 있는 정오의 태양을 상징하고 달이라면 보름달의 만월을 의미한다. 한 국가를 두고서도 풍괘의 상태를 미루어 짐작할 수 있다.

지혜와 능력을 갖춘 어질고 너그러운 성인이 제왕의 지위에 있어서 위로는 신하의 의견을 존중하고 아래로는 왕도정치를 구현하여 백성들은 제각기 알맞는 일거리를 구해 생계를 유지하여 살아나감이 즐거워진다. 따라서 백성들의 생활에 여유가 생기므로써 마땅히 지켜야 할 윤리와 예절이 존중되고 제도와 문화는 찬란하게 빛난다. 그리하여 군주와 신하와 백성들의 마음이 한데 뭉치어 단결하게 되니 나라는 안정되고 백성들은 평안하여 아무런 근심이 없게 되므로 타국에서도 높이 공경하여 감히 침략할 생각을 갖지 못한다. 이러한 태평성대를 유교가 간절히 바라는 이상적인 국가의 이미지인 것이다.

이것은 어느 한 국가를 초월하여 사업체이든 단체이든 제각기의 이상으로 하는 정점의 상태에 있는 것이다. 이것이 바로 풍괘의 모습이다. 그러나 역경은 현재의 상황에 만족하는 것을 용인하지 않는다 해도 중천에 달하면 기울게 되고 달도 만월이 되면 이지러진다. 일·월도 그러하거늘 인간인들 이 법칙에서 벗어날 수 있겠는가 라고 진리를 설파하고 있다. 오직 현명하게이괘 움직여진괘 현재의 상황을 유지할 수 있도록 각고의 노력을 쏟는다는 것이다. 그러나 현상유지의 노력은 전진의 노력보다 힘들고 어려운 일이다. 그러므로 더 이상 이루어보려는 욕망을 버리고 지금의 상태에 흡족할 줄 알아야 한다. 그리고 다음에 행할 목적을 위하여 앞서 마음의 준비를 하는 것이 갈팡질팡하지 않고 인생 후반전을 편안하게 보낼 수 있을 것이다.

한때 하늘이라도 날아오를 듯이 영화를 누리던 사람의 저택에 거적이 둘러쳐 있고 사람의 거동을 느낄 만한 자취도 없으며 삼년동안 아무도 그의 얼굴을 본 일이 없다는 상음의 효사와 같은 처지를 두려워할 줄 알아야 한다.

좋은 시절에 잰 체하고 뽐내며 방자하게 굴지 말고 험한 시절에 실의에 빠져 낙담하지 말라는 것이 처음부터 끝까지 변함이 없는 역경의 가르치고 깨우침이다.

【원문】

豐 亨. 王假之. 勿憂. 宜日中. 象曰 豐大也. 明以
풍 형 왕가지 물우 의일중 단왈 풍대야 명이

動 故豐. 王假之 尚大也. 勿憂 宜日中 宜照天下
동 고풍 왕가지 상대야 물우 의일중 의조천하

【직역】풍괘는 형통하는 괘이니라. 왕이 여기에 이르나니 근심하지 말지어다. 마땅히 해가 중천에 뜨리라. 단왈 풍괘는 아주 성대한 것이니 밝음으로써 움직이고 그러므로 성대하다. 왕이 여기에 이른다는 것은 숭상함이 크다는 것이니라. 해가 중천에 뜬다 함은 마땅히 천하를 비춘다는 것이니라. 해가 가운데 오면 곧 기울어지며 달도 차면 곧 이지러진다. 천지가 차고 비움도 때와 더불어 줄고 불어나는 것이다. 그런데 하물며 사람이며 하물며 귀신이랴. 상왈 우레와 번개가 함께 이르는 것이 풍괘이다. 군자는 이로써 옥사를 판결하고 형벌을 이루는 것이니라.

【원문】

初九 遇其配主. 雖旬无咎. 往有尙. 象曰 雖旬
초구 우기배주 수순무구 왕유상 상왈 수순

无咎 過旬災也. 六二 豐其蔀. 日中見斗. 往得疑
무구 과순재야 육이 풍기부 일중견두 왕득의

疾. 有孚發若 吉. 象曰 有孚發若 信以發志也.
질 유부발약 길 상왈 유부발약 신이발지야

九三 豐其沛. 日中見沬 折其右肱 无咎 象曰 豐
구삼 풍기패 일중견매 절기우굉 무구 상왈 풍

其沛 不可大事也. 折其右肱 終不可用也. 九四
기패 불가대사야 절기우굉 종불가용야 구사

豐其蔀. 日中見斗. 遇其夷主. 吉. 象曰 豐其蔀 位
풍기부 일중견두 우기이주 길 상왈 풍기부위

不當也. 日中見斗 幽不明也. 遇其夷主 吉 行
부당야 일중견두 유불명야 우기이주 길 행

也. 六五 來章 有慶譽. 吉. 象曰 六五之吉 有慶
야 육오 래장 유경예 길 상왈 육오지길 유경

也. 上六 豐其室 蔀其家 闚其戶 闃其无人 三歲
야   상육 풍기실 부기가 규기호 격기무인 삼세
不覿. 凶. 象曰 豐其室 天際翔也. 闚其戶 闃其
불적 흉 상왈 풍기실 천제상야 규기호 격기
无人 自藏也.
무인 자장야

【직역】【초구】그 짝이 되는 주인을 만난다. 비록 평등하게 할지라도 허물이 없다. 가면 숭상함이 있으리라. 상왈 비록 평등하게 할지라도 허물이 없다 함은 평등함도 지나치면 재앙이 된다는 것이니라.【육이】큰 포장이 풍부해진다. 한낮에 북두칠성을 보니 가면 의심과 질투를 얻는다. 믿음이 있어 뜻을 발하는 듯하다. 길하리라. 상왈 믿음이 있는 뜻을 발휘하는 듯하다 함은 믿음으로써 뜻을 발하게 한다는 것이니라.【구삼】그 패가 풍부해진다. 한낮에 작은 별을 본다. 그 오른팔이 꺾이니 허물이 없으리라. 상왈 그 패가 풍부해진다 함은 큰 일을 하지 못한다는 것이니라. 그 오른팔이 꺾인다 함은 마침내 쓰지 못한다는 것이니라.【구사】그 부가 풍부해진다. 한낮에 북두칠성을 보니 그 평등한 주인을 만나면 길하리라. 상왈 그 부가 풍부해진다 함은 그 자리가 마땅치 않다는 것이니라. 한낮에 북두칠성을 본다 함은 어두워서 밝지 않다는 것이니라. 그 평등한 주인을 만난다 함은 그 자체가 길하다는 것이니라.【육오】빛난 것을 오게 하면 경사와 명예가 있으니 길하리라. 상왈 육오의 길함은 경사가 있다는 것이니라.【상육】그 집을 풍부하게 하고 그 집의 지붕을 덮는다. 그 집을 엿보니 고요하고 그 사람이 없다. 삼년이 되어도 보지 못한다. 흉하니라. 상왈 그 집을 풍부하게 한다 함은 하늘 끝까지 올라가게 한다는 것이니라. 그 집을 엿보니 고요하고 그 사람이 없다 함은 스스로 감춘다는 것이니라.

【요점】천지영허天地盈虛, 여시소식與時消息, 이황어인호而況於人乎, 일중견매日中見沬라 함은 천지가 차고 비움도 때와 더불어 줄고 불어나는 것이거늘

하물며 인간인들 더 무엇하겠느냐이고 한낮에 작은 별을 본다는 것이다. 삼라만상이 오고 가는 것보다 더 크고 성한 것은 없다.

풍괘가 성대한 것은 먹을거리가 풍성하여 온갖 생물이 즐거워하기 때문이다. 세상에 있는 모든 생활현상을 영위하는 물체들이 활기차게 온 천지에 존재하며 이어 가고 있다. 이런 사물의 드러난 모양을 일러 명이동明以動이라 한다. 역경은 이런 장엄하고도 숭고한 모습을 뇌전雷電의 예를 들어 논하고 있다. 천둥雷과 번개電가 밝은 낮을 뒤덮는 먹구름을 가르고 번쩍이는 섬광으로 온 천하를 밝히고 옳고 그른 것을 갈라 분명하게 한다는 것이다.

그러므로써 군자는 풍괘의 뜻을 이어 받아 옥사를 파악하고 형벌을 다스리는 것이다. 풍성할수록 옥사를 엄하게 하고 부패를 척결하는 바른 도리를 군자는 풍괘를 통해서 인지하고 있는 것이다. 또 밝음과 맑음을 덮어 어둡게 하는 것이 부정부패이다. 한낮에 작은 별을 본다 함은 백성들이 누려야 할 풍년의 결실을 악의 무리가 후무려 갖는 뜻으로 새겨 들을 수 있다. 제아무리 풍년이 들어도 위정자들이 썩었다면 쌀뒤주를 갉아 먹는 좀벌레가 득실거리는 격이니 세상은 어둡게 되고 만다는 것이다.

56) 여旅 ䷷ 이괘 간괘   화산여 火山旅 : 쓸쓸하고 외로운 길손

여旅는 볼 일이나 유람의 목적으로 다른 고장이나 외국으로 가는 일을 뜻한다. 옛 사람들에게는 여행이 아주 힘든 일이었다. 교통과 숙소의 불편함, 낯선 고장의 익숙하지 못한 사람들 속에서 혼자 지내는 불안한 마음은 현대의 우리들로서는 도저히 상상도 못할 일이다. 정처없이 이리저리 돌아다니는 나그네가 상징하는 것은 불안정한 생활, 고독한 환경, 실연으로 인한 마음의 상처들이다. 이런 때에는 무리해서 난관을 타개하려 들지 말고, 서두르는 일이 없이 온당하고 건전하게 대처해야 한다. 다른 고을에 들어가면 그 고을의 풍습에 따르고 관련이 없는 일에 얽히지 않아야 한다. 그리고 나그네가 이루려고 하는 목표와 나아가는 방향을 잊지 않도록 속마음은 자신의 이상을 성실하게 지켜 나가는 것이다. 사람으로 태어나서 세상을 살아가는 길은 멀고도 먼 하나의 여정이기 때문이다.

여旅는 어느 정도 길이 트인다는 뜻이다. 유효五陰가 상괘에서 중정함을 지키고中位 부드럽게 강효를 따르고 있다. 행동이 경솔하지 아니하고 찬찬해서 밝은 지혜離를 잃지 않는다. 그렇기 때문에 어느정도 길이 트이는 것이다. 여행을 할 때 이러한 태도를 굳게 가진다면 길하다. 여旅의 뜻은 진실로 큰 것이다.

【大象】산艮 위에 불離이 붙어 타오른다. 이것이 여의 괘상이다. 군자는 이 괘상을 보고 스스로 경계하여 재판을 사사로움이 없이 공정하고 떳떳하게 처리해 나간다.

【初陰】여행을 떠나서 작은 일에 신경을 쓴다. 너그러운 마음과 깊은 생각이 없다. 재난을 불러들이는 원인이 될 것이다.

【二陰】여행을 떠나서 안전하게 머물러 묵을 곳을 정한다. 여비도 넉넉하

고 충성스러운 하인初陰도 있다. 맨 마직막에는 탈을 면한다.

【三陽】머무르는 곳에 불이 나서 쫓겨난다. 믿었던 하인도 신의를 저버린다. 위험이 다가오고 있는 것이다. 가엾고 애처롭다.

【四陽】여행중에 머물 곳을 얻어 오랫동안 우대를 받는다. 그러나 가야 할 목적지가 있기 때문에 마음은 언제나 불안스럽다. 不正

【五陰】꿩을 쏘아 보기 좋게 명중시켰지만, 꿩은 화살을 매단 채 그대로 달아나버린다. 그러나 일을 꾸미고 처러 나가는 재간을 인정받아 결국 영광스러운 명예를 누린다.

【上陽】새가 어렵게 만든 둥지를 불에 태운다. 여행하는 도중인데 마음이 방자上爻했기 때문이다. 뜻을 이루기 직전에 실의의 밑바닥으로 굴러 떨어져 울며 부르짖는다. 여행길에 없어서는 안 될 소까지 잃는다. 흉할 것이다.

【해설】화산여괘는 산을 의미하는 간괘와 불을 상징하는 이괘가 겹쳐서 이루어졌다. 불은 위로 타오르는 고유한 특성을 지녔으므로 아래에서부터 타오르는 불길은 그 형세가 강렬하고 세차다. 그러나 여괘는 산 위에서 타고 있는 불을 상징하고 있다. 이리저리 옮겨 다니면서 가늘고 약한 불길을 이어 나갈 뿐, 세차게 타오르고 싶어도 불길이 닿는 곳에는 이미 조화를 이룰 만한 그 무엇도 없다. 오직 근근하게 꺼질 듯 말 듯 연명해 가는 것이 산 위에서 아래로 타 내려오는 불의 형태인 것이다. 이렇듯 흔들리고 움직여서 지치고 느른한 불길은 옮겨 다니는 산위의 불, 그것은 정처없이 떠돌아다니는 나그네의 모습과 같다. 그래서 역경은 화산여괘를 무상한 길손에 빗대어 논하고 있다.

풍요로운 작금의 시대에는 여행은 즐겁고 유쾌한 것이다. 교통과 숙식도 편리하고 마음 내키는 대로 목적지를 찾고 흥청거릴 수 있고 사색에 잠길 수도 있다. 그러나 고대인들에게는 여행은 고통스러운 것이었다. 그것이 고독한 길손일 경우에는 더욱 그러하였다. 그들은 피로한 몸을 이끌고 삭막한 강·산을 더듬어서 건너야 하고 편히 쉬어 갈 곳도 없는 곳에서 때로는 굶주림을 참으며 하늘의 별을 바라보고 한뎃잠을 자야 하는 것이었다. 어느 때는 물을 찾아 헤매야 하고 어느 때는 맹수들의 으르렁거림에 놀라기도 했을 것이다. 모든 것이 낯설고 익숙치 않은 곳에서 함께 할 동료도 없이 홀로 나그네의 길을 걷고 있는 사람의 심정은 진정 외롭고 슬픈 것이다. 이렇듯 괴롭고 힘든 여행길을 성공적으로 이끌어 가는 방법이 바로 화산여괘가 논하는 가르침이다.

역경은 밝은 슬기로움과 유연하게 대처하는 자세와 부주의로 인한 잘못함이 없는 조심성을 방법으로 제시하고 있다. 남을 높이고 제 몸을 낮추는 태도로써 언행을 조심하고 무엇을 어떻게 처리할지를 현명하게 판단한다면 비록 풍속과 예절이 다르더라도 길손의 참된 성의만은 다른 사람들의 정신적인 호의에 예의롭게 반응할 것이라고 논하고 있다.

그러나 언행을 조심하고 겸손하게 처신하라는 것은 자신을 버리고 남의 호의를 얻기에만 치중하라는 것은 아니다. 아득하게나마 자기의 목표를 향하여 굳은 신념만은 굳게 지켜야 한다는 것이다. 방향과 목적이 뚜렷하면 어떠한 경우이든 언젠가는 목표로 삼는 곳에 이를 것이다. 그것은 나그네의 온갖 고초가 크면 클수록 그 여정에서 깨치고, 익히고, 체험하고 맛보는 성취감은 다음의 시대에 옮기어 전할 것이다.

【원문】

旅 小亨. 旅貞吉. 象曰 旅小亨. 柔得中乎外 而順
려 소형   여정길 단왈 여소형   유득중호외 이순

乎剛. 止而麗乎明. 是以小亨 旅貞吉也. 旅之時
호강 지이려호명   시이소형 여정길야   여지시

義大矣哉. 象曰 山上有火旅. 君子以明愼用刑
의대의재   상왈   산상유화려   군자이명신용형

而不留獄.
이불류옥

【직역】 여괘는 일이 조금 형통하는 괘이니라. 나그네가 마음을 바르고 곧

게 하여 여행을 가면 길하다. 단왈 여괘는 일이 조금 형통하는 괘이다 함은
부드러운 기운이 밖에서 가운데 자리를 얻어 강한 기운에 순응하고 머물러
밝은 기운에 걸친다는 것이니라. 이것이 바로 조금 형통하는 것이며 여괘는
나그네가 마음을 바르고 곧게 하면 길하다는 것이니라. 여괘의 때와 의가
크도다. 상왈 산 위에 불이 있는 것이 여괘의 형상이다. 군자는 이로써 밝게
삼가하며 형벌을 사용하고 옥에 머무르지 않게 하니라.

【원문】

初六 旅瑣瑣. 斯其所取災. 象曰 旅瑣瑣 志窮災
초육　여쇄쇄　사기소취재　상왈　여쇄쇄　지궁재

也. 六二 旅卽次 懷其資 得童僕貞. 象曰 得童
야　육이　여즉차　회기자　득동복정　상왈　득동

僕貞 終无尤也. 九三 旅焚其次 喪其童僕貞.
복정　종무우야　구삼　여분기차　상기동복정

厲. 象曰 旅焚其次 亦以傷矣. 以旅與下 其義喪
려　상왈　여분기차　역이상의　이려여하　기의상

也. 九四 旅于處 得其資斧. 我心不快. 象曰 旅
야　구사　려우처　득기자부　아심불쾌　상왈　려

于處 未得位也. 得其資斧 心未快也. 六五 射
우처　미득위야　득기자부　심미쾌야　육오　사

雉一矢亡. 終以譽命. 象曰 終以譽命 上逮也.
치일시망　종이예명　상왈　종이예명　상체야

上九 鳥焚其巢. 旅人 先笑 後號咷. 喪牛于易.
상구　조분기소　여인　선소　후호도　상우우이

凶. 象曰 以旅在上 其義焚也. 喪牛于易 終莫
흉　상왈　이려재상　기의분야　상우우이　종막

之聞也.
지문야

【직역】【초육】나그네가 의지가 약하면 곤궁해져 스스로 재앙을 불러들
인다. 상왈 나그네가 의지가 약하면 스스로 곤궁해진다 함은 뜻이 궁하여
재앙을 받는다는 것이니라.【육이】나그네가 여관에 들어가서 그 노자를 가

지고 마음이 곧고 바른 어린 종을 얻는다. 상왈 마음이 곧고 바른 어린 종을 얻는다 함은 마침내 허물이 없다는 것이니라.【구삼】나그네가 머무르던 여관이 불에 탄다. 그 어린 종이 곧고 바른 마음을 잃으니 위태하리라. 상왈 나그네가 머물던 여관이 불에 탄다 함은 또한 상한다는 것이니라. 나그네로서 아랫사람과 더불어 여행을 한다는 것은 그 의의를 잃어버렸다는 것이니라.【구사】나그네가 여행중에 한 곳에 처하고 그 노자와 도끼를 얻었으나, 나의 마음은 불쾌하도다. 상왈 나그네가 여행중에 한 곳에 처한다 함은 아직 자리를 얻지 못했다는 것이니라. 그 노자와 도끼를 얻었다 함은 아직 마음이 유쾌하지 못하다는 것이니라.【육오】꿩을 쏘아서 화살 한 개를 없애느니라. 마침내 명예와 복록이 있으리라. 상왈 마침내 명예와 복록이 있다 함은 위에서 내려 준다는 것이니라.【상구】새가 그 집을 불태우니 나그네가 먼저는 웃고 뒤에는 부르짖는다. 소를 쉽게 잃으니 흉하리라. 상왈 나그네가 윗자리에 있으니 그 의리가 불타 없어지는 것이니라. 소를 쉽게 잃으니 흉하다 함은 마침내 듣지 못한다는 것이니라.

【요점】여정길야旅貞吉也, 군자이명신용형이불류옥君子以明愼用形而不留獄이라 함은 여행시에는 마음을 곧고 바르게 하면 길하다 이고, 군자는 여괘를 깨치어 분명하고 신중하게 형벌을 활용하여 억울하게 감옥에 머물러 있지 않게 한다는 것이다.

여괘의 여旅는 오늘날의 관광을 가리키는 것이 아니다. 사람이 세상을 두루 살펴 예의 바르고 겸손하여 밝고 신중한 마음과 행동을 취하게 된 것을 역경은 여旅라고 궁구해 밝힌 것이다. 마음의 자세와 행동이 모자라거나 넘치지 않고 오로지 알맞은 것이 중용이다. 부드러운 것이 밖에서 중정함을 얻는다. 부드러운 것이 굳센 것에 적응하여 변화한다. 부드러운 것이 머물러 밝은 것과 짝을 찾는다. 이러한 것이 역경이 해석하는 중용의 요점이다. 이 것은 곧 순리에 머물고, 이치를 깨우쳐 모나지 않고, 세상을 순리대로 읽어 어긋나지 않게 순응하고, 현명함을 인식하여 지혜롭게 산다는 것이다.

세상을 넓게 살펴 터득한 여정旅貞은 인생을 행운의 길로 인도할 것이다. 또 산 위에 불이 있는 모습이 여괘이다. 산은 지그시 있지만 불은 움직인다. 멈춘 것은 오래 머물러 있지만 움직이는 것은 머물러 있지 않다는 이치를 살펴 군자는 법을 활용하고, 법을 운용하며 불을 다룰 때처럼 신중을 기해야 한다는 것이다. 지혜는 덕을 매우 소중히 여긴다. 이러한 지혜를 인생의 여정旅貞을 통해서 찾고 터득하여 바른 삶의 이치를 삼는 것이 곧 역경의 가르침인 것이다.

57) 손巽 ䷸ 손괘 손괘 중풍손 重風巽 : 부드럽기 이를 데 없다

손巽은 기압의 고저에 의하여 일어나는 공기의 움직임 곧 바람을 상징한다. 이 괘는 손괘가 두 개 겹친 형상으로 시원하고 가볍게 부는 바람이다. 바람은 물체와 부딪히면 유연하게 몸을 피해 간다. 바람은 어떠한 모퉁이의 안쪽이라도 비집고 들어간다. 손이란 손遜의 뜻으로 공손하게 사양함을 말하고 파고든다는 뜻도 된다. 이것의 의미는 부드러운 적응성을 가지고 어떤 관계이든 밖에서 안으로 향해 들어갈 수 있는 인간을 나타낸다. 그러나 유연한 적응성은 잘못하면 원칙이 없는 환경에 처할 수 있다. 우유부단하다는 비난을 받는 일도 있을 것이다. 행동거지가 어렵고 딱 잘라 결정하거나 단정을 내리지 못하는 일도 있지만 뛰어난 지도자를 만나서 그릇침이 없도록 노력해야 한다.

손巽은 조금씩 길이 트이는 것을 말한다. 거듭 겹쳐서 이루어진 손괘는 언제나 겸허한 태도로 상대방에게 접촉하는 것이다. 강효五陽는 중정의 도리에 의해 뜻을 수행하고, 유효初陰, 四陰는 항상 강효를 좇는다. 그렇기 때문에 조금씩 길이 열려 그곳으로 나아가 일을 진행하면 만사가 아무 탈이 없이 순조롭다. 언제나 뛰어난 지도자의 뜻을 따르는 것이 양효하다.

【大象】바람巽이 산들산들 불어온다. 이것이 손의 괘상이다. 군자는 이 괘상을 보고 항상 겸손한 태도로써 일을 진행하는 것이다.

【初陰】확실하고 견고한 신념이 없고 진퇴가 분명하지 않으면 안 된다. 죽어도 변함이 없는 무사도의 절개와 지조를 본받아야 한다.

【二陽】겸손한 자세로 공손하게 꿇어앉아 신에게 빌어 도움을 받는다면 길하고 허물이 없다.

【三陽】겸손함도 그 도가 지나치면 용기가 없고 비겁하게 보인다. 마음에

참됨이 없으니 비난을 받고 어려운 처지에 놓인다.

【四陰】 뉘우침이 없을 것이다. 사냥을 나가면 여러 가지 짐승을 잡아 기쁨을 얻는다.

【五陽】 중정함을 지켜 나가는 것이 길하다. 뉘우침이 없어진다. 모든 것이 아무 탈이나 말썽이 없다. 처음에는 어려움이 있지만 나중에는 순조롭다. 구시대의 잘못된 제도를 개혁하기 위해서는 깊이 생각해서 한계를 지어 나가야 한다. 길하다.

【上陽】 겸손함이 도에 지나쳐 아무에게나 천하고 옹렬하게 머리를 숙인다면 재산도 권위도 모두 잃고 만다. 도리에 맞는 일이라도 흉하다.

【해설】 중풍손괘는 손괘가 겹쳐 이루어져 바람이 불고 또 부는 상태를 표현한다. 돌이 데굴데굴 구르고, 나무가 통째로 뽑히고 집이 한쪽으로 쏠려 넘어지고 바닷물을 밀어 올려 해일을 일으키는 사납고 세찬 바람이 있다. 그러나 이러한 거칠고 무시무시한 바람은 본디 그대로의 모습은 아니다. 나도 흥분하면 거친 기운이 있다는 시위에 불과한 것이다.

바람의 본성은 정녕코 부드럽고 겸손하고 순성한 것이다. 바람은 인간에게 어려움을 주고 피해를 입혀 저주의 대상이 되기를 원하지 않는다. 제 힘보다 약하고 가녀린 것에 대해서는 부드럽고 실수가 없도록 삼가서 곱게 어루만져 주는 것이 바람의 고운 자태인 것이다. 그러기에 늘어진 실버들 가지를 꺾는 법이 없고, 망울만 맺히고 아직 피지 아니한 꽃이나 어린 새 잎사귀를 못본 체 지나치는 일이 없다. 항상 다가와서 머리를 쓰다듬어 주고 자리를 떠나간다. 중풍손괘가 상징하는 바람은 이러한 정답고 조심성 있는 시원하고 가볍게 부는 봄바람을 의미한다. 모든 것이 활기차고 새로운 생명의 동산에 봄기운을 듬뿍 몰고 와서 싱싱하고 따사로운 느낌을 안겨 주는 그러한 봄바람의 형상인 것이다.

역경은 중풍손괘를 통하여 남을 높이고 제 몸을 낮추는 태도의 중요성을 계시하고 있다. 그리고 제 몸을 낮추는 태도는 자신의 이상이나 신념을 포기하며 남의 의견에만 무조건 따르고 마음에 들도록 영합하여 눈치를 살피라는 것이 아니다. 그것은 겸손이 아니고 아부이며 비굴인 것이다. 자신의 이상과 신념에는 추호의 동요도 있을 수 없다. 휘거나 구부러지지 않고 그것의 실현을 위하여 전진해야 한다. 다만 그 발전하는 경로와 목적을 이루기 위한 방법에 있어서는 언제나 봄바람처럼 부드럽고 겸손한 태도로써 거듭 노력을 쌓아 가면 조금씩 쌓은 공이 마침내는 큰 공을 이룬다는 것이다. 겉으로는 부드럽고 순한 듯하나 속마음은 꿋꿋하고 곧은 것을 역경에서는 도덕적·사회적 이상을 실현시키기 위한 생활태도라고 논하고 있다.

【원문】

巽 小亨. 利有攸往. 利見大人. 象曰 重巽以申
손 소형 이유유왕 이견대인 단왈 중손이신

命. 剛巽乎中正而志行 柔皆順乎剛. 是以小亨
명 강손호중정이지행 유개순호강 시이소형

利有攸往 利見大人. 象曰 隨風巽. 君子以申命
이유유왕 이견대인 상왈 수풍손 군자이신명

行事
행사

【직역】손괘는 크게 통하지는 못하고 조금 형통하는 괘이다. 가는 바를 둠이 이로우니라. 대인을 만나면 이롭다. 단왈 거듭한 바람으로 명을 펴 나가는 괘상이다. 강한 기운이 중정의 자리에서 겸손하게 뜻을 행하고, 부드러운 기운은 모두 강한 기운에 순종하는 것이니라. 이것이 바로 크게 통하지는 못하고 조금 통하는 것이며, 가는 바를 둠이 이롭고, 대인을 만나면 이롭다는 것이니라. 상왈 따르는 바람이 바로 손괘의 상이니라. 군자는 이로써 명을 거듭하여 일을 행한다는 것이니라.

【원문】

初六 進退. 利武人之貞. 象曰 進退 志疑也. 利
초육 진퇴 리무인지정 상왈 진퇴 지의야 리

武人之貞 志治也. 九二 巽在牀下. 用史巫紛
무인지정 지치야 구이 손재상하 용사무분

若. 吉无咎. 象曰 紛若之吉 得中也. 九三 頻巽.
약 길무구 상왈 분약지길 득중야 구삼 빈손

吝. 象曰 頻巽之吝 志窮也. 六四 悔亡 田獲三
린 상왈 빈손지린 지궁야 육사 회망 전획삼

品. 象曰 田獲三品 有功也. 九五 貞吉. 悔亡.
품 상왈 전획삼품 유공야 구오 정길 회망

无不利 无初有終. 先庚三日 後庚三日 吉. 象曰
무불리 무초유종 선경삼일 후경삼일 길 상왈

九五之吉 位正中也. 上九 巽在牀下. 喪其資斧.
구오지길 위정중야 상구 손재상하 상기자부

貞凶. 象曰 巽在牀下 上窮也. 喪其資斧 正乎凶
정흉 상왈 손재상하 상궁야 상기자부 정호흉

也.
야

【직역】【초육】나아가고 물러남이다. 무인의 마음같이 곧고 발라야 이로
우니라. 나아가고 물러남이다 함은 뜻을 의심한다는 것이니라. 무인의 마음
같이 곧고 발라야 이롭다함은 뜻을 다스린다는 것이니라.【구이】평상 아래
에 있으니 사관과 무를 많이 쓰면 길하고 허물이 없으리라. 상왈 많이 쓰면
길하다 함은 중도를 얻었다는 것이니라.【구삼】자주 겸손함이니 부끄러우
니라. 상왈 자주 겸손하여 부끄럽다 함은 뜻이 궁하다는 것이니라.【육사】
후회가 없어지니 사냥하여 세 가지 물건을 얻도다. 상왈 사냥하여 세 가지
물건을 얻었다 함은 공이 있다는 것이니라.【구오】마음을 곧고 바르게 가지
면 뉘우침이 없어지니 이롭지 않음이 없으리라. 처음은 없고 마침은 있느니
라. 경일庚日보다 앞서 삼일이며, 경일보다 뒤로 삼일이다. 길하리라. 상왈 구
오의 길하다 함은 위치가 바르고 가운데에 있다는 것이니라.【상구】겸손한
것이 상 아래에 있으니 그 몸에 지닌 도끼를 잃었다. 마음은 곧고 바르게 해
도 흉하리라. 상왈 겸손한 것이 상 아래에 있다 함은 위가 궁하다는 것이니라.
그 몸에 지닌 도끼를 잃었다 함은 바로 흉하다는 것이니라.

【요점】중손이신명重巽以申命, 군자이신명행사君子以申命行事라 함은 거듭된 손괘로서 명을 거듭한다 이고, 군자는 손괘를 깨치어 명을 거듭해서 내리고 일을 행한다는 것이다. 천명의 명은 만물을 한결같이 관장하므로 생명의 삶을 소중히 하라는 것이다. 이것은 부드럽고 겸손한 마음으로 삶을 중히 여기고 천지의 베풂을 고마워한다는 말씀이다. 모든 변화 곧 역은 강약이 서로 응하고 거역하는가에 의해서 변화의 길흉이 정해진다. 역경은 이러한 변화를 중정을 향하는 것이라고 했다. 중정이란 알맞은 마음의 자세와 행동이며 이러한 중정은 겸손한 마음의 자세인 손괘와 서로의 뜻이 일치한다.

결국 삶의 길흉은 마음가짐의 처신과 어떻게 뜻을 세워 행하는가에 있다. 분수에 넘치면 탈이 나는 법이지만 순리에 따르고 사리에 어긋나지 않는다면 탈은 없을 것이다. 그리하면 하는 일마다 통하리라. 또 군자가 내리는 명은 일을 그르치지 않기 위해서는 성실하고 겸손하게 처신해야 한다는 부탁의 말씀이다. 허세·허영·허욕 등으로 인생을 낭패스럽게 하지 말고 자신의 인생을 소중히 갈무리하여 허물없는 삶을 살아가야 한다는 말씀인 것이다. 이것은 곧 다시 되돌아갈 수 없는 자신의 삶을 함부로 허비해서는 안 된다는 일깨움이리라.

58) 태兌 ䷹ 태괘
태괘
중택태 重澤兌: 화합하여 즐겁고 유쾌하다

태兌는 즐겁고 유쾌하고 만족스러움을 나타낸다. 태괘는 연못·소녀·입을 상징하고 두 개의 괘가 위·아래로 겹쳐 있어서 두 처녀는 유쾌하고 즐겁게 이야기하며 웃는 모습을 표현하고 있다. 그것을 보는 사람으로 하여금 저절로 미소를 짓게 하는 정다운 분위기가 있는 것이다.

태괘는 즐겁고 화목하게 사는 것이 얼마나 중요한 것인가를 보여 주고 있는 괘이다. 입은 웃고 대화를 하는 것으로 서로 마음을 통하게 하지만 한번 잘못하면 입은 더러워지고 오고 가는 말이 불화를 가져온다. 인간관계를 모난 데가 없이 원만하게 이끌어가는 입은 성실한 마음에 그 바탕을 두어야 한다. 남의 비위에 맞도록 꾸민 달콤한 말로는 참된 인간관계를 이룰 수 없다.

태兌는 번영하고 발전하는 괘이다. 강효剛爻는 안에 있고, 유효柔爻는 밖에 있어서 겉은 부드럽고 순한 듯하나 속은 꿋꿋하고 곧은 덕의 모습을 상징하고 있다. 바른 도를 걸어가기 때문에 솟아 일어나는 자연적인 마음의 즐거움을 시종일관 유지해 나가면 만사가 순조롭고 하늘의 명에 꼭 들어맞아 사람들과 마음을 서로 통할 수 있는 것이다.

함께 기뻐하는 마음으로 백성들을 가르쳐 이끈다면 백성은 그 수고스럽게 애씀을 잊고 이를 따르며 어떠한 험난 속에서도 죽음을 두려워하지 않고 순순히 복종한다. 즐거움의 큰 힘은 백성의 마음을 북돋우고 온 힘을 다하여 떨쳐 일어나도록 분발하게 하는 것이다.

【大象】위 아래에 겹쳐 있는 연못, 이것이 태의 괘상이다. 군자는 이 괘상을 보고 벗들과 같이 학문과 기술을 연구하여 닦고 뜻을 이룬다.

【初陽】샘을 내서 미워하는 마음이 없이 서로 뜻이 맞아 화목하고 즐겁다. 길하리라. 正

【二陽】믿고 의지하는 마음으로 결합하고 성의가 넘치니 즐겁고 길하다. 뉘우침이 없을 것이다. 中

【三陰】마음과 힘을 합하여 서로의 뜻을 맞추는 경향이 있다. 흉하다 不正

【四陽】물질적인 것과 정신적인 것 가운데 어떤 즐거움을 취할 것인가를 놓고 속을 태우며 괴로워한다. 깊이 잘 생각하여 의연한 태도로 그릇된 길을 멀리한다면 진실하고 올바른 즐거움이 찾아올 것이다.

【悟陽】사욕을 채우려는 마음을 가지고 자신을 공격하는 사람에게도 정성스러운 뜻을 가지고 대하기 때문에 위험한 경우에 처하는 일이 있다. 正

【上陰】권력에 환심을 사려고 알랑거리는 자들이 모여들어 기뻐한다. 뜻이 우러러 고경할 만한 위치에 놓여 있지 않다.

【해설】중택태괘는 태괘가 겹쳐서 이루어졌고 즐거움을 나타내므로써 즐거움과 즐거움이 위아래에 겹쳐 있는 모습을 상징한다. 즐거움이 나란히 있다는 것은 서로 공감할 수 있는 마음이며, 공감으로 연결하는 마음은 힘을 모아 서로 협력할 수 있는 상태를 뜻하는 것이다.

인간이 어떠한 일에 대해 의욕을 가질 수 있다면 그 일에 대해 만족과 즐거움을 느낄 수 있고 성의와 노력을 바칠 수 있다. 즐거움에서 출발하는 정성스러운 뜻은 한 사람의 힘으로 국가와 사회를 움직이고 나아가서는 하늘 아래 온 세상을 움직일 수 있는 가능성을 엿볼 수 있는 것이다. 더구나 다수의 마음이 하나의 공감으로 연결되어 목적을 위해 협력할 수 있다면 천하의 그 어떠한 일도 이루기 위해 힘들거나 어렵지 않을 것이다.

사회생활에 있어서 인간대 인간의 관계는 복잡다단하다. 그러므로 서로 접촉하고, 교섭을 가지는 등 어떤 관계로든 연결이 된다. 그러나 이러한 인간관계가 모두 즐겁고 유쾌한 것만은 아니다. 그것은 의무감 연대책임 등 업무적인 관계로서의 중압감을 느끼게 하고, 어찌할 수 없다는 체념을 가지게 하는 고통스러운 관계인 것이다. 인간들은 이러한 활동을 하며 살아가는 상태에 고단함과 외로움을 느낀다. 그와 함께 인간의 경제생활이 확대되고 다양화됨에 따라 인간은 점차로 자신의 생활 속에 예속되어 가고 있다. 이제 인간은 생활에 끌려가며 그의 노예로 변해 가고 있는 것이다. 이러한 비극적 사태에 비례하여 어떻게 하면 즐거운 인간 생활을 성취할 수 있을까 하는 인간의 노력도 커져가고 있다.

역경은 인간이 서로 기쁜 마음을 연결하며 살 수 있는 그 방법에 대해 이와같이 논하고 있다. 그것은 겉은 부드럽고 속은 강한 외유내강의 성정과 스스로 앞장서서 실천하는 선구자적인 추진성이 있어야 한다는 것이다. 겉은 부드럽게 한다는 것은 겸손한 태도와 몸에 밴 예절로써 타인과의 사교를 부드럽고 선의에 찬 분위기로 이끌어가는 것을 의미하고 속이 강하다는 것은 그 마음속에 바르고 선한 것에 대한 부동의 신념이 있어서 한결같이 의연하고 변함이 없음을 의미한다. 그리고 앞장서서 실천한다는 것은 진정 즐거워하는 마음으로 남을 따라오게 할 수 있는 정신적 상태일 것이다.

그러기에 군주는 유쾌한 마음으로 고통스럽고 힘드는 일에 백성들의 앞장을 서면 백성은 자신의 노고를 잊고 마음과 힘을 다하여 떨쳐 일어날 것이고, 즐거운 마음으로 국가의 위난에 앞장서서 뛰어들면 백성들은 자신의 죽음을 생각지 않고 한결같이 궐기할 것이라고 역경은 논하고 있다.

【원문】

兌亨. 利貞. 象曰 兌說也. 剛中而柔外 說以利
태 형 이정 단왈 태열야 강중이유외 열이이

貞. 是以順乎天而應乎人. 說以先民 民忘其勞
정 시이순호천이응호인 열이선민 민망기로

說以犯難 民忘其死. 說之大 民勸矣哉. 象曰
열이범난 민망기사 열지대 민권의재 상왈

麗澤兌. 君子以朋友講習.
려택태 군자이붕우강습

【직역】 태괘는 만사가 형통하는 괘이므로 마음을 곧고 바르게 함이 이로우니라. 단왈 태괘는 기뻐하는 것이다. 강한 기운이 가운데에 있고 부드러운

기운이 밖에 있으므로 기뻐하고 마음을 곧고 바르게 가지면 이로우니라. 이로써 하늘에 순종하고 사람에게 응하는 것이다.

기쁨으로써 백성에게 다가가면 백성은 그 수고로움을 잊고 기쁜 마음으로 어려운 일을 범해도 백성은 그 죽음을 잊는다는 것이니라. 기뻐함의 큰 것을 백성이 권하느니라. 상왈 두 연못이 붙어 있는 것이 태괘의 상이다. 군자는 이로써 친구와 강습하느니라.

【원문】

初九 和兌. 吉. 象曰 和兌之吉 行未疑也. 九二
초구 화태 길 상왈 화태지길 행미의야 구이
孚兌 吉悔亡. 象曰 孚兌之吉 信志也. 六三 來
부태 길회망 상왈 부태지길 신지야 육삼 래
兌. 凶. 象曰 來兌之凶 位不當也. 九四 商兌 未
태 흉 상왈 래태지흉 위부당야 구사 상태 미
寧 介疾有喜. 象曰 九四之喜 有慶也. 九五 孚
녕 개질유희 상왈 구사지희 유경야 구오 부
于剝. 有厲. 象曰 孚于剝 位正當也. 上六 引兌.
우박 유려 상왈 부우박 위정당야 상육 인태
象曰 上六引兌 未光也.
상왈 상육인태 미광야

【직역】【초구】화목해서 기뻐함이니 길하리라. 상왈 화목해서 기뻐함이니 길하다 함은 행하는데 의심하지 않는다는 것이니라.【구이】미더워해서 기뻐함이니 길하고 후회가 없느니라. 상왈 미더워서 기뻐함이니 길하다 함은 뜻을 믿는다는 것이니라.【육삼】와서 기뻐함이니 흉하리라. 상왈 와서 기뻐함이니 흉하다 함은 자리가 마땅하지 않다는 것이니라.【구사】서로 기쁨을 헤아리나 편하지 아니하다. 분별해서 미워하면 기쁨이 있으리라. 상왈 구사의 기쁨이란 경사가 있다는 것이니라.【구오】깎는데 믿으면 위태함이 있으리라. 상왈 깎는데 믿으면 위태함이 있다 함은 자기가 정당해서 그렇다는 것이니라.【상육】이끌어서 기뻐한다. 이끌어서 기뻐한다 함은 아직 빛나

지 못한다는 것이니라.

【요점】 강중이유외剛中而柔外, 열이이정說以利貞, 부태孚兌, 길회망吉悔亡이
라 함은 굳센 것은 가운데에 있고 부드러운 것은 밖에 있다 이고, 참되고 믿
음직함은 기쁘고 즐겁기 때문에 뉘우칠 것이 없다는 것이다. 겉은 부드럽고
속은 강직하다는 것은 외유내강이라는 글귀이다. 설익은 인간은 어딘가 어
설프고, 영근 인간은 삶을 물샐틈없이 주재한다. 우유부단한 사람은 일마
다 성글어 무엇 하나 제대로 간수할 줄 모르고, 급하게 서두르는 사람은 비
위에 거스르는 성미로 괴팍스럽게 군다. 이런 것은 모두 외유내강의 참뜻을
모르기 때문이다. 부드러운 것이 밖에 있다는 것은 남을 부드럽게 대한다는
글귀이고, 굳센 것이 가운데에 있다는 것은 자신을 굳세게 대한다는 글귀이
다. 남에게 부드럽고 자신에게 강한 사람이 실로 굳세고 용기있는 사람이다.
　그래서 노자는 약하고 부드러운 것이 강하고 굳센 것을 이긴다고 했으며,
공자는 홀로 있을 때 더욱 삼간다고 했다. 또 서로 참되고 믿는 마음이 없다
면 인생에서 기쁨도 즐거움도 누릴 수 없다. 서로 참되고 믿는 데서 오는 즐
거움이 곧 허물없는 인생의 길함이다. 역경에서 부孚라는 문구가 자주 등장
하는데 이것은 참되어 믿을 수 있다는 것이다. 그리고 역경에서 가장 많이
나오는 단어는 막히지 않고 통한다는 형亨이다. 서로 막히지 않고 통하는 삶
을 역경은 길吉하다 하고, 서로 막혀 통하지 않는 것을 흉凶하다고 논한다.
이것은 서로 마음을 열고 통하려면 서로 참되고 믿을 수 있어야 한다는 것
이다.

손괘
감괘 풍수환 風水渙 : 떠나가는 민심을 멈추게 한다

환渙은 갈라져서 이리저리 흩어진다는 의미이다. 돛을 단 배가 물 위를 질주하는 상으로서 밖을 향해 큰 기운을 발산시켜 목적을 성취해 나가는 시기이다. 그러나 이리저리 흩어진다는 것은 어떤 단체나 집단이 여러 파로 갈라지고 민심이 떠나가는 여러 가지 괴롭고 힘든 전도를 암시하고 있다.

새로운 출발을 할 때에는 먼저 이 사실을 마음속에 새기어 두고 나아가야 한다. 그러면 큰 위난을 극복하고 뜻을 이룰 수 있다. 괘의 형상은 물 위감괘에서 부는 바람손괘이 물결에 휘날리는 마른 풀이나 낙엽·지푸라기 등을 흐트러 놓은 모습을 상징하고 있다. 한 곳에 머물러 막혀 있는 정체된 상태를 풀어헤치고 새로운 출발을 하는 데는 길한 괘이다.

환渙은 크게 발전하고 번영하는 괘이다. 강효二陽가 가운데中位에 있어 모든 능력을 발휘하고, 유효四陰가 바른 자리正位에 있어서 위五, 上와 한 뜻이 되어 이리저리 흩어져 떠나가는 것을 멈추게 한다. 천자도 스스로 종묘에 제사를 지내고 백성이 분산되어 흩어지는 것을 막는다. 이러한 각고의 노력을 변함없이 계속해 나가면 강坎을 건너는 데 뗏목巽을 얻는 것처럼 큰 강을 건너는 위급하고 어려운 경우를 극복하고 큰 공을 세울 수 있다.

【大象】바람巽이 물 위坎를 스쳐 지나간다. 이것이 환의 괘상이다. 군주는 이 괘상을 보고 천신에게 제를 지내고 종묘를 세워 백성이 흩어지는 것을 못하게 한다.

【初陰】절망의 구렁에서 벗어난다. 도와 주는 말二陽은 날래고 용감하다. 그대로 따라가면 길하다.

【二陽】흩어질 위험이 있을 때는 서둘러 도와 주는 이初陰를 만나 의지해야 한다. 소망이 이루어져 뉘우침이 사라진다.

【三陰】몸을 바쳐 있는 힘을 다해 헌신한다. 뉘우침은 없다.

【四陰】사사로운 파당을 해산하면 크게 길하다. 일단 모인 사람을 흩어지게 한 뒤에 다시 뭉치어 한 덩어리를 이룬다. 매우 감동적인 대사업이 성취될 것이다.

【五陽】흩어질 위기에 처했을 때 큰 소리로 꾸짖고 그것을 막으면 왕위는 평안하고 허물이 없어진다. 中

【上陽】피 흘리는 무대 위에 봉착한다. 주의해서 목숨을 위태롭게 하는 험난한 고비를 넘기면 허물은 없을 것이다.

【해설】풍수환괘의 상괘는 바람을 의미하는 손괘이고, 하괘는 물을 상징하는 감괘가 겹쳐서 괘를 이루었다. 바람이 물 위에서 불고 있는 모습이다. 환은 흩어진다, 분산한다의 뜻이다. 날이 새면 어둠이 흩어지고 봄이 오면 추워서 죄던 날이 누그러지는 그러한 상태를 의미한다. 날이 새면 희망이 가득한 새로운 하루는 시작되는 것이고, 봄이 오면 번영하고 생성하는 화려한 계절의 서막은 열리는 것이다. 지금 그러한 순간에 와 있는 것이다.

역경 육십사괘 가운데 환괘와 같이 무엇을 하고자 하는 적극적인 의미로서 가슴 설레게 하는 괘는 없다. 비좁고 숨이 막힐 듯한 철사 그물망 속에 갇혀 있던 비둘기가 우리를 빠져나와 한없이 넓고 무한대한 푸른 창공을 향하여 훨훨 날아오르는 그 순간을 상징하고 있는 것이다. 이러한 상태를 세상사에 빗대면 어느 한 국가가 지금까지의 위급하고 어려운 처지에서 벗어나 새로운 발전의 전기를 마련하는 상태라고 표현하고 싶다.

한 나라가 정쟁과 사회악으로 말미암아 발전은 정지되고 안팎으로부터 일어나는 고난과 역경을 맞기까지에는 사회에 내재하는 모순에서 생기는 해악이 이미 뿌리깊이 박혀 있는 것이므로 위난의 근원이 그리 간단한 것은 아니다. 이 해악의 뿌리가 완전히 뽑히기 전까지는 내외의 위난을 극복할 수가 없다. 이러한 해악과 위난을 깨끗이 정리하고 위기에서 벗어나는 일은 새로운 국가를 건설하는 것만큼이나 힘들고 어려운 일이다. 이러한 어려운 일을 기꺼이 단행할 수 있다면 그 나라는 새로운 발전과 번영을 추구하는 계기가 될 수 있을 것이다. 그러나 위대한 재건이나 대개혁은 아무나 이룩할 수 있는 것은 아니다. 이것은 현명한 사고와 과감한 용단성을 지닌 인물이 군주의 지위에 있고 이와 뜻을 같이하는 신하들이 그 주변에서 협력하며 또 어질고 사리에 밝은 군주를 따르는 백성들이 있어야만 비로소 대개혁을 통한 중흥의 대업을 이룩할 수 있는 것이다.

풍수환괘의 형태를 살피면 군주의 위치로 되어 있는 제오효에 양효가 있고, 하괘에도 양효가 중앙의 위치에 있으며, 또 음효가 양효의 옆에 위치하여 음양이 서로 호응하는 상태를 나타낸다. 그래서 역경은 강효가 중앙의 위치를 차지하여 기운차게 뻗는 형세가 막힘이 없고 부드러운 기운이 곁에 위치하여 위와 뜻을 같이하고 협력하니 위난을 극복하고 새로운 발전의 전기를 마련하는 것으로 논하고 있는 것이다.

【원문】

渙 亨. 王假有廟. 利涉大川. 利貞. 象曰 渙亨. 剛
환 형 왕가유묘 이섭대천 이정 단왈 환형 강
來而不窮 柔得位乎外而上同. 王假有廟 王內
래이불궁 유득위호외이상동 왕가유묘 왕내
在中也. 利涉大川 乘木有功也. 象曰 風行水上
재중야 이섭대천 승목유공야 상왈 풍행수상
渙. 先王以享于帝立廟.
환 선왕이형우제립묘

【직역】 환괘는 형통하는 괘이니라. 왕이 묘당에 이르니 큰 내를 건넘이 이로우니라. 마음을 곧고 바르게 하면 이로우니라. 단왈 환괘가 형통하는 괘라 함은 강한 기운이 와서 궁하지 않고, 부드러운 기운이 밖에서 자리를 얻어 위와 같이 하기 때문이다. 왕이 묘당에 이르렀다 함은 왕이 바로 가운데 자리에 있기 때문이다. 큰 내를 건넘이 이롭다 함은 나무를 타서 공이 있다는 것이니라. 상왈 바람이 물 위에서 행하는 것이 환괘의 상이니라. 군자는 이

로써 상제께 제사를 올리고 묘당을 세우는 것이니라.

【원문】

初六. 用拯. 馬壯. 吉. 象曰 初六之吉 順也.
초육 용증 마장 길 상왈 초육지길 순야.

九二 渙奔其机 悔亡. 象曰 渙奔其机 得願也.
구이 환분기궤 회망 상왈 환분기궤 득원야.

六三 渙其躬. 无悔. 象曰 渙其躬 志在外也. 六
육삼 환기궁 무회 상왈 환기궁 지재외야 육

四 渙其群. 元吉. 渙有丘. 匪夷所思. 象曰 渙其
사 환기군 원길 환유구 비이소사 상왈 환기

群 元吉 光大也. 九五 渙汗其大號. 渙王居无
군 원길 광대야 구오 환한기대호 환왕거무

咎. 象曰 王居无咎. 正位也. 上九 渙其血 去逖
구 상왈 왕거무구 정위야 상구 환기혈 거적

出. 无咎. 象曰 渙其血 遠害也.
출 무구 상왈 환기혈 원해야

【직역】【초육】 구원하는데 말의 힘이 세니 길하니라. 상왈 초육의 길함은 순종한다는 것이니라. **【구이】** 그 책상으로 달려가서 몸을 의지한다. 뉘우침이 없어지리라. 상왈 그 책상으로 달려가서 몸을 의지한다 함은 소원을 얻었다는 것이니라. **【육삼】** 그 몸을 흩트린다. 뉘우침이 없느니라. 상왈 그 몸을 흩트린다 함은 뜻이 밖에 있다는 것이니라. **【육사】** 그 무리를 숙청한다. 크게 길하리라. 숙청이 언덕에 있으니 평등하게 생각할 바가 아니리라. 상왈 그 무리를 숙청함에 크게 길하다 함은 빛나고 크다는 것이니라. **【구오】** 그 크게 부르짖음이 땀 나듯이 한다. 군주가 거함이니 허물이 없으리라. 상왈 군주가 거함이니 허물이 없다 함은 자리가 바르다는 것이니라. **【상구】** 그 피를 흩트린다. 두려운 데에서 나가면 허물이 없으리라. 상왈 그 피를 흩트린다 함은 해를 멀리한다는 것이니라.

【요점】환渙·형亨·선왕이형우제입묘先王以享于帝立廟라 함은 환괘는 형통하는 괘이며, 선왕은 환괘를 본받아 하늘에 제사를 올리고 묘를 세운다는 것이다. 환괘의 괘상을 살피면 강한 기운이 가운데 있고, 부드러운 기운이 밖에 있는 모습이다. 인간의 마음도 강한 기운과 부드러운 기운이 있다. 이 두 기운이 서로 응하고 따르면 편안한 마음의 자세를 갖출 수 있다.

사람에게 감추어져 있는 욕망이란 것이 언제나 허물이 된다. 마음의 강유를 항상 어긋나게 유혹하기 때문이다. 인간이 행하는 일에는 해야 할 것이 있고 하지 않아야 할 것이 있다. 그것을 가려서 몸가짐이나 행동을 바르게 처신하면 궁하지 않는다.

환괘는 통한다. 이는 어긋나지 않는 마음 가짐이며, 사리에 순응하는 마음의 자세인 것이다. 상식을 존중하라. 이것이 환괘의 일깨움이다. 또 내가 누리고 있는 이 목숨은 내 것이 아니다. 부모로부터 물려받은 생명을 소중히 간직했다가 자손에게 물려주고 이어서 자손대대로 인간이란 씨앗이 피고 지고 하는 것으로 보는 마음가짐이 곧 조상에게 제사를 올리는 풍속이다. 종묘에 제사를 올리는 것은 섭생의 지극한 예이다.

산들바람이 불어 퀴퀴한 냄새를 모두 쓸어가 버리는 것을 상상해 보라. 곰팡이가 슬면 바람에 쏘이고 햇볕에 말려야 한다. 환괘는 그러한 마음의 자세인 것이다. 묶인 것이라면 풀어 주어 해방을 누리게 하고 얽힌 것이라면 흩어지게 하여 숨통을 터주려는 마음의 자세가 곧 환괘의 일깨움이다.

60) 절節 감괘 태괘 수택절 水澤節 : 유혹을 물리친다

절節은 정하여 놓은 범위를 지켜 머문다는 뜻으로 일어나 행동을 똑똑 끊어 맺는 절도를 지킨다는 것이다. 절의 의미는 본래 대나무의 마디를 일컫는데, 그 마디로 한계를 짓는 것이다. 개인의 건강에서부터 대인관계, 정치경제, 그리고 지구의 사계절의 순환도 절제·절조·절의 등 모두 절마디이 있기 때문에 아무 탈이나 말썽이 없이 예정대로 진행되는 것이다.

괘의 형상도 연못태괘이 물감괘을 담고 있는 모습으로서 물이 넘쳐 흐르지도 않고 마르지도 않게 정도에 맞추어 알맞게 조절되어 있는 것이다. 달콤한 유혹을 물리치는 것은 고통스러운 일이다. 그러나 그 고통스러움감괘을 즐거운태괘 마음으로 받아들이는 것이 절이다. 절을 지켜야 비로소 참된 행복이 있는 것이다. 그러나 절을 너무 굳게 지키는 것도 좋지 않다. 절제가 지나침으로써 병에 걸린다면 보람이 있는 좋은 결과가 없기 때문이다.

절節은 크게 발전하고 번영하는 괘이다. 강효와 유효가 세 개씩 균형을 유지하고, 강효二陽, 五陽가 가운데에 자리하고 있어 중용을 지니고 나아간다. 고통스러움을 참는 절제를 지켜 나가는 것도 평형과 중용의 감각을 유지하지 않으면 안 된다. 도리에 맞지 않게 원칙만 세워 나가면 앞이 막혀 움직일 수 없다. 절은 즐겨兌 위난坎을 받아들이고 자신五陽의 입장을 지켜 절도를 유지하면서 중정中正의 행함에 의해 더 낫고 좋은 상태로 나아간다. 천지는 절의 도道로써 사계절을 운행한다. 절의 도에 의해 나라를 다스리고 운영하면 국정 운영의 파탄을 겪지 않고 백성들을 고통스러운 지경에 빠트리지 않는다.

【大象】연못兌에 물坎 가득하다. 이것이 절의 괘상이다. 군자는 이 괘상을 보고 생활의 질서와 제도를 지키며 어질고 너그러운 행실의 기준을 정한다.

【初陽】시기의 유리함과 유리하지 못함을 구분하여 경솔하고 망령되게 행동하는 것을 삼가고 신중히 처신해야 한다. 집안에 틀어박혀 문 밖으로 나오지 않으면 탈은 없다.

【二陽】집안에 틀어박혀 있어서는 유리함이 없다. 기회를 잃고 나아가지 못한다. 흉하다.

【三陰】달콤한 유혹에 빠져 절도를 잃었기 때문에 슬프게 탄식한다. 스스로 자청한 일이다. 누구를 탓하고 분하여 미워할 것인가.

【四陰】위 五陽에서 정한 길을 따라 변하지 않는 일정한 절도를 지켜 나가면 크게 발전한다.

【五陽】절도를 지키며 중용의 길로 나아간다. 길하다. 그러나 반드시 해야 할 일은 기다리지 않고 스스로 나서서 행하여야 한다. 명예를 얻는다.

【上陽】고통스러운 절제를 초지일관한다. 그러나 너무 원칙만 내세운다면 앞이 막혀 흉하리라. 그래도 뉘우침은 없다.

【해설】수택절괘의 상괘는 물을 의미하는 감괘이고, 하괘는 못을 상징하는 태괘가 겹쳐서 괘를 이루었다. 이것은 곧 연못 안에 물이 고여 있는 것을 상징한다. 물을 제 멋대로 흐르게 하고 범람하게 버려두어서는 물로서의 이용가치가 없다. 물은 못이란 제한된 위치 안에 가두어 넘치지도 않고 마르지도 않도록 조절하여 가득 담고 있어야만이 논·밭에 물을 댈 수도 있고, 물고기도 기르고, 배도 띄우고 하는 것이다.

절節은 마디라는 의미로서 적당한 한계 안에 멈추어 절도를 지키는 모습을 나타내고 있다. 절괘는 인간의 사회생활에서 절제와 절도를 지키는 중용성을 가르치는 괘이다. 절도는 인간이 지켜야 할 알맞은 법도이고, 절제는 인간의 일을 알맞게 한정시키는 것으로서 감성적인 욕구를 이성적인 제어로 조화시키는 것을 말한다. 인간은 절제와 절도를 유지함으로써 자신을 지키고 인간 상호간의 관계를 조화시키는 것이다. 인간은 스스로 자신의 본능적인 욕구를 절제할 줄 알기 때문에 솟구치는 욕망의 어느 한계에서 그칠 줄 안다. 인간은 또 자신의 욕구를 채우기 위한 행동이 남의 영역을 침범하여 손해를 끼치지 않는 한도 내에서 멈추어야 한다는 절도를 지킬 줄 알기 때문에 인간의 사회생활은 성립되는 것이고 공존과 협력이 가능한 것이다. 손해를 끼치지 않는 한도라는 것은 지나치지도 모자라지도 않는 그러한 위치를 말하는 것이니, 이것이 곧 유교에서 중요시하는 중용의 도리인 것이다.

　인간의 모든 일은 중용의 도리를 지킴으로써 평화와 안정을 얻을 수 있고 순조로운 번영과 발전을 기대할 수 있다. 이러한 것들은 언제나 중용에서 설파하는 균형과 조화 그리고 협력 위에서만 성취할 수 있는 것이다. 지나친 것은 알맞은 한계를 넘어선 것이고, 모자란 것은 알맞은 한계에 미치지 못하는 것이니 어느 것도 중용은 아니다. 겸허와 공손이 미덕이기는 하나 한계에 지나치면 비굴한 것이며, 한계를 넘어선 권력과 권세를 남용하면 곧 몰락이 찾아온다는 것도 우리는 많은 경험에서 알고 있다. 이렇듯 중용의 도리를 지키는 일은 소중하다. 결국 인간의 모든 일은 알맞은 한계에서 법률이 지켜야 할 도리를 정하고 그 법도 위에서 질서가 지켜져야 한다는 것이다. 이것이 곧 수택절괘의 가르침인 것이다.

【원문】

節 亨 苦節不可貞. 象曰 節亨. 剛柔分而剛得中.
절 형 고절불가정 단왈 절형 강유분이강득중
苦節不可貞 其道窮也. 說以行險 當位以節 中
고절불가정 기도궁야 열이행험 당위이절 중
正以通. 天地節而四時成. 節以制度 不傷財不
정이통 천지절이사시성 절이제도 불상재불
害民. 象曰 澤上有水節 君子以制數度議德行.
해민 상왈 택상유수절 군자이제수도의덕행

【직역】 절괘는 형통하는 괘이다. 괴로운 절제는 가히 마음을 곧고 바르게 못하느니라. 단왈 절괘가 형통하는 괘라 함은 강한 기운과 부드러운 기운이 나뉘어지고 강한 기운이 가운데에 자리를 얻었다는 것이다. 괴로운 절제는

가히 마음을 곧고 바르게 못한다 함은 그 도가 궁하기 때문이다. 기뻐함으로써 험한 데를 행하고, 정당한 자리에 있으므로써 절제를 하고 중정의 도로써 통하느니라. 천지에는 절기가 있어 사계가 이루어지며, 절로써 법도를 지어서 재물을 상하지 않게 하고 백성을 해롭게 하지 아니한다.

【원 문】

初九 不出户庭. 无咎. 象曰 不出户庭 知通塞
초구 불출호정 무구 상왈 불출호정 지통색
也. 九二 不出門庭 凶. 象曰 不出門庭 凶 失時
야 구이 불출문정 흉 상왈 불출문정 흉 실시
極也. 六三 不節若 則嗟若 无咎. 象曰 不節之
극야 육삼 부절약 칙차약 무구 상왈 부절지
嗟 又誰咎也. 六四 安節. 亨 象曰 安節之亨 承
차 우수구야 육사 안절 형 상왈 안절지형 승
上道也. 九五 甘節. 吉. 往有尙. 象曰 甘節之吉
상도야 구오 감절 길 왕유상 상왈 감절지길
居位中也. 上六 苦節. 貞凶 悔亡. 象曰 苦節 貞
거위중야 상육 고절 정흉 회망 상왈 고절 정
凶 其道窮也.
흉 기도궁야

　【직역】【초구】 집안의 뜰로 나서지 않으면 허물이 없으리라. 상왈 집안의 뜰로 나서지 않으면 허물이 없다함은 통하고 막힌 것을 알았다는 것이니라.【구이】 대문 안의 뜰에도 나서지 않는다. 흉하리라. 상왈 대문 안의 뜰에도 나서지 않아서 흉하다 함은 극하게 때를 잃었다는 것이니라.【육삼】 절제하지 않으면 곧 슬퍼하리니 허물할 데가 없느니라. 상왈 절제하지 않으면 곧 슬퍼한다 함은 또 누구를 탓하겠느냐는 것이니라.【육사】 절약하여 평안하다. 만사가 형통하리라. 상왈 절약하여 평안하고 만사가 형통한다 함은 위의 도를 이어받는다는 것이니라.【구오】 절약을 즐겁게 하니 길하리라. 가면 숭상함이 있으리라. 상왈 절약을 즐겁게 하니 길하다 함은 거처하는 위치가

가운데 있다는 것이니라.【상육】절약을 괴롭게 여긴다. 고집하면 흉하고 뉘우치면 흉함이 없어지리라. 상왈 절약을 괴롭게 여기니 고집하면 흉하고 뉘우치면 흉함이 없다 함은 그 도가 궁하기 때문이니라.

【요점】열이행험說以行險, 당위이절當位以節, 군자이제수도君子以制數度, 의덕행議德行이라 함은 기꺼이 험한 것을 행하고 절약으로 마땅히 자리를 잡는다 이고, 군자는 절괘를 깨치어 법률과 제도를 정하고 탁행을 논의한다는 것이다. 편안한 마음을 누리고 싶다면 험한 일을 무서워 망설이지 마라. 인생을 곧고 바르게 살려면 힘들지 않은 일이란 아무것도 없다. 육체적으로 힘드는 일보다 정신적으로 힘드는 일이 더 무거운 줄 안다면 절제하는 삶이 짐을 가볍게 진다는 사실을 터득하게 될 것이다. 절제해서 흠이 되거나 흉될 것이 없다. 또 재물만 절제하는 것인가. 심신 또한 절제하면 할수록 마땅해지고 당당해지는 법이다.

식욕을 잘 다스리고 성욕을 잘 다스린다면 심신의 절제가 어떤 것인가를 새길 수 있을 것이다. 식탐이 지나치면 건강을 해치고 성욕이 지나치면 패가망신하는 법이다. 제물만 절제하는 것이 아니고 먼저 마음의 자세를 절제하는 것이 인생을 마땅하게 한다. 공자는 이를 신독愼獨이라고 했다. 이는 홀로 있을 때 모든 일을 조심하라는 것이다. 이를테면 내가 나를 엄히 다스리라는 의미이다. 다 함께 지키고 받들 수 있는 제도와 법을 만든 다음 덕행을 논의하는 것이 순리이다. 법은 거미줄 같아서 벌레만 걸리고 새는 차고 나간다는 옛 격언이 있다. 이렇게 되면 세상은 조화가 될 리 없다. 모든 것을 절제하기 위하여 법과 제도를 만들고 군주가 앞에서 모범을 보인다면 어느 백성이 흥청망청 허세를 부리겠는가. 이것이 절괘의 일깨움이다.

61) 중부中孚　☲ 손괘　풍택중부 風澤中孚 : 정성이 지극하면 하늘도 감동한다
　　　　　　　　 태괘

중부中孚는 정성스럽고 진실된 품성이 갖추어져 있다는 의미이다. 부孚라고 하는 글귀는 어미새가 날개 밑에 알을 품고 부화하는 것을 나타낸다. 어미새의 애정이 알의 생명을 불러 일으키는 것처럼 진실된 품성은 반드시 인간의 마음을 감동시켜 움직이게 한다. 정성이 지극하면 하늘도 감동하는 것이므로 무슨 일이든 정성을 다하면 모든 일이 순조롭게 풀리어 좋은 결과를 얻는다.

위에 있는 바람손괘이 둘레의 모든 방면에서 불어닥쳐 아래에 있는 연못태괘을 움직인다. 곧 윗사람의 진실된 마음이 아랫사람을 감동시켜 만족스럽고 유쾌하게 따르도록 하는 것이다. 또 위·아래의 괘가 입을 맞대고 있는 모습으로 두 사람이 순수하고 진실하게 관계를 맺고 합쳐서 하나가 됨을 상징하는 괘이다.

중부中孚는 유효三·四가 괘의 중심에 있어서 남의 말을 잘 받아들임을 나타내고, 강효二·五가 가운데 자리를 얻어 성의가 굳세고 건전함을 나타낸다. 이러한 성의로 나라를 아무런 근심이 없이 평안하게 이끈다면 백성들은 즐겁게 따를 것이다. 감각이 둔하고 무지한 동물들까지도 감동시키는 것이다. 성실하면 큰 강을 건너는 위험을 범하더라도 만사가 순조롭다. 괘의 형상은 가운데가 그늘지고 비어 있으므로 나무를 파서 구멍을 뚫은 형상을 나타내고 있다. 무슨 일이나 성의껏 나아가는 것이 좋은 것이다. 그것이 하늘의 이치에 합당하기 때문이다. 길하다.

【大象】연못태괘 위에 바람손괘이 불어서 물을 움직인다. 이것이 중부의 괘상이다. 군자는 이 괘상을 보고 베풀어 주는 은혜와 애정으로 매사를 다스린다.

【初陽】 현실에 만족하고 마음에 동요가 없다면 길하다. 지나치게 심한 마음을 품으면 편안하게 쉬지 못한다.

【二陽】 어미 학이 산기슭에서 울고 그 새끼初陽가 이에 호응한다. 마음으로부터 동료를 구하고 서로 부른다. 내게 좋은 술이 있으니 당신도 함께 마십시다 라는 것이다.

【三陰】 적을 만난다. 어떤 자는 나아가서 적을 공격하고, 어떤 자는 적을 피해 쫓겨 달아난다. 북을 치며 크게 부르짖는 자도 있고 소리를 내면서 눈물을 흘리는 자도 있으며, 대열은 갈갈이 흩어지고 갈피를 잡을 수 없게 되어 계통이 깨진다. 不正

【四陰】 달은 만월에 가깝다. 이제야 말로 동료들과 인연을 끊고 위五陽에 헌신해야 한다. 그리하면 허물은 없을 것이다.

【五陽】 성실한 마음으로 손을 잡고 나아가면 허물은 없다. 中正

【上陽】 학이 하늘로 오르려 한다. 자신의 신분에 맞지 않는 일을 해 보지만 오래가지 못한다. 아무리 바른 도리를 지켰다 하더라도 흉하리라.

풍택중부괘의 상괘는 바람을 의미하는 손괘이고, 하괘는 못을 상징하는 태괘가 겹쳐서 괘를 이루었다. 바람이 연못 위에 불어오는 상태의 모습이다. 바람이 연못 위에 불어오면 물은 움직인다. 움직이는 물은 수면 위에 잔물결을 일으킨다. 잔물결이 한번 일면 그 물결은 다시 잔물결을 일으키어 수면 위에 중심을 같이하는 무수한 원을 그리면서 물결이 계속 이어지게 만드는 것이다. 이렇듯 인간의 참되고 성실한 마음은 남의 마음을 감동시킨다. 마음과 마음이 맞닿아 감동을 일으키면 그 감동은 다시 다음 사람의 감동을 일으키고 물 위에 물결이 퍼지듯 가슴에서 가슴으로 번성해 가는 상태를 상징하는 괘이다.

중부中孚는 인간의 가슴속에 있는 정성된 마음이라는 뜻이다. 정성어린 은덕은 보잘것없는 작은 미물에게까지도 미친다는 것이다. 정성된 마음만 있다면 온 국민의 마음을 감동시켜 즐거운 마음으로 지도자의 마음에 순순히 복종하게 할 수 있고, 국민의 마음이 즐거이 따라온다면 나라 안은 서로 어긋나지 않게 일치단결 할 수 있을 것이다.

온 국민의 마음이 일치단결 할 수 있다면 감당하기 어려운 정도로 힘에 겨운 일이라도 아무 탈이나 말썽없이 순조롭게 수행할 수 있는 것이다. 오늘날 한 나라를 경영해 가는 일은 그리 단순한 것만은 아니다. 정치, 경제, 사회, 문화, 종교, 군사 등 국가의 온갖 분야가 서로 연결되어 고도화된 시국에 대처하는 정책에 의하여 수행되어 가고 있는 것이다. 그러나 다시 한번 생각해 보면 복잡하고 거대한 오늘이기 때문에 더욱 필요한 것은 인간의 정성된 마음이다. 어떠한 정책도 어떠한 제도도 어떠한 수행도 그것을 다루는 것은 인간이기 때문이다. 사사로운 마음이 개재되어 있지 않는 순수한 마음과 양심에서 우러나오는 참된 정성 그것 없이는 아무 일도 성취할 수 없다. 더구나 남의 마음을 움직여 공감을 불러 일으키는 것은 할 수 없는 것이다.

인간이 하는 일이라면 어떠한 경우라도 한 사람의 진정 순수하고 성실한 참된 마음이 비쳐진 것이라면 언젠가는 반드시 그 성과가 빛을 낼 것이다. 풍택중부괘는 사람이 이 세상에 살아 있는 동안 욕구가 충족되어 충분한 만족과 기쁨을 누릴 수 있는 행운의 괘이라고 역경은 논하고 있다.

【원문】

中孚 豚魚吉. 利涉大川. 利貞. 象曰 中孚柔在內
중부 돈어길 이섭대천 이정 단왈 중부유재내
而剛得中. 說而巽 孚乃化邦也. 豚魚吉 信及豚
이강득중 열이손 부내화방야 돈어길 신급돈
魚也. 利涉大川 乘木舟虛也. 中孚 以利貞 乃應
어야 이섭대천 승목주허야 중부 이이정 내응
乎天也. 象曰 澤上有風中孚. 君子以議獄緩死.
호천야 상왈 택상유풍중부 군자이의옥완사

【직역】 중부괘는 돼지와 물고기까지 길할 괘이니라. 큰 내를 건넘이 이롭고 마음을 곧고 바르게 함이 이로우니라. 단왈 중부괘는 부드러운 기운이

안에 있고 강한 기운이 가운데의 자리를 얻으니 기뻐하고 겸손하며 믿음이 이에 나라를 화하게 하느니라. 돼지와 물고기까지 길하다 함은 믿음이 돼지와 물고기까지 미쳤기 때문이니라. 큰 내를 건넘이 이롭다 함은 나무를 타니 배가 비어 있다는 것이니라. 중부괘에 마음을 곧고 바르게 하면 이롭다 함은 이에 하늘이 응한다는 것이니라. 상왈 못 위에 바람이 있는 것이 중부괘이니 군자는 이로써 옥사를 의논하여 죽임을 누그러뜨리니라.

【원문】

初九 虞吉. 有他不燕. 象曰 初九虞吉 志未變
초구 우길 유타불연 상왈 초구우길 지미변
也. 九二 鳴鶴在陰 其子和之. 我有好爵. 吾與
야 구이 명학재음 기자화지 아유호작 오여
爾靡之. 象曰 其子和之 中心願也. 六三 得敵.
이미지 상왈 기자화지 중심원야 육삼 득적
或鼓或罷或泣或歌. 象曰 或鼓或罷 位不當也.
혹고혹파혹읍혹가 상왈 혹고혹파 위부당야
六四 月幾望. 馬匹亡. 无咎. 象曰 馬匹亡 絶類
육사 월기망 마필망 무구 상왈 마필망 절류
上也. 九五 有孚攣如. 无咎. 象曰 有孚攣如 位
상야 구오 유부련여 무구 상왈 유부련여 위
正當也. 上九 翰音登于天. 貞凶. 象曰 翰音登
정당야 상구 한음등우천 정흉 상왈 한음등
于天何可長也.
우천하가장야

【직역】【초구】헤아리면 길하다. 다른 것이 있으면 편안하지 못하리라. 상왈 헤아리면 길하다 함은 뜻이 아직 변하지 않았다는 것이니라.【구이】우는 학이 그늘에 있거늘, 그 자식이 화합하도다. 나에게 좋은 벼슬이 있어서 내가 너와 더불어 얽히노라. 상왈 그 자식이 화답한다 함은 중정의 마음으로 바란다는 것이니라.【육삼】적을 얻어서 혹 두드리고, 혹 파하고, 혹 울고, 혹 노래하도다. 상왈 혹 두드리고, 혹 파한다 함은 자리가 마땅치 않다

는 것이니라. 【육사】달이 거의 보름이니 말의 짝이 없어지면 허물이 없으리라. 상왈 말의 짝이 없어졌다 함은 동류와 절교하고 위로 올라간다는 것이니라. 【구오】믿음을 두는 것이 끄는 것 같이 하면 허물이 없으리라. 상왈 믿음을 두는 것이 끄는 것 같이 하면 허물이 없다 함은 위치가 정당하다는 것이니라. 【상구】나는 소리가 하늘에 오름이니 고집해서 흉하도다. 상왈 나는 소리가 하늘에까지 오른다 함은 어찌 오래갈 수 있겠느냐는 것이니라.

【요점】중부유내재中孚柔內在, 이강득중而剛得中, 군자이의옥완사君子以議獄緩死라 함은 음양의 호응을 유추하여 길흉을 헤아리는 역경은 항상 미래를 내다보게 한다. 앞날은 미리 정해져서 기다리는 것이 아니고 내가 마음의 자세를 어떻게 하느냐에 따라 길이 흉이 될 수도 있고, 흉이 길이 될 수도 있다는 것이다. 마음의 자세가 부드러운 것이 없고 강한 것만 있어도 흉하기 쉽고 강한 것이 없고 부드러운 것만 있어도 흉하기 쉽다. 굳센 마음과 부드러운 마음이 서로 호응할수록 삶이 길하다는 것을 터득하게 한다.

즐거운 삶을 바란다면 오만하거나 경솔하지 않아야 한다. 겸허하고 공손한 마음의 자세가 삶을 즐거움으로 이끌어 준다. 이를 위해서 인간은 누구나 안으로 부드러운 마음을 간직하고 강한 마음이 중용의 자세를 잃지 않도록 하자는 것이 곧 중부괘의 지혜인 것이다. 또 어미가 새끼를 치는 마음으로 행동한다면 세상은 한결 부드러워질 것이다.

서로 등지고 살 것이 아니라 더불어 살아야 한다는 마음으로 세상을 바라보면 험한 생각들이 물러나게 된다. 착하고 선한 사람이 따로 있는 게 아니다. 마음을 어떻게 갖느냐에 따라서 선할 수도 있고 악할 수도 있다는 것이다. 선악의 갈림길에 섰을 때 의옥疑獄해 보라. 내가 죄를 지을 이유가 어디에 있는가 반문해 보라. 한발 물러나서 어미 새가 새끼를 치는 모습으로 되돌아 간다면 누구나 군자가 될 수 있다고 역경은 논하고 있다.

62) 소과小過 ䷽ 진괘 간괘 뇌산소과 雷山小過 : 낮은 자세로 임하라

소과小過는 마음과 뜻이 작은 자가 너무 많다는 것과 어떤 일을 문제 삼거나 관심을 가지지 않고 그냥 넘긴다는 의미이다. 대과大過의 괘와는 정반대의 모습이다. 괘의 형상은 위·아래가 서로 반대방향을 향하고 있어 두 효를 합치면 위험감괘 ☵이 된다.

어떤 단체나 집단이 여러 파로 갈라지고 갈등으로 인하여 곤란에 직면하는 시기에 해당한다. 이러한 때에는 무리하게 문제를 처리하려 하지 말고 그날그날의 사무를 재빠르고 민첩하게 해결하는 것이 중요하다. 지나치게 소극적이라는 비난을 받을 만큼 낮은 자세로 임하면 대길하다. 소小라는 것은 음을 말하는데 곧 소인들이 무리를 지어 판을 벌린다는 의미이다.

소과小過는 크게 형통한다. 그 당시의 형태에 순응해서 처음부터 끝까지 낮은 자세로 임하는 것이 좋다. 가운데 자리中位에는 유효柔爻가 있어 어려움을 무릅쓰고 시행할 만한 힘이 없다. 그러므로 작은 일을 처리하는 데 그치면 길하다. 강효剛爻, 三, 四는 중위를 잃고 있다. 그래서 큰일을 치르지는 못한다. 소과괘는 나는 새의 형상을 띠고 있다. 새가 소리내어 우짖고 높이 오르는 것은 시세를 거스르는 것이므로 불길하다. 일찌감치 지면으로 내려온다면 자연에 순응하기 때문에 크게 길함을 얻을 수 있다.

【大象】산艮 위에 천둥震이 진동하는 것이 소과의 괘상이다. 군자는 이 괘상을 보고 겸손이 지나칠 정도로 행동을 삼가고, 상喪을 입을 때에는 지나칠 만큼 슬퍼하며 재물을 아끼는 태도는 지나치게 박할 정도로 절약한다.

【初陰】새가 높이 날아오른다. 무엇을 탐내거나 분수에 지나치게 하고자 하는 마음을 품고 있는 사람은 어찌할 수 없다. 흉하리라.

【二陰】지체 높은 군주를 찾아뵐 때 신분에 넘친 배알을 원하지 않고 면

저 조정의 신하를 만나야 한다. 남을 높이고 제 몸을 낮추는 태도로 임하면 허물은 없을 것이다. 中正

【三陽】지나치게 앞서 나아가지 않도록 힘써야 한다. 남이 시키는 대로 억지로 딸려가면 죽을지도 모른다. 언제 뜻밖의 불행한 일이 닥칠지 모른다. 흉하다.

【四陽】허물은 없다. 지나치게 나아가지 않도록 조화를 이루어 행한다. 자신의 마음 내키는 대로 일을 행하면 일신을 온전히 보존하기 어렵고 위태롭다. 항상 스스로 때를 경계하고 시기를 기다려라. 긴 시간동안 바른 도리를 지켜 나아감이 좋다. 不正

【五陰】서쪽 하늘에는 짙은 먹구름이 솟아오르고 있는데 아직 비가 되어 만물을 적시지 못하고 있다. 군주는 끈이 달린 화살로 굴 속에 있는 짐승을 잡듯이 숨어 있는 현인을 찾아내어 그 보필을 받는 데 애써야 한다.

【上陰】그 당시의 형세나 형편에 치중해서 지나치게 앞서 가면 조화를 잃는다. 나는 새가 그물에 걸린다. 자연의 현상으로 일어난 재난과 사람이 잘못을 저질러 일어난 큰 재난이 겹쳐 온다. 흉하다.

【해설】뇌산소과괘는 우레를 의미하는 진괘가 상괘, 산을 상징하는 간괘가 하괘로 구성되었으며, 상·하괘에 모두 음효가 중앙의 위치를 차지하고 있어 능력 있는 지도자는 지위를 얻지 못하고, 타고난 성품이나 소질이 없는 인간들이 자신의 신분에 맞지 않는 자리를 차지하고 있는 상태를 나타내고 있다. 이렇게 상하의 마음이 서로 어긋나서 도울 수 없고, 소인들이 기를 펴고 악이 선을 억압하는 세상에서는 위대한 업적을 남기기를 기대할 수가 없다. 어질고 사리에 밝은 사람은 때와 장소와 환경을 판단할 줄 아는 것이다.

때가 아니면 기다려야 하고, 장소가 아니면 참석하지 말아야 하며, 사회적 상황이 어긋나면 한걸음 물러서서 스스로를 지켜야 한다는 것이다. 이러한 상황 속에서는 지나친 의욕을 버려야 하고, 늘여 크게 이루려는 전진을 시도하지 않아야 한다. 저마다 자신의 위치에서 문제 해결 능력을 절약하면서 작은 듯이 살아가는 것이 현명하고 안전한 것이라고 소과괘는 논하고 있다. 또 소과괘는 고비를 지나간다는 의미이기도 하다. 모든 생활에 있어서 줄잡아 시행하고 남은 힘을 저축하는 생활태도를 뜻하는 것이다. 이것이 내일의 발돋움을 위한 길이며 자신을 지키는 방법일 것이다. 그러기에 역경은 괘상에서 겸손이 지나칠 정도로 행동을 삼가고, 상을 입을 때에는 지나칠 만큼 슬퍼하며 재물의 씀씀이는 지나치게 검소하라고 충고하고 있다.

그러므로 모든 일상생활에서 정도를 넘지 않도록 알맞게 조절하여 제한하고, 객쩍은 비용은 내지 않고 꼭 필요한 데에만 아껴 쓰고 몸도 삼가며 소극적으로 살아가야 한다는 것이다. 소과괘는 불운을 모면하는 것이 최선의 길이다. 작고 가늘게 산다는 것은 굳고 충실하게 산다는 말과 의미가 같다. 모든 호화롭고 성대한 것도 굳고 충실한 기초 위에서 이루어진다. 하늘 높이 치솟은 거대한 고층건물도 치밀하게 그려진 설계도 위에서 생겨났으며, 바닷가에 제방을 쌓아 육지를 만드는 거창한 토목공사도 한줌의 돌과 모래와 시멘트가 누적되어 이루어진 것이다. 작은 것을 쌓아 올려 커다란 공든 탑을 만든다. 이러한 생활신조를 지켜 변함이 없다면 만사가 순조로울 것이라고 소과괘는 논하고 있다.

【원문】

小過 亨. 利貞. 可小事 不可大事. 飛鳥遺之音.
소 과　형　이정　가소사　불가대사　비조유지음

不宜上 宜下大吉. 象曰 小過小者過而亨也. 過
불의상　의하대길　단왈　소과소자과이형야　　과

以利貞 與時行也. 柔得中 是以小. 事吉也. 剛
이이정　여시행야　유득중　시이소　사길야　　강

失位而不中 是以不可大事也. 有飛鳥之象焉. 飛
실위이부중　시이불가대사야　유비조지상언　　비

鳥遺之音 不宜上 宜下 大吉 上逆而下順也. 象
조유지음　불의상　의하　대길　상역이하순야　상

曰 山上有雷小過. 君子以行過乎恭 喪過乎哀
왈　산상유뢰소과　군자이행과호공　상과호애

用過乎儉.
용 과 호 검

【직역】 소과는 형통하는 괘이니 마음을 곧고 바르게 함이 이로우니라. 작은 일은 가능하고 큰 일은 가능하지 못하니라. 나는 새가 소리를 남김에 올라가는 것은 마땅하지 않고 내려오는 것은 마땅하다. 크게 길하리라. 단왈 소과괘는 작은 것이 지나서 형통하는 괘이니라. 지나되 곧고 바름이 이로운 것을 때와 더불어 행한다는 것이니라. 부드러운 기운이 가운데를 얻었다 함은 이로써 작은 일이 길함을 얻었다는 것이니라. 강한 기운이 자리를 잃어 가운데 자리를 얻지 못하니 이로써 큰일은 가능하지 아니하리라. 하늘을 나는 새의 상이 있다. 나는 새가 소리를 남기고 올라가는 것은 마땅치 못하고, 내려가는 것은 마땅하다는 것이니라. 크게 길하다 함은 올라가는 것은 거슬리고 내려가는 것은 순조롭다는 것이니라. 상왈 산 위에 우레가 있는 것이 소과괘이다. 군자는 이로써 행실은 공손하되 지나치며 초상을 치르는 데 슬퍼하되 지나치며 쓰는 데 있어서는 검소하되 지나치느니라.

【원문】

初六 飛鳥以凶. 象曰 飛鳥以凶 不可如何也. 六
초육 비조이흉 상왈 비조이흉 불가여하야 육

二 過其祖 遇其妣. 不及其君 遇其臣. 无咎. 象
이 과기조 우기비 불급기군 우기신 무구 상

曰 不及其君 臣不可過也. 九三 弗過防之. 從
왈 불급기군 신불가과야 구삼 불과방지 종

或戕之. 凶. 象曰 從或戕之 凶如何也. 九四 无
혹장지 흉 상왈 종혹장지 흉여하야 구사 무

咎. 弗過遇之. 往厲. 必戒. 勿用. 永貞. 象曰 弗
구 불과우지 왕려 필계 물용 영정 상왈 불

過遇之 位不當也. 往厲 必戒 終不可長也. 六五
과우지 위부당야 왕려 필계 종불가장야 육오

密雲不雨 自我西郊. 公弋取彼在穴. 象曰 密雲
밀운불우 자아서교 공익취피재혈 상왈 밀운

518

不雨 已上也. 上六 弗遇過之. 飛鳥離之. 凶.
불우 이상야 상육 불우과지 비조리지 흉
是謂災眚. 象曰 弗遇過之 已亢也.
시위재생 상왈 불우과지 이항야

【직역】【초육】나는 새이다. 흉하리라. 상왈 나는 새이므로 흉하다 함은
어쩔할 수 없다는 것이니라. 【육이】 그 할아버지를 지나서 그 할머니를 만남
이니, 그 군주에 미치지 아니하고 그 신하를 만나면 허물이 없으리라. 상왈
그 군주에게 미치지 아니한다 함은 신하를 지나칠 수 없다는 것이니라. 【구
삼】지나서 막지 못하면 따라서 혹 그것에 해를 입을지도 모른다. 흉하리라.
상왈 따라서 그것에 해를 입을지도 모른다 함은 그 흉이 어떠할지 모른다는
것이니라. 【구사】 허물이 없으니 지나지 아니하여 만남이니 가면 위태로우니
라. 반드시 경계하여야 하며 쓰지 않아야 한다. 오래도록 고집피우지 않아
야 한다. 상왈 지나지 아니해도 그를 만난다 함은 자리가 마땅하지 않다는
것이니라. 가면 위태로우니 반드시 경계해야 한다 함은 결코 오래갈 수 없다
는 것이니라. 【육오】 먹구름이 끼어도 비가 내리지 않음은 내가 서쪽 교외로
부터 있음이니 공께서 줄을 맨 화살로 굴 속에 있는 그를 취한다. 상왈 먹구
름이 끼어도 비가 내리지 않는다 함은 이미 올라가 있다는 것이니라. 【상육】
만나지 아니하고 지나니 나는 새가 떠난다. 흉하리라. 이를 재앙이라고 한다.
상왈 만나지 아니하고 지나친다 함은 이미 높아졌다는 것이니라.

　【요점】유득중柔得中, 시이소사길야是以小事吉也, 상역이하순야上逆而下順
也라 함은 부드러운 것이 가운데를 얻었다는 것은 작은 일에 길하다는 것이
고, 높이 올라가는 것은 거스르고 내려가는 것은 순탄하다는 것이다. 욕심
을 내지 않으면 작은 일들이 소중해진다. 헛욕심을 부리다 보면 작은 것들
이 대수롭지 않게 보여 눈에 들어오지 않는다. 부드러운 것이 중용을 얻었
다 함은 소박하고 겸손하며 검소한 마음의 자세가 중심을 잡고 있다는 것이
다. 소박한 마음은 큰 것을 탐하지 않는다. 겸손한 마음은 남을 얕보지 않는

다. 그리고 검소한 마음은 소중히 여기어 함부로 쓰지 않기 때문에 부족함을 모르는 것이다.

또 소과괘에서 새가 나는 모습을 보았다. 날아 올라가려고만 하는 새가 있다면 탈이다. 허공에서 살 수 있는 것은 아무것도 없으며 잠시 머물다 육지로 내려와야 날짐승도 산다. 이것이 천지의 이치이다. 이러한 이치를 잊고 항상 줄기차게 올라가려고 욕심을 내는 사람들이 많다. 끊임없이 성취하고 승리하려는 사람들은 목적을 달성하기 위해 인정이나 도덕도 돌보지 않고 모략과 중상 등 온갖 수단과 방법을 쓰는 술책을 부린다. 그러나 한번 올라간 것은 반드시 내려오게 마련이다. 그래서 역경은 맨 위보다 맨 아래가 차라리 낫다고 한다. 윗자리는 마땅치 못하고 아랫자리가 마땅하다는 말의 참뜻을 헤아릴 줄 안다면 인생을 너절하게 마감하지는 않을 것이다. 이것이 소과괘의 일깨움이다.

63) 기제旣濟 ䷾ 감괘
이괘 수화기제 水火旣濟 : 완성의 아름다움

　기제旣濟는 목적한 바가 이루어진 의미로서 일이 모두 성취됨을 뜻한다.
기제괘는 저마다의 효가 모두 바른 자리正位 : 음효는 二·四·六, 양효는 一·三·五
에 있어서 바로 응하고 있다. 역의 이론에 의하면 효의 상태가 아주 이상적
으로 배치되어 있다. 온갖 고난 끝에 모든 사람이 지위에 알맞은 자리를 얻
어 안정되고, 여럿이 마음을 합쳐 한덩어리로 굳게 뭉침으로써 평화를 지키
고 있는 모습이다. 그러나 역이란 쉴새없는 변화이며 완성은 동시에 붕괴의
시작이 되는 것이다. 사물의 실체가 완전히 이루어지면 창조의 기운은 없어
지고 만다. 이 시기에 중요한 것은 새로운 사업에 손대지 말고 현재의 상태
를 유지하는 것이 이롭다.

　기제旣濟는 작게 발전하고 번영하는 것이다. 강효剛爻, 유효柔爻가 모두 바
른 자리正位에 있어서 완성된 모습을 나타내고 있다. 완전히 이루어진 현상
태를 굳게 유지해서 다른 성질로 달라지지 않으면 순조로운 것이다. 유효二
陰가 정중正中의 자리를 얻어 처음에는 길하리라. 세상이 안정되어 아무런
근심이 없고 평안함의 끝판은 마침내 뒤죽박죽이 되어 어지러운 시기로 전
락할 것이다.

　【大象】물坎이 불離 위에 있어 타오르는 불길을 소화방제하는 것이 기제
의 괘상이다. 군자는 이 괘상을 보고 재앙과 우환이 닥칠 것을 두려워하며
그 예방에 애쓴다.
　【初陽】앞으로 나아가면 탈이 있음을 알고 수레를 멈춘다. 여우가 꼬리를
적시고 되돌아온다. 모르는 척 삼가면 허물은 없다.
　【二陰】마차를 타고 가는 부인이 수레의 가리개를 도둑맞는다. 찾으려고
소란을 피우지 말고 그만두는 것이 길하다. 칠일이 지나면 자연스레 되돌아

온다. 中

【三陽】은나라의 왕인 고종은 북방의 야만족을 토벌하고 삼년이 걸려 겨우 평정하였으나 국력은 나무 피폐되었다. 현명한 군주도 그러하거늘 소인은 결코 그와 같은 모험을 실행해선 안 된다.

【四陰】배 밑으로 스며들어 오는 물을 헝겊으로 막는다. 마음을 놓지 말고 항상 경계해야 한다.

【五陽】동방에서는 소를 제물로 바쳐서 성대하게 제사를 지내지만, 서방에서 치른 정성스럽고 소박한 제사가 더 많은 복을 받을 것이다.

【上陰】지나치게 나아가서 깊은 구렁에 빠져 머리까지 흠뻑 적신다. 몸을 보호하여 안전하게 유지하기 어렵다. 위태로운 일이다.

【해설】수화기제괘는 물을 의미하는 감괘가 상괘, 불을 상징하는 이괘가 하괘로 구성되었으며 물은 아래로 흐르는 성질이 있고, 불은 위로 타오르는 고유한 특성이 있다. 물이 위에 있으므로 그 마음은 아래로 향하고, 불이 밑에 있으므로 그 마음은 위로 뜻이 쏠리어 향하고 있다. 그러므로 물과 불의 마음은 서로 엇갈리거나 마주치고 있다. 이렇게 수화기제괘는 각기 이치에 합당한 자리를 얻고 서로 협력하는 상태를 나타내고 있다.

또 기제괘의 형태는 효마다 제 위치에 있으며 모든 효들은 제각기 음양상응관계를 이루고 있다. 이렇게 모든 효가 바른 위치에서 상·하괘가 서로 호응하는 상태에 있는 것은 역경 육십사괘 중 오직 기제괘에서만 볼 수 있다. 이것은 역경의 법칙에서 사물의 상태가 가장 이상적인 것으로서 부족함이 없는 완성의 미를 드러내어 표현하고 있다. 기제괘는 완성을 의미하며 모든 것이 더할 수 없는 완전하고 최선의 상태를 성취하는 순간을 형상화한 것이다.

개인의 경우는 고난과 역경의 모든 과정을 거치고 공을 세우며 명진사해하는 모든 것이 흡족한 그러한 경지를 의미하며, 국가의 경우는 군주와 신하와 모든 국민들이 자신의 능력과 소질에 알맞은 적당한 지위를 얻고 서로의 마음이 한 사람의 예외도 없이 호응하는 상태에 있어 나라는 평화와 번영으로 가득차 있는 상태를 의미한다. 이러한 최고의 경지에 도달한 상황에서는 더 이상의 향상이 있을 수 없고 발전이 있을 수 없다. 오직 현상태로 길이 지속되기를 바랄 뿐이다. 그러나 현상의 상태를 유지하는 것은 어려운 것이다. 그것은 전진도 없고 후퇴도 없는 한 위치에서 머물러 움직이지 않는 상태인 것이다. 완전한 상태에서 고요히 현상태로 정지하고 있다는 것은 전진하기보다 더욱 괴로운 것이다.

따라서 결점이 없는 완전한 상태에서 현상유지가 깨어지면 불완전으로 전락이 있을 뿐이다. 정상에서 떨어지면 밑으로 내려가는 길이 있을 뿐인 것이다. 이것이 역경의 변하고 바뀌는 법칙이다. 그러기에 역경은 기제괘에서 처음은 길하고 후에는 혼란스럽고 어수선하다고 논하고 있다. 그 누구의 힘으로도 이 법칙을 거부할 수는 없다. 인간이 할 수 있는 최선의 길은 흡족한 환경에 놓여 있을 때 마음의 긴장과 규율 등이 풀리어 느슨해짐을 경계하면서 바른 도리를 지켜 나가기에 안간힘을 기울이는 것이 가장 좋은 방책이라고 논하고 있는 것이다.

【원문】

旣濟 亨小. 利貞. 初吉終亂. 象曰 旣濟亨 小者
기제 형소 이정 초길종난 단왈 기제형 소자
亨也. 利貞剛柔正 而位當也. 初吉 柔得中也.
형야 이정강유정 이위당야 초길 유득중야
終止則亂 其道窮也. 象曰 水在火上 旣濟. 君
종지칙란 기도궁야 상왈 수재화상 기제 군
子以思患而豫防之.
자이사환이예방지

【직역】 기제괘는 작게 형통하는 괘이니, 마음을 곧고 바르게 함이 이로우며 처음은 길하고 마침은 어지러우니라. 단왈 기제괘가 형통하는 괘라함은 작은 것이 형통한다는 것이니라. 마음을 곧고 바르게 함이 이롭다 함은 강

과 유가 바르게 자리하고 있어서 위치가 정당하다는 것이니라. 처음은 길하다 함은 부드러운 기운이 가운데 자리를 얻었다는 것이고, 마침은 어지럽다 함은 그 도가 궁하다는 것이니라. 상왈 물이 불 위에 있는 것이 기제의 상이다. 군자는 이로써 근심될 것을 생각하여 미리 방지한다는 것이니라.

【원문】

初九 曳其輪 濡其尾. 无咎. 象曰 曳其輪 義无
초구 예기륜 유기미 무구 상왈 예기륜 의무

咎也. 六二 婦喪其茀. 勿逐. 七日得. 象曰 七日
구야 육이 부상기불 물축 칠일득 상왈 칠일

得 以中道也. 九三 高宗伐鬼方. 三年克之. 小
득 이중도야 구삼 고종벌귀방 삼년극지 소

人勿用. 象曰 三年克之 憊也. 六四 繻有衣袽.
인물용 상왈 삼년극지 비야 육사 수유의녀

終日戒. 象曰 終日戒 有所疑也. 九五 東鄰殺牛
종일계 상왈 종일계 유소의야 구오 동린살우

不如西鄰之禴祭 實受其福. 象曰 東鄰殺牛 不
불여서린지약제 실수기복 상왈 동린살우 불

如西鄰之時也. 實受其福 吉大來也. 上六 濡其
여서린지시야 실수기복 길대래야 상육 유기

首. 厲. 象曰 濡其首厲. 何可久也.
수 려 상왈 유기수려 하가구야

【직역】**【초구】** 그 수레를 끌며 그 꼬리를 적시면 허물이 없으리라. 상왈 그 수레를 끈다 함은 의로와서 허물이 없다는 것이니라. **【육이】** 지어미가 그 포장을 잃어버렸다. 찾지 않으면 칠일만에 얻으리라. 상왈 칠일만에 얻는다는 것은 중도로써 얻었다는 것이니라. **【구삼】** 고종이 귀방을 쳐서 삼년만에 평정하였으니 소인은 쓰지 말지니라. 상왈 삼년만에 평정하였다 함은 곤하다는 것이니라. **【육사】** 새는데 걸레를 가지고 종일토록 경계함이니라. 상왈 종일토록 경계한다 함은 의심할 바가 있다는 것이니라. **【구오】** 동쪽 이웃의 소를 잡음이 서쪽 이웃의 간략한 제사로써 실제로 복을 받음만 못하니라.

상왈 동쪽 이웃에서 소를 잡는 것은 서쪽 이웃의 때를 맞추는 것만도 못하니 실제로 그 복을 받는다 함은 길함이 크게 온다는 것이니라. 【상육】그 머리를 적심이라. 위태하리라. 상왈 그 머리를 적시니 위태하다 함은 어찌 오래할 수 있겠느냐는 것이니라.

【요점】이정利貞, 강유정이위당야剛柔正而位當也, 동린살우東隣殺牛, 불여서린약제不如西隣禴祭라 함은 마음이 곧고 바르게 함이 이롭다. 군센 것과 부드러움이 바르고 곧아야 자리가 정당하다는 것이며, 동쪽 이웃이 소를 잡는 것은 서쪽 이웃이 소박한 제사를 지내는 것만 못하다는 것이다. 마음을 쓴다고 할 때가 있고, 마음을 둔다고 할 때가 있다. 어떻게 쓰고 어떻게 둘 것인가. 마음을 잘 쓰고 두는 것을 공사公私가 중용을 얻었다고 하고 마음을 잘못 쓰거나 잘못 두는 것을 일러 공사의 분별을 잃었다고 한다.

대인은 공公을 때라 생각하고 행동하며 소인은 사私를 따라 생각하고 행동하기를 좋아한다. 그래서 공자가 논하기를 대인은 어울리기를 좋아하고 소인은 패 짓기를 좋아한다. 어울림이라는 것은 곧고 바르게 해서 이롭게 벗이 되는 것이고, 패가름은 편을 갈라 제 몫을 크게 하자는 동류를 맺는다. 동류는 이해를 따르고 벗은 바른 마음을 주고 받는다. 멀리서 벗이 오니 즐겁지 않느냐는 공자의 말씀이 새삼스럽다.

또 동린하면 폭군 주왕이 있는 곳이고 서린하면 덕치를 베푼 문왕이 있는 곳이다. 주왕은 덕이 없었고 문왕은 덕이 많았다. 폭군이 소를 잡아 거창하게 제사를 지내는 것은 횡포를 부리는 것이고, 성군이 소박하게 하늘에 제사를 올리는 것은 천지에 고마움을 나타내는 공경이다. 부덕한 사람은 물불을 가릴 줄 몰라 끓는 물에 몸을 던지기도 하고 불구덩이 속으로 기어들기도 한다. 그러나 후덕한 사람은 물불을 가릴 줄 알아 끓는 물이면 식기를 기다리고 타는 불이면 불길이 잡히기를 기다린다. 한번 꼬리를 적셔 본 다음 물길을 건너간다는 여우를 생각해 보라. 이것이 기제괘의 깨우침이다.

기제旣濟괘는 사물이 완전히 이루어짐을 나타내고 있다. 그러나 역易은 그 것으로 끝나지 않는다. 완성으로 끝나면 역변화이 아니다. 완성 또한 생사인 과가 끊이지 않고 삼계육도三界六道를 끊임없이 윤회하는 모습인 것이다. 기 제괘의 처음은 길하고 후에는 어지러워 진다는 그 혼란 속에서 위험과 곤 란감괘을 무릅쓰고 광명이괘을 구하는 것이 미제괘인 것이다. 괴로움과 아픔 도 많고 좌절감에 빠져들기도 한다. 해야 할 일들이 차례로 닥쳐온다. 그것 을 목적도 없이 곧장 처리하려 들지 말고 끈기있고 조리있게 대처해야 한다. 각효는 바른 자리를 벗어나 있지만 모두 바로 응하고 있다. 일치단결해서 난 관을 헤치고 나아가는 것이 중요하다. 그것이 실현될 수 있으면 강하고 굳센 기운이 넘쳐 흘러서 건乾으로 돌아오는 것이다.

미제未濟는 크게 번영하고 발전하는 괘이다. 유효柔爻：五陰가 가운데 자리 에 있어서 부드러움을 나타내고 그 당시의 형세와 형편에 순응해서 강행을 삼간다. 그래서 더 낫고 좋은 상태로 나아가는 것이다. 새끼여우가 강을 건 너면서 한 걸음을 못 미쳐 꼬리를 적시고 만다. 마음과 기운이 꺾이고 만사 가 예정대로 잘 되어 가지 못한다. 그러나 육효가 모두 바른 자리를 벗어났 다고는 하지만 전부가 바로 응하고 있다. 일치협력해서 어려운 고난을 헤치 고 나아감이 길하다.

【大象】불離이 물坎 위에 있어서 자리를 얻지 못한다. 이것이 미제의 괘상 이다. 군자는 이 괘상을 보고 매우 조심스럽게 사물을 구별하고 적당한 곳 에 배치하고자 깊게 관찰한다.

【初音】앞을 내다보지 못하고 강을 건너려다 꼬리를 적신다. 어려운 경우 에 처한다.

【二陽】 나아가서는 안 될 것을 인지하고 수레를 멈춘다. 처음부터 한결같이 자중하면 길하다. 中正

【三陰】 아직은 뜻을 이룰수 없는 시기이다. 무턱대고 나아가면 흉하다. 준비를 완전무결하게 해서 나아가면 큰 강을 건너는 위험도 견디어 내고 전진한다. 不正

【四陽】 옳은 원칙과 신념을 지켜 끝까지 굽히지 않고 태도를 관철하면 길하다. 뉘우칠 것은 없다. 위엄있고 씩씩하게 북방의 야만족을 토벌한다. 삼년 후에는 공을 기려 대국의 제후에 봉함을 받을 것이다.

【五陰】 옳은 원칙과 신념을 지켜 끝까지 변함없이 굽히지 않는 태도를 관철하면 길하다. 뉘우침은 없다. 군자의 덕은 빛나고 그 성의는 만백성의 신뢰를 얻어 길하리라.

【上陽】 참되고 정성스러운 뜻을 다하여 모든 사람과 함께 큰 소원이 이루어지기를 축복한다면 허물이 없으리라. 그러나 방심해서 환락에 빠지면 안 된다. 정성스러운 뜻이 있더라도 바른 도리를 잃는다.

【해설】 화수미제괘는 불을 상징하는 이괘가 상괘, 물을 의미하는 감괘가 하괘로써 괘를 이루었다. 불이 물 위에 있는 상태이므로 위치가 적합하지 않음을 나타낸다. 불은 위로 타오르는 성질이 있고 물은 아래로 흐르는 성질이 있기 때문에 서로의 마음이 일치하지 못하는 형태를 표현하고 있는 것이다. 또 미제괘의 형상을 살피면 모든 양효와 음효가 역경에서 논하고 있는 바른 위치에 있지 않다.

천지만물은 모두가 그에 적합한 위치를 얻는 것처럼 중요한 일은 없다. 해와 달은 하늘에 있으므로써 그 밝음이 천하를 비추고, 흙과 물은 육지에 있으므로써 만물을 생성할 수 있으며, 인간도 적재적소에 배치해야만이 그 능력을 발휘할 수 있는 것이다.

그러나 미제괘는 비록 그 위치는 바르지 못하지만 모든 효는 서로 상응의 관계를 이루고 있다. 이것은 나라 안에 우수한 인재들이 많아서 서로 협력하기를 몹시 기다리고 있는 상태를 의미한다. 다만 저마다의 적합한 위치를 얻지 못했기 때문에 각자의 능력을 발휘할 수 없어 국가에 도움이 되지 못하는 상태에 있는 것이다. 그래서 미제괘는 완전한 협력상태에 있지는 못하지만 가능성은 있는 것이므로 역경은 번영과 발전을 상징한다고 논하고 있다.

그러면 어떤 방향으로 전개되야만이 발전을 모색할 수 있는 것인가. 그것도 모든 위정자들이 자신의 지위에 대하여 충분한 임무수행을 할 만한 능력이 없음을 인지하고, 겸허한 마음으로 남의 의견을 존중하며, 스스로를 경계할 줄 알아서 성심과 노력을 기울인다면 나라는 점차적으로 발전할 수 있다는 것이다. 그러기에 미제괘는 완전한 미래를 향하여 전진할 여지가 있는 미완의 상태인 것이다. 미제未濟는 미완성을 의미한다.

역경의 법칙에 무한이 계속되는 완전이란 있을 수 없다. 한때의 완전도 공중누각의 현상에 불과한 것이다. 곧 다시 구기고 이즈러질 운명에 있는 것이다. 역경의 법칙에 종결이 없듯이 인생도 영원히 미완성의 것이다. 끊임없이 호운과 불운의 사이를 누비고 다니며 호운에 뽐내거나 방자하지 않고 불운에 절망과 실의에 빠지지 않으면서 완성에의 꿈을 품은 채 한없이 미완성의 가도를 달리는 것이다.

【원문】

未濟 亨. 小狐汔濟. 濡其尾. 无攸利. 象曰 未濟
미제 형 소호흘제 유기미 무유리 단왈 미제

亨. 柔得中也. 小狐汔濟 未出中也. 濡其尾. 无
형 유득중야 소호흘제 미출중야 유기미 무

攸利 不續終也. 雖不當位 剛柔應也. 象曰 火
유리 불속종야 수부당위 강유응야 상왈 화

在水上未濟 君子以慎辨物居方.
재 수 상 미제 군자이신변물거방

【직역】미제괘는 형통하는 괘이니 작은 여우가 물을 거의 건너서 그 꼬리를 적심이니 이로울 바가 없느니라. 단왈 미제괘가 형통하는 괘라 함은 부

드러운 기운이 가운데의 자리를 얻었다는 것이니라. 작은 여우가 물을 거의 건넜다 함은 아직 가운데에서 나오지 못한다는 것이니라. 그 꼬리를 적심이니 이로울 바가 없다 함은 이어서 마치지 못한다는 것이니라. 비록 자리가 마땅하지 않으나 강한 기운과 부드러운 기운이 응하니라. 상왈 불이 물 위에 있는 것이 미제괘의 상이다. 군자는 이로써 삼가하여 물건을 분별하고 방소로써 무리를 모으는 것이느니라.

【원문】

初六 濡其尾. 吝. 象曰 濡其尾 亦不知極也.
초육 유기미 린 상왈 유기미 역부지극야

九二 曳其輪. 貞吉. 象曰 九二貞吉 中以行正
구이 예기륜 정길 상왈 구이정길 중이행정

也. 六三 未濟 征凶. 位不當也. 象曰 未濟 貞
야 육삼 미제 정흉 위부당야 상왈 미제 정

凶 位不當也. 九四 貞吉. 悔亡 震用伐鬼方. 三
흉 위부당야 구사 정길 회망 진용벌귀방 삼

年有賞于大國. 象曰 貞吉悔亡 志行也. 六五 貞
년유상우대국 상왈 정길회망 지행야 육오 정

吉. 无悔. 君子之光 有孚. 吉. 象曰 君子之光
길 무회 군자지광 유부 길 상왈 군자지광

其暉吉也. 上九 有孚于飮酒 无咎. 濡其首. 有
기휘길야 상구 유부우음주 무구 유기수 유

孚失是. 象曰 飮酒濡首. 亦不知節也.
부실시 상왈 음주유수 역부지절야

【직역】【초육】그 꼬리를 적시니 인색하리라. 상왈 그 꼬리를 적신다 함은 또한 극함을 알지 못한다는 것이니라. 【구이】그 수레를 당긴다. 마음을 곧고 바르게 하면 길하리라. 상왈 구이의 마음을 곧고 바르게 하면 길하다 함은 중도로써 바름을 행한다는 것이니라. 【육삼】미제괘에 정벌하러 가면 흉하나 큰 냇물을 건너면 이로우니라. 상왈 미제괘에 정벌하러 가면 흉하다 함은 자리가 마땅하지 않다는 것이니라. 【구사】마음을 곧고 바르게 하

면 길해서 뉘우침이 없어지리라. 천하를 움직이며 귀방북방의 야만족을 쳐서 삼년만에야 대국에서 큰 상을 주리라. 상왈 마음을 곧고 바르게 하면 길하고 뉘우침이 없어진다 함은 뜻이 행하여 진다는 것이니라. 【육오】마음을 곧고 바르게 하면 길하리라. 뉘우침이 없으리니 군자의 덕에 미더움이 있어 길하리라. 상왈 군자의 덕에 미더움이 있다 함은 그 미더움이 길하다는 것이니라. 【상구】술을 마시는데 미더움을 두면 허물이 없으리라. 그 머리를 적시면 미더움이 있더라도 바름을 잃으리라. 상왈 술을 마시는 것과 머리를 적신다 함은 또한 절제를 알지 못한다는 것이니라.

미제형未濟亨, 유득중야柔得中也, 미제未濟, 정征, 흉凶이라 함은, 미제괘가 형통한다는 것은 부드러움이 가운데를 얻었다는 것이고 아직 채 다하지 못했는데 정복하려 한다면 흉하다는 것이다. 가운데를 얻었다는 것은 음양의 두 기운이 이루어내는 미묘한 정취이다. 이는 길은 길이고, 흉은 흉이라는 식으로 쪼개어 나누는 것은 역경의 사고와는 거리가 멀고 길 속에 흉이 있고 흉 속에 길이 있다는 것이 역경의 참된 이치이다.

아직 채 못 다 이룬 일이 통하려면 뜻이 일치해야 한다. 물과 불처럼 판이해서는 통할 수 없다. 물 같은 부드러운 마음의 자세와 불같은 굳센 마음의 자세가 서로 중을 얻어야 통하는 길을 찾는다. 그러므로 부드러우면 굳셈을 얻어야 하고 강하면 유를 얻어야 막히지 않고 통하는 것이다.

또 나를 잘 다스리고 집안을 제대로 이끌어 놓은 다음에 세상에 나아가서 출세를 시도할 일이다. 집은 안이고 세상은 밖이라는 얕은 생각으로 겉만 번지르르 하게 꾸며 날뛰는 사람들은 언제든 허세로 드러날 뿐이다. 세상을 정복하려고 하면 할수록 무지개 잡는 버릇에 홀려들고 만다. 뜬 구름을 잡으려는 사람은 결국 인생의 끝을 험하게 잘라 버린다. 인생은 죽는 날까지 다 이루어진 것이 아니다. 누구의 인생이든 미처 다 이루지 못한 것이다. 어린 여우가 말라붙은 강이라고 주제넘은 태도로써 건너려다 강물에 제 꼬리를 적신다는 역경의 글귀를 새기어 둘 일이다.

이상으로 중천건에서부터 시작하여 끊임없는 변화와 발전을 거듭하면서 호운 속에는 불운이 잠재하고, 불운 속에는 호운의 징조가 싹트는 역경의 법칙을 많은 괘를 거쳐 오면서 접촉해 왔다. 이러한 변화를 거쳐 마지막 괘가 완성으로 끝맺음을 했다면 우리라는 인생의 운명도 호운과 불운의 발전을 되풀이하다가 언젠가는 완성에 도달할 것으로 착각했을지도 모른다. 그러나 주역은 인생의 미를 갖추고 있는 기제괘에서 끝말을 맺지 않고 미완성의 상태에 있는 미제괘로써 마지막 괘를 장식하고 있다. 화수미제괘는 육십사괘 가운데 최후의 괘이다. 우리는 이와같은 옛성인들의 뜻이 깊은 사고에 경의를 표하는 바이다.

부록 1

현시대의 역점

지금까지 본문에서 논한 역전과 역경 육십사괘는 점하는 방법을 해설하면서도 세상사의 도리를 밝혀 설명하는 데에 중점을 두고 있다. 이것은 주역의 기본이론과 체계를 구축하여 인간사의 처신과 처세에 관한 지혜와 어떻게 하면 화를 피할 수 있는가를 도덕적 입장에서 이탈함이 없이 제시하고는 있으나 오늘날 우리들의 생활방식과는 상이점이 있으므로 한층 더 현실의 기대에 부응하는 실체적이고 알기 쉬운 풀이가 요구된다. 따라서 필자는 본문의 괘·효사와 성현들의 문헌집을 탐구하여 우리들의 생활과 밀접한 관계를 갖고 있는 열다섯 가지의 사항과 일반적인 운세로 재구성하여 부록 1편에 게재하였으므로 독자들의 사회생활에 많은 도움이 되길 기대한다.

　장구한 역사를 가진 인류사회의 흥망과 변천의 과정에서 인간 그 자체에는 변화하는 발전적인 경로가 없었다. 그러나 자연의 이치를 근거로 하여 이루어진 주역은 인간이 오랫동안 경험적 사실에 의하여 얻은 법칙으로써 오늘날 현대사회에서도 유효한 가치를 인정받게 되어 그 진실한 가치를 발휘하고 있다. 이는 주역을 통해 지나간 일을 밝혀 미래의 일을 살피는 데에 두고 있고, 과거의 사적을 밝히고 그것에 의거하여 미래의 변화를 고찰하는 데에 사용하는 것이다.

　본서는 몸과 마음을 닦아 품성과 지식, 도덕심 등을 높은 경지로 끌어올리는 하나의 수양서로서 어떠한 문제에 대하여 홀로 괴로워하고 번민할 때 부담없이 읽는다면 진실한 가르침과 충언을 얻을 것이다. 정식으로 점치는 방법에 대해서는 앞장의 점서법에서 상세히 논하였으므로 여기서는 누구나 손쉽게 점칠 수 있는 방법에 대해서 설명하겠다.

동전으로 작괘하는 법

① 먼저 여섯 개의 동전이나 엽전을 준비한다.

② 정좌하여 정신을 통일하고 점치려는 초점에 마음을 모은다.

③ 동전을 손 안에 쥐고 몇 번이고 흔든 후 머릿속으로 문제에 대해 진지하게 생각한 다음 그 중 한 개를 선택한다.

④ 선택한 동전은 앞뒤를 정해서 반드시 아래에서부터 위로 순서대로 배열한다.

⑤ 순서대로 배열된 여섯 개의 동전을 살펴 앞면이 나타난 것은 양 —이고, 뒷면이 나타난 것은 음 --이다

⑥ 양 —과 음 --의 여섯 개의 동전이 배열되면 육십사괘 중의 한 괘가 나온다.

⑦ 만일 동전이 모두 앞면만 나타났으면 ☰ 이러한 형태가 되어 중천건괘가 되고, 만일 ☵ 이러한 형상이 되면 수택절괘가 되는 것이다. 그런 다음 육십사괘의 조견표를 보고 그 괘에 해당하는 부분을 찾아서 길흉을 살핀다. 더욱이 역경의 본문까지 살피고자 하면 본문의 육십사괘 중에서 해당되는 괘를 찾아 길흉을 유추하여 판단한다.

⑧ 만일 여섯 개의 동전이 없다면 한 개를 가지고 여섯 번을 되풀이하면 된다. 이때에도 아래서부터 차례대로 여섯 개의 효를 그어 나간다.

주사위로 작괘 하는 법

① 주사위를 준비한 후 이것을 던져서 홀짝을 구별하여 작괘하는 방법이다. 모두 여섯 번을 던져서 여섯 효를 얻으면 한 괘를 얻는다.

② 주사위에 그려진 점이 1개, 3개, 5개이면 양효 —이고, 2개, 4개, 6개이면 음효 --이다.

③ 모두 여섯 번을 던져서 아래서부터 차례로 양효 —, 또는 음효 --를 옮겨 적는다. 그리하여 그 결과로서 육십사괘의 조견표와 대조하여 해당하는

괘를 찾아 길흉을 유추하여 판단한다.

윷으로 작괘하는 법

① 점치는 자세를 갖춘 뒤 윷을 던진다. 윷이 도, 걸, 모가 나오면 양효 —
이고, 개, 윷이 나오면 음효 --이다. 윷을 여섯 번을 던져서 아래서부터 차례
로 양효 — 또는 음효 --를 옮겨 적는다. 그 결과로써 육십사괘의 조건표와
대조하여 해당하는 괘를 찾아 길흉을 음미하여 판단한다.

주역 점을 볼 때 반드시 유의해야 할 사항

① 같은 일을 하루에 두 번 세 번 점하지 말라.
② 부정한 일을 위해서는 절대로 점하지 말라.
③ 자신의 지혜와 슬기를 다하여도 판단을 내리지 못하는 경우에만 점을
하라.
④ 막연한 해답이나 결과를 구하는 점을 해서는 안 되고, 해답을 원하는
사건의 범위를 축소시켜라. 예를 들면 나의 장래는 어찌될 것인가 라는 것이
아니고, 내가 이번 시험에서 합격할 것인가 라는 식으로 점을 하라.
⑤ 점을 할 때에는 경건한 마음으로 자세를 바르게 하고 태도를 고요히
한 다음 시행해야 한다.

역경 육십사괘의 조견표

상괘 \ 하괘	천 ☰	택 ☱	화 ☲	뢰 ☳	풍 ☴	수 ☵	산 ☶	지 ☷
천 ☰	중천건	천택이	천화동인	천뢰무망	천풍구	천수송	천산둔	천지비
택 ☱	택천쾌	중택태	택화혁	택뢰수	택풍대과	택수곤	택산함	택지췌
화 ☲	화천대유	화택규	중화리	화뢰서합	화풍정	화수미제	화산여	화지진
뢰 ☳	뢰천대장	뢰택귀매	뢰화풍	중뢰진	뢰풍항	뢰수해	뢰산소과	뢰지예
풍 ☴	풍천소축	풍택중부	풍화가인	풍뢰익	중풍손	풍수환	풍산점	풍지관
수 ☵	수천수	수택절	수화기제	수뢰둔	수풍정	중수감	수산건	수지비
산 ☶	산천대축	산택손	산화비	산뢰이	산풍고	산수몽	중산간	산지박
지 ☷	지천태	지택임	지화명이	지뢰복	지풍승	지수사	지산겸	중지곤

2 육십사괘 풀이

1. 중천건 重天乾　≣ 건괘
　　　　　　　　　　　　　건괘

건괘는 한없이 큰 하늘을 의미하고 또 위대한 아버지를 의미한다. 건괘는 모두 양괘 ━로 되어 있어 역경에서는 여섯 마리의 용이 하늘을 나는 모습에 빗대어 설명하고 있다. 또한 군자는 생산을 위해 몸과 정신의 활동을 쉬지 않는다는 대상의 뜻은 항상 건강하고 게으르지 않으며 끊임없이 행하므로써 현실을 직시하고 사심이나 악의가 없이 무사공평하게 지낼 수 있는 것을 의미한다.

운세는 태만하지 말고 하던 일을 착실하게 밀고 나아가야 한다. 자칫하면 공든 탑이 무너진다. 지나치게 큰 꿈을 가지면 고전을 면하기 어렵다.

【사　업】실속이 없고 의견만 분분하여 결실을 맺기 어렵다. 개혁과 현실이 조화를 이루지 못하기 때문에 결단력이 필요할 때이다.

【소　원】마음 가다듬고 모든 일을 신중하게 처리하면 계획을 성취할 수 있다.

【재　물】씨앗을 뿌리는 자가 거두어 들인다. 서둘지 말고 서서히 준비하라. 앞날을 대비할 필요가 있다.

【부동산】다소 이익이 있다. 그러나 서둘면 이익이 반감된다.

【증　권】현재는 상승세이나 곧 정상에 닿았다가 하락세로 돌아선다.

【연　애】성격상 비슷한 사람을 만나지만 상대방을 존중하지 않으면 성사되기 어렵다.

【결　혼】성립이 안 되는 경우가 많다. 여자에게는 좋은 운이지만 남자는 좋지 못하다.

【합　격】합격운은 양호하지만 방심은 근물이다.

【입　학】일류학교를 지망해도 좋은 운세이다.

【취　직】국영기업체나 공무원 등 확실한 곳은 성사가 된다. 청탁을 해도

무탈하다.

【소　송】서로의 이익을 위해 화해하는 것이 길하다. 합의점을 찾지 못하면 손해를 볼 수 있다.

【출　산】귀한 자식을 얻는다.

【건　강】신경통과 유행성질환, 식욕부진이 염려된다. 병이 오래가면 대단히 불리하니 항상 건강에 유의하라.

【이　사】이사는 불리하다.

【여　행】단체로 여행하는 것은 별 문제가 없으나 부상에 유념하기 바란다.

2) 중지곤 重地坤 ䷁ 곤괘
곤괘

곤괘는 드넓은 대지를 의미한다. 대지는 지구의 만물을 생성하고 이루어지게 하므로써 그 덕으로 어머니라는 뜻도 있다. 아무 소리도 없이 고요하고 스스로가 온화하며 양순함이 곤괘의 가장 좋은 행동거지이다. 그러나 친척들의 고충을 도맡아 처리해야 하는 시기이므로 수고로운 일도 겪는다.

운세는 봉사하는 마음으로 자신을 다스리고 주의 사람들과 좋은 관계를 맺으면 어떠한 불행이 닥쳐와도 도움의 손길이 있으니 길하다. 또 많은 경쟁자와 방해꾼이 있으니 교만하게 행동하면 고통과 함정에 빠질 수 있다. 윗사람 말에 순종하고 겸손한 마음의 자세로 행하면 점진적인 발전이 있다.

【사　업】일을 서두르지 말라. 주위 사람들과 협의해서 나아가야지 새삼스러운 일을 진행하거나 확대해서는 안 된다. 지금은 밤이다. 경거망동을 삼가라.

【소　원】좌절하지 말고 묵묵히 윗사람들과 의논해 나가면 결국은 성취한다.

【재　물】불편하지 않겠지만 큰 것을 바라면 언짢은 일을 당한다.

【부동산】윗사람의 말을 따라 이행하라. 그러나 훗날이 더 좋다.

【증　권】하락장세이다.

【연　애】너무 조급하게 굴지 말고 서서히 진행시키는 것이 좋다.

【결　혼】결혼은 서서히 성사가 된다.

【합　격】좋은 결과가 있을 것이다.

【입　학】선생님이나 부모가 권하는 곳이면 양호하다.

【취　직】너무 급하게 생각하지 말라. 윗사람의 도움이 있을 것이다.

【소　송】합의하는 것이 길하고 취소하면 더 좋다. 불리하다.

【출　산】쌍둥이를 잉태할 수도 있다. 집안을 번성하게 하는 자식이 탄생한다.

【건　강】소화기계통, 신경계통 질환으로 고생한다.

【이　사】이사는 하면 양호하다. 결단이 서지 않으면 전문가와 상의하라.

【여　행】여행은 보류 내지는 중단하는 것이 양호하다.

3) 수뢰둔 水雷屯 ䷂ 감괘 진괘

　　둔괘를 인간세계로 설명하면 외동아들이 태어난 기쁨과 함께 무사히 성장할 수 있도록 걱정과 조심성이 앞서는 시기라 하겠다. 이것은 한 국가나 회사에 있어서도 동일하다. 커다란 희망과 목적을 가지고 만반의 태세를 갖추고 있는 실정이기는 하지만 아직은 충분히 운세가 트인 것이 아니고 협력하고 있는 사람들과 함께 행동으로 옮길 시기를 기다리고 있는 형세이다.

　　운세는 앞으로 큰 희망은 있으나 지금은 때가 아니다. 혼자의 힘으로는 도저히 일을 처리할 수 없으므로 주위의 협력자를 널리 구해야 할 때이다. 또 움직이면 움직일수록 고통과 재난이 뒤따르는 시기이다.

【사 업】지금의 상태에서 한 걸음도 더 나아가지 말 것. 욕심은 곧 파멸을 가져온다는 사실을 명심하라. 더구나 태만과 오만으로 무사안일에 빠지면 패가망신의 무서운 결과를 초래할 것이니, 근엄한 마음으로 현실에 만족하고 꾸준하게 앞으로 나아가면 어려운 고비를 넘길 수 있다.

【소 원】오랫동안 바래온 일이 성취되나 근간에 바라던 일은 시일이 흘러야 한다. 결코 절망이 아니므로 끈기로써 이겨 내야 한다

【재 물】유통과 거래가 어려운 때이므로 최소한 절제해야 한다.

【부동산】현재는 손해를 본다. 그러나 시일이 지나면 이익이 있으니 조급하게 서두르지 말라.

【증 권】보합장세이다.

【연 애】적극 추진하려 해도 생활문제 때문에 소강상태로 이어지나, 시일이 지날수록 협력이 잘 된다.

【결 혼】아직은 결혼의 때가 아니다.

【합 격】앞으로 삼개월이나 육개월 이후에 다시 한번 도전하는 것이 좋겠다.

【입 학】합격이 어렵다.

【취 직】현재는 가망이 없으나 주위 사람들의 협력을 얻으면 가능하다.

【소 송】시일이 촉박한 사건은 실패하지만 오래 지속되는 사건은 승소한다.

【출 산】위풍이 당당한 가문을 빛낼 아들이 탄생한다. 공을 잘 들이고 산모의 건강에 유념할 것.

【건 강】소화기계통과 신경계통에 유의해야 하며 오래된 병은 퇴치하나, 근병은 속치하지 않으면 오래갈 것이다.

【이 사】이사는 때가 아니며 움직이면 불길하다.

【여 행】여행은 수액이 염려되고 또 여난이 있을 것이니 취소하는 것이 양호하다.

4) 산수몽 山水夢 간괘감괘

몽괘는 현재 암담하고 발전할 수 없는 상태이며, 또 괴로움과 번민에 빠져 있는 모습 그대로이다. 그러므로 일반적인 운수마저도 내다보기 어려운 형편이므로 경거망동을 삼가야 한다. 운세는 참으로 답답하고 피곤하다. 이런 시기에는 선배나 윗사람의 의견을 듣고 자연의 이치와 섭리에 순응하는 자세로써 인내와 끈기로 노력해야 한다. 결코 나쁜 운은 아니지만 뚜렷한 전망이나 명확한 계획이 서지 않을 때에는 좋지 않은 방향으로 기울지 않을 수 없다.

【사　업】앞으로 나아갈 수도 없고 뒤로 물러날 수도 없는 진퇴양난의 상태이다. 이런 때에는 칠전팔기의 도전 정신으로 각고의 노력을 쏟으면서 상대방을 납득시키고 협조하도록 설득하는 길밖에 없다.

【소　원】희망이 없고 막연하다. 오랫동안 공을 들인 일이라면 귀인의 도움을 받는다. 주위의 인정을 받도록 노력하라.

【재　물】예산을 극도로 축소하고, 모든 계획을 재검토하여 낭비와 지출을 줄여 나가야 한다.

【부동산】문서상 하자가 생기거나 사기를 당할 운이니 때를 기다려라.

【증　권】약세로 보합된다.

【연　애】부담이 없는 만남은 가능하다.

【결　혼】결혼은 어렵다. 변절될 우려가 있다.

【합　격】어렵다. 등하교길에 교통사고를 조심하라.

【입　학】아는 것도 생각이 나지 않으니 어찌할 수 없다.

【취　직】지금은 어렵다. 주위 사람들의 도움을 받아야 가능성이 있으니 평소에 주변 사람들과의 관계를 돈독하게 처신하라. 특히 교통사고 요주의.

【소　송】선배나 윗사람의 의견을 듣고 처리해야 하며, 고집을 세우면 망신

을 당할 운수이다.

【출　산】장래에 큰 일꾼이 태어나겠다. 현자를 출산할 수 있지만 체질개선을 해야 한다.

【건　강】병명이 나지 않는 병으로 고생한다. 노인이나 오래된 환자들은 특히 조심해야 한다.

【이　사】이사는 불길하다. 취소하라.

【여　행】단행하면 후회할 일이 일어난다. 중단하라.

5) 수천수 水天需 　감괘 건괘

수괘는 자신의 희망과 목적을 향해 역량을 기르면서 준비하는 모습이다. 또 수괘는 음식물과 관계가 있기 때문에 윤택함을 뜻하기도 한다. 풍족한 생활을 누리고 연회에서 즐거움을 맛본다는 의미가 있으므로 뛰어난 기상과 우수한 재능을 키우는 데 좋은 시기이다.

운세는 일반적으로 설명하면 싫어도 기다려야만 하는 것이 어찌할 수 없는 운명이다. 계획한 일이 언제쯤 이루어질 것인지는 지금으로부터 육개월 후에 그 목적이 달성되므로 모든 계획에서 장기간이 필요한 운수이다.

【사　업】모든 일에 대하여 장기적인 계획을 세우고 적극성을 피해야 손실이 없으며 절대로 초조해서는 안 된다. 새로운 사업이나 확장은 때가 아니며 소모의 시기가 아닌 축적의 시기이다.

【소　원】조급하게 일을 해결하려면 안 된다. 장기간 해온 일이라면 곧 성취하나 지금부터 바라는 일은 시간이 소모된다.

【재　물】유통과 거래에서 크게 구애 받지는 않는다. 점차 활발한 기세로 발전될 전망이다.

【부동산】지금은 때가 아니며 서두르면 손해를 본다. 시일을 두고 기다리면 이익을 볼 수 있다.

【증　권】약세장세이다.

【연　애】서로 싫어하지 않으면서도 교제는 활발하게 할 수 없는 형세가 작용이 된다.

【결　혼】사·오년 후에 결혼하는 장기적인 계획은 양호하나 이 시점의 결혼은 시기상조이다.

【합　격】후기 모집에 응하면 합격운이다. 차분하고 편안한 마음의 자세가 필요하다.

【입　학】전기 모집은 어렵다. 실력을 총정리하고 조급하게 굴지 않아야 한다.

【취　직】서서히 좋은 기회가 다가오고 있으니 조급하게 서두르지 말고 마음의 여유를 가진다면 성취하지만 급하면 불가능하다.

【소　송】승산은 있다. 그러나 시일을 많이 끌어 이겨도 별 이익이 없고 지루하기만 하다.

【출　산】현명하고 당당한 양갓집규수가 태어난다. 지금 잉태를 구하는 사람은 머지않아 소식이 있을 것이다.

【건　강】몸을 너무 무리했거나 기혈유통이 잘 안 되는 원인의 질병이다.

【이　사】시기상조이니 더 기다려야 하고 불가피한 경우 전문가와 상의해서 결정해야 한다.

【여　행】여행은 연기하는 것이 양호하다. 서두르면 손해가 많다.

6) 천수송 天水訟　☰☵ 건괘
　　　　　　　　　　　감괘

송괘는 상대와 자신과의 의견이 완전히 다르고 조화할 수 없음을 뜻한다.

거듭 이쪽에서 딱한 사정을 하소연해도 들어주지 않는다. 그러므로 자신의 심정과 태도를 바꾸어 상대편에 동조하든지, 아니면 주위의 분위기에 편승하여 화목하고 온화한 분위기를 갖는 것이 현재의 불리한 상태를 벗어날 수가 있다.

운세는 자기의 의견과 상대의 의견이 맞지 않으면 서로 불화하여 다투고 금전문제의 시비가 도화선이 되어 소송 등의 분쟁을 일으키기 십상이므로 냉정하게 이성적으로 상대방을 설득하는 것이 좋다.

먼 훗날을 위해 조금은 손해를 보아도 참는 운이다.

【사　업】자기 능력 밖의 계획을 세우면 실패를 암시하는 운이다. 어음, 계약, 견적 등 여러 가지 서류상의 구설이 따르므로 서류정리를 면밀히 하고 계획과 검토를 신중하게 해야 한다.

【소　원】겸손한 자세로써 때를 기다리며 생각하고 있는 일을 재검토한다.

【재　물】지금 당장은 바라는 것이 들어오지 않을 때이다. 큰 욕심을 부리면 오히려 해가 된다.

【부동산】이익이 없으므로 삼개월쯤 미루는 것이 좋다. 특히 서류 등의 문서상에 유의해야 한다.

【증　권】진폭이 큰 장세로 보합된다.

【연　애】하찮은 일로 사이가 나빠진다.

【결　혼】이루지 못할 사랑에 빠졌지만 결혼은 단호히 포기하는 것이 좋다. 반드시 후회할 일이 생긴다.

【합　격】기술이나 기능직은 합격한다.

【입　학】무리하지 않으면 가능하다

【취　직】어렵다. 된다 해도 오래가지 않으며 주변 사람들과 시비구설만 일어난다. 그러나 특수전문직은 희망이 있다.

【소　송】대단히 불리하다. 혹여 소송에서 이긴다 해도 상처만 남는다.

【출　산】난산이 우려되나 아이를 출산하면 운세가 좋아지므로 정성스러

운 마음으로 임해라.

【건　강】소화불량이나 신경성질환을 조심하고 건강에 유념해야 한다.

【이　사】이사는 불리하다.

【여　행】여행은 중단하라. 행하면 천변지이를 만나 꼼짝달싹 못하는 일이
　　　　　있을 것이다.

7) 지수사 地水師 ䷆ 곤괘
감괘

　사괘는 전쟁수행을 위한 준비 상태를 뜻한다. 강한 운이지만 너그럽고 덕
량이 있도록 노력하지 않으면 지도자가 될 수 없다. 또 사괘의 형상은 지하
수로써 토사·암석 등의 사이를 채우고 있는 물이다. 물을 끌어올려 사용해
야만이 제 구실을 다한다. 지하수가 지상에 올라와 제기능을 다하기까지의
과정과 시간을 깊이 생각하여 판단해야 한다.

　운세는 대단히 강한 운이지만 노력하지 않으면 좋은 결과를 얻을 수 없다.
불굴의 투지로 각고의 노력을 쏟아야만이 비로소 많은 사람들 중에서도 돋
보이는 결실을 맺게 된다. 주위의 사람과 불목하는 경우가 있겠으나 양보와
이해와 겸손을 잃지 않아야 한다.

【사　업】처음의 계획보다 차질이 우려된다. 주위 사람들의 의견을 참작하
　　　　　지 않고 독단적으로 행동하면 많은 손실이 있다. 현재의 사업을
　　　　　겸손하게 열심히 끌고 나가면 발전이 있다. 그러나 새로운 사업을
　　　　　시작하면 어려움에 봉착한다.

【소　원】대단히 어려운 시기이다. 그러나 시간을 가지고 윗사람에게 부탁
　　　　　하면 결국은 이루어진다. 오직 실력으로써 위기를 헤쳐 나아가야
　　　　　한다.

【재 물】무리한 계획은 좌절하지만 작은 재물은 그런대로 유통이 된다. 현상유지를 해 나가면 머지않아 풀리게 된다.

【부동산】계약 전후에 문젯거리가 발생하므로 다음 기회로 미루어야 한다.

【증 권】약보합세이다.

【연 애】불건전한 사이가 이루어지므로 무리하지 않는 것이 좋다.

【결 혼】결혼은 어렵다. 훗날에 후회할 일이 생긴다.

【합 격】양호한 성적으로 합격한다.

【입 학】경쟁자를 물리칠 수 있다.

【취 직】경쟁자가 많아서 단시일내는 어렵다. 윗사람에 부탁하면 이루어진다.

【소 송】시일이 소비되는 운이다. 결국은 승소하나 손재수가 있으므로 합의하는 것이 좋다.

【출 산】튼튼한 여자아이를 출산하겠다.

【건 강】심신의 피로와 지나친 과로로 인한 질환이 두려울 때이다. 발병자는 위험하다.

【이 사】이사는 어렵다. 불행한 일이 발생한다.

【여 행】여행도 중단하는 것이 양호하다.

8) 수지비 水地比 ䷇ 감괘 곤괘

비괘는 타인과 친하게 된다는 의미도 있기 때문에 선배나 동료에게 깍듯이 예를 갖추어 교제를 넓히는 것이 중요하다. 사람도 많이 모이고 하나의 목적을 향해 경쟁도 매우 심할 때이므로 조금이라도 먼저 믿을 수 있는 사람을 선정하여 협력을 구해야 한다.

운세는 의지할 수 있는 귀인을 만난다. 또한 주위의 인화력에 호응하여 자신의 위치를 굳힐 수 있는 때를 맞이한 것이다. 계획하는 일은 결과가 잘 맺어지고 여자의 성원도 받게 된다. 그러나 자제력을 잃으면 이성간의 문제로 얽힐 수도 있기 때문에 요주의해야 한다.

【사 업】긴 안목으로 튼튼한 기반을 구축해 나가는 시기이다. 주위의 경쟁이 치열하므로 민첩하게 처리해야 한다. 호응이 따르는 때이지만 원만한 처세를 잊지 않아야 하며 이성간의 문제에 얽혀 지출과 낭비가 많을 우려가 크다.

【소 원】대단히 좋은 결과가 나타난다. 그러나 혼자의 힘으로는 어렵고 주위사람의 힘이 절대적으로 작용하여 이루어진다는 것을 명심하라.

【재 물】지금 준비될 금전보다는 주위에서 출자해 주는 성원에 힘을 받아서 금전적인 유통도 잘 이루어지고 이득도 많을 전망이다.

【부동산】지금이 적정한 시기이다. 만일 지금의 시기를 놓치면 어려운 일이 닥친다.

【증 권】약보합세에서 소폭으로 하락한다.

【연 애】많은 상대가 나타난다. 여성의 입장이라면 경쟁자가 많고 남성의 경우라면 많은 여성에게서 추파를 받는다.

【결 혼】결혼은 결론이 잘 나지 않는다. 그러나 교제하는 이성이 있다면 좋은 상태이다.

【합 격】지금 생각하고 있는 학교에 합격한다.

【입 학】고요한 마음으로 실력을 가다듬어 시험에 응시하면 좋은 결과가 있다.

【취 직】생각보다 좋은 곳에 이루어진다. 주위의 배려라는 것을 명심하고 실력을 발휘하라.

【소 송】오래 끌면 끌수록 손해가 크고 불리해진다.

【출 산】나라의 기둥이 될 장부가 태어난다. 지금 자녀를 바라는 사람은

머지않아 좋은 소식이 있을 것이다.

【건　강】간장과 신장, 과로의 질환을 주의할 것.

【이　사】이사는 계획대로 진행이 된다. 주위 사람의 의견을 참작할 것.

【여　행】여행은 원활하게 이루어지며 동행자가 있으면 더욱 좋다.

9) 풍천소축 風天小畜 ䷈ 손괘 건괘

　소축괘는 흐린 하늘을 바라보고 있는 것과 같이 심신이 개운하지 않고 찌무룩한 느낌에 잠겨 있는 모습이다. 비라도 한바탕 쏟아지고 나면 마음이 산뜻하고 시원하겠지만 내릴듯 하면서도 좀체 내리지 않는 그러한 상태이다. 지금 계획하고 있는 일은 모든 것이 뜻대로 진행되지 않기 때문이다. 다시 말하면 마음과 정신이 억눌려서 객쩍은 상태라고 할 수 있다.

　운세는 모든 일을 서루르면 그만큼 부작용과 손해가 따르는 시기이다. 물질의 순환은 그런대로 좋은 편이므로 적은 돈이라도 저축할 수 있는 때이다. 그러나 좀더 여유있게 기다리면 활기찬 때가 도래한다. 여자에게 억눌린 형상으로 가슴 앓이가 심하다.

【사　업】자금의 회전과 거래선도 현상유지가 가능하다. 그러나 확장이나 새로운 사업은 함정으로 빠지는 격이므로 대들지 말고 지금의 상태를 유지 보완하는 데 온 힘을 쏟아야 한다.

【소　원】현재는 어렵다. 좌절하지 말고 어려움을 참고 견디면 결국은 소원을 이룬다.

【재　물】작은 돈은 비교적 활발하게 움직이지만 큰 돈은 생각하지 말라. 온고지신의 자세로 처신해야 한다.

【부동산】최소한의 이득을 생각하면 가능하다. 그러나 현재 계약이 이루어

진 상태라면 해약의 장애가 있을 징조이다.

【증　권】보합장세이다.

【연　애】상호간의 좋은 만남은 아니다.

【결　혼】장애물이 가로막힌 까다로운 조건이 작용하여 결혼은 어렵다.

【합　격】기능계통의 학교는 가능하지만 침착하게 임해야 한다.

【입　학】대단히 어렵다.

【취　직】급하게 서루드면 어렵다. 시간을 가지고 지인에게 부탁하면 이루어진다.

【소　송】불리하다. 협의하는 것이 상책이다.

【출　산】사회적으로 훌륭한 여자아이가 탄생한다. 그러나 산모는 건강에 유의해야 한다.

【건　강】우울증, 히스테리, 심장병, 신경계통의 질환에 주의해야 한다.

【이　사】이사는 불길하다. 불가피하다면 전문가의 자문을 구해야 한다.

【여　행】중단하는 것이 양효하다. 그러나 사업이나 단체여행이면 무난하다.

10) 천택리 天澤履　☰ 건괘　☱ 태괘

이괘는 인간으로서의 지켜야 할 도리나 임무를 이행한다는 뜻이 있기 때문에 앞선 사람들의 행동을 더듬어 보고 자신에게 실패가 없도록 삼가서 경계하라는 의미를 암시하고 있다. 또 자신의 힘에 부치는 일은 감당하기가 어렵고 여간 끈질기지 않고서는 꺾이고 말 우려가 있다. 그러므로 이괘가 나올 때는 자신의 일에 대하여 무슨 실수나 있지 않은지 생각해서 빨리 결점을 찾아 보완해야 한다. 그러나 대단히 위험한 입장에 처한 상태에서 그 일이 성공하면 의외로 큰 결과를 얻는다. 이괘가 나오면 적어도 육개월 정도는 참고 인내하는 시기가 필요하다.

운세는 매사를 서두르지 말고 차근하고 세밀하게 점검해야 하는 운수이다.

【사　업】처음은 어려우나 주위의 여론을 경청하여 대처하면 서서히 호전된다.

【소　원】좌절과 어려운 고비가 있을 수 있으나 초심으로 끈기 있게 노력하면 소원을 이룬다. 처음은 힘들고 괴롭지만 갈수록 좋은 결과를 얻는다.

【재　물】노력의 결실을 얻을 수 있는 시기이다. 겸손한 자세로 성실히 노력하면 황금마차의 주인공이 된다.

【부동산】큰 이익은 없으나 가능하다. 그러나 문서상의 관계를 세심하게 검토해야 한다.

【증　권】어느 정도의 시일이 지나면 장세가 역전이 되지만 당장은 중지함이 좋다.

【연　애】나이 차가 많은 사람과 연애할 일도 생긴다.

【결　혼】결혼은 어려운 시기이다.

【합　격】어렵지만 겸손한 마음으로 정성을 다하면 뜻을 이룰 수 있다.

【입　학】매우 어렵다. 두 단계는 낮춰야 한다.

【취　직】현재는 어렵다. 지망선을 낮춰야 하며 성실한 자세로 임하면 윗사람의 도움을 받는다.

【소　송】소송은 어렵다. 시기가 좋지 않아서 어려움을 겪게 된다.

【출　산】귀공주를 출산할 수 있고, 산후조리에 유의해야 한다.

【건　강】호흡기 질환과 애정 문제로 인한 심병을 주의해야 한다. 주의가 절실히 요망된다.

【이　사】좋지 않다.

【여　행】여행중에 소지품을 분실할 우려가 있으니 조심해야 한다.

11) 지천태 地天泰 ䷊ 곤괘 / 건괘

태괘는 모든 것이 안정적인 상태에 있음을 나타낸다. 이 편안한 상태를 언제까지나 유지하는 데 최선을 다하도록 노력해야 한다. 현재는 자신을 비롯한 모두 주위의 사정도 더할 나위 없이 순조롭게 진행된다. 새로운 계획은 탄력을 받아 무탈하게 발전하고 만족스러운 상태에 있는 때이다. 회사에서도 가정에서도 모든 사람들의 마음이 하나로 단결되어 화목한 분위기가 넘쳐 흐른다.

운세는 현상 유지에 최선을 다해야 하지만 지금까지 어려운 고비를 겪은 사람은 상관이 없다. 역의 원리는 순환하는 것이기 때문에 발전과 번영은 영구적이지 않다. 어렵게 살아온 사람은 보상을 받겠으나 편안한 생을 살아온 사람은 불측의 재난에 대비해야 한다.

【사　업】그동안 투자했던 곳에서 많은 이익이 있다. 작은 자본으로도 큰 이익을 낼수 있는 절호의 기회이니 고민하지 말고 행동에 옮겨라. 성실하게 임하면 큰 성과를 낼 수가 있다.

【소　원】바램은 미구에 희소식이 있다. 모든 일이 너무 쉽게 이루어지면 방심하게 되는데 지나친 욕심은 불행을 자초한다.

【재　물】금전의 회전과 거래는 활발하다. 아직 그렇지 않다면 머지않아 희소식이 있을 것이다. 그러나 지나친 욕심은 금물이다.

【부동산】매매사는 양호하나 지나치면 오히려 손해를 본다.

【증　권】보합장세이다.

【연　애】현재 사귀고 있는 사람은 좋은 배필이다.

【결　혼】구혼중에 있는 사람은 좋은 짝을 만난다.

【합　격】합격의 광명이 있다.

【입　학】자신을 너무 믿고 방심하면 안 된다.

【취　직】희소식이 오고 있는 중이다. 곧 실력을 인정받는다.

【소　송】승소한다. 피고든 원고든 승소가 가능하다.
【출　산】잉태를 원하는 사람은 체질개선을 하면 좋은 소식이 있다.
【건　강】운동과 식사조절이 건강의 척도이다. 환자와 노인의 질병은 곧 회복이 된다.
【이　사】지금의 상태도 양호하고 옮겨도 무방하다.
【여　행】어느 곳이든지 양호하다. 그러나 주색에 유의할 것.

12) 천지비 天地조 ䷋ 건괘 곤괘

비괘는 당장의 곤란을 면하기가 어렵더라도 막히면 통한다는 자연의 이치에 따라 서서히 누그러지는 형태의 괘이다. 반면 표면상으로는 막힌 상태에 있는 것 같지만 이면적으로는 이쪽의 의지를 관철시킬 수 있는 기회이기도 하다. 그러나 대개의 경우는 어쩔 수 없는 궁지에 몰려 실패, 실직, 실망 등을 되풀이하는 형편이기 때문에 스스로 자신의 전도를 돌보지 않는 상태에 빠지기 쉽고 때로는 태산과 같이 믿던 사람에게 배신을 당하여 암담한 기분에 사로잡히기도 한다.

운세는 지금은 막막하고 고통스러우나 약 육개월 후에는 역전의 훈풍이 불어온다. 또 자포자기하는 생각도 들게 하는 운이지만 현명하게 대처하면 좋은 날이 반드시 온다.

【사　업】인생은 사다리처럼 올라가고 내려가는 것이 순리인 것처럼 사업 확장은 뒤로 미루고 유능한 인재를 발굴하여 때에 대비하는 방법이 가장 현명하다.
【소　원】지금은 때가 아니다. 그러나 정성을 다하면 좋은 기회가 온다. 그 날을 위하여 열심히 노력하라.

【재　물】금전유통은 뜻대로 되지 않는다. 내부에서 불화가 일어날 가능성이 있으니 관리와 점검을 철저히 해야 한다.

【부동산】기다릴 줄 아는 사람만이 바라는 것을 얻게 되는 것처럼 서서히 이루어진다.

【증　권】약 보합장세이다.

【연　애】시간만 오래 끌 위인이다.

【결　혼】결혼은 쉽게 이루어지지 않는다.

【합　격】합격은 어렵다.

【입　학】칠전팔기라는 옛 격언을 명심하고 계속 노력하라.

【취　직】현재는 불가능하다. 참고 기다리면 적성에 맞는 직장이 구해진다. 포기하지 말고 취업에 대비하며 기다려라.

【소　송】이길 가망은 없다. 만일 시작하면 이중고를 겪게 되어 큰 손해를 입는다.

【출　산】난산이 우려되지만 아이가 태어나면 집안의 가세가 크게 번성한다.

【건　강】암, 정력감퇴, 식욕부진 등의 질병에 특별히 관심을 가지고 관리하라.

【이　사】이사는 때가 아니다. 무리하면 손해가 많다.

【여　행】여행은 움직이지 않는 것이 양호하다.

13) 천화동인 天下同人　䷌ 건괘 이괘

　동인괘는 사사로움이 없이 공정하고 떳떳하게 처신하므로써 성공하는 괘이다. 안에서 작게 움직이는 것보다는 외부로 나가는 편이 더 낫고 좋은 상태를 유지하며 남과 공동사업을 일으키는 좋은 괘이다. 서로 아무런 비밀도 없이 합심하고 협력하는 것이 양호하다. 그러나 회사 안에서는 경쟁상대가 많이 있어 세력 다툼이 일어나고 당신의 운이 좋은 것을 시기하는 사람도 있을 것이다. 그러나 서로가 마음을 터놓고 협력하는 사람들의 경우는 크게 성공하고 또 윗사람의 후원도 따르며 좋은 부하직원도 얻을 수 있는 괘이다.

운세는 협력자를 만나 십년에 한번 올 수 있는 대운을 만난다. 마음을 열고 협력자와 의견을 맞추면 큰 호운이 온다. 크나큰 덕으로 매사에 임하라.

【사　업】운세가 매우 강한 때이므로 내부만 잘 다스리면 크게 성공한다. 그러나 서류처리를 신중히 하고 주변의 사람들과 경쟁을 하되 덕으로써 자중자애하면 성공을 거둔다.

【소　원】이루고자 하는 일은 이루어진다. 그러나 고통과 좌절을 겪지만 겸손하고 성실히 노력하면 만사가 여의롭다.

【재　물】혼자의 힘으로는 역부족이다. 직접적인 금전거래는 손해가 있고 분쟁과 구실이 따르므로 유념해야 한다.

【부동산】파는 것은 유리하나 사는 것은 불리하다.

【증　권】점진적으로 상승하는 장세이다.

【연　애】다른 곳에 미련이 있어 가슴앓이를 하는 때이다.

【결　혼】상대를 진실하게 대하면 결혼으로 이어진다.

【합　격】합격의 광영이 문 앞에 있다.

【입　학】소신지원으로 마음을 정하고 침착하게 대응하면 길하다.

【취　직】실력을 인정받아 좋은 직장에 무난히 들어간다.

【소　송】지나치게 강하면 손실이 우려되므로 윗사람의 조언을 따를 것.

【출　산】득남하는 운이다. 현명하고 이지적이며 좋은 가문에 기둥이 될 아이가 태어난다.

【건　강】감기, 안질환, 고혈압 등에 유의해야 하고, 오래된 환자는 특히 조심해야 한다.

【이　사】이사는 단독주택보다는 아파트가 좋다.

【여　행】출장 또는 단체여행이 활발하게 이루어진다. 이성간의 구설이 따르니 유념하라.

14) 화천대유 火天大有 ䷍ 이괘
건괘

대유괘는 보존하여 안전하게 유지한다는 의미이다. 곧 하늘이 준 때를 만난 것이다. 운수가 대단히 왕성하여 물질면에서도 풍족하며 정신적인 면에서도 본디 그대로의 생기가 돌고 모든 처지와 형편이 유리한 시기이다. 그러나 태양은 언제까지나 중천에 현란하게 솟아 있을 수는 없다. 머지않아 해는 서산으로 지듯이 당신의 행운도 반드시 기울 날이 있으므로 방심하지 말고 적의하게 보전해 갈 수 있도록 정신을 가다듬어야 한다.

운세는 천시를 얻어야 큰일을 할 수 있듯이 바로 지금이 천시를 만나고 있는 때이다. 그러나 달도 차면 기우는 법, 주위 사람들을 겸허한 태도로 대하고 성실하게 생활해서 좋은 운의 기를 흐트리지 않아야 한다. 이성간의 운세도 활발해 지는 시기이다.

【사　업】현재의 세력만 믿고 지나치게 사업을 확장해서는 안 된다. 지금의 상태를 견고히 하는 것이 현명하다. 특히 지금은 대자본이 움직이는 때이므로 다른 업체와의 경쟁도 치열해서 자중하고 투명하게 처신해야 한다. 신중에 신중을 기할 것.
【소　원】계획했던 일은 성사가 되지만 지금부터 계획한 일은 대단히 난감하다. 새로운 일을 벌리지 않는 것이 좋다.
【재　물】수입과 지출이 활발하다. 그러나 낭비가 뒤따르므로 너무 큰 액수의 거래는 삼가는 것이 좋다.
【부동산】이루어진다. 사는 것보다는 파는 것이 더욱 이롭다.

【증　권】당장은 보합장세이지만 곧 상승장세로 반전한다.

【연　애】남녀 모두 자존심을 앞세운 이지적인 성격의 소유자들이다.

【결　혼】너무 서두르지는 말되, 결혼 후에는 큰 발전을 이룬다.

【합　격】자신있게 합격한다.

【입　학】마음 가다듬고 제일지망에 도전하라.

【취　직】윗사람의 협조를 받으면 더욱 순조롭고, 전업은 절대 해서는 안
된다.

【소　송】승소한다. 처음은 당황하겠지만 침착하게 진행시키면 승소한다.

【출　산】기량이 출중한 현모양처감이 탄생한다. 출산에 어려움이 있겠으
니 유의하라.

【건　강】고열병에 주의할 것. 과로에 의해 발병하는 것에 유념하고, 서남방
의 병원을 찾으라.

【이　사】이사는 하면 좋다. 수리나 개축도 양호하다.

【여　행】단체 여행은 길하지만, 도난에 주의하고 약간의 신경 쓰이는 일이
있겠다.

15) 지산겸 地山謙 ䷎ 곤괘
간괘

겸괘는 자신을 낮춘다고 하는 의미이다. 자신만 욕심낼 것이 아니라 남에
게도 나누어 주는 인정과 아량이 필요한 때이다. 곧 남아도는 곳에서 떼어
내어 적은 데 보태 준다는 뜻이다. 여기에는 겸손, 겸양, 겸허라는 글귀가 등
장한다. 그러므로 겸괘가 나오면 무슨 일이나 쓸데없이 욕심을 부려서는 안
되고 주제넘게 나서지 않아야 한다. 또 자신이 아무리 뛰어난 재능을 지녔
다 할지라도 그것을 감추고 조용히 진출의 기회를 기다려야 한다. 앞으로의
일은 빠르면 일주일, 늦으면 삼개월 내지는 육개월은 기다려야 한다.

운세는 직장인의 경우는 우선 승진을 서둘지 말고 주위의 시선이 곱지 않으니 겸손하게 행동하며 이성문제가 복잡하여 함정에 빠질 수 있으니 각별히 유념해야 한다.

【사 업】어떤 일이든지 뒤로 물러나서 자중하고 주위 사람들의 의견을 존중하며 독단적인 행동은 눈총을 받으니 처신에 주의하라.

【소 원】주변 사람들의 도움을 받으면 유리하다. 마음의 여유를 가질 것.

【재 물】순환이 된다. 규모를 확대하지 말고 지출을 줄이면 발전이 있다.

【부동산】보류하거나 중단하라. 구설과 화근이 생긴다.

【증 권】하락장세이다.

【연 애】남자는 비밀이 있고 여자는 경쟁자가 너무 많다.

【결 혼】결혼은 어렵다. 그러나 재혼은 양호하다.

【합 격】성급히 덤비지 않아야 한다. 그러면 합격이다.

【입 학】경쟁자가 많으므로 좀 낮은 학교를 지원해야 한다.

【취 직】지금은 어렵다. 시일이 지나면 된다. 윗사람의 협조가 있으면 길하다.

【소 송】합의하는 것이 양호하다. 이긴다 해도 손해를 본다.

【출 산】가문을 일으키는 아이가 탄생한다. 산모는 체질개선을 하면 길하다.

【건 강】과로, 신경과민으로 오는 질병에 유의하라.

【이 사】이사는 하면 좋다.

【여 행】이성문제로 낭비가 예상되지만 여행은 무난하다.

16) 뇌지예 雷地豫 ䷏ 진괘
곤괘

예괘는 미리 마련하거나 갖추어 놓는다는 의미이다. 만물이 소생하는 봄이 되어 큰 비를 머금은 우레가 바야흐로 대지를 뒤흔들 듯한 기세에 있는 괘이다. 예를 들면 봄의 기운이 발동한 것이다. 이젠 모든 것이 새로운 방향으로 나아가고 있는 시기이다. 지금까지 갖은 고난과 역경에 시달리던 이들에게 때가 이른 것이다. 아무튼 이제부터 실력을 인정받아 지위가 향상되고 윗사람의 인정을 받게 된다. 그러나 한편으로는 축하연이나 연회가 잦을 터이니 술자리에서 실수를 저지르지 않도록 주의해야 한다.

운세는 고진감래라는 문구는 이럴 때 쓰이는 말이다. 어둠 속에서 한가닥 빛을 만났으니 앞길이 탄탄대로이며 비로소 실력을 인정받아 주위 사람들이 모두 내 편으로 돌아오는 시기이다.

【사 업】좋은 땅 위에 금빛 찬란한 꽃을 피우는 것과 같다. 이런 시기에는 아랫사람을 신임하며 일을 하게 하면 더 큰 발전이 있다. 투기와 오락에 조심할 것, 자칫 깊숙이 빠져들어 낭패를 볼 수 있다.

【소 원】성취가 된다. 시간은 조금 걸리겠지만 이루어진다.

【재 물】비교적 유통은 원활하지만 큰 돈은 어렵다.

【부동산】점점 오르는 추세이므로 팔거나 사거나 모두 이익을 본다. 그러나 과욕은 금물이다.

【증 권】처음은 상승장세이지만 후에는 하락장세로 반전한다.

【연 애】아기자기한 관계로 열애중이다.

【결 혼】결혼도 순조롭게 진행이 된다.

【합 격】경솔하게 행동하지 않으면 합격한다.

【입 학】합격한다.

【취 직】현재 직장인이라면 승진도 하고 영전도 된다. 윗사람의 협조를 얻을 것.

【소 송】손해 보는 듯할 때 합의하는 것이 길하다. 고집을 피우면 더 큰 손해를 본다.

【출　산】모든 사람들이 존경하는 인물이 탄생한다. 산모도 순산하고 건강하다.

【건　강】간이나 과로에 유의할 것. 지금까지 병을 앓아온 환자는 회복이 된다.

【이　사】이사하면 길하다. 집을 새로 지어서 입주하면 더욱 좋다.

【여　행】이성간의 여행은 불길하고 선·후배 친구와의 여행은 길하다.

17) 택뢰수 澤雷隋 ䷐ 태괘 진괘

수괘는 따른다는 의미이다. 무엇이 사리에 맞는 것인지 판단하여 분별하고, 그때에 따라서 적의하게 남의 뒤를 좇는 것이 오히려 일을 원활하게 해 나갈 수 있다. 수괘는 가을에 울리는 우레라는 뜻도 있다. 여름 한철에 당당하던 우레도 가을에 접어들면서 차츰 세력이 줄어 마침내 땅속으로 기어 들어간다. 이와같은 이치에 의하여 제아무리 실력이 출중한 자신이 있는 사람이라 할지라도 너무 자신을 내세우면 안 된다. 일단 남의 의견을 경청하고 형편과 처신에 따라서 행동해야 한다.

운세는 온화하면서도 약한 상태이다. 적극적이 아니고 소극적으로 내부 관계를 서서히 개선해 나가는 것이 좋다. 지금까지 맹활약을 해온 사람이면 잠시 휴식을 취하는 것이 길하다.

【사　업】현재는 자신보다 주위 사람들의 고언을 듣는 것이 좋은 결과를 기대할 수 있다. 절대 앞장서지 말고 그 당시의 상황을 의논하며 나아갈 것, 그러면 반드시 놀라운 발전이 있을 것이다.

【소　원】성취한다. 새로운 목적이나 희망을 가지고 주위 사람들과 의견을 일치하면 큰 발전이 있다.

【재　물】비교적 금전 유통이 활발하게 이루어진다. 수입과 지출이 수월하다.

【부동산】작자가 나올 것이므로 계약을 하라. 이익이 생긴다. 좋은 기회이니 잘 활용하기를 바란다.

【증　권】강보합장세이고, 상하 파동이 클 때이다.

【연　애】나이차가 많은 사람과 사귈 운이다. 삼각관계의 문제도 있을 시기이다.

【결　혼】결혼은 성사가 된다.

【합　격】시험은 합격한다.

【입　학】학교를 한 단계 낮추면 길하다.

【취　직】도움을 주는 사람을 만나게 된다. 특히 여성의 도움을 받으면 더욱 길하다.

【소　송】승소한다. 운은 양호하지만 합의하는 것이 더 많은 이익이 돌아온다.

【출　산】유순하고 성실한 아이가 출생한다. 산모는 사후관리를 철저히 할 것.

【건　강】호흡기질환과 수족병, 두통이 발병하기 쉽다. 환절기를 조심하고 남서쪽 의원을 찾아라.

【이　사】이사는 한다. 마음에 드는 곳이 나오게 된다.

【여　행】여행은 언제든지 계획만 세우면 가게 된다. 어느 곳이나 길하다.

18) 산풍고 山風蠱　간괘 손괘

고괘는 깨어짐의 뜻이다. 과거에 평온한 상태에서 살았던 사람들이 그 안이한 타성에 젖어 자기도 모르게 파탄을 일으키고 정신적으로 타락한 생활을 하게 되는 상태이다. 따라서 이 운수의 얽히고 막힌 문제를 잘 처리해 나가기 위해 무엇이든 그 방법을 생각하지 않으면 안 되는 때이다. 우선 과거의 안이한 생활을 청산하고 전면적으로 쇄신해야 한다. 그러므로 부패하여 문드러진 생활을 갱신하기 위해서는 절대적인 용기와 결단이 필요하다. 친척, 내부 관계에서의 분쟁이 발생하기 쉬운 때이므로 냉정한 판단력을 가지고 서서히 정리 단계에 들어가야 할 때이다.

운세는 지금까지 안일하게 지내온 사람은 일대 경고를 받는 시기이고, 고통스럽게 살아온 사람은 새벽 동쪽 하늘에 아침의 새 희망이 비쳐 오는 시기이다. 이것이 역이 지닌 순환의 오묘한 이치인 것이다. 단행은 너무 무리하지 않게 서서히 혁신 작업을 해 나가는 때이다.

【사　업】 현재는 지난날의 낡은 경영방식보다는 새로운 면모로 혁신해야 하는 때이며, 경영주도 세대교체가 일어나는 시기이다. 과감히 도퇴시키고 개선해야 한다.

【소　원】 현재의 상태로는 어렵다. 좀더 시간이 경과한 후에야 성취되며, 지금까지의 목표를 바꾸는 것이 더욱 좋은 때이다.

【재　물】 지금까지의 거래를 중단하거나 쇄신해야 하는 시기이다. 변화가 있어야 활발해진다.

【부동산】 사는 것은 불리하고 파는 것은 길하다. 다만 구설수가 있으니 문서관리를 철저히 하라.

【증　권】 하락하다가 겨우 약보합장세를 이룬다.

【연　애】 지금까지 사귀어 온 사람이면 깨끗이 단념할 것, 새로 만나는 사람은 전망이 밝다.

【결　혼】 결혼은 미련없이 포기하라.

【합　격】 지금까지 생각했던 목표를 바꾸면 합격한다. 부모의 출신교이면 더욱 길하다.

【입　학】 정신이 많이 혼란스러운 상태이며 정리가 잘 안 되는 때이다.

【취　직】지금은 어렵다. 직장인은 감원의 경우에 들기 쉽다. 모든 면에서
　　　　근신할 것.
【소　송】여러 가지로 불리하다. 중단하고 손해가 있어도 합의해야 한다.
【출　산】사리가 분명하고 흠잡을 곳이 없는 여아가 태어난다. 유산의 우려
　　　　도 있으니 유의할 것.
【건　강】과로, 신경계통, 심장병 등의 고질병을 주의할 것. 환자의 경우 오
　　　　래간다.
【이　사】이사는 좋다. 속히 단행하고 만일 하지 못할 사정이라면 전문가와
　　　　상의하라.
【여　행】여행은 좋은 때이지만 도난사고에 대비할 것.

19) 지택림 地澤臨 　곤괘
　　　　　　　　　　　태괘

　임괘는 군주로서 그 나라를 거느려 다스리는 것을 의미한다. 임괘는 만물
이 새롭게 시작한다는 뜻도 있으므로 운기는 대체로 상승해 가고 있는 때이
다. 그러나 세력이 무척 강한 괘이기 때문에 모든 일을 지나치게 앞서 나아
가는 경향이 있다. 그러므로 새로운 계획을 착수하는 데는 다시 없는 좋은
기회이겠지만 충분한 승산 없이 행동해서는 안 된다. 특히 시기와 주위 분위
기의 변화를 민감하게 파악하여 적절하게 행하도록 노력해야 한다. 봄부터
여름에 걸쳐 좋은 괘이다.
　운세는 봄의 기운이 완연하다. 직장인은 승진, 영전운을 만나고, 학생은
외국 유학이나 좋은 학교에 들어간다. 다만 기회를 놓치지 않도록 노력이 필
요하다. 또 이성문제가 발생하므로 조심할 것.

【사　업】활발한 기운을 받고 있다. 모든 일은 일사천리로 진행되며, 지금은

새로운 일을 시작하거나 확대하는 데 가장 좋은 시기이다. 아랫사람을 신뢰하여 조직을 정비해 나가라.

【소 원】그동안 바라던 일을 이룰 수 있다. 지금 바라던 일은 주위 사람의 도움으로 곧 해결되겠으나 장시간을 요하는 일은 어려우니 빨리 결정하라.

【재 물】활발한 경제활동이 이루어지고 새로운 거래처도 생긴다. 그러나 방심은 금물이다.

【부동산】보류하라. 좀더 기다리면 큰 이익이 돌아온다.

【증 권】상승하는 장세이다.

【연 애】애정운이 활발해지는 시기이다.

【결 혼】결혼상대가 좋은 인연이므로 혼택일을 잡을 것이다.

【합 격】빛나는 영예는 당신의 것이다.

【입 학】침착하게 덤비지 말고 행동하면 만사가 이롭다.

【취 직】성취된다. 그러나 분수에 넘치는 곳은 열심히 실력을 쌓을 것.

【소 송】승소하지만 장시간이 걸리면 불리하다. 다소 손실이 있더라도 합의하라.

【출 산】슬기로운 미모의 공주가 탄생하겠다.

【건 강】신경성, 과로, 과민반응 등을 유의하라.

【이 사】이사는 하면 양호하다.

【여 행】여행을 가는 것은 좋으나 돌발사고를 유념하고 위험한 곳은 가지 말라.

20) 풍지관 風地觀 ䷓ 손괘 곤괘

관괘는 조용히 사태의 추이를 관찰한다는 의미이다. 관은 정신적인 문제를 다루어 처리하는 데 좋은 괘이다. 특히 종교, 학문, 연구 등의 발전에 진전이 있는 괘이다. 물론 정신적인 면에서 좋은 괘는 물질적인 면에서는 결점이 있다. 사업의 열의도 생기지 않고 이익의 면에서도 넉넉하지 못하다.

따라서 이러한 때에는 확장보다는 내부의 충실에 주력하는 것이 좋다. 정신적 또는 관념적으로만 흐르면 완고해지기 쉬우므로 융통성을 가지고 남의 좋은 의견을 받아들이도록 노력해야 한다.

운세는 주위를 잘 다스리면 많은 사람들의 존경을 받는다. 주변의 의견을 적극적으로 수용하고 마음의 자세를 너그럽게 해야만이 큰 혼잡에서 벗어날 수 있다. 주소변동의 시기이지만 이성간의 문제도 발생할 수 있다.

【사　업】신규업종이나 사업확장은 대단히 어렵다. 사업상 어려운 일이 닥칠 운이므로 큰 손해를 보지 않으려면 아무쪼록 자중자애하기 바란다. 금전문제는 철저히 다룰 것.

【소　원】지적인 분야나 정신적인 분야는 이루어진다. 주변 사람들의 협조가 있으면 좋은 결과가 있다.

【재　물】일상생활은 구차함이 없겠으나 큰 재물의 융통은 힘들다.

【부동산】지금이 좋은 시기이다. 서둘러 매도나 매수에 임하라.

【증　권】하락장세이다.

【연　애】여자가 남자를 이끌어가는 형세이다.

【결　혼】여자가 원할 때는 성사가 되지만 남자가 원하면 성사가 어렵다.

【합　격】합격할 수 있는 좋은 기회이다.

【입　학】그동안 배운 것을 요령 있게 정리하면 양호하다.

【취　직】기술직은 취업이 가능하지만 관리직은 불리하다.

【소　송】명예를 위한 소송은 승리한다. 그러나 물질적인 소송은 어렵고 불길하다.

【출　산】남자를 앞질러 가문을 빛낼 여아가 출생한다. 산모는 건강조심.

【건　강】정력감퇴, 신경통 질환이 염려되고 불의의 사고도 유의해야 한다.

【이　사】무방하다. 환경의 변화를 갖기 위해서도 양호하다.

【여　행】여행은 할 수 있다. 좋은 여행이 되겠지만 이성을 조심하라.

21) 화뢰서합 火雷噬嗑　䷔ 이괘 진괘

　서합괘는 깨물어 삼킨다는 의미가 있다. 때문에 못된 짓을 하는 자가 있다면 누구이든 가차없이 합법적인 수단을 써서 제거하여 자신의 궁극적인 목표를 달성하라고 하는 것이다. 또 턱에 물고 깨무는 상태이므로 먹고 사는 데는 지장이 없다. 몹시 의욕적인 괘이므로 현재 생활전선에서 만만한 투지를 가지고 있는 것이다. 이것의 관점을 달리하면 현재 어려운 고비에 있다는 것을 알 수 있다. 만사가 여의치 않아 난관에 봉착해 있는 형편이니 끝까지 버티어 이것을 극복하고 타개하는 데 성공의 여부가 달려 있다.

　운세는 현재는 시기적으로 어려움이 있겠으나 중도에 포기하지 않으면 영광의 결실을 맺는다. 또 사람들의 시기와 모략에 고통스럽고 이성관계로도 고민이 많을 때이나 괴로운 이 고비를 잘 견디어 내면 황금사과나무를 만난다.

【사　업】경쟁이 심하여 중상 모략을 당하고 초조와 불안으로 고통을 받을 때이지만 무리한 계획을 세우지 말고 수표거래는 하지 않는 것이 좋다. 인내와 끈기가 당신을 구할 것이다.

【소　원】다소 장애는 있으나 끝까지 밀고 나가는 끈기가 있다면 소원은 성취된다.

【재　물】조금은 부족하나 회전상태는 양호하다. 그러나 금전 확장은 절대 불가하다.

【부동산】현재보다는 조금 기다리는 편이 유리하다.

【증　권】강보합장세이다.

【연　애】이성관계는 복잡하고 의견 대립도 많다.

【결　혼】결혼은 장애가 있어서 어렵다. 기대하지 않는 것이 좋다.

【합　격】합격할 수 있는 기회를 잡을 수 있다.

【입　학】어렵다. 경쟁이 심하다.

【취　직】좀 난감하다. 그러나 실망하지 말고 최선을 다하면 희망은 있다.

【소　송】서둘지 말라. 오래 끌수록 유리하다. 합의를 요청하는 기회가 있을 것이니 그때는 응하라.

【출　산】두뇌가 명석한 아이가 출생한다. 난산이 우려되니 출산시에는 반드시 병원을 이용할 것.

【건　강】신경쇠약, 히스테리 증상이 우려되며, 절대 운전은 하지말 것.

【이　사】서둘러 옮기는 것이 길하다. 오래 끌면 불리하다.

【여　행】여행은 단거리는 양호하나 여행 도중 시비구설을 조심하라.

22) 산화비 | 山火鼻 ䷕ 간괘 이괘

　　비괘는 아름답게 꾸민다는 의미이다. 현란하게 무르익은 문화를 연상하게 한다. 그러나 이런 상태는 오래가지 못한다. 비괘일 때도 물질적, 금전적인 면에서 넉넉하지 못한 주제에 사치스러운 생활을 바라는 욕망이 강하게 일어난다. 그러므로 만사에 허욕을 부리지 말고 제 분수를 지켜야 한다. 결코 나쁜 운은 아니지만 중도에 방해나, 모략, 중상이 있기 쉽고 어떠한 일에 적극적으로 대처하지 못하는 환경이기 때문에 내면적인 고통이 한층 심할 때이다. 겉으로는 태연한 척하면서도 초조하고 정신적으로 지쳐 있는 상태이다.

　　운세는 외형을 장식하기 위한 욕망이 생기는 때이다. 반면에 마음이 불안하고 초조하고 피로를 느껴 모든 일을 경솔하게 결정하면 나중에 후회하게 된다. 특히 지금은 자신의 주관이 흐려지는 경향이 있어 남의 말을 잘 듣게 되는 단점을 안고 있다. 작은 것은 이루어지고 큰 일은 많은 위험이 따른다.

【사　업】작은 일은 그런대로 잘 회전되고 있다. 지금은 내실을 다지는 시기이다. 화려한 장식이나 광고, 패션모델, 꽃가게 등에 종사하는 사람은 좋다. 그러나 쇠퇴해 가는 운명에 대비해야 할 때이다.

【소　원】작은 문제는 통달할 수 있으나 큰 문제는 어렵다. 성실한 자세로 윗사람에게 부탁을 하면 가능하지만 시일을 오래 끌면 불리하다.

【재　물】작은 금액은 그런대로 소통이 되는 때이지만 마음놓고 거래를 하다가는 사기를 당하기 쉽다.

【부동산】구설만 있고 이익이 없는 때이니 다음 기회로 미룰 것. 액수가 적은 것은 이루어진다.

【증　권】보합장세이다.

【연　애】오랫동안 사귀어 온 사이라면 시간을 끌지 말 것, 오래 끌면 배신당할 염려가 있다.

【결　혼】오랜 시간 연애한 사이라면 서둘러 결혼할 것, 그렇지 않으면 아주 단념하는 것이 좋다.

【합　격】예술 또는 종교계통의 학교는 합격한다. 일반 계열은 불길하다.

【입　학】예술, 종교계통의 학교는 양호하나 실력을 요령 있게 가다듬어야 한다.

【취　직】시일이 경과할 때까지 꾸준히 인내와 끈기를 가지면 목적한 곳에 취업할 수 있는 운이다.

【소　송】처음에는 유리한 내용도 시간을 끌면 점점 불리해진다. 빠른 시일 내에 합의할 것.

【출　산】품행이 단정하고 책임감이 뛰어난 미모의 여아가 출생한다.

【건　강】과로나 주색, 신경계통의 무리로 인하여 생기는 질환에 주의할 때

이다.

【이　사】이사는 적극적으로 할 것. 어려운 문제는 전문가와 상의하라.

【여　행】여행은 좋으나 따뜻한 지역으로 여행을 하면 더욱 길하다.

23) 산지박 山地剝　간괘 곤괘

박괘는 깎이고 빼앗긴다는 의미를 가지고 있다. 이른바 추풍낙엽의 고달 픈 몸의 처지이며, 자신의 성의와 호의가 전혀 통하지 않는다. 이제는 따스 한 바람과 함께 봄의 기운이 찾아오기를 기다리는 도리밖에 없다. 오로지 기력을 회복하여 운이 차는 날을 기다릴 뿐이다. 실질적인 면에서도 하고 싶 지 않은 일을 하게끔 억눌러서 강요를 당하고 또 못된 친구가 찾아와서 나 쁜 짓을 강제로 요구하는 일들이 생기는 악운이다.

운세는 여자의 경우는 세력이 강하여 남자를 유혹하게 되며 남자는 여자 를 강제 추행할 수 있는 운이므로 주의하라. 직장인의 경우 강등당할 운이 므로 주변을 잘 다독이고 평소에 위기를 모면할 너그러운 마음의 자세를 갖 도록 노력해야 한다. 주위 사람들의 신임이 절대적으로 필요한 때이다.

【사　업】개혁보다는 지금의 문제에 더욱 신경을 써서 지혜를 발휘해야 하 며, 자신을 과신하지 말고 주위 사람들의 충고를 경청해야 한다. 특히 이성문제에 조심하고 신중하게 행동하라.

【소　원】너무 실망하지 말고 인내심으로 밀고 나가라. 현재는 역부족이지 만 때는 반드시 있다.

【재　물】대단히 고통스럽다. 무리한 거래는 생명의 위험까지도 몰고 온다. 명심하라.

【부동산】매도·매수 모두 손해이므로 시간을 가지고 해결해야 한다.

【증　권】하락장세이다.

【연　애】두 사람 사이는 순수한 사이가 아니다.

【결　혼】결혼은 어렵고 남녀 모두 시간이 필요하다.

【합　격】예·체능계, 기능계통은 가능하다.

【입　학】예·체능이나 특수한 기능 계통은 가망이 있다.

【취　직】현재는 어렵다. 때를 기다려라.

【소　송】대단히 불리하다. 시간이 경과할수록 더욱 불리하다.

【출　산】유산이나 난산이 예상되므로 건강에 유의하라.

【건　강】위험한 운동이나, 탐사, 탐험 등은 대단히 불길하므로 자중해야
　　　　 한다. 교통사고 요주의.

【이　사】이사는 포기할 것.

【여　행】불의의 사고를 당할 염려가 있으니 중단하라.

24) 지뢰복 地雷復 ䷗ 곤괘 진괘

　복괘는 돌아온다는 뜻이 있다. 한 해에 빗대면 겨울이 가고 새봄의 시작
이라는 바로 동짓날이다. 이렇게 천지자연은 영원히 순환의 과정을 되풀이
하고 있다. 이러한 순환의 이치를 상징하는 괘이므로 유망한 목적을 발견하
면 그 일을 향해 노력할 필요가 있다. 대체로 복괘일 때는 무엇인가 일을 시
작하려고 생각할 때이다. 충분한 계획을 세워 기초공사를 시작하는 단계인
것이다. 복괘는 운이 강하다고는 할 수 없으나, 가까운 곳에서부터 시작하
여 서서히 먼 곳에까지 확장시켜 나가는 것이 현명한 방법이다. 단기적으로
는 삼개월, 장기적으로는 삼년 후에 안정이 된다.

　운세는 고통스럽게 지내 왔지만 현재는 회복의 단계에 와 있다. 실패했던
일도 지금 다시 시작하면 재기의 기회를 만들 수 있다. 오랜 지병은 회복이

가능하고, 모든 것이 재생의 기운으로 가득하다. 그러므로 서두르지 말고 서서히 행동하라.

【사　업】처음에는 많은 고통과 역경이 있겠지만 새로운 복구의 운이 돌아오니 양호하다. 그러나 너무 큰 계획은 무리이므로 차분히 준비하면서 계획대로 실천하여 자금 조달을 할 때이다. 자중자애하면서 신중하게 대처하라.

【소　원】서두르면 손실과 고통이 있다. 서서히 해 나가면 좋은 결실의 때가 온다.

【재　물】직장인의 경우는 큰 우려없이 유통이 되고, 사업자는 처음은 고통스러우나 머지않아 풀어진다.

【부동산】시기가 아니다. 서두르면 손해이니 기다려라. 부동산은 많은 이익이 있을 것이다.

【증　권】하락장세이나 곧 강보합장세로 돌아선다.

【연　애】헤어진 사람과 다시 만난다.

【결　혼】구혼자는 귀인을 만나 결혼하는 좋은 운이다.

【합　격】재수생은 합격한다.

【입　학】전기는 어렵지만 2차 지망은 가능하다.

【취　직】현재는 어렵다. 그러나 오래전부터 바라던 공은 이루어진다.

【소　송】시일은 오래 걸리지만 승소한다. 그러나 가능하면 합의하는 것이 좋다.

【출　산】지도자가 될 수 있는 여아가 출생한다. 아기를 바라는 부부는 좋은 소식이 있다.

【건　강】오래된 병은 회복의 기미가 보인다. 완치된 병은 재발의 위험이 있으니 유의하라.

【이　사】이사는 때가 아직 이르다.

【여　행】여행은 무방하지만 출장은 불리하다.

25) 천뢰무망 天雷无妄 ䷘ 건괘 진괘

무망괘는 어이없고 허무하다. 곧 허망스럽다는 의미이다. 무망은 하늘의 뜻에 따르는 것이기 때문에 모든 것이 당신의 뜻에 맡겨져 있다. 인력으로나 의지의 힘으로는 어찌할 수 없는 운수이다. 맞서서 발버둥치면 칠수록 불리하다. 그러므로 함부로 덤비어 봉변을 당하지 말고 늘 경건하고 성실한 마음의 자세를 지켜 나가야 한다. 자칫하면 해서는 안 될 일에 손을 대어 패가망신하기 쉽다. 그렇다고 아무것도 하는 일이 없이 게으름만 부릴 수 없는 것이다. 경거망동하지 않고 정성껏 마음의 안정을 도모하면 뜻하지 않은 행운이 찾아온다. 마치 암석 속에 보석이 들어 있는거나 다름이 없다. 이처럼 무망괘는 대단히 좋은 일면과 대단히 나쁜 일면이 있어 각기 뜻하지 않을 때에 불쑥 나타난다.

운세는 무망은 하늘의 운행이므로 자연의 법칙에 순응해 나가면 훌륭한 결실을 맺게 된다. 그러나 방심하기 쉽고 돌발사고가 일어날 수 있으니 유념해야 한다.

【사　업】진지하고 겸손하게 행동하지 않으면 힘든 시기이다. 물욕을 버리고 성실하게 행동하며 항상 경계하는 자세가 필요하다.

【소　원】소문난 잔치에 먹을 것이 없듯이 실속이 없다. 부디 분수를 알고 행동해야 한다.

【재　물】유통과정에서 조금은 고통이 있으나 결국은 소통이 된다. 금전은 들어온 만큼 나간다.

【부동산】서서히 이루어지므로 서두르지 말라. 꽃이 피어야 열매를 맺는 것이다.

【증　권】하락장세이다.

【연　애】종교성이 강한 사람과 좋은 교제가 이루어진다.

【결　혼】별거하던 사람을 다시 만나게 된다.

【합　격】 진중한 마음을 가지고 기다려라.

【입　학】 소신 지원하면 무난하다.

【취　직】 뜻밖의 소식에 기뻐할 것이니 초조해 하지 말고 때를 기다려야 한다.

【소　송】 손실의 우려가 크다. 구설수도 따르니 조심스럽게 행동해야 한다.

【출　산】 건강관리에 유념하고 자손에게 공을 많이 들여야 한다.

【건　강】 특별한 염려는 없으나 성형수술 같은 인위적인 방법을 사용하면 오히려 위험하다.

【이　사】 시기가 적절하지 않다.

【여　행】 불측의 사고가 일어날 것이니 특별히 주의할 것.

26) 산천대축 山天大畜　간괘 / 건괘

대축괘는 크게 모은다는 의미이다. 이른바 아주 좋아서 나무랄 곳이 없는 완성품, 충분한 실력, 거액의 저축 등에서 엿볼 수 있는 넉넉한 상태를 나타내는 것이다. 이러한 상태는 결코 하루아침에 이루어 지는 것이 아니고 오랜 시일에 걸친 노력과 정성의 결과로 이루어진 것이다. 어쨌든 대축괘는 수많은 노력과 정성이 쌓인 결과를 뜻하므로 전체적으로 좋은 의미의 판단을 내릴 수 있다. 예를 들면 나라의 경제를 점하였을 경우 건실한 행정부의 공으로 안정된 경제가 이룩되었음을 짐작할 수 있다. 또한 안에 들어앉아 일하기보다는 밖에 나가 야심만만하게 활약하는 것이 한결 효과적이다. 그리고 사소한 일보다는 규모가 큰일을 다루는 것이 좋다. 특히 권력기관이나 관청 같은 데로 진출하면 큰 발전을 이룰 수 있다.

운세는 현재는 오랜 시간을 통하여 훌륭하게 만들어진 물건과 같고 많은 시간 동안 벌어들인 재물이 산더미처럼 쌓이게 된 상태와 같이 안정된 경제를 의미하고 있다. 다단한 경쟁 속에서 끈기 있게 이겨내는 결정체가 되는 시기를 만나고 있다.

【사 업】단숨에 일확천금을 꿈꾸는 시기가 아니다. 한걸음씩 기반을 다져 나가야만 비로소 성대한 발전을 가져오는 때이다. 원대한 포부와 희망을 가지고 뜻을 세워 나갈 좋은 기회를 만나고 있다.

【소 원】서두름이 없이 시간을 가지고 끈기 있게 나아가면 당초 목표했던 것보다 더 큰 결실을 맺을 수 있다.

【재 물】현재의 상태도 원활하지만 앞으로도 점진적으로 발전하여 활발해진다.

【부동산】지금은 시기가 아니므로 보류할 것, 조금 더 기다리면 많은 이익이 따른다.

【증 권】현재는 보합장세이나 서서히 상승장세로 돌아선다.

【연 애】장래성이 있는 두 사람의 교제가 이루어지므로 주위의 협력을 구하여 결혼을 서두를 것.

【결 혼】결혼은 현재 교제중인 사람과 좋은 인연이므로, 적극적으로 추진할 때이다.

【합 격】반드시 합격한다.

【입 학】일류학교를 목표로 차근히 정리하여 진행시키면 성공한다.

【취 직】주위의 도움으로 생각보다 더 좋은 곳에 취업한다. 또 머지않아 실력도 인정받게 된다.

【소 송】급하게 서두르면 불리하지만 오래 지속되면 승소한다. 그러나 중요한 시기에 정신이 분산되면 이롭지 않기 때문에 가급적 합의하는 것이 좋다.

【출 산】위풍이 당당하고 장래에 큰일을 도모할 대장부가 출생한다. 지금 자녀를 바라는 사람은 머지않아 기쁜 소식이 있다.

【건 강】소화기계통, 신경계통의 질병을 주의해야 할 때이다. 환자의 경우

는 치료를 서두르지 않으면 오랫동안 고생한다.

【이　사】이사는 반드시 하되 만일 생각대로 되지 않으면 전문가와 상의하라.

【여　행】도중에 장애물이 있어 불길하므로 여행은 보류하는 것이 양호하다.

27) 산뢰이 | 山雷頤 ䷚ 간괘 진괘

이괘는 기른다는 의미이다. 또 이괘는 아래위의 턱으로 이루어진 입을 뜻하기도 한다. 우리는 입으로 먹고 산다. 그러므로 이괘는 우리의 생활 그 자체를 나타낸다고 할 수 있다. 그 때문에 이괘는 생활의 방침을 세우거나 직업을 갖는 데에 좋은 괘이다. 또 남의 집 식객이 되거나 양자로 간다든지 아는 사람의 집에 기거하는 데에도 좋은 괘이다. 그러나 병의 근원이 되듯이 화를 미치기도 한다. 그러므로 이괘의 경우는 특히 말을 조심하고 과음, 과식하여 소화기 계통의 지병에 걸리지 않도록 유념해야 한다. 아무튼 현재는 계획 단계에 있고 개혁의 기반이 잡히려면 단기간의 문제는 일주일, 장기간의 문제는 사개월 내지는 반년은 소요된다고 생각해야 한다.

운세는 현재는 계획을 세우거나, 새로운 직장을 구하는, 또 남의 집에 양자로 가거나 새보금자리를 구하는 데 알맞은 시기이다. 만일 실업자라면 머지않아 기쁜 소식이 올 것이며 작은 일을 도모해 나아가는 시기이다.

【사　업】지금은 혼자의 힘보다는 여러 사람이 협력체로써 할 수 있는 일을 성실하게 순서를 밟아서 할 때이다. 처음부터 과욕은 금물이며, 점차 착실하게 해 나가면 마침내 큰 소득이 되는 것이다. 인내하고 열심히 하면 좋은 결과가 있다.

【소　원】적은 일이라면 성취되나, 큰일이라면 많은 시간이 소요된다.

【재　물】적은 돈은 원만히 이루어지는 때이다. 주위의 인화에도 원인이 있으니 큰 금액은 되도록 거래하지 않는 것이 좋다.

【부동산】적은 것은 가능하지만 큰 것은 시일이 걸리므로 급하게 서둘지 말라. 잘못하면 구설수가 생긴다.

【증　권】약보합장세이다.

【연　애】두 사람의 교제는 비교적 원만하게 진행이 되는 운이다.

【결　혼】경제적인 어려움으로 결혼시기를 잡지 못하지만 어느 정도 시일이 걸리면 결혼은 이루어진다.

【합　격】우수한 성적으로 목표한 지망고에 합격한다.

【입　학】배운 것을 차근히 해 나가면 목표한 지망학교에 입학한다.

【취　직】우선 식생활을 할 수 있는 정도라면 곧 해결된다. 점차 실력이 인정되어 승진, 영전되어 간다.

【소　송】오래 끌고 나아가면 승소는 하지만 이익이 없다. 사람을 중간에 넣어서 합의하는 것이 상책이다.

【출　산】장차 나라의 기둥이 될 남아가 출생한다. 특히 산모는 건강에 유의할 것.

【건　강】주로 음식물의 부주의나 과음, 과식으로 인한 질환을 주의해야 한다. 환자의 경우는 점차로 회복이 된다.

【이　사】이사를 하면 양호하다.

【여　행】여행은 동행자와 함께 행동해야 하며, 식중독에 조심해야 한다.

28) 택풍대과 澤風大過 ䷛ 태괘 손괘

대과괘는 큰 것은 지나치다고 하는 의미이다. 연약한 네 기둥이 엄청난 대들보를 떠받치고 있는 격으로서 벅찬 시련을 겪는 운이다. 힘에 부치는 책임이 양 어깨를 내리누르고 오랫동안 겹친 시름이 한꺼번에 들이닥쳐 올 때이다. 이제는 그 과중한 부담을 조금이라도 덜 방도를 강구해 나가는 길밖에 딴 도리가 없다. 우선 중요한 문제만을 골라 중점적으로 처리해야 하며 사적인 일은 일단 뒤로 미루고 공적인 일부터 해결지어 나가야 한다. 이미 기회를 놓치고 만 일이라면 아예 거들떠보지도 않아야 한다. 아주 위험한 경우에 처한 일은 다시 만회할 생각을 말고 단념하는 것이 상책이다.

운세는 진퇴양난의 운이다. 이런 시기는 냉정하고 지혜롭게 행동해야 하며 일촉즉발의 위기에 놓여 있음을 명심해야 한다. 조심스럽고 냉정하게 풀어 나가면 마침내 발전의 때가 온다.

【사 업】투자나 내부의 불화로 인하여 부도 일보직전의 위기 상황이다. 아직 닥치지 않았다면 미구에 올 것이다. 그러므로 앞으로 뚫고 나아갈 힘을 축적하고 내부를 더욱 견고하게 처리해 나가야 한다.
【소 원】불가능하다. 하늘이 감동을 할 만큼 성심성의를 다해 기회를 주시해야 한다.
【재 물】부도직전이다. 여성의 힘을 빌릴 수 있다면 좋은 기회가 될 수도 있다.
【부동산】성사가 되기 어렵다. 겸손한 자세로 때를 기다려라. 급하게 서두르면 손해만 있다.
【증 권】현재는 상승장세이지만 곧 폭락장세로 돌변한다.
【연 애】연령 차이를 불문하고 복잡한 애정문제에 얽혀 함정에 빠지기 쉽다.
【결 혼】결혼은 어렵다. 재혼이나 나이가 많으면 무방하다.
【합 격】지망선을 낮추고 최선을 다한다 하더라도 반 정도의 확률에 해당한다.
【입 학】선배들의 의견을 참고하라.

【취　직】기대하지 말 것. 과거에 경력이 있는 분야이면 가능하다.

【소　송】하지 말 것. 화해나 협의가 최상책이다. 그렇지 않으면 손해보고 망신만 당한다.

【출　산】난산이 우려되므로 반드시 병원에서 출산해야 한다.

【건　강】과로, 신경성 스트레스에 특별히 조심하라. 통증을 수반한다.

【이　사】이사는 금물이다. 안택법을 이용하여 어지럽게 된 원인을 제거하라.

【여　행】여행은 중단하라. 불가피한 상황이라도 불행을 초래한다.

29) 중수감 重水坎　　감괘 / 감괘

　감괘는 고난과 역경 속에서도 자신의 신념을 버리지 않고 진실과 성심의 길을 끝까지 밀고 나아간다면 반드시 정성이 이루어지는 의미가 있다. 궁하고 어려운 처지에 있을 때 인간은 제 자신을 믿고 그릇된 생각을 갖기 쉽지만 어려울 때일수록 우리가 바라고 의지하는 것은 오직 자신의 진실된 마음과 언제나 변함없는 성의뿐이다. 감괘는 그런 성의를 요구하고 있는 것이다. 곧 온갖 고난이 한꺼번에 들이닥쳐 진퇴양난의 딱한 처지에 놓여 있을 때 백절불굴의 신념과 용기가 절대로 필요하다. 추운 겨울이 지나면 따뜻한 봄이 오듯이 나쁜 일들이 줄곧 계속 이어지는 것은 아니므로 희망을 가지고 정성을 모아 성의껏 난국 타개에 애써야 한다.

　운세는 물심양면으로 균형을 잃고 자포자기의 위기에 놓인 상태이다. 이런 때에는 종교나 학문과 같은 정신적인 분야에 뜻을 가지고 수양해 가는 것이 최선책이다. 경거망동이나 욕심을 부리면 죽음의 함정으로 들어가는 것임을 명심하라.

【사　업】어떠한 일이든 계약·협약 등의 일이라 할지라도 절대로 해서는 안 되는 시기이다. 보증인이 되는 일도 일체 해서는 안 된다. 주색에 빠져 곤경에 처하는 상태의 암시도 있다. 시간을 버리는 것이 양호하다.

【소　원】대단히 어려운 시기이다. 고요히 심신을 가다듬고 수행하라. 감정을 억제하고 낭비를 줄이는 것이 현명하다.

【재　물】참으로 고통스러운 때이다. 허리띠를 졸라매고 지출과 낭비를 억제하지 않으면 헤어나기 어려운 처지가 된다.

【부동산】자신의 힘만 소모될 뿐이므로 단념하는 것이 좋다. 투자금을 회수하기도 어렵다.

【증　권】하락장세이다.

【연　애】두 사람이 불감생심의 상태에 빠져 분별을 못하는 상태이다.

【결　혼】애정은 좋으나 주위의 환경이 허용하지 않는다. 혼담 성립도 어려운 상태이므로 포기하는 것이 현명하다.

【합　격】기능직계통 등의 다른 방향을 선택하는 것도 현명한 방법이다.

【입　학】너무 무리한 일이다. 더욱 더 실력을 향상할 것.

【취　직】단념할 것. 잘못하면 취업사기꾼에 속아 돈 잃고 고통을 겪는다.

【소　송】아직 제기하지 않았다면 포기하는 것이 이롭다. 돈 잃고 망신당하는 격이니 협의하는 것이 좋다.

【출　산】쌍태가 움직임으로 쌍둥이가 태어나기 쉽다. 위풍이 당당한 대장부가 태어난다.

【건　강】장계통과 신경질환계통의 질환을 특히 조심하라. 중병에 걸릴 위험이 있으니 병이 나면 속히 치료하고 과로하지 말 것.

【이　사】이사는 시기가 아니므로 다음을 기약하라.

【여　행】여행은 보류 또는 중단할 것. 특히 물난리를 조심해야 한다.

30) 중화리 重火離 ䷝ 이괘 이괘

이괘는 태양과 같이 밝고 아름다움을 의미한다. 활활 타오르는 불꽃과 같이 앞길은 환히 트였으나 동요하고 헷갈리는 마음은 마치 너울거리는 불길과 같아 한가지 일에 정신을 집중하지 못한다. 다분히 좋은 뜻을 가진 괘이지만, 사나운 데가 있으므로 신중을 기하여 다루지 않으면 위험하다.

기본적으로는 극단에서 극단으로 흐르는 경향이 있어 한때 몹시 들떠 있는가 하면 곧 우울해지곤 한다. 이럴 때 자신의 힘만 믿고 행동한다면 도를 지나쳐 실패하고 만다. 따라서 아무리 유능한 사람이라도 주위의 충고를 받아들여야 한다.

옛 사람들은 이괘를 그물에 걸린 형상이라고 하였다. 그래서 어부나 사냥꾼이 일을 나갔을 경우에는 소득이 많다고 본다. 좋은 날은 단기적으로 2일, 5일 사이에 기회가 있고, 장기적으로는 두 달, 다섯 달로 접어들어야 기회가 온다.

운세는 강하고 좋은 운세이기는 하지만 기복이 심하여 변화가 많은 운이다. 지나치게 힘 자랑하면 십중팔구는 큰 재앙이 따를 운이니 겸손하게 사회에 봉사하는 마음으로 자신을 다스려야 한다.

【사 업】지금은 화려하고 큰 계획을 세운다. 새가 날아서 그물로 들어가는 형상이므로 단기적으로는 이익이 있다. 대단히 활기차 보이지만 교만하거나 치밀하지 않으면 안 된다. 차근하게 성심을 다해야 한다.

【소 원】원하는 목적을 향하여 이것저것 두리번거리지 말고 한길로 가라. 선배나 귀인의 도움을 받는다.

【재 물】조금은 손해를 볼 운세이다. 금전융통은 주위 사람들로부터 도움이 있겠으나 낭비가 심하니 주의할 것.

【부동산】살려면 지금 사는 것이 좋고 팔려면 조금 기다렸다가 파는 것이

좋다. 사는 것은 이익이 있다.

【증　권】상승장세를 유지하다 강보합세로 마감한다.

【연　애】정열적으로 사랑하고 서로의 장단점을 잘 알고 사귀는 관계이다.

【결　혼】초혼은 불길하지만 재혼은 성사가 된다. 정성을 다하면 훨씬 양호하다.

【합　격】합격한다. 심신을 한결같이 가다듬어 나아가야 한다.

【입　학】재시험을 보게 되는 운세이다.

【취　직】장해가 있어 수월하게 되지는 않는다. 그러나 5개월 후에는 귀인의 도움이 있다.

【소　송】시일이 오래 걸린다. 대단히 불리하니 합의하는 것이 상책이다.

【출　산】현모양처가 탄생하며 순산한다. 쌍둥이도 될 수 있다. 산모는 건강에 유의할 것.

【건　강】고열과 신경통으로 고생하는 시기이다. 지금 고통을 당하는 환자는 위험하다.

【이　사】이사는 하지 않는 것이 양호하다. 불가피하다면 안택법을 쓰라.

【여　행】여행은 다음 기회로 미루는 것이 길하다. 많은 금전 손실이 우려된다.

31) 택산함 澤山咸　태괘 / 간괘

함괘는 사물을 민감하게 느끼는 것을 뜻한다. 그것은 어디까지나 옳은 것을 받아들이고 행동해도 좋다는 의미이다. 운이 양호하므로 공연한 이치와 이론을 따지지 말고 예민한 직감에 의하여 민첩하게 행동하면 좋은 결과를 얻는다. 그러므로 첫 인상에서 좋은 느낌을 받는 것은 반드시 성공할 것이다. 그러나 감정과 감각에 치우친 괘이므로 아무래도 애정 문제가 일어나기 쉽다. 대인관계에서는 물질적인 면에 너무 중점을 두지 말고 정신적인 면의 교분을 쌓아 간다면 보다 행운으로 이끌 것이다.

　운세는 대단히 좋은 운세이다. 무슨 일이든 직감적인 판단으로 밀고 나가면 놀라운 발전을 이룰 것이다. 물질에 너무 치우치지 말고 정신적인 차원에서 밀고 나가면 놀라운 수확을 얻게 된다. 이성문제도 활기를 찾는 좋은 운세이다.

【사　업】화기롭게 발전할 수 있는 좋은 기회이다. 기회는 절대 기다려 주지 않는 것이니 망설이거나 주저하지 말라. 마음을 다잡고 성실하게 운영하면 유익한 후견인도 만날 수 있다. 자신을 가지고 일을 하라.

【소　원】서둘러서 실행하라. 귀인을 만나 좋은 결과를 얻게 된다.

【재　물】수입과 지출이 많은 시기이다. 운세만 믿지 말고 큰 거래는 삼가는 것이 좋다.

【부동산】서서히 이루어진다. 큰 이익은 없으나 사 두면 손해는 없다.

【증　권】강보합장세이다.

【연　애】여자는 순정을 다 바치고 남자는 정열적으로 구애하는 때이다.

【결　혼】결혼은 양호하다.

【합　격】합격한다.

【입　학】좋은 결과를 얻으려면 정신통일의 자세가 요구된다.

【취　직】단시일 내에는 어렵지만 반드시 취업은 한다. 여성이 힘을 쓰면 더욱 좋은 결과가 있다.

【소　송】이득이 없다. 고집을 부리면 꿩도 잃고 매도 잃는다.

【출　산】현모양처가 될 수 있는 여아가 출생한다.

【건　강】직업병이 있을 수 있다. 만일 발병하면 동쪽에 있는 병원을 찾아가라.

【이　사】이사는 길하다. 반드시 하게 되면 한 달 후에는 틀림이 없다.

【여　　행】여행은 할 수 있다. 그러나 소지품을 분실할 우려가 있으니 주의
　　　　　하라.

32) 뇌풍항 雷風恒 진괘 손괘

　항괘는 늘 한결같음을 의미한다. 돌고 도는 팽이가 그대로 한자리를 지키
고 서 있듯이 항상 변함없는 생활을 되풀이하라는 것이다. 늘 한결같은 하
루의 생활이라서 실증도 나고 색다른 자극을 바라는 마음이 들 때도 있겠
지만, 그것을 참고 억눌러 매일 되풀이되는 안정된 생활 속에서 평범한 행복
을 누리라는 것이다. 그러므로 어디까지나 현상 유지에 힘쓰며 지금까지 해
오던 일을 굳게 지켜 나가야 한다. 다른 마음을 갖지 말고 함부로 방침을 변
경하는 일 없이 끈기 있게 참고 노력하며 허튼 꿈을 좇지 않아야 한다.
　운세는 현재의 상태에 만족하라. 지나친 욕심은 반파의 고배를 마신다. 지
금까지 해 왔던 대로 견고하게 다지고 가야 한다. 꾸준하고 성실한 마음의
자세가 절대 필요한 시기이다. 비가 온 뒤에 땅이 더욱 단단해지는 것을 명
심하라.

【사　　업】확장이나 새로운 사업의 계획은 단념하고 일확천금의 꿈은 큰 실
　　　　　패를 동반한다. 지금까지 해온 일에 최선을 다하는 자세가 필요하
　　　　　며 서서히 발전을 도모해야 한다.
【소　　원】작은 것은 성취된다. 급히 서두르지 말 것. 오랫동안 계획했던 일
　　　　　은 이루어진다.
【재　　물】금전유통은 원활하게 이루어진다. 이익도 생기고 활기있게 진행되
　　　　　는 운세이다.
【부동산】늦어지면 불리하므로 서둘러서 매매하라.

【증　권】강보합장세이다.

【연　애】서로 무리하지 않고 사귀는 사이이다.

【결　혼】결혼은 적극적이지 못하지만 그 결혼이 성사가 되면 양호하다.

【합　격】자신의 실력으로 소신있게 지원하면 합격한다.

【입　학】너무 지나치게 큰 꿈은 금물이다.

【취　직】직장을 옮기는 것은 불길하다. 처음 직장을 구하는 사람은 윗사람에게 부탁하면 이루어진다.

【소　송】대단히 불리하다. 많은 손실이 우려되므로 합의하는 것이 좋다.

【출　산】많은 사람을 이끌 수 있는 지도자가 탄생한다. 산모는 건강에 유의할 것.

【건　강】신경통, 위장병에 주의하라. 환자의 경우는 오랫동안 요양해야 한다.

【이　사】이사는 불리하다. 중단하고 불가피한 경우에는 안택법을 시행할 것.

【여　행】여행은 단거리는 가도 되지만 장거리 여행은 불길하다. 취소할 것.

33) 천산둔 天山遯　〓〓 건괘 / 간괘

둔괘는 피해서 물러난다는 의미이다. 시기적으로 불안정할 때에는 일시 물러나서 다음 기회를 노리며 기다리는 것이 상책이라는 뜻이다. 마음이 들떠 있어 앞으로 나아가려는 성급함이 생기기 쉬우나 운세가 쇠하여 이로움이 없으므로 모든 일에서 손을 뗄 방도를 강구해야 한다. 둔괘인 경우에는 체면이나 남의 평판을 고려할 여지가 없다. 또 태산같이 믿었던 사람한테 배신을 당하고 무엇인가의 뒷수습을 위해 많은 돈과 시간을 허비하게 된다.

옛 사람들은 둔괘를 가르쳐 모처럼 판 우물에 물이 없는 격이다 라고 하였다. 모든 일에 극도로 긴축책을 써야 하고 쓸데없는 일은 하지 않는 것이 좋다. 그러나 재산을 물려받아 여유가 있는 상속인들은 이 세상을 피하여 조용히 여생을 즐길 수 있을 때이다.

운세는 의욕은 충만하나 함부로 밀고 나가면 패가 망신한다. 지금은 운세가 쇠퇴하고 있으므로 고요히 때를 기다리며 자중하고 후일을 기약해야 한다.

【사　업】현상유지에 정성을 다해야 하며, 사업규모를 축소해야 한다. 그러나 유흥업소를 운영하는 사람은 불같이 일어난다. 사람들의 낭비를 부추기는 묘한 운이 작용하고 있어서 바람만 잘 잡아가면 큰 성공을 이룬다.

【소　원】현재는 이루기 어렵다. 자중하고 근신할 시기이다.

【재　물】금전은 지출이 늘어나고 수입은 없으니 무리하지 말고 지출을 계획성 있게 해 나가야 한다.

【부동산】서두르면 큰 손해를 볼 수 있으므로 뒤로 미룰 것.

【증　권】약보합장세이다.

【연　애】부담이 없는 관계는 양호하나 진실한 상대는 불리하다.

【결　혼】상대에 대해 낭비를 조심해야 한다. 결혼할 시기가 아니다.

【합　격】배우, 관광 등의 기능계통은 합격이 가능하다.

【입　학】기술계통, 관광업 등의 학교는 무난하다.

【취　직】유흥업소나 관광업 등의 소비성이 큰 계통은 희망이 있다.

【소　송】불길하다. 합의를 하는 것이 양호하다.

【출　산】유산을 조심하고 눈에 보이지 않는 많은 문제들로 인하여 금전지출이 늘어나는 해이다.

【건　강】신경성, 냉병 등 만성적인 질병을 유의할 것. 속히 치료해야만이 큰 병을 막는다.

【이　사】이사는 하면 좋다.

【여　행】 성지순례 등의 종교적인 행사는 좋으나 일반 관광은 불길하다. 재
　　　　난이 따를 운이다.

34) 뇌천대장 雷天大壯 ䷡ 진괘
진괘
건괘

　대장괘는 크게 완성한다는 의미이다. 세력이 마구 뻗어 나가는 상황을 뜻
하는 것이다. 그러나 지나치게 나가는 경향이 있으므로 고요히 자신의 입장
을 지키는 쪽이 잘못하여 그르치는 일이 없다. 옛사람들은 대장괘를 가리켜
사나운 호랑이가 뿔이 난 격이라고 하였다. 또 한여름에 마른 천둥이 치는
격이라고도 하였다. 이런 시기에는 무조건 나아가지 않도록 적당히 온화책
을 써서 더욱 순조롭게 운이 트이도록 노력해야 한다.

　멈출 줄 모르고 곧장 내달리면 불행한 사태를 유발하기 쉽다. 부자는 돈
을 믿고, 젊은이는 혈기를 믿고, 재주있는 사람은 자신의 재능을 믿고 무모
하게 내달리다가는 반드시 실패하고 만다. 적절하게 자신을 절제할 줄 알아
야 한다.

　운세는 대단히 좋은 운이나 강하면 부러지기 쉽다는 원리에서 반파가 우
려되는 때이다. 내부적으로 얽혀 있어 산만한 운세이므로 주위의 의견을 수
렴해서 매사에 임해야 한다.

【사　업】왕성한 기세만 믿고 나아가면 파탄을 초래하기 십상이므로 중용
　　　　의 도를 지켜 나가는 것이 좋다. 조급하게 생각하는 것은 금물이
　　　　고, 물이 흘러 마침내 바다에 이르듯이 순행의 원리를 따라야 한
　　　　다.
【소　원】큰일은 어렵지만 작은 일은 성취된다. 너무 설치거나 조급하게 굴
　　　　면 안 된다.

【재　물】회전 상태는 양호한 편이다. 낭비가 뒤따르는 운세이니 무리하게
　　　　지출하면 안 된다.
【부동산】서두르지 않고 여유있게 임하면 많은 이익이 있다.
【증　권】강보합세이다.
【연　애】마음이 들떠서 낭비하기 쉬운 때이지만 연애로 끝내는 것이 좋다.
【결　혼】결혼을 하면 불행을 초래할 수 있다.
【합　격】합격은 한다. 제2지망교를 선택하면 양호하다.
【입　학】침착하게 대처하면 가능하다.
【취　직】철도, 건축, 유흥업소 등에 희망이 보인다. 사람을 얻어 중간역활
　　　　을 하면 더 좋은 결과를 얻을 수 있다.
【소　송】합의가 최상책이다. 고집을 세우면 나중에 후회한다.
【출　산】집안에 경사스럽고 나라 기둥이 될 수 있는 아이가 출생한다. 단
　　　　산모는 난산이 우려된다.
【건　강】위장병과 신경계통의 병이 생길 우려가 있다.
【이　사】이사는 하면 길하다. 그러나 손재수를 주의할 것.
【여　행】여행은 하지 말 것. 도중에 재난의 우려가 있다.

35) 화지진 火地晉 ䷢ 이괘 곤괘

　진괘는 앞으로 나아간다는 의미이다. 진괘는 지평선상에 아침해가 떠오
르는 모습으로서 이제부터 활동을 시작할 때이다. 태양이 서서히 떠올라 중
천에서 빛나는 것처럼 운세도 서서히 향상되어 간다. 또 아침햇살이 그 빛
과 열기를 더하듯 앞으로 전진할수록 밝고 빛나는 길을 걷게 된다. 머지않
아 큰 성과를 이룩할 것이다. 지금까지 고생해온 사람은 마침내 고생에서 벗
어나 자신의 의견과 희망을 구현시킬 수 있게 된다. 그러나 단번에 하려 하

지 말고 삼단계의 순서를 밟아 기초를 튼튼히 하면서 나아가야 한다. 비록 중도에 난관과 장애가 있더라도 능히 타개할 수 있을 때이니 마음을 사리에 밝으면서도 굳세게 지녀야 한다.

운세는 떠오르는 아침햇살과같이 밝은 내일이 기다린다. 중요한 것은 머뭇거리지 말고 백년대계의 초석을 다지는 일이다. 그러나 항상 겸손과 아량을 베풀어 주변에 원성을 사는 일이 없도록 주의하고 최선을 다하라.

【사 업】번영과 비약적인 발전이 기대된다. 그러나 주위에 경쟁자를 무시하면 안 되고, 소신껏 행동하라.

【소 원】성취한다. 그러나 제 분수를 알고 만족할 줄 알아야 행복해 진다.

【재 물】지금부터 차츰 거래와 유통이 활발해진다. 신용을 생명으로 여기고 거래액을 지나치게 높이지 말라. 문제가 일어난다.

【부동산】성사가 된다. 서둘러라. 사는 경우이면 큰 이익이 있다.

【증 권】상승장세이다.

【연 애】활기있게 진행이 되고 있다.

【결 혼】좋은 결과가 있다. 짝이 없는 사람은 곧 좋은 배필이 나타난다.

【합 격】영광스러운 합격이다. 침착하게 마음을 가다듬으면 더 좋은 결과가 예상된다.

【입 학】소신껏 지원하라.

【취 직】머지않아 성취된다. 신설회사나 신입사원 모집에 지원하면 좋다.

【소 송】다소 손해 보는듯 해도 화해하는 것이 양호하다. 바쁜 상황인데 쓸데없이 다른 곳에 신경을 쓸 것 없다.

【출 산】집안을 번성시킬 수 있는 아이가 출생한다. 산모는 건강에 유의하라

【건 강】전염병, 열병, 심장병, 신경계통의 질환을 주의하라. 갑자기 마비현상을 일으키는 경우도 있다.

【이 사】이사는 하면 좋다. 집을 구하기 어려워도 곧 마음에 드는 집이 나

온다.

【여　행】장거리 여행은 불리하다. 윗사람과 같이 하면 길하다.

36) 지화명이 地火明夷 ䷣ 곤괘 이괘

명이괘는 캄캄한 밤을 의미한다. 태양이 빛나는 밝은 날이면 모든 것을 바싹 다 잡아서 운용할 수 있지만 지금은 어두운 밤이므로 위험을 피하도록 노력해야만 비로소 무사할 수 있다. 또 모든 일이 순리대로 풀리지 않는 만큼 아무리 재능이 있고, 실력이 있더라도 세상의 인정을 받지 못하고 불우한 환경에 놓인다. 그리고 짙은 어둠이 쌓이면 앞을 내다볼 수 없듯이 남의 속임수에 넘어가지 않도록 주의해야 한다. 또 재능이 너무 많은 것이 탈이 되어 남에게 사기당하거나 미움을 받는 일이 있으므로 자신의 재능이나 실력을 가능하면 표면에 내세우지 않아야 한다. 그러나 옛 사람들도 말했듯이 비온 뒤의 이끼는 더욱 청결하고 아름다워 보이듯이 지금은 비오는 날, 우울함을 금할 길이 없으나 당분간의 고생이라 생각하고 희망을 가지고 인내해야 한다.

운세는 사기나 유혹에 조심하고 돌발사고에 유의해야 한다. 비밀은 반드시 지켜야 하고 새로운 일은 불리하나 정신적인 학문과 문학분야에 종사하는 사람은 결실이 있다.

【사　업】내실을 소홀히 하고 외형에 치우치기 쉬우므로 과분한 계획은 절대로 삼가야 한다. 반년쯤 지나면 새로운 운을 받을 수 있으니 실력을 쌓고 기다려라.

【소　원】순조롭지는 못하나 최소한 구하는 것은 이루어진다. 새로운 계획이 있다면 전면 수정하라.

【재　물】주위가 모두 시기하고 질투하며 금전의 유통은 물론 정신적인 피로와 낭비가 심하다. 때를 기다려라.

【부동산】때가 아니다. 손해와 구설수가 있으니 모든 것을 단념하는 것이 양호하다.

【증　권】약보합장세이다.

【연　애】숨기고 싶은 사랑을 하고 있다.

【결　혼】결혼은 어렵다. 무리하게 단행하면 불행해진다.

【합　격】제2지망교는 합격할 가능성이 있다.

【입　학】산만한 마음을 진정시키고 학습정리를 게을리하지 말라.

【취　직】나를 돕는 사람들도 모두 무기력하므로 어렵다.

【소　송】대단히 불리하다. 시일을 오래 끌면 돈 잃고 망신만 당한다. 합의할 것.

【출　산】용모가 출중한 미모의 아기가 출생한다. 체질개선을 하면 더욱 길하다.

【건　강】호흡기, 안면계통의 질환에 주의하고 불의의 사고에 대비해야 한다.

【이　사】이사를 하면 많은 손해가 있고 재난이 뒤따른다.

【여　행】여행은 보류하는 것이 현명하다.

37) 풍화가인 風火家人　䷤ 손괘 이괘

　가인괘는 가정을 이끌어 가는 사람을 뜻한다. 메마른 인정 속에서 일에 지친 사람을 따뜻이 포용하고 편히 쉬게 하는 곳은 단란하고 화기애애한 가정이다. 가인괘는 남편을 위하고 자식을 귀히 여기는 현모양처를 가리킨다. 특히 가인괘는 가정이나 친척간에 깊은 연관이 있다. 그래서 가정내의 분쟁, 친척간의 다툼, 또는 애정 문제로 인해 괴로움이 생기기 쉬운 때이다. 그러니만큼 우선 절박한 것은 내부를 완전히 정리정돈하여 찬 기운을 몰아내고 따뜻한 가정적 분위기를 조성하는 일이다. 그러기 위해서는 먼저 경제가 안정이 되어야 한다. 밖으로 나가 적극적으로 무엇인가를 해 보려고 할 것이 아니라 가정 경제의 결함을 메우고 언행을 다져야 할 때이다.

　운세는 가정의 갈등, 친인척과의 다툼 또는 애정문제로 괴로움이 발생하는 시기이다. 옛사람들은 이럴 때 창문을 통해 달을 본다고 말했다. 밝은 달빛이 스며드는 창가에 서면 하루의 더위를 잊고 마음이 편안해진다는 말이다. 결국 인간이 머무는 곳은 가정이라는 뜻이다.

【사　업】가내공업이나 여러 사람이 협동해서 하는 일이면 무엇이든 길하다. 그러나 확장이나 신설은 금물이다.

【소　원】외부적인 일은 힘이 들지만 집안 내의 일은 순조롭다. 여자의 도움이 있다면 모든 일이 성취될 수 있다.

【재　물】궁색하지 않을 정도의 융통은 가능하다. 너무 무리하면 고통이 따른다.

【부동산】성사가 된다. 급하게 서두르지 말고 차분히 처신하면 양호하다.

【증　권】한때 상승장세이나 결국 하락장세로 돌아선다.

【연　애】서로 눈치만 보면서 사귀는 사이이다.

【결　혼】결혼은 순조롭다. 여자의 도움을 받으면 길하다.

【합　격】무조건 합격한다.

【입　학】자신의 분수에 맞는 곳을 선택하라.

【취　직】손위 사람이나 여자의 역할이 있다면 성취된다. 너무 큰 것을 원하면 어렵다.

【소　송】승소한다. 집안일이라면 더욱 좋고 여자의 도움이 있으면 순조롭다.

【출　산】가문에 빛을 발할 수 있는 아기가 출생한다. 가사도 번창한다.

【건　강】신장, 소화기계통, 신경계통의 질환에 유의하라. 환자의 경우는 병

이 위중할 수 있다.

【이 사】가족의 뜻을 모아서 하면 길하다.

【여 행】가족을 동반하면 양호하나 그렇지 못하면 취소하는 것이 좋다.

38) 화택규 火澤睽 ䷥ 이괘 태괘

규괘는 다르다, 서로가 어긋난다는 의미이다. 상대방과의 의견이 너무나도 차이가 난다는 것이다. 같은 일을 꾀하면서도 그 수단과 목적이 완전히 다르다. 이를테면 한 집안 사람간의 손발이 맞지 않는 격이다. 회사내에서는 표면상 아무렇지 않은데도 내면적으로 크게 대립하고 있는 현상이고, 가정 내에서는 여성들이 화목을 이루지 못하는 때이며, 자기 자신 안에서는 상반된 주장과 목적이 암투를 벌이고 있는 실정이다. 모든 일이 뜻대로 되지 않아 난처한 입장에 있다. 자신의 의견 계획을 상대에게 말해도 좀처럼 들어주지 않는 때이다.

운세는 상대와 의견대립이 심하다. 특히 여성간에 불목하는 운이므로 모든 일에 장애가 발생한다. 작은 일은 힘겹게 이루어지나 큰일은 도모하기 어렵다.

【사 업】모든 일을 육개월쯤 뒤로 미루고 현상유지만 하라. 그렇지 않으면 큰 손해를 본다. 이해관계를 지나치게 따지지 말고 손해 보는듯 처신을 하면 훗날 많은 것이 돌아온다.

【소 원】성취하기 어렵다. 그러나 희망은 포기하지 말라. 뜻밖의 귀인을 만나게 되어 도움을 받는다.

【재 물】수입보다 지출이 많아서 균형을 이루지 못하는 운세이다. 그러므로 절제가 필요하다.

【부동산】성사는 되지만 욕심을 부리면 오히려 손해를 본다. 계약이 해지될 경우 손재수가 있으니 특히 조심하라.

【증 권】강보합장세이다.

【연 애】복잡한 관계에 놓여 있으며 성격은 맞지 않지만 매력은 느낀다.

【결 혼】결혼은 성사가 되기 어렵다. 만일 이루어진다 해도 오래가지 못한다.

【합 격】기능계통은 인기도 얻고 합격도 한다.

【입 학】기능계통이 유리하다. 실력을 더욱 쌓을 것.

【취 직】어렵다. 한 반년쯤 기다리면 규모가 작은 곳에서는 기회가 있다.

【소 송】패소한다. 가능하면 합의하는 것이 양호하다.

【출 산】여아를 출산하면 아이는 훌륭하게 자라고, 집안에 큰 발전을 가져온다. 산모는 건강에 유의 할 것.

【건 강】스트레스성 노이로제, 신경성 질환에 조심하고, 세심한 주의를 기울려야 한다.

【이 사】이사는 반드시 해야 하는 처지이나 여건이 허용되지 않으면 안택법을 사용하라.

【여 행】단거리 여행은 양호하나 장거리 여행은 중단하는 것이 좋다.

39) 수산건 水山蹇　감괘 간괘

　건괘는 모진 추위로 인해 발이 오그라들어 걷지 못하는 상태를 의미한다. 지금은 엄동설한의 추위가 엄습할 때이므로 일체의 모험을 삼가야 한다. 또 자유롭게 발을 놀릴 수 없을 만큼 몸이 불편할 때이니 오로지 자신의 이성과 저력만으로 이끌어 나가야 한다. 그래서 옛사람들은 건괘를 찬바람에 옴짝달싹 못하는 가을 매미의 형상이라고 하였다. 너무나도 처참한 신세이지만 꾹 참고 기다리는 수밖에 없다. 이러한 운수이니 한 걸음도 나아갈 수 없는 위험한 지경에 있으며 괴로운 처지에 있는 것이다. 엎친 데 덮치는 격으로 도둑을 맞고, 사기를 당하며, 태풍이 불면 물난리를 겪게 된다. 형편이 이러하니 외부에 정신을 돌이킬 겨를이 없다. 오로지 내부 정리에 최선을 다해야 한다.

운세는 난세속에서 생명을 지탱해 나가는 조심성과 인내심 그리고 겸손한 태도로써 때를 기다리는 지혜를 배워야 한다. 뛰고 싶은 마음은 굴뚝같고 솟구치는 자신감은 하늘을 뚫을 것만 같지만 지금은 자제력을 가지고 참아야 할 때이다.

【사 업】어떠한 일을 조급한 마음으로 처리하고자 하면 할수록 손상이 커진다는 사실을 명심해야 한다.

【소 원】역부족이다. 모든 면에서 불리하여 이루기가 어렵다.

【재 물】대단히 고통스러운 상태이다. 때가 좋지 않기 때문에 절대로 무리해서는 안 된다.

【부동산】때가 아니므로 좀더 기다려야 한다. 지금 성사시키려면 많은 무리가 따르므로 괴로워도 좀더 지켜봐야 한다.

【증 권】하락장세이다.

【연 애】삼각관계로 어처구니 없는 복잡한 상태가 일어나는 때이다.

【결 혼】소극적인 처신만이 현명한 방법이며 결혼은 어렵다.

【합 격】지망선을 낮추면 천우신조로 기대할 수 있다.

【입 학】역부족이므로 무리하지 말고 후기를 기대해 보라.

【취 직】지금은 때가 아니므로 그동안 많은 실력을 쌓으면서 차분하게 때를 기다려야 한다.

【소 송】오래 끌면 불리하고, 이겨도 손해이니 아랫사람을 중간 역할로 내세워 원만하게 해결할 것.

【출 산】지금 임신을 바라는 사람은 거의 절망 상태이다. 만일 임신중이면

아들을 낳겠으나 산모의 특별한 관리가 필요하다.

【건　강】소화기 계통과 신경계통, 고혈압 등의 질병에 유의할 것.

【이　사】이사는 후일을 기약하는 것이 좋고, 만일 이사를 하면 재난이 따르고 두려운 일이 발생한다.

【여　행】여행은 보류 또는 중단하는 것이 양호하다.

40) 뇌수해 雷水解 ䷟ 진괘 감괘

해괘는 풀린다, 해결한다는 의미이다. 모진 겨울 추위가 풀려 천둥이 울리고, 봄비가 내리며 새싹이 움트고, 동면에 들었던 동물들이 땅 위로 기어 나오는 상태를 가리킨다. 따라서 새로운 희망을 가지고 움직이기 시작하는 싱그러운 기운이 충만한 시기이다. 지금까지 괴로워하고 번민하며 시달리던 사람들은 어려운 문제를 해결하고 고통에서 벗어난다. 그러나 지금까지 평온 무사한 사람이라면 조금도 긴장할 줄 모르는 탓에 만사를 등한시해서 모처럼의 행운을 잡지 못하는 경우도 있다. 성사됐던 계약이 취소되고 결혼을 약속한 사람은 파혼을 당하는 수가 있다. 아무튼 그물에서 물고기가 빠져나오는 격으로서 자신의 힘으로 운수를 개척할 때이니 스스로 부지런히 움직여 곤란을 타개하고 행운을 붙잡을 수 있도록 노력해야 한다.

운세는 새로운 기틀이 형성되는 시기이다. 기회를 놓칠 수도 있으므로 한 번 기선을 잡았다 하면 민첩하고 신속하게 처리해 나아가야 한다. 큰 결실을 맺겠으니 주변을 잘 정리해야 하며 그렇다고 덤벼서는 안 된다.

【사　업】모든 일이 급상승하여 상당히 분주해지는 시기이다. 너무 서둘지 말고 태만하지도 말고 불손하지도 않으면 순풍에 돛단 듯 유유하게 나아간다.

【소　원】그동안 고대했던 일이 성취된다. 일은 시간의 흐름에 따라서 진폭
　　　　은 있지만 풀리게 한다.
【재　물】지금부터 유통과정이 활기를 띠고 거래금액도 늘어나므로 지장
　　　　을 전혀 받지 않는다.
【부동산】계약을 했다면 해약할 수도 있지만, 지금부터 매매를 희망한다면
　　　　머지않아 성사가 된다.
【증　권】강보합장세이다.
【연　애】소강 상태의 교제에서 벗어나 활발하게 애정이 진행된다.
【결　혼】결혼으로 연결되기는 어렵다.
【합　격】희망하던 학교에 합격한다.
【입　학】입학도 무난히 이루어진다.
【취　직】승진이나 영전을 바라면 오히려 해가 될 우려가 있으나 직장은 구
　　　　할 수 있다.
【소　송】합의하는 것이 상책이다. 끌어온 소송이 있다면 서둘러서 끝낼 것.
【출　산】원만하고 지덕을 갖춘 군자지풍의 대장부가 출생한다.
【건　강】과음이나 과식을 주의하라. 환자는 완쾌된다.
【이　사】이사는 할 수 있고 또 하면 좋아진다.
【여　행】많은 이익이 있는 유쾌한 여행이 될 것이다.

41) 산택손 山澤損 ䷨ 간괘 태괘

　손괘는 일시적으로 손해를 본다는 의미가 있다. 그러나 손해로 인해 덕을
본다는 말이 있듯이 남에게 혜택을 베푼다는 것은 일시적으로는 손해이지
만 그로 인하여 남을 즐겁게 하고, 자신의 덕을 빛나게 하므로써 결과적으
로는 득이 되는 것이다. 가령 친척이나 지인이 사업에 부실하여 어려움을 겪

고 있을 때 이 사람에게 자금을 대어 주는 것은 당장은 물질적으로 손해이지만, 그 사업이 순조롭게 진행이 되면 반드시 그 은혜를 보답하여 후에 큰 이익을 받게 된다. 눈앞의 이익을 버리고 먼 장래를 구하는 것은 극히 어질고 사리에 밝은 처사이다.

운세는 처음에는 잃고 나중에는 얻는 격이므로 남을 위해서 손해를 보는 것은 훗날 반드시 몇 갑절의 이득이 되어 돌아온다. 초반에는 물심양면으로 소모가 많고 희망도 빈약해서 낙담하기 쉬우나 점점 호전되는 운세이니 모든 일에 속단하지 말고 인내와 끈기로 이겨 나가면 마침내 풀릴 것이다.

【사　업】지금 당장 손해를 볼지라도 장래는 대단히 유망하다. 먼 미래를 위해 새로운 투자를 해도 좋은 시기이다. 그러나 투기나 도박에 손을 대면 절대로 안 된다. 명심할 것.

【소　원】상당한 시기가 경과해야만이 성취될 수 있는 운이다. 너무 적극적으로 나서거나 조급하게 서두르면 오히려 많은 손실만 가져올 뿐이다.

【재　물】현상유지의 운세로서 앞으로 점점 더 활기를 띨 추세이다. 그러나 현재는 절대로 무리해서는 안 된다.

【부동산】지금은 손해만 있을 뿐이니 보류하는 것이 현명하다. 좀더 시일을 두고 기다리면 이익이 있다.

【증　권】처음은 상승장세로 출발하지만 후에는 하락장세로 돌아선다.

【연　애】두 사람의 관계가 깊어지는 시기이다.

【결　혼】결혼을 하기까지 시일은 걸리겠지만, 양가에서 이끌어 준다면 순탄하게 진행된다.

【합　격】특수기술학교나 사회사업분야 또는 종교계통의 학교에 합격할 운이다.

【입　학】특수기술학교, 사회사업 계통, 종교계통의 학교에 지망하면 입학한다.

【취　직】조급한 마음으로 서두르면 물질적으로 손해만 본다. 좀 더 시일을 두고 행동하라.

【소　송】보류하는 것이 현명하다. 시일을 두고 기다리면 이익을 보는 때가 있다.

【출　산】마음이 깊고 양보심이 많은, 앞으로 사회에 큰 업적을 남길 여성 지도자가 탄생한다.

【건　강】과로나 신경계통에 유의하고 매사에 너무 무리하지 말 것.

【이　사】이사는 아직 때가 아니다. 잠시 보류하여 시기를 기다려라.

【여　행】혼자만의 여행이라면 취소할 것. 사업적인 목적이면 소비가 많이 따르므로 절약하는 것을 잊지 말 것.

42) 풍뢰익 風雷益　䷩ 손괘 진괘

익괘는 이익을 의미한다. 익괘는 작게는 일신의 이익이고 크게는 사회전반의 이익이다. 널리 사회에 공헌하면서 자신의 이익도 취할 수 있는 형태이다. 특히 사업분야에서 몹시 분주할 때이고 직장인은 지위와 급료가 오르며, 그리고 농가에서는 저마다의 풍년을 구가하는 즐거움이 넘칠 때이다. 운기는 튼튼한 터전 위에 순조롭게 뻗어 나간다. 특히 윗사람이나 선배의 후원으로 자신이 소유하고 있는 능력 이상의 성과를 올릴 수 있다. 가정적으로도 원만한 상태가 유지된다. 풍뢰란 기회만 있다면 거침없이 곧장 나아가는 것이 좋다는 뜻도 있으므로 생활의 빈곤을 타개하기 위해서는 모든 역경과 고난을 극복하고 적극적으로 행동해야 한다.

운세는 여러 사람을 위해 일을 도모하는 시기이다. 윗사람이나 선배들의 도움으로 많은 발전을 하게 되고 농가에서는 풍년소리가 들려오는 때이므로, 기초를 튼튼히 하고 기반을 충실히 할 때이다.

【사 업】모든 일이 순조롭게 이루어지는 때이다. 다만 너무 욕심을 부리지 말고 매사를 차분하게 처리해야 한다. 특히 과속은 금물이며 여자의 도움이 있다면 더욱 번창해 나간다.

【소 원】타인의 도움이 있거나 협력함으로써 성취된다. 조급하게 서두르지 말라.

【재 물】소왕대래, 곧 작은 것이 가고 큰 것이 오는 운세이다. 금전의 소통과 순환이 잘 이루어지는 때이다.

【부동산】성사가 되고 이익도 있다. 그러나 분수 밖의 큰 돈은 꿩도 매도 다 놓치는 격이다.

【증 권】건축·토목관계의 시세가 양호하며 강보합장세이다.

【연 애】좋은 만남이지만 윗사람의 협력을 구하면 더욱 양호하다.

【결 혼】더 바랄 나위 없는 이상적인 연분이고, 구혼자에게는 곧 천상배필이 나타난다.

【합 격】지원한 학교에 무난히 합격한다.

【입 학】제1지망 학교에 입학한다. 총 학습을 잘 정리하라.

【취 직】당신의 실력을 인정받게 되고 많은 사람으로부터 존경을 받는다.

【소 송】유리하다. 그러나 소득은 별로 없으므로 다소 손해를 보더라도 합의하는 것이 좋다.

【출 산】자손을 바라는 집안에는 잉태의 징후가 있다. 몸조심을 각별히 할 것.

【건 강】심신의 과로 및 신장과 신경계통, 간기능 등의 질환을 특히 주의하라.

【이 사】이사는 좋은 집으로 옮길 수 있고 이사하면 일이 더 잘된다.

【여 행】여행은 분주한 여행이 되겠으니 너무 방심하지 말라.

쾌괘는 매우 중요한 일을 결단·결의·결정한다는 의미이다. 너무 세력이 강해서 단번에 결단을 내리는 마음이 굳세게 움직여 실패하기 쉬운 때이므로 여러 가지 사업에 손을 대거나 자신의 능력 이상의 일을 맡아 성급하게 추진시킨다면 뜻하지 않는 번거로운 일이 생긴다. 한가지 일에 마음이 부당하게 집착되어 있으면 모든 것이 조화를 잃고 한쪽으로 치우치기 쉽다. 큰 둑도 개미 구멍 하나로 인해 무너진다는 말이 있듯이 쾌괘는 위험을 지니고 있는 호운이라는 것을 마음 속에 새기어 둬야 한다. 지금 물이 흘러 넘쳐 둑이 무너지기 직전의 상태이다.

운세는 왕성한 세력만 믿고 성급하기 쉬운 때이며, 둑에 물이 꽉 찬 형상이므로 위험수위에 와 있다. 분별력을 가지고 행동하지 않으면 큰 파탄이 온다. 그러나 겸허한 마음과 사리사욕을 버리면 희망이 있다.

【사　업】계획을 철저히 세웠다 하더라도 무리하게 하지 말고 차근차근 세심한 주의가 필요하다. 운세만 믿고 욕심을 부리면 평지풍파에 패가 망신한다.

【소　원】한번 기회를 놓친 격이므로 고요히 때를 기다려야 한다.

【재　물】지금보다 더 많은 것을 얻으려 하지 말 것. 욕심은 반드시 손해를 낳는다.

【부동산】당장은 어렵다. 상대편에서 스스로 응할 때까지 조용히 기다려라.

【증　권】하락장세에서 강보합세로 전환된다.

【연　애】유부남이나 유부녀를 구애하려는 힘이 작용하고 있다.

【결　혼】망신만 당하고 결혼하기는 어렵다.

【합　격】애매모호한 문제도 영감으로 얻을 수 있는 운이다. 마음의 안정을 찾으면 합격한다.

【입　학】자신을 가져라. 그러나 너무 덤벼서 낭패를 볼 수 있으니 차분한

자세로 임하라.

【취　직】 어렵다. 된다 해도 오래가지 못하고 탈락한다. 그러나 성실한 자세로 실력을 길러라. 때는 온다.

【소　송】 직접 나서지 않아도 이길 수 있다. 너무 서둘지 말고 감정을 앞세우지 말라.

【출　산】 건강하게 출산하며 여아를 낳는다. 그리고 출산 후에는 집안이 번창한다.

【건　강】 호흡기 부종, 신경계통에 주의하라. 병세가 대단하므로 오래가지 않도록 대처하라.

【이　사】 이사는 중단할 것, 그렇지 않으면 화재를 당하기 쉽다.

【여　행】 여행은 불길하며 돌연한 사고를 당할 수 있다.

44) 천풍구 天風姤 ䷫ 건괘 손괘

구괘는 우연히 마주친다는 의미가 있다. 뜻하지 않은 때에 생각지도 않았던 곳에서 별안간 마주치는 것을 의미한다. 운세는 그다지 좋은 편은 아니며 사기를 당하거나 재난을 만나서 거센 바람이 부는 날 지붕이 날아가는 등의 불상사를 겪기 쉽다. 헷갈리는 마음은 바람처럼 떠돌아 종잡을 길 없고, 앞으로의 일은 희미하기만 하여 헤아릴 길이 없는데 시끄러운 여자 문제까지 겹들어 이리 속고 저리 손해를 보는 가엾은 처지이다. 집안에서까지 여자들이 극성을 부려 풍파가 없는 날이 없다. 그러나 옛사람들은 구괘를 봉황새가 꾀꼬리를 만나는 격이라고 하였다. 전설상의 새인 봉황이 꾀꼬리를 만난다는 것은 아마도 뜻하지 않게 만난다는 뜻을 강조한 것이라고 헤아려 볼 수 있다. 따라서 이 글귀는 천하 여인이 귀인을 만난다는 뜻으로도 해석이 된다.

운세는 계획이 너무 많아서 우왕좌왕하는 운세이며 여자의 세력이 너무 커서 골치 아픈 형상이다. 감언이설에 속아 넘어가기 쉬우므로 달콤한 말을 경계해야 하며 허영심을 버리고 덕을 쌓아 가면 귀인의 도움이 있다.

【사　업】교제비 지출이 많아지는 운이며, 자신의 작업 이외의 다른 사업에 투자할 때가 있으므로 신중을 기하라. 그렇지 않으면 죽음의 고통을 수반한다.

【소　원】방해자와 장애물이 너무 많다. 그러나 여자는 협력자를 얻어 뜻밖의 기적을 이룬다.

【재　물】돈은 들어오지만 지출이 많다. 이런 운에는 사기당할 염려가 있으니 각별히 유의하라.

【부동산】조금 불리한 운이다. 특히 파는 것은 무방하나 사는 것은 불길하다.

【증　권】진폭이 큰 보합장세이다.

【연　애】형식이나 욕심에 치우쳐 만나는 사람이 있다.

【결　혼】결혼을 포기해야 한다. 하면 반드시 훗날에 후회할 일이 있다.

【합　격】일반학과는 합격할 가능성이 적다.

【입　학】인기학과나 특수기술 계통은 입학한다.

【취　직】시간이 좀 걸린다. 특수한 전문기술을 가진 사람은 좋은 자리가 마련이 된다.

【소　송】고집을 부리면 불리하며 합의를 하는 편이 훨씬 유리하다.

【출　산】난산이다. 사년과 사월은 더욱 불길하므로 반드시 유념해야 한다.

【건　강】전염병이나 성병 등으로 인해 몸이 지치기 쉽고 신경성 두통도 따른다.

【이　사】이사는 불리하다. 부득이 이사할 경우 방위를 필히 확인하라.

【여　행】여행도 불길하다. 그러나 근거리이거나 여성이 동행할 경우 무방하다.

45) 택지취 澤地萃 ䷬ 태괘 곤괘

취괘는 모인다는 의미가 있다. 이것은 옛사람이 이르기를 잉어가 용문에 오르는 격으로서 이른바 등용문을 일컫는다. 곧 수재들이 모여 겨루는 형상이므로 운세는 강하다. 무슨 일이든 물건이 모이고 이득을 취한다. 그러므로 사람도 즐겨 모이는 것이다. 이리하여 직위가 오르고 사업은 번창하며 신변은 윤택해진다. 그러나 사람이 모인다는 것은 좋은 현상인 반면 같은 목적에 관하여 경쟁이 심하고 분쟁이 일어나기 쉽다. 따라서 상대를 이기려고 다투지 않고서도 서로 이득을 보도록 인화를 도모하고 정치력을 발휘해야 한다.

운세는 인재가 모여들고 모든 일에 이익이 창출되는 좋은 운이다. 명예와 지위가 향상되고 많은 경쟁자들 속에서도 돋보이는 위치에 오른다. 그러나 우쭐대거나 자만하지 말고 명예의 소중함을 생각하며 처세에 신중을 기해야 한다.

【사　업】주변의 융화를 항상 염두에 두고 행동해야 하며, 결정할 사항은 윗사람과 논의하면 좋은 결과를 얻을 것이고 특히 인간관계의 형성에 주력할 것.

【소　원】성취된다. 그러나 방해꾼이 있다는 것을 명심하고 특히 여자의 훼방을 주의하라.

【재　물】비교적 좋은 운이므로 유통이 이루어진다. 그러나 투자한 자금은 잘 유통이 되지 않으니 무리한 계획은 금물이다.

【부동산】조금 난감하다. 서두르면 손해가 많으므로 시일을 두고 해결하는 것이 양호하다.

【증　권】상승장세이다.

【연　애】두 마리 토끼를 쫓다가 둘 다 놓친다.

【결　혼】결혼은 성사가 되지만 시간을 끌면 재난이 닥치므로 서둘러야 한

다.

【합　격】합격의 영광을 얻는다. 다만 마음의 부담을 가질 수 있으니 공부의 기법을 해소하라.

【입　학】제일 지망교에 응시하라.

【취　직】상통하달하여 뜻대로 이루어진다. 주위의 신망을 얻어 장래는 촉망되지만 너무 욕심부리지 말라.

【소　송】시일을 끌지 말고 신속하게 결말을 짓도록 할 것. 윗사람에 부탁하는 것도 좋은 방법이다.

【출　산】현모양처가 될 여아가 출산한다. 아직 임신전이면 득남한다.

【건　강】장 질환을 주의할 것. 몸이 과로하면 질환이 생길 우려가 있다.

【이　사】이사는 불길하니 하지 말 것.

【여　행】여행은 무난하지만 도적이나 여난을 겪는다.

46) 지풍승 地風升　䷭ 곤괘 손괘

승괘는 오른다는 의미를 나타낸다. 땅 속에 뿌린 씨가 싹이 터서 따스한 태양빛을 받아 무럭무럭 성장하여 마침내 커다란 나무가 되어 가는 과정을 뜻하는 괘이다. 곧 위로 뻗어 올라간다는 의미가 있다. 그러므로 지위가 오르거나 승급할 기회가 있다고 할 수 있다. 그러나 한번에 비약하는 것은 아니다. 계단을 한 계단 두 계단 밟아 오르는 듯한 견실성이 필요하다. 아무튼 실력이 출중하면서도 남의 인정을 받지 못했던 사람이 때가 와서 등용할 기회이다. 또 자신이 적극적으로 윗사람이나 선배에게 접근할 좋은 시기이다. 목표를 세워 이르면 삼개월, 늦어도 삼년 정도 노력하면 대성할 수 있는 운세이다.

운세는 능력을 인정받아 크게 발전할 수 있는 때이다. 귀인이 들어옴으로 당신의 계획이 노출되지 않도록 조심하고 기회를 적절히 포착해야 한다. 그러나 너무 욕심을 내면 오히려 해를 당할 수 있으니 치밀한 계획과 겸손함을 잃지 않아야 한다.

【사　업】새로운 계획과 기발한 구상을 창안하여 새로운 사업에 착수할 때이므로 사람들과의 좋은 관계를 형성하여 원성 사는 일이 없으면 많은 거래망을 형성하는 시기이다.

【소　원】영광의 희소식이 다가오며 축배를 준비해도 좋다. 그러나 큰 기대는 금물.

【재　물】점점 활기 있는 거래와 유통으로 분주해지면서 이익을 낼 수 있는 운수이다.

【부동산】반년 정도의 시일을 기다리면 많은 이익이 있다.

【증　권】상당한 기간 동안 상승장세가 유지된다.

【연　애】좋은 인연을 만난다.

【결　혼】교제해 오던 사람과 좋은 결실을 맺는다.

【합　격】합격한다.

【입　학】좋은 성적으로 입학한다.

【취　직】가망이 있다. 예전부터의 신용과 노력이 좋은 기회를 마련해 준다.

【소　송】시간과 정력 소모만 우려되므로 합의하는 것이 양호하다.

【출　산】총명하고 가문을 빛낼 아기가 출생한다. 잉태를 바라는 사람은 가능성이 있다.

【건　강】기관지, 소화기계통 등 겉으로는 잘 드러나지 않는 질환으로 고생한다.

【이　사】이사는 하면 길하다.

【여　행】여행은 지연될 우려가 있으나 사업적인 여행은 양호하다.

47) 택수곤 澤水困 ䷮ 태괘 감괘

곤괘는 곤란하다, 고통스럽다는 의미를 가지고 있다. 곤이란 글자를 보면 울타리 안에 나무가 갇혀 있는 격이다. 화분에 심어 있는 나무로서 충분히 성장할 도리가 없다. 그래서 자신도 모르는 사이에 스스로 제 형편을 어렵게 만든다. 이를테면 일이 좀 순조롭게 되어 간다고 마음을 다잡지 않고 놓아 버리면 하찮은 일로 뜻하지 않은 낭패를 본다. 직위가 올라가 형편이 나아지면 어느 틈엔가 방심하여 좌천을 당하거나 실직을 하게 된다. 그러나 현재 몹시 궁한 처지에 놓여 있는 사람이라 할지라도 인내하고 노력한다면 가까운 장래에 성공할 승산이 생긴다. 결국 어려움은 자력이 부족하고 노력이 불충분한 탓이다. 하지만 아무래도 운이 좋지 못한 시기이니 앞으로 반년간은 고생할 각오를 해야 한다. 이럴 때 자신의 고통스러움을 한탄하는 것은 어리석은 짓이다. 서둘러서 자신의 결점을 찾아내어 이로운 방향으로 전환을 단행하고 주위와의 융화에 힘써야 한다.

운세는 뜻하는 바가 잘 이루어지지 않고 실직과 강등을 당하는 운이다. 끈기를 가지고 장기전에 대비하여 철저히 자신을 가꾸는 노력을 해야 하며, 청렴하고 사심없는 자세로 최선을 다하면 기회는 반드시 온다.

【사 업】운이 막혀 있는 상태에서는 급한 마음으로 감언이설에 넘어가는 수가 많으므로 서두르지 말고 인내와 끈기로써 때를 기다리는 방법밖에는 없다.

【소 원】성취되기 어렵다. 아무것도 소용이 없으니 실력을 기르면서 때를 기다려라.

【재 물】융통과 순환이 어렵고 특히 유흥비 지출이 늘어나는 시기이다. 증권, 경마 등 투기성 업종은 절대금물이다.

【부동산】지금은 때가 아니므로 반년 후에나 생각하라. 기다리면 좋은 기회는 온다.

【증　권】보합장세에서 후에는 하락장세로 돌아선다.

【연　애】남녀 모두 불륜의 사랑을 하게 되는 경우가 많다.

【결　혼】좋은 인연이 아니다. 고민하고 결혼해 봤자 오래가지 못한다.

【합　격】기능직으로 성심껏 임하면 희망이 있다.

【입　학】기대하지 말 것. 가능하면 기능직으로 진출하라.

【취　직】기대하지 말라. 그러나 실망하지 말고 하반기를 기대해 보라.

【소　송】불리하다. 설령 승소한단 해도 이득이 없으니 합의하는 것이 상책
이다.

【출　산】유산되기 쉽다. 천신만고 끝에 출산하게 되면 가문을 빛낼 옥동자
가 출생한다.

【건　강】신경통, 폐, 자궁 등에 발병이 쉽고 소홀히 하면 큰 불행을 겪는다.

【이　사】이사는 불리하다. 현재 거주하고 있는 곳도 좋지 않다.

【여　행】여행은 중단할 것. 불길한 일이 발생한다.

48) 수풍정 水風井 감괘 손괘

　정괘는 우물에서 물을 길어 올리는 격의 괘이다. 근심으로 속을 태우고 하는 일이 힘에 겨워 고단하기도 하며, 마음이 편할 날이 없는 상태이다. 불안한 처지에 봉착하며 내부적으로도 정리가 안 되는 때이다. 그러나 우물의 밑바닥은 흐리더라도 위로 올라갈수록 맑아지듯이 처음은 곤란하더라도 후에는 차츰 형편이 나아질 운수이니 조급해 하지 말고 끈기 있게 노력하여 좋은 날을 보도록 해야 한다. 또 우물이 있는 장소가 변하지 않듯이 새로운 것보다는 낡은 것을 그대로 지켜 나가는 것이 무난하다. 그리고 정괘는 우물과 두레박이 짝을 짓듯이 이질적인 요소가 결합되어 있는 것을 뜻하기도 한다. 아무튼 가정에서나 회사의 내부에서 상당히 어려운 문제가 있을 것이

다. 그러나 우물처럼 고요히 제자리를 지켜 흔들림이 없어야 한다.

운세는 지금 하고 있는 일이 좀 불안하고 내부에서 혼란이 일어나 뒤숭숭한 때이다. 그러나 시간이 흐르면 좋은 상태를 기대할 수 있으니 조용히 내부를 잘 다듬어 나가야 한다.

【사 업】모든 일에서 새로운 것을 찾을 때가 아니다. 본래부터 해 오던 일을 욕심없이 지켜 나가야 한다. 실력과 능력을 충분히 갖추고 있으니 변동만 하지 않으면 결정적인 시기는 반드시 온다.

【소 원】지금 상태로는 어렵다. 주위 사람들에게 부탁하면 전망은 있으나 짧은 시간내에는 어렵다.

【재 물】금전의 유통은 침체상태이고 소강상태에 있다. 지금 바라고 있는 금액도 융통하기 어렵다.

【부동산】곧 성사될 수 있다. 그러나 귀인의 도움으로 성사는 되지만 큰 것은 어렵다.

【증 권】오르락내리락 진폭이 크게 움직인다. 결국 하락장세로 마감한다.

【연 애】현재 진행 중에 있는 사람이면 연애 자금난으로 허덕인다.

【결 혼】지금 오가는 혼담은 순조롭지 못하다. 단념하고 삼개월 정도 기다리면 좋은 소식이 있다.

【합 격】좀 더 실력을 쌓아서 다음 기회에 도전하라.

【입 학】조금 무리이다. 실력은 부족하면서 일류 학교를 지망하려는 상태에 있다.

【취 직】지금은 어렵다. 경쟁자도 많고 쇠운의 영향을 받고 있으니 좀더 시간적인 여유를 가져야 한다.

【소 송】불리하므로 당장 중단할 것. 중간에 사람을 넣어서 합의하는 것이 상책이다.

【출 산】출산은 예쁜 공주가 태어나고 두 번째 낳는 아기는 인내력이 강하고 기상이 늠름한 아들이 출생한다.

【건　　강】감기, 복통, 음식이나 과로에 의한 질환을 조심해야 한다.
【이　　사】이사는 무조건 기다릴 것.
【여　　행】여행은 장애가 많아서 불길하므로 보류 내지는 중단해야 한다.

49) 택화혁 澤火革 ䷰ 태괘 이괘

　혁괘는 새롭게 일신한다는 의미가 있다. 혁괘는 어떠한 것에서 어떠한 것으로 바뀔 단계에 이르렀음을 뜻한다. 이를테면 개혁·변혁·혁명·혁신 등을 가리킨다. 계절의 변화도 그 하나라고 할 수 있다. 가령 세상을 통달한 사람이라 할지라도 하는 일 그 자체는 결코 나쁘지 않지만 시대의 흐름이나 사회풍조가 이를 용납하지 않으면 부득이 다음 세대를 담당하는 신세대들의 의견을 받아들여 새로운 방향으로 일신해야 할 입장에 놓이게 된다. 이러한 개혁과 혁신은 개인이나 소사업 보다는 권력이나 대사업에 더욱 절실히 요청될 때이다. 그러나 아무리 필요한 개혁이라 할지라도 하루아침에 완전히 뜯어 고칠 수는 없는 것이며 너무 성급히 서둘다가는 실패를 면치 못한다. 신념과 인내를 가지고 차근히 대처해야만이 비로소 진정한 개혁을 이룰 수 있다는 것을 명심해야 한다.

　운세는 어차피 변하지 않으면 안 된다. 세대교체나 체질개선, 인사문제 등의 변화기를 맞고 있다. 설령 변화를 원하지 않아도 변화가 오는 시기므로 그 흐름에 동참하는 것이 백번 마땅하다.

【사　　업】옛것을 버리고 점진적으로 새것을 찾아야 하는 시기이니 계획이나 업종변경 등 개혁을 시도해야만 발전하고 번영할 수 있다.
【소　　원】계획했던 대로 이루어진다. 성실한 마음으로 끈기 있게 밀고 나가면 생각보다 훨씬 좋은 결과를 볼 수 있다.

【재　물】비교적 양호하나 큰 돈을 계획하면 무리가 따른다. 돈을 빌려 주면 받을 생각은 하지 말 것.

【부동산】짧은 시간내에는 어렵지만 성사는 된다.

【증　권】진폭은 크지만 강보합장세이다.

【연　애】남자는 애정보다는 사업쪽을 더 생각하고 있지만 미혼인 여성은 황금의 기회를 맞이한다.

【결　혼】남녀 모두 초혼은 불길하다.

【합　격】자신이 목적한 학교가 아니더라도 합격은 한다.

【입　학】실력만 믿지 말고 안정된 학과에 지원해야 한다.

【취　직】성취된다. 신규모집이나 신설회사는 더욱 양호하다. 또한 여성에게 부탁하면 더욱 길하다.

【소　송】지금 불리하다고 생각하지만 예상을 뒤엎고 승소한다. 그러나 너무 강하게 밀어붙이지 말라.

【출　산】건강한 여아가 탄생하지만 출산시에 다소 어려움이 있을 것이니 주의할 것.

【건　강】심장병, 결핵, 각종 암 등을 유의해야 한다. 만일 발병하면 서북방에 있는 병원을 찾아가라.

【이　사】다소 형편이 어렵더라도 이사하면 좋다.

【여　행】여행은 변경이 될 수 있는 운이지만 떠날 수는 있다.

50) 화풍정 火風鼎　☲ 이괘 손괘

　　정괘는 받침대가 셋 있는 무쇠솥을 의미하며, 세 개의 받침대는 안정감과 충실감에 넘친 상태를 가리킨다. 재력·지력·기반의 삼요소가 완비되어 행동에 자신이 생길 때이다. 행운이다. 정괘는 새로운 것을 취한다는 뜻이 있

다. 모든 주의 환경이 정돈된 상태에서 새로운 길로 진출하는 운이다. 정괘
는 또 삼자정립을 의미한다. 자신 혼자서 움직이지 않고 남의 힘을 빌어 서
로의 이익을 나누어 함께 이롭게 할 운수이다. 따라서 이기주의자란 절대로
있을 수 없다. 남을 아끼고 남의 행복을 위해 공헌함으로써 자신이 성공한
다는 것이다.

운세는 매우 양호하다. 재력과 지력과 운력의 세 가지 조화가 잘 이루어져
있다. 모든 사람들을 영도할 수 있는 입장이 되어 있으니 주위 사람들을 잘
이끌어 나가야 한다. 물질에 치우치지 않고 의견수렴을 소홀히 하지 않아야
하며 공정과 냉정을 잃지 않아야 백년대계의 바탕을 이룰 수 있다.

【사   업】근본적인 변화는 없으나 내부의 면모를 새롭게 다지는 시기이다.
　　　　　새로운 일이 시작되고 생산과 인사관리 문제 등 면모를 일신해야
　　　　　하는 때이다. 협의를 통해서 이루어진 일은 좋은 결과가 있다.
【소   원】성취된다. 단 주위 사람들의 협조를 얻어야 가능하며 독선적인 행
　　　　　동은 금물이다.
【재   물】융통과 거래는 비교적 양호하지만 단위를 높이는 일은 삼가야 한
　　　　　다.
【부동산】성사된다. 그러나 큰 이익은 없다. 처분해서 순환시키는 것이 유리
　　　　　하다.
【증   권】강보합장세이다.
【연   애】남자는 수려하고 여자는 이지적인 성격으로서 융화가 잘 이루어
　　　　　진다.
【결   혼】결혼은 성사가 되고 좋은 구혼자도 나타난다.
【합   격】합격한다. 소신 지원하고 주위 사람들의 의견을 반드시 경청할 것.
【입   학】주위 사람들과 의논하면 해결이 된다.
【취   직】성취된다. 주위 사람들의 협력을 얻어야 하며 마음에 들지 않지만
　　　　　시간이 지나면 인정을 받는다.

【소　송】소송하는 운이지만 후에 말썽이 생긴다. 가능하면 합의하는 것이
　　　　바람직하다.
【출　산】만인을 아우를 수 있는 여아가 출생한다. 산모는 건강에 유념할 것.
【건　강】호흡기 질환, 장질환, 신경계통의 질환에 유의할 것.
【이　사】이사를 서둘러 하는 것이 길하다. 그렇지 않으면 구설과 손재수가
　　　　생긴다.
【여　행】여행은 여럿이 행하는 것이 양호하다.

51) 중뢰진 重雷震 ䷲ 진괘
진괘

　진괘는 우레를 의미하고 인간관계에서는 장남을 가리킨다. 천지를 진동
시키는 우레이므로 소신껏 분발하면 못하는 일이 없다. 그러나 나쁜 의미로
본다면 소리만 요란하고 형체가 없으니 허세뿐이고 실질이 따르지 않는다.
또 이 일 저 일에 손을 대어 정작 요긴한 일에 손을 돌리기가 어렵다. 여간
냉정하고 열심히 행동하지 않으면 성적을 올리지 못한다. 진괘는 변화가 정
함이 없어 실행이 따르지 않는 경향이 있다. 그러나 침착하고 감정에 사로잡
히지 않게 행동하면 무사히 지낼 수 있다는 것을 가리킨다.

　운세는 충돌과 시비가 일어날 수 있으니 각별히 조심하라. 비교적 왕성한
운세에 있으나 자칫하면 허세에 빠져 고통을 받기 쉽다. 주위에 치열한 경쟁
자의 칼날이 도사리고 있음을 명심하라.

【사　업】두 가지 사업을 벌리기 쉬운 때이므로 분수에 맞지 않는 일을 놓
　　　　고 고민하는 일이 있다. 그러나 하늘의 별을 따고 싶지 않은 사람
　　　　이 없듯이 내부를 튼튼히 해 놓지 않으면 큰 액운을 피할 수 없다.
【소　원】될 듯하지만 이루어지지 않는다. 천시가 있는 법이므로 너무 서두

르지 말라.

【재　　물】돈을 융통하기 어려운 시기이다. 그러나 포기하지 말라. 큰 돈은 그림의 떡이므로 절제하라.

【부동산】성사도 되고 이익도 볼 수 있다. 결국 부동산으로 큰 이득을 보니 너무 급하게 서두르지 말라.

【증　　권】큰 폭으로 뛰어올랐다가 급락한다. 또 시세를 길게 쫓다간 큰 실패를 초래한다.

【연　　애】서로 좋아하지만 연애로 끝내야 하는 사이이다.

【결　　혼】결혼은 결말이 나기 어렵지만 재혼은 무난하다.

【합　　격】희망하는 학교에 정성을 쏟으면 합격한다.

【입　　학】두 가지 생각을 하고 있으므로 그 마음을 정리하라.

【취　　직】지나치게 이상이 높으면 만족할 만한 곳이 나타나지 않는다.

【소　　송】이길 수는 있으나 이익은 없다. 협의하는 것이 현명하리라.

【출　　산】난산이 우려되므로 산모의 건강에 유의하고 자손에게 많은 공을 들여야 가문을 빛낼 아기가 탄생한다.

【건　　강】고혈압, 스트레스, 불면증, 신경계통 질환을 주의할 것. 난치병은 치료가 불가능하다.

【이　　사】이사는 불길하다. 무리하게 이사하면 부작용이 우려된다.

【여　　행】여행은 근거리는 무방하나 장거리 여행은 불리하다.

52) 중산간 重山艮 ☶ 간괘 간괘

간괘는 머문다는 의미를 가지고 있다. 옛사람의 말에 갯벌에 배라는 글귀가 있다. 조수가 밀려들지 않으면 갯벌의 배는 움직일 도리가 없는 것이다. 현재의 운수는 이 배와 같다. 또 하늘 높이 솟아 움직일 줄 모르는 산과도 같다. 지금 있는 그 자리에 턱 버티고 서서 움직이지 않아야 한다. 움직이면 움직일수록 불리하다. 지금은 또 협력자를 얻기도 힘든 때이다. 오로지 자신의 힘을 길러 때가 오는 것을 기다려야 한다. 지금까지 친하게 지내던 사람과 헤어지거나 친구와도 어쩔 수 없이 대립하거나 모순되는 관계에 처하는 경우가 생기기도 한다. 또 신속하고 임기응변적인 처리를 하지 못해서 손해를 보는 입장에 놓이기도 한다.

운세는 당장은 움직이지 말고 때를 기다리는 것이 좋다. 가까이 지내온 사람들과도 이별이 예상되므로 주변 사람들과의 사이를 잘 정리하고 원성을 사는 일이 없도록 해야 한다.

【사　업】계획하는 일마다 분열이 일어나 힘이 분산되므로 부실하게 행할 수밖에 없다. 주위의 유혹도 많지만 소신을 가지고 이끌어 나가라.

【소　원】지금은 모든 일에 마가 끼어 있는 형편이므로 때를 기다리는 것이 최선이다.

【재　물】적은 금액도 순환이 어려운 때이니 어음이나 수표 거래는 큰 불행을 초래한다.

【부동산】지금은 때가 아니다. 사는 것이나 파는 것 모두 서두르면 큰 손실이 있다.

【증　권】약보합장세이다.

【연　애】처음에는 애정이 없으나 오래가면 사랑이 움튼다.

【결　혼】오래 사귄 사람과는 결혼이 성사가 된다.

【합　격】여러 가지 생각하지 말고 지망교를 낮추면 합격한다.

【입　학】지망선을 예상보다 더욱 낮출 것.

【취　직】지금은 어렵다. 무리하면 큰 손실이 있으니 때를 기다려라.

【소　송】단독으로는 어렵고 다른 사람에게 위임하면 승산이 있다.

【출　산】세 번째 임신이면 큰 인물이 될 수 있는 아이가 탄생한다.

【건　강】신경성, 소화기계통 질환을 조심해야 한다.

【이 　사】이사는 하고 싶어도 할 수 없다. 손재수가 있으며 불길하다.
【여 　행】상서롭지 못한 일이 일어날 수 있으므로 조심하라.

53) 풍산점 風山漸 ䷴ 손괘
간괘

점괘는 점진적으로 나아가는 의미가 있으며 벌거숭이의 산에 나무를 심는 격이다. 심은 묘목이 무럭무럭 자라서 아름드리 나무가 되어 울창한 숲을 이루듯 점차로 나아가는 것이다. 지금까지 막혔던 일들이 풀리기 시작하고 불우한 처지에 놓여 있던 민초들이 새 희망에 부푼 첫걸음을 내딛게 된다. 그러나 모든 것은 아직 초보자 신세를 면치 못하는 기초 단계에 있다. 그러므로 한걸음씩 차근하게 밟아 나가지 않으면 모처럼의 기회를 그르치고 만다. 또 자금면에서도 넉넉하지 못한 형편이니 급히 나간다는 것은 절대로 있을 수 없는 일이다.

운세는 묘목이 자라서 큰 나무가 되듯 서서히 발전하는 운세이다. 이제 준비단계는 끝나고 점진적인 발전이 이루어진다. 그러나 무리하게 구상하지 말고 철저히 준비하여 기회를 붙잡아야 한다. 해외진출도 가능하고 금전도 조금씩 융통할 수 있으니 서둘지 말고 차분히 준비하라. 그러나 이성간의 문제는 다소 어려움이 있다.

【사 　업】일진일보하여 발전을 유도해야지 자칫하면 주색에 빠져 지금까지 쌓아 왔던 모든 것을 한순간에 잃을 수 있으니 주의하라. 여자 조심하고 매사를 신중히 하면 남들이 부러워하는 작은 결실이 있다.
【소 　원】순서를 밟아서 방침을 세운다면 성취된다. 작은 것에 만족하는 마음을 가져야 하며 직장인들은 이제부터 좋은 기회가 온다.
【재 　물】당장은 어렵지만 서서히 호전된다. 점입가경의 운수이다.

【부동산】 매도·매수 모두 성급하게 거래하지 말라. 좀 기다리면 많은 이익이 돌아온다.

【증　권】 보합장세이다.

【연　애】 두 사람의 약속은 반드시 이루어진다.

【결　혼】 결혼은 좋은 기회이며 귀자를 낳을 양호한 운이다.

【합　격】 합격이다.

【입　학】 실력보다 높은 곳을 지원해도 좋다.

【취　직】 좋은 직장에 취업할 수 있는 운이다. 직장인은 영전과 승진운이 있다.

【소　송】 서두르지 말고 오래 끌수록 유리하다. 또 중간에 사람을 넣으면 더욱 이로움이 많다.

【출　산】 초산이면 튼튼한 남아가 출산한다.

【건　강】 소화기, 신경성 질환에 유의하라. 병을 오랫동안 앓아온 사람이라면 몹시 불길하다.

【이　사】 이사는 하는 것이 좋다.

【여　행】 여행은 해도 양호하며, 활기찬 움직임을 볼 수 있다.

54) 뇌택귀매 雷澤歸妹 ䷵ 진괘
태괘

　귀매괘는 젊은 여자가 시집가는 것을 의미한다. 귀매의 본뜻은 정부인 밑에서 남편을 섬기는 첩을 가리킨다. 단정하게 남자의 뒤를 따르는 수줍은 아가씨처럼 모든 일에 제 분수를 지키며 절대로 남의 앞에 주제넘게 나서지 않아야 한다. 시집간다는 의미가 있으므로 애정 문제나 정사 관계로 얽히게 되는 것은 불가피한 일이다. 귀매괘는 원래 여자가 적극적으로 자진해서 나아가려는 뜻이 있기 때문에 분별없이 앞으로 나아가면 불행한 결과를 초래하게 된다. 그러나 지금까지 우물쭈물 늦장을 부리던 일은 그러하게 꾸물거린 덕분으로 좋은 방향으로 성립이 된다. 따라서 환경적으로 불우한 입장에 있던 사람에게는 좋은 기회가 다가온 것이다.

운세는 남녀관계가 복잡하게 얽히는 운세이다. 각별히 조심하지만 이미 때가 늦은 감이 있다. 다른 사람보다 앞서 가거나 급하게 서두르면 후일을 감당하기 어렵다. 그러나 지금까지 빛을 보지 못한 사람은 기회가 온다는 신호이기도 하다.

【사　업】순조롭지 못하다. 노력의 대가를 찾기 어렵고 환경에 순응하면서 때를 기다리는 것이 현명하다. 이러한 때 새로운 사업을 시작하면 큰 손해를 본다.

【소　원】장애물이 있어서 어렵다. 소극적인 자세로 서서히 밀고 나갈 것.

【재　물】작은 돈은 회전이 되지만 큰 돈의 회전은 어렵다. 현재는 돈이 외부로 나가면 다시 들어오지 않는다.

【부동산】보류할 것. 급하게 서두르면 손해이므로 시간을 가지고 추진하면 좋은 시기가 온다.

【증　권】약보합장세이다.

【연　애】분별하지 못하는 연애를 하고 있다.

【결　혼】초혼은 결혼을 포기하지 않으면 후회한다. 그러나 재혼은 무방하다.

【합　격】어렵다.

【입　학】자신의 실력보다 낮은 곳을 지원해도 어렵다.

【취　직】어렵다. 경쟁자가 많으므로 서서히 추진하되 더욱 실력을 쌓을 것.

【소　송】소송을 걸었다면 취하하는 것이 가장 좋은 방법이다. 이긴다 해도 손해를 본다.

【출　산】모든 사람으로부터 존경을 받고 이름을 크게 떨칠 아이가 출생한다.

【건　강】교통사고, 중풍 등을 조심하고 특히 완치된 사람은 재발이 염려된다.

【이　사】이사는 중단할 것. 대단히 불길하다.

【여　행】도중에 불상사가 걱정이 되므로 절대 가지 말 것.

55) 뇌화풍 雷火豐 ䷶ 진괘 이괘

　풍괘는 풍부함을 의미하고 크게 성하고 있는 것을 뜻한다. 풍괘는 지금 최고도에 달하고 있는 운을 가리킨다. 그러나 대낮의 어두움이라는 말이 있다. 중천에 떠 있는 태양빛이 강하면 강할수록 그 그늘은 짙고 어두운 법이다. 지금 한창 큰소리치며 호화롭게 사는 사람들에게 눈에 보이지 않는 쇠퇴의 빛이 감돌기 시작하는 때이다. 표면상으로는 밝고 화려하게 보이지만 이면에는 어둠이 깃들어 있고 분규, 걱정이 감추어져 있다. 눈앞의 일에만 구애되어 먼 앞을 짐작하는 지혜가 없으므로 주위의 변화를 무심코 간과하기 쉽다. 오래 끌고 있는 소송이나 재판 등은 서둘러 해결지어야 한다.

　운세는 정상에 있는 운이다. 대낮에 어둠을 생각할 수 없듯이 눈에 보이지 않는 쇠퇴의 기운을 대비해야 한다. 쇠하여 전보다 못하는 기운이 작용하고 있어 재액이 감추어져 있는 상태이다.

【사　업】분수에 넘치는 사업확장을 시도하는 상태이다. 그러나 화려하게 행하는 것 같지만 속 빈 강정이다. 빨리 수습하지 않으면 큰 고통에 휩싸이게 된다. 특히 어음거래는 금물이다.

【소　원】될듯 하면서도 안 된다. 미래를 위한 계획을 확장하지 말고 현재의 생업에 만족하라.

【재　물】현재는 그런대로 유통이 된다. 그러나 너무 허세 부리지 말고 낭

비와 지출은 줄일 것이며 나간 돈은 서둘러 거둬들여라.

【부동산】성사는 된다. 그러나 큰 이익은 없고 시간을 끌면 손해가 따른다. 문서를 철저히 검토할 것.

【증　권】지금은 상승장세이지만 곧 하락장세로 반전한다.

【연　애】향락적이고 퇴폐적인 연애를 하고 있다.

【결　혼】결혼은 성사가 된다.

【합　격】합격한다.

【입　학】한 단계 낮추어 지원하면 가능하다.

【취　직】성취된다. 그러나 만족하지는 않다. 그렇다고 직장을 바꾸면 더욱 어려워진다.

【소　송】시일을 끌면 불리하므로 빨리 합의하는 것이 양호하다.

【출　산】난산이 우려되니 조심할 것.

【건　강】환자의 경우는 회복이 가능하지만 오래 끌면 불치병이 된다.

【이　사】이사는 불길하다. 후일의 부작용이 두렵다.

【여　행】장기간의 여행은 불가하므로 취소하는 것이 현명하다.

56) 화산려 火山旅　이괘 간괘

여괘는 문구 그대로 여행을 의미한다. 지금은 불안에 찬 나그네 신세이다. 무엇인가를 바라고 추구하지만 기초적인 운이 약할 때이므로 모든 것이 뜻대로 되지 않는다. 나그네 길을 더듬는 외롭고 쓸쓸한 신세인데다 일상 가까이 지내던 사람과 떨어져 있기 쉬운 때이니 만사에 적극적으로 나가는 것을 삼가야 한다. 그러나 정신적인 면, 이를테면 학문을 연구하거나, 예술을 정진하는 데에는 대단히 좋은 괘이다. 이 시기에는 정신적인 협력자도 얻을 수 있다. 그러나 워낙 친밀감 하고는 거리가 먼 괘이므로 올데갈데없는 고독한 신세를 의미한다. 이러한 때에는 조급하게 굴지 말고 냉정하고 침착하게 장래의 계획을 조용히 세워 나가는 것이 중요하다.

운세는 망망대해에 일엽편주의 운이다. 뜻대로 되는 일이 없다. 이렇게 운이 약할 때에는 먼저 내부를 튼튼히 하고 마음의 자세를 확고히 해야 하며 가능하면 새로운 일을 시작하면 안 된다.

【사　업】새로운 사업의 시작은 금물이다. 지금의 고통은 반드시 미래에 좋은 결과를 가져다 줄 것이다.

【소　원】작은 것은 이루어지지만 큰 것은 이루기 어렵다. 먼 미래를 위해 준비하라. 그러면 희망이 있다.

【재　물】사면초가에 고립되어 있어서 여기저기를 봐도 시원한 구석이 없다. 진중하게 때를 기다리는 방법밖에 없다.

【부동산】불리하다. 팔린다 해도 이익이 없다. 그러나 시간이 지나면 이익이 발생한다.

【증　권】보합장세이다.

【연　애】연상과 연하의 나이차가 많은 이성교제가 이루어진다.

【결　혼】성사되기 어렵다. 기다리는 것이 양호하다.

【합　격】가까스로 합격은 한다.

【입　학】마음을 들뜨지 않고 차분하게 다지며 실력을 가다듬을 것.

【취　직】이루어진다. 그러나 오래가지 않아 변동이 있으며 육개월 후에는 영구적인 직장이 나온다.

【소　송】인장과 문서를 주의하라. 남녀관계에서 발생하는 문제는 합의하는 것이 양호하다.

【출　산】자손은 귀하지만 태어나면 집안을 일으킬 아이가 출생한다.

【건　강】고열, 심장병, 신경성계통의 질환을 유의하라. 환자인 경우는 매우 심각하다.

【이　사】이사는 불길하다. 그 자리에서 움직이지 않는 것이 좋다.

【여 행】여행은 길하다. 또 자주 하는 때이다. 그러나 도난에 주의하라.

57) 중풍손 重風巽 ䷸ 손괘 손괘

손괘는 바람을 의미하고, 바람이 부드럽게 불어오는 모습을 나타낸다. 역경에서는 손괘의 형태를 사업을 하면 세 갑절의 이익을 볼 수 있다고 논하고 있다. 그러나 바람은 움직여 마지않는 것과 같이 당신의 마음도 하염없이 흔들려 갈피를 못 잡는다. 또 바람은 느닷없이 왔다가 가는 것처럼 도적이 당신의 집을 노리고 있다. 아무쪼록 문단속을 철저히 해야 한다. 바람은 또 초목을 휘어잡아 나부끼게 하는 것처럼 당신도 올바로 휘어잡고 휘어잡힐 줄 알아야 한다. 지시를 할 때에는 분명한 어조로 해야 하고, 지시를 받을 때에도 정신을 가다듬어 귀를 기울여야 한다. 그렇지 않으면 공연한 차질이 생기기 쉽다. 아무튼 손괘일 경우에는 끈기 있게 노력해야만 좋은 결과를 얻을 수 있다.

운세는 자신의 진로를 결정하기 어려운 상황으로 고민하는 일이 생긴다. 일이 발생하면 쉽게 해결이 되지 않고 곤란한 상황이 발생한다. 그러나 경영을 하는 사람은 이중 삼중의 일이라도 밀고 나가면 많은 이익이 돌아온다.

【사 업】지금은 대규모의 사업을 할 수 있는 시기가 아니므로 사업확장이나 새로운 계획은 무리이다. 하던 일을 잘 정리하고 차분히 해 나가야 할 시기이다.
【소 원】큰 계획은 결정하기 어려운 시기이므로 할 수 있을 정도의 일을 벌려야 한다.
【재 물】유통이 막히는 때이므로 유비무환해야 할 것. 물은 서서히 흘러가야 맑은 물이 되는 것이다.

【부동산】먼저는 손해이지만, 후에는 몇 배의 이익이 있다.

【증　권】상하로 역동하는 보합장세이다.

【연　애】서로의 상태는 미온적이다.

【결　혼】결단하여 정하지 말라. 시기적으로 결혼은 어렵다.

【합　격】소신을 가지고 지원하면 합격한다.

【입　학】뚜렷한 목표를 가지고 도전하면 기회를 잡을 수 있다.

【취　직】마음이 불안정하여 결단을 내리기 어렵다. 조금 더 시간을 가지고
　　　　기다려라.

【소　송】합의하는 것이 좋다. 남녀관계의 소송은 패가망신할 운이다.

【출　산】쌍태아를 임신할 가능성이 있다. 그리고 아기는 무척 귀한 인물이
　　　　된다.

【건　강】정신 및 신경성 질환에 특히 유의해야 한다.

【이　사】이사를 하면 길하다. 방위와 양택은 전문가와 상의할 것.

【여　행】여행은 사업 목적이면 더 좋은 결과를 얻을 수 있다.

58) 중택태 重澤兌 ䷹ 태괘
태괘

태괘는 기뻐한다는 의미로서 온화한 분위기를 가리킨다. 남을 대할 때는 정성스럽고 진실된 품성으로 자신을 바로 지키지 않으면 안 된다는 뜻이다. 태괘는 입이 두 개 겹쳐 이루어진 형상이다. 입은 거짓이 없고 참됨을 토론하는 반면 욕설과 다툼을 유발시키는 근원이 되기도 한다. 또 어딘가 모자라는 데가 있어 완전치 못하므로 사소한 일은 뜻대로 되지만 큰일은 중도에서 좌절하기 쉽다. 그리고 현재 무슨 일이든 확실치가 못하여 단정을 내릴 수 없는 형편에 처해 있다. 설상가상으로 중상모략·비방·말다툼 등이 일어나기 쉽다. 그러나 일상의 일이나 부인·어린아이에 관한 일은 평온 무사하다.

운세는 좋은 운이지만 불안전한 이면을 가지고 있어 작은 일은 그런대로 이루어지지만 큰 일은 어렵다. 중상과 모략까지 받게 되고 공연히 분수 밖의 일을 꿈꾸게 되어 허영심으로 인한 낭패를 당하기 쉽다.

【사　업】분수에 넘치는 일을 계획하기 쉬우며, 자신을 과시하려는 시기이 므로 사업확장이나 계열사를 두려고 하는 일은 절대로 안 된다.

【소　원】될 듯하지만 안 된다. 기대가 크므로 실망도 크겠지만 남들이 도 와줘도 여의치 않다.

【재　물】현재는 그런대로 소통이 되지만 자금을 기준으로 계획을 하면 낭 패를 본다.

【부동산】작은 것은 성사가 되지만 큰 것은 어렵다.

【증　권】여건의 성숙을 기다리는 상태로서 보합장세이다.

【연　애】일시적인 사귐에 불과하다.

【결　혼】결혼은 다른 이성관계가 있어 진실하지 못하고 재혼은 순조롭다.

【합　격】합격은 한다. 그러나 전학할 운세이며 너무 과신하면 불길하다.

【입　학】지망선을 낮출 것.

【취　직】머지않아 취직은 된다. 유흥업소, 연예계는 더욱 좋다.

【소　송】유리하다. 직접하지 않고 위임해서 처리해야 하지만 너무 욕심부 리면 난감한다.

【출　산】진정으로 한 세기 안에 볼 수 없는 여걸이 출생한다.

【건　강】폐, 기관지, 색정으로 인해 건강을 해치므로 주의할 것. 동남방쪽 의 병원을 찾으라.

【이　사】이사는 불리하다. 부득이 하면 안택법을 사용하여 이주해야 한다.

【여　행】여행은 무방하지만 주색에 유의할 것. 비용의 지출이 느는 때이다.

59) 풍수환 風水渙 ䷺ 손괘 감괘

환괘는 흩어지다, 분산되다는 의미가 있으며, 한 곳에 머물러 있던 것이 인위를 가하지 않은 상태로 분산되어 기분의 전환을 꾀하게 된다. 그러므로 작은 일에서 큰 일로 변환하는데 좋은 시기이다. 또 지금까지의 불운을 만회하는데 더 없이 좋은 기회이다. 새로운 것을 지향하여 노력하면 큰 성과를 올릴 수 있다. 그러나 이때에 그만 마음이 풀려 방심하면 모처럼의 행운을 놓칠 뿐 아니라 상당한 지출이 생기게 된다. 현재의 행복에 젖어버리면 게을러지는 탓으로 신용을 잃고 의지하던 사람마저 떠나게 될지도 모른다. 따라서 이 시기는 자신의 행동력이 중요한 때이고 먼 데 것일수록 비약적으로 발전하며 또 당신이 신뢰할 만한 강력한 조력자를 만날 수 있다.

운세는 인생의 일대 전환기를 만나서 절호의 기회를 얻는다. 따라서 이제까지 고통스러웠던 사람들은 고통의 늪에서 벗어난다. 그러나 지금까지 평온하게 지내 오던 사람들은 괴로움과 시련을 만나게 된다. 그러한 사람들은 겸허하고 조심성 있게 처신해야 한다.

【사　업】그동안 심혈을 기울였던 사업이라면 새로운 활기가 넘친다. 혼자의 힘으로는 불리하니 주위 사람들의 도움을 받는 것이 현명하다.

【소　원】오랫동안 고대하고 바라왔던 일은 윗사람의 도움으로 성취가 된다.

【재　물】금전의 소모가 많은 시기이다. 그러나 새로운 거래처도 확보하는 시기이니 신중하게 대처하라.

【부동산】시간상으로 길게 끌어왔던 매물은 성사가 된다. 그러나 서두르면 손해이다.

【증　권】강보합장세이다.

【연　애】중년층의 연애는 열렬하나 젊은 사람들은 무덤덤한 관계이다.

【결　혼】불길하며 성사가 되기 어렵다.

【합　격】지망선을 낮추면 합격할 수 있다.

【입　학】좀 더 노력하면서 제2지망 정도에 도전하라.

【취　직】시간이 더 지나야 하며 윗사람에게 부탁하면 이로움이 있다.

【소　송】혼자의 힘으로는 패가망신하지만 윗사람이나 타인에게 위임하면 승소가 가능하다.

【출　산】유산될 우려가 있으므로 유의해야 하며, 초산이면 가문에 훌륭한 인물이 출생한다.

【건　강】감기·소화기 계통·두통 등의 질환에 주의해야 하고, 오랫동안 앓아온 병은 회복이 된다.

【이　사】이사는 가능하면 빠를수록 길하다.

【여　행】여행은 할 수 있지만 더디게 진행이 된다.

60) 수택절 水澤節　䷯ 감괘
　　　　　　　　　　 태괘

절괘는 절도를 뜻한다. 이것은 일이나 행동을 뚝뚝 끊어 맺는 마디를 의미하고 있는 것이다. 또 절괘는 건강이나 경제적인 면에 있어서도 절제가 필요한 때이다. 자신의 목적을 이루기까지 모든 것이 순조롭게 되어 가지 않고 중도에서 몇 번이나 탈이 생기기 때문이다. 이럴 때에는 실력 이상의 일에 사리를 분별하지 아니하고 손을 대거나 입을 놀리지 말고 종래의 방침대로 지켜 나가야 한다. 대인관계에 있어서도 너무 지나친 친절은 오히려 비난을 받기 쉽다. 절괘를 만나면 때와 장소에 따라서 신속하게 회전하는 것이 중요하다.

　운세는 모든 일에 절도, 절제를 지킬 때이며 일단은 나가게 되는 시기이다. 또 과음·과식·과도·정사과잉에 빠지기 쉽다. 대인관계에서도 과잉 친절은 자신을 손상시키는 결과를 초래하며 자신을 알고 시기와 때를 분별할 줄 아는 지혜가 필요한 순간이다.

【사　업】지금의 상태는 그 어느 때보다도 분수 밖의 일을 도모해서는 안
　　　　된다. 작은 일을 착실하게 해야 이익이 있으며 기계와 같이 멈추
　　　　고 나아감을 분명히 할 때이다. 조금이라도 운세의 흐름을 무시
　　　　하고 자신을 과신하여 일을 밀고 나가면 함정에 빠진다는 것을
　　　　명심하라.

【소　원】작은 일은 성사가 된다. 너무 성급한 마음의 자세를 갖는 것은 도
　　　　리어 화를 자초하는 결과를 가져온다.

【재　물】작은 돈은 손색이 없이 유통이 되기 시작하며 앞으로는 점차 규모
　　　　를 넓혀 거래할 수 있는 전망도 있다. 그러나 지금은 지출을 억제
　　　　하는 것이 양호하다.

【부동산】매도는 유리하지만 매수는 이익이 없다. 성사될 운은 좋은 상태이
　　　　다.

【증　권】약보합장세이다.

【연　애】두 사람의 관계가 상당히 진실하게 행하여지고 있다.

【결　혼】결혼으로 이어져도 무방하며 구혼자는 귀인이 다가온다. 그러나
　　　　급하게 서두르지는 말 것.

【합　격】착실하게 실력을 가다듬어 진행시키면 합격이다. 운은 좋다.

【입　학】제2지망교가 양호하다. 침착한 마음으로 시험장에 나갈 것.

【취　직】조급하게 서두르지 않고 마음의 여유를 가지면 성취가 된다.

【소　송】시일을 끌면 유리하지만 가능하면 합의하는 것이 최상의 길이다.

【출　산】지혜가 출중하고 몸가짐이 단정한 여아가 출생한다. 집안의 살림
　　　　도 점진적으로 늘어난다.

【건　강】과음·과식·과로에서 오는 병을 주의할 것.

【이　사】이사는 더 있다가 하는 것이 길하다.

【여　행】여행은 연기하거나 취소하는 것이 양호하다. 곤경이 닥쳐 놀랄 일

이 일어난다.

61) 풍택중부 風澤中孚 손괘
태괘

　중부괘는 성의·성심을 의미한다. 돌고래는 바람에 더할 수 없이 예민하여 바람이 불어오는 방향을 향해 입을 벌리므로 뱃사람들은 그것을 보고 바람의 유무와 방향을 알 수 있다고 한다. 이와같이 중부괘는 돌고래의 동향을 파악하여 일상에 이용하는 지혜로운 어부처럼 성심껏 느끼고 협력해야 한다는 것이다. 성의를 다하고 화합하는 것이므로 서로 상의하거나 더불어 일하는 데 특히 좋은 괘이다. 그러나 표면은 화려해 보이면서도 실체가 따르지 않는 경향이 있다. 이것은 성의를 다한다는 말을 뒤집으면 신용을 잃는다는 말이 되므로 사람에 따라서는 말 못할 사정이 있어 내면적으로 고통스러운 일이 생기는 경우도 있다.

　운세는 인·허가 신청이나 영업, 유통 쪽의 일은 양호하다. 상호협조와 공동유대로써 이루는 사업은 대단히 좋은 기회이다. 겸손한 마음의 자세로 정성을 다하면 상호 협의하는 일은 큰 진전을 이룰 수 있다.

【사　업】그동안 침체됐던 일이 마침내 호전의 기회가 왔다. 노력과 결실을 맺게 되어 훌륭한 성공을 이룰 수 있다. 특히 협동사업에 성공과 발전이 기대된다.

【소　원】꾸밈이 없이 정성껏 구하면 마침내 성취된다. 그러나 너무 큰 계획은 시기상조이다.

【재　물】금전의 유통은 다소 고통이 따른다. 큰 액수의 거래는 어렵다.

【부동산】급히 서두르면 손해이지만 성사는 된다. 작은 이익이라도 볼 수 있다.

【증　권】강보합장세이다.

【연　애】열정적인 연애가 진행중이다.

【결　혼】결혼운은 양호하다.

【합　격】성실하게 공부하면 합격이다.

【입　학】침착하게 행동하면 입학할 수 있다.

【취　직】솔직하고 겸손하게 윗사람에게 부탁하면 좋은 결과가 있다.

【소　송】합의하는 것이 상책이다. 오래 끌면 끌수록 손해이다.

【출　산】영특하고 외모가 출중한 아기가 탄생한다.

【건　강】고열이나 신장·방광 계통의 질환과 기운이 허해서 오는 병을 주의
　　　　할 것.

【이　사】이사는 서두르지 말고 서서히 할 것.

【여　행】이성간의 여행은 취소하는 것이 좋다. 근거리 여행과 사업적인 여
　　　　행은 양호하다.

62) 뇌산소과 雷山小過 ䷽ 진괘
　　　　　　　　　　　　간괘

　소과괘는 조금 지나치다는 의미이다. 만사에 도를 지나쳐 너무 나가면 해
를 본다는 것을 가리킨다. 또 올바르게 자신을 지키고 작은 일에는 적의하
게 대처하지만 큰 책임을 지기는 위험하다는 뜻도 내포하고 있다. 옛 사람들
은 소과괘를 문 앞에 병정이 있는 형상이라 하여 재난을 피해 왔다. 만사에
사기를 잃거나, 부담이 과중하거나, 남과 마찰을 일으키기 쉬운 때이다. 남
도 자신을 떠나고 자신도 남을 거부하는 형편에 있을 때이므로 대인관계에
있어서는 서로 충돌하는 일이 없도록 주의해야 한다.

　운세는 많은 병사들이 문 밖에서 기다리고 있는 형상의 운세이다. 모든 일
에 도가 지나치지 않도록 겸손함으로써 상대방의 의사를 수용하고 관리해

야 한다. 자칫 반목을 초래할 일이 생기지 않도록 상하의 융화에도 힘을 써야 한다.

【사　업】 지금은 축소 내지는 현상을 유지하는 것이 최선이며, 새로운 사업이나 확장은 절대 위험하다. 직원의 부상이나 기계의 파손 등이 우려되니 주위를 환기시켜 사업장 관리를 적절히 해야 한다. 조급하게 생각하지 말고 인내로써 대처한다면 결과는 좋은 결실을 맺는다.

【소　원】 이루어지기 어렵다. 너무 과분한 소원을 기대하고 있기 때문이다. 가까운 사람으로부터 방해를 받고 있는 까닭이기도 하다.

【재　물】 과잉지출이 예상되고 있는 시기이다. 될 수 있는 한 거래규모를 대폭 줄여야 한다.

【부동산】 매도·매수 모두 어려운 때이다. 이루어진다고 해도 이익은 없다.

【증　권】 약보합장세이다.

【연　애】 이해타산이 얽혀 관계가 지속되기가 어렵다.

【결　혼】 원하는 상대가 아니므로 결혼은 하지 못한다.

【합　격】 실력이 너무 부족하다.

【입　학】 어렵다.

【취　직】 정식 직원으로서 취업은 어렵다. 심기일전하여 특수한 기능쪽으로 바꾸면 전망이 있다.

【소　송】 시간이 지체되면 물질의 손실이 많아지므로 합의하는 것이 양호하다.

【출　산】 매우 영리한 아기가 출생하지만 아기와 산모의 건강을 주의해야 한다.

【건　강】 과로·요통·신장병·신경계통의 질환에 유의해야 한다.

【이　사】 이사는 하지 않는 것이 길하다.

【여　행】 도중에 불길한 일이 일어날 징조이므로 포기하는 것이 좋다.

기제괘는 이미 이루어졌다, 곧 모든 것이 이루어졌다는 의미이다. 기제괘는 음과 양의 균형이 적절하게 이루어진 괘로서 가장 바른 형태의 괘이다. 세상만사는 끊임없이 순환하는 법이므로 언제까지나 좋은 현상이 유지된다고 단언할 수 없다. 따라서 현상을 지탱하여 나가는 데는 만만치 않은 노력이 필요하다. 일상의 사소한 일은 무엇이든 좋지만 대사업을 영위할 때는 아니다. 처음에는 순조롭지만 영속성이 없으므로 현상태를 어떻게든 좋은 방향으로 유지해 나가는 것이 중요한 시기이다. 옛 사람들은 기제괘를 부용이 서리를 만난 격이라고 하였다. 이름답게 핀 부용도 서리를 만나면 오래가지 못하듯이 길이길이 행복할 수 있는 방도를 세워 나가야 할 때이다.

운세는 일상생활에서 일어나는 일들은 모두 순탄하게 풀려 나가는 때이다. 그러나 무엇보다 두려운 것은 새롭게 시작하는 일과 규모를 확장하는 일이다. 머지않아 닥쳐올 재난을 대비하기 위한 유비무환책을 써야 하는 시기이므로 분별없는 욕심을 부려서는 안 된다.

【사　업】지금 이끌어 오고 있는 일은 내부에서부터 철저한 점검을 하여 현 상태를 유지하는 데 최선을 다할 때이다. 그러나 그동안 침체 속에서 고통을 받아 온 사람은 삼개월 정도 지나면 좋은 결실이 있다.

【소　원】작은 일은 이루어지나 큰 일은 장애가 생겨 뒤로 미루어질 것이다.

【재　물】지금의 회전되고 있는 상태보다 더 크게 바라지 말라. 현재의 상태를 유지하는 것이 최선의 방책이다.

【부동산】현재는 때가 아니므로 급히 서두르면 손실이 크다.

【증　권】상승장세에서 곧 하락장세로 반전한다.

【연　애】두 사람의 관계가 이미 깊어진 상태이다.

【결　혼】현재 좋은 연인을 구하면 곧 만나겠지만 결혼은 조급하게 서둘지

않아야 한다.

【합　격】실력의 정도에서 지망하면 합격이다.

【입　학】좀 더 차분한 마음으로 총정리를 할 것.

【취　직】직장을 구하는 사람은 성취가 된다. 그러나 현재 직장을 가진 사람은 옮길 생각을 말라.

【소　송】시일을 오래 끌면 물심양면으로 복잡해지니 합의하는 것이 길하다.

【출　산】모든 면에서 원만하고 책임감이 강한 귀자가 출생한다.

【건　강】과로나 신경과민의 질환을 주의할 것.

【이　사】이사는 하면 좋다. 재운이 열린다.

【여　행】여행은 동반자가 있으면 길하고, 도중에 괴로운 일이 있어날 수 있으므로 몸가짐을 조심하라.

64) 화수미제 火水未濟 ䷿ 이괘 감괘

미제괘는 번영한다는 의미를 담고 있다. 지금은 성사가 안 되었지만 앞으로는 일이 이루어질 것이라는 것을 은근히 나타내고 있다. 지금은 지위가 보잘 것 없고 여의치 못한 처지에 있더라도 전혀 앞길이 막막한 것은 아니다. 옛 사람들은 미제괘를 새벽 태양빛이 바다에 뜬격이라고 하였다. 이른바 해상의 아침해이다. 새벽 노을에 바다며 하늘이 온통 붉게 물들어 있을 때이다.

미제괘는 이제부터 거친 인생창조에 나서려는 젊은이들에게 꼭 안성맞춤이다. 금후의 인생항로에서는 몇 번이고 곤란을 겪게 되겠지만, 자신을 완성시키는 것은 줄기찬 노력과 최후까지 버티고 굽히지 않는 투지인 것이다.

형통한다는 것은 분발하고 노력함으로써 일이 성사된다는 말이다. 새끼여우가 처음에는 의기양양하게 강을 건너지만 주의력 부족으로 한 걸음 남기고 꼬리를 적시고 만다. 그러므로 끝에 가서 좌절하지 않도록 유념해야 할 것이다.

운세는 절대로 중간에서 좌절하거나 포기하지 말라. 살 길은 노력하고 끝까지 도전하는 것이다.

【사　업】사면초과의 상태이다. 참으로 힘겹다. 사막에서 광풍을 만난 격이므로 고통의 나날이다. 아직 그렇지 않다면 철저히 준비하고 조심하라. 광풍을 맞고 있다면 광명의 빛도 멀지 않음이다.

【소　원】지금은 어렵다. 시간을 갖고 윗사람에게 부탁하라. 이루어진다. 그러나 덤비거나 서두르면 불리하다.

【재　물】회전이 순조롭지 못하다. 나갈 것은 많고, 들어올 것은 적다. 남에게 빌려 준 돈은 받기가 힘들다.

【부동산】매수는 작은 이익이 있고, 매도는 큰 이익이 있다.

【증　권】역동적인 상태를 보이다가 상승장세로 이어진다.

【연　애】사귀는 사람이 있다면 헤어질 운이다.

【결　혼】어렵지만 시간을 두고 천천히 진행하면 이루어진다.

【합　격】노력과 인내심을 가지고 좋은 기회를 기다려라.

【입　학】다음 기회를 포착하라.

【취　직】서두르지 말고 때가 오기를 기다려라. 기회는 반드시 온다.

【소　송】승소해도 이익이 없다.

【출　산】태어난 아이로 인해서 집안에 복이 가득하다. 승진, 재물운이 있다.

【건　강】신경성질환, 혈액순환장애 등을 조심하고, 여자는 냉병이나 자궁 계통의 질환을 유의하라.

【이　사】이사는 불길하다.

【여　행】여행은 좋지 않다. 다음 기회로 미뤄라.

부록 2

사람을 바로 보는 법

사람은 겉모습만 보고는 알 수가 없다. 그 속마음
을 꿰뚫어 보아야 참된 인간임을 알 수가 있다. 경
영經營을 성공적으로 이끌고 개인적으로도 대성
하려면 주변 인물의 됨됨이를 파악할 수 있는 힘
을 길러야 한다.

사람을 채용하는 데 있어 무엇보다 중요한 것이
인간성이기 때문이다. 그렇다면 어떠한 방법으로
상대방을 보고 알 수 있는 것인가. 그것은 본서의
부록 2편에 게재되어 있는 사람을 바로 보는 법을
탐독한 후에 수록된 내용을 종합해서 판단하면 상
대를 정확하게 파악할 수 있을 것이다. 이것이 곧
남을 앞지르면서, 남한테 당하지 않고 지혜롭게
살아가는 길이다.

상학에서 가중 중요한 것은 심상의 판단이다. 그것은 제 아무리 똑똑하고 외모가 출중해도 그 사람에게 내재되어 있는 마음이 상에는 미치지 못하기 때문이다.

마음과 성품이 공평하지 못하면 뭇 사람들의 추앙을 받기 어렵고, 말하고 대답함에 번복이 많으면 남을 속이고 산다는 것을 알 수 있으며, 머리를 숙이면서 나지막히 말을 하면 간사하고 탐하는 무리이지 영웅호걸이라 할 수 없다. 이렇듯 어리석고, 지혜롭고, 악하고, 착한 것은 모두 성품의 조화에 매여 있으며, 성품은 심상의 조화에 매여 있고, 심상의 조화는 자신의 행동과 처신에 의하여 유추할 수 있으므로 인간 됨됨이의 판단은 심상의 정도를 파악하여 구분할 수 있다.

따라서 마음을 잘 닦아서 심상을 좋게 쓰게 되면 마음은 행하는 것이므로 그 행위가 음덕으로 작용하여 자연스럽게 얼굴과 몸에 스며들어 자신도 모르게 겉으로 드러나는 인체의 모든 것들을 변하게 한다. 그러므로 인간의 형체는 마음이 행하는 도리에 의하여 외적으로 투영되는 겉모습에 불과하므로 상대방을 알려면 외모보다는 그 사람의 마음 씀씀이를 살펴보면 선악과 됨됨이를 미루어 알 수가 있다.

심상의 정사正邪

물질문명이 발달한 요즈음 인간의 겉모습이 언뜻 보기엔 사람같이 보이지만 그 내면에는 짐승보다도 못한 생각을 갖고 있는 불한당 같은 파렴치한이 적지 않으니 얼마나 안타까운 일인가. 그러므로 어질고 착하지 못한 것의 차이점은 겉모습에 있지 않고 오직 그 사람의 마음에 달려 있으므로 스스로 깨달아 좋은 심상을 가질 수 있도록 부단한 노력을 기울여야 한다. 그리하면 마음의 음덕을 쌓게 되어 만사가 여의로워 진다. 심상의 됨됨이를 사도와 정도로 구분하면 다음과 같다.

1) 심상의 사도邪道

사도란 올바르지 못하고 요사함을 말한다.

◎ 학벌도 좋고 외모도 출중하여 말을 정직하게 하는 것 같지만, 진실을 왜곡하여 옳은 것을 그르다고 궤변을 부리고, 남을 해칠 뜻이 없는 듯하면서도 사람을 사지에 몰아넣는 자.

◎ 힘 있는 자에게는 아부와 아첨을 잘하고 약한 자에게는 가혹하고 매섭게 하며 간사한 것을 활용하여 진실한 사람처럼 꾸며 권능을 행사 하는 자.

◎ 물욕이 많아서 사치한 것을 탐하고 행동은 비굴하며 조심성이 없어 명예와 예절을 돌보지 않는 자.

◎ 자신의 고집대로 만사를 처리하고 인정으로 남들을 용서치 않으며, 타인의 원망을 받으나 스스로는 알지도 못하는 자.

◎ 겉으로 봐서는 장부의 기상과 기개를 가지고 있는 것 같지만 사람이 흉폭하고 심술궂어 어질고 착한 사람들을 현혹하여 곤경에 빠뜨리고 알량한 권력을 이용하여 우매한 사람들의 고혈을 쥐어짜는 자.

◎ 마음은 화려하고 빛나는 재주는 있으나 남을 업신 여기고 자신을 자랑하며 성품은 텅 비어 있는 데에도 꽉 찬 듯이 처신하고, 기이하고 이상한

것을 자랑하는 자.

◎ 거짓으로 은혜를 베풀어 어려운 사람들을 구제하는 듯이 하고, 간사한 사람들을 모아서 파당을 만들어 바른 선비들을 학대하고 탄압하는 자.

◎ 돈을 보기를 목숨과 같이 생각하고 타인을 전혀 배려하지 않으며 인정도 끊어 버리고 오직 자신만을 위하여 행동하는 인색한 자.

◎ 거만하고 편벽된 성품을 고집하여 정대한 일에는 들어가려 하지 않고 그릇된 사람과 벗을 하며 아름답고 사치하는 것만을 좋아하는 편굴한 자

◎ 잘못이 있어도 뉘우칠 줄을 모르고 자신의 멋대로 행동하기를 좋아하며 천박한 행동을 하면서도 스스로가 영웅인 듯 생각하는 허황된 자.

2) 심상의 정도正道

정도란 올바르고 정당함을 말한다.

◎ 자신을 위해 두 마음을 갖지 않고 어떠한 어려움이 닥쳐도 피하지 않으며, 국민을 다스릴 때는 국민들을 즐겁게 하고, 편벽되고 삐뚤어짐이 없는 강직한 자.

◎ 의로운 일은 실행하고 선한 일은 즉시 실천하며, 남을 상대할 때는 너그럽게 하고 자신을 거처하는 데는 겸손하며 무겁게 처신하는 자.

◎ 가난하다고 남에게 아첨하지 않고, 부자라고 남을 업신 여기지 않으며 하늘의 도리를 알고 자신의 그릇을 재량하여 교만하지 않고 변화의 대처에 중용을 지향하는 자.

◎ 남에게 수고로운 일을 받아도 사양하지 않으며, 혹 시비가 있어도 의심나는 점을 풀어 감정의 응어리를 해소하고, 원망스런 일을 맡아도 후회없이 책임질 줄 아는 지혜로운 자.

◎ 행동거지와 마음 씀씀이가 주위에 빠짐없이 골고루 돌아가고, 남을 상대해서 응대하거나 자기 몸을 전진하고 후퇴함이 세상을 구제한다는 심정을 품고 있는 자비로운 자.

◎ 재난은 사전에 미리 살펴 예방에 힘쓰고, 일을 도모할 때는 완전히 하

기를 계획하며, 다급하고 곤란에 처한 사람을 구제할 줄 알고 위험에 처해도 급하게 서두름이 없는 용맹스러운 자.

◎ 자신의 입을 단속하기를 자물쇠와 같이 하고, 억지로 구차하게 얻으려 하지 않으며 무엇을 구하기를 탐하지 않고, 밖으로는 남을 손상하지 않으며 망령된 생각으로 행동하지 않는 중후한 자.

◎ 파당을 지어 무리를 만들지 않고, 귀한 구슬과 보배를 돌덩이와 같이 여기며, 의복과 음식을 검소하게 하고, 세상살이에 말이 없는 것 같지만 자신을 알아보는 이를 만나면 화창하고 통달한 고상한 자.

◎ 말하는 것이 따뜻하고 온화하며, 행동할 때는 바르게 하고, 일할 때는 치밀하게 하며 조심성 없이 망령된 말을 하지 아니하고 행동거지가 단정하고 섬세한 자.

◎ 심성과 마음의 그릇이 크고, 작은 선행도 아름답게 여기며 가족들과 이웃에게 화목하고, 학문을 익힐 때는 바르며, 간사한 지름길을 가지 않고 겸손하며, 공정하게 만사를 대하는 화평한 자.

본래 성품은 마음속에 있는 것이므로 마음이 성품을 활용하여 통제하고 있으면 세상의 도리와 이치를 겸하게 되어 사랑하고 미워하며 취하고 버리는 것을 몸 안에서 사사로이 처신할 수가 있다. 성품은 원천적으로 선량한 것이지만, 행동하는 버릇이 쌓여서 추악해지는 것이다. 군자다, 소인배다 하는 것은 마음에 쌓아 모아 둔 것이 마음의 심성으로 화하여 몸 밖의 형상으로 나타나는 작용의 결과물이므로 모든 사람을 관찰해 보면 그 사람의 몸속 구석구석을 들여다보는 것처럼 훤히 알 수가 있다. 하물며 악한 것을 가리고자 거짓으로 착한 행동을 하는 것을 어찌 모를 수 있겠는가.

오늘날 우리나라를 주도하는 지식인들 중에는 심상의 사도에 해당하는 사람들이 부지기수인 듯한데 앞으로 이러한 정신상태로는 이 땅에서 행세하기 어려울 것 같다. 그것은 우리나라의 기운이 민주화의 도래에 의하여 대립의 시대에서 화합의 시대로 화하고, 또 언론의 매개체가 다양하게 발달하여 보고 듣는 것을 쉽게 접할 수 있으므로 국민들의 정치적, 경제적, 문화적인 의식수준이 향상되어 현실을 직시하는 폭이 넓어지므로써 어떠한 유언비어에도 쉽사리 현혹되지 않기 때문에 이제부터는 심상의 정도를 행하는 자만이 자신의 큰 뜻을 이룰 수가 있다.

심상의 정사는 국가간의 이해관계와 기업의 윤리경영 등 모든 세상사에 적용이 된다. 가령 어느 한 국가의 국력이 부강하다고 해서 힘없고 미개한 나라를 억압하고 굴복을 강요하며 교묘한 처사로 이용만 한다면 부강한 나라는 결국 자만심과 우월감에 도취되어 자가당착에 빠지게 되므로 3세기가 바뀌기 전에 반드시 멸망하게 된다. 이는 지구상에 국가가 형성되고 나서부터의 역사를 미루어 생각해 보면 자신들의 힘만 믿고 약소국을 괴롭히던 강대국들의 말로가 어떠했는지를 잘 알 수 있을 것이다.

대기업이 공교한 수법으로 중소기업을 사들이고, 중소상권의 영역에 진출하고, 중소 협력업체의 납품단가를 후리는 등의 행위는, 중·소 상공인들의 일자리를 빼앗아 서민경제에 악영향을 미치므로써 궁극적으로는 국가경제를 파국으로 몰아가 결국은 공멸하고 말 것이다. 따라서 대기업은 세계 유수의 기업들과 경쟁해야 할 것이며, 사회와의 상생경쟁을 위해 노력하고 자본주의의 근간인 봉사정신을 함양하는 데 중점을 두는 것이 국가와 민족을 위하고 자신들도 살아남을 수 있다.

믿음의 정·사를 논하면 요즈음 지구상에서 일어나는 대부분의 전쟁은 종교분쟁이 원인이라 해도 과언이 아니다. 그것은 자신들의 믿음이 가장 옳은 것이고 남의 믿음은 대수롭지 않게 여기며 상대방의 종교를 비방하기 때문이다. 또 내가 믿는 종교가 아니면 구원을 받을 수 없으니 우리의 종교로 바꾸라고 개종을 강요한다. 이것은 민주주의와 인권을 부르짖고 있는 인간들로써 편굴하기 짝이 없는 짓이다. 내가 옳으면 상대방도 옳을 수 있는 법인데 나만 옳고 상대방은 그르다는 비민주적인 편협된 사고가 자신들의 그릇을 작게 만드는 것이다. 교회에 가면 예수님이 어른이고 절에 가면 부처님이 어른이다. 이렇듯 우리의 어른만 받들 것이 아니라 남의 어른도 어른이므로 모두에게 예를 다하는 것이 진정 구원을 받는 마음가짐이다.

심상의 작용

겉으로 보기에는 잘났음에도 불구하고 빈곤하게 생활하며, 오히려 그 반대의 경우가 복록을 누리는 경우도 적지 않다. 이것은 단순하게 외면적으로 보아서 잘났거나 못났을 따름이지 부귀빈천의 수요까지 외모만 보고 판단할 수는 없다. 물론 인체에서 얼굴은 가장 중요시 된다. 미학적인 관점으로 봐서도 잘생긴 사람은 총명하고 부귀하며 그렇지 않은 사람은 우둔하고 빈천하게 생각할 수 있겠으나 이는 겉으로 봐서 잘생기거나 못생겼을 따름이지 복록의 한계까지는 미루어 생각할 수 없다. 그것은 오직 그 사람이 지닌 내면의 상이 좋고 나쁨에 따라서 복록의 한계를 구별할 수 있고 부귀빈천의 수요를 예측할 수 있기 때문이다.

고대 중국 상법의 대가인 마의 선생은 "상은 형상이 있으나 마음은 형상이 없다. 그러나 형상이 있는 상을 무형의 마음이 좌우지 하므로 그 마음에 따라서 상은 변화한다"고 설파하였다. 보이지 않는 무형의 마음이란 사람의 마음가짐·행동·처신·처세 등 무형적인 흠결의 유무에 따라서 외모와는 다르게 운세가 변환한다는 것이다. 심상을 추정할 수 있는 방법을 정리하면 다음과 같다.

1) 부귀하게 태어났으나 스스로 빈천해 지는 심상
◎ 권력과 재산을 남용하고, 공갈협박으로 약자를 위협하여 이득을 취하는 자는 음침하고 흉악한 사람으로써 뜻밖의 재난으로 변사할 사람이다.
◎ 호언장담을 잘하고, 노력없이 일확천금을 얻으려는 자는 백 가지 중에

한 가지도 이루는 일이 없어 반드시 곤궁할 사람이다.

◎ 비리로 재산을 모으고, 명예와 이익을 위해서는 수단과 방법을 가리지 않는 자는 결국 패가망신할 사람이다.

◎ 거짓말을 잘하고, 경솔하며 쓸데없는 말을 함부로 지껄이는 자는 가까운 장래에 재앙을 당할 사람이다.

◎ 겉으로는 도량이 넓고 인심이 후한 듯하면서 뒤로는 명예와 이권을 탐하는 자는 소인배이며 반드시 배신하는 사람이다.

◎ 낯빛이 자주 바뀌고 즐거울 때 처량한 표정을 짓는 자는 박복하여 운마다 막힘이 많은 사람이다.

◎ 자신의 장점을 자랑하고 남의 단점을 드러내는 자는 그릇이 작아 대성하기 어려운 사람이다.

◎ 성질이 불같아 참을성이 없는 자는 장수하지 못하고, 남의 인권을 함부로 유린하는 자는 급살맞아 죽을 사람이다.

◎ 은혜를 잊고 사소한 원한만을 생각하며, 고집이 세어 자기 주장만 내세우는 자는 그릇이 작아서 크게 성공할 수 없는 사람이다.

◎ 인내심이 없어 성급하고, 일이 없이 항상 바쁜 자는 복이 오래가지 못하고 하루도 편한 날이 없는 사람이다.

◎ 남이 잘되는 것을 배 아파하고, 욕심이 많아서 자기 만족을 모르는 자는 현재 부자일지라도 늙어서 굶어 죽을 사람이다.

◎ 권세에 아부하고, 성을 내야 할 때 도리어 웃는 자는 음흉한 자로써 마침내 신의를 저버리는 사람이다.

◎ 겉으로는 환대하고 위로하면서 궁할 때에 찾아가면 냉대하는 자는 비정하여 기어코 남에게 손해를 입히는 사람이다.

◎ 자신이 한 말이나 일에 대해 책임을 회피하고 타성과 나태에 젖어 있는 자는 결국 패망을 자초하는 사람이다.

◎ 도박이나 사행성 오락에 빠져 헤어나오지 못하는 자는 일생 피죽도 빌어 먹지 못할 사람이다.

◎ 남의 여자나 남자를 탐하고 술독에 빠져 나오지 못하는 자는 제 목숨대로 살지 못하고 비명횡사하는 사람이다.

좋지 않은 행동을 하는 사람이 한때는 잘되는 것처럼 보이는 것은 촛불이 마지막 타들어 갈 때 큰 빛을 발하는 것과 같이 한순간이므로 만에 하나라도 부러워하지 말라. 그 마음이 불행의 씨앗을 만든다.

2) 빈천하게 태어났으나 스스로 부귀해지는 심상
◎ 자신의 현실을 이치에 맞게 판단하여 자중할 줄 아는 자는 후에 크게 성공할 사람이다.
◎ 어려운 상황에 처해도 침착하게 대처할 수 있는 자는 초년은 궁해도 말년에 형통할 사람이다.
◎ 필요한 만큼만을 취하고, 만족함을 아는 자는 복록이 무궁한 사람이다.
◎ 음덕을 쌓고 적선하기를 좋아하는 자는 자손에게 영화가 있을 사람이다.
◎ 희노애락을 밖으로 표현하지 않는 자는 반드시 목적을 이룰 사람이다.
◎ 죽을 처지에 있는 사람을 구하여 사는 길로 인도하는 자는 그 덕이 하늘에 미쳐 자손이 귀하게 될 사람이다.
◎ 부모에게 효도하고 형제간에 우애가 있는 자는 집안의 재산이 날로 불어날 사람이다.
◎ 참을성이 있고 남을 용서하는 아량이 있는 자는 명예가 충천할 사람이다.
◎ 나라와 운명을 같이 하는 자는 후대에 이름을 보전할 사람이다.
◎ 남에게 양보할 줄 알고, 말없이 실천하는 사람은 마침내 성공할 사람이다.

그렇다면 부자는 다 나쁘고, 가난한 자는 다 좋다고 생각할 수 있겠으나 그건 그렇지 않다. 이는 힘이 없는 무능력한 사람을 착취하고 권력과 유착하여 비리로 부정축재 한 사람을 일컫는 말이지 자신이 열심히 노력하여 정직하게 돈을 버는 사람은 수억만금의 재산을 모아도 관계가 없다. 까닭은 부정축재한 돈은 더럽게 쓰이지만 정직하게 번 돈은 깨끗하게 쓰여지기 때문이다. 이를테면 혹 국 내외의 지덕智德한 부자들은 자선단체에 기부도 넉넉히 하고 솔선수범해서 세금을 더 내겠다고 야단법석이 아니던가.

심상 비결

상법은 본디 마음의 상을 보는 것이다. 이유는 마음은 인간 자체의 뿌리가 되는 것이므로 마음을 살피면 선악을 구별할 수 있고, 행동을 관찰하면 재화와 복록의 깊이를 알 수 있다. 옛 성인들의 심상비결을 정리하면 다음과 같다.

◎ 좋은 일이 있거나 큰 손해를 봤을 때 정신도 놀라지 않고 얼굴빛조차 변하지 않으면 큰 일을 맡길 수 있는 귀한 사람이다.

◎ 기쁘거나 화나는 일을 당해도 얼굴빛에 나타나지 않으면 큰 공을 세우는 사람이겠지만 이 중에는 간사하고 악독한 사람도 있으니 이를 조심해야 한다.

◎ 어지러운 난리가 났더라도 평상시와 같이 편안한 마음을 가진다면 그 사람은 담력이 크고 식견이 너그러운 위인이다. 만물을 처리하는 데 있어 항상 자신의 마음에 뜻을 품고 있으면 평생동안 믿어 온 바람이 있어 후에는 크게 성공하리라.

◎ 화를 내야 할 때 허허 웃어대는 사람은 노년에 이르러 아주 간사한 일을 할 것이고, 자기의 착함을 남에게 자랑하기를 좋아하면 복명에 대해서 희망이 없을 것이며, 자신의 잘못을 책망하는 것을 가볍게 여기는 사람이 있

다면 그와 더불어 일을 할 수가 없고, 남의 그릇된 일을 지적하기를 즐거워한다면 목숨이 손상될 것이며, 기뻐하고 성냄이 늘 죽 끓듯이 하면 마음이 진중하지 않으니 한 가지 일도 성공할 수 없다.

◎ 큰일을 처리할 때는 너무 급하게 서두르지 말아야 하고, 어떠한 동기를 발견해서 사업과 학문을 넓히는 것은 높은 재주를 가지고 일찍이 자기의 모든 역량을 드러내어 명진사해 할 것이다.

◎ 지나치게 강하고 잔꾀에 능한 사람은 이기는 것을 탐하기 때문에 앞으로 나아갈 수는 있지만 결국은 진실이 드러나 재화와 손상이 크므로 완전함을 보존할 수 없고, 남을 불쌍히 여기며 자비의 마음과 선하고 어진 마음을 가진 사람은 어떠한 난관을 만나도 구원을 얻을 수 있다.

◎ 자기 분수에 만족하는 것과 자만하는 것은 같을 수가 없으니 자만하는 사람은 한편으로는 자랑을 하면서 재앙을 받는 경솔한 사람이고, 스스로 만족함을 아는 것은 겸손한 것이므로 복을 받게 되는 것이다. 큰 재주가 있는 사람과 보통의 용렬한 재주를 가진 사람은 다른 것이니 용렬하면 곧 허랑방탕한 짓을 하다가 실패가 많고 큰 재주가 있으면 진실로 해서 성공할 수 있다.

◎ 사치하고 화려한 사람 중에도 기인이 있고 방탕한 사람이 있으므로 반드시 그 사람의 재능을 확인해야 할 것이며, 천하고 인색하며 부지런하고 노력하는 사람 중에서도 부자가 되거나 고통스럽게 사는 사람의 구별이 있는 것이므로 반드시 그 사람의 도량을 관찰해 봐야 할 것이다.

◎ 어렵게 지나간 시절의 일을 쉽게 잊어버리는 사람이라면 비록 재주가 있다 한들 어찌 성공할 수가 있겠으며, 일을 할 때 힘이 들더라도 원망하거나 투덜대지 않는다면 감히 어려움을 견딜 수 있는 사람이므로 후에 기둥이 될 수 있는 큰 재목이다.

◎ 부모 형제나 이웃의 은혜를 잊어버리고 교만하면 성공하기 어려우며 혹여 부자가 되고 출세했더라도 오래가지 못한다. 또 아무리 큰 부자이거나 집권자일지라도 상대방의 마음을 움직이지 못하면 그 복이 길지 못하고 반

드시 패망한다.

◎ 남의 전답이나 임야 같은 부동산을 거저 줍듯이 헐값에 사면 결코 지키지도 못하고 자녀가 그것 때문에 실패를 하며, 여색을 탐닉하여 음주가무에 빠져 방탕하면 슬하의 자녀를 망치게 된다.

◎ 돈이란 삶의 중심이 되는 것이지만 너무 드러나게 좋아해서는 안 된다. 가히 돈의 쏨쏨이로 부자의 됨됨이를 구별할 수 있으니 이로써 그 사람의 도량을 알 수 있다.

고서의 상법에서 이르기를 사람의 얼굴은 거울과 같아서 제 아무리 숨기려 해도 선한 것과 추한 것이 그대로 드러난다. 사물의 이치를 깊히 성찰하여 성품을 바로 하면 비로소 얼굴이 환하게 밝아지리라. 무릇 정신과 기운이 맑고 깨끗하며 골격의 생김새가 청정한 사람은 부자도 되고 높은 벼슬을 할 수 있지만, 정신과 기운이 흐리고 탁하며 골격도 혼탁하다면 출셋길도 막히고 빈천하게 될 것이니 성공비결의 첫번째 덕목인 좋은 성품을 갖출 수 있도록 각고의 노력을 기울여야 할 것이다.

세상의 일이란 것이 사람과 사람이 만나는 것이므로 대인관계가 중요하다는 것은 새삼 말할 필요도 없다. 그러므로 상대방을 보고 그 사람의 상태를 파악할 수 있다면 사회생활을 영위하는데 큰 도움이 될 것이다. 인상 판단의 요점을 정리하면 다음과 같다.

외모로 판단하는 법

상학에 있어 골격은 한 평생의 영고성쇠를 나타내고, 기색은 유년해당년의 운을 나타내므로 골격으로 격국그릇을 보고 기색으로 그 해의 운세를 관찰한다.

1) 첫 번째는 형상을 본다

형상이란 개개인의 체형, 골격, 살집, 걸음거리와 눈, 코, 입, 귀 등의 생김새나 윤곽을 관찰하여 그 가운데 어디에 특징이 있고 어디에 결점이 있는가를 찾아보는 방법으로서 맨 처음 눈에 띄는 모습을 말한다. 그리고 그 나타난 특징이나 결점을 보고 그 사람의 행운과 불운은 물론 지나온 과거와 다가올 미래까지도 예측할 수 있는 것이다.

초자연적인 개인 특유의 성품이나 운명은 신기하리만큼 자신의 얼굴이나 인체의 어느 부위엔가 반드시 어떠한 형태로 나타난다. 이러한 현상을 판단, 추리 등의 사유작용을 거치지 않고 직접적으로 파악하는 작용이 즉 상법이다. 따라서 사람마다 내면에 감추어져 있는 성품이나 운명을 판단하는 데는 먼저 얼굴이나 모습에서 그 단서를 찾아야 한다.

2) 두번째는 활기生氣를 본다.

활기란 인간이 활동하는 데 필요한 기개나 기운을 말한다. 인간이 살아서 활동하는 동안 인체내의 에너지는 힘차게 박동하고 있다. 그리고 그 에너지의 힘이 하나의 기운으로 분출되어 어떠한 형태를 이루고 다시 외면에 나타나는 상태를 곧 활기라고 한다. 이와같이 활기는 사람마다 각 개인의 얼굴이나 인체의 어딘가에 외적 형상을 통하여 반드시 나타나게 되어 있다. 그러므로 이 활기를 감지하지 못하고 형상만을 본다면 그 사람의 운명은 물론 성품의 변화까지도 전혀 간파할 수 없다.

사람의 인체에 활기가 있을 경우 건강하여 병마가 침입할 여유가 없고 현재의 행운에도 영향을 미쳐 가도가 중흥하는 일가의 번영을 가져올 수 있다. 이와 반대로 활기가 없을 경우 인체가 허약하게 되고, 사업적으로는 실패를 초래하여 곤궁한 처지에 놓이게 된다. 이렇듯 활기를 주의깊게 관찰하면 그 당시의 운세가 어떠한가를 정확하게 알 수가 있다. 이 활기는 문구만으로는 표현이 난해하므로 여기에서는 해설에만 그치고 후에 기색편에서 자세히 논하기로 한다.

사업에 실패하여 재산을 잃거나 직장에서 해고 당하고 사랑에 속아 연애에 실패하는 등의 정신적 충격을 받으면 외면적으로 활기를 잃고 얼굴색도 나빠져서 저절로 초췌한 형상이 되어 불행의 나락으로 빠져들게 된다. 그리나 현재의 생활이 궁핍하고 실연을 당했다 할지라도 마음을 굳게 먹고 사리를 너그럽게 판단하는 여유로운 심경으로 행동한다면 점차 좋은 인상으로 얼굴이 변하여 불행을 행운으로 돌리는 것은 당연한 이치라 하겠다. 이렇듯이 평소에 인상을 좋게 가지면 이에 따라 운도 잘 피어나 자연스럽게 행운을 잡게 된다.

얼굴로 판단하는 법

얼굴은 인간이 한평생을 살아가기 위해 대인관계나 처세 등의 역할을 하는 데 으뜸이 되는 부위로서 사람의 길흉화복과 성패득실을 따지는 데 중요한 역할을 하는 곳이다. 청년기에는 그 정신력을 부귀로 보고 장년기에는 기색으로 영화를 삼으며 부녀자는 바르고 단정한 것을 귀격으로 친다.

◎ 사람을 사귈 때는 반드시 눈을 보라. 눈은 마음의 거울이므로 착하고 악함이 모두 이곳에 영상화되어 눈을 통해서 나타나기 때문이다.

◎ 눈빛이 뱀과 같이 차고 독하며 눈동자가 붉은 사람은 가까이 하지 마라. 결국은 화를 당한다.

◎ 눈이 큼직하면서 밖으로 튀어나오고 성내는 것 같은 사람은 신뢰가 부족하며 극단적인 사람이므로 중요한 일은 함께 논의하면 안 된다.

◎ 눈이 움푹 패이고 흐린 듯하면서 옆으로 기울게 보는 사람은 바르지 못한 자이다.

◎ 눈이 반쯤 감은 것 같고 반은 뜬 것 같으며, 눈동자를 두리번거리거나 졸음이 오는 것 같고 눈 알이 튀어 나오거나 닭눈같이 생긴 자는 반드시 도둑질 할 사람이다.

◎ 눈빛이 빛나고 윤택하며 광명이 있는 사람은 부자도 되고 귀한 벼슬을 하는 사람이다.

◎ 눈동자가 검은데 그 검은 점이 옻칠한 듯이 검으면 귀가 밝고 총명하여 한번 보면 잘 잊어 버리지 않는 슬기로운 사람이다.

◎ 눈동자가 파랗거나 푸르면 아주 영악한 사람이므로 영리를 목적으로 하는 거래시에는 실수가 없도록 경계해야 한다.

◎ 눈이 가늘고 길쭉하면서 깊으면 성공도 하고 오래 사는 사람이지만 성품은 간사하고 편굴한 자이다.

◎ 눈이 깊으면서 둥글고 검은 자위가 많으며 흰 자위가 적은 사람은 총명해서 세상만사를 모두 통달하는 사람이다.

◎ 눈에 광명이 있어서 번개와 같은 섬광이 있는 사람은 귀한 벼슬을 하는 사람이고, 붉은 실핏줄이 눈동자를 꿰뚫고 있으면 악사하게 되는 사람이다.

◎ 눈은 성난 눈도 아니되고, 눈자위에 실과 같은 금이 있든지 붉은 빛을 띄고 있어서는 안 되며, 눈이 흰 빛이 많아서도 안 되고 검은 빛이 많을수록 좋다.

◎ 눈이 가늘고 깊으며 도둑질하려는 것 같이 주변을 자꾸 돌아보고 살피는 사람은 간악한 도적이고, 눈이 크고 돌출하면 흉하고 모진 사람이다.

◎ 시선이 항상 높은 곳을 향하고 있는 사람은 뜻이 높다. 눈을 멀리 바라보고 있는 것 같으면 뜻도 멀리 미치고, 눈이 바른 사람은 마음도 바르며 눈이 기운 사람은 마음도 기울고 간사하며, 눈이 착하고 좋은 사람은 마음도 착하고 좋지만 눈이 악하게 보이는 사람은 마음 역시 그러하다.

◎ 눈을 기울게 흘려보는 사람은 질투하는 마음을 품고 생각하는 것이고, 밑을 돌아보는 사람은 남모르게 의심을 하는 성품이다.

◎ 귀함을 알려면 상대방의 눈을 보라. 눈에 힘이 없고 눈알이 붉든지 흰 자위가 많은 사람은 대귀할 수 없고, 만약 귀하다면 단명한다.

◎ 부함을 알려면 코를 보라. 코가 얼굴에 비해 너무 작고 틀어졌거나 코끝이 칼끝처럼 뾰족하고 콧구멍이 뺑하게 보이는 사람은 돈을 모을 수 없다.

◎ 코 전체의 모양이 낮으면서 엷고, 콧구멍이 위로 들리워 있으면 고독하

고 가난하다. 또 콧등이 갈고리와 같이 얇게 되어서 매부리와 같으면 악하고 재물을 탐하는 사람이다.

◎ 콧등이 원만하고, 콧구멍이 너무 우러러 보이지 않으며 노출해서 드러나지도 않고, 양쪽 콧방울이 서로 상응해서 알맞으면 부자가 되고 귀한 벼슬을 한다.

◎ 콧속이 보이지 않고 콧구멍이 손가락 하나가 들어갈 정도로 넉넉하면 총명영리한 사람이며, 콧속이 보이지 않고 콧구멍이 너무 좁으면 답답하고 융통성이 없는 사람이다.

◎ 관록을 알려면 이마를 보라. 이마가 간을 엎어 놓은 듯이 꽉 차고 흠이 없이 맑으면 귀한 벼슬을 한다.

◎ 머리가 둥글고 이마가 방정하면 나라의 충신이 될 것이며, 머리가 위로 솟아 오르고 이마가 서 있는 것 같은 형상이면 상장군의 지위에 오를 것이고, 이마가 깎아 세운 것 같이 뾰족하면 결단코 관직이 없을 것이며, 머리가 편벽되고 이마가 좁은 사람은 재산을 크게 모을 수 없다.

◎ 식록을 알려면 입을 보라. 입이 두툼하고 입술의 선이 선명하여 그 빛이 선홍색으로 붉은 사람은 식복이 좋아서 평생 곳간의 양식이 풍족하다.

◎ 입이 커서 주먹이 들어갈 정도이면 식록과 영화가 있고, 입술이 소의 입술 같이 두툼한 사람은 현인이며 특별한 부덕은 없더라도 성품이 순수하다.

◎ 입이 크더라도 기울었거나 엷으면 빈천하다. 말을 하지 않으면서도 입이 실룩거리니 배가 고프고, 입이 늘 열려 있고 이가 보이면 신장의 기능이 약하고 기가 약하며 입이 뾰족하면 가난하고 천하다.

◎ 쥐의 입과 같으면 남을 헐뜯고 질투하며 입이 볼을 부수는 것 같으면 고독하고 가난하다. 또한 쥐의 입처럼 좁으면 식록의 복이 없고, 입이 넓으면 먹을 것이 사방에 널린다. 입에 구슬을 머금고 있는 것 같이 붙어 있으면 천하고, 개의 입과 같이 입의 양쪽 구석이 밑으로 처지면 빈천하다.

◎ 수명은 그 사람의 신혈을 본다. 평소에 정신이 부족하고 얼굴의 혈색이

먼지가 낀듯 희끄무레한 사람은 장수할 수 없다.

◎ 자손은 인중을 본다. 인중이 대쪽같이 선명하고 길며, 그곳에 흠이 없고 윤택한 사람은 반드시 귀한 자식을 둔다.

◎ 현재 운세를 얻어 득의했지만 얼굴빛이 처량한 듯 쓸쓸하게 보이는 사람은 선부후빈하고, 궁핍한 처지에 있으면서도 얼굴빛이 온화한 사람은 먼저는 곤궁해도 말년에 이르러 편안할 사람이다.

◎ 털이 부드러운 사람은 성질이 유하고 털이 뻣뻣한 사람은 성질이 강하다.

◎ 코의 모양이 좋으며 큰 것은 길하되 얼굴에 비해 너무 크면 만년에 고독해진다.

◎ 명성은 귀를 보라. 귀가 두텁고 희고 맑거나, 붉은색으로 귓밥에 열매가 맺힌 사람은 한때 이름을 드높힐 사람이다.

◎ 귀가 희고 자줏빛을 띠고 있으며, 윤기가 있는 사람은 귀명이다.

◎ 귀가 밝고 자줏빛이나 붉은색을 띠는 사람은 부명이다.

◎ 눈썹에 광채가 나고 윤택하며 검청록색을 띠고 있으면 반드시 합격의 기쁨이 있다.

◎ 눈을 아래위로 뜨면서 자주 흘겨보는 사람은 기회주의자이며 자기 중심적인 사람이다.

◎ 신중하게 자신의 의견을 정리하여 느릿하게 말을 하는 사람은 일면 무능하게 보이지만 중년에서 말년으로 갈수록 운세가 트이는 형이다.

◎ 코끝이 아래로 향한 사람은 속내를 털어놓지 않는 자이고, 코끝이 위를 향해 있는 사람은 비밀을 유지하지는 못하는 개방적인 사람이며 비틀어진 코는 교묘한 꾀는 많으나 하는 일에 기복이 심하다.

◎ 얼굴에 비해 코가 작은 사람은 부자로 태어나도 재산을 파할 상이다.

◎ 얼굴은 눈·코·귀·입 등이 서로 균형이 맞아서 조화를 이루어야 상격이다.

사람을 판단할 때 눈으로만 보려 하지 말고 상대가 풍기는 동정·말투·냄

새·음성 등을 살피면 그 사람의 과거·현재·미래를 예측할 수가 있다. 이는 많은 경험이 필요하겠으나 항상 정신을 맑게 몰두하면 그 묘리를 터득할 수 있다. 또 사람을 감정한답시고 상대를 너무 뚫어져라 바라보면 큰 결례를 하는 것이므로 조심스럽게 머릿속으로만 그려 감지해야 하며, 공연히 옳고 그른 곳을 찾아서 쓸데없이 논하지 말라. 다툴 일이 있을까 두렵고 자신의 음덕도 삭감된다.

관운이 최상격인 사람의 형상

목소리는 넓은 종소리와 같이 웅장하면서, 음성의 끝부분은 높이 올라가고, 눈의 모양은 하늘의 별빛처럼 빛이 나며 머리생김은 자라가 머리 위에 올라앉아 있는 것처럼 두터웁고, 두 귀는 머리에 붙어 있는 것 같으며, 양 뺨의 관골은 높이 솟고 인당은 풍만하다. 이마의 양면 일월각은 솟아나고 코의 양쪽 콧방울은 윤곽이 분명하며, 눈썹이 채색과 같이 진하다. 몸에서는 좋은 향기가 나고 입은 주먹이 들어갈 만큼 커야 하며 배꼽의 크기도 자두 하나가 들어갈 정도로 커야 한다. 거동할 때는 청룡과 백호가 움직이는 것 같이 호걸스럽지만, 고요할 때는 커다란 산악을 세운 듯 육중한 무게가 있어야 한다.

관운이 상격인 사람의 형상

이마는 간을 하나 덮어놓은 것 같고, 코는 쓸개를 매달아 놓은 것 같으며, 눈빛은 번갯불과 같고 입은 붉은 주사와 같이 불그스레하며, 눈썹은 천장까지 이어지도록 길고, 두 귀는 눈 위에 붙어야 하며, 사람은 작더라도 목소리는 커야 한다. 형체의 기이함은 아름다운 구슬과 같고 정신이 맑고 청정해야 하며, 범이 울창한 산의 수풀 속에서 밖으로 나오는 형상이어야 하고, 학이 닭의 무리에서 우뚝 서 있는 모습이어야 한다.

관운이 있는 사람의 형상

이마가 벽을 깎아 세운 것 같고 눈썹은 비를 세워둔 것 같으며 목은 길쭉하면서 둥그러워야 하고 발은 짧으면서 두터워야 한다. 입은 방정하게 모나야 하고 인당은 넓어야 하며 관골은 솟고 모발은 준수해야 한다. 손바닥은 짧고 손가락은 길쭉해야 하며 앉은 자세는 산과 같고 걸음걸이는 물 흐르듯 해야 한다. 정신은 용맹스러운 백호가 수풀을 나오는 것 같이 기개가 있어 여러 짐승들이 말 없이 항복하는 것 같은 위엄이 있어야 한다.

재물운이 최상격인 사람의 형상

몸의 형체는 두툼하고 넉넉하며 목소리는 맑고 웅장하여 북소리가 진동하는 것 같고 비록 소리가 작더라도 옥구슬이 굴러가듯 맑은 물이 흘러가듯 청정해야 한다. 입의 양끝은 천창을 향하여 위로 올라가고, 귀 전체의 윤곽은 입과 조화하는 것 같다. 앉아 있는 모습은 못을 박아 놓은 것처럼 묵중하고, 일어나는 모습은 뜬구름과 같이 가볍고 자연스러워야 한다. 형체와 정신이 현묘함을 갖추고 있으면 자연히 창고에 모든 것이 풍부하고 가득한 부를 누린다.

재물운이 상격인 사람의 형상

얼굴 모양은 모나지 않고 두터우며, 등의 생김새는 풍부하고 허리는 넉넉하여 입의 생김은 넉사자와 같다. 목소리는 항아리 속에서 울리는 것과 같고 걸어갈 때는 큰 배가 천천히 움직이는 것 같으며 오관_{눈·코·입·귀·눈썹}이 바르고 방정하며 육부_{이마의 좌우 변두리 뼈, 좌우관골 즉 좌우광대뼈, 좌우턱뼈의 여섯 부분을 지칭한다}는 충만하게 솟아오르고, 두 손바닥은 심히 두터워야 하며 손가락은 물이 새 나가는 느낌이 없어야 한다.

재물운이 있는 사람의 형상

이마는 쇠나 다듬잇돌과 같이 단단하게 생겨 있고, 귀는 장기알과 같이 생겼으며 눈은 밝고 왕성하다. 천창_{눈썹끝부터 머리털이 난 부분}은 가득하고 꽉 찬 느낌이며 코끝의 준두는 우뚝하니 솟아오르되 풍부하고 두터워야 하며 목소리는 맑고 힘이 있어야 한다. 손등과 발등의 근육은 두텁고, 피부는 고우며, 사람의 앞과 뒤의 형상이 균형을 이루어야 한다.

장수하는 사람의 형상

사람의 상정 부위가 길쭉하면서 머리 부위의 피부가 너그러워야 한다. 눈을 보면 정신이 살아서 생기가 나타나고, 허리가 꼿꼿하며 목소리 또한 명랑하게 울려야 하겠지만, 목에 주름이 있고 귀에 털이 나 있는 것에 의하여 수명에도 상·중·하의 분별이 있다.

총명하고 슬기로운 사람의 형상

이목구비오관가 밝고 선명하며 정신이 청정하게 살아 있어야 한다. 피부는 고와야 하고 치아 역시 고르며 깨끗하게 나야 하고, 손가락도 길쭉하게 빼어 나야 하며, 기이한 형체나 청정한 모양의 구별에 따라 대소의 차이를 가름한다. 지혜의 등급이 상·중·하의 세 가지가 있다고 한다면 이런 관점에서의 다소로 구분할 수가 있다.

대저 정신과 기운이 맑고 깨끗하며 골격의 생김새가 청정한 사람은 높은 벼슬을 하고 부자도 될 수 있지만, 정신이 흐리고 기운도 탁하며 골격도 혼탁하다면 가난하고 구차하게 될 것이다.

부귀한 사람들의 형상을 보면 대체로 그 모습이 새나 짐승의 형체를 띠고 있는 사람이 많다.

목소리로 판단하는 법

음성과 말투로써 그 사람의 품격을 가늠한다. 기운이 중중하면 정신도 맑고 그에 따라 목소리도 화평하여 깊게 울려 퍼진다. 기운이 부족하면 정신도 흐릿하고 목소리도 성급하고 가벼워 여운이 없다.

소리의 힘과 청탁에 의하여 귀천·성패를 알 수 있다.
◎ 소리가 맑고 음성에 힘이 있는 사람은 반드시 크게 성공한다.
◎ 소리가 탁하고 특히 말의 끝이 흐린 사람은 반드시 실패한다.
◎ 말의 끝이 처음은 웅장하나 시간이 흐를수록 말끝이 희미한 사람은 모든 일이 시작은 좋으나 끝에 가서는 폐망한다.
◎ 말이 떨린 듯 처음은 약해도 말의 끝이 힘이 있는 사람은 시작은 힘이 들어도 종국에는 반드시 성공한다.
◎ 몸은 작으나 소리가 웅장하면 높은 지위에 오르고 몸이 크고 소리가

작으면 단명한다.

◎ 목소리가 작아도 맑고 청정하며 소리의 음이 한결같으면 부귀한다.

◎ 빠르게 말하는 사람은 성격이 조급하여 마음도 안정되지 못하고 생각하는 것도 조잡하다.

단전은 소리가 나오는 근원이며, 세 치 혀는 소리가 발해져 나오는 기틀이다. 근원이 깊으면 표현도 진중하고 근원이 옅으면 표현도 가벼워진다. 그러므로 귀인의 음성이란 단전에서 울려 나와 심기가 서로 통하여 밖으로 울려 퍼지는 것이므로 마음이 바르고 깊이 있는 사람은 그 마음과 함께 자연스레 말도 고상하다. 결론적으로 성공하는 이의 소리는 단전에서 나오고 평생 불운하며 어둡게 지낼 사람의 소리는 입 안에서 맴돈다는 것을 명심할지어다.

습관으로 판단하는 법

습관이란 오랫동안 반복하여 몸에 익어 버린 행동으로서 그만큼 자신의 속마음을 솔직하게 드러내는 것이다. 따라서 무의식중에 하는 행동과 습관으로 그 사람의 성향을 분석할 수 있다.

◎ 이야기할 때 얼굴색이 자주 변하는 사람은 생각도 복잡하고, 눈동자가 불안정하게 좌우로 움직이는 사람은 속마음이 정직하지 못하다.

◎ 어떤 논의를 하거나 일을 끌어감에 있어 감정표현을 잘 하지 않는 사람은 계획이 치밀하고 빈틈이 없어 그 마음을 남이 알기 어렵고 도량과 재간이 크다. 그러나 사심이 있다면 여러 사람 잡는다.

◎ 말할 때 미간을 찡그리는 사람은 만년에 고독하고, 눈꺼풀을 자주 깜빡이는 사람은 허약하며 성질이 급하다.

◎ 눈을 감고 말하는 사람은 마음에도 없는 아첨을 태연하게 하면서 잇

속을 챙기는 데 능하고 몰인정하다.

◎ 말을 할 때 입술을 핥거나 아랫입술을 이빨로 깨무는 습관이 있는 사람은 거짓말을 잘하고 허영심이 많다.

◎ 목소리가 낭랑하며 여운이 있는 사람은 기지와 계책이 풍부해서 중년 이후에는 성공한다.

◎ 상대의 눈을 똑바로 바라보고 분명히 말하는 사람은 바탕이 정직한 자로서 중년 이후에 높은 신망을 얻는다. 그러나 자만심이 강해 독선적인 일면도 있다.

◎ 끈끈한 정이 있는 것처럼 말하는 사람은 음모가 있으므로 경계하는 것이 좋다.

◎ 혼자말을 잘하는 사람은 외롭고 고독한 사람으로 자신의 운세를 기울게 한다.

◎ 음식물을 차분하게 조용히 먹는 사람은 운세가 좋다. 그러나 음식을 입 안에 던져 넣듯이 게걸스럽게 먹는 사람과 고개를 쭉 빼밀고 먹는 사람은 모두 일생 운세가 없어 빈한하다.

◎ 의자에 앉으면 머리털을 자주 만지거나 다리를 툴툴 터는 사람은 빈천한 사람이다.

◎ 침을 아무 데다 뱉는 버릇이 있는 사람은 조심성이 없는 사람으로 처음엔 부유하다가도 갈수록 쇠락해진다.

◎ 남모르게 독한 기운을 가진 사람은 기분 상하는 대화를 할 때에도 웃음을 머금고 이야기하는 사람이다.

◎ 성격이 급해도 말이 명쾌한 사람은 순한 사람이다.

◎ 여성이 말을 할 때 조리 있고 명료하며 침착하게 표현하면 귀한 부인이다.

◎ 가슴을 펴고 반듯하게 걷는 사람은 사회적·가정적으로도 행복하고 운세도 왕성하다.

◎ 배꼽 아래 단전에 기운이 충만하여 걸음을 가볍게 걷는 사람은 인내심

이 있고 만사에 대처하는 능력이 뛰어나 실패가 없는 자이다.

◎ 고개를 쳐들고 걷는 사람은 현실과는 맞지 않는 몽상가이다.

◎ 고개를 숙이고 걷는 사람은 소심 우울하고 가정적으로 불운한 천격이다.

◎ 종종걸음을 걷는 사람은 침착성이 없으며, 신념도 없고, 언제나 쫓기듯이 세상을 사는 자이다.

◎ 자꾸만 뒤를 돌아보며 걷는 사람은 의심이 많은 성격으로 소심하면서도 허황되게 큰소리를 치는 거짓말장이다.

◎ 같은 여자와 지나치면서 뒤돌아보는 여성은 확신과 성의가 없고 열등감이 강한 사람이다.

◎ 언제나 걸음은 무거운 듯 질질 끌며 걷는 사람은 재물운, 애정운 등 모든 행운이 미약한 자이다.

◎ 엉덩이를 뒤로 쭉 빼고 걷는 사람은 만사에 끈기가 없고, 엉덩이를 흔들며 걷는 사람은 무지하고 천격이다.

◎ 어깨를 끈덕끈덕 흔들며 걷는 사람은 자기중심적이고 무정하며 한평생 애고가 많은 자이다.

◎ 손톱을 깨물어 뜯는 사람은 신경이 예민하여 항상 불안·초초하고 근심·걱정이 떠나지 아니한다.

자신의 운명은 습관에 의하여 형성이 된다. 곧 생각이 행동을 만들고 행동이 습관을 만들며 습관이 운명을 바꾼다고 하지 않던가. 그러므로 운명을 바꾸려면 생각을 먼저 바뀌야 한다. 바른 생각이 바른 행동과 바른 습관을 만들고 나아가서는 운명을 바꾸게 하는 것이다.

외모만으로는 본심을 알 수가 없는 법이다. 조심성이 없는 사람은 감정을 스스럼없이 표현하고, 좋은 일이든 나쁜 일이든 이야기하는 경향이 있다. 그러나 산전수전 다 겪은 노련한 사람이라면 결코 좋고 싫은 감정을 겉으로 드러내지 않는다. 따라서 겉만 보고 좋지 않은 인물을 좋은 인물로 평가하거나, 반대로 좋은 인물을 멀리하는 일조차 있다. 그러므로 사람을 감정하는 데는 인간의 본성 속에 이 사람은 어떠한 일면을 가지고 있는가를 간파해야 사람을 바로 볼 수 있다.

본편의 사람을 바로 보는 법의 내용을 숙지하여 표면은 군자인 체하고 꾸미고 있는 상대의 인물을 바로 통찰하여 손해를 보는 일이 없길 바란다.

인상으로 판단하는 법

인상은 성품에 의해 변화한다. 가령 신경질적인 사람은 신경질적인 면이 얼굴에 그대로 나타나고, 만사 여유로운 사람은 얼굴 표정도 여유롭게 나타난다. 사람의 운명도 이에 편승하여 오랫동안 가난에 찌들어 불행, 재난 등의 고통이 연속되면 자신도 모르는 사이에 얼굴은 빈상으로 변하는 것이므로 평소에 인상을 좋게 가질 수 있도록 노력하다 보면 행운은 저절로 찾아오는 것이다.

눈을 부릅뜨고 어금니를 꽉 깨물어 성난 표정을 자주하는 사람은 결국은 그 표정이 고정되어 눈에 가시가 돋게 된다. 어려서 불행하게 자란 사람에게 이런 현상이 엿보이는데 남에게 호감을 주지 못하고, 음울하고 성격이 삐뚤어진 사람으로 오해받기 십상이므로 자신이 이런 인상이라면 즉시 개선해야 한다.

우는 상은 짓지 않아야 한다. 줄곧 슬퍼만 하고 있는 사람은 표정이 어두어져서 상대에게 좋은 인상을 주지 못한다. 표정 자체가 움직여 그 사람의 운명을 스스로 정해 버리는 결과이다. 아무리 미인이라도 미인으로 보이지 않을 것이고 남자라도 최저의 인상이 된다. 그러므로 될 수 있는 한 즐거운 표정을 지어야 하겠다. 그것이 당신의 인상을 좋은 상으로 이끌어 남에게 호감을 주는 상으로 변환하게 할 것이다. 인간들의 삶은 독불장군은 없고 반드시 타인의 도움이 필요하다. 그때 당신에게 귀인을 불러들이는 요소가 명랑하고도 활기찬 웃음이 있는 얼굴인 것이다.

마음의 움직임을 전혀 내보이지 않는 경우가 있다. 즉 포우커페이스이다. 이런 표정은 곧 버릇이 되어 고정이 되는데, 오히려 화난 표정이나 우는 표정보다도 좋지 않은 아주 고약한 인상이다. 만약 이런 인상의 소유자를 만나면 깊은 교제는 삼가지 않으면 안 된다. 까닭은 자기들에게 이득이 없다면 태연하게 가차없이 잘라내는 인상의 얼굴이기 때문이다.

얼굴의 균형

얼굴의 좌우는 언뜻 보기엔 똑같은 것처럼 보이지만, 자세히 관찰하면 절대로 그렇지 않다. 다만 얼굴의 눈·눈썹·귀 등이 좌우 대칭으로 되어 있어 다소의 불균형을 보충하고 있는 것이다. 다행스럽게도 좌우의 균형이 눈에 띄지 않는 정도라면 그 얼굴은 언뜻 보기에도 아름다울 뿐 아니라 안정된 상태를 주어 장래의 운세도 양호하게 된다.

눈과 눈썹, 귀·광대뼈의 좌우가 크고 작거나, 높고 낮음이 없이 얼굴의 좌우가 반듯하게 균형이 잡힌 사람은 성격도 원만하고 운세도 안정이 되어 좋은 복록을 누린다. 그러나 반대로 코가 비뚤어져 있거나 턱이 구부러졌다거나 양쪽의 관골_{광대뼈}이 높고 낮거나, 귀의 좌우 크기가 한쪽이 치우치게 달라서 얼굴의 좌우가 불균형을 이룬 사람은 선천적으로도 운이 몹시 박약하여 초년에 부모를 일찍 여의거나 혹은 중년에 발전력이 저하되고 부부생활에도 파경에 이르는 등의 인생 전반에 걸쳐 장애가 일어난다.

사람은 누구나 제 인물 뜯어먹고 산다는 옛말이 있듯이 얼굴이 균형을 이루어 잘생긴 사람은 상대로부터 관심을 받게 되어 인생을 향유할 수 있는 확률도 그만큼 높아질 것이며, 균형이 맞지 않아 못생긴 사람은 보기에도 밋밋하고 순간적으로 멸시를 받을 뿐만 아니라 그 인생 역시 험난한 노정을 걷게 될 확률이 높다. 그리하여 어떻게 하면 상대방에게 잘 보일 수 있을까 해서 옛부터 오늘날에 이르기까지 발전해 온 것이 현재의 미용술이며, 마침 내는 성형이라는 문명의 이기에 의해 인공적인 미인을 가공하기에까지 이르 렀다. 그러나 아무리 빈천한 상일지언정 자기 분수를 미리 살펴서 헛된 욕심 을 부리지 않고 근면 성실하게 처신하며 검소한 자세로 살아간다면 자기의 타고난 분수만큼의 삶을 영위할 수가 있다.

옛 격언에 큰 부자는 하늘이 내리고 작은 부자는 노력에 의하여 이루어진 다는 말이 있듯이 누구나 큰 부자가 되고 싶지만 억지로 되는 일이 아니며, 아무리 빈곤한 상일지언정 자기 분수껏 행동하고 열심히 노력한다면 충분 히 먹고 살 만큼의 재산은 모을 수 있으므로 얼굴이 나쁘다고 미용성형부 터 할 게 아니라 본인의 마음자세부터 가다듬어야 할 것이다. 굳이 성형을 한다면 얼굴의 균형에 맞도록 무리하지 않게 해야 할 것이며, 의료사고도 다 반사이므로 성형외과 선정에도 신중을 기해야 할 것이다.

인체에 의한 부귀빈천의 요점

사람의 상은 제각각 격이 정해져 있다. 성격을 이룬 자는 복록을 누리고 파격인 자는 재액이 닥친다. 부귀는 골격이 꽉 차고 얼굴이 청수한 데서 오 는 것이며, 빈천은 골격이 허하고 혼탁한 데서 비롯된다. 분명한 것은 인물 이 부귀빈천을 가름하는 중요한 위치에 있다는 것은 재론의 여지가 없다. 그러면 어떻게 생긴 사람이 부귀하고, 빈천한가의 요점을 정리하면 다음과 같다.

1) 부귀할 상

◎ 사람이 궁상이 흐르지 않고 용모가 준수하며, 성품이 활달하고 온화하며 명랑하면서도 위엄이 있어야 한다.

◎ 이마는 넓고 둥글며 두둑하게 솟아 마치 엎어놓은 간처럼 풍성하고, 빛은 밝고 선명해야 한다.

◎ 눈썹은 가늘고 수려하며 길어서 눈의 길이를 훨씬 넘어야 하고, 이마 방향으로 높게 올라붙어야 한다.

◎ 눈은 가늘고 길며, 흑백이 분명하고 검은 자위가 마치 칠을 바른 것처럼 반짝이며 너무 깊거나 앞으로 튀어나오지 않아야 한다.

◎ 코는 준두코끝가 풍만하고 둥글면서도 곧게 솟아 있으며, 크기는 얼굴과 균형을 이루어야 하고, 콧구멍이 보이거나 찌그러지지 않으며, 콧대는 반듯하고 양 콧방울은 서로 상응하여 코를 보호하듯 감싸 주어야 하며 빛깔은 맑고 윤택해야 한다.

◎ 입은 크고 단정하며, 입술은 두터우면서도 둔하지 않아야 하고, 입술은 그 빛이 붉어야 하며, 목소리는 맑고, 이는 희고 고르면서 가지런해야 한다.

◎ 관골광대뼈은 높이 솟되, 뼈가 불거지지 않고 두터워야 하며 빛은 밝고 깨끗해야 한다.

◎ 인중코의 밑과 입 사이에 오목하게 골이 진 곳은 넓고 깊어야 하며, 길면서 곧아 기울지 않아야 하고, 위는 약간 좁고 아래로 갈수록 넓어지면 더욱 길하다.

◎ 턱은 모진 듯 하면서 둥글고 두터우며, 약간 앞으로 내밀어 있는 듯하고, 남자는 수염을 기른다면 수려하고 깨끗해야 한다.

◎ 귀는 크고 두터우며 높이 솟아야 하고, 귓바퀴도 크고 풍성하며 귀의 혈색은 선명해야 한다.

◎ 사람 몸의 형체와 모양은 전체적으로 균형이 바르고 살은 충만하며, 몸은 두터워야 하나 옆으로 퍼져서는 안 되고, 근육은 견고해서 충실해야 하며, 골격은 노출되지 않아야 하고 피부는 윤택하며 매끄러워야 한다.

귀상은 몸의 형체가 청수한 사람이 많고, 부상은 몸의 형체가 풍부한 사람이 많다. 그러나 정신이 풍족하면 몸의 형체가 부족할지라도 문제가 되지 않는다. 아무리 형체가 청수하고 풍후하더라도 정신이 부족하면 옳지 못하다. 이상의 열한 가지에 모두 해당되는 사람은 평생 복록이 무궁하고 부귀를 겸전한다.

2) 빈천할 상

◎ 사람이 궁상이 흐르고, 마음 씀씀이나 하는 짓이 좀스럽고 옹졸하며, 아름답게 치장을 하고, 예쁘고 멋진 옷을 입어도 용모가 어딘가 모르게 궁색하고 초라하게 보인다.

◎ 이마는 좁거나 뾰족하고 넓더라도 움푹 패이거나 흠결이 있으며 잔주름이 많고, 빛은 어둡고 흐릿하다.

◎ 눈썹이 너무 짙고 빽빽하거나 거칠고 거슬러 있어 이리저리 엉키고 산만하며 눈썹이 너무 없거나 짧아서 눈을 덮지 못하는 경우이다.

◎ 눈이 너무 짧고 작거나 붉고 누르죽죽하며, 붉은 힘줄이 침범하여 살과 얼켜 있고 눈동자는 흐리멍텅하여 광채가 없다.

◎ 코가 뾰족하고 비뚤어져 있거나, 콧대만 외롭게 솟아 박약하고, 굴곡이 있으며 콧방울은 살집이 없어 힘이 없고, 콧구멍이 환하게 들여다보인다.

◎ 입이 비뚤어지거나 뾰족하고 너무 크거나 작으며, 입술은 뒤집어지거나 기울고, 엷어서 입아귀가 힘이 없으며 빛깔은 검푸르거나 희누르스름하다.

◎ 관골이 살이 없어 뼈만 앙상하거나 불거지고 깎이거나 얕으며 관골이 옆으로 뻗거나 좌우가 고르지 못한 경우이다.

◎ 인중이 가늘거나 좁고, 짧고 얕으며 판판하여 골이 없고 가로·세로 주름이 많은 경우이다.

◎ 턱이 작고 가늘며 뾰족하고 옆에서 보면 비스듬히 내려가거나 뒤로 젖혀진 경우이다.

◎ 귀가 뒤집히거나 오그라져 있으며, 비뚤어져 있고, 양쪽 귀의 크기가 다르거나 너무 작으며, 커도 색깔이 죽어 빛이 없고, 귀의 윤곽이 불분명하다.

◎ 몸의 형상은 세소하고 추조하며 음성은 깨지는 것 같으면서 흩어지고, 정신은 사람을 겁내는 것 같고 혹 정신은 건강하더라도 살이 없어 뼈가 드러나든지 너무 비만하여 인체의 균형이 맞지 않으며, 말하고 대답하는 것이 넉넉하지 못하고 부족하면 고독하고 빈천하다.

아주 귀하게 벼슬하는 사람들의 형상은 그 생김새가 모두 최상격으로 비슷하지만 더 높은 자리에 오를수록 하늘의 부름을 받아야 한다. 그것은 인륜지대사로서 본래의 마음속에 쌓여 있는 심덕의 정사에 의해 그 사람의 운명이 결정되는 것이므로 천하를 제패하려거든 심상의 도량을 너그럽고 크게 가져야 한다는 의미이다.

3 여인의 운명 ✺

일양一陽·일음一陰의 기운은 그 도리를 어지럽힐 수 없다. 따라서 여인은 근본적으로 순수한 음의 기운에 있는 것이니 그 활용이 부드럽고 굳세지 못하므로 중정中正과 충화沖和의 아름다움을 얻지 못하면 거슬리는 형체가 되는 것이다. 그러므로 여인의 상을 판단할 때는 더욱 섬세한 관찰을 하지 않으면 안 된다.

1) 오덕五德을 갖춘 여인의 상

부인의 위엄이 후덕하고, 사사로이 말하는 음성이 돌 속에 운치가 나는 것 같이 맑게 우러나오며, 화급한 일에도 당황하지 않고, 고난중에도 상대를 원망하지 않으며, 생활속의 검소함이 몸에 배어 있는 것, 이와같이 다섯 가지의 덕성을 갖춘 여인은 심성이 바른 까닭으로 설령 신체 어느 부위가 흉하더라도 온갖 재난을 물리치고 도리어 복록을 받아 가문의 기운을 일으킨다.

2) 정숙한 여인의 상

◎ 검은 모공이 크고 사람을 첨시瞻視하는 모습이 바르고 분명하다.

◎ 언어가 맑으면서도 매정하지 않고 실상을 과장하지 않는다.

◎ 걸음거리가 단정하고 완만하며, 앉고 누울 때 한가하고 바르다.

◎ 눈동자는 맑고 겉으로 드러나지 않으며, 흑백이 분명하다.

◎ 웃을 때 교태가 나타나지 않고 행동이 차분하며 안정되어 있다.

◎ 성품은 굳셈과 부드러움을 겸하고 용모는 엄숙하면서도 인정이 있다.

◎ 정신과 기운이 맑고 화합하며, 피부가 깨끗하고 향기가 나는 듯하다.

◎ 골격은 세밀하고 피부 전체가 매끄러우며, 얼굴은 각이 지지 않고 원만하다.

◎ 오관귀·눈·코·입·눈썹이 바르고 삼정상정·중정·하정 균등하다.

◎ 입술은 붉은 빛이 나고 웃을 때 이가 보이지 않으며 치아가 고르고 깨끗하다.

◎ 눈은 수려하고, 눈썹은 길고 아름다우며 털빛이 윤택하다.

◎ 양관골이 살 속에 묻힌 듯하면서도 은근한 세력이 있고, 법령선은 선명하고 바르게 내려와 있다.

◎ 머리카락은 숱이 적당하면서도 윤기가 흐르고, 귀의 혈색은 곱고 두텁다.

◎ 이마는 둥글고 코는 반듯하며, 입술의 선은 명확하다.

◎ 어깨는 넓지 않으며 등은 곧고 둥글다.

◎ 입은 작고 단정하며, 입술은 황색으로 붉고 상하가 단정하다.

◎ 손가락은 섬세하게 가늘고 길며, 손바닥은 두텁고, 손금이 세밀해서 실과 같으며 빛은 깨끗하다.

이와 같은 여인의 심상과 형상은 선덕과 현숙함이 쌓여 있어 어떠한 역경과 고난 속에도 가문을 잘 보필하여 크게 집안을 융성하고 명성을 드높인다.

3) 귀貴·부富한 여인의 상

◎ 용모가 청수하면서도 몸가짐이 예법에 맞고 심덕이 두텁다.

◎ 눈동자가 안정되어 있고 항상 바르게 정시正視하며 검은 눈동자가 꽉 차 있다.

◎ 이마가 둥글고 흠이 없으며 현벽귀 앞 부분이 밝고 단정하다.

◎ 음성이 밝고 온화하면서 여운이 있다.

◎ 뼈와 살이 서로 알맞게 보완하고, 피부는 윤활하다.

◎ 머리카락은 까마귀 깃털처럼 윤택하고 눈썹은 가지런하며 눈보다 길다.

◎ 귀의 길이가 길고 두터우며 희고 밝다.

◎ 코는 옆으로 퍼지지 않고 반듯하며 콧방울이 분명하고 힘이 있다.

◎ 인중은 맑고 분명하며 식창과 녹창 부위가 두둑하다.

◎ 시골볼따구니 턱뼈에 살이 꽉 차 있으며, 관골과 서로 균형을 이룬다.

◎ 손바닥은 붉고 윤택하며 손마디는 바르고 섬세하다.

◎ 와잠눈밑부위이 맑고 평만하며 사고四庫가 풍만하다.

◎ 입술은 항시 붉고 이는 희고 밝다.

◎ 코를 중심으로 만면이 서로 조공朝供한 듯 상극相剋이 없다.

◎ 콧날이 똑바르게 일어나 있고 관골이 풍성하며 목소리는 부드러우면서도 힘이 있다.

이와 같은 여성은 마음이 심원하고 지혜가 무궁하여 일생 식복과 재복이 창성하며 권세와 덕성을 갖춘 귀·부한 명이다.

4) 흉兇·악惡한 여인의 상

◎ 이마와 얼굴은 모가 져 있고, 입술은 뾰족하며, 음성은 깨어진 소리와

같이 고르지 못하고, 말은 반드시 먼저 앞서며, 심성과 인정이 시랑의 독기와 같아서 편벽되는 곳이 많다.

◎ 이마가 함하고, 턱이 뒤집어지고, 관골이 옆으로 불거지면 말로써는 감당 못한다.

◎ 눈은 깊고 끝이 휘었으며, 코가 굽고 얼굴의 기상이 물이 흐르는 것 같으면 성품이 강강해서 자기 남편도 죽이고 자녀도 해롭게 한다.

◎ 눈의 모양이 고리눈이거나 사백안 또는 삼각모이고, 얼굴은 푸른 빛을 띠고 있으며 손은 추조하고 손가락은 짧다.

◎ 코끝이 뾰족하거나 콧등이 불거지고 굴곡이 있으며, 코의 길이가 짧고 콧구멍이 뻥하게 드러났다.

◎ 머리카락은 빛이 노랗고 곱슬머리이며, 눈썹털은 꼿꼿이 서 있거나 중간이 끊어져 있다.

◎ 머리숱이 없고 눈썹도 없으며, 몸이 굳은 것처럼 뻣뻣하고 목이 짧은 것 등의 상은 심상이 독하여 가문을 망치는 악한 상이다.

◎ 머리가 뾰족하거나 이빨이 밖으로 드러나 있으며, 입술의 빛이 항상 희고 검푸르며 입술이 위·아래로 말려 있거나 밖으로 뒤집혀 있다.

◎ 양 관골과 턱뼈만 크게 발달되어 있으며, 남상 같거나 이마는 한쪽으로 기울고 이가 밖으로 드러났다.

◎ 눈빛이 항시 붉고 눈주위의 찰색이 검게 되어 있으며, 와잠눈밑이 눈물봉지를 매달아 놓은 것처럼 아래로 처져 있다.

◎ 눈썹이 역으로 나거나 항상 산란하고 눈썹 중간이 끊어졌거나 눈썹이 아예 없다.

◎ 몸이 무겁기가 진흙과 같고 살빛은 혼탁하며, 몸은 비대하지만 뼈가 가늘다.

◎ 가슴이 넓고 목이 굵거나 관골은 높고 코가 죽어 있다.

◎ 얼굴에 기름기가 있고 몸에서 악취가 나거나 이마가 얕고 코가 뾰족하다.

◎ 음성이 쩌렁쩌렁 울리거나 남자의 목소리와 같고, 말끝이 흐리거나 음성은 깨지는 그릇 소리와 같다.

◎ 피부가 거칠고 뼈마디가 남자처럼 억세며, 성질이 급하기가 불과 같고 목소리는 징징 우는 소리와 같다.

◎ 천중_{이마의 중앙}에 흉터나 세로금이 있으며 와잠 부위에 가로금이나 흉터 혹은 흑점이 있다.

◎ 인당 부위에 세로로 현침문이 있으며 콧등에 세로금이 나 있다.

◎ 머리나 이마에 가로의 횡문이 어지럽게 나 있고, 산근_{눈과 눈 사이} 부위가 끊어졌거나 흉터가 있다.

◎ 턱이 송곳처럼 뽀족하거나 한쪽으로 틀어져 있고, 관골의 높이가 미구 즉 안각_{眼角}보다 높으면 극부형자의 불길한 상이다.

◎ 슬픈 일이 없는데 눈물이 그렁그렁하거나 눈은 튀어나오고 목소리가 거칠다.

◎ 간문이 함하고 눈썹이 적거나, 간문이 부하게 내밀고 눈이 살기가 있어 쏘아보는 듯하다.

이와 같은 상의 여인은 일생 고난을 면하기 어려우며 남편복도 부족하지만 혹 자녀를 둔다 해도 걱정이 끊이지 않고 요절하거나 항시 적막하다.

5) 빈貧·천賤한 여인의 상

◎ 걸음걸이가 혼란스럽고, 앉았을 때 무릎을 흔들면서 멈추지 아니하며 허리가 기울어져 있고, 몸이 너무 부드러우며 양 눈의 빛이 정신이 없고, 말하고 대답을 하는데 음성이 없으면 그 사람의 수명을 연장하기 어렵다.

◎ 눈밑 부위가 나망의 그물과 같이 가로 세로 주름이 있거나, 초조하게 타는 것 같고 마른 나무와 같은 느낌이 있으며, 두 눈빛이 밖으로 드러나 있

고 눈 꼬리가 아래로 축 처져 있으면 눈물이 마르기가 어렵다.

◎ 상대방을 옆눈으로 몰래 훔쳐보거나 곁눈질 하면서 고개를 숙인다.

◎ 혈색이 항상 어둡고 화색이 나지 않으며, 얼굴이나 피부의 희기가 마치 백분을 뿌린 것과 같고, 얼굴에 기미·주근깨가 많다.

◎ 살갗이 솜처럼 푸석푸석하거나 얼굴이 항상 떠 있어 부은 것과 같고 피부빛이 기름을 바른 것과 같으며, 얼굴에 도화빛이 가득하고, 피부에 실낱같은 가는 주름이 많다.

◎ 머리가 뾰족하고 이마가 깎여 있으며, 얼굴의 좌우 또는 이마가 움푹 패여 있다.

◎ 목소리가 물소리처럼 혼탁하고 웃음소리가 마치 말울음 소리와 같다.

◎ 손이나 머리를 자주 흔들고 한 걸음 걷는데 몸은 세번쯤 흔들린다.

◎ 오리걸음에 몸의 움직임은 안장다리와 같고, 걸을 때 머리가 발보다 먼저 나간다.

◎ 얼굴은 큰데 코가 유난히 작거나, 얼굴은 길고 눈이 놀란 토끼처럼 동그랗다.

◎ 머리는 큰데 머리털이 드물게 나 있으며, 머리가 틀어지고 이마가 좁거나 잔털이 많다.

◎ 이를 쑤시면서 옷을 만지작거리거나 혼잣말로 중얼거린다. 외로움과 불만의 표상

◎ 말하기 전에 먼저 웃거나 손이 입으로 올라가고, 입술이 틀어졌거나 저절로 움직이며 턱을 두 손으로 받치거나 손톱을 깨무는 습관이 있고 입가에 세로 주름이 모여 있어 파문이 있다.

◎ 이야기하는 중에도 말을 여러번 멈추거나 말 한마디 하는데 세번정도 끊긴다.

◎ 남의 말을 잘하고 비밀을 지키지 못하며, 타인의 말에 쉽게 동요하고 유혹되기 쉽다.

◎ 키나 몸은 긴데 유독 목만 짧거나 허리는 굵은데 다리는 가늘다.

◎ 어깨가 굵고 가슴이 딱 벌어졌으며 입술도 얇고 피부가 거칠다.

◎ 입술이 희고 얇으며 입술빛은 검고 푸르다.

◎ 이마는 넓은데 볼이 깊거나 관골과 시골턱뼈이 빈약하다.

◎ 몸이 마치 간드러진 풍류와 같고, 편안히 앉지 못하고 몸을 뒤척거린다.

◎ 성격은 변덕이 심해서 측량하기 어렵고, 마음이 하루에도 열두번 변한다.

◎ 배가 몹시 작거나 등이 움푹 패여 있고 발이나 발가락을 까닥까닥 자주 흔든다.

◎ 걸음걸이가 참새처럼 팔짝팔짝 뛰거나 서 있는 자세가 한쪽으로 기울어 있다.

◎ 노루머리에 귀는 쥐의 귀처럼 생겼으며 머리를 쭈그리면서 혀를 낼름거린다.

◎ 아무 일이 없는데도 혼자 깜짝깜짝 놀라고 허리를 들면서 한숨을 내쉰다.

◎ 행동이 넋 나간 사람처럼 멍하거나 사람을 대할 때 얼굴을 가린다.

◎ 혀끝이 뾰족하고 입술이 말려 있으며 쥐 이빨에 어금니가 빨아져서 날카롭다.

◎ 시도 때도 없이 음식을 먹고 군것질을 잘하며, 행동은 뱀과 같고 음식은 쥐처럼 먹는다.

◎ 눈을 감을 때 눈썹을 찌프리고 콧구멍이 자주 움직이거나 하늘을 향해 있으며 다리에 털이 많이 나 있다.

◎ 눈에 물기가 적셔 있고 눈동자가 항시 흐리며, 눈은 길게 한 일자와 같이 생겨 있다.

◎ 잠잘 때 움츠리고 자거나 혹은 남자처럼 다리를 쩍 벌리고 자며, 잠잘 때 꿈속에서 항상 울고 입은 벌리고 침을 흘리며 잔다.

◎ 눈에 흰빛이 많고 정신이 없으며 코가 나직하게 생겨 있고 바르지 못하다.

이상과 같은 상을 가진 여인은 매사에 장애가 따르고 구설이 많으며 마음이 산란하여 일관되지 못하므로 신의를 지키기 어렵고 남편의 속을 태운다.

6) 음란한 여인의 상

◎ 소리없이 부드럽고 정답게 눈으로 웃으면서 아무 목적도 없이 너무 인정이 농후하다.

◎ 걸을 때 머리를 흔들고 이마가 한쪽으로 기울어 바르지 못하다.

◎ 머리를 숙이고 웃으면서 말을 하는데 목소리가 들락날락하고 눈을 바로 보지 못하고 기울게 본다.

◎ 입술이 조개와 같이 헤벌쭉하게 벌어져 있으며 입술이나 입 주위에 항상 푸른 빛이 돌고, 입술이 촉촉이 젖어 있다.

◎ 눈빛이 물을 머금은 듯 너무 찬란하고, 양눈썹에 흠점이 있거나 눈썹 끝이 칼처럼 뾰족하다.

◎ 음성이 깨진 파루와 같거나 말하고 대답하는 것이 목구멍에 맺혀 있다.

◎ 홀로 문에 의지하며 서 있으되, 손으로 머리를 뜯고 의복을 자주 점검하며, 웃으며 말하는 것을 좋아한다.

◎ 남을 상대할 때 등지고 말하는 것 같고, 머리를 숙이면서 의복이나 옷 깃을 만지락거리며 무릎을 흔들면서 말하고 대답한다.

◎ 아무일 없이 근심을 띠고 있는 얼굴이거나 잿빛과 같은 색이 얼굴에 가득하다.

◎ 얼굴빛이 오이처럼 푸르거나 얼굴을 위로 쳐들고 입술을 실룩거린다.

◎ 눈속에 검은 점이 있거나 어미와 간문에 가는 주름이 많고 눈밑 와잠 부위가 항상 검고 푸르다.

◎ 여자의 음성이 남자의 음성과 같고, 입은 큼직하면서 입끝이 밑으로

드리워져 있다.

◎ 앉아 있을 때 무릎을 흔들고 허리는 벌과 같이 가늘며 손으로 눈썹과 머리를 자꾸 만지작거린다.

◎ 눈이 끔찍하면서 어질지 못하고 눈썹모양이 하늘에 새로이 뜨는 달과 같으며 눈모양이 생글거리고 새우와 같은 눈동자를 가지고 있으며 눈이 곱고 눈웃음을 자주 친다.

◎ 이가 가지런하지 못하고 청색 또는 황색과 흑색을 띠고 있으며, 눈동자가 편벽되고 흉하며 뺨을 자주 만지고 아울러 손가락을 자꾸 깨문다.

흉악·빈천·음란한 상을 범한 여인은 매사에 장애가 따르고 구설이 많으며 남편과 자식의 운을 가로막아 형극의 인생 그대로 고독과 빈궁의 생활을 벗어나기 어렵다. 그러므로 여기에 해당하는 여성은 오덕五德을 다지고 갖추어서 닥쳐오는 액운을 피하도록 해야 한다.

여인의 운명편에서 논한 내용 가운데 행위·표정·습관 등은 남성도 동일하므로 본 내용을 참고하여 자신의 단점을 보완하고 가다듬어 악명을 호명으로 바꿔 살기 바란다.

4 아이의 운명 ✹

　무릇 아이를 관찰해 보는 것은 귀뒤에 나와 있는 옥환골과 머리뒤의 침골을 근본으로 삼아 산근눈과 눈 사이을 살피고 아기의 울음소리로 주요함을 판단한다.

1) 귀하고 장수하는 아이의 상

　◎ 머리뒤의 침골이 불룩하게 튀어나온 아이는 수명이 이루어진 것이고, 산근 부위가 풍후하고 높이 솟아 있는 아이는 수명을 누리며, 두 눈의 정기가 총명한 아이들 또한 수명을 누린다.

　◎ 귀뒤의 옥환골 부위가 높이 솟아난 아이는 귀하고 수명을 누리면서 지혜가 있고 여기에 귀 앞의 이문 부위가 넓으면 부귀를 겸전한다.

　◎ 눈의 검은 동자가 크고 빛나면 부귀를 측량하기 어렵고, 우는 소리가 진동하는 아이는 수명을 누린다. 중요한 것은 노는 것을 좋아하되 아이의 정신이 여유가 있으면 부자가 되고 귀한 벼슬을 한다.

　◎ 아이의 소리가 쩌렁쩌렁 울리면 장수하고, 활동력이 왕성하면 신이 유여한 것이니 장수할 명이며, 여덟살때 의복을 아끼고 정돈하며, 말하고 이야

기하는 것이 기운차면 관운이 있다.

◎ 고환에 주름이 줄줄이 이어져 있으면 장래 처복이 있고, 아이의 허리가 넓고 둥글면 재복이 있다.

◎ 말하는 것이 남보다 더디고, 신神이 안정되면 장래에 큰일을 할 아기이다.

◎ 눈썹이 청수하고 음성은 청량하며, 용모가 후덕하고 혈색이 강왕하며, 등이 두텁고 살은 탄력이 있고 향기로우며 입술이 붉고 콧대도 곧으며 준두가 풍윤한 아기는 건강하고 복록이 무궁하다.

◎ 눈동자가 큼직하면서 빛이 나고, 두 눈에 정신이 나타나 있고 부르짖어 우는 소리가 면면하며 양눈 사이의 산근혈이 높이 솟아 있으면 귀한 사람이 되는 것을 측량할 수 없다.

◎ 두뇌의 골이 잘 이어지고 정신이 족하며 안정되고, 기는 두텁고 너그러우며 색이 깊이 감추어진 듯하면서 수기가 있고, 터럭빛은 비취색이며 뼈는 자청색이면 귀한 벼슬을 한다.

◎ 침골이 잘 이루어지고, 목은 둥글고 골격이 일어났으며, 정신이 실하고 명철한 아이는 부귀와 수명을 누린다.

2) 우둔하고 단명하는 아이의 상

◎ 두 눈이 정신이 없어 흐리멍텅하고, 음성이 끊어져 멈추었다가 다시 울고, 살빛이 부하게 떠 있고 살에 뼈가 없어 말랑거리는 것같이 흐물거린다.

◎ 머리카락이 드물게 나 있고 몸에 땀이 많으며 음성이 들어가는 것 같아서 없는 것 같고, 소변을 보는데 김이 나고 배꼽이 작으면서 밑으로 낮게 붙어 있다.

◎ 머리뒤의 침골이 없는 아이는 단명할까 두렵고, 숨구멍이 합해지지 않은 아이는 여덟살이 되기 전에 천신天神께 빌어 그 액을 예방해야 한다.

◎ 옥환골이 평평하거나 함하여 웅덩이처럼 패어 있고, 양쪽 수골이 서로 보좌하지 않으면 수명을 누리기 어렵다.

◎ 너무 일찍 걷고, 일찍 말하며, 치아도 일찍 나거나 우는 소리가 자꾸 흩어지는 아이는 귀한 명이라 할 수 없다.

◎ 깨끗하게 정결함을 유지하지 않고 몸 내키는 대로 하며, 말하는 소리가 맑고 청정하지 못하며 정신이 부족한 아이는 커서 반드시 빈천하다.

◎ 눈썹이 전혀 없고, 살이 무겁기가 진흙과 같으며 뼈는 가는데 배만 유독 크고, 두 눈의 정신이 흐트러졌다.

◎ 입가에 항상 침이 나와 있고, 음낭이 크면 오로지 굽실거리는 작은 사람이 된다.

◎ 머리에 숨구멍이 합해지지 아니하고, 푸른 빛이 눈 사이의 산근에 다다르며, 귀 뒤의 뼈가 튀어나오지 못하고, 눈은 큼직하지만 눈동자가 밖으로 노출되어 있는 듯하며 정신이 없어 보이는 아이는 형벌의 상극과 우는 곡성이 있다.

◎ 목에 흰빛이 나고 얼굴보다 몸이 지나치게 하얀 사람은 풍성한 생활을 할 수가 없고, 코 위에 붉은 빛이 돌고, 귀가 엷고 기운이 재촉되며 소리가 없는 아이는 목숨이 기운다.

◎ 머리가 얇고 뾰족하며 뒤꿈치가 없거나 머리털이 노랗고 얼굴은 큰데 코뼈가 없으며 머리는 큰데 목이 가늘고, 뼈는 연한데 살이 많은 아이는 운세가 기울까 두려우니 공덕을 게을리하지 말라.

◎ 아이의 음성이 힘이 없고, 놀기를 좋아하지 않으면 정신이 부족한 것이므로 어려서 잔병치레가 많고, 옷 입기를 싫어하고 오물에 주저앉으며 커나가면서 말이 똑똑하지 않으면 하천하고, 침을 흘리면서 입을 벌리고 자면 수명을 보존하기 어렵다.

그러나 자식들을 훌륭하게 키우기 위해서는 지금까지 논한 선천적인 운명보다 태어나서부터 성장하는 과정까지의 후천적인 영향이 더욱 크므로, 아이들의 좋은 본보기가 될 수 있도록 부모들의 처신이 바르면 그 영향을 받아 아이들은 덕망이 있고 부귀하게 성장할 것이다.

5 사람의 형상으로 판단하는 부귀빈천 ❀

관인팔상

관인팔상이란 고대의 위인들이 창도한 것으로서 사람의 형상을 크게 여덟 가지의 유형으로 구분하여 그 정도에 따라 귀·부·빈·천을 판단하는 법이다.

1) 위威 : 위맹지상

팔상의 첫 번째는 위맹지상형이다. 이는 용모가 품위 있고 엄숙하면서도 위엄이 서려 있어 사람을 자연스레 압도하는 형상으로서 주로 권세를 누리는 귀상이다. 그 대표적인 인물로는 우리나라의 박정희 전 대통령, 중국의 등소평 전 주석, 영국의 대처 전 수상 등이다.

2) 후厚 : 후중지상

후중지상형은 대부호의 명으로서 사람됨이 두텁고 그 그릇이 무게감이 있어 당겨도 끌려오지 않고 흔들어도 전혀 동요감이 없는 형상을 말한다. 대표적인 인물로는 중국의 시진핑 부주석, 삼성그룹의 이건희 회장, 현대가의 정몽구 회장, SK그룹의 최태원 회장 등이며 한국의 연예인 중에서 대표적인 후중지상은 방송인 강호동, 가수 싸이 등이 이에 해당한다.

3) 청淸 : 청수지상

청수지상형은 정신이 맑고 깨끗하며, 용모는 수려하고 총명하게 보이는 상으로 사회에서 어긋나는 일에 오로지 물들지 않는 형상을 일컫는다. 그러나 사람이 청수하기만 하고 후중함이 일체 없으면 박복한 경향이 있다. 예를 들면 안철수 교수의 경우는 청수지상 속에 후중함이 배어 있으며, 강기갑 국회의원은 전형적인 청수지상의 예이다. 청수지상의 대표적인 세계의 인물로는 미국의 오바바 대통령, 중국의 원자바오 총리, 마이크로 소프트의 빌 게이츠 회장이고, 한국의 대표적인 인물로는 소설가 황석영, 박영숙 전 한국여성 재단 이사장, 영화인 안성기, 아나운서 손석희, 프로골프선수 최경주, 방송인 김혜영, 유재석, 김제동, 가수 윤도현, 선·정혜영 부부, 탤런트 김수로, 한혜진, 문근영 등이 청수지상에 해당한다.

4) 고古 : 고괴지상

고괴지상형은 두 눈이 부리부리하거나 관골이 툭 불거지고, 옆에서 보면 코가 우뚝 하거나 뼈가 솟아 그 모습이 괴이하고 이상하게 생겼으면서도 어딘지 모르게 천하게 보이지 않고 사람을 위압하는 기상이 돋보이는 형상이다. 그러나 사람이 고괴하기만 하고 청수함이 부족하면 오히려 속된 인물이 되고 만다. 주로 종교계나 도인 또는 기인으로 명성을 떨치는 상으로서 모든 일에 긍정적인 반면 기획성이 부족하여 매사 실패하기 십상이다. 그러나 냉철한 판단력을 기른다면 반드시 성공한다.

5) 고孤 : 고한지상

고한지상은 형상과 골격이 외롭게 보이고 목은 길며, 어깨는 좁고, 몸은 바르지 못하며, 다리는 비꼬이고 모습도 비를 맞고 서 있는 한 마리의 해오라기와 같이 쓸쓸하고 처량하게 보이는 상으로서 한 마디로 궁상스럽게 보이는 형상이다. 예를 들면 근심이 가득찬 형상, 우는 것같은 형상, 찌프린 듯한 형상, 까닭없이 우울하고 쓸쓸한 형상, 또는 살이 없이 뼈만 앙상하거나 반대로 뼈가 없이 살만 물컹하게 뭉쳐 있는 형상, 쓰러질 듯 흔들릴 듯 괴괴하게 절망에 빠져 있는 듯한 형상으로 이러한 형상을 고독·비천한상이라고 한다. 이런 상의 소유자는 만사에 자신이 없고 사업상의 성공 따위와는 거리가 멀다.

6) 박薄 : 박약지상

박약지상은 체형이 왜소하고 빈약하며, 혈기가 없어 행동이 가볍고 겁이 많으며, 얼굴색도 어둡고 침침하다. 마치 한 조각 작은 배가 거센 풍랑 위에서 위태롭게 출렁거리는 모습으로 누가 봐도 실하지 못하고 빈약하다는 것을 쉽게 알아볼 수 있는 상으로서 대개 가난하고 하천하게 된다. 그러나 체격이 작다 해서 모두 박약지상에 해당하는 것은 아니다. 작더라도 얼굴·몸통·팔·다리가 균형이 잡히고, 이목구비의 윤곽이 조화를 이루어 탄탄해 보이면 좋은 상이다. 반대로 몸집이 크고 팔·다리가 굵고 길더라도 바람에 흔들거리는 나뭇잎처럼 행동거지가 가벼우면 박약지상에 해당한다. 만일 이러한 상을 가지고도 의식이 넉넉하다면 수명이 길지 못하므로 자신의 수양에 힘써 마음의 자세를 함양할 필요가 있다.

7) 악惡 : 악완지상

악완지상형은 형상이 흉악해 보이고, 목소리는 의뭉스럽고 흉측하며, 성질도 흉폭하여 조금도 고매한 점이 없는 상으로서 인간으로서는 최하격이다. 물론 얼굴이 선량해 보이는 사람도 성질이 나면 사납고 무섭게 보인다. 본래 얼굴이란 그 마음을 표현하는 거울이라고도 할 수 있으므로 용모를 보고 사람됨을 미루어 알 수가 있다. 따라서 성내지 않을 때에도 화난 얼굴이거나, 두 눈이 벌겋게 충혈되어 뱀눈이나 쥐눈 같이 생겼다거나, 음성이 승냥이나 이리가 울부짖는 것처럼 사납고 징그럽게 들리는 사람은 그 성격도 흉포하여 시비·쟁투를 좋아하니 경계해야 한다. 그러나 이런 사람이라도 자기 수양에 힘쓰고 심정을 아름답게 가지면 타고난 성정에 의한 재앙은 면할 수 있다.

8) 속俗 : 속탁지상

속탁지상형은 형모가 변변치 못하여 혼탁하고 어리석고 누추해 보이는 상으로서 의식이 넉넉하더라도 크게 성공하지 못할 뿐더러, 남의 밑에서 고용살이 신세를 면하기 어렵다. 단연히 청수지상형의 정반대가 속탁지상형이다. 이런 상은 많은 학문을 닦는다 할지라도 고귀한 신분에 오르지 못한다.

관인팔법의 길흉을 상·중·하로 분류하면 위맹지상·후중지상·청수지상은 부귀한 상으로서 상격에 속하고, 중격의 고괴지상은 형모가 청수하면 부귀하고 혼탁하면 빈천한 명이며, 고한지상·박약지상·악완지상·속탁지상형은 하격에 속한다. 격의 분류는 형모의 균형과 체형의 청탁 그리고 기색_{피부}의 색깔 등을 종합적으로 관찰하여 결정해야 한다.

형상으로 판단하는 부귀빈천은 일반적인 관찰법이므로 혹여 자신의 형모나 체형이 하격에 속한다 해도 실망할 필요는 없다. 옛 고서에 의하면 얼굴을 보기 전에 먼저 마음의 상, 즉 심상을 살피라고 했듯이 마음은 언제나 형상보다 먼저 동하는 것이므로 예나 지금이나 자신의 처신과 행동을 바로하여 인격을 고양시킨다면, 하격의 불우한 숙명을 부귀한 행운으로 전환시킬 수 있다. 특히 웃는 얼굴은 만가지의 복록을 불러들이는 원천이 되므로 항상 긍정적인 사고방식을 가지고 좋은 표정을 지을 수 있도록 노력하는 것이 운명을 바꾸는 가장 이로운 방법이다. 이것이 바로 우리가 상학을 공부하는 이유이다.

형모에 의한 관찰법

현시대에 와서는 귀·부·빈·천의 궁통을 관인팔상 이외에도 형모에 의한 관찰법과 사람의 체형을 열두 가지로 구분하여 판단하는 관찰법이 있다. 형모에 의한 관찰법은 크게 근골형·영양형·신경형으로 구분하는데 먼저 근골형은 골격이 겉으로 드러난 사람을 말하고, 영양형은 골격보다도 살집이 풍성한 것을 말하며, 신경형은 골격과 근육이 아우러져 도드라진 사람을 말한다.

1) 근골형

근골형의 특징은 상체가 잘 발달된 유형으로 뼈마디가 억세고 가슴은 두꺼우며, 어깨는 벌어지고 몸집은 하체로 내려갈수록 날씬하므로 허리는 자연스레 오목하며, 근육은 구분이 없이 단단한 느낌을 준다. 얼굴은 대체로 네모형의 각진 얼굴이며, 관골^{광대뼈}은 높직하고 턱뼈도 두툼하다. 눈은 째진 편이며 코는 높고 입도 큼직하다. 머리카락은 뻗세고 거칠며 눈빛은 강렬하고 눈썹도 짙으면서 몸은 전체적으로 어딘지 모르게 뻣뻣한 감이 있다.

특성은 의지가 강하고 뚜렷한 이상을 가지고 있어 어떠한 역경에도 굴하지 않는 굳셈과 목적에 대한 신념의 소유자이며 자신을 믿는 마음이 지극하여 이것이 좋다고 생각하면 당장 실천에 옮기는 과감성이 있다. 그러나 융통성이나 타협성이 없고 남에 대한 배려가 부족하여 사업이 순조로울 때는 급속도로 발전하지만 한번 차질이 오면 실패할 위험성이 크다.

이런 사람은 상대방에 관대하고, 남의 말에 귀 기울이고, 얼굴에 항상 미소를 지어 마음의 여유를 가질 수 있도록 노력한다면 자신의 단점을 보완하여 크게 성공할 것이다. 이 형의 사람은 대체적으로 정치가나 군인으로서 성공하는 경향이 있다.

2) 영양형

영양형의 특징은 살집이 풍성하다는 것인데 대체로 비만형으로 물컹하고,

당겨도 팽팽함이 없는 살이 쪄 있는데, 어깨나 가슴보다도 배의 부분이 살집이 있어 허리가 비교적 굵은 편이다. 이 형의 얼굴은 둥근 편이고 턱이나 코·눈·귀도 보편적으로 둥글며, 코끝이나 눈까풀, 턱에도 살이 있고 손이나 발도 통통한 편이다. 머리카락이나 눈썹은 짙은 편이나 뻣뻣하지는 않고 부드럽다.

특성은 사회생활을 함에 있어 비교적 사교적이며 온순하고 선량하다. 또한 융통성이 있어 외부에서 자극이 있을 때의 반응도 원활하며, 현실적인 생활 방식을 고수하여 공상적이거나 이상적인 것보다는 눈앞의 일이나 인간 생활의 의식주같은 현재의 실제성을 중시한다. 그러나 주관이 약하여 감정으로 움직이기 쉽고, 어제와 오늘의 방침이 변하거나 약속을 어기는 결점이 있으며, 사물에 대한 질서와 이상이 결핍되어 남을 지나치게 신용하므로써 손해를 본다. 이성과의 문제와 음주가무로 인해 여러 가지 문제를 일으켜 실패하는 경향도 있고 처세술은 극히 교묘하지만 상대방 여하에 따라 움직이는 변덕스러움으로 절조의 결핍이라는 흠결이 있다.

이러한 사람은 모든 일에 질서와 규칙을 세워 인내와 끈기를 갖고 사업이나 인생에 매진하고 상대방에 홀리어 손해 보는 일이 없도록 노력한다면 자신의 흠결을 보완하여 앞날이 영화로워질 것이다. 이 형의 사람은 대부분 실업가로 성공을 거두고 있다.

3) 신경형

신경형의 특징은 골격이 융기한 것도 아니고, 그렇다고 해서 비만하거나 마르지도 않았고, 살과 뼈의 배합이 중간 정도로서 아무리 영양을 섭취해도 살이 찌지 않으며, 대체로 중키인데다 날씬한 편이다. 얼굴은 이마가 넓으면서 코에서 턱으로 내려갈수록 가늘고 뾰족하다. 모발은 가늘고 보드랍고 아름다우며 수염은 많지 않은 편이고, 눈썹도 수려하게 비교적 가늘고 입술은 얇다.

특성은 사고력이 정확하고 치밀하며, 상상력도 풍부하고 지각이 예민하여 남의 마음을 꿰뚫거나 그 결점을 알아내는 능력이 있고, 감수성이 발달되어 일의 본질을 파악하거나 분석하여 이론화하는 면이 능하다. 또 연구적이어서 한 가지 일을 어디까지나 연구하여 결론을 얻고야 마는 열의도 지녔다. 그러나 충실하기는 해도 영업에 있어서의 임기응변 같은 것이 부족하고, 비관할 문제건, 낙관할 문제건 너무 한쪽만 크게 보아 넘기는 경향이 있으며, 모든 사물을 감각적으로 잘 알기 때문에 현재의 일에 대해서 열성이 적고 실행하지 않을 우려성이 있다. 또 항상 자기자신을 중심으로 하는 정신생활을 위하여 자기와 주위와의 사이에 엄중한 경계선을 긋고 뭇 사람들의 결점을 보기 때문에 사교성이 없고 매사에 주의가 깊어 소극적이다.

이러한 사람은 남의 비평을 마음에 두지 말고 언제나 긍정적인 사고방식으로 무장하여 비관감을 떨쳐버리며 상대방의 결점보다는 장점만을 인식하여 받아들이고, 자신의 장점이라고 생각되는 우수한 두뇌를 활용해서 그 산물을 만들어낼 수 있도록 노력한다면 크게 대성할 수 있다. 신경형의 사람은 여성으로서의 명사도 많은데 그 대부분이 문예나 예술 방면에 재능을 타고난 위인들이다.

열두 가지 체형에 관한 관찰법

상법은 시간을 매개로 하지만 공간적인 것이다. 그러므로 현재 얼굴이 나쁘다 하더라도 선행을 통하여 얼마든지 좋은 얼굴로 바꿀 수 있다. 그러나 반대로 지금의 좋은 얼굴이 나빠질 수 있다는 것도 유념해 두어야 한다. 따라서 얼굴은 심상의 축적된 결과물이며 표현이라고 말 할 수 있다. 다시 말해서 각자의 얼굴에는 자신의 환경과 더불어 사회생활의 희·노·애·락이 집약되어 있는 것이다.

앞장에서 논한 근골형의 얼굴모양은 사각형이고 영양형의 얼굴은 원형이며 신경형의 얼굴은 달걀형이라고 설명하였다. 다시 이 세 가지의 형들을 맞붙힘으로써 열두 가지 체형의 얼굴이 나온다.

열두 가지 체형에 의한 관찰법의 설명은 지면관계상 다음 기회로 미루고, 운명이란 자신의 성격이나 사회에 대하여 작용하는 진동이 반대로 자신에게 되돌아옴을 일컫는다. 운명의 파장은 결코 얼굴만은 아니다. 골격, 음성, 필적, 걸음걸이, 체취, 표정 등에서도 적출할 수가 있다. 표정의 예를 들면 웃는 상은 언제나 부드러운 얼굴로 덕이 스며 있어 친근감이 있는 상으로 복덕, 행운, 진보, 무병장수 등의 명을 뜻하고 우는 상, 슬픈 상, 추운 상, 악한 상은 불운, 절명, 병액, 형벌, 빈한, 실각, 원망, 기회상실 등의 불길한 명을 의미한다.

예로부터 웃는 상을 복상 또는 귀상으로 규정하였으며, 고서에 이르기를 웃는 얼굴에 만복이 깃들고, 우는 얼굴에는 재앙이 스며든다고 하였다. 이렇듯 항상 자신의 행위, 곧 인품을 여유롭게 함으로써 불운을 행운으로 전환시킬 수 있다. 이 방법이 예부터 상법에서 전해 내려오는 개운開運의 근본적인 원리이다.

參考文獻

《正本 周易》　　　《周易述》

《正易》　　　　　《周易古義》

《論語》　　　　　《正易註義》

《孟子》　　　　　《性理大典》

《大學》　　　　　《皇極經世》

《中庸》　　　　　《易學啓蒙》

《老子》　　　　　《易學哲學史》

《莊子》　　　　　《易學漫步》

《荀子》　　　　　《相理衡眞》

《管子》　　　　　《麻依相法》

《周易本義》　　　《奇門遁甲》